# 中国特色宏观调控的
# 实践模式与理论范式

庞明川　著

中国财经出版传媒集团

经济科学出版社

Economic Science Press

图书在版编目（CIP）数据

中国特色宏观调控的实践模式与理论范式／庞明川著．
—北京：经济科学出版社，2016.12
ISBN 978 - 7 - 5141 - 6426 - 8

Ⅰ. ①中…　Ⅱ. ①庞…　Ⅲ. ①宏观调控 - 研究 - 中国
Ⅳ. ①F123. 16

中国版本图书馆 CIP 数据核字（2015）第 314824 号

责任编辑：刘殿和
责任校对：徐领柱
责任印制：李　鹏

**中国特色宏观调控的实践模式与理论范式**

庞明川　著

经济科学出版社出版、发行　新华书店经销
社址：北京市海淀区阜成路甲 28 号　邮编：100142
教材分社电话：010 - 88191355　发行部电话：010 - 88191522
网址：www. esp. com. cn
电子邮件：esp@ esp. com. cn
天猫网店：经济科学出版社旗舰店
网址：http://jjkxcbs. tmall. com
北京密兴印刷有限公司印装
787 × 1092　16 开　30.5 印张　760000 字
2016 年 12 月第 1 版　2016 年 12 月第 1 次印刷
ISBN 978 - 7 - 5141 - 6426 - 8　定价：92.00 元
（图书出现印装问题，本社负责调换。电话：010 - 88191510）
（版权所有　侵权必究　举报电话：010 - 88191586
电子邮箱：dbts@ esp. com. cn）

# 序

宏观调控无论是在中国官方文件中还是在国内学者的研究文献中乃至日常百姓的生活中都是一个高频词，也是学者们争议的焦点与热点问题之一。长期以来，国内外学者对于中国宏观调控的认识存在较大的反差现象：国内学者围绕中国宏观调控的概念、目标和手段等展开了多次激烈的争鸣和交锋，多数意见认为中国的宏观调控具有目标泛化、工具庞杂、手段多元且常态化等特点，从而贴上偏离西方主流传统的标签加以质疑和批评；也有一些学者对中国宏观调控的特色和范式进行探讨，认为中国的宏观调控是对中国社会主义市场经济管理实践的经验总结与概念创造，是基于中国经济转型的实践衍生的理论概念，从目标选择到手段选择都不能用经典经济学理论来解释。然而，早在20世纪90年代，中国的宏观调控就曾"引起国际上广泛关注和赞赏"。进入21世纪以来，西方学者对于中国宏观调控也多持赞扬和肯定的态度。2008年金融危机爆发以来中外宏观调控绩效的鲜明对比，更使得西方主流经济学对宏观经济政策进行反思，并开始注视新兴市场的经验，有学者甚至明确提出了"向中国学习宏观调控"的呼吁。这表明中国的宏观调控必然有值得主流理论认同和借鉴的价值所在。问题在于，这些值得主流理论认同和借鉴的特色到底是什么？为什么会形成这些特色？中国宏观调控的发展方向是什么？这也成为本书重点探讨的三大问题。由于拙著的篇幅较长，这里以自序的形式进行扼要提点，实则仅具导读的性质。

首先，从中国宏观调控值得主流理论认同和借鉴的特色来看，本书提出，经过近40年的长期实践，中国宏观调控逐渐形成了对西方经典宏观调控理论在两个层次上的重大创新与突破：第一，在总量与结构的关系上，不仅注重总量调控，而且还更加注重结构性调控。虽然早在1985年"巴山轮"会议上就从西方引入了"宏观控制"这一以总量调控为特征的概念，然而，在近40年的宏观调控实践中，中国政府长期坚持"总量＋结构"的调控范式，被一些学者称为"双轨并行"的特色。第二，在结构调控方面，不仅注重需求结构调控，而且提出要加强供给侧的结构性调控。在长期坚持对需求结构调整的同时，也不时对供给结构进行调整。2015年11月10日，习近平总书记在中央财经领导小组第十一次会议上提出"在适度扩大总需求的同时，着力加强供给侧结构性改革"，凸显出中国宏观调控在结构调控上的"需求＋供给"组合。此外，中国的宏观调控还具有调控常态化，调控目标多重、政策工具多样化等特点。据此，本书认为，结构性调控是中国宏观调控最大的特色，因而中国特色宏观调控的范式即为总量调控与结构性调控相结合并以结构性调控为主的调控范式，以区别于西方主流经典宏观调控的总量调控范式。

中国特色宏观调控的这种以结构性调控为主的范式，不仅明显区别于西方主流经典宏观调控的总量调控范式，而且还丰富和发展了西方宏观调控理论与政策体系。从理论层面上看，第一，确立了"总量＋结构"的调控范式。在总量与结构的关系上，西方经典宏观调控理论诞生于凯恩斯的需求管理理论，并以总量调控为鲜明特征。然而，在战后西方发达国家长期的实践中，这种总量调控范式虽取得一定的调控效果，但也存在明显的局限性，体现在应对重大的经济危机与外部冲击时总是显得无能为力。金融危机爆发以来，总量政策及其局限性引起了西方主流经济学界广泛的关注与反思。而事实上，经济系统的整体性客观上要求政府的宏观管理应以总量调控与结构性调控相结合的方式来进行。这是因为，在一个经济系统中，经济结构与经济总量之间具有相辅相成的关系，作为反映宏观经济重大比例关系的经济结构总是体现在一定的经济总量之中，且在不同的经济发展水平、不同的经济发展阶段还会相应地表现出不同的特点；反之，经济总量总是基于一定经济结构基础之上的总量，总量的变化总是通过各种经济结构的变化反映出来的。这样，经济总量和经济结构共同构成了一个经济系统的整体。这就要求作为政府宏观管理方式的宏观调控理论本身就应该同时包含总量调控与结构性调控两种方式。当然，总量调控与结构性调控既具有各自不同的政策边界与适用范围，也可以相互协调配合。从调控的具体对象来看，总量调控只能解决经济总量的非均衡问题，而结构的失衡则需要通过结构性调控来解决；当总量非均衡与结构失衡同时发生时，则应采用总量调控与结构性调控相结合的方式来解决。一般说来，总量调控与结构性调控的结合可分为两种形式：一种是以总量调控为主、结构性调控为辅，发达国家的宏观经济政策通常采取这一形式。其原因在于发达国家市场机制完善，监管有力，微观主体对市场信号的反应相对灵敏，经济的自主增长机制与调节机制也相对完备，因而经济运行中的结构性问题并不突出，宏观经济面临的主要问题是总量非均衡。因此，宏观调控更多地借助于总量调控。另一种是以结构性调控为主、总量调控为辅，发展中国家应更多地采取这种形式。这是因为发展中国家市场发育缓慢、市场机制不健全以及市场监管缺欠等导致结构性问题突出，因而宏观经济面临的主要问题是结构失衡。对此，发展中国家的宏观调控应对结构性调控给予更多的侧重。从这个角度看，发展中国家宏观调控中结构性调控的任务比发达国家艰巨得多。对于中国这样一个正处于经济体制转轨的最大的发展中国家来说，经济结构失衡现象又比一般的发展中国家更加突出。因此，中国的宏观调控需更多地倚重结构性调控。第二，确立了"需求＋供给"的结构性调控范式。在结构性调控中，需求结构调整与供给侧结构性改革的结合构成了结构调整的完整内容。一个经济体的健康运行既需要总量平衡，也需要结构平衡。在结构平衡中，供求平衡是最为重要的平衡之一，因为供求结构是经济结构中最为重要的基础性结构之一。供求平衡既需要供求总量保持平衡，也需要供求结构保持平衡。然而，长期以来，在发达国家宏观调控的实践中只重视总量调控而忽视结构性调控，或者说只注重宏观经济总量的平衡而忽视对于经济结构的调整。而除中国之外的广大发展中国家在宏观调控中，只是盲目地学习和借鉴发达国家宏观调控的经验，未能结合发展中国家存在大量结构性问题的特点而实施富有自己特色的宏观调控。在中国的宏观调控实践中，虽然实施了总量调控与结构性调控相结合而以结构性调控为主的结构性调控范式，但在结构性调控中长期偏好于对需求结构的调整，虽然不能说忽视对供给结构的调整，但起码可以说未能将对供给结构的调整放置于与需求结构的调整同等重要的位置。为此，习近平总书记指出："在适度扩大总需求的同时，着力加强供给侧结构性改革，着力提高供给体系质量和效率，增强经济持续增长动力，推动我国社会生产力水平实现整体跃升。"这就意味着，未来的宏观调控既要继续重视对需求结构进行调整，也要加强对供给结构进行调整，改变过去长期只重视对需求结构进行紧缩与扩张的调整而忽视对供给结构进行相应调整的现象。这进一步丰富了结构性调控的内涵，使得中国特色宏观调控的结构性调控范式的内涵更加完整，也更为丰富。从政策层面上看，在西方传统理论中，货币政策与财政政策都是总量调控的重要政策工具。而从中国结构性调控的实践中可以看出，几乎所有的宏观政策都可以作为结构性调控的政策工具使用，包括经济计划、财政政策、货币政策、产业政策、收入分配政策、土地政策、环保政策等。例如，虽然货币政策在总量调控中具有重要作用，但是，由于货币政策作用的现实经济微观主体的异质性以及货币政策工具本身存在的结构性，货币政策无论是从实施还是产生的效应，也会呈现出一定的结构性。这种结构性的存在，将随着经济微观主体异质性的大小，以及结构性货币政策工具运用的程度，而对经济微观主体乃至整个宏观经济产生积极或者负面的影响。与货币政策相比，财政政策虽然也可以发挥总量政策的调控作用，但是，更可以通过财政支出、税收政策、补贴政策、政府采购等对经济结构调整发挥更大的作用。一般而言，财政总量性政策往往是短期的、外在的，财政结构性政策往往是中长期的、内在的，二者相互包容，相互促进。而且，财政结构调控的目标通常是通过实施一系列具体的总量性政策来实现的。对于结构性调控来说，短期内结构的失衡需要具有针对性的财税政策来调控，长期的结构性问题则需要财政政策与货币政策、产业政策等一起综合配套来解决。产业政策则是综合运用经济手段、行政手段和法律手段来指导和影响产业结构发展的各种政策措施的总和，是国家意志在不同产业部门发展问题上的集中体现。因此，产业政策对于结构性调控的意义更加重大。收入分配政策是指国家为实现宏观调控的目标和任务，针对国民收入分配结构存在的问题所制定的政策措施，是经济结构调整的一个重要内容。其他如土地政策、环保政策等同样体现国家在不同时期的政策选择，往往通过鼓励和限制等措施来实现不同的结构调整目标。从调控方式上看，结构性调控既有包括行政与法律手段在内的直接调控，也包括结构性的财政政策、货币政策等在内的间接调控。在这里，不能简单地认为与间接调控相对应的是总量调控，而结构性调控主要使用直接调控和行政手段。事实上，在中国的结构性调控中除大量使用直接调控手段之外，间接调控手段也得到了广泛的运用。由此，结构性政策作为宏观调控政策体系中的一个重要组成部分，与总量调控政策一起，共同组成一个完整的宏观调控政策框架体系，并弥补了西方主流反周期政策仅包含总量政策的缺陷。

其次，从中国特色宏观调控的形成机理来看，中国特色的宏观调控之所以形成了明显不同于西方总量调控的结构性调控范式，根本原因在于：其一，作为执政党的中国共产党始终坚持马克思主义的指导地位，把马克思主义作为自己的行动指南。因此，不仅马克思主义经典作家有关经济危机理论所揭示的宏观失衡思想、社会再生产理论所创立的总供求平衡理论都对中国的宏观调控起到了深刻影响，而且，马克思主义关于"一切从实际出发""理论联系实际"的科学方法也为中国宏观调控提供了重要的指导意义。其二，作为执政党的中国共产党坚持把马克思主义基本原理同中国具体实际和时代特点紧密结合起来，在实践中不断丰富和发展马克思主义，产生了毛泽东思想和中国特色社会主义理论体系两大理论成果。党的十八大以来，习近平同志系列重要讲话精神，进一步推动了马克思主义中国化进程，是马克思主义中国化最新成果。在中国革命和建设的伟大实践中，中国共产党长期坚持实事求是、一切从实际出发、在实践中检验真理和发展真理的思想路线。因而，马克思主义中国化的理论成果，习近平同志系列重要讲话中的综合平衡、结构调整、独立自主的思想和中国共产党长期坚持的思想路线，都对中国宏观调控产生了决定性影响。反观西方经济理论，仅仅为中国宏观调控提供了总量调控方面的借鉴意义。

具体地说，马克思的社会再生产理论体现了总量平衡与结构平衡的统一性。因为马克思所揭示的两大部类的生产与消费的关系，实际上就是社会总供给和总需求的平衡关系。从马克思的社会再生产平衡条件看，无论是简单再生产还是扩大再生产，都反映了总量平衡与结构平衡的一致性。因此，在马克思社会再生产理论中，结构平衡与总量平衡是密不可分、互为条件的。马克思的总供求均衡理论，既包括总量均衡，即各种价值形式的供求均衡，也包括结构均衡，即各种物质产品的供求均衡，各个社会生产部门之间保持一定的比例关系。而中国当代经济思想中，综合平衡、结构调整与独立自主的思想不仅一脉相承地贯穿于从新中国成立以来到当今执政党经济思想的始终，而且作为治国理政的核心思想被具体地应用于中国宏观管理的实践。其中，对于统筹兼顾、综合平衡的思想，明显包含了总量平衡与结构平衡的内涵。对此，有学者认为，综合平衡理论是我国社会主义经济思想史上最早的宏观调控理论；综合平衡的经济思想不仅指导了当时我国的经济建设实践，也成为改革开放以来宏观调控的重要理论基础。对于结构调整思想，毛泽东、周恩来、陈云、邓小平等都提出了调整产业结构和地区结构、调整经济建设与国防建设投资比例和积累与消费的比例、加大投资力度，调整和优化产业结构等思想。党的十八大以来，习近平在一系列讲话中多次强调结构调整的重要性，提出加快推进经济结构战略性调整是大势所趋，刻不容缓；要把转方式、调结构放在更加突出的位置；推进经济结构性改革；强调供给侧结构性改革等，体现了在新的背景下对结构调整思想的创新和发展。对于独立自主思想，在新中国成立初期，毛泽东就明确提出"自力更生为主，争取外援为辅。""只有在开放中有批判有原则地学习吸收外国的长处，才能创造出中国自己有独特的民族风格的东西，才不会产生民族虚无主义而丧失民族自信心；而也只有在独立自主中呈现出开放性，才能使中国走向世界，才能使中华民族自立于世界民族之林。""应该学习外国的长处，来整理中国的，创造出中国自己的、有独特的民族风格的东西。"改革开放以来，邓小平继承和发展了独立自主的思想，强调"我们的现代化建设，必须从中国的实际出发。无论是革命还是建设，都要注意学习和借鉴外国经验。但是，照抄照搬别国经验、别国模式，从来不能得到成功。这方面我们有过不少教训。把马克思主义的普遍真理同我国的具体实际结合起来，走自己的道路，建设有中国特色的社会主义，这就是我们总结长期历史经验得出的基本结论。""中国的事情要按照中国的情况来办，要依靠中国人自己的力量来办。独立自主，自力更生，无论过去、现在和将来，都是我们的立足点。"党的十八大以来，习近平指出"独立自主是我们党从中国实际出发、依靠党和人民力量进行革命、建设、改革的必然结论。不论过去、现在和将来，我们都要把国家和民族发展放在自己力量的基点上，坚持民族自尊心和自信心，坚定不移走自己的路。""坚持独立自主，就要坚定不移走中国特色社会主义道路，既不走封闭僵化的老路，也不走改旗易帜的邪路。……我们要虚心学习借鉴人类社会创造的一切文明成果，但我们不能数典忘祖，不能照抄照搬别国的发展模式，也绝不会接受任何外国颐指气使的说教。"这一思想贯彻到宏观管理的决策中，就不难理解中国的宏观调控为什么没有盲从西方经典而独具自己的特色了。而事实上，在宏观经济理论领域，没有哪一种理论能像中国特色宏观调控理论那样自始至终都与中国的实际紧密结合，自始至终都没有盲目照搬西方经典理论。

最后，从中国特色宏观调控的基本经验与未来发展方向上看，本书认为，中国特色宏观调控取得了五条基本经验：第一，立足自身国情基础，在借鉴古今中外相关经验的基础上，不拘泥于传统经典，不断探索与创新，独创性地走出了一条具有鲜明特色的宏观调控发展道路，这是中国宏观调控最为重要的经验。第二，充分认识并确立宏观调控在社会主义市场经济中的地位和作用，将宏观调控作为社会主义市场经济的重要组成部分。第三，不断拓展宏观调控的内涵，创新宏观调控的思路与方式。一是在宏观调控的内容上，将西方发达国家单纯的总量调控扩展为总量调控与结构性调控并举以结构性调控为主的实践模式；在结构性调控中不仅重视对需求结构的调控，还提出要加强对供给结构的调控。这既是中国特色宏观调控的经验，也是中国特色宏观调控对宏观调控理论的贡献。二是在宏观调控的目标上，不仅重视西方发达国家宏观调控传统的经济增长、物价稳定、充分就业与国际收支平衡四大目标，而且，根据中国经济发展不同阶段的特点先后增加了结构调整、房地产价格、土地、粮食安全、节能减排、居民收入增长和经济发展同步等民生问题的调控目标，形成了兼具长短期目标的较为完善的宏观调控目标体系。目前，最为权威的提法是中共十八届三中全会通过的《中共中央关于全面深化改革若干重大问题的决定》中提出的"宏观调控的主要任务是保持经济总量平衡，促进重大经济结构协调和生产力布局优化，减缓经济周期波动影响，防范区域性、系统性风险，稳定社会预期，实现经济持续健康发展。"而最新的提法是 2015 年 11 月 3 日中共十八届五中全会通过的《中共中央关于制定国民经济和社会发展第十三个五年规划的建议》中提出的"更加注重扩大就业、稳定物价、调整结构、提高效益、防控风险、保护环境"。三是在健全宏观调控体系上，不仅高度重视西方宏观调控中惯常使用的财政政策与货币政策，而且还注重财政政策与货币政策的协调配合，注重发挥国家战略与规划、产业政策、价格政策、区域政策、土地政策、贸易政策、环境政策等在宏观调控中的作用，初步形成了适合中国国情特点的宏观调控体系。中共十八届五中全会通过的《中共中央关于制定国民经济和社会发展第十三个五年规划的建议》提出："完善以财政政策、货币政策为主，产业政策、区域政策、投资政策、消费政策、价格政策协调配合的政策体系，增强财政货币政策协调性。"四是在宏观调控手段上，在由直接调控向间接调控过渡的过程中，注重发挥经济手段的作用，不断创新政策工具。同时，还注重发挥行政、法律等手段的辅助作用和协同效应。其中，必要的行政手段的使用弥补了单靠经济手段不能有效解决的问题，有力地促进了宏观调控政策工具作用的发挥。五是在宏观调控的重点上，注重将需求管理与供给管理相结合，短期措施和中长期措施并重。在历次宏观调控中，在注重对需求结构进行调整的同时，还注重对供给结构进行调整，如改革初期推行联产承包责任制、发展乡镇企业、改革国有企业银行、鼓励非公有制经济以及近年来简政放权为市场主体松绑、降低税负为中小企业轻身，以"负面清单"划清政府市场界限、财税金融改革、资本市场改革、反垄断、反腐败等，都是从供给的角度对经济结构进行调整。2015 年 11 月，中央财经领导小组十一次会议提出"在适度扩大总需求的同时，着力加强供给侧结构性改革"，表明了调控的重点是从供给的角度加强结构性改革的力度，也意味着要由长期注重需求政策向供给政策转变。六是在宏观调控的方式上，由"强刺激"转向"微刺激"，由"一刀切"转向"定向调控"，由"大水漫灌"转向"精准滴灌"，由"急刹车"改为"点刹"，并注重适时适度的微调预调，提高了调控政策的针对性与灵活性。第四，把加强和改善宏观调控与深化改革结合起来。第五，把加强和改善宏观调控与民生问题有机结合起来。

　　当然，中国特色的宏观调控也还存在一些值得注意的问题，这在历次中国宏观调控的实践中都有着一定程度的体现：一是宏观调控的泛化问题；二是短期政策长期化的问题；三是行政手段的运用问题；四是宏观调控力度的把握问题；五是健全宏观调控体系问题；六是宏观调控的科学性问题。这些问题既包含了宏观调控本身存在的问题，也包含了与宏观调控密切相关的对政府与市场关系的认识问题。要真正做到"科学的宏观调控"，就需要切实处理好政府和市场的关系，使市场在资源配置中起决定性作用和更好地发挥政府作用。

　　对于中国特色宏观调控的发展方向与未来展望，如果将西方经典的总量调控与中国特色的结构性调控分别简称为"西式"与"中式"，那么，理论上可能存在四条可能的发展路径：一是中式归西。即仍奉西方发达国家的宏观调控为经典，而中国特色的宏观调控在市场经济体制完全成熟之后走上与西方国家宏观调控殊途同归的道路。实际上，这是中西合一的发展路径，即中国的宏观调控最终实现向西方国家宏观调控的接轨。这应该是目前大多数信奉西方宏观调控为经典的学者所持的意见和看法。二是西式归中。由于西方国家总量调控存在不能有效解决经济中的结构性问题的固有缺陷，因此，西方国家的宏观调控最终汇聚到中国特色的总量调控与结构性调控相结合，以结构性调控为主的宏观调控范式上来。三是中式独立。即由于制度与体制基础的差异，中国特色宏观调控独立于西方国家的宏观调控，作为一种特殊的宏观调控范式独立存在。四是推陈出新。这一发展路径是指西方国家的宏观调控与中国特色的宏观调控经过长期的发展，最终形成一种新的宏观调控范式。当然，这种发展路径仅仅属于一种理论上的存在。目前看来，如果脱离对经济总量与经济结构的调整而推出一种新的调控范式，现有的理论尚不能提供有说服力的支持。从上述宏观调控未来发展的四条路径中可以看出，第一条"中式归西"和第四条"推陈出新"的发展路径都是不可能发生的。这固然是由于西方国家的宏观调控存在着重大缺陷，也因为现有的宏观经济理论尚不能对脱离经济实践的理论范式予以支撑。因此，最有可能的发展路径是第二条，即"西式归中"的路径，将总量调控与结构性调控有机地结合起来。即使在短期内不能实现，最起码也能做到第三条，即"中式独立"的发展路径。这是因为：第一，西方国家宏观调控的实践为中国特色宏观调控的发展提供了重要的借鉴意义。从发达国家宏观调控的实践中可以看出：一是总量调控政策虽具有一定调控效果，但也存在一定的局限性。因此，需将总量调控与结构性调控结合起来。二是长期推行需求管理政策会带来一系列消极后果，需将需求管理与供给管理有机结合起来，根据经济运行的特点实施有针对性的宏观调控。第二，中国宏观调控的经济基础、制度基础与体制基础决定了中国特色宏观调控的发展方向不仅需要进行总量调控，还必须长期坚持结构性调控。第三，宏观经济运行的目标要求坚持总量调控与结构性调控相结合。

习近平总书记在 2016 年 5 月 17 日召开的哲学社会科学工作座谈会上，在谈到如何构建中国特色哲学社会科学时指出，要体现继承性、民族性，原创性、时代性，系统性、专业性。"要善于融通马克思主义的资源、中华优秀传统文化的资源、国外哲学社会科学的资源，坚持不忘本来、吸收外来、面向未来"。这些论述强调了辩证地看待继承与创新的关系，重在体现中国特色、中国风格、中国气派。对于中国特色宏观调控的探讨来说亦是如此。30 多年中国宏观调控的实践迫切需要理论总结，新常态背景下中国宏观调控的发展更需要理论的指引。正如习近平总书记所说："这是一个需要理论而且一定能够产生理论的时代，这是一个需要思想而且一定能够产生思想的时代。"

需要特别指出的是，笔者对于中国宏观调控问题的学习和研究，如果从公开发表第一篇相关的论文算起，前后经历了 14 年的漫长过程，并先后得到了大连市社会科学院 2007 年度社科成果后期资助、辽宁省教育厅高等学校科研项目（20060263　W2010131）、东北财经大学中央财政支持地方高校发展专项资金项目（DUFE2014J07）等的大力资助。在长期的研究过程中，先后在《财经问题研究》《世界经济》《财贸经济》《改革》等刊物公开发表多篇论文，并分别被《国民经济管理》《社会主义经济理论与实践》《高等学校文科学术文摘》《经济研究参考》《中国经济学年鉴（2009）》转载和转摘；在中国社会科学出版社出版专著 1 部。在此，衷心感谢上述期刊与出版社的关心与支持。

是为序。

庞明川

2016 年 12 月

# 目录

# 第2篇　中国特色宏观调控的实践模式与政策绩效

# 第3篇　中国特色宏观调控的理论范式与发展方向

# 0 导 论

　　长期以来，国内外学者对于中国宏观调控的认识存在较大的反差现象：国内学者围绕中国宏观调控的概念、目标和手段等展开了多次激烈的争鸣和交锋，多数意见认为中国的宏观调控具有目标泛化、工具庞杂、手段多元且常态化等特点，从而贴上偏离西方主流传统的标签加以质疑和批评。然而，早在20世纪90年代，中国的宏观调控就曾"引起国际上广泛关注和赞赏"。① 进入21世纪以来，西方学者对于中国宏观调控也多持赞扬和肯定的态度。② 2008年美国金融危机爆发以来中外宏观调控绩效的鲜明对比，使得西方主流经济学反思宏观经济政策，③ 并开始注视新兴市场的经验，④ 有学者甚至明确提出了"向中国学习宏观调控"的呼吁。⑤ 这些都充分表明了中国的宏观调控必然有值得主流理论认同和借鉴的价值所在。那么，这些值得主流理论认同和借鉴的特色到底是什么？为什么会形成这些特色？此其一。其二，如果从1985年9月"巴山轮会议"正式引入"宏观控制"算起，中国的宏观调控已走过了30多年的发展历程。《论语·为政》曰："三十而立"。那么，在经历了30多年的长期实践之后，中国的宏观调控到底有没有自己的实践模式与理论特色？如果回答是肯定的，那么，中国宏观调控的实践模式与理论特色是什么？为什么会有这样的特色？

　　上述问题集中地体现在对中国宏观调控实践模式与理论范式的系统探讨上。回答这些问题，在中国经济进入"新常态"的背景下，具有十分重要的理论价值和实践意义。主要体现在：其一，有助于澄清对中国宏观调控的模糊认识，回应国内学者的质疑和争鸣，正确认识中国宏观调控与西方宏观调控的差异，更好地指导"新常态"下中国宏观调控的实践。其二，由于中国的宏观调控属于中国特色社会主义市场经济理论与中国特色社会主义政治经济学的重要内容，因此，对于中国特色宏观调控实践模式与理论范式的探讨，还可以不断丰富和发展中国特色社会主义市场经济理论与中国特色社会主义政治经济学。其三，由于中国宏观调控在与西方发达国家宏观调控相比较中所呈现出的独特性，探讨中国特色宏观调控对于丰富和发展宏观调控理论与政策体系、创新宏观调控理论所贡献的中国经验和智慧。

　　本章从中国改革开放初期召开的一次特殊的学术会议开始，介绍"宏观调控"的由来及其意义，对20世纪80年代中期以来浩如烟海的宏观调控研究文献及其存在的分歧与误区

---

① 陈锦华. 国事忆述 [M]. 北京：中共党史出版社，2005. 294.

② 刘超. 美国学者赞扬我国宏观调控政策 [N]. 人民日报，2004 – 11 – 08.

③ Blanchard, O., G. Dell'Ariccia and P. Mauro. Rethinking Macroeconomic Policy [J]. Journal of Money, Credit and Banking. 2010 (42)：199 – 215.

④ Frankel, J. A. Monetary Policy in Emerging Markets：A Survey [R]. NBER Working Paper No. 16125. June 2010.

⑤ 史蒂芬·罗奇. 向中国学习宏观调控 [N]. 英国金融时报，2012 – 03 – 09.

进行分析与评述，在此基础上提出并阐释"中国特色宏观调控"的概念，从而揭示本书的研究主题。

## 0.1　从"巴山轮会议"说起……

1985 年 9 月 2 日清晨 6 点，一声汽笛长鸣，"巴山"号游轮缓缓驶出重庆朝天门码头，朝着长江三峡的方向驶去，开始了最终目的地为武汉的 6 天行程。然而，游轮上却没有挤满平常可见的观览三峡美景的游客，而是载着 30 多名来自世界各地的经济学家，也包括部分中国政府高级官员和学者。在此次行程中，在"巴山"号游轮上举行了一次由中国经济体制改革研究会、中国社会科学院、世界银行驻京办事处联合主办的"宏观经济管理国际讨论会"，后被称为"巴山轮会议"。在此后 30 年中，这次会议被屡次提及，推动了中国经济体制改革的进程，改变了一群人的命运和一个国家的未来，其历史地位被证明具有无可替代的唯一性，成为改革开放以来经济领域最为重要的一次会议。[①]

这次会议参会的国外代表有：美国耶鲁大学经济学教授、1981 年度诺贝尔经济学奖获得者詹姆斯·托宾（James Tobin），英国剑桥大学教授、格拉斯哥大学名誉校长阿来克·凯恩克劳斯（Alexander Cairncross），英国牛津大学安东尼学院高级研究员弗拉基米尔·布鲁斯（Wlodzimierz Brus），联邦德国证券抵押银行理事长奥特玛·埃明格尔（Otmar Emminger），匈牙利科学院经济研究所研究部主任亚诺什·科尔奈（Janos Kornai），南斯拉夫政府经济改革执行委员会委员、斯洛文尼亚艺术与科学院通讯院士亚历山大·巴伊特（Aleksander Bajt），联邦德国证券抵押银行理事长奥特玛·埃明格尔（Otmar Emminger）教授，美国波士顿大学经济学教授、韩国财政体制改革委员会顾问里罗尔·琼斯（Leroy Jones），法国保险总公司董事长、里昂信贷银行董事米歇尔·阿尔伯特（Michel Albert），日本兴业银行董事、调查部部长小林实，世界银行官员亚德里安·伍德和菲律宾籍华人、世界银行驻中国首席代表林重庚。中方代表有：国务院发展研究中心名誉主任薛暮桥，国家经济体制改革委员会副主任兼党组书记安志文，国家体改委副主任童大林、高尚全、杨启先，国务院经济技术社会发展研究中心总干事马洪，中国社会科学院副院长刘国光，国务院发展中心常务干事吴敬琏，中国社科院财贸研究所所长张卓元，中国社科院工业经济研究所副所长周叔莲，中国社科院经济研究所研究员戴园晨，中国社会科学院经济研究所副所长赵人伟，中国社科院农村发展研究所副所长陈吉元，财政部综合计划司副司长项怀诚，国家经济体制改革委员会秘书长洪虎，国办研究室主任楼继伟，国务院经济研究中心总干事秘书李克穆，国务院发展研究中心局长田源，中国社科院经济研究所博士生郭树清，在职博士生何家成等。从上述阵营中可以看出，国外代表中的托宾对非集中性经济的宏观调控及其手段具有广泛而深入的

---

① 有关"巴山轮会议"的内容，可参阅：中国经济体制改革研究会、中国社会科学院．关于"宏观经济管理国际研讨会"主要情况的报告［A］．中国经济体制改革研究会．宏观经济的管理和改革——宏观经济管理国际研讨会言论选编［C］．北京：经济日报出版社，1985；刘国光等．经济体制改革与宏观经济管理——"宏观经济管理国际研讨会"评述［J］．经济研究，1985（12）；赵人伟．1985 年"巴山轮会议"的回顾与思考［J］．经济研究，2008（12）；郭树清．国际知名学者和专家谈中国经济改革［J］．经济社会体制比较，1985（3）；柳红．巴山轮会议［N］．经济观察报，2009 – 09 – 07.

研究；科尔奈和布鲁斯则对传统社会主义计划经济的弊病以及如何从计划经济向市场经济过渡的问题具有独到的见解；凯恩克劳斯不仅对发达市场经济体系的宏观管理具有丰富的经验，而且对英国在第二次世界大战以后从战时的硬控制经济到和平时期的软控制经济的过渡具有可供借鉴的经验；埃明格尔则对战后德国经济复兴中如何通过货币政策实行宏观经济调控具有独特的经验；其他外国专家如南斯拉夫的巴伊特、美国的琼斯、法国的阿尔伯特和日本的小林实等，也都在经济研究或经济决策方面具有丰富的经验。而国内代表则涵盖了参与制定国家经济政策的官员、后来成为改革中坚的经济学家和学者。

　　1985 年，中国经济体制改革已进行到第七个年头。从实践层面看，当时农村的改革已经取得了巨大成就，改革的重点正在从农村转向城市。而城市的改革比农村的改革要复杂得多，它要求改革国有企业，搞活微观经济，在宏观经济和微观经济的关系上要触动计划经济的核心——实物指令性计划，并对宏观调控提出了新的要求。从决策层面看，1978 年底召开的十一届三中全会强调发展商品生产，在经济生活中更多地发挥价值规律或市场机制的作用。1982 年秋举行的中共十二大仍然坚持"计划经济为主，市场调节为辅"，强调的是指令性计划。然而，1984 年 10 月举行的十二届三中全会通过了《中共中央关于经济体制改革的决定》，提出了"有计划商品经济"的改革方向，强调缩小指令性计划，出现了从计划经济到市场经济的一个关键转折。特别是 1984 年下半年至 1985 年上半年，经济运行出现了投资和消费双膨胀导致的经济过热与通货膨胀压力加大等问题。对此，理论界明显缺乏成熟的经验和思想资源借鉴，确实是"摸着石头过河"。

　　20 世纪 80 年代以前苏联和东欧国家的经济改革为中国理论界提供了有益的经验和教训，① 而在经济改革思想上在 80 年代初期深受波兰经济学家布鲁斯的影响，到 80 年代中期则深受匈牙利经济学家科尔奈的影响。赵人伟认为："改革开放初期，中国的决策者和多数经济学家都还没有跳出计划经济的大框框，而是想在计划经济中增加市场机制的作用，所以，请东欧的改革经济学家来讲却是很自然的事情。另外，东欧的改革经济学家都有马克思主义经济学的学术背景，中国人听起来也比较容易懂。"② 布鲁斯 1955 年担任政府经济改革顾问委员会副主席，参与起草了 1956 年波兰经济改革方案，是市场社会主义理论的代表人

---

　　① 苏联和东欧国家很早就已经开始了经济改革的过程，进行了种种试验或探索，提出过许许多多的改革方案：（1）南斯拉夫在 1950 年宣布实行工人自治，率先进行改革，变生产资料国家所有制为社会所有制，改指令性计划为社会计划，把国有企业交给工人集体管理，逐步形成了社会自治经济体制。（2）苏联于 1965 年决定实行"计划工作和经济刺激新体制"，在实行部门管理、兼顾地区管理的原则下，扩大国有企业的经营自主权；强调要减少指令性计划指标，以经济方法管理经济，充分发挥经济杠杆的利益刺激效能。（3）波兰 1966 年改革主要是广泛采用经济手段，改进中央计划，发挥市场机制的作用。（4）罗马尼亚从 1967 年开始进行经济改革，其主要措施是，减少行政区划层次，取消企业管理一长制，实行有工人代表参加的集体领导制。（5）保加利亚在 1968 年提出完善计划体制，重视经济核算。（6）捷克斯洛伐克提出在计划指导下发挥市场的作用，主张宏观经济由计划调节，微观经济由市场调节。（7）民主德国 60 年代在国有企业的收入分配、投资、价格、信贷、工资、奖金、福利等方面进行了一系列的深刻改革；可是到了 70 年代，由于国内经济出现困难以及外部影响等原因，民主德国逐步恢复了中央集权的计划经济管理体制。（8）匈牙利在保持社会主义公有制主导地位的前提下，探索建立集中计划管理与市场机制相结合的新经济体制。但直到 20 世纪 80 年代，除南斯拉夫的改革走向极端外，这些国家的改革也没有突破对旧体制的完善修补阶段，高度集权的计划经济管理体制仍然如旧，全盘国有化的指导思想和单一化的所有制结构不仅没有改变，而且还有新的强化。在苏联，在国有经济是公有制的高级形式，集体经济是公有制的低级形式，低级形式应逐步向高级形式转化的传统理论指导下，不仅城市经济早已全面国有化，而且国有化进一步向农业发展。

　　② 柳红 . 布鲁斯：东欧来风［N］. 经济观察报，2009 - 02 - 14.

物。1979 年末，布鲁斯给中国带来了早期经济改革的思想理论：关于集权和分权模式理论；关于经济决策有三个层次论：宏观经济决策、企业决策、家庭决策；关于经济改革不是个别政策上的改变，而是从一个系统变到另一个系统；强调要"一揽子"改革，不能零敲碎打地单项改革；关于在国民经济比例严重失调的情况下，必须先作必要的调整才能进行改革等，对当时的理论界提供了思想启蒙。而科尔奈的学说在中国改革初期同样起到了很大的作用，他提出的国有企业的软约束和短缺经济等概念影响了整整一代人。1980 年，其代表性著作《短缺经济学》公开出版，1984 年，国内媒体就开始介绍科尔奈和他的著作，《短缺经济学》的译稿被打印出来流传，1986 年中文版在国内面世，一时间，"短缺经济学"成为当时经济学界使用频率最高的词语之一，科尔奈也因为他的开创性研究，成为中国经济学界甚至中国经济管理部门的座上宾。他认为短缺非均衡是社会主义经济运行的正常状态，用"软约束"来分析企业行为，用"投资饥渴症"来说明资源配置失误的原因，用"父爱主义"来概述政府与企业之间的关系。这样，把短缺经济、投资饥渴症、扩张冲动、父爱主义、软预算约束……几个词串起来，就把一个传统社会主义经济体制的运行特征揭示出来了。这些概念的提出以及他对计划经济体制的分析，曾让不少国内的经济学者心悦诚服，其理论对处于深刻变革中的中国经济和中国经济学家的思想都产生了深刻的影响。检索《读书》杂志时发现，从 1985～1989 年，"科尔奈"的出现频率超过所有经济学家；在《经济研究》也是同样。①

尽管当时苏联和东欧的经济改革实践和东欧的经济学家在改革初期为中国经济体制改革提供了可以借鉴的经验和思想，然而，到了 20 世纪 80 年代中期，当时的决策层和理论界对于市场经济如何运转和调控特别是从计划经济如何转向市场经济仍然是相当陌生的。赵人伟后来评价说："从 1979 年到 80 年代初那几年，中国刚改革开放，从计划经济一下跳到市场经济里，要一个过程。从高层决策者到经济学界，知识背景都不够。当时学习东欧的经验较多。无非是在原有的计划经济框架里，加点市场机制到里面。这方面东欧做得最多。但是东欧并没有把市场经济作为资源配置的基础，到了 1985 年，中国人觉得光学东欧改革是不够的了，也要学习西方的市场经济国家经验。"② 因此，中国的经济改革不能仅仅吸取东欧的经验、停留于在中央计划经济的框架下引入市场机制，而是要进一步吸取对市场经济进行宏观管理的经验以及如何从计划经济向市场经济转型的经验已成为理论界普遍的共识。特别是在当时十分复杂的背景下研讨宏观经济管理问题，不仅要涉及比较成熟的市场经济条件下宏观经济管理的一般问题，而且要涉及经济转型初始条件下宏观经济管理的特殊问题；不仅要涉及间接调控中的普遍性问题，而且要涉及直接调控逐步放弃和间接调控尚未相应地建立和健全条件下的特殊问题。

这次会议讨论的首要议题是改革的目标，被确定为有宏观管理的市场协调模式（科尔奈称为"2B"模式）；改革的方式问题，即是激进改革还是渐进改革，是这次会议的第二个中心议题；第三个中心议题，即用什么样的手段进行宏观控制？会议重点讨论了宏观管理的理论和国际经验，从概念上厘清了计划与市场的关系、改革的目标以及经济调控的手段等。会议最后形成了七大专题报告："目标模式和过渡步骤""财政政策与宏观管理""货币政策

---

① 柳红. 科尔奈热 ［N］. 经济观察报，2009 - 10 - 16.

② 赵人伟. 1985 年"巴山轮会议"的回顾与思考 ［J］. 经济研究，2008 (12).

和金融体制的改革""收入政策与宏观管理""经济增长与投资问题""通货膨胀和价格问题"以及"实现宏观经济间接控制目标的一个重要前提"。针对当时中国面临的通货膨胀，参会的各国各派经济学家，在研究了世界银行提供的中国宏观经济数据后，形成了一致意见：当时的中国经济表现是投资热且工资膨胀，处于工资推进与过度需求拉动的膨胀之中，因此，必须加强宏观调控，必须推进改革。与会专家认同了科尔内提出的认为中国的宏观管理应当采取"2B"模式，即"有宏观控制的市场协调"模式，主张从直接的行政控制转向间接的宏观管理。在这次会议后，中国政府就当时的宏观调控提出了七个方面的主要观点和对策措施：（1）宏观控制下的市场协调作为改革的目标模式；（2）间接控制的核心是有效控制总需求的合理增长，相应建立和完善各种间接管理的调控手段；（3）创造能够使企业家对宏观经济间接控制手段做出灵敏反应的各种外部和内部条件；（4）改革需要一个长期的过程，应当一步一步走，采取渐进、逐步过渡的办法；（5）在需求膨胀的情况下，采取一些行政控制是需要的；（6）对国有企业实现工资增长与利润挂钩不一定是好办法；（7）过高的增长是有危险的，在存在过度需求的情况下，任何改革都很难实行。从这些观点和措施中可以看出鲜明的中国特色，而开出这个药方的，并非全是中国经济学家。

对于本书探讨的主题来说，这次会议的重要性还在于：

第一，中国学习宏观经济调控，是从"巴山轮会议"开始的；而且"宏观调控"这个词，也是从"巴山轮会议"之后衍生出来的。因为1985年的中国经济正在经历经济过热带来的通货膨胀。1984年零售物价指数只增长了2.8%，但1985年增长了8.8%。这是习惯了计划经济的中国人没有经历过的。计划经济下，物资虽然短缺，但物价不会上涨。现在搞市场经济了，通货膨胀也来了。该怎么办？这时中国人发现，即使学东欧的改革，也未必能有好办法，因为当时的东欧也还不是真正的市场经济。不如直接去请教西方的经济学家，因为他们对发达的市场经济有丰富的宏观调控经验。在这次的参会代表中，从英国来的凯思克劳斯，对英国从战时经济体制转为战后经济体制很有研究，而且实际操作过；当过德国中央银行行长的埃明格尔，主要是介绍在德国怎样通过货币政策进行宏观调控的经验。而对于中国通货膨胀的宏观控制，在"巴山轮会议"上，与会代表认同了科尔内提出的认为中国的宏观管理应当采取"2B"模式，即"有宏观控制的市场协调"模式，主张从直接的行政控制转向间接的宏观管理；托宾对中国经济的宏观调控有个说法：像中国这样的社会主义国家，用货币总量作为总需求管理不太可能。因为它的实际经济增长速度和货币流通量不确定，也没有西方那种得以影响货币总量的金融市场。相反，在中国直接控制利率和信贷更重要、更可行。所以有人说，中国人开始学习宏观经济调控，是从巴山轮会议开始。对于"宏观控制"一词，张军介绍，当时英文的原文是"宏观管理"，但大家有不同看法，有人认为应该是宏观控制，有人认为应是宏观调整，后来就造出"宏观调控"这个词。余亮（2015）在对纪念"巴山轮会议"30周年座谈会的报道中介绍说，李克穆又说了个故事：当年他作为著名经济学家薛暮桥的秘书参加"巴山轮会议"，这次和薛老的女儿薛小和一起来参加纪念会议。薛小和给了他一本书，就是当年社科院编的一本巴山轮的文集，非常珍贵。这本书如今保存的人也不多。薛小和告诉他，在"巴山轮会议"期间，研究马老的闭幕词的时候，曾经为一个词进行了讨论，这个词翻译过来是"宏观管理"，当时我们国家的提法是"宏观控制"，显得太强，另一个译法是"宏观调节"，又太弱，后来他们商量，征求意见，决定把控制和调节合起来使用，就成了"宏观调控"，一直用到今天。① 也正是在这一意义上，江郁（2009）指出："巴山轮会议是中国宏观调控的里程碑会议。"② 时隔 30 年之后，2015 年 6 月 28 日，由中国经济体制改革研究会、国家发展改革委国际合作中心和世界银行联合举办的纪念"巴山轮会议"30 周年座谈会在重庆召开。1985 年"巴山轮会议"参加者、中国经济体制改革研究会会长、全国人大财经委员会副主任彭森在致辞中指出，巴山轮会议，首先，对中国经济改革目标模式的演进和确立作出了巨大贡献；其次，巴山轮会议为中国宏观经济学理论和宏观调控体系的建立和发展作出了重大贡献；再次，巴山轮会议为中外专家提供了一次思想碰撞、共商改革大计的舞台，也为中国的国际交流合作提供了一次前无古人的范例。③ 由数十位国内外顶尖经济专家参与的巴山轮会议，对于中国的经济转轨和宏观经济管理改革达成许多共识，为我国 1987 年提出"国家调控市场，市场引导企业"和 1992 年提出"社会主义市场经济"等理念提供了重要理论基础；此次会议也是与世界接轨的中国宏观经济学建立的标志。④

在"巴山轮会议"之后，对中国经济的宏观调控应该如何进行，适量的通货膨胀是不是有利于中国经济，始终是中国经济学家们争论的热点。1988 年，中国又经历过一次更大规模的通货膨胀，引起全国空前的抢购风潮，人们不仅抢购电视机，连食盐、火柴都抢。通货膨胀与经济繁荣，似乎是中国经济的两极，每次经济过热了，就实行从紧的经济调控政策，于是经济发展就陷入低潮，慢慢积累着下一个高潮。就这样，中国人在这两端的取舍中，学习着经济的宏观调控。⑤ 对此，魏加宁（2008）认为，关于 20 世纪 80 年代初期，改革开放以来的第一次经济过热以及随之而来的经济调整，由于整个中国经济依旧处于计划经济体制之下，政府调控所使用的手段也仍然是计划经济的那一套，调整的重心在国家计委，调整的手段主要靠压缩计划指标，所以此次调控更准确地应称其为"计划调整"，尚非真正意义上的宏观调控。关于 20 世纪 80 年代中后期的两次波动（即改革开放以来的第 2 次和第 3 次波动），从宏观调控的角度来看，将二者合二为一可能更加准确，这样可以更加完整地说明在"转轨时期"或者说"准市场经济"条件下，最初的宏观调控是如何的摇摆不定，以至于经济运行未能实现"软着陆"就又"硬起飞"，最终导致"硬着陆"。

事实上，在"巴山轮会议"上，当时的提法是"宏观控制"，指的就是西方国家宏观调控中的总量控制。而在此之前，宏观调控叫作"宏观调节"。魏加宁（2009）也指出："（宏观调控）这个词语 20 世纪 80 年代最初引进中国时叫作'宏观控制'，后来改叫'宏观调节'，指的就是总量控制。1985 年的'巴山轮会议'使中国经济学家们第一次搞懂了宏观调控就是总量控制，'巴山轮会议'上，专家学者们讨论的结果，认为中国应当走'有宏观

---

① 余亮. 纪念"巴山轮会议"三十周年座谈会在重庆召开：聚焦过剩时代的宏观调控 ［DB/OL］. 观察者网，2015－06－29.

② 江郁. "巴山轮"：宏观调控启航 ［J］. 当代金融家，2009（1）.

③ 吴小雁. 重温三十年巴山激情 再辟"新常态"改革路径 ［DB/OL］. 改革网，2015－06－30.

④ 余亮. 纪念"巴山轮会议"三十周年座谈会在重庆召开：聚焦过剩时代的宏观调控 ［DB/OL］. 观察者网，2015－06－29.

⑤ 黄艾禾. 巴山轮：由急流险滩驶向大洋 ［A］.《国家历史》改革开放 30 年特别稿件 ［DB/OL］. 和讯网，2008－12－19.

控制的市场协调模式'，主张从直接的行政控制转向间接的宏观管理。"而 1984 年《中共中央关于经济体制改革的决定》提出："越是搞活经济，越要重视宏观调节，越要善于在及时掌握经济动态的基础上综合运用价格、税收、信贷等经济杠杆，以利于调节社会供应总量和需求总量、积累和消费等重大比例关系，调节财力、物力和人力的流向，调节产业结构和生产力的布局，调节市场供求，调节对外经济往来，等等。我们过去习惯于用行政手段推动经济运行，而长期忽视运用经济杠杆进行调节。学会掌握经济杠杆，并且把领导经济工作的重点放到这一方面来，应该成为各级经济部门特别是综合经济部门的重要任务。"可见，这里的"宏观调节"的任务包括"调节社会供应总量和需求总量、积累和消费等重大比例关系，调节财力、物力和人力的流向，调节产业结构和生产力的布局，调节市场供求，调节对外经济往来，等等"，包含了结构调整的内容，与总量体重存在显著差别。在"巴山轮"会议之前，1985 年 8 月 13 日《人民日报》在社论《瞻前顾后、统筹安排》中针对当时全国固定资产投资规模不断膨胀的情况，指出"出现这种现象的主要原因，在于一些同志较多地重视微观放活，而在一定程度上忽视了贯彻党中央、国务院关于加强宏观控制的指示。""宏观控制"一词首次正式见诸报端。直到 1988 年 9 月 26 日，《在中国共产党第十三届中央委员会第三次全体会议上的报告》指出"这次治理经济环境、整顿经济秩序，必须同加强和改善新旧体制转换时期的宏观调控结合起来。""必须综合运用经济的、行政的、法律的、纪律的和思想政治工作的手段，五管齐下，进行宏观调控。"这里提出的"宏观调控"的任务是"治理经济环境、整顿经济秩序"，而宏观调控的手段则是"综合运用经济的、行政的、法律的、纪律的和思想政治工作的手段，五管齐下"。可见，虽然从这时开始中国正式使用"宏观调控"这一概念，[①] 但这一概念的内涵仍然不同于西方的宏观调控，即不仅仅包含总量调控的内容，还有一些具有中国特色的特定任务。随着宏观调控的逐步演进，宏观调控的目标除传统的四大目标之外，还增加了结构调整、转变经济发展方式、增加收入、节能减排、环境保护等内容；在政策手段上，除财政政策与货币政策之外，还包括了产业政策、土地政策、环保政策，甚至包括市场准入政策。梁小民指出："现在的宏观调控就像是一个筐，什么都往里面装。"到了现在，我们反而不知道什么是宏观调控了。而且，宏观调控最近一段时间又演变为一个长期的宏观经济政策，在任何时候都要存在。[②]

第二，中国道路与中国特色。在"巴山轮会议"上，对西方经济体制有着深刻的切身体验的经济学家们，反复强调中国的经济改革一定要汲取西方国家现代化进程中的种种教训，并特别指出，中国不应该照抄任何一个发达国家的经验，相反，应该走出一条独特的新道路。而事实上，有两个方面的事例可以说明当时的中国经济改革没有照抄照搬任何一国的经验：一是前已述及的"巴山轮会议"上宏观控制与宏观调控的由来，就是结合中国当时的实际情况提出的。而在这次会议后，中国政府就当时的宏观调控提出了七个方面的主要观点和对策措施中与宏观控制密切相关的就有四条，也是结合当时中国经济过热而导致通货膨

① 刘瑞. 宏观调控的定位、依据、主客体关系及法理基础 [J]. 经济理论与经济管理，2006 (5)；黄伯平. 宏观调控的理论反思 [J]. 社会科学研究，2008 (3)；新华文摘，2008 (15).

② 魏加宁. 改革开放 30 年之宏观调控：回顾与反思 [DB/OL]. 中国改革论坛，2008 - 02 - 22；还可参见柏晶伟. 四专家分析宏观经济形势趋势 [N]. 中国经济时报，2005 - 04 - 08；陈华. 2009 年的宏观经济 [DB/OL]. 金融界，2009 - 02 - 11.

胀出现的背景作出的，体现出鲜明的中国特色。二是尽管中国的经济改革没有任何现成的经验可循，由于意识形态的原因，当时的苏联和东欧等社会主义阵营的影响是不容忽视的。而20世纪80年代初，东欧的改革派经济学家到中国讲学，都是主张激进改革的。英国的布鲁斯教授主张的也是"一揽子改革"，即改革不能单项突进，配套改革要一起上。但他们到中国后，都认为根据中国的实际情况，只能搞渐进，不能搞激进。从世界范围来看，最初的转轨经济理论是由新自由主义学派提出的，他们认为在一个计划经济体制国家局部改革是远远不够的，只有全面地以自由市场机制取代政府的经济计划才能使改革成功，因而必须实行彻底的、完全的自由化和市场化改革。在这种理论的指导下，美国哈佛大学教授、20世纪80年代曾担任玻利维亚总统顾问、帮助拉丁美洲的玻利维亚、阿根廷、巴西、厄瓜多尔和委内瑞拉、东非、苏联以及亚洲的一些国家进行经济改革的萨克斯（Jeffrey D. Sachs）等经济学家以及世界银行（WBG）、国际货币基金组织（IMF）等国际机构主张将曾在拉丁美洲国家治理通货膨胀时产生过成效的"休克疗法"（shock therapy）① 移用至东欧国家及俄罗斯，实行"大爆炸"（big bang）式的改革，以宏观经济稳定为必要条件，以私有化为基础，以经济自由化为核心，三者构成一个完整的体系，即"华盛顿共识"（washington consensus）。然而，中国既没有屈从世界银行、国际货币基金组织以及新自由主义学派的压力，也没有接受东欧经济学家的"一揽子计划"，而是"摸着石头过河"，采取了一条与其他任何国家明显不同的独特的"渐进式"改革道路。

正是由于上述中国的经济转轨路径与宏观调控等所具有的特殊性及其所取得的巨大成就，进入21世纪以来，西方学者提出了"北京共识"② 以区别于"华盛顿共识"。中国经济的成功引起了国际上对中国模式的广泛关注。由于成功主导了中国经济的发展，宏观调控作为中国模式的重要组成部分已成为诸多学者的共识。随后，关于"中国模式"或"中国经验""中国发展道路"等的热议也受到了国内外舆论界和学术界的格外关注，英国《卫报》曾将2008年称为"中国模式年"。尽管提出"北京共识"或者"中国模式"的出发点和目的不一，但是，至少可以说明中国的经济发展模式与政府管理模式既不同于西方经典模式，即使是在转轨国家中也有自己独特的特点。因此，本书旨在系统地归纳和总结中国转轨经济中宏观调控的经验，并对这一经验进行理论上的梳理和提升，这既具有积极的理论意义，也具有极强的现实指导意义。

---

① "休克疗法"本是医学术语。20世纪80年代中期，被美国经济学家萨克斯引入经济领域。当时玻利维亚爆发严重的经济危机，通货膨胀率高达24000%，经济负增长12%，民不聊生，政局动荡。萨克斯临危受聘担任玻利维亚政府经济顾问，向该国献上锦囊妙计：放弃扩张性经济政策，紧缩货币和财政，放开物价，实行自由贸易，加快私有化步伐，充分发挥市场机制的作用。上述做法一反常规，短期内造成经济剧烈震荡，仿佛病人进入休克状态。但随着市场供求恢复平衡，经济运行也回归正常。两年后，玻利维亚的通货膨胀率降至15%，GDP增长21%，外汇储量增加了20多倍。萨克斯的反危机措施大获成功，"休克疗法"也名扬世界。

② 2004年5月7日，时任美国《时代》周刊助理执行主编、著名投资银行高盛公司资深顾问乔舒亚·库珀·雷默（Joshua Cooper Ramo）在英国《金融时报》上首创"北京共识"的概念，他撰写的题为《北京共识：中国是否能够成为另一种典范》的报告也随后于5月11日在伦敦外交政策中心全文发表。在该文中，雷默指出中国通过艰苦努力、主动创新和大胆实践（如设立经济特区）、坚决捍卫国家主权和利益（如处理台湾问题）以及循序渐进（如"摸着石头过河"）、积聚能量和具有不对称力量的工具（如积累4000亿美元外汇储备）等，摸索出一个适合本国国情的发展模式。他把这一模式称为"北京共识"。在他看来，建立在"北京共识"基础上的中国经验具有普世价值，不少可供其他发展中国家参考，可算是一些落后国家如何寻求经济增长和改善人民生活的模式。

## 0.2　相关文献综述与存在的分歧和误区

从 20 世纪 80 年代中期开始，宏观调控始终是经济理论研究的一个重大热点问题。伴随着我国的经济体制改革的逐步推进，每一次的经济波动都会引发理论界关于要不要进行宏观调控以及如何进行宏观调控的争论和交锋。近年来，这种大规模的争论一共发生了三次：第一次出现在 1997 年，受国内有效需求不足和亚洲金融危机的影响，中国经济自 1992 年开始连续 6 年出现下滑和通货紧缩，理论界对应该采取何种政策措施进行应对展开了一场激烈的讨论；第二次出现在 2004 ~ 2005 年，针对中国经济是全面过热还是局部过热、中国经济是否出现下行"拐点"等宏观形势以及如何进行宏观调控等问题展开了争论；第三次争论出现在 2008 ~ 2009 年，主要围绕如何应对由于金融危机导致的经济增速下滑问题。这些争鸣，一方面，深化了对于宏观调控重要地位和作用的认识；另一方面，也凸显了宏观调控在应对不同经济运行环境时的难度和挑战在不断增大。当然，对于"新常态"以来的宏观调控，学术界的认识凝聚在中央提出的不断创新宏观调控的思路和方式的精神之下，集中探讨宏观调控创新的各种路径与对策。

从研究历程来看，理论界关于宏观调控的研究可以大致分为六个阶段：

第一阶段为 1986 ~ 1992 年。这一时期是对宏观调控研究的起步阶段。最早的研究文献是齐守印、蒋和胜 1985 年发表的《有计划的商品经济条件下国家的经济职能与宏观经济调控》，而在报纸上最早的报道是《经济日报》1986 年 9 月 3 日对"全国宏观经济管理研讨会"上薛暮桥的发言内容，标题是"薛暮桥认为经济发展中的主要危险是盲目性，需要用经济办法改善宏观调控"。此外，王增敬（1986）、任定方和张治平（1986）、汪滁世等（1988）、尹文书（1988）、吴贤忠（1989）、刘志金（1989、1990）、李金早、郭鲁晋、何理博（1990）、孙书一（1990）姚长辉（1991）、魏杰（1992）、郭树清（1992）、张怀富（1992）等也分别从不同的角度进行了相关的研究。

第二阶段为 1993 ~ 1996 年。1992 年党的第十四次代表大会提出确立社会主义市场经济体制，因此，建立适应社会主义市场经济体制需要的宏观调控体系就成为这一时期理论研究的热点。从这一阶段开始，有关宏观调控的研究就逐渐成为经济理论研究的一个重要内容。代表性的成果主要有：魏杰（1993）、郑连明（1993）、丛明（1994）、李庆文（1994）、黄振奇、林中萍（1994）等；而这一时期《管理世界》集中推出了一系列有关宏观调控的研究成果，取得了较大的社会影响。

第三阶段为 1997 ~ 2002 年。这一时期受亚洲金融危机的冲击，我国经济中出现了从短缺向相对过剩的重大转折。因此，如何有效运用宏观调控政策刺激有效需求进而促进经济增长就成为这一时期理论研究的核心问题，特别是对积极财政政策的作用和有效性的研究成为这一时期宏观调控研究的重要内容。这一时期关于宏观调控的研究成果呈现出井喷式的特点，在研究角度和研究方式上也呈现出多元化的特点。这一时期代表性的成果较多，这里仅以率先在《中国社会科学》和《经济研究》发表的论文为代表，主要有翟立功（1997）、刘迎秋（1998）、周绍朋、王健、汪海波（1998）、刘国光（1998）等。

第四阶段为 2003 ~ 2008 年。这一时期我国经济面临过热的危险，理论界对宏观调控的绩效以及政策措施进行了激烈争论。这一时期也是宏观调控的外延扩大的典型时期，土地参与调控、节能减排、地方政府在调控中与中央政府的博弈等就成为宏观调控面临的新课题。这一时期代表性的成果更是数不胜数，这里就不再一一列举了。

第五阶段为 2009～2011 年。理论界关注的焦点在于国际金融危机背景下如何开展宏观调控，特别是宏观调控如何应对由国际金融危机爆发带来的经济下行与经济失速问题。代表性的研究成果包括：张平（2009）、王立勇和韩丽娜（2010）、陈东琪（2010）、中国经济增长与宏观稳定课题组（2010）、袁志田和刘厚俊（2010）和盛美娟和刘瑞（2011）、吴易风和王晗霞（2011）等。

第六阶段为 2012 年以来至今。在 2012 年中国经济进入"新常态"以来，对于新常态下的宏观调控，创新宏观调控的思路与方式、在区间管理的基础上实施定向调控、结构性调控等逐渐成为理论研究的热点。代表性成果包括：刘伟、苏剑（2014），高培勇、钟春平（2014），方福前（2014），郑新立（2014），张晓晶（2015a、2015b），马建堂、慕海平、王小广（2015）等。

从研究内容来看，学术界关于宏观调控的研究主要集中在以下几个方面：

第一，宏观调控的理论基础。如逄锦聚（1993，1994，1995）在一系列研究的基础上，针对中国社会主义市场经济还要不要宏观调控的疑惑，从理论基础、政策措施和微观基础等方面做出了基础性贡献。刘朝明（1996）则从经济非均衡的角度研究了我国宏观经济运行中的非均衡包括经济增长非均衡、总供求非均衡和资源配置非均衡，并以通货膨胀作为经济非均衡的综合标志，提出宏观调控包括价格调节和数量调节两大类，考察了总需求的五种形成机制、总供求缺口和四种弥合机制，通过对总量增长非均衡和均衡模型的概括，提出了宏观调控政策的协同模式。汤在新（2001）运用马克思的均衡与非均衡理论来尝试建立宏观调控的理论基础。汤在新、吴超林（2001）在把市场经济条件下的国家干预区分为创造和维护市场经济制度条件的一般职能、对微观经济的规制职能和对宏观经济的调控职能等三大类职能的基础上，从凯恩斯理论、现代非均衡理论和马克思的均衡与非均衡理论等角度着重探讨了宏观调控的理论基础，为宏观调控建立了基本的理论依据。吴超林（2001）在对宏观调控的制度基础进行分析的基础上，还探讨了宏观调控的政策边界问题。

第二，介绍国外宏观调控的经验，并与我国的宏观调控进行比较研究。代表性的研究成果包括：乌家培、凌晓东（1992）对传统机制下与新机制下两种宏观经济调控的成本与效益进行比较，并提出对新机制下宏观调控方式进行评价与选择的思路。逄锦聚（1993）比较了德国的社会市场经济模式、日本的政府主导型市场经济模式与美国的自由式市场经济模式等三种宏观调控模式后认为，西方市场经济发达国家的实践告诉我们，实行科学而有效的宏观调控是市场经济发展的内在要求，是现代市场经济的重要标志；宏观调控的关键是既要发挥市场的作用，又要有效发挥政府的作用，要把二者有机地结合起来；宏观调控的模式是多种多样的。我国同西方国家的基本经济制度不同，就更不能照搬某一个国家的宏观调控模式。魏礼群、利广安（1994）探讨了国外市场经济的宏观调控模式与借鉴。闻潜（1999）在论述市场经济国家经济运行与宏观调控方式进行比较研究的基础上，对财政政策、货币政策与宏观经济政策失败进行了国际比较研究。向元均（2001）对印度市场经济与宏观调控进行了探讨。

第三，对转轨过程中中国宏观调控的探索。代表性的成果有：魏杰（1992）集中探讨了市场经济基础上的宏观调控的目标模式、体制构成、运行过程及它的作用内容等。逄锦聚（1995）对中国市场经济宏观调控的理论基础、政策措施和微观基础等方面进行了探讨。赵锡斌、邹薇、庄子银（1995）论述了在我国社会主义市场经济的条件下，如何在充分发挥市场对配置资源的基础性作用的同时，加强与完善政府的宏观调控，实现市场运行机制与宏观调控机制的统一，提高政府宏观调控的有效性。罗季荣、李文溥（1995）探讨了市场经济中政府进行宏观经济管理的理论和方法，包括社会主义市场经济宏观调控的基本理论和具体的政策操作、经济过程领域的宏观调控管理与经济基础结构领域和经济秩序领域的宏观调控管理、国家级宏观调控和地方的经济调控、国内改革条件下的宏观调控与对外开放条件下的宏观调控等。袁志刚（1995）在对中国宏观经济运行进行实证分析的基础上探讨了宏观调控问题。樊纲、张晓晶（2000）分析了在国际国内新形势下我国改革与经济发展新阶段所遇到的新问题及应采取的对策，尤其是在加入 WTO 后我国的宏观经济政策选择。汤在新、吴超林（2001）集中探讨了在建立和完善社会主义市场经济体制以后，还要不要政府进行干预和调控、政府应如何进行调控、政府宏观调控的理论依据是什么等一系列亟待研究的问题。王乃学（2001）集中探讨了中国宏观调控中的失效现象，包括计划、财政、金融三大调控手段的失效及其表现，对宏观调控失效的原因进行了评析，提出了建设宏观调控的微观基础的系列措施。吴军（2001）首先分析了我国宏观调控中出现的扩张和收缩现象，着重探讨了财政政策与货币政策的扩张与收缩以及扩张的财政政策与紧缩的货币政策相配合问题，并分析了经济膨胀中的政策效应和经济衰退中的政策效应。周长才（2004）利用泰勒模型首先给出了我国宏观调控中关于通货膨胀与经济增长的模型并得出了通货膨胀与经济增长对时间的最优路径，指出 1994 年通货膨胀的路径偏离了最优路径，分析了偏离的原因是由于宏观调控决策者的改革情结引起的。由于这一偏离使 1994 年的通货膨胀路径高企。作者将这一路径称为"改革隆起曲线"。分别将失业变量、市场化改革变量引入上述宏观经济模型，从而构建了包含通胀、增长、失业和改革四个变量在内的模型。张杰（2006）对科学发展观与宏观调控的关系进行了科学解读，认为宏观调控和科学发展观有着统一的基础。宏观调控是落实科学发展观的重要途径和政策体现，科学发展观是实施宏观调控的指导思想。为此，要科学把握全球化对宏观调控带来的影响，尽快建立符合科学发展观要求的宏观调控的评价体系和调控机制，不断加强和改善宏观调控。该著作阐述了以邓小平、江泽民、胡锦涛为核心的党的三代中央领导集体对社会主义宏观调控理论的新贡献。陈共、昌忠泽（2007）分析了在全球经济调整背景下，中国究竟选择什么样的财政货币政策组合才能保证经济的长期稳定增长，以及在全球经济结构出现严重不均衡的情况下，如何通过财政货币政策的协调作用，有效调节经济的内在结构，以实现经济的长期稳定增长。特别强调了中国面对全球经济调整的新格局，国家如何确定其调控宏观经济的取向以及构建新的更有效的宏观调控体系问题。作为一个动态的过程，宏观调控体系特别是作为其核心内容的财政货币政策组合，其选择应该随着经济发展水平和国内外经济环境的变化不断进行调整和改革。

第四，宏观调控政策工具的运用。这方面的研究文献数量众多，主要包括财政政策、货币政策、产业政策、收入分配政策、汇率政策、区域发展政策、环保政策等。由于本书探讨的重点在于对宏观调控的实践模式和理论范式，因此，尽管宏观调控政策工具在中国宏观调控的实践中发挥了重要作用，但对有关宏观调控政策工具的运用的研究文献不再展开讨论。

第五，宏观调控方式和手段。宏观经济的调控方式主要有两种：一是直接宏观经济调控，即国家运用行政手段直接协调和控制微观经济主体的经济行为；二是间接宏观经济调控，即国家主要运用经济手段，通过市场机制影响和引导企业的经济行为，以达到宏观经济调控的目标。早在1983年，王积业（1983）就指出对国民经济实行有效的管理，既要采取行政手段，也必须运用经济手段。这是由社会主义国家的职能决定的。30多年来经济建设的实践说明，把行政手段和经济手段有机地结合起来，是我国实行计划管理的一项重要原则。田培炎（1986）认为应该在实践中逐步建立宜于综合运用经济手段、行政手段、法律手段的经济调节手段体系。阮方确、魏民（1988，1989）即对二元商品经济结构及宏观调控方式进行了探讨，提出了实行多重复合的调节形式。在社会主义初级阶段，由于商品经济发展不平衡，市场的组织化程度不同，加上各种商品的资源约束和短缺强度不同，市场调节作用的力度和有效性是有明显差异的，在国家调节市场、市场引导企业的总框架内，具体的宏观导向手段和形式应是多重复合、有差异的，以便达到二者的有效结合。对于少数处于垄断竞争阶段的市场，国家可以更多侧重于通过竞争形式形成的政府与企业的契约关系，通过政府政策指导和协商实现宏观导向。对于处于充分竞争阶段的市场，由于市场对资源的配置力度强，则可以更侧重于通过市场的内在机制实行市场参数调节，实现宏观导向。对于大量处于简单商品经济阶段的市场，则主要侧重于健全市场规则，通过政府组织手段和提供社会服务来实现宏观导向。忠东（1989）提出建立市场型的宏观调控方式。杨韧、王勇（1991）认为，由直接控制转向间接控制，是宏观调控方式的重大变革。该文探讨了法律手段、行政手段在间接调控中的作用，指出间接控制的宏观调控，即"在调节中施控、在施控中调节"的统一。与之相适应的宏观调控手段，既具有"总量控制"功能，又具有"间接控制"功能。而宏观调控的财政手段与宏观货币政策的结合则不失为最佳选择。以此为基础，辅之以宏观收入政策及各种经济杠杆的调控功能，构成间接控制的宏观调控手段系统。尹文书（1992）指出，在宏观调控体系中，宏观调控方式占有重要位置。宏观调控方式选择是否得当，直接关系到能否有效地实现宏观调控。该文总结了当时学术界的两个层次四种基本主张，认为考虑到我国现阶段商品经济不发达、市场不发育的特定状况，主张在总体层次上应选择间接控制与直接控制同时并存方式；在间接控制领域，应并用国家参数调节市场与国家模拟市场两种方式。王梦奎、林兆木、郭树清、韩文秀等（1993）认为，新型的宏观调控方式，应该以间接调控为主，以经济手段为主，同时根据需要配之以一定的直接调控形式。李玲娥（1994）认为，我国现行的宏观调控方式，具有明显的机制转换时期的特点，即一方面保存了传统直接调控的方法手段，另一方面又有新型的间接调控方法和手段，也可以说是两种机制的混合。新型的宏观调控方式，应以间接调控为主，以经济手段为主，同时根据需要配之以一定的直接调控方式。闻潜（1995，1999，2001）探讨了市场经济与计划经济宏观调控的差异，提出来宏观调控方式变革的方向应由计划调节意义上的宏观调控转变为政策调节意义上的宏观调控。翁华建（1998）认为要真正使我国经济运行进入宏观与微观相互协调、稳定与增长良性互动的成熟阶段，除了微观经济运行必须坚定地朝着市场化方向推进外，宏观调控的手段和方式方法亦必须有一个根本性的转变。对于2004年10月28日中国人民银行宣布从10月29日起上调金融机构存贷款基准利率、放宽人民币贷款利率浮动区间和允许人民币存款利率下浮，张新法（2004）认为，从宏观面来看，此次利率调整预示着宏观调控开始采用市场化手段，由原来主要依靠行政手段向综合运用多种调控手段尤其是市场化手段转化。这对于加强和完善宏观调控，延长我国经济景气周期，最终实现"软着陆"具有重要意义。李平、李亮（2005）认为要进一步完善宏观调控方式，把工作的着力点放在大力推进结构调整、转变增长方式和深化体制改革上，建立促进国民经济持续快速健康协调发展的新机制。在调控手段方面，要尽可能多用经济手段和法律手段，只是在必要的限度内运用行政手段。刘伟、蔡志洲（2006）认为，在市场化、工业化、城市化、国际化和现代化的过程中，中国的经济活动表现出了和常规的市场经济所不同的一系列特点。当前宏观经济的表现有其周期性因素影响的一面，但更多的是受经济转型和发展过程中长期因素的影响。对于经济增长中短期因素的影响，主要是通过需求管理尤其是政府的货币政策来引导。但对于长期因素，则更多地要依靠供给管理（包括财政政策、货币政策、汇率政策、产业政策、科技政策、体制创新等）来影响。中国要保持长期、稳定的高速经济增长，必须改变其传统的增长方式，尤其是改变目前的以增加投入为特点的、固定资产投资拉动的增长方式。而改变目前的宏观调控方式，则是达到这一目标的重要措施。方福前（2008）认为我国的经济管理体制和调控方式发生了革命性的变化，经过了"计划控制为主、市场调节为辅""计划控制与市场调节相结合"和"市场调节基础上的相机抉择"三个阶段，这个变革是和我国经济体制改革不断深化联系在一起的。陈东琪（2010）认为近几年来，我国宏观调控明显改善，但按照科学发展观要求，还要进一步提高科学调控能力，改进宏观调控的方式和方法：一是更多采用市场调节，减少行政直接干预。在应对国际金融危机时，为了尽快扭转经济下滑趋势，防止出现衰退，政府调控部门采取行政直接控制的手段，实行了一些直接调控措施，这是必要的，成熟市场经济的国家也会增加政府干预。但是，这些做法不能常规化、固定化，一旦经济从危机阶段进入常规增长阶段，这些措施就应当退出，努力使直接行政干预转为政策引导下的市场调节，在经济调节领域更多地发挥市场机制作用，增强欧美国家尽快承认我国"市场经济地位"的国际说服力。二是更多采用"价格参数调节"，减少"数量调节"。三是措施操作要选择好时机，控制好力度和节奏，防止"过调"。四是注意宏观调控部门之间的协调，防止政策措施"打架"。五是加强涉外调节，防止"内调"和"外调"效果抵消。

　　第六，宏观调控的成本、效率与绩效。首先，对于宏观调控的成本问题，吴明远（1994）指出，从其他发展中国家的经验来看，作为对危机（或潜在危机）的一种反应，任何调整都要付出一定的代价，这种代价主要体现在社会方面，如失业增加、实际工资下降，以及人民生活水平降低，严重的甚至包括激烈的社会动荡等，这便是调整的社会成本。如果对宏观经济调控的社会成本认识不足或者根本不认识，那么势必会产生极其不利的后果。一方面，如果人们对宏观经济调控存有过高的期望，同时对宏观调控所要付出的代价缺乏心理上的准备，随着宏观调控的社会成本反映出来，那么人们便会对宏观经济调控产生失望的心态，甚至抵触情绪；另一方面，如果人们对宏观经济调控的社会成本缺乏足够的认识，在政策的制定上也就可能缺乏相应的对策，尤其是缺乏降低宏观经济调控的社会成本的有效措施并且在调控中缺乏公平，这样，调控措施本身的不合理和高昂的社会代价也会使得宏观调控最终失败。总的来讲，宏观经济调控将以牺牲部分的经济增长速度为代价，在就业人口不断增长的条件下，这就意味着就业增长机会的减少、工资增长速度的放慢或停滞，进而导致人们或部分人收入增长较少或者实际收入的减少。李亚光（1997）认为，从根本上来说，宏观调控方式的选择是与经济运行特点、调控效果和调控成本是紧密相连的，实际上就是在特定时期和特定的经济运行特点上的成本——效益选择。调控方式选择的是否适时，是否合理，主要看所支付的各类成本和所取得的效果如何。从 1989~1995 年以来宏观调控的实践过程表明，我国宏观调控从总体上看还是有效果的，而且每一次的调控政策和手段都较前一次合理和成熟，对经济运行的预期把握的也越来越好。但由于在体制转轨时期，体制、结构、经济增长方式等多方面的深层次矛盾尚未解决或尚未完全解决；同时，在体制转轨的过渡时期各类深层次的矛盾又不断衍生出新的特征，增加新的不确定因素，它们都将会对宏观经济的运行产生影响。因此，近年来的宏观调控的成本是高昂的。何大安（2003）根据宏观调控层面可能会引起交易成本的分析没有受到应有关注的事实，认为新制度分析包含着政策层面上的交易成本思想，政府的宏观调控会导致投资选择的交易成本。李燎原（2004）认为任何调控都有成本。但在市场经济条件下，中央政府与地方政府的经济关系中，地方政府与中央政府利益不一致的现象普遍存在，且范围越来越广，并且由于中央的审批因素逐渐淡化，因此地方政府发展经济的自由度增大。这种情况导致中央的普通行政调控手段失灵，经济调控手段也不能很好地实现中央的意图，使得宏观调控的成本越来越大。这些成本包括经济成本、政治成本、竞争成本和社会成本。刘秀光（2011）对宏观调控过程中产生的一种社会成本——"政策后遗症"进行了实证分析。如财政政策在宏调过程中的顾此失彼以及政府投资的单一性，利率调整的两难处境导致货币政策调控取向的被扭曲等。其次，对于宏观调控的效率问题，周春梅、刘艳霞（2002）认为，政府失灵也会造成国家调控的非效率，主要表现在三个方面：一是调控主体的有限性，导致调控决策失误；二是调控激励机制的缺乏，造成调控既定目标的偏离；三是调控行为的垄断性，导致调控权利的滥用。朱华政（2005）从政府干预的角度探讨了政府干预效率问题，认为政府干预效率的高低存在诸多影响因素，主要包括行为主体的结构效率、制度效率和行为效率三个方面，且这些因素之间存在紧密的内在逻辑关系，共同形成市场经济中效率实现机制。朱云平（2007）认为转型经济期宏观调控是维护市场经济运行的重要辅助手段，为发挥宏观调控的功能，宏观调控也必须讲求效率。提高政府宏观调控的效率应该从提高政府宏观调控的决策效率、宏观调控手段和工具效率、运用成本——收益法则方面进行。闫伟（2009）和方巍、闫伟（2007）都认为，宏观调控能否取得预期成效，与宏观调控政策的实施效率直接相关。特别是在我国经济转轨时期，地方政府作为区域经济的调节主体，其经济行为是否合理，直接关系到国家宏观调控政策的实施效率。作为一级行政主体和利益主体，地方政府的经济行为既可为实现宏观调控目标、提高宏观调控效率提供条件，同时又阶段性地具备某些负面影响。特别是在经济转轨时期，这种"两重性"的效应更为明显：一方面，地方政府经济行为的某些特征有助于提高宏观调控政策的效率；另一方面，地方政府经济行为的某些特征又对宏观调控效率的提高带来相当的阻滞作用。就宏观调控政策效率而言，地方政府经济行为影响的"两重性"突出表现在三个方面：一是对准确性的影响，就是能否使实际经济运行结果尽量与预期目标相符合，这是衡量宏观调控政策效率的首要因素；二是对及时性的影响，就是能否使实际经济运行结果能够在尽可能短的时间内达到预期效果，这是衡量宏观调控政策效率的主要指标；三是对稳定性的影响，就是能否使政策调控在稳定、可控的范围内运行，这是衡量宏观调控政策效率的重要基础。黄荣哲、何问陶、农丽娜（2010）认为，宏观经济调控是一个兼顾货币政策工具、财政政策工具和经济增长、物价稳定、充分就业和国际收支平衡等多个输入要素和输出要素的整体决策，而不是仅仅关注个别要素的决策，所以宏观经济政策综合效率的评估涉及很多问题，相关理论和技术方法也是多种多样的。该文采用 DEA 方法仅仅是考察了已知样本空间当中各个决策单元的相对效率问题，主要结论有：（1）政府在利用宏观经济政策工具实现预期目标的同时也要为运用经济资源而支付一定的成本或者代价，所以在考察宏观经济政策综合效率的时候，除了研究技术效率、纯技术效率和规模效率之外，还要分析政府掌控的经济资源是否已经达到最优的配置效率；（2）技术效率欠缺的主要原因是规模效率偏低，适当降低广义货币供应量和财政赤字的规模将有助于进一步提高宏观经济政策的综合效率；（3）与最优值相比较，超额货币供应量的规模远大于超额财政赤字，但是超额财政赤字的比例却又远大于超额货币供应量的比例；（4）阶段性地调整政策目标的权重有利于进一步提升宏观经济政策的综合效率；（5）经济增长是影响宏观经济政策综合效率的最重要的输出因素，而广义货币供应量则是影响宏观经济政策综合效率的最重要的输入因素；（6）广义货币供应量对宏观经济政策综合效率的影响要比财政政策更加久远。王立勇、韩丽娜（2010）认为在国际金融危机的背景下，我国宏观调控效率提升对策包括调控目标应锁定结构调整，追求经济可持续发展；调控对象应注重需求管理与供给管理的结合；调控模式应不断创新，适时适度微调，把握调控节奏和力度；货币政策工具应根据金融市场成熟度和经济周期阶段、宏观调控目标进行选择，同时注重对财政政策机制与结构进行调整，合理搭配各种宏观调控政策；在"稳定物价"方面，既要盯住 CPI，又要关注资产价格变化，且应增强中央政府与地方政府调控步调和举措的一致性。（7）对于宏观调控的绩效问题，杨秋宝（1998）首先提出了"宏观调控绩效"的概念，并从总体上界定宏观调控绩效的内涵，从互补与互逆的角度分析目标绩效，从成本与收益的角度分析成本绩效、从宏观作用与社会影响的角度分析连带绩效，最后说明调控失效的类型和原因。张志敏（2000）认为在政府宏观调控中，限制和影响政府干预绩效的因素是多方面的，有政府自身的限制和政策效应的局限性，也有市场发育程度的限制和被调控对象的限制，还有信息技术的限制。要克服这些限制，政府应充分利用信息进行科学决策，并要深入了解研究被调控对象，发挥中介组织的作用，运用各种政策手段进行综合调拉，从而完善政府宏观调控行为。杨秋宝（2002）认为，宏观调控绩效是分析市场经济中政府宏观调控的重要范畴，多元的目标绩效之间存在着并列或相容、互补或互促、相逆或对立的关系，反映成本绩效的调控耗费与收益具有时差性以及不同条件下不同的相关性，连带绩效则是一定宏观调控所产生的延伸作用和社会影响。陈建斌、郁方（2007）认为，现有文献主要集中在对两大宏观经济政策财政和货币政策有效性的分析上，如果政策目标缓解通货紧缩、促进经济增长，或者抑制通货膨胀和经济过热基本实现了，就表明政策有效反之则无效或弱效。例如，在治理 1998 年以来出现的通货紧缩的政策大讨论中，普遍认为货币政策无效或弱效，而财政政策较为有效的主要根据就是，扩张性的货币政策未能有效地拉动信贷与投资扩张，而积极的财政政策则每年拉动 GDP 增长 2 个百分点左右。事实上，宏观经济调控是"一揽子"政策工具相互作用的过程，一种政策是否有效不但取决于该政策自身，还受到其他政策的影响。如果政策之间具有较好的协调性，就会形成政策合力，则该政策就会表现出相当大的有效性；如果政策之间具有内在的冲突，就会产生政策耗损，则该政策的效果就会大打折扣，表现为无效或弱效。从这个意义上讲，对各种宏观经济政策的效果进行分析并评估是困难的。基于宏观经济调控政策当局的损失函数，他们设计了一个新的模型框架对宏观经济调控执行绩效进行数量评价。对中国宏观经济调控政策损失的估算结果表明，宏观经济调控执行绩效在 1996 年以后得到了很大改善，并在 2000 年以后得到了进一步优化，政策损失逐渐向零水平线收敛，基本上实现了经济周期波动在适度高位的平滑化。陈杰（2008）基于政策损失函数建立了一个不包含预期通货膨胀的反映产出缺口和通胀缺口之间关系的模型，评价了1985～2005年间中国宏观经济调控的执行绩效，结果表明宏观经济调控执行绩效在1996年前较差，在1996年后得到了明显的改善，并在2000年后得到了进一步优化，实际政策损失逐渐向最小政策损失靠拢。于连锐、王晓娟（2008）分析了党的十六大以来中央宏观调控政策的成效，认为从总的情况看，新一轮宏观调控较好地吸取了前几次宏观调控的经验教训，开始得比较早，即在出现局部过热、还没有形成全面过热的情况下就开始了，而且力度比较适中，即使在重点调控领域，也没有采取过去常用的"一刀切""急刹车"的办法一律加以控制，而是有保有压，区别不同情况给予不同对待。采取的措施范围比较适当，没有不加区别地全面收紧，而是主要把好土地和资金两个"闸门"，从而保证了经济的相对稳定运行，没有出现大起大落，国民生产总值增速从2003年的10%稳步上升到2007年的11.4%，固定资产投资由2003年的27.7%平缓降至2007年的24.8%。但从当前经济运行情况看，调控的效果不是十分明显，经济运行中的突出问题尚未得到有效解决，当前世界性经济危机更是增加了调控的难度。沈立人（2008）认为对这几年的经济发展怎样评估和解析，涉及对宏观调控质效的衡据，朝野各界的尺寸大同小异。总体来说，基本上是肯定并赋以赞扬的。10多年来，GDP增长率从20世纪末的年均9%左右逐步攀高到21世纪的两位数，近几年来更是每年提高0.1个以上的百分点，十分奇妙。这不仅在发展中国家尤其大国中创造了新纪录，对世界经济的持续增长也产生越来越不能觑视的影响。肯定这段成就，不言而喻，不能不归功于此一时期的宏观调控。不难设想，假若没有持之以恒的这样那样的宏观调控，经济运行必然会出现另一种形态，或者是通货膨胀愈演愈烈，甚至不堪收拾；或者是大起之后急剧大落，付出极大的治理成本。同时也不能回避和讳言，较长时期的经济运行，还有某些不足：一是经济增长偏快，二是投资规模偏大，三是物价指数偏高，四是对外贸易和招商引资也增长过快、规模偏大，而这些都与宏观调控的不够完善和水平不高有直接、间接的关系。刘瑞、周人杰、崔俊富（2009）认为，迄今为止尚未有直接针对宏观调控进行的绩效评估，此中难处一方面在于作为"例外行动"的宏观调控自身的复杂性；另一方面则在于评估内容、方法与对象的模糊性。该文指出，宏观调控的绩效评估应以政策程序为评估内容、以程序成本为评估方法、以地方政府为评估对象。由于中国政府宏观调控行动的复杂性与特殊性，实际上将催生出两套不同的评估体系：一是以政策实体为评估内容、以实体收益为评估方法、以中央政府为评估对象的学院派绩效评估；二是以政策程序为评估内容、以程序成本为评估方法、以地方政府为评估对象的绩效评估。第二套绩效评估体系是研究的重点。陈孝兵（2010）认为当前我国宏观调控的有效性受到了一些客观限制：一是宏观调控有效性需要有实在的市场基础条件，这主要包括市场主体的独立性、市场主体责权利的平衡，并最终反映到市场主体对宏观调控的有效反应上。二是宏观调控的有效性还需要宏观调控政策的权威性。这不仅包括宏观管理当局本身的权威性，如令行禁止，而且还包括各个宏观管理当局之间的协调配合。因此，从根本上提高宏观调控的有效性不是无条件的，实施调控后的效果与我们的预期还会存在这样或那样的偏差，特别是政策层面的操作方式比较复杂，无疑会增强宏观经济运行态势的不确定性。刘满平、黄文彬、黄应刚（2011）对我国2008年以来宏观调控政策绩效评价结果为：（1）积极效果：我国经济在2009年第1季度出现积极或回稳信号。之后回升向好势头强劲；国内需求增长逐步加快；经济结构战略性调整和发展方式转变得到进一步推进，政策效应逐步显现；"三农"工作和民生工程得到进一步加强。（2）消极效应：从调控的长期目标来看，物价稳定以及充分就业、国际收支平衡没有达到理想中的效果；从经济增长动力机制来看，投资增长过快，投资率明显偏高，最终消费率受居民收入差距扩大的影响而不断下降，经济可持续增长受到制约；在巨大的投资压力下，政府特别是地方政府直接和隐性负债过高，财政风险较大；由政府主导的大规模基础设施投资效率不高，尚未完全实现预期效果，并且对民间资本存在挤出效应。当然，也有部分学者认为我国宏观调控效果弱化或效果不佳。刘伟、蔡志洲（2006）认为，我国经济发展的特殊国情是使得宏观调控效果不佳的主要原因。易宪容（2006）认为，目前宏观调控效果弱化的原因在于中国整个经济基础与市场体制都发生了根本性变化，而政府依然沿用计划经济思维，希望以旧有工具调控现有经济，走政府干预经济的计划老路，自然达不到调控效果。赵晓、谭国荣（2006）认为宏观调控弱化，一方面，由于当前无论是国内还是国际上，资金都处于"超级流动"状态，这就使得虽然中央政府不断加大调控力度，但实际运行效果不佳；另一方面，政府的宏观调控尤其是房地产调控涉及中央和地方博弈以及多个部门，但由于受不同利益取向的约束，多只看得见的手在本位主义的驱使下相互牵制，从而大大抵消了调控的效果，最终"看不见的手"打败了多只"看得见的手"。华民（2007）认为，中国宏观调控没有能够达到预定目标的原因主要有两点：一是从内部经济状况来看，各种宏观经济调整政策由于缺乏微观结构的支持，成效甚微；二是从外部经济来看，经济全球化使得宏观经济政策的许多作用被外来力量所抵消了。余华义（2008）认为宏观调控效果弱化的根源，在于我国现行的投资型经济增长方式与宏观调控之间内在的矛盾，而中央对地方政绩单一指标考核形成的委托—代理关系，以及中央和地方政府财权、事权不统一更加剧了这一矛盾。此外，中央在制定宏观调控政策时忽视民众预期，也在一定程度上削弱了宏观调控效果。庞明川（2008a，2008b）认为，一定的经济政策总是与一定的体制基础相联系的，一定的经济政策只有与相应的体制基础协调配合才能充分发挥其政策效果。因而，宏观调控政策绩效未能取得预期效果的原因在于缺乏与相适应的体制基础。

第七，对中国宏观调控经验的总结与归纳。改革开放以来，对于中国宏观调控经验的总结与归纳出现了两次研究热潮。据查证，20世纪80年代末，国内学者就开始进行积极的理论探索和思考。李平安（1989）认为，要把实现总量平衡和结构协调有机地结合起来，探索计划与市场内在统一的最优结合点。宋劭明（1989）认为，40年宏观调控的经验主要有两条：一是产品经济的计划经济体制束缚生产力，必须将宏观调控建立在社会主义有计划的商品经济基础上；二是建立和完善宏观调控体系有一个过程，不能求之过急，而应从实际出发逐步实现，而且对其优化必须与正确的决策密切结合起来。因此，应从国情出发优化宏观调控。到20世纪90年代，关于宏观调控的研究形成了第一次热潮。特别是1998年适逢我国改革开放20周年和亚洲金融危机爆发，更是将对于宏观调控经验的理论总结推向了高潮。杨启先（1990）认为，要确立符合实际的经济总量平衡制度，要建立严格规范的制衡制度，要形成科学灵敏的分工调节制度。王致胜、王燕青（1995）总结了1991～1993年上半年宏观调控政策的经验，认为调控时点的选择比较合适，紧缩力度的掌握较为恰当，调控采用的手段较为合理。朱之鑫（1995）全面总结"八五"期间宏观调控的经验认为，必须正确处理改革、发展和稳定的关系，善于抓住主要矛盾，解决经济生活中的突出问题；必须始终做到保持经济供求总量大体平衡的原则，注意优化结构；必须使宏观调控的方式和手段同建立社会主义市场经济体制的进程相适应，不能超越经济发展的阶段；必须全面分析和正确判断经济走势，适时适度地把握好宏观调控。章钟基（1996）全面总结了我国"八五"时期宏观调控后认为，可贵的经验与启示包括：（1）宏观调控要以改革为动力；（2）宏观调控的政策要保持相对稳定性；（3）宏观调控要审时度势，把握好时机；（4）宏观调控要选准突破口，正确把握力度；（5）宏观调控要采取综合配套措施，多种手段并用；（6）宏观调控要统一思想认识，树立全国"一盘棋"的思想。陈锦华（1997）总结了1993年以来宏观调控所创造的新鲜经验，主要有：第一，党中央及时正确决策，统一认识，齐心协力；第二，抓住影响宏观经济稳定的突出问题和主要矛盾，是短时间内扭转局面的关键；第三，严格控制需求，特别是控制固定资产投资需求过快增长，使宏观环境及时得到改善；第四，在控制需求过快增长的同时，重视结构的优化，努力增加有效供给。这是与以往进行经济调整不同的显著特点，也是改善宏观调控的重要体现；第五，正确把握和灵活调整宏观调控力度；第六，着眼改革，注重治本，从体制和机制上为实现宏观调控目标创造条件；第七，以经济手段为主，辅之以法律手段和必要的行政手段。中国改革与发展报告专家组（1998）基于1996年中国经济成功实现软着陆的背景对我国宏观调控经验进行了初步总结。陆百甫（1999）认为，中国20年来宏观调控的基本经验包括：一是要十分注重中央、地方、群众建设社会主义经济积极性的充分发挥，20年最重要的经验可能就是这一点；二是以改革推动发展，以社会稳定保改革与发展的顺利进行；三是宏观调控权限要适度集中，经济管理权限要适度分散；四是要以控制社会总需求为主，同时抓好社会总供给的改善；五是坚持适度从紧的财政货币政策，但必须有一定灵活性，并注意适时微调；六是大胆利用国内外两个市场、两种资源，努力改善投资环境，扩大对外经济技术交往；七是在生产发展的同时，不断提高人民的生活水平；八是"看不见的手"与"看得见的手"都要合理发挥对经济的调节作用；九是发展中国家千万不能把通货膨胀政策化，在发生不可避免的通货膨胀时也要把握一个"度"；十是对经济过热的治理，不能浅尝辄止，必须调控到位。张爱武（1999）将20年来加强和改善宏观调控的主要经验归结为：宏观调控要抓住主要矛盾，正确决策，统一全党和全国人民的认识；宏观调控要着眼改革，注重治本，从体制和机制上为实现宏观调控目标创造条件；宏观调控要以经济手段为主，辅之以法律手段和必要的行政手段，把直接调控与间接调控结合起来；宏观调控在调节经济总量平衡的同时，要注重经济结构的优化；宏观调控要正确把握和灵活调整宏观调控力度。

　　进入21世纪以来，国内关于宏观调控经验的研究又掀起了新一轮热潮，尤其是2008年适逢改革开放30年和美国金融危机爆发，因此，在此前后有关中国宏观调控的认识和总结又一次达到高潮。国家发展改革委宏观经济研究院课题组（2000）对"九五"时期宏观调控的经验进行了总结，主要包括：（1）转变政府职能，发挥政府在宏观调控中的主导作用；（2）借鉴国外的有益经验，探索适合我国国情的宏观调控的有效措施；（3）适时调整宏观经济政策，增强宏观调控的针对性和有效性；（4）处理好短期经济增长速度与长期经济社会发展之间的关系。2001年3月5日，朱镕基在九届全国人大四次会议上将"九五"期间加强和改善宏观经济管理与调控的经验概括为：第一，坚持用发展的办法解决前进中的问题。第二，根据经济形势的变化，适时调整宏观调控政策取向和力度。第三，把扩大内需和调整经济结构紧密结合起来。第四，正确处理改革、发展、稳定的关系。陈东琪（2001）将"九五"期间宏观调控的基本经验归结为：根据形势的变化，适时调整宏观调控目标；

主要运用经济手段对国民经济的发展路径进行调节；注意财政、货币政策各项工具之间的协调搭配；采用微调方式，减少调控中的振荡；利用国际市场来调节国内市场的供求关系。曹玉书（2004）认为，明确社会主义市场经济体制改革目标以来曾经历了1993～1997年、1997～2003年以及2003年下半年开始的宏观调控，其经验可以概括为：未雨绸缪，防患未然；遵循规律，间接调控；区别对待，有压有保；深化改革，标本兼治。汪同三（2005）将我国宏观调控值得借鉴的经验和注意的问题总结为：（1）宏观调控要注意把握好时机和力度；（2）当前宏观调控的成功尚需时日；（3）宏观调控中要十分注重价格波动问题；（4）在宏观调控中要处理好市场手段和行政手段的使用问题；（5）宏观调控过程要将解决短期波动与长期结构调整结合起来；（6）坚持深化改革，是宏观调控成功的基本保证；（7）树立科学的发展观，是实现经济稳定持续快速健康发展的关键。庞明川（2006）将20多年来特别是1992年建立社会主义市场经济体制以来宏观调控的成功经验归结为：针对经济运行中面临的不同问题区别采取不同的调控措施；宏观调控的方式和手段不断丰富；宏观调控艺术不断增强。陈东琪、宋立（2007）总结改革开放28年特别是提出并实施科学发展观以来宏观调控所取得的成就，主要有以下几个方面的基本经验：一是科学预测，及早动手，在调控时机选择上注意把握提前量，加强宏观调控的预见性、前瞻性；二是综合运用经济、法律和行政三大手段，逐步减少行政干预，强化市场参数调节，保证宏观调控的客观性、科学性；三是合理选择财政货币政策组合模式，促进财政货币政策协调搭配，提高宏观调控政策的协调性、有效性；四是适时适度微调，灵活多次"点调节"，把握好调控节奏和力度，提高宏观调控的技巧和策略；五是从发展不平衡的现实出发，区别情况，分别对待，分类指导，有保有压，把握好宏观调控的差异性、针对性。徐鹏程（2007）认为，2006年以来宏观调控的经验教训主要包括维护国家政策的权威性和严肃性，不折不扣地执行已出台的各项调控政策；将体制改革和宏观调控结合起来，在改革中加强和改善宏观调控；提高调控政策的前瞻性，加大对经济的"预调控"。陈东琪、宋立（2007a）把我国历次宏观调控的基本经验总结为：一是科学预测，及早动手，在调控时机选择上注意把握提前量，加强宏观调控的前瞻性；二是综合运用经济、法律和行政三大手段，逐步减少行政干预，强化市场参数调节，保证宏观调控的科学性；三是合理选择财政货币政策组合模式，促进财政货币政策协调搭配，提高宏观调控的有效性；四是适时适度微调，灵活多次"点刹"，把握好调控节奏和力度，提高宏观调控的技巧性；五是从发展不平衡的现实出发，区别情况，分别对待，分类指导，有保有压，把握好宏观调控的差异性。杨启先（2007）认为，我国经济宏观调控的主要经验，综合起来可概括为一句话，必须做到"三适"，即适时、适度与适可而止。陈东琪、宋立（2007b）后来又将党的十六大以来宏观调控的基本经验归纳为：（1）用科学发展观统揽宏观调控，进一步明确宏观调控的指导思想，丰富并深化宏观调控的内涵；（2）加强形势研究分析和预测，完善宏观调控的决策机制，努力提高宏观调控的及时性、前瞻性和科学性；（3）科学把握宏观调控目标和措施着力点，在兼顾结构调整和社会发展目标同时，积极促进经济总量平衡；（4）选择财政货币政策"双稳健"取向，政策措施协调搭配，在主要运用经济手段时合理使用行政和法律手段，提高宏观调控的整体效果；（5）不断改进调控方式，用多次微调遏制经济上升期的"过热"倾向，通过提高宏观调控的灵活性、应变性，保持经济快速增长的平稳性、持续性。杨帆（2008）认为，改革开放以来前四次宏观调控的经验可归结为：党中央和中央政府强有力的政治领导是宏观调控成功的关键；成功进行宏观调控必须讲求方法，正确引导社会舆论与心理预期。陈东琪、宋立等（2008）进一步将30年来尤其是近几年宏观调控的基本经验总结为：第一，科学发展观统领宏观调控，进一步明确了宏观调控的指导思想；第二，加强形势研究分析和预测，完善宏观调控的决策机制，努力提高宏观调控的及时性、前瞻性和科学性；第三，科学把握宏观调控的目标排序和政策重心，注意最终目标与中间目标兼顾，需求管理与供给管理并重，做到总量调节与结构调整相结合，短期措施与中长期措施相搭配；第四，积极探索行之有效的调控工具和手段组合，在充分运用财政、货币政策等常规经济手段的同时，注意适当运用行政和法律等必要的辅助手段，并注意宏观调控与微观规制、深化改革相结合；第五，不断改进调控方式，在保持政策稳定性、连续性的同时，适时适度进行渐进式的"微调""预调"，提高调控政策的灵活性、应变性，保持宏观调控的有效性和宏观经济运行的稳定性和持续性。刘树成（2008）认为，5年来的宏观调控具有许多新特点，突出的是：在宏观调控的指导思想上，树立和落实科学发展观；在宏观调控的手段上，更多利用市场化手段和发挥各种组合效应；在宏观调控的时机和力度的把握上，做到适时适度、有节奏地多次小步微调；在宏观调控与政府其他经济职能的协调配合上，做到"四结合"，即宏观调控与结构调整、转变经济发展方式、体制改革、改善民生相结合；在宏观调控的目标上，注重内外关联。万勇（2008）总结改革开放30年来我国宏观调控的历程，可以归纳为以下四方面经验：一是调控要见势快，动手早，下手准，力度得当；二是调控要关注价格波动，稳定物价预期；三是调控要以经济手段为主，综合运用其他各种手段；四是不搞"一刀切"，促进经济平稳发展。欧阳日辉（2009）对我国宏观调控30年的基本经验归结：一是综合运用经济、法律和行政三大手段，实施宏观调控"组合拳"，以经济等间接手段为主，辅之以必要的行政等直接手段，强化市场参数调节，保证宏观调控的科学化、规范化和制度化；二是合理选择财政和货币政策组合模式，注意财政和货币政策协调搭配、同一政策不同工具的搭配等问题，结合土地调控政策，提高宏观调控的协调性、科学性和有效性；三是密切关注系统宏观经济指标，做到适时、适度与适可而止，把握好调控节奏、力度和方向调整，防范经济运行中可能出现的大起大落，加强宏观调控的前瞻性、技巧性和稳定性；四是完善社会主义市场经济体制，解决经济社会发展中尚存的深层次问题，形成有利于转变经济增长方式、促进全面协调可持续发展的机制，消除宏观调控的基础性、体制性和机制性障碍；五是合理划分中央和地方的事权和财权，科学改革政绩考核体系，充分调动地方积极性，确保宏观经济政策贯彻执行，维护中央宏观调控政策的统一性、权威性和严肃性。庞明川（2009）认为，我国宏观调控的经验包括：（1）充分认识宏观调控在社会主义市场经济中的地位和作用；（2）不拘泥于西方的传统，大大拓展了宏观调控的内涵与外延，形成了具有中国特色的宏观调控体系；（3）按照科学发展观的要求加强和改善宏观调控；（4）把加强和改善宏观调控与深化经济体制改革结合起来；（5）把加强和改善宏观调控与民生问题有机结合起来。冯梅、王之泉（2010）认为，当前宏观调控具有以下特点：一是宏观调控面临更加复杂、多变的国内国外环境，调控任务繁重、调控压力巨大；二是宏观调控中财政、货币政策运用更加有效，调控力度之大、范围之广前所未有；三是宏观调控兼顾国内与国际"两个战场"，积极参与全球经济调控与协作，切实承担大国责任。齐培潇、郝晓燕、史建文（2010）认为，改革开放以来中国宏观调控的基本经验可归结为：以科学发展观统领宏观调控；加强形势研究分析和预测，完善宏观调控的决策机制；科学把握宏观调控的目标排序和政策重心；积极探索行之有效的调控工具和手段组合，不断改进调控方式。

对于中国的宏观调控，国外学者和媒体虽然没有进行系统总结，但始终予以高度关注和积极评价。在 20 世纪 90 年代，中国的宏观调控就"引起国际上广泛关注和赞赏"。对于当时有国外媒体认为中国宏观调控在照搬西方模式的论调，朱镕基义正词严地指出："我们的所有宏观调控措施都不是照抄西方模式，都是有中国特色的。"对于 2003 年以来的宏观调控，西方主流媒体称为"macro–economic controls"（宏观经济调控）。而对于 2004 年以来的宏观调控，国际货币基金组织在 2004 年 8 月发表针对中国经济发展情况的年度报告，指出中国政府娴熟的经济管理措施减轻了经济过热的风险。① 诺贝尔经济学奖获得者、美国斯坦福大学商学院名誉院长迈克尔·斯宾塞（A. Michael Spence）教授表示：中国政府在处理宏观经济运行中的各种复杂问题时采取了得力的措施，表现出了高度的自信，中国当前的经济运行状况非常成功。中国在从计划经济模式过渡到市场经济制度方面的努力卓有成效，在消除贫困、吸引外资、增强出口竞争力等方面成效显著。② 美国高盛（亚洲）有限责任公司董事总经理兼首席经济学家胡祖六认为：经过 1 年多的宏观经济调控，中国的经济过热现象得到了一定程度的缓解。③ 英国渣打银行首席经济学家莱恩斯（Gerard Lyons）认为，中国政府宏观调控政策实施力度得当，实现中国经济软着陆的目标已初见成效。④ 美国花旗集团执行董事罗伯特·库恩（Robert Lawrance Kuhn）将宏观调控与中国实际结合起来予以肯定。他认为，中国宏观调控是果断明智的选择。中国从计划经济向市场经济的转型是史无前例的，而且现在正在转型之中，因此它与外国的许多情况还是不同的，不能完全照搬国外的经验。他认为，中国在宏观调控方面应注意两个问题：一是"必须将（政府行为的）财政政策和市场经济的货币政策结合起来，这样控制经济过热，比较符合目前中国实情，而不是用外国人开出的用自由市场经济的调控药方"；二是在宏观调控中，不能完全一刀切，总体来讲不应影响中国的整体经济发展战略。⑤ CFC 证券公司首席投资策略分析师达留什·科瓦尔奇克（Dariusz Kowalczyk）认为，中国在加速中实现抑制过热，显示出了中国经济政策的巨大成功。中国政府所实现的正是多数国家可望而不可即的结果——在加速度中实现宏观调控目标。ABB（中国）有限公司董事长兼总裁路义普（Peter Leupp）赞扬中国政府宏观调控政策对整个国家和跨国公司都有利。它更利于节约能源、改善生态环境，也将吸引更多跨国企业。⑥ "欧元之父"、诺贝尔奖获得者、美国哥伦比亚大学教授罗伯特·蒙代尔（Robert A. Mundell）肯定中国政府采取的宏观调控措施非常好，中国经济的增长速度也是健康的；认为宏观调控是中国政府对经济进行的非常重要的调整，中国经济将不断向价值链的高端（如高新技术产业）前进；经过调整后的中国经济有光明前景。⑦ 英国《经济学人》信息部 2004 年 10 月 25 日也指出，中国经济数据显示，较早前推行的宏观调控政策达到了预期效果。至于 2005 年以后的宏观调控，加拿大海外中文网 2006 年 12 月 5 日撰文指出：一系列

---

① 国际货币基金组织（IMF）. 2004 年中国经济发展年度报告 [D]. 2004（8）.

② 刘超. 美国学者赞扬我国宏观调控政策 [N]. 人民日报，2004 – 11 – 08.

③ 胡祖六. 对中国经济的分析判断和宏观调控建议 [DB/OL]. 新浪财经，2004 – 07 – 26.

④ 卫金桂，姜梅. 近年来国外学者对中国宏观调控的评述 [J]. 北京电子科技学院学报，2009（1）.

⑤ [美] 罗伯特·库恩. 中国宏观调控 果断而明智的选择 [N]. 国际金融报，2004 – 08 – 06.

⑥ 周方. ABB 中国总裁：宏观调控政策对跨国公司有利 [DB/OL]. 新华网，2005 – 03 – 30.

⑦ 刘铮，李灿. 蒙代尔：宏观调控措施使中国经济健康增长 [DB/OL]. 新华网，2004 – 10 – 31.

资料似乎都显示出一连串的宏观调控措施正在逐渐奏效。① 而对于近年来在面临全球金融危机以及欧债危机等重大外部冲击的情况下中国宏观调控的成就，前摩根士丹利亚洲区主席、美国耶鲁大学教授史蒂芬·罗奇（Stephen Roach）发表题为"向中国学习宏观调控"的文章。他指出："中国不会像许多人担心的那样很快迎来硬着陆，那些唱衰中国的人只会自讨没趣……中国在管理经济方面的表现仍远远胜过多数人对它的肯定。中国甚至在宏观政策战略方面给世人上了一课，这一课是世界其他地区应该聆听的。""没有哪条战线能比通胀战线更能说明问题了。中国发动了一场成功的反通胀战役，遏制住了长期以来破坏中国经济稳定的最大威胁。这说明中国经过慎重考虑采取政策行动发挥出了效力。""通胀阻击战的胜利是中国对其战术需求和总体战略目标作出协调的一个范例。世界其他国家绝不应错过这堂课。"②

从上述关于中国宏观调控的研究中可以看出，对于宏观调控的认识还存在许多重大的分歧和误区。概括起来，主要体现在以下几个方面：

第一，关于宏观调控的定义。从前面的分析中可以看出，宏观调控一词是一个舶来品。自1985年的"巴山轮会议"召开以来，宏观调控在经济文献中出现的频率一直很高。但是，由于中国转轨过程的特殊性以及宏观管理的复杂性，使得在理论界和实际工作部门对于宏观调控的含义尚缺乏清晰一致的理解，至今还没有一个公认的权威定义。

在20世纪90年代中期以前，国内不少学者将宏观调控的外延界定得很宽泛，基本上将其等同于政府干预。马洪指出："宏观调控，严格地说，是指政府为实现宏观（总量）平衡，保证经济持续、稳定、协调增长，而对货币收支总量、财政收支总量和外汇收支总量的调节与控制。由此扩展开来，通常把政府为弥补市场失灵采取的其他措施也纳入宏观调控范畴。"③ 曹玉书认为："所谓宏观调控，是指在市场经济条件下，政府从宏观经济的角度，主要运用经济手段、法律手段，并辅之以必要的行政手段，为保持国民经济向着预期目标发展，维护经济健康运行所进行的调节和控制。"④ 而20世纪90年代中期以后，国内一些学者开始把宏观调控的外延缩小，从宏观经济总量的角度来界定宏观调控。赵海宽认为："宏观经济调控简而言之就是运作经济手段对社会总供给与社会总需求的状况加以调节，使之能够经常趋于和基本保持在供求均衡的状态。"⑤ 黄达指出："宏观调控是调控各经济总量的关系"，但是"不是任何范围内任何多少带有总体、全部之类含义的问题都可称之为宏观经济问题。"⑥ 汤在新、吴超林认为："宏观调控是国家运用一定的经济政策（主要是财政和货币政策）对宏观经济总量（总供给和总需求）进行调节以期趋近经济均衡目标的行为过程。宏观调控的总体目标是实现总需求和总供给的均衡，促进经济持续稳定地增长。宏观调控的具体目标包括经济增长、稳定物价、充分就业和国际收支平衡。"⑦ 张岩鸿认为："所谓宏观

---

① 分别参见卫金桂，姜梅. 近年国外学者对中国宏观调控的评述 [J]. 北京电子科技学院学报，2009（1）；陈东琪等. 繁荣与紧缩——中国2003－2007年的宏观调控 [M]. 北京：中国计划出版社，2009.
② ［美］史蒂芬·罗奇. 向中国学习宏观调控 [DB/OL]. 英国金融时报中文网，2012－03－09.
③ 马洪. 什么是社会主义市场经济 [M]. 北京：中国发展出版社，1993：197.
④ 曹玉书. 宏观调控机制创新 [M]. 北京：中国计划出版社，1995：2.
⑤ 赵海宽. 经济转轨时期的宏观调控与货币政策 [M]. 北京：中国金融出版社，1996：26.
⑥ 黄达. 宏观调控与货币供给 [M]. 北京：中国人民大学出版社，1999：2～7.
⑦ 汤在新，吴超林. 宏观调控：理论基础与政策分析 [M]. 广州：广东经济出版社，2001：217.

调控，是指为实现宏观总量平衡，保证经济持续、稳定、协调发展，一国政府通过它掌握的某些经济变量（如财政支出、货币供给量等），来影响市场经济中的各种变量的取值，从而引导市场中的各行为主体自动按政府意图行事的一种政府干预经济的方式。宏观调控的最大特点是，在这种干预方式中，政府并不直接用行政命令来指示各市场主体能够或不能够做某事，而是通过各市场参数的调节来间接诱导各市场主体按政府意愿行事。通过对市场变量的调节而间接影响市场主体的行为是宏观调控的最大特色。"① 钱颖一认为，由于人们还未完全认清宏观经济与微观经济的分别，因而还未能有效地区分政府对经济的宏观调控与市场监管这两种非常不同的职能。在现代经济学中，宏观经济指的是总量，如政府的总支出和总收入、货币的总供给、GDP 的增长率、劳动就业率和失业率，以及影响整个市场的价格参数如利率、汇率等。就微观经济来说，不仅企业属于微观范畴，而且某一行业（如汽车、房地产）、单个市场（如钢材、电）都属于微观范畴。这一概念上的区分直接引出政府在市场经济中职能的分野：宏观调控指的是政府有关财政、货币、汇率等调整总量的政策；而市场监管指的是政府对企业、行业或单个市场的规制。②

　　此外，针对社会上有一种把宏观调控当作紧缩性的、限制经济发展的政策的看法，刘国光（2004）认为，"宏观调控"是个中性的概念。宏观调控本身包含了限制与发展、紧缩与扩张、后退与前进几方面的内容。宏观调控与发展的关系体现在：宏观调控既有直接刺激促进经济发展的措施，也有间接通过限制一些领域的过度扩张为整个经济创造良好发展环境的措施。而陈共、昌忠泽（2007）则将政府干预的层次按照概念的外延从大到小区分为：国家经济调节——宏观调控——财政与金融政策。政府（微观）规制及产业政策属于国家经济调节的范围，不能纳入宏观调控范畴中。"宏观调控是国家经济调节的主要方式和手段，相对于政府（微观）规制和产业政策而言，宏观调控是指国家（中央政府）利用一定的宏观经济政策（主要是财政和货币政策），借助于一系列宏观经济参数（如利率、汇率、财政支出、货币供给等），间接影响市场主体的行为，以实现社会总供给和总需求的基本平衡，促进国民经济持续、稳定、协调、健康和可持续发展。"宏观调控的对象是宏观经济运行中的经济总量，目的是促进总供给和总需求的基本平衡。对总量的调节，有可能对不同行业、部门产生程度不一的影响，但是，宏观调控的目的并不是针对某些行业或部门，并不是要支持或抑制某些产业的发展。宏观调控并不是代替市场调节的资源配置方式，而只是为市场机制基础作用的发挥创造必要的条件。李晓西（2006）认为："宏观调控是中央政府用货币和财政两大手段对经济的干预，这是中央政府的一项义务，也是中央政府的一种权力。从宏观调控的内涵讲，它是一个同时涉及经济学和法律学两个范畴的概念。在经济学中，宏观调控是指政府为弥补市场缺陷对国民经济波动进行的调节和控制；在法学中，宏观调控反映为稳定市场经济秩序而作出的具体制度设计和制度安排，这种制度设计和制度安排体现为一套具有权威性的法律规范和稳定性强的政策手段。从性质上讲，宏观调控侧重需求管理，不是供给管理，要解决的问题是短期问题，而供给管理则包括解决中长期问题。"黄伯平（2008）则将宏观调控定义为：宏观调控是中央政府采取的一种非常规的国民经济管理活动。在经济异常波动频发的中国，具有独特目标和行为方式的宏观调控在政府的整个经济工作中扮演着

① 张岩鸿. 市场经济条件下政府经济职能规范研究［M］. 北京：人民出版社，2004：100.
② 钱颖一. 宏观调控不是市场监管［J］. 财经，2005（3）.

重要角色，且在很长一段时期内仍将独立于一般宏观经济政策。从本质上看，宏观调控是政府微观经济职能与宏观经济职能的结合体；在宏观调控体系中存在着两大政策手段体系，适应于不同的微观基础和市场机制，形成了内生性宏观调控体系和外生性宏观调控体系。前者接近于成熟市场经济体的"宏观经济政策"，后者则是典型的"宏观目标、微观手段"。

有意思的是，在2004~2008年期间，出现了三篇同名为《为宏观调控正名》的文章：邱晓华（2004）提出，对宏观调控要有正确的理解：首先，宏观调控与市场机制共同作为社会主义市场经济的有机组成部分不可或缺，那种认为只要市场经济不要宏观调控，或者认为只要宏观调控不要市场机制的认识都是不对的；其次，宏观调控作为政府干预经济的总称，既有紧缩的一面，也有扩张的一面。汤在新（2006）认为，宏观调控是现代市场经济中一个具有特定内涵的经济范畴，而不是泛指政府对涉及全局经济问题的干预。由于市场经济体制的不完善，中国在进行宏观调控时还不得不暂时采取某些计划体制下的政策和手段，但是，要认清这些非市场运作的局限性和过渡性，更不能因此而修改宏观调控概念，如把宏观调控等同于政府干预，认为宏观调控应包括结构调整，应包括对企业或行业的"有保有压"。许小年（2007）认为，目前在媒体上、政策部门甚至学界中，"宏观调控"的含义被随意延伸，概念的混乱几乎到了令人啼笑皆非的地步。顾名思义，宏观调控指的是运用宏观政策调节社会总需求，这里需要强调的是"宏观政策"和"总需求"。宏观政策有两类，并且只有两类，即货币政策与财政政策，政府控制货币供应总量、税收与财政开支，调节以国内消费与投资为主的社会总需求。宏观调控从来不以供给为目标，从来不以产业结构为目标。

由上述分析可见，自20世纪80年代中期以来，虽然宏观调控在中国已经历了30多年的实践，但理论界仍未就宏观调控的定义形成共识。有学者将经济学界对宏观调控概念的定义归纳为广义论、狭义论和特色论三类观点。其中，广义论者认为，宏观调控等同于政府干预，将市场失灵的所有表现都作为宏观调控的依据，因而将政府的所有经济职能都纳入宏观调控的范畴。例如，马洪提出："宏观调控，严格地说，是政府为实现宏观（总量）平衡，保证经济持续、稳定、协调增长，而对货币收支总量、财政收支总量和外汇收支总量的调节与控制。由此扩展开来，通常把政府弥补市场失灵采取的其他措施也纳入宏观调控范畴。"[①]而狭义论者则认为宏观调控仅指运用财政政策和货币政策调节社会总需求，其理论基础是凯恩斯的"有效需求理论"。黄达认为："宏观调控是调控各经济总量的关系"，但是"不是任何范围内任何多少带有总量、总体之类含义的问题都可称之为宏观经济问题"。[②] 许小年认为："宏观调控指的是运用宏观政策调节社会总需求，这里需要强调的是宏观政策和总需求。宏观政策有两类，并且只有两类，即货币政策与财政政策，政府控制货币供应总量、税收与财政开支，调节以国内消费与投资为主的社会总需求。宏观调控从来不以供给为目标，从来不以产业结构为目标"。[③] 汤在新认为，宏观调控是从价值量上调节总需求和总供给之间的均衡，没有配置资源和结构调整的职能，他甚至尖锐地提出："如果把结构调整，把资

① 马洪. 什么是社会主义市场经济 [M]. 北京：中国发展出版社，1993.

② 黄达，王立梅. 宏观调控与货币供给 [M]. 北京：中国人民大学出版社，1999.

③ 许小年. 为宏观调控正名 [N]. 经济观察报，2007 – 12 – 22.

源配置，作为市场经济体制下政府宏观调控的职能，那还需要市场经济干什么呢？还有什么必要推行经济体制改革呢？"① 周为民认为："宏观调控是一种政府干预，但并非任何政府干预都是宏观调控……流行的观念总是把二者混为一谈，似乎只要是政府实行的经济干预都叫宏观调控，不论哪个行业、哪种产品出现了诸如短缺、过剩、价格波动等不合意的情况，人们都要求政府对之'加强宏观调控'。这样来理解宏观调控是不正确的。所谓宏观调控，是指政府对社会总供给、总需求、总的价格水平等经济总量进行的调节和管理，它的基本工具是政府的财政政策和货币政策。而任何单一产品、单个市场的问题，都是微观问题，政府对这类问题进行干预有时也具有一定的合理性，但这是微观干预而不是宏观调控。"② 特色论者认为中国的宏观调控是属于中国特色的国民经济管理行为，是基于中国经济转型的实践衍生的理论概念，从目标选择到手段选择都不能用经济学理论来解释。只有少数学者持特色论观点，其典型代表是刘瑞等。特色论虽然基于中国社会主义市场经济实践的现实，但缺乏系统的理论成果，因而成为少数派。该论点认为，宏观调控是中国市场化转型过程中出现的经济现象……宏观调控作为一个经济学概念是具有中国特色的社会主义市场经济建设实践的理论产物，是基于中国经济现实，在现代经济理论指导下形成的具有中国特色的经济学概念……宏观调控是中国政府针对宏观经济运行中出现的一些新问题而采取的宏观经济管理行为，这些新问题是计划经济时期所未有的，也是西方国家市场经济实践中没有的……其中国特色表现在：除了市场失灵这个政府干预市场的一般意义的经济学逻辑外，宏观调控还存在两条中国式的逻辑线索。第一条线索是由于中国经济和社会发展的多样性和不平衡性，中国经济面临众多的结构矛盾和利益冲突，需要在宏观层面上予以协调，因此单纯针对总量的需求管理是远远不够的，宏观调控必须强调结构性目标。第二条线索是政治和文化传统……党和政府必须在宏观上对任何影响到国民经济整体发展的因素和问题进行调节和控制，特别是控制，于是宏观调控不仅仅强调政府对市场的间接影响作用，更有直接影响的能力。……宏观调控的主体只能是中央政府，地方政府的经济管理权限仅限于管理调节地方经济的发展……宏观调控的任务既包括总量调节，也包括结构调整……宏观调控的手段包括经济手段、法律手段和行政手段等必要的手段。③ 而广义论、狭义论、特色论对宏观调控是政府干预、调节市场经济的行为，是国家的经济管理职能行为的认识方面没有分歧，其分歧主要在于宏观调控的对象及其范围，以及宏观调控的手段两方面。在宏观调控的对象及其范围方面，广义论与狭义论所持的观点在宏观调控不调节和不干预经济结构、配置经济资源方面基本是一致的，特色论所持的观点则认为宏观调控除此之外还包括资源配置和经济结构；广义论、狭义论、特色论对宏观调控的对象是宏观经济总量、社会需求、总供给中的单一目标还是多数目标或者是全部目标的认知还是有所不同的；特色论强调其中的全部，广义论和狭义论则强调其中的单一目标或者两个以上的多数目标。在宏观调控的手段方面，狭义论将宏观调控手段局限于货币工具和财政工具之内，广义论者则将政府针对宏观调控对象而采取的一切经济措施都纳入宏观调控手段之内，特色论更是将经济手段、行政手段、法律手段等必要

① 汤在新. 为宏观调控正名［J］. 经济学家，2006（1）.
② 周为民. 宏观调控的五大误区［J］. 社会观察，2011（7）.
③ 张勇. 宏观经济管理中国范式的形成与发展——论中国宏观调控实践的理论价值［J］. 中国延安干部学院学报，2012（1）.

的多元化手段全部纳入宏观调控手段之内。①

第二，关于中国宏观调控与西方发达国家宏观调控的异同。在关于中国宏观调控的研究中，多数学者都倾向于将中国的宏观调控完全等同于西方发达国家的宏观调控，形成了一种影响深远而又危害极大的理论思潮。这种观点将中国的宏观调控直接与发达国家的宏观调控相类比，并根据发达国家宏观调控的经验来认识、判断与评价中国的宏观调控。从这一角度出发，提出中国宏观调控出现的常态化现象不符合西方国家宏观调控的传统经典；中国宏观调控手段的多元也与西方国家的宏观调控不一致；中国宏观调控政策的运用也与西方国家的宏观调控政策存在较大差异等。然而，事实上，中国特色宏观调控与西方成熟市场经济国家的宏观调控既有区别，又有联系。成熟市场经济国家的宏观调控在主流经济学中表述为：宏观调控就是国家对宏观经济进行干预的一种重要方式。经济学意义上的"宏观"，是相对于微观经济而言的，是指社会再生产和国民经济的总体和总量，主要包括总供给、总需求以及总价格、总就业量等，所要探讨的是整个经济运行是否正常、社会资源配置是否合理、各种社会经济利益关系是否协调等。因此，所谓宏观调控或者宏观经济调控，就是以国家为主体，从社会偏好和长远利益出发，运用各种宏观经济调节手段，对国民经济总体和总量进行的管理、调节和控制，以促进总需求和总供给的基本平衡，从而实现经济的平稳增长。就一般意义上说，市场经济体制下的宏观调控应该是一致的，不存在特殊的宏观调控问题。然而，就中国的情形来看，由于存在发展与转型的双重体制背景，市场体制尚不完善，市场机制也有待健全，再加之经济中的结构性问题突出，因而，不能简单地套用成熟市场经济国家宏观调控的传统做法和经验。因此，成熟市场国家的宏观调控对于中国的宏观调控只具有指导和借鉴意义，一味地照抄照搬或者简单地盲目模仿都无法解决中国的宏观经济问题。从这个角度上说，中国的宏观调控必然具有其特殊性，与西方成熟市场经济国家的宏观调控之间存在重大区别。

第三，基于宏观调控定义上的分歧和对中国宏观调控与西方发达国家宏观调控认识上的偏差，因而在宏观调控的诸多方面都存在许多认识上的误区。这些误区包括：把宏观调控完全等同于国家干预；视政府的一些微观经济职能为宏观调控的内容；把宏观调控工作放大为政府的整个宏观经济管理工作，从而把一般性宏观经济管理的政策手段（各种中长期规划）视为宏观调控手段；把宏观调控看成是市场监管（政府规制）从而扩大到产业政策等中观或微观领域；把宏观调控仅仅看成是紧缩性或限制性经济政策；不能正视大量微观手段（以行政手段为主）参与宏观调控的现实；过于强调宏观调控的经济属性，忽视宏观调控作为公共政策的属性；等等。汤在新（2006）还对国内学者关于宏观调控的一些提法进行了辨析。如对于个别学者提出的"今后宏观调控的方法应当采取多种手段，不仅要总量控制，还要进行结构调整。"汤在新认为，社会再生产的顺利进行，是以存在价值和物质两方面的平衡为前提的。计划体制下的投入产出表也是包括这两个方面的平衡的。所以，在计划体制内，如果也沿用"宏观调控"一词的话，那么，它的确是包括配置资源和调整结构的职能。但是，市场经济国家宏观调控的对象却是价值总量，一般不顾及物质量上的平衡，即基本上没有配置资源和调整结构的职能。其原因就在于，在市场经济中，社会再生产所要求的物质平衡是靠产业结构来保证的，而产业结构是资源配置的结果，资源配置又是由市场来调节

---

① 徐澜波．规范意义的"宏观调控"概念与内涵辨析［J］．政治与法律，2014（2）．

的，而且这是市场经济最基本的功能。如果把结构调整，把资源配置，作为市场经济体制下政府宏观调控的职能，那还需要市场经济干什么呢？还有什么必要推行经济体制改革呢？特别是就我国当前的建设型政府来说，它既掌握大量生产资源，也实际上在进行颇大规模的资源配置，而且当前采取的抑制几大行业急速增长的行政措施，也的确在一定程度上改善了产业结构。但是，如果以此为依据，把"进行结构调整"作为宏观调控的构成部分，把计划经济遗留下的政府经济职能长期化、合法化，那就会舍本求末，重蹈计划体制的覆辙。治本之策只能是深化改革，如温家宝所说的，进一步解决体制性机制性问题。又如，对于个别学者提出的"这次宏观调控不仅仅就是紧缩的一面，也有扩张的一面，是松紧适度的、松紧结合的一次组合式的宏观调控。"汤在新认为，宏观调控是依据总需求大于或是小于总供给而相应地采取紧缩的或者扩张的财政政策和货币政策来促进两者的均衡。就总体来看，说当前的宏观调控，既是"松"的又是"紧"的，实在令人费解；就同一时期的单个政策如财政政策来看，也很难设想，它既是紧缩的（减少支出，增加税收），又是扩张的（增加支出，减少税收）。实际上，2004 年采取的控制信贷规模和控制土地供给显然是紧缩的宏观调控政策。那么，根据什么又说成是"松紧结合"呢？原来它是指对不同产业实行的"有保有压"政策。在这里，"扩张"表现在用贷款或拨款来"保"某些产业发展，"紧缩"表现在用金融手段、甚至用"点杀"手段来"压"某些产业收缩。那么，能不能把"有保有压"政策列入宏观调控范畴呢？答案是否定的。首先，"有保有压"干预的不是经济总量，而是行业、产业，它们在经济学中是属于微观经济。所以，"有保有压"所体现的是政府对微观经济的干预，而不是政府对宏观经济的干预，不是宏观调控。诚然，"有保有压"政策会影响到宏观经济，如 2004 年"压"住发展极猛的那几大行业，对于避免通货膨胀和可能引发的泡沫经济，无疑起了一定作用。也许有人因此认为，"有保有压"虽然对象是行业，但其影响关系到全局，因而应属宏观调控。这里，提出了一个问题：对宏观调控和微观干预的区分，是以干预的对象为标准，还是以干预所影响的面为标准？宏观经济是以微观经济为基础，并由微观经济所构成的，因此，微观经济的任何变化都会程度不同地反映在宏观经济上。如果不从干预的对象，而从干预的后果即对宏观经济的影响，来划分是对宏观还是对微观的干预，那么，可以说就根本不存在微观干预，或者说，微观干预就是宏观调控。如果说再增加一个条件，要以对宏观经济影响的程度为依据来判断，那么，影响的程度又如何衡量呢？究竟要达到什么程度才"升格"为宏观调控呢？这个"程度"又是根据什么确定的呢？它的量的标准如何测定呢？恐怕谁也难以回答这些问题。可见，只有从干预的对象是否是经济总量来划分才是明确的，可行的，否则，就会模糊宏观调控概念，无法把握宏观调控运作的领域。其次，政府在微观经济领域中，对于那些因市场机制失灵而难以有效配置资源的产业或行业，是可以采取经济的、行政的以及其他方式进行干预，或"保"或"压"的。如果超过这个范围，如果不加任何限制的把政府对行业、产业的有保有压提升为"组合式的宏观调控"，那实际上就是赋予政府配置一切资源的职能，也就是恢复政府在计划体制时期的职能，显然，这是和体制改革背道而驰的，是和中央关于"切实把政府经济管理职能转到主要为市场主体服务和创造良好发展环境上"的决策相背离的。再如，对于个别学者提出的"宏观调控与市场机制一样，将伴随着经济发展的全过程。"汤在新认为，在经济发展的全过程中，总需求和总供给的矛盾始终存在，两者的一致是偶然的。但是，这种矛盾并不是时时刻刻都凸显出来，表现为经济的波动，影响到经济生活。所以，只有当矛盾发展到开始对国民经济产生一定影响时，政府才有可能发现矛盾，也才有必要针对矛盾的性质采取或松或紧的宏观调控政策。如果说在总供求基本平衡、经济稳定增长的时候仍然存在宏观调控，那么，它存在的必要性何在？它调控什么？当然，这时也还可能有一些宏观经济问题需要政府干预，但这已不再是原来意义上的宏观调控了。可见，宏观调控有两个特点：从内容上看，时"松"时"紧"；从时间来看，时有时无。这两者都表明它是短期政策，而不是像一直自发地在发挥着调节作用的市场机制。因此，我国宏观调控的长期化，是市场经济不成熟、市场机制不能充分发挥作用的结果，并非典型形态，以此来界定宏观调控范畴，是不准确的。再次，对于个别学者提出的"宏观调控是政府干预经济的总称。"汤在新认为，由于宏观调控是在批判自由竞争理论的基础上提出来的，因此，当代西方经济学著作中往往把宏观调控等同于国家干预，甚至直接称之为国家干预。其实，国家干预经济的理论，并不始于宏观调控理论的提出，而是源远流长，早已存在。在市场经济萌芽、生长的几百年间，就有主张国家全面干预经济的重商主义盛行。在经济自由主义鼎盛之际，也还有以西斯蒙第、历史学派为代表的反对论者出现。他们否认自由竞争的市场机制，否认市场配置资源的基础作用，主张国家对经济全面干预。与此不同，宏观调控理论是以市场调节为前提，并为市场配置资源创造总供求均衡条件而提出来的。可见，当代发达市场经济下的宏观调控理论和传统的国家干预主义存在着重大的差异，将两者区分开来，才不致发生误解。因此，宏观调控固然是政府对经济的干预，但是，政府干预经济的范围要比宏观调控宽得多。

概括说来，除了宏观调控外，政府对经济的干预还体现在以下三个方面：首先，在市场经济领域中，政府的干预也不限于宏观经济总量，而且还包括局部微观领域。在市场经济中，企业生产什么、如何生产以及为谁生产是由市场机制来调节的，但是，即使在成熟的市场经济体制中，也会存在市场机制失灵的领域。这主要是指公共品和公共服务，它是广大公众都有可能从中受益，但由于其消费具有非竞争性和非排他性，公众不一定为之付酬的产品，因而价格机制在这里不能发生作用。此外，还有那些具有垄断性、信息不对称和外部性的产品也同样难以由市场来调节。这类产品，只能由政府为主体来供给，从而实际上形成背离市场机制的、非市场的资源配置方式，但它是为了填补市场机制的失灵，因而是市场经济的必要组成部分。在我国，出于政治上的或其他方面的考虑，对于关系国民经济命脉的产品和某些特殊产品，也主要是由政府供给的。就是说，这类产业也是由政府而不是由市场配置资源的。政府在这方面的干预不能纳入宏观调控，两者存在以下重大的区别：一是干预的对象不同，前者是企业、行业，是微观经济，后者是总需求、总供给等经济总量，是宏观经济；二是干预的依据不同，前者是市场机制失灵的产物，后者是市场经济失衡的结果；三是干预的性质不同，前者是非市场配置资源的方式，是对市场配置资源的补充，后者不是配置资源的方式，而是为市场对资源的优化配置创建总供求平衡的条件。其次，就市场经济体制来看，也不能把宏观调控等同于政府干预。政府的一个基本职能，是创建和维护市场经济生成和正常运行需要的一系列制度条件和经济环境。在社会主义国家，政府是市场体制的创立者，对市场经济的形成具有主导的、决定性的作用，主要表现在：倡导和推进经济体制的改革，培育市场经济的微观基础，保障各利益主体的财产权利不受侵犯，完善包括各种中介机构在内的市场体系，界定市场经济所要求的产权制度，制定市场运作的各种法令、条例和规则，建立相应的完整的法律制度和信用制度，并凭借其强制力使市场形式和市场行为得以规范化，减少市场摩擦，稳定社会环境。在西方市场经济理论中，长期形成的市场经济体制作为一个既定的前提，是不考察其形成过程中政府的干预作用的。在我国，这个形成过程以及国家在这个过程中的作用，属国家的一般经济职能，通常是在转轨经济学中考察的。显然，把市场形成过程中的国家干预和国家对市场经济总量的调节，归并在同一范畴中——不管是"国家干预"还是"宏观调控"，都是不科学的。再次，就经济理论本身来看，也不能把它们统统归并到国家干预理论或宏观调控理论中。许多经济学科都涉及全局性的经济问题，甚至研究了作为市场经济理论的四大目标——经济增长、稳定物价、充分就业和国际收支平衡，如发展经济学、价格学、劳动经济学、金融学等。但是，这些学科并不是或者主要不是从资源配置方式的角度来考察这些问题，因而不属于市场经济理论及其组成部分的宏观调控理论。又如中央提出的统筹协调的发展观、以人为本、和谐社会等观念，是指导社会经济发展的战略思想，也是我国政府所应履行的社会经济职能，它在许多方面要通过政府对经济生活的干预，而不能仅仅依靠市场调节来实现。不难看出，这种干预比之于对失衡的经济总量进行干预的宏观调控来说，性质不同，层次不同，范围广阔得多，调控的政策、措施、手段也丰富得多。把两者统称为"宏观调控"，显然是不恰当的。如果一定要使用"宏观调控"一词，那么，前者应是属于市场经济体制的"狭义的宏观调控"，后者则是政府干预一切宏观经济问题的"广义的宏观调控"。说宏观调控是政府干预经济的总称，无异于把狭义宏观调控和广义宏观调控混为一谈。因而，把宏观调控等同于政府干预，说成是"政府干预经济的总称"，是以偏概全、以点代面。这种混淆不仅模糊了宏观调控概念，更为值得注意的是，它有可能把无限制的政府干预变成市场体制的首要要素。我国有个经典的提法："在宏观调控下，市场对资源的配置起基础作用。"如果把这里的"宏观调控"内涵无限扩展，或者把这里的"宏观调控"置换为"政府干预"或"国家干预"，社会主义市场经济体制这一目标模式就会退回到计划模式的变种——"国家调节市场，市场引导企业"。这些似乎是概念之争，然而概念的模糊却有可能影响经济的发展，阻碍市场经济体制的完善，甚至导致旧体制的复归。[①]

我们认为，之所以产生上述概念上的分歧与误区，其根本原因在于没有从中国具体实践出发，实事求是地考察宏观调控问题，而是把宏观调控拘囿于西方宏观经济理论，生硬地向发达市场经济国家的宏观经济政策靠拢。因此，要走出这些误区，需要厘清中国特色宏观调控的内涵和外延，紧密联系中国经济改革的实践来认识宏观调控问题。

## 0.3　中国特色宏观调控研究的演进及其内涵

上述关于宏观调控的定义之所以存在重大的分歧与激烈的争鸣，主要原因在于将市场经济条件下的宏观调控与我国现阶段的宏观调控混为一谈，将我国转轨经济条件下的宏观调控直接等同于西方市场经济国家的宏观调控，因而出现了对宏观调控认识上的混乱。从上述有关宏观调控定义的分析中可以看出，多数关于宏观调控的定义与西方经济学中的经典定义相契合，或者说直接套用了西方经济理论中的传统教义。当然，如果探讨市场经济条件下的宏观调控，这无疑是正确的，这种做法也是无可厚非的。但是，由于中国的宏观调控具有不同

---

① 汤在新. 为宏观调控正名 [J]. 经济学家, 2006 (1).

于成熟市场经济国家的特殊的体制背景，因此，上述定义明显不符合我国经济改革的实际。我们认为，对于中国的宏观调控来说，无论是在内涵和外延方面都要比市场经济条件下的宏观调控宽泛得多，但这种宽泛也不是无限度的，存在一定的边界。在这里，我们将这种明显迥异于西方经典的宏观调控称为"中国特色宏观调控"，认为中国的宏观调控是植根于中国经济体制转轨与发展转型的双重背景下，因而与西方市场经济国家的宏观调控有着明显的区别。在这一意义上说，不能完全套用西方经济学中关于宏观调控的定义，而应根据中国的基本国情来界定中国的宏观调控。

从关于中国宏观调控研究的线索来看，理论界先后有中国式市场经济的宏观调控、有中国特色的社会主义市场经济宏观调控、中国特色社会主义宏观调控、中国市场经济宏观调控、中国的宏观调控、中国式宏观调控、中国版宏观调控等多种称谓。代表性的观点有：逄锦聚（1993）提出，选择我国市场经济宏观调控模式，除了要认真借鉴发达市场经济国家的经验之外，还必须在以下两个问题上保持清醒的认识，并将其作为重要的理论依据。一是作为一个低收入发展中国家，我国处于不发达的市场经济阶段；二是必须善于将计划与市场两种资源配置手段结合起来。认为所谓中国式市场经济宏观调控模式是指建立在社会主义制度基础上的、与中国生产力发展水平和市场经济发展阶段相适应的宏观调控模式。从总体上说，应该是以市场为基础，以国家计划为导向，实行计划与市场两种资源配置方式相结合的调控模式，简称为"由国家导向的市场经济宏观调控模式"。董兆武（1994）认为，发达的市场经济就是有宏观调控的市场经济，这一点不仅为战后主要经济发达国家的经验所证实，也为14年来中国市场取向改革的实践所证实。而有中国特色的社会主义市场经济宏观调控体系包括：一是这种宏观调控体系必须符合市场经济运行的一般规律，即以充分发挥市场机制在配置资源中起基础性作用为目的；二是这种宏观调控体制必须符合社会主义初级阶段中国的基本国情；三是这种宏观调控体系的建立必须从中国体制转轨时期的实际出发。三者构成建立有中国特色的社会主义市场经济宏观调控体系的基本内容。陈端计（2003）认为，中国经济问题的解决必须立足中国的具体国情，西方的经济理论过去、现在、将来均解释不了中国经济实际。21世纪初叶中国的宏观经济调控必须正视中国的国情特色，并采取相应的对策措施。陈雨露（2008）指出，未来30年，中国要构筑自己的、能够领导未来世界的经济文明，构建现代化的中国宏观调控模式，也应当是这个文明的组成部分。构筑这样一个宏观调控制度文明，其基础一定是中国自己的核心价值体系。从我们30年改革开放的成功实践中可以得出，这个核心价值体系一定是通过继续创造性地发展马克思主义，创造性地弘扬中国的传统文化，创造性地吸收西方经济文明当中的精髓而形成的。唯有如此，我们才能够在此基础上构建能够保证中国实现无金融危机增长的、有中国特色的宏观调控体系。张志敏、冯春安（2009）把改革开放以来中国宏观调控理论演变划分为三个阶段，分析了每个阶段理论发展的脉络和研究的重点，并对宏观调控的重大理论问题从定义、特征、依据、边界、模式、方向、力度、工具等方面进行了系统的总结与梳理，提出理论发展将面临的巨大挑战。陈晓彬（2010）认为，中国的社会主义市场经济体制，与西方的市场经济体制应该有共通之处，西方国家行之有效的宏观调控手段能在中国发挥一定作用。但中国毕竟是在工业化还没有完成，人均财富占有量还较低水平的情况下，开始实行市场经济体制的。因此，主要以对付衰退和通胀为目标的西方现成的宏观经济理论和政策工具未必能适应中国调节投资过热的需要。中国制定宏观调控政策时，特别是制定抑制局部地区和行业投资过热的政策时，需要在调控者和调控对象的相互博弈的磨合过程中，探索出一条既能保持整体经济又好又快发展，又能尽可能适应各地、各行业眼前利益，有中国特色的宏观调控之路。董捷、董正信（2010）指出，市场经济条件下，政府宏观调控的主要作用是矫正市场缺陷，熨平大的经济波动。美国、法国和日本等在市场经济运行中形成的不同的政府干预模式，都是适合其本国国情的现实选择。我国是发展中大国，已初步形成适合于社会主义市场经济发展要求的宏观经济调控的"五元"模式。国家发展改革委宏观经济研究院（2011）认为，在 30 多年的改革开放实践中，我国逐步建立起具有中国特色的宏观调控体系。而伴随着社会主义市场经济体制的确立和不断完善，我国宏观调控体系建设取得了重大进展，在经济发展中发挥着更加重要的作用。

此外，近年来国内学者还对中国宏观调控这一特殊范式进行了论述。顾海兵、周智高（2005）认为，我国的国情与西方国家相比具有质的区别。除了经济体制、经济水平等方面的差别之外，在政治、文化、传统等方面也都有很大的不同。所有这些不同决定了指导我国经济建设的理论与西方经济学的理论也应该有质的区别。如果用西方经济学理论来指导我国的经济实践，必然会出现理论指导与实际成效之间的巨大偏差。具体到宏观调控问题上也是这样，即我们必须有自己的宏观调控范式。从宏观调控的对象看，从主体的角度来看，宏观调控主要涉及的是经济中各种利益主体；从客体的角度来看，宏观调控的对象主要是指国民经济的总体和总量，其中实现社会总供给和总需求的平衡是宏观调控的基本目标。从宏观调控的方式看，在我国目前的实际情况下，至少在今后 5 ~ 15 年内，宏观调控应该选择宏观调节与控制并用的方式；从宏观调控的手段看，包括经济手段、法规手段和文化手段等宏观调节手段与行政手段等宏观控制手段。就我国目前宏观调控的手段系统来看，虽然行政手段的实施应该存在一个递减的趋势，却仍然是一个我们必须加以重视并有效利用的手段。盛美娟、刘瑞（2011）以中美两国政府应对金融危机为例，比较了中国和美国宏观调控，认为中美两国的宏观调控的差异主要集中在决策机制的构建和运行、目标、政策手段的选择以及产生的效果等方面，认为中国中央政府实施的宏观调控无疑是中国奇迹的重要组成部分，对于中国经济多年的高增长起到了决定性的作用。通过与以美国为典型的规制型国家范式相比较，提出以中国为典型的开发型国家范式，其基本框架为：一元化的调控主体 + 集中决策机制 + 多元化的调控目标 + 多元综合化的调控手段。一元化的调控主体是指中央政府是唯一的调控主体，地方政府必须与中央保持高度一致；集中决策机制是指党中央、国务院在广泛征求意见的基础上直接作出决策，立法机构不必事事审议和通过；多元化的调控目标是指目标不仅关注总量控制和结构调整，还包括其他对经济社会产生广泛影响的问题；多元综合化的调控手段是指中央政府在调控中综合利用各种适合中国国情的政策手段，以保证多元目标的顺利实现。不仅包括西方国家常用的经济手段，还注重国家计划和规划、产业政策、区域政策、土地政策等具有较强行政色彩的手段的综合运用。中国的国民经济管理体制保障了多元化的手段能够做到综合运用。该文指出，相对于美式宏观调控范式，中式宏观调控范式表现出鲜明的特点。这种特点最突出的地方是中国政府没有完全地照搬西方成熟市场经济国家的做法，而是在选择性地借鉴他国成功经验的基础上进行创新性设计，使之与中国的国情及体制基础相匹配。张勇（2012）认为，中国宏观调控是基于改革开放后中国宏观经济管理实践的概念创造和理论总结。中国宏观调控无论是目标选择，还是实施手段，与经典的西方宏观经济学理论中关于宏观经济政策的界定、论述相比，都具有明显的差异性和特殊性，这使得中国宏观调控形成了一个宏观经济管理的中国范式。宏观调控是改革开放后在中国市场化转型的过程中出现的经济现象，是社会主义市场经济条件下具有中国特色的政府宏观经济管理行为，有着自身的特殊逻辑。在实践中，宏观调控形成了一元化的调控主体，二元化的调控目标、任务，以及多元化的手段体系这三位一体的操作——功能框架。具体地说，一元化的主体是指宏观调控的主体是中央政府，地方政府的经济管理权限仅限于管理调节地方经济的发展；二元化的调控任务是指宏观调控的任务既包括总量调节，也包括结构调整，其目标是短期经济运行的总量平衡和长期内经济社会发展的结构优化；多元化的手段体系是指宏观调控的手段包括经济手段、法律手段和行政手段等其他必要的手段。庞明川、郭长林（2015）认为，中国特色宏观调控的理论范式可以归结为总量调控与结构性调控相结合并以结构性调控为主的调控范式。

综合上述研究文献，本书将中国的宏观调控称为"中国特色宏观调控"，以区别于市场经济下的宏观调控和其他国家的宏观调控。陈文科（1993）提出，我们研究的不是一般国家、一般条件下的国家宏观调控，而是中国这个发展中社会主义大国，在向市场经济体制过渡这个特定时期的宏观调控，因此，这种调控既有一般市场经济的共性，又有其特点。庞明川（2009）认为，中国的宏观调控虽然还存在一些不足，但明显迥异于成熟市场经济国家和转轨国家的宏观调控，具有鲜明的中国特色。从宏观调控本身来看，这些特色表现为涵盖领域广泛、政策工具多样、宏观调控频繁、调控力度适度等；在转轨经济背景下，宏观调控还表现出实践性、过渡性、综合性和创新性等特点。这一独具特色的宏观调控为中国经济的持续快速增长提供了有力的保证。中国经济增长与宏观稳定课题组（2010）认为，由于发达国家与发展中国家的经济波动特点不同，所以采取的宏观稳定政策也有较大差异。发展中国家应当深刻认识到这一曾经长期被主流经济学所忽视的本质差异，注重宏观调控与经济发展水平、制度基础和结构因素的综合考量。该文专门分析了中国特色宏观调控与主流经济学的反思，认为总量性扩张与结构性收缩是中国宏观调控的最大特色。

## 0.4 探究中国特色宏观调控的理论意义与实践价值

从理论上看，党的十八大报告指出，中国特色社会主义道路、中国特色社会主义理论体系、中国特色社会主义制度，是党和人民 90 多年奋斗、创造、积累的根本成就，必须倍加珍惜、始终坚持、不断发展。党的十八大报告强调，在新的历史条件下，必须进一步加深对中国特色社会主义规律的认识，"我们一定要毫不动摇坚持、与时俱进发展中国特色社会主义"；要坚定中国特色社会主义的"道路自信、理论自信、制度自信"，这是党的十八大精神的核心与灵魂。而社会主义市场经济理论作为中国特色社会主义理论体系的一个重要组成部分，充分体现坚持与发展、甄别与借鉴的有机统一。社会主义市场经济理论以开放的胸襟，大胆吸收借鉴人类文明的一切优秀成果。一是坚持和发展马克思主义政治经济学。它创造性地运用马克思主义政治经济学的基本立场、观点、方法，科学分析解决经济社会发展中的突出矛盾和问题。二是大胆吸收和借鉴西方经济学中的合理成分。西方经济学已经存在和发展了几百年。抛开资本主义制度属性，西方经济学揭示的当代市场经济的一般运行规律、资源配置方式以及政府干预理论等，都可以为我国经济理论所吸收借鉴。三是大胆吸收借鉴我国传统经济思想中的合理成分。我国传统经济思想中有不少内容已经不适用于今天的现实，如重本抑末论等，但也不乏真知灼见，对今天社会主义经济建设依然有启示意义，如节用论、大同思想、小康思想等，这些都已经在社会主义市场经济理论中得以体现。这表明，社会主义市场经济理论具有开放性、包容性，坚持古为今用、洋为中用，已经形成了中国特色、中国风格、中国气派。而且，社会主义市场经济理论随着实践发展不断丰富和完善。改革开放以来，我国生产力发展水平发生了翻天覆地的变化，生产关系也发生了深刻变革。在这个过程中，社会主义市场经济理论也随着实践发展和条件变化而不断创新发展：在世界范围内第一次提出把社会主义制度与市场经济结合起来，第一次提出公有制为主体、多种经济成分共同发展的基本经济制度，第一次提出共同富裕是社会主义的根本原则，等等。此外，还产生了一大批具有中国特色的经济理论成果，如社会主义分配理论、社会主义市场经济条件下宏观调控理论、社会主义经济发展理论、社会主义对外开放理论、国有企业改革与发展理论等。这些理论是马克思主义经济学中国化的最新成果，是中国理论的重要组成部分，彰显出旺盛生命力和广阔发展前景。①

　　进一步地说，中国特色宏观调控作为社会主义市场经济理论的一项重要内容，不仅同样借鉴和吸收了包括马克思主义政治经济学、西方经济学中的合理成分和中国传统经济思想中的合理成分等在内的人类文明的一切优秀成果，而且也随着中国经济实践的发展不断丰富和完善。因此，本书对中国特色宏观调控探讨的理论意义与实践价值在于：

　　一是在对 30 年中国宏观调控进行系统总结的基础上，运用马克思主义政治经济学的基本原理和方法，对中国特色的宏观调控的内涵、模式等进行理论上的归结，尝试构建中国特色宏观调控的理论模式，形成具有中国特色、中国风格、中国气派的社会主义市场经济理论。前已述及，宏观调控虽然是从西方国家"引进"和学习来的，但是，从"引进"伊始，中央政府就没有完全按照西方的经验和做法来进行宏观管理，而是充分注重结合中国经济运行的特点，坚持在总量平衡的基础上进行经济结构调整。在历经 30 年的八次大规模宏观调控中，中国的宏观调控在借鉴西方宏观调控经验的基础上实施了一系列创新的举措，例如，在总量调控的基础上进行结构性调控，在需求管理的同时实施供给管理，大大拓展了宏观调控的内涵，创设了宏观调控的多目标体系和调控政策工具体系，形成了宏观调控的中国特色，并收到了良好的调控效果，也得到了西方主流经济学的肯定。在这样的背景下，总结和提炼中国宏观调控的理论内涵，构建中国宏观调控的理论范式，既有积极的理论意义，也具有极强的现实针对性。

　　二是构建有关中国特色宏观调控的国际学术话语权。迄今为止，有关宏观调控问题的理论探讨与其他经济学的基本理论一致，都存在与西方发达国家之间的"话语逆差"问题。中国经济学学科的主流话语，大都来自于西方，极少有核心的概念是打有"中国"印记的。一方面是中国经济学界大量输入了西方经济学学科的话语及其概念、范畴、表述；另一方面中国鲜有原创性的学术概念和话语可供输出或在西方经济学界被普遍接受使用。诸多西方经济学的教科书及学术著作的译本早已占据了中国人文社科类书店的重要位置，其中许多还是长销书、畅销书和学科必读书。虽然经济学的学科体系本来就起源于西方，是在西方发达国家首先发展起来的，引入西方话语本属正常，但过于巨大的"话语逆差"现象背后，是中

---

①　赵振华．社会主义与市场经济有机结合　创造"中国奇迹"的"原动力"［N］．人民日报．2015－05－29．

国原创性和本土化的学术话语的窘境，以及对西方学术与理论话语的"顺从"，"以洋为重"或"挟洋自重"的不正常学术生态成了常态。更为严重的后果是，以西方经验为基础、以西方思维方式为导向、以解决西方所遇到的问题为指向的西方经济学学术话语，难以准确地解释中国特色社会主义市场经济的实践。因此，在缺乏有竞争力的中国经济学学术话语的情况下，"单向度"地采用某些西方经济学话语来解释中国经济问题往往是隔靴搔痒、似是而非、削足适履，造成中国经济学发展的停滞与落后。① 因此，以大力加强中国经济学的理论创新和学术创新，并以此为基础构建中国经济学的话语体系，以增强中国经济学的国际学术话语权。

当然，在对中国特色宏观调控进行系统总结与理论归结的过程中，不仅要吸收和借鉴马克思主义政治经济学和中国传统经济思想中的合理成分，更要对西方经济学的理论进行仔细甄别，来一番"去伪存真"的扬弃过程，吸收其合理成分。对此，丰子义（2015）认为，就理论探索而言，吸收、借鉴国外相关研究成果非常必要，加强与国外理论研究人员的对话、交流确实需要，因为我们的探索研究不是封闭的而是开放的。西方学者对发展问题的研究比我们早，在总结概括发达国家和发展中国家实现现代化的经验教训方面提供了丰富的素材和理论分析。他们所提出的一些问题、所阐明的一些观点、所运用的一些方法，值得我们重视。但重视不等于依赖，不能仰仗西方理论来阐释和说明中国问题。将中国问题的分析和解答寄托于西方理论，无益于对问题的真正解答，无助于马克思主义中国化。发展21世纪中国的马克思主义，必须克服对西方理论的路径依赖。这主要有以下几个方面的原因。一是西方理论不可能真正站在非西方立场上来考虑问题。诚然，西方理论中关于发展的理论研究不是铁板一块，也有比较公正客观的观点和意见，但就整体、主流而言，这些理论是有利于西方发达国家而不利于发展中国家的。由其基本立场、观点、方法所决定，这些理论不可能担负起为发展中国家合理制定理论、目标与道路的任务。二是西方理论所提出的问题不完全是发展中国家真正存在和需要解决的问题。这些理论一般是以西方的眼光来观照非西方国家的发展，因而所关注的问题往往带有明显的西化色彩。而且，有些问题对于发展中国家来说可能是伪问题。既然西方理论所提出的问题并不完全是发展中国家真正存在和需要解决的问题，那么，由此所开出的"药方"也就很难适用于发展中国家。三是西方理论不足以解释发展中国家的复杂情况。具有经验科学性的理论，在很大程度上受制于它所要解释的经验。源于西方发达国家实践经验的理论，难以说清发展中国家的问题，尤其是难以说清像中国这样一个发展中大国的复杂状况。它可能有一个清晰明了、自圆其说的解释框架，但不足以应对发展中国家的复杂矛盾；可能对说明某些方面的问题有所启示，但绝不能用来作为这些国家发展的指南。对于我们来说，自己的事情自己最有发言权，自己的问题也只有靠自己来解决。因此，对西方理论应具体看待，不能过分依赖。对西方学术盲目推崇，会妨碍我们独立思考；对西方理论资源和研究方式过分倚重，会遮蔽中国问题的真实性质。西方的一些理论信条虽然很诱人，但很难直接套用。脱离实践基础和现实条件提出的问题和观点，只能是一种虚假、空洞的概念。中国的路需要中国人去走，中国的发展实践需要中国自己的发展理论，不能指望西方给我们提供理论方案。这就要求我们重点加强自己的理论探索和理论创新，用中国的话语、中国的方式来研究和阐释中国的问题，形成具有中国特色、中国风格、

---

① 张志洲. 提升学术话语权与中国的话语体系构建［J］. 红旗文稿，2012（13）.

中国气派的马克思主义理论。[①]

# 0.5　总体思路与结构线索

本书从问题导向出发，在中国特色宏观调控的实践模式与理论范式这一宏大主题下，首先，对中国特色宏观调控的源流进行考察，认为中国丰富的经济思想、马克思主义经济学与西方经济学既是中国特色宏观调控的源头，也为中国特色宏观调控的形成和发展奠定了坚实的基础。其次，分别从中国特色宏观调控产生的宏观背景、中国特色宏观调控实践模式的发展演变、宏观调控实践模式的国际比较以及中国特色宏观调控绩效的宏观评价等方面探讨了中国宏观调控的实践模式与政策绩效。在此基础上，对中国特色宏观调控的理论范式进行了系统的归结，并对中国特色宏观调控的未来发展方向进行了分析与论证。

本书的结构安排如下：

全书除导论外，分为 3 篇 10 章。第 1 篇为中国特色宏观调控的三大源流，共分 3 章。其中，第 1 章探讨了包括中国古代、近现代和当代经济思想中的宏观调控思想，从商周时期的"质人"与"贾师"一直延展到当下"新常态"背景下的宏观调控。第 2 章对马克思主义经典作家和社会主义经济理论中的宏观调控思想进行总结与评述。第 3 章介绍了西方经济学中的宏观调控理论。这三大源流都对中国特色宏观调控产生了重大影响，真正体现了"中学为体、西学为用、马学为魂"。第 2 篇为中国特色宏观调控的实践模式与政策绩效，共分 4 章。其中，第 4 章探讨了中国特色宏观调控产生的宏观背景，包括国内国际政治经济背景、中苏论战及其对苏联模式的扬弃、苏联和东欧社会主义国家的经济改革实践、亚洲"四小龙"崛起的地缘政治影响和改革初期对国际经验的考察、借鉴与探索等在内的实践与理论背景、思想与政策背景。第 5 章对中国特色宏观调控实践模式的发展演变进行了系统考察，对 1979～1981 年、1982～1986 年、1987～1991 年、1993～1997 年、1998～2002 年、2003～2004 年、2008～2009 年和 2010～2014 年八次宏观调控进行了经验分析，并总结了中国宏观调控实践路径的演进特征。第 6 章对宏观调控实践模式进行了国际比较，分别对发达国家、发展中国家和转轨国家宏观调控的实践模式与特色进行了分析和总结。第 7 章对中国特色宏观调控绩效进行了宏观评价，分别从宏观调控绩效评价中的两大现象出发，从紧缩性调控与扩张性调控的绩效反差和总量分析与结构性分析的绩效比较等角度对中国特色宏观调控绩效进行了总体评价，进而分别对 1978～1991 年、1992～1997 年、1998～2010 年和"新常态"以来中国的宏观调控进行了阶段性评价，并对影响中国宏观调控绩效的主要因素进行了分析。第 3 篇为中国特色宏观调控的理论范式与发展方向，共分 3 章。其中，第 8 章探讨中国特色宏观调控的理论范式及其贡献，分别从中西宏观调控的差异凸显中国宏观调控的特色、范式之争彰显理论范式归结的必要性、金融危机以来中西宏观调控的效果引发的反思、"新常态"下宏观调控思路与方式的创新需要理论提升等方面论证了中国特色宏观调控理论范式研究的必要性，在对中国特色宏观调控所呈现出的扩张性调控与紧缩性调控、总量调控与结构性调控、需求结构调控与供给结构调控等实践模式进行系统总结的基础上，提出

① 丰子义. 克服路径依赖 确立理论自信［N］. 人民日报，2015－07－24.

了总量调控与结构性调控相结合以结构性调控为主的中国特色宏观调控的理论范式，并对结构性调控在不同国家间的实践进行了比较，认为中国特色宏观调控具有三大理论贡献：其一，结构性调控与总量调控相结合构成了宏观调控理论的完整内涵；其二，需求侧与供给侧相结合构成了结构性改革的完整内容；其三，结构性调控政策丰富和发展了宏观调控政策框架体系。这也是中国特色宏观调控对世界各国宏观管理的重大贡献。第9章着重探讨中国特色结构性调控的形成逻辑，主要包括三个方面：一是第1篇中阐释的中国宏观调控的三大源流的影响，即从古至今的中国经济思想、马克思主义经济学以及西方经济学中宏观调控理论对于中国特色宏观调控形成的不同程度的影响；二是包括中国是世界上最大的发展中国家、典型的"二元经济结构"国家、处于社会主义初级阶段的国家和处于由计划体制向市场体制转轨等特殊的国情基础对宏观调控的影响；三是包括马克思主义中国化的理论与实践探索、一切从实际出发和实事求是的思想路线与科学发展、"四个全面"与"五大发展理念"等中国社会主义建设实践对宏观调控的重大影响。这些因素从根本上决定了中国的宏观调控不可能照抄照搬或简单模仿西方国家宏观调控的模式，必须与中国的实际情况相结合进而形成中国特色的结构性调控范式。第10章探讨了中国特色宏观调控的基本经验、存在问题与发展方向，认为经济30年的长期实践，中国特色宏观调控已形成五条基本经验，但也还存在亟需解决的六大问题。因此，中国特色宏观调控未来的发展方向是始终坚持总量调控与结构性调控相结合、需求管理与供给管理相结合的发展路径。

# 第1篇　中国特色宏观调控的源流考察

　　自 1946 年王亚南在《中国经济原论》中首次提出"中国经济学"的概念以来，有关如何构建"中国经济学"的论争一直持续到现在。[①] 对于如何理解"中国经济学"，学术界见仁见智，说法不一。我们认为，所谓"中国经济学"应立足于中国经济的实际，以马克思主义经济学为基础，吸收当代西方经济学的合理成分，进而形成的具有中国特色、中国气派、中国风格的经济学。对于中国经济学的发展路径，谈敏（2000）认为，中国经济学的基础，应深深扎根与中国现实经济的土壤之中，但又不能拒绝或排斥舶来经济学，还应珍视我们祖先所留下来的经济思想遗产；杨承训（2004）提出中国经济学的发展方向是："马学"为魂，"中学"为体，"西学"为用；程恩富与何干强（2009）、程恩富（2011）在一系列文章中，强调中国经济学现代化应"马学为体，西学为用，国学为根"；张宇（2012）认为，构建中国的经济学体系和学术话语体系，应立足中国实践解答中国问题、坚持和发展马克思主义经济学、正确借鉴西方经济学，增强理论的自觉与自信。

　　自 1985 年"巴山轮会议"将"宏观控制"（后来发展为"宏观调控"）引入中国以来，中国先后经历了八次大规模的宏观调控。虽然最初引进的宏观调控概念是西方主流经济学中常用的总量控制，然而，历次宏观调控中都没有盲目地照抄照搬西方的经验，而是结合中国经济的具体实践，创新性地将总量调控与结构性调控结合起来，形成了中国宏观调控鲜明特色。作为中国经济学重要组成部分的中国特色宏观调控，追根溯源，其源头可分为三个方面：其一是中国从古至今经济思想中有关政府干预与宏观调控的思想；其二是马克思主义经典作家与社会主义经济思想中的宏观调控思想；其三是自凯恩斯以来西方经济理论中各家学派关于需求管理、供给管理等政府干预和宏观调控的理论学说。这三个方面虽然影响程度不一，但共同构成了中国特色宏观调控的理论源流和理论基础，并长期指导和影响着中国特色宏观调控的实践。具体地说，在改革开放初期，中国古代和近现代的宏观调控思想、马克思主义经典作家与社会主

① 叶坦."中国经济学"寻根［J］.中国社会科学，1998（4）.

义经济思想中的宏观调控思想对于中国的宏观调控有着决定性的影响。随着社会主义市场经济体制的确立，西方经济学中的宏观调控理论对于中国宏观调控实践的影响逐渐上升。金融危机的爆发，随着西方国家对于金融危机诱发因素与应对策略的集体反思，西方经典的宏观调控理论也受到普遍的质疑，世界的眼光又聚焦中国，甚至西方学者也提出"向中国学习宏观调控"。

本篇立足于中国宏观调控的实际，系统地分析与评述中国宏观调控的三大源流，为认识、理解和总结中国特色宏观调控奠定理论基础。这三大源流具体包括：中国古代、近现代到党的三代中央领导集体经济思想中的宏观调控思想、马克思主义经典作家和社会主义经济理论中的宏观调控思想与西方经济学中的宏观调控理论。

# 第1章
# 中国经济思想中的宏观调控思想

中国的经济思想有着自身的渊源和悠久的历史，曾以其光辉的成就独立于世界思想之林。虽然在现代在与各种外来经济理论和经济思想的较量中逐渐失去其支配与主流地位，但传统经济思想的失势，并不意味着消失，它以上千年的历史积淀和深厚底蕴深刻地影响着人们的思维方式、行为习惯乃至处事原则和方法，并不时发挥着重要作用，从古代一直持续影响到近现代乃至当代。中国经济思想中的宏观调控思想也是这样，不仅对中国当代的宏观管理依旧发挥着持续的影响，也在世界范围内产生了广泛的影响。

## 1.1 中国古代宏观调控思想

在如何管理宏观经济问题上，我国历史上存在着两种性质截然相反的管理思想与政策实践：一种是从老庄"无为而治"思想衍生出的自由放任思想与政策主张；另一种是以《管子》的"通轻重之权"为代表的实行国家干预和调控的思想与政策主张。当然，在主张实行国家干预和调控的思想与政策实践阵营中，还有一种以韩非子"无不为"和秦晋法家"利出一孔"的极端干预衍生出来的以商鞅的全面干预和以王莽为代表的统制经济，这是一种极端的情形，仅在中国古代少数朝代中偶尔出现过。上述两种宏观管理思想在先秦时期已具端倪，到西汉时期基本形成鲜明对立。在汉以来近2000年的历史发展进程中，这两者被交替使用或混合使用，但总的说来实行国家干预与宏观调控的思想与政策主张更为居于主流。

对于中国古代宏观调控思想的总结和归纳，除上述两条主线之外，在许多中国古代思想家、政策实践家或者在一些著作中散见许多鲜活的零星思想需要总结。同时，对历史文献的梳理还应经过一个"去粗取精，去伪存真"的过程。如在诸多文献中，长期以来一直认为道家主张"无为"。事实上，在道家思想中，也不全都主张"无为"。陈柱在《诸子概论》中将道家分为四种流派，即有为派、无为而无不为派、无为派和无不为派。有为派包括黄帝、伊尹、太公、鬻熊、管子等人被伪托的著作；无为而无不为派为《老子》，无不为即有为，所以黄老之学近似；庄子任天，杨朱纵欲，《战国策·燕策》所记陈仲子遁世，皆属无为派；无为派虽与《老子》同有"无为"，但《老子》通过"无为"而达到"无不为"，归结为有为，庄子则以"无为"为终极目的；"无不为派"是韩非子，已是法家了。《史记·老子韩非列传》论庄子之学曰："其学无所不窥，然其要本归于老子之言。"又论老庄申韩之不同说："老子所贵道，虚无，因应变化无为，故著书辞称微妙难识。庄子散道德，放论，要亦归之自然。申之卑卑[①]，施之于名实；韩子引绳墨，切事情，明是非，其极惨礉少恩。皆原于道德之意，而老子深远矣。"陈柱认为"庄、韩两家之学皆出于老子。……然庄则持绝对放任主义，韩则持绝对干涉主义，殆如冰炭之不相同焉。""质而论之，老子之言多两端，而庄、韩各执其一。"[②] 也就是说，老子的学说，兼有干涉主义与自由主义两方面，而庄子则去干涉主义，独任自由主义。

## 1.1.1 商周时期的市场与市场管理

据已有资料，中国古代殷商时期就已经开始出现市场与市场管理制度。现存的最早史籍《尚书·酒诰》篇记载："肇牵牛车远服贾"，"贾"即是商人的代称。《易经·系辞下》记载有神农氏之时，"日中之时，致天下之民，聚天下之货，交易而退，各得其所。"这说明这一时期开始出现了市场与市场的参与主体——商人。《逸周书》[③] 中提到殷末周人是如何救灾救荒时，运用了两种方法：一是《籴匡解第五》采用增产节约和国家参与市场买粮的方法，即"舍用振穷，君亲巡方，卿参告籴，余子倅运，开廪同食"。意思是说，施舍用物以赈济穷困，国君亲自巡察各方灾情，卿大夫参与告籴，庶子协助运粮。开仓同吃，民不藏粮。按照《国语·鲁语》的说法，即为："国有饥馑，卿出告籴，古之制也。"二是《大匡解第十一》提到大规模建立粮食储备，同时以储备的粮食作为准备金发行货币。"农廪分乡，乡命受粮，程课物征，躬竞比藏，藏不粥籴，籴不加均，赋洒其币，乡正保贷。成年不偿，信诚匡之类，以辅殖财。财殖足食，克赋为征，数口以食，食均有赋。外食不赡，开关通粮，粮穷不转，孤寡不废。滞不转留，戍城不留，众足以守，出旅分均，驰车送逝，旦夕运粮。"即是说，农夫的仓廪分设各地，各地自命农夫纳粮。按规定征收谷物，各自竞相比赛积藏。藏粮不要买卖，买卖就不再均衡。布散公家的钱币，乡正作借贷的担保。丰年也不急于偿还，真诚进行救助，便于辅助百姓生财。到了财生食足，能够收取再作征收。按人口供给食物，人人有食才可征取赋税。外地食物不足，就开关周济粮食。粮食少的就不转运，但孤寡不得抛弃。粮食多的不必留存，要转运外乡。边城粮食不多，也不必多留，足够众人守城就行。派出众人帮助劳动，赶着车子送回他们，不分早晚运送粮食。在这里，粮食储备的目的不单纯为了救济或买卖获利，而是为了稳定商品市场。当出现通货膨胀的时候，就应以发行重币，减少货币流通量，以稳定金融市场。可以看出，粮食储备和金融手段在救灾中极为重要。在1936年殷墟发掘的甲骨文中，有商王让自己的臣下巡查仓廪的记载："己酉卜，贞令吴省在南廪"。这里的"廪"是"积谷所在之处，即后世仓廪之廪。"也是商王朝的国家粮食储备库。

---

① 《史记·老子韩非列传集解》解释说：卑卑，"自勉之意也。"
② 陈柱. 老学八篇 [M]. 北京：商务印书馆，1930.
③ 先秦史籍。本名《周书》，隋唐以后亦称《汲冢周书》。旧说《逸周书》是孔子删定《尚书》后所剩，是为"周书"的逸篇，故得名。

随着社会生产力和经济的发展，市场也由小到大，由自发发展到有组织的管理。西周时期，固定的市场一般均设于王城之内或分封诸侯的国都内，形成由国家控制和监督并有一整套管理制度，无论从交易时间、地点、市场秩序、度量衡、交易契约、交易税以至商品的价格等，都加以行政上严格的控制和监督。在西周至战国市场管理发展的基础上，《周礼》中记载了一套完整的市场管理制度。据《周礼·地官》记载，当时市场设有管理的长官"司市"，司市以下设质人、廛人、胥师、贾师、司暴、司稽、胥、肆长、泉府等，称为"司市十官"。其中，质人、廛人、泉府属于王朝的命官，质人、廛人爵中士，泉府爵上士，爵最高。质人管交易和物价，廛人管市税和仓储，泉府管市场吞吐。具体地说，质人职掌市上交易的货贿、人民（奴婢）、牛马、兵器、珍异，主管平定物贾。所谓"平"是指抑制价格腾跃，"定"是禁止交易诳诈。据贾逵注疏说，此质人犹如汉代的平准，有了它，就可做到物有常价，不得任意涨落；廛人职掌敛集市的次布、緫布、质布、罚布、廛布，称为"五布"，就是"九赋"（九种国赋）中的市赋，即"关市之征"；泉府职掌"同货而敛赊"和市赋收入。"同货"是通有无，"敛赊"是在市场吞吐商品。在市场货物滞销时，泉府用收入的市赋，按原价购入，以供买者不时之需。而胥师、贾师、司暴、司稽都属于府史之类，不是王朝命官，由司市所任用，所谓庶人在官者。贾师定物价，其身份高于其他官府的贾（如泉府有贾八人，其位置相当于胥），所以贾师亦称贾正。"贾师，二十肆则一人，皆二史"（《地官·叙官》），即二十行（或店）设师 1 人，助理文书 2 人。由此可见，在"司市十官"中，贾师只管给市场上准备交易的商品定价，而质人才是"平""物贾"的真正管理者。所谓"辨其物而均平之，展其成而奠其价，然后令市"（《周礼·地官》）。当然，《周礼》认为，国家管理物价的最终目的是使商品价格稳定在一个合理的水平上，以防止投机商人操纵市场，哄抬物价。

《周礼·地官》记载，对于不同情况的商品交换，规定了不同的市："大市，日昃而市，百族为主；朝市，朝时而市，商贾为主；夕市，夕时而市，贩夫贩妇为主"（《司市》）。三市各自有其处所，不相杂乱。严格规定可以入市的货物，凡"伪饰之禁"所列的 12 种情况是不准入市的。对于市场商品的价格管理，提出了凡是官府不予提倡或认为不需要的物品就"抑其价以却之"，以及对官府所需要和提倡的物品则"起其价以征之"的思想，主张利用价格的高低来调节市场上某些商品的供应。同时，为了使市场上一般商品的物价能够保持稳定，还主张商品的价格皆由贾师按其规格、质量来评定，并由肆长负责将本肆的商品按价格的高低陈列，同类商品中价格接近的陈列在同一个地方，价格悬殊的则保持一定的距离，以免相混淆而欺骗顾客和便于不同社会身份的消费者选购。贾师要禁止私自抬高物价，使商品保持常价，对不经许可擅自提高物价和违反质量、规格等规定的人，则要课以公开警告、游市示众、鞭打以至逮捕法办的处罚。对于卖不出去的商品，则由泉府按价收购，"以待不时而买者"（《周礼·地官》）。可以看出，这一时期已经出现了利用价格的高低来调节某些商品的供应，以及商品的价格需按其规格和质量来统一评定，主张保持物价的基本稳定等思想。

此外，《周礼·地官司徒第二·仓人》记载："仓人掌粟入之藏，辨九谷之物，以待邦用。若谷不足，则止余法用。有馀，则藏之，以待凶而颁之。凡国之大事，共道路之谷积，食饮之具。"即是说，仓人掌管所收入谷物的储藏，分辨九谷的名称种类，以备王国所用。如果谷物不足，就减省委积的支用；谷物有余，就把它储藏起来，以备灾荒年而颁用。凡国家有大事，供道路委积所需的谷物和饮食，同样强调了粮食储备的重要性。

在上述分析中，从殷商时期出现的"藏不粥粢，粢不加均"、"赋洒其币，乡正保贷"思想以及西周在"司市十官"中所设置的质人、贾师和泉府的职能来看，已出现了国家干预或者说宏观调控思想的萌芽与发端。

## 1.1.2 春秋战国时期的政府干预思想

春秋战国时期（公元前770～公元前221年），是中国历史上的一段大分裂时期。也是中国古代首次出现百家争鸣的时期。据《汉书·艺文志》记载，数得上名字的一共有189家，4324篇著作。其后的《隋书·经籍志》、《四库全书总目》等则记载"诸子百家"实有上千家，但流传较广、影响较大、较为著名的不过几十家而已。其中只有10家被发展成学派。西汉刘歆在《七略·诸子略》中将小说家去掉，称为"九流"。这一时期各种思想学术流派的成就，与同期古希腊文明交相辉映，形成诸子百家争鸣的繁荣局面。但汉武帝推行"罢黜百家，独尊儒术"的政策，以孔子、孟子为代表的儒家思想成为正统，统治汉族思想和文化2000余年。

在政府对经济的管理方面，几乎各家学派都提出了自己的学说和主张。其中，计然"七策"、范蠡的"平粜法"与李悝的"平籴法"以及《管子》的"轻重论"等代表了当时主张政府对经济进行积极干预的思想。

第一，计然七策。

计然（公元前550～公元前494年），又作计倪、计砚、计研，春秋蔡丘濮上人，姓辛，字文子，春秋时期著名的战略家、思想家和经济学家。早先是晋国流亡的贵族，博学多才，天文地理无所不通。外表貌似平庸、愚钝，但自小非常好学，师从老子，为老子门下"玄元十子"之一（指尹喜、庚桑楚、南荣趎、尹文、计然、崔翟、柏矩、列御寇、士成绮、庄周十人），通览群书，时常观察学习大自然，善于从事物刚开始露出端倪时，就能知道事物的发展规律，并通晓别人的想法。范蠡所作《计然传》说：其行浩浩，其志泛泛，不肯自显诸侯，阴所利者七国，天下莫知，故称曰计然。时遨游海泽，号曰"渔父"。尝南游越，范蠡请见越王，计然曰："越王为人鸟喙，不可与同利也。"范蠡知其贤，卑身事之，请受道，藏于石室，乃刑白鹇而盟焉。颜师古也说："计然者，濮上人也，博学无所不通，尤善计算，尝游南越，范蠡卑身事之。事见《皇览》及《晋中经簿》，又《吴越春秋》及《越绝书》，并作计倪。此则然、倪、砚声相近，实则一人耳。"

《史记·货殖列传》载范蠡曾拜计然为师，学术界广为认可的学术思想传承关系为：老子—计然—范蠡—猗顿。计然教给范蠡《贵流通》《尚平均》《戒滞停》等七策，这七策为治理国家的方略，其核心是如何发展国计民生的国民经济学，属于"贵生"之学。范蠡在学习了计然七策后，利用成为越国上大夫的身份，只用了其中五策，辅助越王勾践复仇灭吴而成就了一代霸业。《计然传》载：常游于海泽，越大夫范蠡尊之为师，授范蠡七计。范佐越王勾践，用其五而灭吴。范蠡在成功后及时听从了老师计然的话，飘然隐退泛舟湖海，于陶地以"朱公"名号染指商旅，不到10年竟是富甲天下，被商旅呼为陶朱公。辑录老师计然的言论，并参以自己见解所成《计然书》，全书七策8000余言，讲的就是一个致富术。富国富人，字字精到，天下商旅称为"绝世富经"，名士则称之为"计然七策"。司马迁在

《史记·货殖列传》中集中阐述了许多古代的经济思想，大多来自于"计然七策"。在这里，我们主要探讨"计然七策"中所包含的宏观调控思想。

所谓计然七策，主要指"农业丰歉循环论""平粜论"和"积著之理"等。关于"农业丰歉循环论"，《越绝书·计倪内经》说："太阳三岁处金则穰，三岁处水则毁，三岁处木则康，三岁处火则旱"。这就形成了 6 年一穰、6 年一旱或者 12 年一大饥的循环。计然认为只要掌握这种年岁丰歉的循环知识，就可以预测粮食及其他商品的价格变动趋势，以便利用它促成国家财政丰实和使个人致富。所谓"平粜论"，是主张由国家在丰年收购粮食储存，备荒年发售，以稳定粮价。计然指出，"夫粜二十钱病农（谷贱伤农），九十钱病末（粮贵伤商人），末病则财不出，农病则草辟矣！"他主张使粮价维持在 30 ~ 80 钱，做到"农末俱利"。至于"积著之理"，指的是经商致富的一些原则。这些原则包括：（1）"务完物，无息币"。意思是说要使货物及时周转，且周转得净尽无余。如果使货物长久停息则无利可图。（2）"旱则资舟，水则资车"（范蠡后来对此发展为"夏则资皮，冬则资絺，旱则资舟，水则资车"）。此称之为"待乏原则"，即利用旱涝寒暑之机，低价购进，待贵而售，随时逐利。（3）"论其有余不足则知贵贱。"即是要掌握商品供求关系变化趋势和规律，乘机购进与销售。（4）"贵上极则反贱，贱下极则反贵，贵出如粪土，贱取如珠宝"。此指商品价格的变化规律是"贵极必贱，贱极必贵"。经营者要时刻观察和掌握贵极贱极的规律和商品价格信息。抓住购进和出售的关键时机。（5）"以物相贸易，腐败而食之货勿留，无敢居贵"。对易腐的食品不要久留，更不要等待高价出售。否则，将因小利而招来亏损。（6）"财币欲其行如流水"。经营之道似细水长流。流则活，滞则死。搞活是经营的原则。范蠡正是实践并发展了这些理论和原则，才成为我国商业史上成功的巨富。也有人认为所谓计然之策，主要是指"六岁穰六岁旱"的农业循环学说，农末俱利的平粜论，以及物价观测、贵出贱取等经商致富的"积著之理"。后因以泛指生财致富之道。后人将"计然七策"总结为：（1）"以物相贸易，腐败而食之货勿留，无敢居贵。"这是生产之道，产能过多，牛奶面包腐败而倒入阴沟，岂不可惜，乃不通贸易之过。不交易，再贵的东西也变得没有价值，故无敢居贵。（2）"论其有余不足，则知贵贱。"这是经济学里的供求关系原理，所谓供大于求，则物价下跌，供不应求则物价上涨。搞生产的、做贸易的，都要"论其有余不足"，否则不知贵贱。（3）"贵上极则反贱，贱下极则反贵。"按现在哲学理论来理解，贵贱乃辩证关系。中庸之道说物极必反，物极贵，则需求多，很多人开始生产谋利，此乃贱之始也。反之，供应过剩，至贱，供应减少，此贵之始也。（4）"贱买贵卖"。此商贾操盘手法，适用任何商业领域，如此方可加速资金周转，财源滚滚。（5）"贵出如粪土，贱取如珠玉。"精辟地揭示了商品价格与市场需求之间的平衡关系。他指出商品价格上涨，生产者们就会将资源集中到这里，供给自然增加，增加到一定程度，供大于求，价格则会狂跌，反过来也是同样的道理。因此经营活动不能从众，要从供求关系的角度，确定自己的经营品种。（6）"财币欲其行如流水"。这就是说，在营销的过程中，要特别注意保持资金流转的通畅，不能把过多的资金积聚在自己的手中，这就叫作"无息币"。不要看轻薄利，在资金加速运转的情况下，实际上就已经达到了增加利润的效果。而一味地囤积居奇，抬高物价，则有可能血本无归。这就是"无敢居贵"。按经济学观点，货币乃经济的血液。血液不流，人不得生；资金不转，物不能通。（7）"旱则资舟，水则资车。"天下大旱的时候，积蓄买入舟船；而天下遭水灾的时候积蓄买入木车。在事物需求还没有来到且价值不高的时候，买入；在需求来到，就可以卖出，获取高额利润。这是大自然的客观规律。① 也有人总结为：（1）需求决定与经济周期论。如"知斗则修备，时用则知物，二者形则万货之情可得而观已。""故岁在金，穰；水，毁；木，饥；火，旱。旱则资舟，水则资车，物之理也。六岁穰，六岁旱，十二岁一大饥。"（2）价格调控论。如"夫粜，二十病农，九十病末。末病则财不出，农病则草不辟矣。上不过八十，下不减三十，则农末俱利，平粜齐物，关市不乏，治国之道也。"（3）实物价值论。如"积著之理，务完物，无息币。"（4）贸易时机论。如"以物相贸易，腐败而食之货勿留，无敢居贵。"（5）价值判断论。如"论其有馀不足，则知贵贱。"（6）物极必反论。如"贵上极则反贱，贱下极则反贵。"（7）资金周转论。如"贵出如粪土，贱取如珠玉。财币欲其行如流水。"

"计然七策"中有关的宏观调控思想主要包括：

（1）尊重自然规律。《计然篇》说："然者，自然，天然，必然，物之道也。物道乃物之情与势，不依人意所动。视物之情与势而计所为，不求于心，不责于人。计其始末，智基于此矣。疾疾缓缓，曲曲直直，如依水而舟，依鱼而网也。顺其自然，为可为，避不可为。无可无不可，则容与率然，始有我。"计然这里所说的"然"，即是指事物的客观规律，即"物之道"，这种"物之道""不依人意所动"，因此，应该"顺其自然，为可为，避不可为"。《内经》中说："天下六岁一穰，六岁一康，凡十二岁一饥，是以民相离也。故圣人早知天地之反，为之预备。故汤之时，比七年旱而民不饥；禹之时，比九年水而民不流。其主能通习源流，以任贤使能，则转毂乎千里，外货可来也；不习则百里之内，不可致也。人主所求，其价十倍；其所择者，则无价矣。夫人主利源流，非必身为之也。视民所不足及其有余，为之命以利之，而来诸侯，守法度，任贤使能，偿其成事，传其验而已。如此则邦富兵强而不衰矣。"就是说，自然的周期是每隔 6 年一次丰收，每隔 6 年一次持平，12 年一次饥荒。如果处理不好，人民就会对你的统治没有信心，离你而去。所以古代的圣人由于能早早地预知自然界的变化，所以预先做好准备。因此，商汤的时候，天下接连大旱 7 年，但是老百姓没有因此被饿死的；夏禹的时候，天下接连 9 年遭遇洪水，而老百姓没有流离失所的。之所以这样，在于他们的君主能够了解学习事物本来面目和发展趋势，然后任用有才能的人，驾驶车子来往四方，运送救灾物资。如果不学习这些，哪怕是方圆 100 公里发生灾祸，也无力救助百姓于灾祸之中。古代的圣人，他们的决策、选择没有哪个不是高瞻远瞩，利国利民的。因为他们的出发点并非是为了他们自己，正因为这样，所以他们能取得天下。根据百姓的缺乏和盈余，帮助和诱导他们进行生产，积累财富。这样一来，诸侯争相学习，遵守国家的法律，任用有才能的人。帮助他们各自成就一番事业，从而靠这些人的功业成就诸侯的功业，而大王又靠诸侯的功业成就统一天下的大业。这样就可以富国强兵而不衰弱了。

（2）抓住时机，"得时"而动。《计然篇》说："计物之情与势必于审时度势，不可不察。势之蓄当有时，谓之机缘也。贵在得时。势成则时至机至，虽难而易，其效自然。势不成则时不至机不至，虽易犹难。时过则境迁，机缘尽失，大势去矣。审时度势之妙在择时捉机。权衡时机，尤当精察，毫厘必较，成败由此。择时之妙，如逐如竞，如捕如捉。待时而动，动不妄举。动静，迟速，轻重，繁简，必以时定。此一时非彼一时也。待时蓄势，备而待发，则静如泰山。得时则发如疾电，时不我待，稍纵即失。疏于此而欲其功，无异缘木

---

① 黄睿. 计然七策的普遍经济学价值［N］. 中国产经新闻报，2010 - 03 - 01.

求鱼。"

（3）供求变化，则贵贱辩证。"论其有徐不足，则知贵贱。贵上极则反贱，贱下极则反贵。贵出如粪土，贱取如珠玉。财币欲其行如流水。""从寅至未，阳也。太阴在阳，岁德在阴，岁美在是。圣人动而应之，制其收发。常以太阴在阴而发，阴且尽之岁，亟卖六畜货财，聚棺木，以应阴之至也。此皆十倍者也，其次五倍。夫有时而散，是故圣人反其刑，顺其衡，收聚而不散。"都揭示了现代经济学的供求关系原理，所谓供大于求，则物价下跌，供不应求则物价上涨。物价贵到极点，就一定会下跌；物价贱到极点，就一定会上涨。当价格贵到极点时，要及时卖出，视同粪土一般；当价格贱到极点时，一定要及时买入，视同珠宝一般。货物钱币的流通周转要如同流水般自然。按照自然变化，及市场缺乏多寡。预备货物，等待时机。这样，因为市场需求还没有来，所以买入价格低。等到时机来时，就可以赚取几倍，十几倍的厚利。根据市场的变化规律，通过买进与卖出，先于别人，就能很快聚集起财富。

（4）尊重市场，控制粮价。《内经》中记载，勾践和计然有如下一段对话："六岁穰，六岁旱，十二岁一大饥。夫粜，二十病农，九十病末。末病则财不出，农病则草不辟矣。上不过八十，下不减三十，则农末俱利，平粜齐物，关市不乏，治国之道也。"计然认为，发展国民经济，至关重要的一环是要调节、控制粮食的市场价格。大意是，每过 6 年会遇上大丰收，再过 6 年会大旱，每 12 年会有一次大饥荒。若粮食的售价跌到 20 钱，则农民会受损；若价格涨到 90 钱，则商人要受损。商人受损的话，钱财就不能流通到社会；农民受损的话，田地就没人种。粮价若在 30～80 钱的区间波动，那么都能得利。若粮价平稳，其他物价也会稳定，市面上货物不会缺乏，这就是治国之道。这是世界最早的采用市场化的手段进行宏观调控。

（5）反周期调控。《内经》中说："太阴，三岁处金则穰，三岁处水则毁，三岁处木则康，三岁处火则旱。故散有时积，籴有时领。则决万物，不过三岁而发矣。以智论之，以决断之，以道佐之。断长续短，一岁再倍，其次一倍，其次而反。"这一段对话堪称对经济周期的最经典阐述。意思是说，当月亮每 12 年为周期，进行周期性循环时，大地上事物也会相应地发生变化。月亮处于金星的 3 年中，大地就丰收；处于水星的 3 年中，就会遭遇灾祸；处于木星的 3 年中，就会收获平平；处于火星的 3 年中，就会遇到旱灾。所以，能帮我们安然度过灾祸的，是平时充足的准备；有了好的收成和环境，要好好利用。不要荒废机会和时光，更要为将来的困境做好准备。当然，所有的这些，将取决于万事万物的自然变化，所有的机遇和困境都只是暂时的。它周而复始，既不会停止，也不会不做停留。从事情决策的方面讲，第一是要有坚韧不拔的决心，第二就是依据自然事物的变化规律。世间物品的价值是由其数量和需求量决定的，所以人们总是追求稀少的物品，越是稀少的，就越贵，并且随准备其数量的增长而价值不断下跌，最后直至不值钱。对此，计然认为："旱则资舟，水则资车，物之理也。积著之理，务完物，无息币。"旱时，就要备船以待涝；涝时，就要备车以待旱，这样做符合事物发展的规律。这是让世人反周期操作。而"务完物，无息币"是讲发展商业积蓄钱财的道理，一个是重视产品质量，一个是让资金尽可能地流转起来，不要让货币滞留在手中，成为死钱。

（6）注重积累，以备所需。"人之生无几，必先忧积蓄，以备妖祥。凡人生或老、或弱、或强、或怯。不早备生，不能相葬。"这段话告诉储蓄的重要性，人一生的时间、力量有限，因此必须先要有积累，这样才能积极顺应变化趋势。人有生老病死，贫穷、富贵、健康、疾病，平时不为事件发生时做准备，等到事件发生时，就只有听天由命了。

在《杂录》中，还记录了与上述相同的观点。如计然说："知斗则修备，时用则知物，二者刑，则万货之情可得而观已。故岁在金穰、水毁、木饥、火旱"（王充《论衡·明雩篇》引作"太岁在子，水毁、金穰、木饥、火旱"与《史记》引小异）。"旱则资舟，水则资车，物之理也。六岁穰，六岁旱，十二岁大饥。夫籴，二十病农，九十病末。末病则财不出，农病则草不辟矣。上不过八十，下不减三十，则农、末俱利。平粜齐物，关市不乏，治国之道也。积着之理，务完物，无息币"等。《汉书·货殖列传》也记载："昔越王勾践困于会稽之上，乃用范蠡、计然。计然曰：'知斗则修备，时用则知物，二者形则万货之情可见矣。故旱则资舟，水则资车，物之理也。'推此类而修之，二年国富，厚赂战士，遂破强吴，刷会稽之耻。范蠡叹曰：'计然之策，十用其五而得意'"。

计然建议勾践应该降低老百姓的赋税，藏富于民，实行谨慎的货币政策，鼓励越人从事生产型活动。这些经济思想经过实践检验的结果是让越国很快就国富兵强，终于越王灭了吴国，而范蠡也靠着这些思想成为一方的富豪。事实上，这些经济思想其实就是市场经济思想，一切以市场为导向，顺势而为，即使是宏观调控也不用行政命令。可以说，计然大约是世界上最早懂得利用自然规律和供求规律来调节社会生产、调控市场的第一人。①

第二，范蠡的"平粜法"与李悝的"平籴法"。

范蠡（公元前536—公元前448年），字少伯，春秋楚国宛（今河南南阳）人。春秋末著名的政治家、军事家和商业家。后人尊称"商圣"。他出身贫贱，微时"佯狂、倜傥、负俗。"（《史记·越王勾践世家》）"一痴一醒，时人尽以为狂。然独有圣贤之明，人莫可与语。""被发佯狂不与于世"（《越绝书》）。但博学多才，与楚宛令文种相识、相交甚深。因不满当时楚国政治黑暗、非贵族不得入仕而一气投奔越国，辅佐越国勾践。帮助勾践兴越国，灭吴国，一雪会稽之耻，功成名就之后急流勇退，化名姓为鸱夷子皮，变官服为一袭白衣与西施西出姑苏，泛一叶扁舟于五湖之中，遨游于72峰之间。期间三次经商成巨富，三散家财，自号陶朱公，乃中国儒商之鼻祖。世人誉之："忠以为国，智以保身，商以致富，成名天下。"《太平广记·神仙传》将范蠡神化，有老子"在越为范蠡，在齐为鸱夷子，在吴为陶朱公"一说。

作为计然的学生，范蠡继承了计然七策中的传统思想，并运用到具体的政策实践中，又将其进一步发扬光大。因此，"平粜论"应是上节中计然作为一个思想家所提出一个重要观点，并不是许多学者认为由范蠡首倡。② 这里之所以提范蠡的"平粜法"，是因为范蠡将老师计然提出的"平粜论"付诸于越国的实践之中，从而完成越国"十年生聚"的过程。

为什么作出上述判断？这是因为：一是，《史记·货殖列传》清楚地记载：昔者越王勾践困于会稽之上，乃用范蠡、计然。计然曰："知斗则修备，时用则知物，二者形则万货之情可得而观已。故岁在金，穰；水，毁；木，饥；火，旱。旱则资舟，水则资车，物之理

---

① 端宏斌. 中国古代的宏观调控［N］. 投资者报，2010－11－15.

② 如钱穆先生在其所著的《先秦诸子系年》中断句为："昔者越王勾践困于会稽之上，乃用范蠡《计然》。"认为计然是书名，是范蠡的著作。参见孙开泰. 计然是人名还是书名？——关于《史记·货殖列传》一处断句争论之我见［J］. 管子学刊，2005（2）.

也。六岁穰，六岁旱，十二岁一大饥。夫粜，二十病农，九十病末。末病则财不出，农病则草不辟矣。上不过八十，下不减三十，则农末俱利，平粜齐物，关市不乏，治国之道也。积着之理，务完物，无息币。以物相贸易，腐败而食之货勿留，无敢居贵。论其有余不足，则知贵贱。贵上极则反贱，贱下极则反贵。贵出如粪土，贱取如珠玉。财币欲其行如流水。修之十年，国富，厚赂战士，士赴矢石，如渴得饮，遂报强吴，观兵中国，称号五霸"。《越绝书·计倪内经》也载："粜石二十则伤农，九十则病末。"二是从范蠡自身的特点和其他人的评价来看，范蠡更多的是作为一个政治家、军事家和后来成为一个著名的商人存在。在公元前 494 年勾践伐吴，范蠡谏阻不听遭遇失败之后，按照吴越双方议和的条件，越国战败过了两年，越王勾践将要带着妻子到吴国当奴仆，他想带文种，而范蠡愿随勾践同行，说："四封之内，百姓之事……蠡不如种也。四封之外，敌国之制，立断之事……种亦不如蠡也。"在随勾践质吴三年终于回到越国之后，范蠡建议勾践劝农桑，务积谷，不乱民功，不逆天时；倡"道""气"，主"恒""常"，重"持盈""定倾""节事"，提出只有按规律办事才能取得成效，"必有以知天地之恒制，乃可以有天下之成利。"（《国语·越语下》）而违背事物发展规律的主观行为是必定要失败的。因此。"时不至，不可强生；事不究，不可强成；自若以处，以度天下，待其来者而正之，因时之所宜而定之。"（《国语·越语下》）认为世界上一切事物都在变化，时势必有盛衰，顺其自然，待机而动，才能取胜。

范蠡将计然七策进一步发扬光大，主要体现在：一是范蠡继承并发展计然的农业经济循环论而形成"天之三表法"。《越绝外传·枕中第十六》《越绝》卷十三："范子曰：夫八谷贵贱之法，必察天之三表，即法矣。越王曰：请问三表。范子曰：火之势胜金，阴气蓄积大盛，火据金而死，故金中有水。如此者，岁大败，八谷皆贵。金之势胜木，阳气积蓄大盛，金据木而死，故木中有火。如此者，岁大美，八谷皆贱。金、木、水、火更相胜，此天之三表也，不可不察。能知三表，可为邦宝；不知三表，身死弃道。"由此可见，范蠡的"天之三表"将阴阳、五行相胜与农业丰歉的关系，而造成岁之大美与大旱，因而使谷贵或谷贱。只有掌握"天之三表"，才能发展农业经济。很显然，范蠡把计然的农业经济循环论进一步发展为"天之三表"学说，认为"八谷亦一贱一贵，极而复反"（《越绝书·枕中第十六》），成为发展越国农业生产的具体办法而为越王勾践所采纳。二是将计然提出"旱则资舟，水则资车，物之理也"发展为"夏则资皮，冬则资絺，旱则资舟，水则资车，以待乏也。"（《国语·越语上》）三是在帮助越王勾践打败吴国之后，喟然而叹曰："计然之策七，越用其五而得意。既已施於国，吾欲用之家。"于是功成身退，乘舟浮海，离越适齐，化名"鸱夷子皮"，经商治产，获利千万，受任齐相。后弃官散财，间行至陶，逐什一之利，复赀累千万，自号陶朱公。在《史记·越王勾践世家》《史记·货殖列传》以及《越绝书》《吴越·春秋》均有记载。

李悝（约公元前 450 ~ 公元前 390 年），又名李克，曾相魏文侯及武侯，在魏国进行变法，政治方面重点在废除维护奴隶主贵族利益的世卿世禄制，为新兴地主阶级的发展开辟道路，经济方面极力肯定土地的自由买卖，并将国家掌握的一部分荒地分给农民耕种，国家征收赋税。李悝是一个由儒到法的人物，曾属于子夏一派的儒家，著有法经六篇，立法精神在于维护土地私有制，对后世影响深远，汉、唐的刑律即是从李悝的法经演变而来，是法家的始祖。按照胡寄窗的考证，有关李悝经济思想的记载很少，除韩非子的零星论述外，唯一完整系统的记载体现在班固的《汉书·食货志》中。

　　李悝在魏国国君魏文侯执政期间推行新政，这是战国时期最早进行的一次变法运动。其新政方针是"尽地力之教"。《史记·货殖列传》记载："当魏文侯时，李克务尽地力之教。"这里的"尽地力之教"，即"必杂五种，以备灾害，力耕数耘，收获如寇盗之至"，是指劝教农民提高土地亩产粮食的能力，特别重视农业劳动力的作用，也包含了李悝的宏观经济管理的思想和重农的思想等。李悝变法的一项主要内容就是"平籴法"。《汉书·食货志》记载："是时，李悝为魏文侯作尽地力之教，以为地方百里，堤封九万顷。除山泽邑居三分去矣，为田六百万亩。治田勤谨，则田益三斗；不勤，则损亦如之。地方百里之增减，辄为粟百八十万石矣。又曰，籴甚贵伤民，甚贱伤农。民伤则离散，农伤则国贫，故甚贵与甚贱，其伤一也。善为国者，使民无伤而农益劝。今一夫挟五口，治田百亩。岁收，亩一石半，为粟百五十。除十一之税十五石，余百三十五石。食，人月一石半，五人终岁为粟九十石，余有四十五石。石三十，为钱千三百五十。初社闾尝新春秋之祠用千三百，余千五十。衣，人率用钱三百，五人终岁用千百五，不足四百五十。不幸疾病死丧之费及上赋敛，又未与此。此农夫所以常困，有不劝耕之心，而令籴至于甚贵者也。是故善平籴者必谨观年，有上中下熟：上熟其熟自四，余四百石；中熟自三，余三百石；下熟自二，余百石。小饥则收百石，中饥七十石，大饥三十石。故大熟则上籴，三而舍一，中熟则籴二，下熟则籴一。使民适足，贾平则止。小饥则发下熟之所敛，中饥则发中熟之所敛，大饥则发大熟之所敛，而粜之。故虽遇饥馑水旱，籴不贵而民不散，取有余以补不足也。行之魏国，国以富强。"

　　从这段话中可以看出，李悝变法的出发点，是认为粮价太贵，城市居民负担不起，生活困难，就要流徙他乡；而粮价太贱，农民入不敷出，生活困难，国家就要贫困；因此粮价无论太贵太贱，都不利于巩固国家统治。接下来李悝为一般五口之家的农民算了一笔账，认为他们种田百亩（合今三十亩左右），每年所收获的粮食，待交完租税，留足口粮，支付各种费用后，就所剩无几了，连添置衣服也感到困难。如果遇上疾病、丧葬等事或国家增加苛税，就更没有办法了。

　　为了发展农业生产，战胜自然灾害，增加朝廷税收，李悝根据计然的"平籴论"思想颁布了"平籴法"，认为规定每家农民收入的粮食中，除交1/10的税及自己食用、消费外，多余的粮食由国家收购。而善于平籴的人应根据不同的年份的收成情况来决定平籴的数量：好年成分为上、中、下三等，坏年成也分为上、中、下三等，好年成由官府按好年成的等级出钱籴进一定数量的余粮，坏年成由官府按坏年成的等级平价粜出一定数量的粮食。以"治田百亩"的一个农家作计算单位，上熟、中熟、下熟时由政府分别收购其余粮三百、二百、一百石，使城市居民有足够的粮食食用，粮食价格稳定为止。如遇粮食歉收的年份，则按歉收的程度，国家拿出收购的粮食平价卖出：小饥则政府以下熟所收百石出售，中饥则以中熟收购的二百石出售，大饥则以上熟收购的三百石出售。即上等歉收年卖出上等丰收年收购的粮食，中等歉收年卖出中等丰收年收购的粮食，下等歉收年卖出下等丰收年收购的粮食。这样做的结果是"虽遇饥馑水旱，籴不贵而民不散，取有余以补不足也。"只有"民不散"，政权才能巩固，这就是"平籴法"的目的。

　　从上述分析中可以看出，"平籴法"利用经济杠杆来协调不同年景时的粮食价格，主张政府干预粮食市场的稳定，一举解决了丰年多粮、灾年少粮的矛盾，一定程度上可以在一个较大的范围内调节粮食的余缺，取得了很好的效果，有利于大局的稳定，即所谓"行之魏国，国以富强。”李悝的“平籴法”对后世影响很大，成为后来历代王朝的均输、平准、常平仓等办法的开端。1200 年后，唐代著名理财家杜佑在其《通典》中将李悝与中国历史上最伟大的政治家并列在一起，他评论道：“周之兴也得太公，齐之霸也得管仲，魏之富也得李悝，秦之强也得商鞅，后周有苏绰，隋氏有高颎。此六贤者，上以成王业，兴霸图，次以富国强兵，立事可平籴论法。”

第三，《管子》的“轻重论”。

《管子》的成书年代，至今未有定论。《管子》一书，托名管仲，其实“非一人之笔，亦非一时之书”[1]，这是学界早已达成的共识。其成书年代，大多认为是在战国之世的稷下学宫时期。白奚认为，《管子》是齐宣王、湣王时期稷下学宫中一批佚名的齐地土著学者依托管仲编集创作而成。[2] 现存《管子》76 篇，大部分内容均涉及经济问题，其中尤以《轻重篇》对经济问题的论述最为丰富，这在先秦文献中是绝无仅有的。其经济管理思想的最大特色和集中体现是“轻重论”。“轻重论”研究的对象主要是国家对国民经济的调控，包括宏观调控体系、调控手段、调控范围及其实现的战略目标，核心是国家对国民经济总体的全面干预。这在诸子百家中自成体系，独树一帜，也是中国古代最早出现的比较全面和系统的宏观调控思想。[3]

“轻重”一词最早出现在《逸周书·大匡》《国语·齐语》《国语·周语》等中，多指货币的轻重贵贱。《国语·周语》记载：周景王患钱轻，“将铸大钱”，单穆公说：“权轻重以振救民”，说明“轻重”与货币的联系早已有之。在《管子》中，“轻重”一词又演变为表现货币与商品比价的变化，从广义上说是君王处理诸多政事的权衡，并以此作为国家调控经济的基本出发点。“凡将为国，不通于轻重，不可为笼以守民；不能调通民利，不可以语制为大治”（《国蓄》）；“以轻重为天下”、“以轻重御天下”（《山全数》）；“自伏羲理国以来，未有不以轻重而能成其王者”（《轻重戊》）。意思是说，凡是治理国家，不精通轻重之学，就不能控制国家局势，难以编织经济之“笼”管好民众；不能调剂民众的物质利益，也谈不上通过管理经济而实现国家大治；用轻重之学管理和统治天下；自从伏羲管理国家以来，没有不用轻重之学就能够称霸天下的。《管子》认为，治国应通轻重，国家的最高统治者必须研究利用商品、货币的轻重变化，并人为地影响和操纵这种变化，从宏观上调节和控制住全国经济。《山至数》强调：“圣人理之以徐疾，守之以决塞，夺之以轻重，行之以仁义，故与天壤同数，此王者之大辔也”。这里把治国和国家的经济活动比作一匹野马，轻重论就是驾驭这匹马所用的嚼子和缰绳。驾驭好了，可以“予之在君，夺之在君，贫之在君，富之在君”，“民无不累于上”（《国蓄》），“开阖皆在上”（《乘马数》），一切都掌握在国家君主手中。驾驭不好，让诸侯或富商大贾控制了经济大权，就会严重威胁中央集权政府的统治，“臣不尽其忠，士不尽其死”（《国蓄》），“内则大夫自还而不尽忠，外则诸侯连朋合与，熟谷之人则去亡”，“天子失其权”（《山至数》），国将不国也。可见，“轻重论”的国家干预主义色彩是非常浓厚的，从性质上讲属于富国之学，属于治理国家之学，主张国家对社会经济全面控制和垄断。

---

① 宋·叶适《习学记言》卷四十五。

② 白奚．也谈《管子》的成书年代与作者［J］．中国哲学史，1997（4）．

③ 裴倜．《管子》轻重篇中的国家宏观调控思想［J］．四川大学学报（哲学社会科学版），1991（2）．

为什么"轻重论"能够起到宏观调控的作用？这是因为"轻重论"对商品、货币的轻重运动规律有高度的理论概括，或者说商品、货币运动的轻重规律构成了"轻重论"的理论基础。如商品之间的轻重变化规律为："散则轻，聚则重"；"臧则重，发则轻"；"少或不足则重，有余或多则轻"；"守则重，不守则轻；章则重，不章则轻"；"令疾则重，令徐则轻"（以上见《国蓄》《揆度》《轻重甲》《地数》）。其中的"聚散""臧发""多少""不足""有余"是商品轻重变化规律的自发性，而"令疾令徐""章与不章""守与不守"则体现出一种人为的干预和调控。"轻重论"还进一步表述了商品与货币之间的轻重规律性："币重则万物轻，币轻则万物重"，"谷重则万物轻，谷轻则万物重"。

那么，如何用轻重论对经济进行宏观调控呢？《管子》提出：敛之以轻、散之以重，以重射轻、以贱泄平。这类论述遍及《管子》全书。具体地说，为了实现国家对经济的垄断和控制，其一是必须严厉打击"中一国而二君二王"的富商大贾，"杀正商贾之利"（《轻重乙》），因为他们是同国家争夺轻重之权的主要对手。其二是要把整个社会经济活动纳入国家的统计和监督轨道，即"利出一孔"，使全国人民的经济活动接受国家的指导，只能在国家政策允许的范围内获取利益。《管子·轻重》专门有《山国轨》篇。所谓"国轨"，是指国家的经济规划和政府对经济发展的统计和监督。《山国轨》说："田有轨，人有轨，乡有轨，人事有轨，币有轨，县有轨，国有轨，不通于轨数而欲为国，不可"，"国轨，布于未形，据其已成"，"不阴据其轨皆下制其上"。这是说，从国家到地方的经济发展都必须有一定的规划，占有一定的数据，做到心中有数，并且要严守国家经济发展的机密，以防止富商蓄贾与政府争利，做到"乘令而进退"。可见，轻重论者是非常重视国家对经济发展的统计和监督的，从加强计划管理的角度来实现国家经济干预主义的主张。其三，国家要绝对地掌握社会财富的分配大权和人民的经济利益，"予之在君，夺之在君，富之在君，贫之在君"（《国蓄》）。在《轻重》篇中，诸如"笼""守""令""章""塞""隘""横""御""栏牢"等这类统制经济的字眼，俯拾皆是。

对于应采取哪些具体措施来进行宏观调控？《管子》主张，国家应对"货币""谷物""万物"进行控制。其思路是：国家严格控制和掌握货币，进而控制谷物（实物货币），以调剂"万物"的供需，平衡物价，实现社会经济的正常运行。即先王运用货币，"以守财物，以御民事，而平天下也"（《国蓄》）。

其一，"轻重论"对货币的认识与调控都是比较全面和深刻的。对货币职能的认识，除了未论及价值尺度外，其他四种职能几乎都涉及："黄金刀布，民之通施也"，"黄金刀布者，民之通货也"，"刀布者，沟渎也"，这是指货币的流通手段；"士受资以币，大夫受邑以币，人马受食以币"，这是指货币的支付手段；"万乘之国不可以无万金之蓄余"，这是指货币的储藏手段；"苟入吾国之粟，因吾国之币，然后载黄金而出"，这是指货币的世界货币手段（以上见《国蓄》《揆度》《轻重乙》等）。其中尤以对流通手段的阐述最为透彻。因此可以说，"轻重论"是我国历史上最早的货币数量说者。轻重论认为货币能至万物，"其化如神"，"人君操谷币准衡而天下可定也"（《山至数》）。对货币调控采取的主要措施有：（1）国家严格控制货币的铸造权。"人君铸钱立币，民庶之通施，故善者执其通施"（《国蓄》）。（2）国家应严格限制货币的发行数量，以便保持币值的稳定。轻重论特别重视货币流通量的变化及其分布的结构状况，认为"币重则死利，币轻则决而不用，故轻重调于数而止"（《揆度》）。虽缺乏货币的流通速度概念，却懂得货币流通应有一个总量界限。

"轻重调于数"，"国币之九在上，一在下，币重而万物轻。敛万物应之以币。币在下，万物皆在上，万物重十倍"（《山国轨》）。这是说，流通领域的货币数量应该是适度的，过多过少都会影响币值和万物价格的畸轻畸重。如何"调于数"呢？那就是发挥国家对货币的敛散吞吐作用：当"国币九在上"时，国家则把手中掌握的货币投放市场；反之，"币在下"时，则"府官以市櫎出万物"，使货币及时回笼。（3）实行多品位制，并把刀布（铜币）或谷物的价格固定在黄金价格上。"轻重论"的货币制度是多品位的，即"上币为珠玉，中币为黄金，下币为刀布"（《国蓄》）。在民间流通中，以刀布为主，黄金次之，珠玉主要在上层使用。而如何调节三种货币的价值呢？首先是确定刀布、谷物与黄金的比价关系，即黄金1斤＝4000刀布或8石谷物。然后由国家控制中币黄金的价格，通过人为地变动黄金价格，以左右、调剂上、下币的价格，"高下其中币，而制上下之用"。这种把刀布的币值固着在黄金上，以达到整个货币体系稳定的观点是值得称述的。（4）国家以货币控制粮食的价格，同时发挥谷物的实物货币作用，即"以谷准币"或"以币准谷"，使谷物与货币相互通用，以平抑"万物"的价格。谷价高低在当时有举足轻重的作用，这就是轻重论所说的"独贵独贱""五谷粟米者，民之司命也"（《轻重乙》）。控制了谷价，实际上也就控制了"万物"的价格。如何调控呢？首先是要把粮食牢牢地控制在国家手中，"彼守国者守谷而已矣"，"来祀械器、种攘粮食毕取瞻于君，故大贾蓄家不得豪夺吾民矣"（《山至数》）；其次是国家直接参与市场上的粮食买卖，通过购进或抛售谷物以影响和制约谷物和万物的轻重。即所谓"制其通货，以御其司命"。（5）疏通货币的流通渠道。具体方法是，当流通领域货币量过少时，则"投放"货币，如预购农民余粮，用货币发放俸禄和支付各项开支，"以币予食"，"以币予衣"，以及用货币在市场收购万物，等等；反之，当通货膨胀时，则使货币"回笼"，如抛售谷物和国家掌握的重要物资，以及实行货币税收，等等。（6）利用货币信贷扶植农业生产，打击高利贷对农民的盘剥。轻重论主张"立资于民"，即设立所谓"环乘之币"或"公币"，实行预购制度先付给农民以生产周转金，收成后以现金或实物偿还政府，使农民免遭私人高利贷的盘剥。

其二，对谷物（粮食）的调控。在春秋战国时代，农业是最基本的生产部门，粮食是最重要的产品，是人们最基本的生活资料，是老百姓生存之本，"五谷食米，民之司命也"（《国蓄》）。国家掌握了粮食和货币，就能控制市场，支配整个社会经济生活以至安定整个社会政治秩序。所以粮食和货币是对经济进行宏观调控的两个最主要的杠杆。《管子》认真分析了粮食生产受自然条件、供求关系等方面的影响，"岁有凶穰，故谷有贵贱"，"多则贱，寡则贵，散则轻，聚则重"。遇上好年成，"岁适美，则市粜无予，而狗彘食人食"；遇上坏年景，"岁适凶，则市籴釜十繈，而道有饿民"。粮价低了，"则半力而无予，民事不偿其本"，老百姓连本钱也收不回来；粮价高了，"则什倍而不可得，民失其用"，老百姓还是得不到满足。遇到这些问题的原因，不是由于地力不足，粮食生产不出来，主要是因为国家没有及时采取调控措施，该收的时候没收，该放的时候不放，"民利之时失"，"物利之不平"，从而引起粮食多寡不均，价格上下波动。为此，《管子》提出"善者要施于民之所不足，操事于民之所有余""视物之轻重而御之以准"（《国蓄》）的主张。具体措施包括：一是"敛积之以轻，散行之以重"。即当民间粮食有余价格较低时，把市场的粮食收购起来；当民间粮食不足价格较高时，把库存的粮食销售出去。由于市场粮食有余，老百姓肯于低价出售，"故人君敛之以轻"；由于市场粮食不足，老百姓肯于高价买进，"故人君散之以重"。

这样做的结果是，"君必有十倍之利，而财之木广可得而平也"（《国蓄》），不但国家获利，市场的粮食价格也因此而稳定了。二是"以重射轻，以贱泄平"。这里的"射"，当逐取、收购讲；"泄"，当倾泄、抛售讲。意思是说，当市场上的粮食因过剩而价格下跌时，国家为了防止投机商人进一步压价，以略高于市场的价格收购，使粮价回升；当市场上的粮食因短缺而价格上涨时，奸商往往囤积居奇，哄抬物价，国家就把过去收购的库存粮食以较市价低廉的价格出售，迫使商人把囤积拒售的粮食卖出，让粮价回落。这样做，表面上看起来是高价购进，低价售出，但由于市价是波动的，高价购进时的市价要比低价售出时的市价低得多，所以国家不会吃亏。更重要的是"守之以准平"（《国蓄》），保证了市场粮食和粮价的平衡。三是"春赋""夏贷"。即国家在不同时期向农民发放一定的贷款。"春赋以敛缯帛"，春季向农民放贷，让他们在新丝上市后用丝绸偿还；"夏贷以收秋实"，夏季向农民放贷，让他们秋后用粮食偿还。"谷贱则以币予食"，粮价低了以钱买粮；"布帛贱则以币予衣"（《国蓄》），布价低了以钱换布。这实际上也是一种"以重射轻"，即先在货币"重"时以高利贷的形式放下去，再到物"轻"时把丝绸、粮食收上来，国家两次增值，当然是"国无失利""君得其利"。最后的结果，"人君挟其食，守其用，据有余而制不足，故民无不累于上也"，"执其通施以御其司命，故民力可得而尽也"（《国蓄》）。这是轻重之学的精髓，也是《管子》加强宏观调控的主要方法和根本目的。

其三，对"万物"的调控。《管子》指出，国家除掌握和控制粮食、货币外，还必须掌握和控制关系国计民生的矿山、森林、海洋等重要自然资源。在《管子》中，多次出现"官山海""官国轨""官天财""官赋轨符"等名词。这里的"官"，就是"管"，意即管理、管制、控制、垄断。"为人君而不能谨守其山林、菹泽、草莱，不可以立为天下王"（《轻重乙》），一再呼吁对山海资源要"封而为禁"，"有动封山者，罪死而不赦。有犯令者，左足入，左足断，右足入，右足断"，因为这是"天财地利之所在也"，必须让"天下之宝壹为我用"（《地数》）。在这里，"轻重论"对万物的调控，主要是通过国家统制工商业和经营山泽之利来实现的。调控的具体办法就是实行盐铁的专卖制度和其他重要物资的统购统销，如《山国轨》明确指出："盐铁之策足以立轨官"，"盐铁抚轨"。在先秦时期，盐铁是大宗产品，是山泽之利的最大者，也是工商业中最大者。国家垄断和控制了盐铁，实际上就等于控制了万物，垄断了国民经济的重要命脉。由国家实行盐铁专卖，目的在于用经济收入取代税收，"寓税于价"。在食盐方面，由于食盐是人民生活的必需品，"十口之家十人食盐，百口之家百人食盐"（《海王》），"恶食无盐则肿"（《地数》）。有了盐的生产和销售，不但可以满足人民的日常必需，让"民之戴上如日月，亲君若父母"（《国蓄》），而且还可以对外出口而获重利，"以四什之贾，循河、济之流，南输梁、赵、宋、卫、濮阳"，"伐菹薪煮水以籍于天下"（《地数》），以40倍的价格出口并控制梁赵宋卫等无海无盐国家，还可以不用征税的办法轻而易举地为国家增加可观的财政收入。形式上无征籍，实际上是"无不服籍者"（《轻重乙》）。《海王》中算了一笔账：一个成年男子1个月吃盐5升半（升是古量具，1升约205毫升，100升为一釜），成年女子3升半，儿童2升半。如果每升盐的价格上涨半钱，一釜可增收50钱；每升涨一钱，一釜可增收100钱；每升涨二钱，一釜可增收200钱。一个万乘大国，人口总数约1000万人，通过盐涨价，每月至少增收6000万钱。如果用征人口税的办法，万乘大国可征者100万人，每人每月征30钱，只有3000万钱，而且谁也不愿意，怨声载道，民"必嚣号"。"今夫给之盐策，则百倍归于上"，还谁也提不出反对意见，因为人人都要吃盐，"人无以避此者"。由于国家只控制流通环节，把生产权放给私人，"使国人煮水为盐"（《轻重甲》），通过官买官卖，获取厚利。在铁的控制方面，由于铁器是农民生产、妇女纺织和交通运输不可缺少的工具，"一女必有一针一刀"，"耕者必有一耒一耜一铫"，"行服连轺辇者，必有一斤一锯一锥一凿"，"不尔而成事者天下无有"（《海王》）。此外，铁器还是制造兵器的主要原料。因此，控制住铁，不但可以像管盐那样用寓税于价的办法增加国家财政收入，还可以防止地方诸侯制造兵器聚众谋反。与国家不允许民间"聚庸而煮盐"（《地数》）不同，当时的齐国允许私人开采矿山和进行冶炼，但对铁器的买卖和流通，则实行严格的控制和垄断政策。统治者十分清楚，开矿和炼铁是极其艰苦的。"今发徒隶而作之，则逃亡而不守。发民，则下疾怨上，边境有兵则怀宿怨而不战。未见山铁之利而内败矣"，开山冶铁还没见到好处，国家反倒深受其害了。《管子》提出，矿山归国家所有，开采和冶炼可以私人进行，但必须按产量计算利润，与国家分成，"故善者不如与民量其重，计其赢，民得其七，君得其三"（《轻重乙》）。即允许民间私人开矿冶炼后，盈利官私分成，民七官三，铁器制成品则由官府统一收购，获取买卖利润。具体办法也是加价，如 1 针加 1 钱，则 30 针为 30 钱，等于 1 人应纳的人头税，表面上未增税，实际上形成垄断利润，增加了国家收入。其他山泽产品，也大体参照盐铁管理办法，不外乎是民制、官收、官销，有的还采取租赁制，如木材，只要向国家交付规定的租金，任何人即可入山取材，不同质的木材交纳不同的租金，并且规定富家出重租，贫者出轻租。

"轻重论"对"万物"的调控还提出具体的策略，展示出高超的调控艺术：一是守、泄之术。为了加强国家对"万物"的控制，轻重论者认为必须运用守、泄之术。"守"就是守住国家的重要物资，"泄"是散发，即抓住时机把商品抛售出去。"守"有三层含义："守国财"（《地数》），即有关国计民生的重要物资必须严格控制在国家手中，使其不为富商蓄贾所乘，而利归于君。"善为国者守其国之财，汤之以高下，注之以徐疾，一可以为百。未尝籍求于民，而使用若河海，终则有始。此谓守物而御天下也"（《轻重丁》）；"谨守重流"，不使重要物资外泄；"守四方之高下""四时之高下"，前者指地区性差价，后者指季节性差价，即要从空间和时间上注意掌握全国市场行情的变化。轻重论强调"王者守始"（《乘马数》）、"人君操始"（《揆度》），即从一开始就要控制住大宗产品产销的最初环节。"泄"也有两层含义："以贱泄平"，当市面上某种重要商品价格上涨时，国家就应及时把购存（"守"）的这种商品以较低的价格大量抛出，平抑市场的价格；调剂国内的有无，使国家急需的物资"泄入"和国内多余的产品"泄出"。二是因、乘之术。轻重论非常重视因、乘之术，强调"王者乘时"（《山至数》）。"因"即凭借、利用，"乘"即抓紧时机。因、乘之术既适用于国内贸易，也适用于国际贸易，但主要还是用于后者，即《轻重丁》所说："因天下以制天下"。如何因、乘呢？这就要根据主客观条件，选择好时机，因势利导，乘时进退，掌握外贸的主动权，即"可因者因之，可乘者乘之"。《管子》中有两段关于因、乘之术的生动描绘："夫善用本者，若以身挤于大海，观风之所起，天下高则高，天下下则下，天下高而我下，则财利夺于天下"；"昔揆度居人国，必四望于天下，天下高亦高，天下高而我独下，必失其国于天下"（《地数》《轻重乙》）。这里的高下是指价格的高低。三是"危人"之术。即通过各种政治和经济的阴谋手段，打击、破坏对手，以达到经济扩张、灭人之国的目的。《轻重戊》中描述了多起"经济战"的案例，如"鲁梁之谋""莱莒之谋"等。

其四，对价格的调控。"轻重论"认为固定不变的价格是不存在的，如果价格恒定不变，就无法调节流通。只有价格上下波动，商品才能正常流通。"常则高下不二，高下不二则万物不可得而使用"（《轻重乙》）。基于此，"轻重论"主张由国家掌握和控制"万物"的价格，"万物之满虚随时，准平而不变，衡绝而重见，人君知其然，故守之以准平"（《国蓄》）。"守之以准平"，就是国家运用平准政策控制和掌握物价的意思。但是轻重论者并不主张把价格管死，他们认为价格的绝对稳定是不可能的，"衡无数也，衡者使物一高一下，不得常固"（《轻重乙》）。国家可以自觉地进行调节，当物价失去平衡时，采取有力措施予以控制，"视物之轻重而御之以准"（《国蓄》）。

其五，注重发展国内贸易与对外贸易。《管子》十分重视贸易活动，最早提出要农工商协调发展，认为商业可以促进地区间的物资交流，"以其所有，易其所无，买贱鬻贵"（《小匡》），以推动生产发展，满足人民需要，否则，"无市则民乏"（《乘马》）。对国家之间的贸易，也认为是一件好事，尤其对齐国来说，地处交通要冲，"通达所出也，游子胜商之所道"，外人来到齐国，"食吾本粟，因吾本币，骐骥黄金然后出"（《地数》）。为了鼓励发展贸易，《管子》提出了一系列优惠政策：一是"为诸侯之商贾立客舍，一乘者有食，三乘者有刍菽，五乘者有伍养"（《轻重乙》）；二是税收照顾。"弛关市之征，五十而取一"（《大匡》），即放宽关税和市场税的征收，税率只有 1/50 即 2%。而且，"征于关者，勿征于市；征于市者，勿征于关。虚车勿索，徒负勿入"（《问》），关税和市场流动税，只收一次，不重复征收，对空车来的、身背货物徒步而来的均不征税。更有甚者，有时干脆"使关市几而不征，缠而不税"（《小匡》），只稽查不收税，还免费提供存放货物的场地或仓库。这样做的结果，"远国之民望如父母，近国之民从如流水"（《小匡》），"天下之商贾归齐若流水"（《轻重乙》）。开展国与国之间的贸易时，《管子》特别强调要采取"斗国相泄"（《乘马数》）的策略，即运用价格政策，千方百计争夺重要物资尤其是粮食，促使别国的物资外流，增加本国的财富和经济实力。一方面，对本国所拥有的粮食和其他重要物资，竭尽全力"守"，保存在国内，使"天下不吾泄"（《山至数》），不通过贸易流出去；另一方面，对别国所拥有的粮食或其他重要物资，想方设法"射"，诱使流到自己国内来，"归我若流水"。具体办法是"谨守重流"（《山至数》），即严格执行高价流通政策，保持本国的粮食和重要物质的高价位。"彼诸侯之谷十，使吾国谷二十，则诸侯谷归吾国矣"（《山至数》），"滕鲁之粟釜百，则使吾国之粟釜千，滕鲁之粟四流而归我，若下深谷者"（《轻重乙》）。这样做的结果是，"天下下我高，天下轻我重，天下多我寡"（《轻重乙》），天下的粮食和重要物资皆备于我，"国常有十年之策"（《山至数》），国家有十年的战略储备，不但可以调控本国的经济，而且在很大程度上也影响或左右了各诸侯国的经济，故"诸侯服而无正，臣从而以忠"（《山至数》），就可以"御天下""朝天下"，无敌于天下了。

其六，主张富人奢靡消费以刺激就业和生产发展。一方面，管子和战国时的其他思想家一样也宣扬节俭；但另一方面，却大张旗鼓地鼓励奢侈。《管子》认为："饮食者也，侈乐者也，民之所愿也。"（《侈靡》）因此，其"侈靡"思想的出发点是基于人性中的享乐欲望，因而提出了"俭则伤事"的说法。《乘马》中讲："俭则金贱，金贱则事不成，故伤事……事已而后知货之有余，是不知节也。"主张在一定条件下应强调"侈靡"。因为只有富者奢侈消费，穷人才能劳动就业，只有积财者拿出余粮大量消费、美饰车马尽情驰乐，多置酒尽情享用，老百姓才不会讨饭，维持和发展农业生产。这就是《侈靡》主张的"不侈，本事不得立"，"积者立余食而侈，美车马而驰，多酒醴而靡"；只有富人奢靡消费，让他们修坟造墓、买大棺材，陪葬好的衣服和物品，这样瓦工、木工和女工就可以有活干，富人的资财就可以发散到民间，不至于集聚在少数人手里。这就是《侈靡》主张的"美垄墓，所以使文萌者；巨棺淳，所以起木工也；多衣裳，所以起女工也"；只有富者奢侈消费，让那些诸侯之子、臣子大夫都穿上皮裘衣服，他们才能出卖余粮，购买虎豹之皮，百姓就会卖力去扑杀猛兽，从而使富人散材购物，刺激生产。这就是《侈靡》主张的"令诸侯之子将委质者，皆以双武之皮，卿大夫豹饰，列大夫豹蟾，大夫散其邑票与其财货，以市虎豹之皮，故山林之人，刺其猛兽……大夫已散其财货，万人得受其流"；只有富者奢侈消费，如果遇上大旱大涝的灾年，百姓无法生活，富人可以雇佣穷人修建豪华的官室台村，其目的不是为了观赏行乐，而是起到了赈救灾荒的作用，这就是《侈靡》主张的"岁若凶旱水泆，民本失，则修宫室台榭，以前无狗后无故者为佣，故修宫室台榭，非丽其乐也，以平国策也。"对于如何发展奢侈消费，《管子》要求有条件的人们"尝至味而罢至乐而，雕卵然后瀹之，雕橑然后爨之"。（《管子·侈靡》）就是要吃那些味道最好的食物，要欣赏那些韵律特别动听的音乐，蛋类要先在上面画上图画再煮了吃，林柴要先雕刻成美丽的艺术品再烧。其本意是拉动就业、发散资财、刺激生产和赈灾救荒。这是古代极为罕见的经济学说，深刻地说明了消费对促进社会经济发展的作用。

　　当然，侈靡的实施是有条件的：一是经济发展状况的限制。《侈靡》篇提出："地重人载，毁敝而养不足，事末作而民兴之，是以下名而上实也。"因此，"兴时化，若何？""莫善于侈靡"。即在经济发展不景气时为推动生产、拉动消费就要适当侈靡；在产品积压的条件下要提倡侈靡，"积者立余食而侈，美车马而驰，多酒醴而靡"；在灾荒之年则"若岁凶旱水泆，民失本，则修宫室台榭，以前无狗后无彘者为庸。故修宫室台榭，非丽其乐也，以平国策也。"（《乘马数》）二是侈靡对象的限制。"一国之人，不可以皆贵；皆贵，则事不成而国不利也。"（《乘马数》）不是任何人都可以侈靡消费的，侈靡消费只限于"富者靡之"，"君臣之财不私藏。"只有富人奢侈消费，"贫者为之"，"贫动肢而得食矣"。即穷人才有就业的机会，有了工作才能有饭吃；三是侈靡消费也须有度。提倡侈靡消费并不等于反对节用。《管子》认为消费应根据具体情况而定，当俭则俭，当侈则侈，都不能过度。在《乘马数》中明确指出："侈则伤货，俭则伤事，……不知量，不知节，不可谓之有道。""适身行义，俭约恭敬，其唯无福，祸亦不来矣；骄傲侈泰，离度绝理，其唯无祸，福亦不至矣。"（《禁藏》）

　　"轻重论"在强调国家干预的同时，还相当重视市场经济的力量。轻重之说，乃贵贱之理，它本身就体现了国家对市场的调控功能和作用。在"轻重论"中，类似"调通""敛散""开阖""决塞""通移""操守"等字眼很多。"轻重论"最津津乐道的就是一个"调"字。"调"是干预调节的意思。"与天下调，彼重则见射，轻者见泄，故与天下调，泄者失权也，见射者失策也"（《山权数》）、"轻重无数，物发而应之，闻声而乘之"（《轻重甲》）等，讲的都是国家应该重视宏观调控的问题；"轻重调于数"，认为经济的发展总是有规律可循；"衡""不可调，调则澄，澄则常"（《轻重乙》）。而"调"的着眼点在于一个"流"字，如"守流""持流""传流""夺流"等，故调控仅局限于流通环节，是在供求均衡上做文章，很少涉及生产关系的其他环节。在《管子》一书中，与《轻重》篇关系密切的《乘马》篇还对市场的必要性和作用有所论述，如"无市则民乏""市者，货之准也"

"市者，可以知多寡"等。这是说，市场是商品交换和决定价格贵贱的场所，通过市场供求的变化，可以预测流通领域商品数量的多寡。在《侈靡》篇中，甚至还提出了"市也者，劝也；劝者，可以起本"，即认为市场交换可以反作用于生产，促进农业的发展。2000 多年前的古人对市场能有如此深刻的认识，是难能可贵的。

从上述分析可以看出，《管子》的"轻重论"在强调国家干预、对"万物"进行调控的同时，也注意到市场的供需变化，是宏观调控占主要支配地位和一定程度的市场调节相结合的管理模式。"轻重论"以"万物""谷物""货币"的轻重规律为其理论基础，以流通领域的供需变化为出发点，立足于国家的"轻重敛散"之权，采用多样化的调控手段，包括经济的、行政的、法律的、教育的、阴谋权术的等，行政与经济手段同时并举，以实现其平抑市场物价和不断增加国家财政和经济收入的战略目标。特别是"轻重论"从性质上讲属统制经济，而统制经济趋向于行政集权管理，对市场经济是排斥的，但"轻重论"则不然，在强调国家干预的同时，又不忽视市场机制的作用，允许一般守法的私人工商业者（"诚贾"）和市场经济存在。这在当时是难能可贵的，直到今天还具有借鉴意义。当然，这一调控模式在"此后 2000 年的封建社会中，凡是主张由国家集中控制国民经济的思想，事实上都是对轻重论者的继承、发展和修正。"[1] 这个评价是完全正确和中肯的。

## 1.1.3　西汉时期的政府干预思想

西汉时期（公元前 202～公元前 9 年），是中国自秦以来的一个黄金时代。这一时期，社会经济文化全面发展，文学、史学、艺术和科技等领域的成就辉煌灿烂。随着丝绸之路的开通，对外交往的日益频繁，成为当时世界首屈一指的强国。在政府的经济管理方面，涌现出许多闪光的思想，以桑弘羊的"均输平准制度"和司马迁的"善者因之"为杰出代表。

第一，桑弘羊的"均输平准制度"。

桑弘羊（公元前 152～公元前 80 年），出身洛阳商人家庭。少年时代，他就"以心计"而不用筹码进行运算而享有盛名。因为有心算的特长，13 岁就担任了侍中。33 岁时，与东郭咸阳、孔仅"三人言利析秋毫"，对经济的分析十分深刻，从而得到了汉武帝的信任。到了元鼎二年（公元前 115 年），孔仅升为大农令，桑弘羊接替他担任大农丞，掌管会计事务。元封元年（公元前 110 年），桑弘羊成为搜粟都尉，同时兼任大农令，掌管全国的租税财政。汉武帝末年任御史大夫，仍兼管财政，一直到汉昭帝元凤元年（公元前 80 年）被杀为止。桑弘羊一生从政 60 年，早年在宫中担任侍中时，就对汉武帝的经济政策决策有所影响，后来直接掌管财经大权长达 30 年，在西汉社会经济中具有特殊重要的地位。汉武帝经济改革的绝大部分措施都是由桑弘羊提出并负责具体实施的，他以商人一样的经济头脑，推行了国家专卖、开创了均输平准、统一了货币体制、改革了财政机构，解决了汉王朝所面临的财政危机。《史记》和《汉书》虽然都因为桑弘羊的商人出身未予立传，但却都不得不承认他"为国兴大利"，达到了"民不益赋而天下用饶"（《史记·平准书》）的理想境界。郭沫若评价说："两千多年前就有桑弘羊这样有魄力的伟大财政家，应该说是值得惊异的。"

---

① 赵靖. 中国古代经济管理思想概论［M］. 桂林：广西人民出版社，1986.

"桑弘羊在中国历史上是一位了不起的人物"、"是很值得我们作进一步研究的历史人物"；孙中山亦称赞桑弘羊"可谓知钱之为用者也"。

桑弘羊的经济政策实践包括：推行国家专卖、开创均输平准、统一货币体制以及改革财政机构等，尤其是均输平准制度的推行，起到了稳定物价，从而实现宏观调控的目的。

首先，推行国家专卖。桑弘羊积极推行国家专卖政策，将盐铁和酒类纳入官营，由政府垄断他们的生产、销售，使国家专卖政策成为增加政府收入的重要手段。（1）盐铁官营。最先实行国家专卖的是盐和铁。盐是生活的必需品，"十口之家，十人食盐，无盐则肿"；铁自战国以来就是制作农具和兵器的重要原料。所以，从事这两种商品的生产有很广阔的市场，获利极大。汉武帝以前的历朝政府都曾插手盐铁的经营，如管仲在齐国"设轻重、鱼盐之利"，秦国也曾设铁官。但这只是类似于"包商"的制度，政府通过招商发给营业执照，由商人们就海煮盐，即山开矿，经国家课税后，自行销售，实质上是国家和商人分享盐铁之利。由于盐铁属于生活和生产的必需品，其供给弹性较大、需求弹性较小，商人们可以通过提高价格将国家的征税转嫁给消费者，所以国家虽然能从盐铁上取得一部分收入，但盐铁的大部分利润都被盐铁商人们拿走了。秦汉之际，许多商人通过经营盐铁致富，如河东猗顿、邯郸郭纵、南阳孔氏、蜀地卓氏等，"或富数巨万，或拟于人君"，成为盐铁官商分利的最大受益者。基于以上的原因，政府面临的巨大财政压力促使统治者希望通过盐铁官营的形式，独占盐铁之利，以获得更丰厚的财政收益来巩固财政基础。在桑弘羊掌握财政大权之前的元狩三年（公元前 120 年），汉武帝就在大农令郑当时的推荐下，任命齐地的盐商东郭咸阳和南阳的铁商孔仅为大农丞，主管推行盐铁官营。但实行了几年都没取得显著成绩，直到桑弘羊接管后进一步深化盐铁官营，才取得相当成就。主要措施有：第一，改革体制。在先秦和秦汉代，山海地泽都属于国家，它们的税收都归掌管天子私人财政的少府，不属于政府经费。汉武帝将山海地泽转归负责国家财政的大农令管理，"山海之利，广泽之蓄，天地之藏，皆宜属少府。陛下不私，以属大农，以佐助百姓"。改制之后，大农令把全国的盐田和铁矿纳为官营，并将其收入充入政府财政，便有了政治上的依据。第二，政府垄断盐铁经营，严禁私营。汉武帝在产盐铁的地方，普遍设置盐铁官。全国产盐的 27 个郡共设盐官 37 处，出铁的 40 个郡国共设铁官 48 处，即便是不出铁的郡，也设置小铁官，负责冶炼废铁。所有的盐铁官都代表政府垄断当地的盐铁经营。但在具体的垄断方式上，煮盐业和冶铁业又有所不同。冶铁业从生产领域到销售领域，完全由政府控制，不允许私人介入；而煮盐业的生产领域是可以吸收个人资本的，"募民自给费，因官器作，煮盐，官与牢盆"，也就是私人筹集资金，政府提供生产工具，进行生产，由政府定价全数购买其产品，销售领域仍由政府完全垄断。桑弘羊经过对被垄断商品的性质及生产和流通条件的研究，对不同的商品采取不同的垄断方式。他认为冶铁多在偏僻的深山穷谷中进行，私人在此聚众，不利于政府管理，而且"铁器兵刃天下之大用也，非众庶所宜事也"。而煮盐业准许私人投资，可以节省政府资金，同时政府通过控制冶铁业掌握煮盐所必需的铁制生产工具，也可以对煮盐业进行有效的控制。所以在元狩五年（公元前 118 年）规定，煮盐必须由政府提供铁器，"敢私铸铁器煮盐者，左趾，没入其器物"。为了中央政府能垄断盐铁经营，独占盐铁之利，不仅严禁私人经营，也不允许地方郡国插手盐铁。元鼎六年（公元前 111 年），博士徐偃等人巡行天下时，私自允许胶东、鲁两国煮盐铸铁，被汉武帝处死。第三，扩大盐铁生产规模。在盐铁统一官营后，桑弘羊积极推行盐铁的大规模生产。以冶铁为例，由铁官管辖的采矿工人多达 10 余万人。在桑弘羊的大力推广下，官营冶铁业普遍使用集中的大规模生产。桑弘羊对大规模生产的优越性有相当的认识，指出"卒徒工匠以县官日作公事，财用饶，器用备。家人合会，编于日而勤（董）于用，铁力不销炼，坚柔不和。故有司请总盐铁，一其用，平其贾，以便百姓公私。虽虞、夏之为治，不易于此。"（《盐铁论》卷六《水旱》），即"家人合会"式的小作坊生产，生产效率低，炼出的铁质量差，"铁力不销炼，坚柔不和"。而"县官日作公事，财用饶，器用备，……一其用，平其贾，……吏明其教，工致其事，则刚柔和，器用便"（《盐铁论》卷六《水旱》）。就是说由政府组织的大规模冶铁生产，资金雄厚，生产工具完备，统一产品规格，降低生产成本，管理和技术人员都能各守其职，有利于改进生产技术，提高产品质量和生产效率，比小规模生产要优越得多。事实也证明，大规模生产确实提高了生产技术和产品质量。桑弘羊在当时就能认识到大规模生产所带来的规模效益，并且将其付诸实践，的确难能可贵。在桑弘羊的大力推行下，盐铁官营成功的在全国范围推广开来，政府完全控制和垄断了盐铁的生产和销售。（2）酒类专卖。汉武帝天汉三年（公元前 98 年），桑弘羊奏请"初榷酒沽"，由国家垄断酒类的经营。当时能获得暴利的行业有很多，酒类生产在里面并不突出，《史记·货殖列传》就记载了靠经营畜牧业和朱砂矿而致富的商人。但酒类生产有许多独特的优势，它生产投资少，原料足，利润较高，酿造技术简单便利，而且其消费者主要是当时的富人，提高其价格也不会影响一般人的生活。桑弘羊选择酒类作为政府垄断的对象商品，是经过深思熟虑的。国家对酒类的垄断方式是由政府控制其生产，严禁个人私酿，但可由私商代为销售。这是因为酒类作为当时的高消费品，它的供给弹性较小、需求弹性较大。政府垄断它的生产，寓税于价，以较高的价格批发给私商，私商无法轻易将这部分变相的税收转嫁给消费者，这样就挤压了销售领域的利润空间，政府通过控制生产就能获得酒类的绝大部分利润。酒类专卖是汉武帝时期最晚推行的一项国家专卖政策，却又是最早被解除的。汉昭帝始元六年（公元前 81 年），废除推行了 18 年的酒类专卖，改为征税。这样，桑弘羊根据被垄断商品的性质及生产、流通条件，采取了不同的垄断方式。政府对于煮盐业只控制其流通，对于冶铁业的生产和流通同时加以控制，对于酿酒业则只控制其生产。这样，政府通过最少的投资就有效地控制了盐、铁、酒的经营，垄断了它们的利润。国家专卖政策的顺利推行，不仅实现了政府对重要生活用品和生产材料的专控，更重要的是使财政收入得到了大幅度的稳定增长，解决了西汉政府所面临的财政困难。汉武帝元鼎年间，"汉连兵三岁，诛羌、灭两越，番禺以西至蜀南者置初郡十七。其费皆仰给大农，大农以均输调盐铁助赋，故能赡之"（《汉书·食货志下》）。这些巨额费用都是靠均输官调拨盐铁官营的利润供给的，说明国家专卖在支付财政支出方面的重要作用。后人评价说："大夫君修太公、桓、管之术，总一盐铁，通山川之利而万物殖。是以县官用饶足，民不困乏，本末并利，上下俱足。"（《盐铁论》卷三《轻重》）"大夫各运筹策，建国用，笼天下盐铁诸利，以排富商大贾，……是以兵革东西征伐，赋敛不增而用足。"（《盐铁论》卷三《轻重》）；"大夫君与治粟都尉管领大农事，灸刺稽滞，开利百脉，是以万物流通，而县官富实。当此之时，四方征暴乱，车甲之费，克获之赏，以亿万计，皆赡大司农。此皆扁鹊之力，而盐铁之福也。"（《盐铁论》卷三《轻重》）可见，盐铁官营确曾极大增加了财政收入，表明了以盐铁官营为代表的国家专卖政策，在提供巨额军事开支，解决财政困难等方面起到了不可缺少的作用。不仅如此，盐铁官营的实施还起到了抑制豪强兼并、打击地方割据势力的作用。桑弘羊自己便强调指出："令意总一盐铁，非独为利入也，将以建本抑末，离朋党，禁淫佟，绝并兼之路也。"（《盐铁论》卷一《复古》）虽然这很可能是一种官样文章的表白，是不是"建本抑末"也令人怀疑，但所说"离朋党，禁淫佟，绝并兼之路"，却是有一定的事实依据的。因为私营盐铁"大抵尽收放流人民也"，他们皆"依倚大家，聚深山穷泽之中，成奸伪之业，遂朋党之权"（《盐铁论》卷一《复古》）。而一旦实行了盐铁官营政策，那些豪强和富商大贾便不得不停止盐铁业的经营。尤其对割据一方的诸侯王来说，这不仅将断绝他们最重要的经济来源，在很大程度上消除了他们借以招降纳叛、结党营私的资本，而且更可以极大地增强中央王朝的财力，为维护和巩固统一提供强大的物质基础。从某种意义上说，以后盐铁官营之所以会遭到许多贵族、官僚和商贾的强烈抵制，桑弘羊本人亦受到猛烈攻击，这也应是其中一个很重要的原因。

其次，开创均输平准。均输平准制度是由桑弘羊首创的，主要就是国家垄断商品的运输、买卖、价格，用以稳定市场，增加政府财政收入的经济改革措施。在桑弘羊创办均输之前，政府实行的是贡输制度，各郡国要将当地的特产作为贡品运往京师，这种义务运输由当地民众通过服徭役承担。但有的地方的优良产品到京师后同其他地区同类产品比较就成为次品，有的地方的贡品运抵京师的运费超过其本身价值，且由于长途运输使贡品的质量受到损害。这种情况下，贡输制度就成为对政府财政收入毫无利处，且是浪费民力财力的弊政。出于革除这一弊政的目的，桑弘羊创办了均输制度。具体办法是，大农令在各郡国设置均输官，把当地的贡品运送到时价最高的地方销售，再收购其他商品，辗转贩运，最后将国家所需物资送往京师或政府指定的地方。均输制度是桑弘羊创办和推广的，它的推行分两个阶段：一是元鼎五年（公元前112年），桑弘羊担任大农丞后，"稍稍置均输以通货物"，均输在这一时期还属于试验阶段；二是元封元年（公元前110年），桑弘羊担任大农令后，"请置大农部丞数十人，分部郡国，各往往县置郡输官……天子以为然，许之"，均输制度到了实质性的推行阶段。经过两个时期的试办、推行，均输制度在全国范围内得以推广。从史料看，通过均输转运的物资有盐铁、丝麻、布帛、粮食等。通过实行均输制度，为政府带来了许多切实的利益：一是革除了贡输制度的弊端，既向政府提供了质量优良、数量充足的物资，同时还免除了各地民众的长途运输之苦，节省了民力。元封四年（公元前107年），关东饥荒，"流民二百万口，无名数者，四十万"都是靠均输制度贮存和运输的物资赈济的。《盐铁论·力耕篇》所载："往者财用不足，战士或不得禄，而山东被灾，齐赵大饥，赖均输之畜，仓廪之积，战士以奉，饥民以赈。故均输之物，府库之财，非所以贾万民而专奉兵师之用，亦所以赈困乏而备水旱之灾也"。均输制度保证了军事、赈灾方面的物资需要，而且均输官用商业原则经营均输，雇人进行运输，减轻了民众的徭役，"均输则齐民劳逸"。二是分享转运商的利润，极大地增加了政府的收入，解决了政府的财政危机。春秋战国以来，商品经济迅速发展，许多商人靠贩运物品而发财。均输制度推行后，各地均输官掌握大量产品，贩运到价高地区出售，从转运商手中分取了巨额利润，大大增加了政府的财政收入，解决了长时间困扰政府的财政危机。汉武帝晚年"北至朔方，东至泰山，巡海上，并北边以归。所过赏赐，用帛百万余匹，钱金以巨万计，皆取足大农……均输帛五百万匹，民不益赋而天下用饶"（《史记·平准书》）。桑弘羊所创办的均输制度，扭转了政府财政的困窘局面，成功地解决了财政困难。而对于平准来说，我国最早的经济平准思想在《管子》的"平准论"中就已经出现，战国时期李悝的"平籴论"则是这一思想在粮食买卖中的实践。桑弘羊则把平准思想扩大了到政府对经济的宏观调控上。汉武帝元鼎四年（公元前 113年），上林三官开始统一铸钱，再加上告缗所得来的大量钱财，国库出现富裕的现金。由上林发给各中央部门一定的资金自由使用，于是各部门纷纷到市场争购商品，导致京师长安的物价飞涨，引起了经济秩序的混乱，需要政府介入干预。同时各地均输官将大量利润以帛的形式上缴大农令，加上通过告缗没收的大批财物，"大农诸官尽笼天下之货物"，政府就掌握了相当数量的物资。这样一方面市场急需政府介入平抑物价，另一方面政府握有足以影响市场价格的大批物资需要处理，两方面原因促使桑弘羊决定在京师设立专门机构，出售政府掌握的物资，调节市场物价，一箭双雕。元封元年（公元前 110 年）桑弘羊在长安设置平准机构"委府"，由大农令属官平准令负责，"置平准于京师，都受天下委输。招工官治车诸器，皆仰大农。……贵则卖之，贱则买之"（《史记·平准书》）。可以看出，政府向委府提供了大量的商品、运输手段和人力，使其能对市场物价进行有效的调控。平准制度的推行，起到了两大作用：一是通过对商品的大规模买卖活动，稳定了物价，使囤积居奇的富商们无法兴风作浪，规范了市场秩序，净化了市场空气，"贵贱有平而民不疑，县官设衡立准，人从所欲，虽使五尺童子适市，莫之能欺"；二是通过对商品的贱买贵卖，政府也获得了极大的收入。实施平准制度时，政府的财政困难已经通过盐铁官营和均输制度得到了根本的解决，对增加收入的要求已不太迫切。因此平准的主要作用是稳定了物价，营利则是次要的。

在桑弘羊的经济政策实践中，均输和平准制度从根本上是一个整体。均输得到的物资需要平准将其销售，平准要有效影响市场价格也需要均输为其提供数量庞大的物资，委府是各地均输官在京师的总经销处，各地均输官又是委府的供应商，两者不可分割，所以均输和平准制度在同一年（元封元年）先后推行。对于均输法和平准法，桑弘羊是十分得意的："往者，郡国诸侯各以其方物贡输，往来烦杂，物多苦恶，或不偿其费。故郡国置输官以相给运，而便远方之贡，故曰均输。开委府于京师，以笼货物。贱即买，贵则卖。是以县官不失实，商贾无所贸利，故曰平准。平准则民不失职，均输则民齐劳逸。故平准、均输，所以平万物而便百姓，非开利孔而为民罪梯者也。"（《盐铁论·本议》）司马迁说：武帝元封元年，"桑弘羊从诸官各自市，相与争，物故腾跃，而天下赋输或不偿其僦费（僦言所输物不足偿其雇载之费也）。乃请置大农部丞数十人，分部主郡国，各往往县置均输盐铁官，令远方各以其物，贵时商贾所转贩者为赋，而相灌输。置平准于京师，都受天下委输。召工官治车，诸器皆仰给大农。大农之诸官，尽笼天下之货物，贵即卖之，贱则买之。如此，富商大贾，无所牟大利，则反本，而万物不得腾踊。故抑天下物，名曰平准。天子以为然，许之。于是天子，北至朔方，东至太山，巡海上，并北边以归，所过赏赐，用帛百余万匹，钱金以巨刀计，皆取足大农。"（《史记·平准书》）司马迁称赞道："他郡各输急处，而诸农各致粟，山东漕益岁六百万石。一岁之中，太仓、甘泉仓满。边余各诸物均输帛五百万匹。民不益赋而天下用饶。"（《史记·平准书》）现代学者指出："均输平准之法，是以政府的力量，组织全国各地土特产的收购、运输与销售，并以此为基础调控物价，不仅直接缩小私人商业活动的范围，而且直接与商人竞争，使'富商大贾亡所牟大利'，用国家雄厚的力量排挤私商。"[①]"使政府既可控制从中央到地方的物资和运输，又可随时调节和平抑市场物价，将工

---

①　赵德馨.中国经济通史（第二卷）［M］.长沙：湖南人民出版社，2002：697.

商业纳入国家经济的轨道。使'富商大贾亡所牟大利'，堵塞了他们从商品流通过程中牟取暴利的渠道。"① 应该说，均输法和平准法的推行，既使政府增加了财政收入，加强了对社会经济的宏观调控，又重拳打击了民间富商大贾的商业经营，把先前流入这些富商大贾手中的部分商业利润转流为国家财政。这一经验多为后世所仿效，如北宋王安石变法中就有"均输法"和"市易法"等。

通过对均输平准制度的分析，可以看出桑弘羊对市场经济有着十分深刻的认识，对市场经济规律已有初步的掌握：既可以充分利用市场经济规律，利用市场为政府财政创收；又可以反作用于市场经济规律，由政府来调控市场。虽然桑弘羊没有留下关于市场经济的理论论述，但他在 2000 多年前对"看不见的手"和"看得见的手"的娴熟运用，时至今日，也不能不让人为之叹服。

再次，统一货币体制。汉武帝时期进行的统一货币体制改革，虽然没有史料明确指出是桑弘羊主导实施的，但通过他在盐铁会议上对统一货币所进行的辩护，以及他所奉行的国家统制经济思想来看，这一改革措施也应该是桑弘羊推行的。其背景是，从汉初到汉武帝初期，货币体制混乱一直是困扰汉王朝政府的一个重要问题。这时的货币体制存在的问题主要有两个：一是钱值不符，铸造的金属货币重量不合理，远远偏离其实际价值，市场上流通的铜钱，要么因为价值高于面值而被人们当作金属收藏，要么因为面值高于价值而被大量仿造，造成物价不稳；二是国家无法垄断铸币权，地方和民间私铸、盗铸严重。这两个问题互相关联，无法单独解决。这也是西汉政府几次货币改革都失败的原因。例如，汉文帝五年（公元前 175 年），政府统一币制，铸四铢钱，但没有统一铸币权，允许各地和民间私铸。这样，铸钱者为获得暴利，普遍减轻钱的实际重量，往铜中掺杂铅铁，使得劣币横行，物价飞涨，这次改革流于失败。汉景帝中元六年（公元前 144 年），政府垄断铸币权，私铸钱判死刑，但由于没有统一货币，钱值不符，铸钱利润极大，民间普遍盗铸，犯法的人太多，官吏无法尽诛，这次改革也没成功。汉武帝即位后，也曾先后几次改革货币制度，包括前面提到的发行白金币和白鹿皮币，但由于相同的原因，也都失败了。由此看来如果不能同时有效解决这两个问题，货币体制的混乱就无法得到根本的解决。汉武帝元狩五年（公元前 118 年），"乃更请诸郡国铸五铢钱，周郭其下，令不可磨取"。这次货币改革有两个特点，一是将钱的重量规定为五铢，在世界其他文明的货币演变过程中，金属货币的重量最终都停留在五铢左右，这表明经过长时间的探索，汉王朝政府终于找出了金属货币最合理的重量，使其面值和实际价值相符。二是铸钱的防伪技术有了显著改进，以往的铸钱只一面有文，盗铸者可磨取无文面的铜屑铸钱，五铢钱在无文面加铸一道边，使人无法磨取铜屑，再熔铸新币。通过铸五铢钱，实现了钱值相符，而且此时铜矿已被收归国有，通过防止磨取铜屑，就断绝了盗铸者的铜料来源，有效地杜绝了民间盗铸。但这次货币改革还有一点缺陷，铸币权不在中央政府，由各郡国铸五铢钱，而郡国官吏出于地方利益，铸币时偷工减料，使得五铢钱无法达到规定的重量，所以这次改革并没有彻底解决汉王朝的货币问题。汉武帝元鼎四年（公元前 113 年），进行了汉武帝时期的最后一次货币改革。在元鼎二年，设水衡都尉掌管上林苑，其属官有均输、钟官、辨铜三令，也就是所谓的上林三官。这一次改革首先将铸币权收归了中央，完全禁止地方郡国铸钱，专令上林三官铸五铢钱；其次下令只有三官钱才能

---

① 黄今言. 两江工商政策与商品经济述略 ［J］. 江西师范大学学报，1997（2）.

在市场上流通，地方郡国以前所铸货币全部作废销熔，其铜转属上林三官。这样，中央政府就完全控制了货币铸造权。由于上林三官铸造的五铢钱，成色好、分量足，又难于磨取铜屑，私人盗铸这种钱不合算。所以"民之铸钱益少，及其费不能相当，唯真工大奸乃盗为之"，基本上制止了盗铸现象。经过两次改革，西汉王朝政府终于解决了汉初遗留下来的币制问题，统一了货币制度。虽然货币改革并不是源于政府的财政困难，货币制度问题的解决也没有直接增加政府收入，但统一货币制度所带来的对全社会经济的促进作用，丝毫不亚于解决了财政危机的国家专卖政策和均输平准制度。需要注意的是，汉景帝时用重刑禁止盗铸，杀人数万尤不能杜绝，而汉武帝通过科学的确定钱重，让盗铸不再获利，就使猖獗数十年的盗铸现象自行消失了，这其中不能说没有桑弘羊善于运用经济规律的功劳。

最后，改革财政机构。随着经济改革的推行，原有的国家财政机构越来越不能适应新的经济体制，在经济改革的过程中，桑弘羊也在不断地对政府财政机构进行调整，使其适应新的经济体制。主要措施为：根据经济改革中新增加的国家专卖、均输平准等措施，增设政府机构，以实现对它们的有效管理。掌管政府财政大权的官员，秦朝和汉初称治粟内史，汉景帝后元元年（公元前143年）改称大农令，省称"大农"，桑弘羊在汉武帝太初元年（公元前104年）将大农令改称大司农，增加了它的属官，扩大了它的管辖范围，如根据盐铁官营、均输平准等改革措施新设置了主管官员，将原属少府的斡官改属大司农等。经过改革，大司农由原来只有两丞，变为下属太仓（掌官仓谷物）、均输（掌地方均输）、平准（掌平准物价）、都内（掌货币布帛）和籍田（掌皇家籍田）五个令丞，斡官（掌盐酒经营）、铁市（掌地方铁官）两个长丞，另外还有负责屯田的搜粟都尉，各郡国负责官营盐铁的盐官、铁官，以及各地负责劝农的农监、负责河渠灌溉的都水等官员都划归大司农直接管辖。经过这次对财政机构的改革，把从地方到中央的绝大部分财政大权都交给大司农掌握，形成了统一的财政领导体系。这些改革措施为财政收入提供了长期稳定的增长，彻底地解决了困扰政府的财政窘迫局面，从多个方面促进了社会经济的良性发展，因此，桑弘羊不仅是一代理财名臣，还是一个拥有宏观思维头脑的政治家和经济专家。

第二，司马迁的"善者因之"。

司马迁（约公元前145～公元前90年），中国古代伟大的史学家、文学家和思想家，其《太史公书》即今之《史记》，被后人列为封建时代的第一部"正史"，被鲁迅誉之为"史家之绝唱，无韵之离骚"。在这部伟大的历史著作中，他开创了记载经济活动的先例。这些经济活动的记载和评说，不仅反映了司马迁"成一家之言"的微观经济管理思想，也体现了他具有自己特点的宏观经济管理思想。

与桑弘羊基本上同时代的史学家司马迁，提出了与桑弘羊不同的宏观经济管理方针。司马迁在《史记》的《货殖列传》和《食货志》中提出，对宏观经济管理来说，应当是"善者因之，其次利道之，其次教诲之，其次整齐之，最下者与之争"（《史记·货殖列传》）。在这里，司马迁提出了五种宏观经济管理方式，并给予了自己的评价：

第一种也是最好的方式是"善者因之"，就是听任私人工商业自由生产和经营，国家不应加以干预，更不应进行压制。那么"因"的标准是什么？这个"因"和人性以及经济发展紧密相关。司马迁将人性好利或者说是人的欲望看作是经济发展、社会进步的动力源泉。司马迁认为："夫神农以前，吾不知已。至若诗书所述虞夏以来，耳目欲极声色之好，口欲穷刍豢之味，身安逸乐，而心夸矜势能之荣使。俗之渐民久矣，虽户说以眇论，终不能化。"(《史记·货殖列传》) 并将此段论述放在关于宏观经济管理方式的一段论述前,足见前段论述是后段论述的立论基础。"欲望论"是"善因论"所要"因之"的依据,而人在这种欲望的驱使下将会"人各任其能,竭其力,以得所欲。故物贱之征贵,贵之征贱,各劝其业,乐其事,若水之趋下,日夜无休时,不召而自来,不求而民出之。岂非道之所符,而自然之验邪?"(《史记·货殖列传》)。既然物质利益规律能够驱使人们去自发从事经济活动并获取经济收益,并不需要国家的干预,那么国家最好是顺应这种规律而不是违背它。司马迁进一步认为,人富裕了以后道德自然会提高,所谓"人富而仁义附焉","仓廪实而知礼节,衣食足而知荣辱。礼生於有而废於无。故君子富,好行其德;小人富,以适其力。渊深而鱼生之,山深而兽往之,人富而仁义附焉。富者得埶益彰,失埶则客无所之,以而不乐。"(《史记·货殖列传》) 达到一个生产发展、生活富裕、民风纯朴的美好局面,因此将社会的一切发展都归于物质利益的发展,而物质利益的发展则依赖于人们的好利之心,故曰:"天下熙熙,皆为利来;天下攘攘,皆为利往"。这里所说的"善者因之"是最可取的,其他如"利道""教诲""整齐"等办法都是次之又次之的,而由国家直接进行生产和经营,这是与民争利,是最下策,是不足取的。

第二种方式是"利道之",指的是统治者在顺应人类社会规律的基础上,国家对私人的经济活动利用赋税徭役、奖赏等利益手段来进行引导,将民间经济行为整合到国家的经济轨道上,但这种经济调节不具有强制性,能否利用利益手段达到预期中的目的还需要一个传导机制,要根据广大微观经济主体对利益的态度和反应行为而定,依然是用经济手段来调节经济行为。

第三种方式是"教诲之",就是指采取教育的手段,引导人民从事某种经济活动或者告诫人民不能从事某种活动,从而达到治国目的。

第四种方式是"整齐之",则是指国家利用行政手段强制规定人们的经济行为。

第五种也是最不好的方式是"与之争",就是国家直接经营工商业,与民争利,也就是指国家作为经济主体直接进入市场进行经济活动获取利益。

司马迁按照前后顺序依次列出他心目中的宏观经济管理方式,而判断的标准则是国家的无为程度,越无为越被司马迁所欣赏,越有为越靠后。但从这五种经济管理方式来看,司马迁也不是一味地主张一定采取自由放任的宏观经济管理思想,特殊情况下其他方式即便是最差的方式也是可以采用的,但这一定不能是一种常态,最好的方式应该是"善者因之",其他的方式作为辅助方式而存在。也就是说,政府最好的管理经济的办法是顺应民众对利益的追求而设法让其实现,这就是"善者因之";当然,考虑到产业之间发展的不平衡性,以及民众追逐利益最大化的天性,肯定会出现某些产业因利润低而无人问津的现象,这时若继续顺应民众对利益的追求必然会进一步扩大产业结构的不合理,为此就要用提高价格、增加补贴等办法来鼓励民众进入,这就是"其次利导之";鉴于资源的有限性与人的欲望的无限性之间的永恒的矛盾,百姓在求利的过程中难免有不道德、不文明乃至损人利己之处,这时就要加强教育,让民众看到长远利益,从而自觉地规范自己的行为,做到见利思义,这就是"其次教诲之";如果反复教育的方法还不见效,为了整顿社会的经济秩序,也不惜用行政、法令的方式加以解决,这就是"其次整齐之";如果这样还不能理顺社会的经济秩序,国家在迫不得已的情况下就有必要直接进入经济领域,这就是"最下者与之争"。

司马迁不主张国家控制经济活动的理论根据有三:一是"自然之验"论。他认为人们都具有追求财利的动机:"天下熙熙,皆为利来,天下攘攘,皆为利往",这是人类自然本性,"若水之趋下,日夜无休时,不召而自来,不求而民出之"。国家不干预,自然会形成"人各任其能,竭其力,以得其所欲;故物贱之征贵,贵之征贱,各劝其业,乐其事"的理想的经济运行状态。国家用"政教、发征、期会"即命令、号召、限期等办法去干预经济活动,则违背人类的本性。二是"富无经业"论。他认为致富没有一定的固定职业,从事各行各业都可以致富。贵族求封爵,大臣议朝政,将帅立军功,以及赌博、诈骗、掘墓等活动,都是为了"奔富厚""求财用",农、工、商、虞"求富益货"活动更是有"知尽能索"的正当途径。国家干预经济,则会影响农工商虞正当活动的发展。三是"衣食之原"论。他认为农工商虞是"衣食之原",国家的一切物质资料,"皆待农而食之,虞而出之,工而成之,商而通之","原大则饶,原小则鲜"。国家控制过多,则会使"衣食之原"缩小,造成"乏其食""乏其事""三宝绝""财匮少"的贫穷状况。

司马迁尊黄老,继承了产生于战国末期、流行于西汉前期的黄老之学,认为治国"虚者道之常也,因者君之纲",将顺应自然与社会规律提高到君之纲的高度。司马迁并未绝对地否定国家对经济的管理作用。在他提出的"善者因之,其次利导之,其次教诲之,其次整齐之,最下者与之争"中,也肯定了国家"利导""教诲"人们,"整齐"经济生活,只是认为那是比较次等的办法。甚至,他还高度评价了国家干预思想的鼻祖管仲的历史功绩:"齐桓公用管仲之谋,通轻重之权,缴山海之业,以朝诸侯,用区区之齐显成霸业"(《史记·平准书》)。又说:"齐中衰,管子修之,设轻重九府,桓公以霸。九合诸侯,一匡天下……所以齐富强至于威宣也"(《货殖列传》)。由此足见司马迁对国家"通轻重之权"的肯定,显示出国家管理经济的作用在他的视野里并未完全消失。

司马迁的宏观经济管理思想虽然没有"轻重论"那样庞大、周详的体系,但有一套首尾一贯的独特见解,对后代的宏观经济管理,有着相当程度的影响。明代的丘浚,对此作了重要的发展。丘俊官至明朝的文渊阁大学士,参预机务。他在《大学衍义补》中,将司马迁的"善因论"发展成"听民自为论"。他把物质财富看作人生存的基础,"不可一日无者也",因此,求财好利是"人之所同欲也"。国家该顺应人的天性,采取"听民自为"的经济自由政策。这样做是否会损害社会利益?对此,司马迁没有深入探讨。丘浚经过研究,发现了个人利益和社会利益之间的中间环节。他说:"天下之大,由乎一人之积",即个人利益的总和就是社会利益。因此,"听民自为",放任个人利益的发展,自然会增进社会利益。近300年后,英国古典经济学家亚当·斯密才提出这一思想。丘浚主张:国家对土地兼并现象不要去限制,而"听民自便"。国家对工商业不要干涉过多,"榷盐",即国家垄断盐的生产经营,违背了"天地生物之意",应"任民自煮",市场竞争能使"物之良恶,钱之多少,易以通融准折取舍",即竞争可做到优质优价,劣质劣价,用不着国家干预而"民自为市"。国家对财政收入要严格限制,天之生财"非专用之以奉一人","征求"不要妨害民之"自为",影响老百姓的再生产。

## 1.1.4 唐宋时期的政府干预思想

唐宋时期(618～1279年),跨越了从公元7世纪初到13世纪末共550年时间段。其中,唐朝(618～907年)在文化、政治、经济、外交等方面都有辉煌的成就,是当时世界上最强大的国家。北宋（960~1127 年）也是中国历史上一个强盛的、繁荣的王朝；而南宋（1127~1279 年）虽然经济发达、科技发展、对外开放程度较高，但军事实力较为软弱、政治上较为无能。这一时期的大多数时期，经济尤其是商品经济上都很繁荣。国力的强大和经济的繁荣与政府推行的一系列强有力的干预经济的措施是密切相关的。这些干预措施主要包括耿寿昌的"常平仓"制度、刘晏的"常平仓"与"雇役制"和王安石的"市易法"等。

第一，耿寿昌的"常平仓"制度。

耿寿昌，生卒年不详，是西汉时期的理财家和天文学家，精通数学，修订《九章算术》，又用铜铸造浑天仪观天象，著有《日月帛图》232 卷，《月行图》2 卷，《月行帛图》等今皆不存。后来被封为关内侯。

《汉书·食货志上》记载，汉宣帝时，大司农中丞耿寿昌奏言："岁数丰穰，谷贱，农人少利。故事：岁漕关东谷四百万斛以给京师，用卒六万人。宜籴三辅、弘农、河东、上党、太原郡谷，足供京师，可以省关东漕卒过半。"上从其计。寿昌又白："令边郡皆筑仓，以谷贱增其贾而籴，谷贵时减贾而粜，名曰常平仓。"民便之。上乃下诏赐寿昌爵关内侯。还有一种版本："大司农中丞耿寿昌以善为算能商功利，得幸于上，五凤中奏言：'故事，岁漕关东谷四百万斛以给京师，用卒六万人。宜籴三辅、弘农、河东、上党、太原郡谷，足供京师，可以省关东漕卒过半。'……漕事果便，寿昌遂白令边郡皆筑仓，以谷贱时增其贾而籴，以利农，谷贵时减贾而粜，名曰常平"（《汉书·食货志上》）。即担任大司农中丞的耿寿昌以其精于计算和理财的才能获得汉宣帝的信任。五凤年间（公元前 57~公元前 54 年），耿寿昌向汉宣帝建议，将过去每年需动用 6 万士卒由关东通过漕运供应京师的 400 万斛粮食，改由附近的三辅、弘农、河东、上党、太原等地供应，这样就可以节省一半以上的漕运士卒。该建议实施后果然取得了成效。耿寿昌随后又奏请在边郡普遍建筑粮仓，在粮价低时以高于市场的价格买入粮食，以保护种粮农民的利益，粮价高时又以低于市场的价格出售粮食，以维护粮食消费者的利益，这种仓储制度被命名为常平仓。百姓对此感到十分便利。汉宣帝于是下诏赐耿寿昌关内侯爵。《通典》卷 26，"太府卿"也收录了《汉书·食货志》的记载：耿寿昌"令边郡皆筑仓，以谷贱时增其贾而籴以利农，谷贵时减贾而粜，名曰常平仓，民便之"。

对于耿寿昌的提议，御史大夫萧望之提出了反对意见。萧望之是西汉开国元勋萧何的六世孙，为宣帝所倚重。他上奏说："前御史徐宫家在东莱郡，他说以往增加渔税时，鱼就不出来。老人们也都说，孝武皇帝时曾由官府经营渔业，海鱼就不出来，后来由渔民自己经营，鱼才出来。阴阳之感，物类相应，万物都是如此。现在耿寿昌想就近采购漕运关内的粮食，建粮仓，造渡船，要花费两亿多；动用大量民工，恐怕会引发旱气，使百姓受灾。寿昌只是精于功利的细微计算，尚欠缺深谋远虑，还是继续沿用过去的办法为好。"值得庆幸的是，皇上英明。他没有理睬萧望之的胡言，而是采纳了耿寿昌的建议，漕粮问题果然解决得很好。

耿寿昌建立的常平仓制度，是对李悝的平籴法的进一步发展。常平仓除了具有平籴法的调节粮食供求关系、稳定粮价、保护粮食生产者和消费者利益的作用外，还增加了建立国家战略粮食储备、维护边疆稳定等功能。李超民（2002）指出：在"常平仓"出现之前，周朝官员"司稼"，就曾根据农业年成丰歉，决定粮食的市场价格，做到周济紧急，平抑价格。范蠡的"计然之术"和"待乏"原则；李悝的平籴之法；白圭的"治生之术"；《管子》的轻重论都是后来常平仓的先行思想；而桑弘羊提出平准论，从稳定角度看是周密而有效的，提倡政府干预经济，稳定物价，显然以后的稳定思想与制度和它有直接继承关系。在西汉时期，耿寿昌建立"常平仓"制度，"常平之名起于此也"。耿寿昌的常平仓制度，是汉代平籴、平粜制度发展到成熟阶段的产物，是中国古代平籴、平粜思想的总结。此后常平仓制度在中国全面建立，它的稳定经济的功能在历史上发挥了巨大作用。自从耿寿昌时期建立常平仓后，这项制度在中国续存了 2000 余年，是中国古代延续时间最长的一项宏观调控政策。[①]

耿寿昌的常平仓思想不仅对中国古代封建社会的历史产生了巨大影响，而且还进一步影响到了国外。1944 年，时任美国副总统的华莱士访问中国，华莱士访问期间发表了许多演讲，更让中国人民感到自豪的是，他不止一次提到他的常平仓思想得自中国。他说，"我任农业部长后，不久就请求国会在美立法中加入中国农政的古法，即'常平仓'的办法。这个常平仓的名字，我是得自陈焕章所著的'孔子与其学派的经济原则'"。"常平仓能够使农民把丰收年的剩余粮食用于灾年使用"。"在 1938 年农业调整法中开始实行常平仓计划，以保证无论丰收或者受灾都能提供充足的粮食供应"。其实，何止是美国的常平仓受到中国古代常平仓的启发和影响，从现代世界主要国家普遍建立的重要战略物资的储备制度中，我们都可以或多或少地看到常平仓的影子。[②]

第二，刘晏的"常平仓"与"雇役制"。

刘晏（715～780 年），字士安，曹州南华人，唐代杰出的财经专家，幼时天资聪颖，才华横溢，诗赋文章写得都很好。开元十三年（725 年）十一月，唐玄宗封禅泰山途经曹州一带时，年仅 7 岁的刘晏向玄宗上《东封书》，玄宗读后十分欣赏他的才华，遂命宰相张说试其才能。张说测试后，大为称奇，对玄宗说："国瑞也。"当即被授予秘书省正字，号称"神童"，"名震一时"。童蒙读物《三字经》称颂说："唐刘晏，方七岁，举神童，作正字，彼虽幼，身已仕。"刘晏利用在秘书省正字负责校勘朝廷藏书这一条件，饱读诗书，增长知识，为以后治理国家打下了良好的基础。玄宗赏给他象牙笏板和黄文袍，准许他上朝言事。

在唐朝前期，特别是唐太宗在位期间，在总结隋朝短命而亡教训的基础上，实行轻徭薄赋、与民生息的基本国策，致力于王朝的长治久安。在农业方面，实行均田制和租庸调制，带动了农业经济的迅速恢复和发展；在工商业方面，实行山林川泽之利"公私共之"政策，促进了工商业的发展和繁荣。但是，一些经济问题和社会问题也随之出现并日益严重：富商大贾的兼并日益剧烈，贫富分化严重，同时诸侯纷起，最终酿造了"安史之乱"。"安史之乱"既给国民经济造成了极大的危害，也影响到国家的政治安危。"安史之乱"爆发后，唐王朝举步维艰。刘晏受命于危难之际，自肃宗上元元年（760 年）至德宗建中元年（780年）长期担任盐铁、度支、转运等财政使职，主持国家财政工作 20 年，进行了卓越的财政经济改革，实行漕运等制度，国民经济得到了恢复，有效地保障了国家所需的财政支出。其改革措施包括了盐法改革、漕运改革和实施"常平仓"制度等，富有睿智创新，甚至多有符合现代经济学与财政学原理的科学决策。

① 李超民. 常平仓：当代宏观经济稳定政策的中国渊源考察［J］. 复旦学报（社会科学版），2002（2）.
② 李超民. 中国古代常平仓思想：美国 1930 年代的一场争论［J］. 上海财经大学学报，2000（3）；王静峰. 中国古代宏观调控思想起源探析［J］. 商业经济研究，2015（27）.

首先，实行盐法改革。刘晏的盐法改革是在原有的以租庸调制为核心的税赋体制崩溃的背景下进行的。其采取的政策措施与其赋税思想密不可分。刘晏认为，"理财以爱民为先"（《资治通鉴》卷 226），增加赋税收入的根本前提是发展生产、安定民生，"王者爱人，当使之耕耘织纾。常岁平敛之，荒年赒救之"，"户口滋多，则赋税自广"（《新唐书·刘晏传》）；提出"知所以取人不怨"（《新唐书·刘晏传·赞》）和"因民所急而税之，则国用足"（《新唐书·食货志四》）的原则。取人不怨，指政府通过控制物资和市场物价等经济手段来取得财政收入，而不是单纯依靠增加税收来达到这个目的。因民所急而税之，是选择人们日常急需的商品课税，其税源充足，稳定可靠，容易收到广收薄敛的效果。因此，在盐法改革方面，认为"官多扰民"，基本思路是将盐的流通领域放开，允许私人进入，变官运官销为商运商销，将以前实行的直接专卖制改为间接专卖制。史载"刘晏于出盐乡，置盐官，收盐户所煮之盐，转鬻于商人，任其所止。"（《资治通鉴》卷 226）这就是说，一方面，国家继续通过盐官对盐户的生产实施监管，收购所产食盐以保证国家的利源；另一方面，将国家对盐业的控制以流通领域中撤出，而将私商经济的活力引入到盐的运销当中，利用商人追求利润的动机，利用其营销经验与商业网络使盐在市场上获得流通。具体办法是，在其分掌的东南食盐产区中"出盐乡因旧监置吏，亭户"。这些地方都是卤旺产丰的盐场，因就第五琦时旧设盐监的建制，酌设盐官，以管理盐场生产；其余卤薄产稀之地，则或令其停产，或由各监分别管理，经过一番整顿，刘晏辖区中保留了嘉兴、海陵、盐城、新亭、临平、兰亭、永嘉等十监。盐监主要是管理食盐生产和收购的机关，监之下设有许多场，场有巢盐官，可就场办理向商人售盐事宜，部分食盐即在这十监所在地，就地发售，史称"岁得钱百余万络，以当百余州之赋"，约占大历末盐利总收入的 1/6。同时，在离产区不远的交通枢纽，设置规模较大，堆栈性质的盐场，负责食盐的收纳、储存、中转、分销，盐的更大部分在涟水、湖州、越州、杭州这四大盐场销出。这四大盐场的设置是比较科学的，越州、杭州二场是分别与新亭、临平和兰亭监对口的，相当于这些监的二级站，涟水属泗州，并无盐产，但因其处于漕运要道，故而在此处接收二淮盐，以便利运输，更便于销售，湖州场则是收贮转运嘉兴监的食盐的口岸，这些盐场不同于盐监下的小场，有着较大的栈场来存放食盐，就可以使产地所制的场盐统归官收，不致有余盐未收或有收无储，而杜绝私弊；另外，在这些大场集中发售，也可以减少商人前往产地跋涉之劳。

如上所述，刘晏的盐法改革的最大特色在于将直接专卖制改为间接专卖制，允许商人进入盐的流通环节，利用私商追逐利润的积极性来促进官营商业的发展，为了调动盐商的活力，刺激他们对榷盐制度的推进，刘晏对盐商实行的是扶植与保护政策，主要体现在以下几方面：（1）简化对盐商的税收。盐商在盐司纳榷取盐后，在转卖过程中不再加税，对于各地所设的针对盐商的征取，刘晏一概罢除。即《新唐书·食货志》所讲的：自榷盐法兴后，"诸道加榷盐钱，商人舟所过有税，晏奏罢州县率税，禁堰壕邀以利者"。（2）安史之乱后，用于商品经济的发展和货币的减少发生通货紧缩，为了减少商人的缺钱麻烦，刘晏规定商人可纳绢代钱购盐，绢价每贯加钱二百（2/10），以给优待，即《新唐书·食货志》所讲的："商人纳绢以代盐利者，每络加钱二百，以备将士春服。"这样既解决了商品交换中支付手段的问题，又是国家得到了急需的绢，缩短了交换流程，使官员丧失了在流通过程中谋私利的可能性。（3）降低邸店行铺的户等负担，取消了过去商人户税加二等征收的规定。（4）商运商销制下，刘晏完全放了盐价，食盐零售价由盐商们根据市场情况灵活掌握，

"粜盐商，纵其所之"，此为盐商牟取厚利的前提。（5）在对私商提供便利条件的同时，在为盐商提供便利条件的同时，刘晏还严格查禁不法盐商与私盐，他创设的十三巡院在初期的主要职掌就是"捕私盐者"。巡院的设置，在当时有力地控制了私盐流通，屏护着国家与合法盐商的丰额收入。在国家便商措施的支持下，在高额利润的诱导下，盐商们对榷盐法当然是趋之若鹜，无不尽心尽力，甚至甘冒生命危险，极大地推动了榷盐的发展。

刘晏在利用私商经营方面的优势同时，也注重用国家的力量调节供求关系，稳定物价，弥补私商经营的不足。考虑到商人追求利润的最大化，趋易避难的本性，在远离盐产地，交通不便的偏僻地区，设置了常平盐仓，史载：刘晏于"江岭去盐远者"，设常平仓"每商人不至则减价以粜民"（《资治通鉴》卷226），既收到了解决该地区商人绝卖，人民淡食问题的社会效益，更收到了"官收厚利而民不知贵"的经济效益。与此同时，刘晏还在交通要道设置数量颇多的大型盐仓，"廪致数千，积盐二万余石"将盐场销售剩余的盐，尽行收买，作为盐商哄抬盐价时以平抑市场的准备。刘晏不仅建立常平盐、常平仓，稳定食盐和粮食这两种关系国计民生产品的价格，同时运用国家力量对总供给和总需求进行调节，常平法的顺利实行与刘晏对供求信息的准确掌握是分不开的。刘晏非常重视经济经济信息，他下令："诸道巡院，皆募驶足，置驿相望，四方货殖低昂及它利害，虽甚远，不数日即知，是能权万货重轻，使天下无甚贵贱而物常平"（《旧唐书·刘晏传》）。利用各道的巡院建立起了一套严密高效的商情网，驿站之设，虽古已有之，但派到建立商情网这一用场上，还属刘晏的首创，同时刘晏对信息的处理速度非常快，保证了信息的真实性。通过商情网便能够随时知晓各地生产情况与经济信息，利于随时调配物资，稳定物价。从中可以看出刘晏经营思想的一个重要特色，就是面向市场，因地制宜，以实际经济效果为首要标准。可以说，刘晏是中国历史上第一个创设商业情报系统、收集商情动态、统驭财赋运转的理财家。

刘晏的盐法改革取得了巨大的成效，政府财政收入得到了大幅度的提高。如《旧唐书·刘晏传》言："初，岁入钱六十万贯，季年所入逾十倍，而人无厌苦。大历末，通计一岁征赋所入部一千二百万贯，而盐利且过半。"所以《新唐书·食货志》称道："天下之赋，盐利居半，宫闱服御、军饷、百官禄俸皆仰给焉！"

其次，进行漕运改革。隋唐实现了我国历史上的第二次大统一，但这次大统一和秦汉的第一次大统一有所不同，虽然隋唐的政治中心仍在北方，经济中心却已南移，形成所谓"今天下以江淮为国命"的局面，这就存在一个如何将北方的政治中心和江淮一带的经济中心相结合的问题。隋大业元年（605年）大运河开通后，大大降低了南北之间的运输成本，粮食作为自然经济中最重要的物资就成为流通的主要对象，与之相适应，以转运粮食为主要内容的漕运制度发展到一个新的阶段。

唐开国之初，大运河尚未完全修复，而北方尚具备经济实力维系规模有限的中央机构的生存，因此对每年从江淮调运的粮米需求量并不大，到玄宗时期，由于中央机构的日益庞大和军队的增加，对漕粮的需求量日益增大，已达80万～100万石，运量激增。这一时期的漕运方式，主要采取的是长运直达法，江淮地区的漕船从各地将米运到东都洛阳、陕州太原仓或渭河河口的永丰舱。直运有许多困难，一是河道多险阻，若是经黄河到京师长安，则有"底柱之艰，败亡甚多"，关键在黄河三门峡，惊涛骇浪，危石暗礁，船只逆水上行风险极大，动辄翻船，粮沉人亡。而运粮船只抵黄河，能闯过三门峡的，仅十之二三。为避三门峡险，从洛阳含嘉仓到陕州（今河南陕县）太原仓，中间三百里，不得不改陆路。陆运三百里分八段接力，用车千八百辆，两月而毕，征发民夫数千，实在是劳民伤财。一是运输路程愈长，一旦受阻，耽延时日，运输费用往往是粮价的几倍，江南各州所送租粮及庸调等物资于正月、二月上路，至扬州入斗门即逢水浅，船只往往被迫滞留一个月以上；三月、四月渡淮入汴后，适逢黄河进入枯水期，汴河为之干浅，船只时停时进，至六月、七月后入河口时，又逢黄河水涨，草船再度停航一两个月，始得上河入洛，"计从江南入东都，停滞日多，得行日少。粮食既皆不足，折欠因此而生"（《旧唐书·食货志》）。

天宝十四年（755 年）爆发的安史之乱使黄河中下游地区陷入战灾，社会经济的大规模毁坏进一步强化了南方财赋区的地位，"赋取所资，潜挽所出，军用大计，仰于江淮"，"当今赋出于天下，江南居十九"（吕温：《吕叔和文集》卷 6《韦府君神道碑》；权德舆：《权载之文集》卷 47《论江淮水灾上疏》；韩愈：《韩昌黎集》卷 19《韩愈送陆欲州诗序》）。江淮赋粮，洪州（今江西南昌市）与宣州（今安徽宣州市）等地的军用器械和布帛，频频集结，载运北上。这一时期，江淮漕运除支撑唐王朝的生存外，还必须为平定叛乱服务。在漕粮的运输关系到唐王朝的生死存亡之际，安史之乱使原来倍感艰难的粮道被完全切断了，洛阳被占，淮河被阻，江淮粮食只好溯长江渡汉水抵洋州（今陕西洋县）再转陆路到长安。这条运输线路途远、费用大、时间长、运量小，京师粮食供应常有不继，加之年成不好，米价飞涨，结果是"官厨无兼时之积，禁军乏食"，郊县百姓被迫捋青穗而供之。平定安史之乱以后，尽快恢复汴水、黄河运道，把江淮粮食迅速运至京城一带，便成了当务之急。代宗皇帝再三考虑，决定把此存亡攸关的重任交给曾任转运使的刘晏。

刘晏在唐王朝财政极端困难情况下，临危受命。广德二年（公元 764 年），立即带领人马从长安出发，沿运粮道一路仔细勘察河道，处处访问群众，直到江淮，尤其对三门峡的栈道石渠、河口、洛口的堤堰仓廪，深入探讨，格外用心。在其基础上，找出了当时漕运不通的原因：刘晏认为，在当时情况下，恢复漕运困难有四：战乱之后，原运粮路线所过之地，几乎变成了"五百里中，编户千余而已。居无尺椽，人无烟爨，萧条凄惨，兽游鬼哭"（《旧唐书·刘晏传》）的无人区。于无人之境，兴此浩大工程，困难可想而知，这是其一。黄河、汴河每年枯水季节征用成千上万的壮丁进行河道整修。寇难之后，泥沙沉积，河床淤塞，千里河道处处是浅水滩，载粮重船，根本无法通过，这是其二。"东垣（今新安）、砥柱、渑池、二陵，北河运处，五六百里，戍卒久绝，县吏空拳，夺攘奸宄，窟穴囊橐。夹河为薮，豺狼猜猜、舟行所经，寇亦能往。"路途不但坎坷，且不太平，这是其三。对粮道最大的威胁，不是安史之乱的叛军，而是来自唐的驻军，在亘带 3000 里水陆运输线上，"东自淮阴，西临蒲板，屯戍相望。中军皆鼎司无侯，贱卒仪同青紫，每云食半菽，又云无挟纩，挽漕所至，船到便留，即非单车便折简书所能制矣"（《旧唐书·刘晏传》），这是其四。针对这些问题，刘晏开始实施大刀阔斧的改革。一是组织沿河民工，疏浚河道，下水挖泥，使汴水得以通畅入淮河。二是为保证航运安全，在运河两岸"每两驿置防援三百人"，平时就地屯田。粮船上加派官吏督运，士兵押船，以防止沿途军镇克扣漕粮和盗贼抢粮。三是"始以盐利（即国家实行专卖食盐所获之利）为漕佣"，雇人运输，调动了私人的积极性，达到"不发丁男，不劳郡县"而劳力有保证的目的。刘晏以前，州县让富户督办漕运，老百姓被派差役承担运租调任务，在法定服役期间全是无偿劳动，在此之外，报酬极低，几乎等同服役。加之漕运本身危险，挽夫由栈道坠死，船工因船沉人亡，则又以逃亡论处，因而累及家室，百姓叫苦不迭。鉴于此，刘晏把转漕完全改为官运，由兵士担任船工，由官家出钱，雇用熟练的河师、遣纲吏督运，派将士押送。船工水手的工钱定得也较为合理，对运送10次不出事故者规定有优厚的奖励。这些改革和创新"不劳丁男，不烦郡县"，便解决了历代转运使为之头痛的运输工具和劳动力的问题，"盖自古以来，未之有也"（《旧唐书·食货志》）。四是为了解决穿过三门峡的倾覆危险，采用纲运法，把漕船及水手组织起来，以武官负押运之任，"十船为纲，每纲三百人，篙工五十人，自扬州遣将部送至河阴"，"船十艘为一纲，使军将领之。十运无失，授优劳官"（《新唐书·食货志》）。除此以外，还从湖北等地购入大批麻皮和竹子，制成纤绳，又规定不时更换新绳，以确保其绳不断，如此一来，船就顺利地通过了三门峡。五是改进了分段运输法，他根据长江、汴水、黄河、渭水各航段水情不同的特点，确定"江船不入汴，汴船不入河，河船不入渭"的原则，使"江南之运积扬州，汴河之运积河阴，河船之运积渭口，渭船之运入太仓"（《新唐书·食货志》）。这样，江南船只不再到河阴，只运到扬州就返回。扬州作为主要转运中心，也同时成为转运使的驻地。另外，刘晏鉴于江、汴、河、渭各段水力不同，又"各随便宜造运船，教嘈卒"，漕卒经严格训练，"未十年，人人习河险"（《资治通鉴》卷226）。至于航运用的船只，则要求适应不同航段而各有特殊的构造，过三门峡的船叫上门填阙船。刘晏还于扬子设10个造船场大造漕船，并不惜以每艘高昂的代价，以保证漕船的质量。

江淮粮食在刘晏周密运筹和部署下依靠船工的艰辛劳动，终于从汴河、黄河等水道源源输往长安。1年运40万石，多时达110万石（《新唐书·食货志》）。刘晏办漕运，不仅仅是恢复了安史之乱后的粮道，也不只是运粮数量多于从前，还在于运粮费用大为减少。由润州（今镇江）至扬州"斗米原费钱十九，今只有五，由扬州至河阴，斗米原费钱二百，今只一百二十，这两段合计费用仅为原来的二分之一"。之前"民间传言用斗钱运斗米"，可见运费之高。而刘晏的漕运费用完全由官府承担，不向百姓征用徭役。运输本身损耗也微乎其微，"无升斗溺者"，刘晏之前，损耗常常是一石损其八斗之多。漕运开通后，粮食一多，京师米价便很快平下来，关中时逢久旱，但物价并不贵。公元769年，京师斗米不过800钱，公元772年关中丰收，大麦一斗8钱，粟20钱，与战时和漕运未通相比，粮价大大回跌了。

从总体上说，刘晏的宏观调控思想主要体现在：

首先，实行"常平仓"制度，由政府出面籴粜粮食，调剂丰歉，同时维护了消费者、农业生产者的利益，打击了富商大贾的囤积居奇，同时国家在买卖差价中获得大量的财政收入；继承了先秦儒家的"薄赋敛"思想，强调赋税持平，反对横征暴敛，主张应根据不同年情调节赋税，"常岁平敛之，荒年蠲救之，大率岁增十之一"（《新唐书·刘晏传》），以保证农民的生产积极性，缓和社会矛盾；改革漕运制度，实行纲运法、分段运输法、雇用制，强调与民休息；大力发展商品流通，与民便利，"舟车既通，商贾往来，百货杂集，航海梯山，圣神辉光，渐进贞观、永徽之盛"（《旧唐书·刘晏传》）；指导工农业生产，从根本上增加收入，他提出了独特的爱民之说："王者爱人，不在赐与，当使之耕耘织纴"（《新唐书·刘晏传》）。这就意味着：管理者仁政爱民，不应仅仅是赈济人民，而应当使人民能够生产自救，从根本上解决问题。

其次，刘晏在具体的税收方式上提出了"取人不怨"和"因民所急而税"的原则，这是刘晏在赋税思想上的一大贡献。取人不怨，指政府通过控制物资和市场物价等经济手段来取得财政收入，寓税于价，以利代税来取得财政收入，使人民不易察觉，"官收厚利而民不知贵"，而不是单纯依靠增加税收来达到这个目的。因民所急而税，是选择人们日常急需的商品课税，其税源充足，稳定可靠，容易收到广收薄敛的效果。例如，刘晏改革盐政，变直接专卖制为民制、官收、商运、商销的间接专卖制，寓税于价，做到了"官收厚利而民不知贵"。大历末年，盐利年收入由 40 万缗增加到 600 万缗，"天下之赋，盐利居半"。刘晏以"广军国之用，未尝有搜求苛敛于民"的理财思想为唐后期社会经济的恢复与发展做出了卓越的贡献，他的理财思想和实践活动也对后世产生了深远的影响。

再次，刘晏在重视和利用官营商业为国家经济和财政收入服务的同时，也注意利用私营商业的积极力量。刘晏继承了管子、桑弘羊的在恢复和发展经济的基础上开辟财源，主张由国家来经营某些商业，如他所主持的榷盐法、漕运改革、常平盐、平准、均输等改革，不仅稳定了物价，发展了经济，同时由于商业利润的增加也扩充了国家的财政收入。应该说，通过官营商业来增加国家的财政收入并不是刘晏财政改革的首创，从管仲相齐起，官营商业就成为国家获取收入的一条重要途径，其中以西汉桑弘羊的经济改革最为显著，桑弘羊的经济改革对官营商业实行完全的垄断，利用国家强大的经济、政治力量控制经济命脉，打击和排斥私人商业。刘晏对官营商业的改革和创新之处在于将官营商业和私营商业结合起来，后者作为前者的补充。

第三，王安石的"市易法"。

王安石（1021～1086 年），字介甫，晚号半山，北宋临川（今江西东乡县）人，中国杰出的政治家、思想家、文学家，唐宋八大家之一。他出生在一个小官吏家庭，少好读书，记忆力强，受到较好的教育。庆历二年（1042 年）登杨寘榜进士第四名，先后任淮南判官、鄞县知县、舒州通判、常州知州、提点江东刑狱等地方的官吏。治平四年（1067 年）神宗初即位，诏安石知江宁府，旋召为翰林学士。熙宁二年（1069 年）提为参知政事，从熙宁三年起，两度任同中书门下平章事，推行新法。熙宁九年罢相后，隐居，病死于江宁（今江苏南京市）钟山，谥号"文"，又称王文公。其政治变法对北宋后期社会经济具有很深的影响，已具备近代变革的特点，被列宁誉为是"中国十一世纪伟大的改革家"。Henry Raymond Williamson 牧师在西方全面介绍王安石，认为"通过青苗法，不但把农民从沉重的乘人之危的高利贷负担中解放出来，而且他们能够在偶遇资金短缺时，不必中断农作。"①

熙宁元年（1068 年）四月，召"负天下大名三十余年"的王安石入京，用为参知政事，要倚靠他来变法立制，富国强兵，改变积贫积弱的现状。当时王安石已成为众望所归的人物，士大夫们大都以为只要王安石登台执政，太平可立致，生民咸被其泽。为了推动变法，熙宁二年（1069 年）二月，王安石建立一个指导变法的新机构——制置三司条例司（后条例司废，变法事宜由户部司农寺主持），并与吕惠卿、曾布等人一道草拟新法，各路设提举常平官，督促州县推行新法。由此在中国历史上影响深远的王安石变法，便大张旗鼓地开展起来。从熙宁二年到熙宁九年（1076 年）的 8 年内，围绕富国强兵这一目标，陆续实行了均输、青苗、农田水利、募役、市易、免行、方田均税、将兵、保甲、保马等新法。这些新法按照内容和作用大致可以分为几个方面：一是供应国家需要和限制商人的政策，主要是均输法，市易法和免行法；二是调整国家、地主和农民关系的政策，以及发展农业生产

---

① Williamson, Henry Raymond. Wang An-Shih. Lecture delivered at the College of Chinese Studies, Peiping. Peiping: College of Chinese Studies, California College in China, Peiping (Peking) China 1935.

的措施，有青苗法、募役法、方田均税法和农田水利法；三是巩固统治秩序和整顿加强军队的措施，有将兵法，保甲法、保马法以及建立军器监等。此外，王安石变法还实行了改革科举制、整顿学校等措施。

王安石关于经济方面的变法共有六项，即均输法、青苗法、免役法、农田水利法、市易法、方田均税法。这里选取"市易法"探究其包含的平抑物价等宏观调控思想与政策主张。

在制定市易法以前，北宋时期商业领域中的阶级矛盾十分尖锐。京城开封和其他较大城市中的商业经营，多被大商人把持。他们勾结官府、垄断市场、操纵物价，大搞投机倒把，"较固取利"。这种情况不仅严重损害了广大中小商人、摊贩和城市消费者的利益，而且阻碍了商品的流通，影响了北宋政府的物质需要和商税收入。当时，更有甚者，"如茶一行，自来有十余户，若客人将茶到京，即先馈献设燕，乞为定价，比十余户再买茶，更不敢取利，但得为定高价，即于下户倍取利以偿其费。"

宋神宗时期，随着大商人势力的发展，他们在本行业实行垄断经营，囤积居奇，操纵物价，欺凌压榨外来商人，盘剥勒索本地行铺稗贩。正如熙宁五年（1072年）三月二十六日诏令所说："天下商旅物货至京，多为兼并之家所困，往往折阅失业，至于行铺稗贩，亦为较固取利，致多穷窘。"在此背景下，自称"草泽"之士的魏继宗上书建立市易司以抑制兼并、平抑物价。他建议："京师百货所居，市无常价，贵贱相倾，或倍本数。富人大姓皆得乘伺缓急，擅开阖敛散之权。当其商旅并至而物来于时，则明抑其价使极贱，而后争出私蓄以收之；及舟车不继而京师物少，民必有所取，则往往闭塞蓄藏，待其价昂贵而后售，至取数倍之息。以此，外之商旅无所牟利，而不顾行于途；内之小民日愈朘削，而不得聊其生。财既偏聚而不泄，则国家之用亦患其窘迫矣……当此之时，岂可无术以均之也……宜假所积钱别置常平市易司，择通财之官以任其责，仍求良贾为之辅，使审知市物之贵贱，贱则少增价取之，令不至伤商；贵则少损价出之，令不至害民。出入不失其平，因得取余息以给公上，则市物不至腾踊，而开阖敛散之权不移于富民。商旅以通，黎民以遂，国用以足矣。"

熙宁五年，王安石等认真研究了魏继宗的建议，三月诏下在京师设立市易务，尔后全国较大城市亦陆续设置市易务。《宋史·王安石传》载："市易之法，听人赊贷县官财货，以田宅或金帛为抵当，出息十分之二，过期不输，息外每月更加罚钱百分之二。"市易务的运作方式与职责据《长编》卷231所载，大致有以下8个方面：（1）诏在京诸行铺牙人，召充本务行人牙人；（2）凡行人令通供己所有，或借他人产业金银充抵当，五人以上充一保；（3）遇有客人物货出卖不行，愿卖入官者，许至务中投卖，勾行人牙人与客平其价；（4）据行人所要物数，先支官钱买之；（5）行人如愿折博官物者，亦听以抵当物力多少，许令均分赊请，相度立一限或两限送纳价钱，若半年纳即出息一分，一年纳即出息二分；（6）以上并不得抑勒；（7）若非行人现要物，而实可以收蓄转变，亦委官司折博收买，随时估出卖，不得过取利息；（8）其三司诸库务年计物，若比在外科买省官私烦费，即亦就收买。具体地说，市易务设提举官和监官、勾当公事官（吸收守法的可合作的商人担任），招募诸行铺户和牙人充当市易务的行人和牙人，在官员的约束下担当货物买卖工作。外来客商如愿将货物卖给市易务，由行人、牙人一道公平议价；市上暂不需要的也予"收蓄转变"，待时出售；客商愿与市易务中的其他货物折合交换，也尽可能给以满足。市易法还规定：参加市易务工作的行人，可将地产或金银充抵押，由五人以上相互作保，向市易务赊购货物，酌加利润在市上售卖，货款在半年至一年内偿还，年利2/10，过期不归另加罚款。

这实际是市易务批发、行人零售，市易务为商业机构与金融机构的结合。

从魏继宗的建议可以清楚看出，设立市易务的初衷是使"出入不失其平"，"开阖敛散之权不移于富民"以及"因得取余息以给公上"。换言之就是平物价、抑兼并，并且通过盈利增加国家财政收入。但是，从尔后市易务的运作方式与职责来看，市易务的职能主要有两个方面：官府向商人借贷，官府收购商人手中滞销的商品。除此之外，还规定了市易务行人或牙人的担任；规定官府所需物资，如核计较向外采购为便宜时，可由市易务一并在京收买；借贷或收购都不得强迫。有学者将市易法的内容总结为：（1）低息借贷法。在王安石《临川文集》中曾经提及："市易之法，起于周之司市，汉之平准，今以百万缗之钱，权物价之轻重，以通商而贾之，令民以岁入数万缗息。"从这些论述中，不难看出，在市易法运行的过程中政府通过借贷的方式为商人提供各项贷款并收取利息，从而保证商人能有充裕的资金，进而促进商业资本的流通，推动社会经济发展；同时，政府也可以从商人缴纳给政府的贷款利息获取收益，用以弥补财政亏空。这些都是市易法在立法之初所具有的本意。（2）贸迁物货法。贸迁物货法的运作方式却古已有之。春秋时有"通轻重之权"，战国时为"平籴法"，西汉桑弘羊又创造"平准均输"，这些操作方式都要求政府直接参与商品买卖的调控，某商品在市场上出现供过于求的情况时，由政府买入部分滞销商品，同样地，在某商品出现供不应求的情况时，再由政府卖出相关库存商品，用此种方法来调节市场的供求平衡，达到调控物价的目的。（3）赊贷法。市易法中的赊贷法，具体而言有结保赊请法与抵贷赊请法，前者针对适用于没有抵当财产的赊贷者。"市易旧法，听人赊钱，以田宅或金银为抵当，无抵当者，三人相保则给之，皆出息十分之二，过期不输息外，每月更罚钱百分之二。"若是皇亲国戚，则不需抵当，只要"三人以上同保"，经大宗正司出具身份证明，就可获得贷款。结保只能得到小额赊贷，宗室赊贷额为"并息不得过两月料钱之数"，普通民户的赊贷额更低。而后者则是针对有抵当财产的商户。

据马端临《文献通考》记载，市易务初建的任务有二：一是根据市场变化，贱时买进，贵时卖出，抑制兼并，平准物价，以保护中小商人；二是在对开封府和外地来京的商人实行赊贷的同时，收取善良利息（不得过二分）（《文献通考》卷 20《市易考》）。王安石也曾多次谈到市易务的立法原则，"直以细民久困于官中需索，又为兼并所苦，故立市易务耳"（《长编》卷 240 熙宁五年十一月丁巳记事），"摧兼并，收其赢余，以兴巧利，以救艰厄"（《长编》卷 240 熙宁六年春正月辛亥记事）。然而，法虽好，如不得其人而行，不但不能收到好的效果，有时甚至会产生新的弊端。王安石在市易法制定之初就预言："市易之法……窃恐希功幸赏之人，速求成效与年岁之间，则吾法坠矣。"（《临川文集》卷 240《熙宁五事札子》）不幸的是，王安石的预言在新法的推行过程中得到应验。

熙宁六年，汴京市易务改升为京师市易司（都市易司），由吕嘉问提举，魏继宗进入市易务当差；边境和大城市设市易务 21 个。而吕嘉问正是那种"希功幸赏"者，最初是急于邀功请赏，后来又欺上瞒下，其所作所为，离市易法原意相去甚远。吕嘉问不仅统理市场，而且还放手自做经营。"今置市易务无物不买，无利不拢，命官遣人贩卖……"（苏辙《栾城集》卷 41《自齐州回论时事书》）甚至就连水果芝麻梳朴之类的小商品也作为官府的经营对象。市易务还采取各种办法抽税，官吏甚至敲诈勒索，如商人出京师城门，"但凡一、二顶头巾，十数把木梳，五七尺衣着之物，似此之类，无不先赴都务印税，方给印照出门"（郑侠《西塘集》卷 1《放税钱三十文以下》）。有时"不过三五文税钱，并须得引照会门头，方肯放过。不然即断罪抽分"（《西塘集》卷1 "关于市易务的论述"）。此外，市易务还以各种各样的名目放债取息，如"抵当银绢""丧葬""抵当米麦"（《西塘集》卷1《开仓来》），等等。其后果正如苏辙所说："小民争取官债以救目前，妄引抵当，欺限既迫，逃窜无所，妇子离散，行路咨嗟"（《栾城集》卷35《自齐州回论时事书》）。总之，由于吕嘉问等人背着王安石别行一套，致使汴京市场愈益萧条，商旅都不敢入都，"竞由都城外过河"而去（《西塘集》卷1《市利钱》）。就连倡行"市易法"的平民魏继宗"愤惋自陈，以谓市易主者摧固揽克，皆不如初议，都邑之人不胜其怨。"

市易法在推行过程中虽然经历过一些曲折，但范围还是不断扩大。当时全国较大的城市如杭州、大名府、扬州等地，都设立了市易务，为朝廷赚了不少钱。熙宁五年，京师设市易务，其本钱一百八十七万缗。熙宁六年，就给内藏库交了三十万缗（《宋史》卷186《食货》）。熙宁七年"提举市易司奏：市易二年收息钱九十六万余缗"（《长编》卷252《熙宁七年八月丙寅》）。后来，都提举市易司本钱不断扩充，收入也随之增大。熙宁八年"三司言：（贾）昌衡等提举市易司去年四月至今，收息，市利钱百万二千六百七十余缗"（《长编》卷269《熙宁八年十月丁酉》）。熙宁九年，"中书言：市易务收息钱，市利钱总百三十三万二千余缗"（《长编》卷277《熙宁九年九月辛未》）。熙宁十年，单收息钱一项就达一百四十余万缗（《长编》卷285《熙宁十年十月戊戌》）。从熙宁五年三月至元丰二年七月，在共计七年零四个月的时间里，市易司总计收入至少达六百零二万四千六百七十余缗。因为有的数字只是息钱，不包括市利钱，所以实际收入可能还要多一些。如果去除因收入不详的熙宁十年八月至元丰元年七月一年，那么，市易司年均收入高达一百万缗。可见，在为政府增加收入方面，市易法实施的结果是卓有成效的。

当然，市易法有平抑物价调剂供求的作用，限制奸商垄断居奇，把以前归于大商人的利得收归官有，增加财政收入。这一措施来源于桑弘羊的平准法，但有自己的特点：如"契书金银抵当""结保贷请"、招募行人、牙人为市易务工作等，都是王安石的新发展，与平准法的命吏坐市肆贩卖、不假手商人的做法有所不同。后来王安石去职，保守派上台，市易法于元丰八年（1085年）后被陆续废除。以后虽有市易之名（或改用平准之名），而实际是低价抑买抬价出售的牟利营业。

# 1.2　中国近现代宏观调控思想

在近代中国，严复、梁启超等最初曾明确介绍与表达了反对政府干预、主张放任自由、让市场充分发挥作用以及让经济规律充分发挥作用的经济自由主义的主张。如严复倡导经济自由，主要体现在他于1902年翻译出版的亚当·斯密的《原富》及"译事例言"和"按语"中。严复很推崇此书，认为英国的富强与其有着密切关系。严复明确表达了自由放任、反对政府干预的观点。他很赞成斯密"下民之执业治生，可为所欲为，非其上所得过问"的思想，力主政府要尽量少过问、少干预，尽量任其自然、任由民间发展。他主张："民之生计，只宜听民自谋，上唯无扰，为裨己多"；[①] "国功为一群之功利，凡可以听民自为者，

---

① 严复集［M］. 北京：中华书局，1986：879.

其道莫善于无扰";① "盖财者民力之所出，欲其力所出之至多，必使廓然自由，悉绝束缚拘滞而后可"，认为当政者如果对民间经济横加干涉，政令过于苛烦，会导致生产萎缩，并影响官府财政收入。他主张能够商办的尽量商办，官办的范围应只局限在以下三个方面："其事以民为之而费，以官为之则廉"；"所利于群者大，而民以顾私而莫为"；"民不知合群而群力犹弱，非在上者为之先导，则相顾趑趄"。② 根据经济自由主义的思想，严复在国内经济活动中力主自由竞争，主张给个人以从事经济活动的充分自由，反对官府对经济的垄断，抨击洋务派的官督商办；在对外贸易中，倡导自由贸易，反对保护主义与"得银则为有余，得货则为不足"的"漏卮"论，并称："独所谓保商权，塞漏卮之说，无所是而多非"。③ 在近代中国，很少有人像严复这样比较系统而深刻地阐述、宣传过经济自由主义的主张。因此，他是近代中国经济自由主义与古典自由主义的典型代表。几乎与此同时，另一位维新派思想家梁启超在 20 世纪初也大力倡导经济自由主义，而他这个方面的思想同样是受到了古典自由主义者斯密的深刻影响。他说："百年以来，自由竞争（freecompetition）一语，几为生计学家之金科玉律，故于国际之通商，自由也；于国内之交易，自由也；于生产、制造、贩卖种种营业，自由也；劳力以自由而勤动，资本家以自由而放资，上自政府，下及民间，凡一切生计政策，罔不出于自由。斯密氏所谓供求相济，任物自己，而二者常趋于平。此实自由竞争根本之理论也"。④ 他把亚当·斯密列为改变近代世界趋势的 10 位重要人物之一，认为其自由竞争论产生了深刻而广泛的影响，"此书之出，不徒学问界为之变动而已，其及于人群之交际，及于国家之政治者，不一而足"，"而一八四八年以后，英国决行自由贸易政策，尽免关税，以致今日商务之繁盛者，斯密氏《原富》之论为之也"。⑤

　　严复、梁启超等主张借鉴西方自由竞争的古典自由主义经济思想解决中国社会经济问题，这在近代中国自由主义发展史上显得独特而难得。然而，再往后追寻就会发现，民国时期的自由派知识分子的自由主义言说很少涉及经济领域，而涉及经济领域也把天平偏向于计划、统制、均富与社会主义了。当然，"自由经济"的思想并不是在进入民国之后就完全绝迹了，在干预主义、统制经济、社会主义等与经济自由主义对立的主张蔚为大观的同时，"自由经济"仍如涓涓细流潜滋暗长。⑥ 在"五四"一代与后来的自由派知识分子中，有的把在思想文化领域从事启蒙、致力于自由主义价值理念的传播作为自己的追求目标，有的把仿效英美宪政、建立自由主义的政治体制作为自己的理想抱负，或者摇摆、彷徨于制度建构与思想启蒙两种"路径依赖"的选择之中，很少言及经济自由主义的路径。谈及经济时，多向往社会主义，多对计划经济抱有一定好感。他们在对个性解放、个人主义、民主、人权等话语连篇累牍的同时，对同为自由主义核心理念的自由竞争、市场经济、私有产权等则缄口不语。他们所主张的是政治上的自由主义与文化上的自由主义，然而在经济上却没有选择自由主义，而是倾向于社会主义。通过社会主义、计划经济解决民众对现代资本主义制度导致贫富悬殊的不满，解决民众对社会公平、社会正义的强烈诉求，取代通过自由竞争实现经

① 严复集 [M]. 北京：中华书局，1986：879.
② 严复集 [M]. 北京：中华书局，1986：724.
③ 刘军宁. 共和·民主·宪政 [M]. 上海：上海三联书店，1998：887.
④ 梁启超. 饮冰室合集（第 14 卷）[M]. 北京：中华书局，1989：35.
⑤ 梁启超选集 [M]. 上海：上海人民出版社，1984：270.
⑥ 黄岭峻. 中国现代"自由经济"思想钩沉 [J]. 武汉大学学报，2005（4）.

济效率与富强成为自由主义者的理想追求。从严复、梁启超等发声呼唤经济自由，到胡适等自由主义者竞谈社会主义，近代中国自由主义发生了"变调"，主要体现为包括胡适等人的"新自由主义"（或称"自由社会主义"等）、张君劢等人的民主社会主义和另一部分知识分子的"统制经济"思想。①

　　其实，与严复一起呼唤过自由竞争、以"杂"与"善变"著称的梁启超，在 20 世纪初已对古典自由主义产生了怀疑，转而对社会主义产生了兴趣。他在《自由书·干涉与放任》一文中指出，18 世纪及 19 世纪上半叶，斯密等人放任主义风行一时，自由竞争之趋势盛行，结果导致"富者益富，贫者益贫，于是近世所谓社会主义者出而代之。社会主义者，其外形若纯主放任，其内质则实主干涉者也，将合人群使如一机器然，有总机以纽结而旋掣之，而于不平等中求平等。社会主义，其必将磅礴于二十世纪也明矣"。② 他预言了在随后的时代，"实主干涉"的社会主义将取代自由竞争的资本主义成为经济思想的主流，强调市场作用的放任主义在自由主义的言说中将失去自己的市场。享有"自由主义大师"称号的胡适先是发誓"二十年不谈政治"，"要想在思想文艺上替中国政治建筑一个革新的基础"，步入思想启蒙的"正途"，后又"有不能不谈政治的感觉"，此后纠葛于不谈政治与谈政治、文化启蒙与参与政治、"再造文明"与再建政体之间。他关注政治与文化问题，但忽略经济问题，很少发出经济自由主义的声音，但对社会主义的趋向有所体认，并表示了同情与向往。早在 20 世纪 20 年代，胡适就通过对苏俄的短暂观察对社会主义产生了好感。1926 年，他在《欧游道中寄书》中赞叹苏俄在"做一个空前的伟大政治新试验"，表示"他们的理想也许有我们爱自由的人不能完全赞同的，但他们意志的专笃，却是我们不能不顶礼佩服的"。③ "我去看那'革命博物馆'，看那一八九零年到一九一七年的革命运动，真使我们愧死。"④ 1927 年，他在《我们对于西洋近代文明的态度》一文中，将"最大多数人的最大幸福"的"社会化"趋势作为西方近代文明的特征，称"十八世纪的新宗教信条是自由，平等，博爱。十九世纪中叶以后的新宗教信条是社会主义。"⑤ 在社会主义选择将成为中国现实的前夕，他预感并回应了这一世界性趋势："我特别用'社会化的经济制度'一个名词，因为我要避掉'社会主义'一类名词。'社会化的经济制度'就是要顾到社会大多数人民的利益的经济制度。最近几十年的世界历史有一个很明显的方向，就是无论在社会主义的国家，或在资本主义的国家，财产权已经不是私人的一种神圣不可侵犯的人权了，社会大多数人的利益是一切经济制度的基本条件。""这种很明显的经济制度的社会化，是世界文化的第二个共同的理想目标。我们中国本来有'不患贫而患不均'的传统思想，我们更应该朝这个方面多多的努力，才可以在经济世界文化上占一个地位。"⑥ 当然，胡适对社会主义的同情与向往只局限于经济方面，在政治上则是反感的。胡适曾把这种对经济上的社会主义与政治上的自由主义的调和称为"新自由主义"或"自由的社会主义"，"近世的历史指出两个不同的方法：一是苏俄今日的方法，由无产阶级专政，不容有产阶级的存在。一是避免

---

① 俞祖华，赵慧峰. 放任与干预：近代中国经济自由主义的发声与变调 [J]. 河北学刊，2008 (2).
② 梁启超选集 [M]. 上海：上海人民出版社，1984：203.
③ 胡适全集（第 3 卷）[M]. 合肥：安徽教育出版社，2003：50.
④ 胡适全集（第 3 卷）[M]. 合肥：安徽教育出版社，2003：53.
⑤ 胡适全集（第 3 卷）[M]. 合肥：安徽教育出版社，2003：10.
⑥ 胡适全集（第 22 卷）[M]. 合肥：安徽教育出版社，2003：692 – 693.

'阶级斗争'的方法，采用三百年来'社会化'（socializing）的倾向，逐渐扩充享受自由享受幸福的社会。这方法，我想叫它做'自由主义'（new liberalism）或'自由的社会主义'（liberal socialism）。"[①]

在这里，我们不再进一步评述张君劢等人的民主社会主义和另一部分知识分子的"统制经济"思想，而是着重介绍中国近代思想家关于政府宏观调控或说政府干预的思想。这方面的主要代表人物有梁启超和孙中山。

## 1.2.1　梁启超的政府干预思想[②]

梁启超（1873～1929年），字卓如，一字任甫，号任公，又号饮冰室主人、饮冰子、哀时客、中国之新民、自由斋主人、清光绪举人等；汉族，广东新会人；中国近代维新派代表人物，近代中国的思想启蒙者，是深度参与了中国从旧社会向现代社会变革的伟大社会活动家。其政府干预思想主要体现在：

第一，国家干预的必要性。政治和经济是相互依赖、相互联系的矛盾统一体。经济是基础，经济决定政治，同时政治积极影响经济，在影响经济发展的诸多因素中起主导作用。梁启超十分重视改良政治与发展实业的关系。他说"生计现象与政治现象常刻不可离。"[③] 从消极的方面看，政治改良本身就是经济发展的基础，"政治不良，实业万无能兴之理"，[④] 主张仿效西方进行政治改革，建立以国会和责任内阁为标志的立宪政府，并把这看作中国实业发展的第一条件；从积极的方面看，合理、恰当的政府干预可以极大地推动实业发展。"民智未开，群力未团，有政府干涉之驱策之，其发荣增长，事半功倍。"[⑤] 他积极主张在建立良政府的前提下，实行保育政策，以一定程度的国家干预推动中国经济的发展。这里的"保育政策，对放任政策而言之也。"[⑥] 保育实际上就是国家干预，它是与经济自由相对立的思想和主张。梁启超提倡保育政策除了受20世纪初日渐兴起的国家干预思潮的影响外，在其思想中还包含了以下的认识因素：其一，是国民素质低下的结果。梁启超认为，一国的经济政策究竟适于采取自由放任还是政府干预，"当以国民发达之程度为衡"，即取决于国民素质的高低。这正如儿童过早或过迟地离开"父母之顾复"，都不利于其健康成长。治国也是这样，国民愈幼稚、素质愈低下，政府应干预范围就愈大、程度也愈深；"愈进焉，则其事愈减，而后此保育递减之率，则恒视前此所施之保育为反比例"。自由放任的经济政策在欧美19世纪的盛行正与其18世纪中叶以前的政府干预政策有关，是享"数百年保育之功"。[⑦] 以近代欧美的国民素质衡量当时的中国人，梁启超认为中国国民缺乏组成一个近代民族国家必须具备的12点基本素质（公德、国家思想、进取冒险精神、权利思想、自由思想、自治思想、自尊、合群、毅力、义务思想、尚武精神和自我修养）。中国国民有四大缺

---

① 胡适全集（第3卷）［M］. 合肥：安徽教育出版社，2003：57.
② 杨宏雨. 论梁启超的政府干预思想［J］. 华东师范大学学报（哲学社会科学版），1997（3）.
③ 梁启超. 饮冰室合集·文集（第28卷）［M］. 北京：中华书局，1989：45.
④ 梁启超. 饮冰室合集·文集（第29卷）［M］. 北京：中华书局，1989：30.
⑤ 梁启超. 饮冰室合集·文集（第12卷）［M］. 北京：中华书局，1989：19.
⑥ 梁启超. 饮冰室合集·文集（第28卷）［M］. 北京：中华书局，1989：46.
⑦ 梁启超. 饮冰室合集·文集（第28卷）［M］. 北京：中华书局，1989：47.

点（爱国心薄弱、独立性柔脆、公共心缺乏、自治力欠阙）、① 六大劣根性（奴性、愚昧、为我、好伪、怯懦、无动）。② 这些缺点和劣根性是与建设一个现代化国家不相容的，是与现代社会经济发展的要求不相容的，必须加以改变。其二，中国经济发展的需求。比较中西经济发展的历史，梁启超指出，近代中国的经济与欧洲 18 世纪中叶以前的状况不同。那时的欧洲在重商主义的影响下，对经济干预过多，"行之太过"，物极必反，故有采取经济自由主义的必要。但"吾国政治之弊，不在繁苛，而在废弛。"③ 繁苛是干涉的结果，废弛是放任的必然。阻碍中国经济发展的最大弊端恰恰就在于放任过度。他在评述亚当·斯密的经济自由思想时指出"斯密之言，治当时欧洲之良药，而非治今日中国之良药也"。④ 他主张中国采用一种类似于欧洲十六七世纪重商主义的经济政策，"将国民打成一丸，以竞于外"。⑤ 其三，国际竞争的必然。近世的国际竞争是一种国民竞争。在这种竞争中，人民"一面为独立自营之个人，一面为通力合作之群体"，政府作为社会的管理者，一面当"防人民自由权之被侵"，一面当"助人民自营力所不逮"。⑥ 所谓"助人民自营力所不逮"就是政府干预。在近代从没有完全离开政府参与的国际竞争。近代的国际竞争从表面上看是"各国人民之与他国人民交涉"，但实质上"恒持国家质乎其后"。国家"整备机关以资人民之利用"和兴办"为个人之力所不能举"的公共事业，可以起到增强国民竞争力的作用。

19 世纪是经济自由主义无可争议的统治时代，"百年以来自由竞争一语，几为生计学家之金科玉律"。⑦ 但从 19 世纪 70 年代起，随着资本主义从自由竞争向垄断过渡，经济干预的思想和主张日渐抬头。到 20 世纪初年，梁启超已明显地感到欧洲"保育主义复骤昌"。⑧ 他在这种形势下提倡政府干预，明显受当时欧洲经济学说这种变迁趋势的影响，带有趋时的意味。值得注意的是，梁启超的趋时并非盲从。从中庸、调和的传统哲学出发，他认为极端的经济自由和政府干预都不利于经济发展，双方"不相妨也，适相剂也"，主张"个人自治与国家保育宜同时并举，划出范围，而于范围之内，各务扩张其分度"。⑨ 梁启超的政府干预思想在主观上反映了他在 19 世纪末 20 世纪初经济自由主义仍占上风，同时政府干预主张日渐兴盛的形势下，企图将双方折中、结合，尽快推进中国经济发展的意图。在这里，梁启超所说的"良政府"，即具有现代化意识的强有力的政府，是实行政府干预、保育经济的前提。梁启超指出，政府不良而"昌言保育政策，适足以资污吏之口实，助专制之淫焰"。⑩ 政府干预以建立具有现代化意识的优良的立宪政府为第一前提。政府不良，保育政策不能行，也不得行。

第二，关于间接干预与政府干预的范围。企业是经济的个体单位。梁启超认为在私有制

---

①　梁启超. 饮冰室合集·文集（第 14 卷）［M］. 北京：中华书局，1989：2 – 4.
②　梁启超. 饮冰室合集·文集（第 5 卷）［M］. 北京：中华书局，1989：18 – 26.
③　梁启超. 饮冰室合集·文集（第 28 卷）［M］. 北京：中华书局，1989：49.
④　梁启超. 饮冰室合集·文集（第 12 卷）［M］. 北京：中华书局，1989：34.
⑤　梁启超. 饮冰室合集·文集（第 28 卷）［M］. 北京：中华书局，1989：50.
⑥　梁启超. 饮冰室合集·文集（第 10 卷）［M］. 北京：中华书局，1989：2.
⑦　梁启超. 饮冰室合集·文集（第 14 卷）［M］. 北京：中华书局，1989：35.
⑧　梁启超. 饮冰室合集·文集（第 28 卷）［M］. 北京：中华书局，1989：46.
⑨　梁启超. 饮冰室合集·文集（第 28 卷）［M］. 北京：中华书局，1989：48.
⑩　梁启超. 饮冰室合集·文集（第 28 卷）［M］. 北京：中华书局，1989：51.

度下，"经济动机实以营利之念为之原"，① 利己之心和冒险精神是推动企业发达兴盛的两大动力。资本主义企业的发展就是和私人企业家在获得利润、使"财物归于自己支配"的利己之心驱使下，"累发明以发明，重改良以改良，冒险前进"② 的过程。私人企业家的这种冒险进取通常遵循着"以比较的最小之劳费，得比较的最大之利益"的原则。这是一条直接关系企业经营成败的经济法则（也只有依靠私人企业家掌握生产、分配大权，以法人的资格把企业的发展与自身的利益相结合，企业才具有遵循这一法则的最大可能）。在私有制下，私人企业家经营、发展企业的直接结果虽然是私人利润的增加，但整个社会也由此获得了经济发展的巨大利益，"不识不知之间，国民全体之富固已增殖"。③ 在私有制下再也无法找到比利己之心更有利于经济发展的新动力，这决定着私人企业在国家经济的主体地位。

　　那么，国家是否可以把私人企业收归国有，由国家经营来为大众服务？梁启超认为一般而言国家不宜直接经营企业。国家以法人的资格"自进而为营业自利，往往拙于私人"。④ 国家经营企业最大的弊病就在于减损了经营者的利己之心。由于企业经营的优劣和代国家经营者个体的利益并无非常直接的关系，结果往往导致经营者"不求有功，但求无过"。⑤ 甚至贪赃枉法，"蠹国自肥"。而这一切都是与经济发展的要求，特别是与"以比较的最小之劳费，得比较的最大之利益"的经济原则背道而驰的。梁启超说，在私有制度下，企业经营者的利己之心是建筑在他对企业的私人占有之上的，要判断这种私人所有权是否合理、是否需要变更，不应以有无剥削为根据，而应以其能否推进经济发展，"果足以进现在、未来之公益与否"⑥ 作标准。在私有制下，企业的私人所有"确为鼓舞企业之最大诱因"，若不能"导经济动机使纯出于道德，尽人皆以公益为务"，⑦ 一般没有变更私营、实行公营的必要。国家以法人资格经营企业"惟于例外之场合可许之耳，非有特别理由不可妄许"。⑧ 由此可见，梁启超主张国家经济以私人经营为主，对国家直接经营企业取消极态度，反对以政权的力量变更私营经济、实行国有化，这表明梁启超不赞成国家直接干预企业的经济生活，其思想属间接干预，即不主张直接参与企业的经济活动。"政府之义务虽千端万绪，要可括以两言，一曰助人民自营力所不逮，二曰防人民自由权之被侵而已。"⑨ 政府是国家对经济实施干预的主体，政府行为的正确与否直接影响经济的进退。梁启超认为在现代社会中，政府一切机关都应服务于生产发展这个中心，"文明之极则……政治上一切机关悉为保障生产之附庸"。⑩ 他明确把服务经济、发展经济确定为政府工作的目的。"政府之正鹄何在乎？在公益。公益之道不一，要以能发达于内界而竞争于外界为归。"⑪ 所谓发达于内界而竞争于外界就是对内推动经济发展，对外加强经济竞争。这是衡量政府行为是否正确，措施是否有

①② 赵靖，易梦虹. 中国近代经济思想资料选辑（中）［M］. 北京：中华书局，1982：340.

③ 赵靖，易梦虹. 中国近代经济思想资料选辑（中）［M］. 北京：中华书局，1982：305.

④ 赵靖，易梦虹. 中国近代经济思想资料选辑（中）［M］. 北京：中华书局，1982：316.

⑤ 赵靖，易梦虹. 中国近代经济思想资料选辑（中）［M］. 北京：中华书局，1982：340.

⑥ 赵靖，易梦虹. 中国近代经济思想资料选辑（中）［M］. 北京：中华书局，1982：306.

⑦ 赵靖，易梦虹. 中国近代经济思想资料选辑（中）［M］. 北京：中华书局，1982：338.

⑧ 梁启超. 饮冰室合集·文集（第 18 卷）［M］. 北京：中华书局，1989：9.

⑨ 梁启超. 饮冰室合集·文集（第 10 卷）［M］. 北京：中华书局，1989：2.

⑩ 梁启超. 饮冰室合集·文集（第 14 卷）［M］. 北京：中华书局，1989：34.

⑪ 梁启超. 饮冰室合集·文集（第 10 卷）［M］. 北京：中华书局，1989：2.

效、得当的一个标准。"助人民自营力所不逮"和"防人民自由权之被侵"是政府的两种经济职能，是政府通过自身行为推进国家经济发展、使其能发达于内而竞争于外的方法。所谓"助人民自营力所不逮"就是政府干预。梁启超认为，近代中国在人民幼稚、经济落后的情况下，适当的政府措施可以积极推动经济的发展。

根据当时中国的状况，他把政府干预的内容确定为以下几个方面：（1）制定法律。法律是经济行为的准绳。良好的法制环境一方面可以促进、推动企业的进步，另一方面可以纠正、制裁企业的违法行为。梁启超说欧美企业发达、经济发展的一个重要因素是法制环境完善，"各文明国之法律，其所以为现在新式企业之保障者，至纤悉焉"。① 与欧美相反，当时的中国基本上是一个无法之国，即使是那些少得可怜的法律也有等于无，"颁布自颁布，违反自违反，上下恬然，不以为怪"。② 要推进中国的经济发展，首先要加强立法、加强法制。不仅要做到有法可依，使"各种法律大备"，③ 而且要做到有法必依，在立宪政体下，"举法治国之实，使国民咸安习于法律状态"。④（2）发展教育。人的现代化是经济现代化的前提，一国的经济发展和国民素质的高低有着密不可分的联系。在一个文盲和半文盲占社会成员绝大部分、整个国家国民素质普遍底下的社会是绝对无法实现经济迅速增长的。梁启超十分重视人的现代化与经济发展的关系。他说"夫欲富国，必自智其农工商始"。⑤ 近代中国经济落后、商战失败的一个重要因素在于民智不开。民智不开一则造成了人民"公共观念与责任心的缺乏"；⑥ 一则造成了人才的不足。无论哪一种都直接影响着经济的进步。开启民智、提高人的素质，实现人的现代化的手段与方法很多，其中以发展教育最为重要、最为基本。"国恶乎强？民智，斯国强矣；民恶乎智？尽天下人而读书、而识字，斯民强矣。"⑦ 教育是百年大计，是立国之本，梁启超主张政府应以立法的形式"规定强迫教育"。⑧（3）整备机关。现代企业的发展有赖于各种经济机构为之服务，才能"运行圆活"。这种为经济发展服务的机构主要有银行和交易所。银行业"为各业之脑髓"，⑨ 交易所是流通股票、使之"循环运转于市面"的重要机构。针对当时的中国各种服务于企业的经济机构百不一具，严重阻碍了企业的正常发展的局面，梁启超提出国家应尽快设立银行、交易所等各种服务现代企业发展的经济机构，帮助企业正常发展。(4) 财政保育。"幼年工业"是落后国家在工业化过程中必然会出现的经济问题。这种工业在建立初期一般成本高而生产率较低，如果完全听任市场竞争，特别是国际市场竞争，不仅无法壮大，甚至无法生存。保护和推动"幼年工业"的发展是落后国家政府应尽的职责之一。梁启超主张对这些"幼年工业"实行财政保育。凡属国家认为确有必要加以保护的特殊产业，政府应减免其所得税，在必要情况下，特别是这

① 梁启超. 饮冰室合集·文集（第22卷）［M］. 北京：中华书局，1989：64.
② 梁启超. 饮冰室合集·文集（第21卷）［M］. 北京：中华书局，1989：115.
③ 梁启超. 饮冰室合集·文集（第18卷）［M］. 北京：中华书局，1989：10.
④ 梁启超. 饮冰室合集·文集（第21卷）［M］. 北京：中华书局，1989：121.
⑤ 梁启超. 饮冰室合集·文集（第3卷）［M］. 北京：中华书局，1989：23.
⑥ 梁启超. 饮冰室合集·文集（第21卷）［M］. 北京：中华书局，1989：115.
⑦ 梁启超. 饮冰室合集·文集（第2卷）［M］. 北京：中华书局，1989：1.
⑧ 梁启超. 梁启超选集［M］. 北京：人民文学出版社，2004：744.
⑨ 梁启超. 饮冰室合集·文集（第29卷）［M］. 北京：中华书局，1989：29.

些产业在初期不能获利时，应由"政府为之保息若干厘"，<sup>①</sup> 加以扶持，决不可为财政收入的目的而增加这些企业的负担。（5）改良财税。财政是一种以国家为主体的分配关系。"财政设施之得失，其利害及于国民生计者，如影之斯随，如响之斯应也。"<sup>②</sup> 针对清末民初中国财政紊乱、浪费无度的状况，梁启超主张发展经济以开源，节省开支、裁减军费、汰斥冗员以节流，统一财权、讲求财学、整顿吏治、建立预决算、审核制度以改革财务行政，最终以资产阶级财政原则在中国建立合理的财政体系。赋税是国家财政收入的主要部分，而清末民初税制的混乱严重阻碍了当时的经济发展。梁启超主张国家按租税原理，"以不妨人民经济之发达而负担均平"<sup>③</sup> 为原则加以整顿，建立合理的税收制度。（6）整顿货币。"货币为交易媒介，握全国生计之枢纽，币制不定，则国民生计永无发达之期。"<sup>④</sup> 币制的优劣和国民经济的发展有着莫大的关系。币制紊乱、本位不良极大地影响了清末民初商品流通和经济发展。为此，梁启超主张国家应花大力气整顿币制。为了探究中国货币改革的道路与方法，他从 1896～1915 年写作了大量关于货币问题的文章，这些文章都包含了一个目的——尽快统一货币，建立适合近代中国经济发展需要的本位制度。（7）适度国营。国营企业是由国家或政府出面充当法人的经济实体。在资本主义国家有些企业或为资本主义共同发展所需要，而性质上不宜让少数资本家经营；或为社会共同生活所需要，而经营者无大利可赚，甚或赔本。于是国家便以全体利益的代表代为经营，这就是资本主义国营。梁启超认为，就一般而言国家不宜作为法人经营私经济，但这也只是相对而言。倘若国家经营的事业性质适宜，具有为私人之力所不能及的独占性，又不侵及"私人经济正当之范围"<sup>⑤</sup>，可对社会经济的发展起到助长和推动作用。（8）保护关税。"关税问题，实我国将来与世界竞争之生死存亡问题也。"<sup>⑥</sup> 关税是落后国家保护本国幼稚的民族工业免遭国际市场竞争和冲击的重要手段。但从鸦片战争起中国的关税却一直无法自主，这不仅损害了中国的主权，而且直接阻碍着中国经济的发展。梁启超认为中国产业落后，不能像西方发达国家那样采取自由贸易政策，必须采取有利于自己的贸易政策。那就是"课重税于外国输入品"的保护关税政策。关税自主是实行保护关税的前提，而废除不平等的旧约、改订平等的新约又是实现关税自主的前提。能否改订平等新约关系着中国政治、经济前途。在改约问题上，梁启超指出"改约为我们国家生存上正当要求的权利，无论牺牲到若何程度，非贯彻不可"。<sup>⑦</sup>

制定合理的法律和规章制度，保障经济的正常运行；发展教育，消除愚昧，开发人力资源；整备机关、适当公营，创造现代企业发展所需要的基础条件；谋求关税自主，实施保护关税和财政保育，减缓国际市场的冲击，保护幼稚的民族工业；改良财税、整顿货币，消除国内各种阻碍经济发展的力量。梁启超所提出的这些政府措施都体现了一个原则，即政府一般不直接干预社会微观的经济生活。

所谓"防人民自由权之被侵"，按梁启超的解释就是"凡人民之行事有侵他人之自由权

① 梁启超．饮冰室合集·文集（第 43 卷）[M]．北京：中华书局，1989：99.
② 梁启超．饮冰室合集·文集（第 21 卷）[M]．北京：中华书局，1989：12.
③ 梁启超．饮冰室合集·文集（第 8 卷）[M]．北京：中华书局，1989：15.
④ 梁启超．饮冰室合集·文集（第 22 卷）[M]．北京：中华书局，1989：1.
⑤ 梁启超．饮冰室合集·文集（第 18 卷）[M]．北京：中华书局，1989：10.
⑥ 梁启超．饮冰室合集·文集（第 19 卷）[M]．北京：中华书局，1989：23.
⑦ 梁启超．饮冰室合集·文集（第 41 卷）[M]．北京：中华书局，1989：113.

者，则政府干涉之。苟非尔者，则一任民之自由，政府宜勿过问也。所谓侵人之自由者有两种，一曰侵一人之自由者，二曰侵公众之自由者也"。① 梁启超的这一解释，从政治上看是政治自由主义，从经济上看是经济自由主义。在政治上，他强调自由是人民基本的政治权利，人与人相互平等，任何人都不能侵犯、干涉他人的自由权。在经济上，他与亚当·斯密等经济自由主义者信奉的自由竞争学说基本一致。它主张在政府和人民的关系上尽量裁抑政府的权力，人民的经济行为"一任个人之自由"，政府的主要职能是扶植和保护人民自由择业、自由契约、自由分配财产、自由竞争的权利。政府是民间经济行为的公证人和仲裁者。只要民间个人的经济行为无侵及他人自由的行径，它总采取自由放任的态度，"一任民之自由"。反之，如果个人的经济行为破坏了经济自由的准则，侵犯了他人的自由，政府就要加以干预，以恢复正常的经济秩序，维护自由平等的准则。自由主义在政治方面是积极的，在经济方面是消极的。梁启超把防人民之自由权之被侵确定为政府的两种经济职能之一，这充分体现了梁启超在主张国家干预的同时对自由竞争、经济自由的重视。

以私营经济作为中国经济发展的主体，充分重视自由竞争、市场调节对经济发展的积极作用，恰当地发挥政府服务于经济的职能。梁启超的政府干预思想概括地说就是以国家的力量推动私人资本主义自由畅通地向前发展。

第三，关于经济发展与经济平等问题。经济发展与经济平等的矛盾是任何国家工业化过程中都必然要碰到的问题，也是落后国家政府在推进工业化过程中必须解决的最棘手的难题之一。"世界之大问题及其大势所趋向，又不徒影响于世界上之个人也，而实大影响于世界上之各国。"② 梁启超认为一个具有现代化意识的政府处于交通日开、文明日进的近代世界，一定要外览世界大势，内审国情国力，然后才能确定国家的政策和法规，推进国家的发展，增进人民的幸福。若既昧于世界大势，又不谙国情国力，如盲人瞎马，必将陷国家于危难之中。审情度势是梁启超谋求解决中国工业化过程中经济发展与经济平等矛盾的出发点和立足点。"国家之荣悴消长惟于国民生计之胜败决之"。③ 从国际上看，垄断的出现、帝国主义阶段的到来加剧了 19 世纪本已十分激烈的经济竞争。随着新世纪的到来，"二十世纪之世界，铁血竞争之时代将去，而产业竞争之时代方来"，④ 在 20 世纪，经济竞争的地位和意义日益加重，一个国家的存亡在更大的程度上取决于其经济发展。梁启超断言："二十世纪之世界，雄于平准界则为强国，啬于平准界则为弱国，绝于平准界则为不国"。⑤ 从国内情况看，20 世纪初年，中国还是一个经济不发达的农业大国，工业化刚刚起步。中国能否在较短的时间内实现工业化、赶上西方列强，这不仅关系着国际竞争的胜负，关系着国家民族的存亡，而且也直接关系着人民生活的改善程度。同欧美等发达国家相比，中国"一般人之生活程度其觳薄可怜，盖万国罕见"。不仅中国劳动者的地位、生活水平与欧美相比有天壤之别，就是中国中人之家，"号称小康者"，与欧美劳动者相比，"有生之乐，时或不逮"。⑥ 中国工业化的迟滞、经济发展的缓慢，直接造成了国民普遍生活水平的低下。"今日中国国

---

① 梁启超. 饮冰室合集·文集（第 10 卷）[M]. 北京：中华书局，1989：3.
② 梁启超. 饮冰室合集·文集（第 20 卷）[M]. 北京：中华书局 1989：1.
③ 梁启超. 饮冰室合集·文集（第 28 卷）[M]. 北京：中华书局 1989：45.
④ 梁启超. 饮冰室合集·文集（第 10 卷）[M]. 北京：中华书局 1989：32.
⑤ 梁启超. 饮冰室合集·文集（第 10 卷）[M]. 北京：中华书局 1989：32.
⑥ 梁启超. 饮冰室合集·文集（第 21 卷 29）[M]. 北京：中华书局 1989：33－34.

民生计上之问题，乃生产问题，非分配问题也。"① 梁启超认为，世界的大势和中国的国情决定了中国在处理经济发展和经济平等这一对矛盾时，应优先考虑怎样发展经济、增加生产。中国和欧美不同。欧美以贫富不均为基本特征的经济不平等现象是和产业革命的发生、工业化的完成相联结的，是欧美近百年来资本主义发展及其发达的结果。欧美的经济发展导致了其经济平等问题，经济平等问题又直接影响了欧美经济进一步向前发展，故"欧美目前最迫切之问题，在如何而能使多数之劳动者地位得以改善。"中国则不一样，中国的工业化远未完成，类似欧美的经济平等问题尚在萌芽之中。中国也需要解决经济平等问题，但"中国目前最迫切之问题，在如何而能使多数之人民得以变为劳动者"。中国国民"什中八九欲求一职业以维持生命且不可得"，② 这是中国最基本的社会问题。不发展经济、增加生产，中国成千上万的人民无业可就，只能活活饿死。因此，发展经济、增加生产是解决中国基本问题、救助"现在活着的中国人不至饿死"③ 的唯一良方。除此之外，高谈什么经济平等问题，只能是隔靴搔痒。而且，经济发展问题还直接关系着中华民族的存亡。在世界经济竞争的风潮中，帝国主义"挟其过剩之资本以临我，如洪水之滔天，如猛兽之出柙"。在这种形势面前，"生产问题能解决与否，则国家存亡系焉；生产问题不解决，则后此将无复分配问题容我解决"。④ 梁启超提醒处于昏睡中的中国人说，中国"占有温寒热之三带，……宜于耕，宜于牧，宜于虞，宜于渔，宜于商"，⑤ 这是发展实业、争胜于国际市场的良好基础。20 世纪之中国倘若还不能发展经济、完成工业化，"握全世界商工之大权"，而一如 19 世纪受人奴役、被人欺凌的故态，则中国国民将沦为欧美各国资本家的奴隶而"永无复兴之望"。⑥ 在私有制度下，经济的发展、工业化的完成是和资本势力的扩张相联结的。为了推进中国经济事业的发展，推动中国机器大工业的建立和发展，近代中国的社会政策应"以奖励资本家为第一义"。梁启超说"惟有奖励资本家，使举其所储蓄者结合焉，而采百年来西人所发明之新生产方法，以从事于生产，国家则珍惜而保护之，使其事业可以发达，以与外抗"，则中国的前途"庶或有济"。⑦ 否则中国将永沉九渊而无法自拔。梁启超不仅主张保护中小资本家，而且也反对孙中山节制大资本的主张。他说"今日乃经济上国际竞争你死我活一大关头，我若无大资本家起，则他国之资本家将相率蚕食我市场，而使我无以自存"。他把大资本的存在和发展看作是振兴实业、加强中国国际竞争力量的中坚，指出今后的中国"其第一义所最急者，则有大资本也以盾也。不此之务，而惟资本家独占利益是惧，鳃鳃然思所以遏抑之，其结果也，能遏抑国内之资本家使不起，不能遏抑外国资本家使不来"。⑧

　　资本主义不发达是近代中国社会的基本经济问题，并由此造成了失业、贫困、饥饿等社

---

　　① 梁启超. 收回铁路干线问题 [A]. 张枬，王忍之. 辛亥革命前十年时论选集（第 3 卷）[C]. 北京：三联书店，1977：794.

　　② 梁启超. 复张东荪书论社会主义运动 [A]. 蔡尚思. 中国现代思想史资料简编（第 1 卷）[C]. 杭州：浙江人民出版社，1982：240 – 241.

　　③ 梁启超. 饮冰室合集·文集（第 42 卷）[M]. 北京：中华书局，1989：66.

　　④ 赵靖，易梦虹. 中国近代经济思想资料选辑（中）[M]. 北京：中华书局，1982：280 – 282.

　　⑤ 梁启超. 饮冰室合集·文集（第 6 卷）[M]. 北京：中华书局，1989：4.

　　⑥ 梁启超. 饮冰室合集·文集（第 29 卷）[M]. 北京：中华书局，1989：25.

　　⑦ 赵靖，易梦虹. 中国近代经济思想资料选辑（中）[M]. 北京：中华书局，1982：279 – 281.

　　⑧ 赵靖，易梦虹. 中国近代经济思想资料选辑（中）[M]. 北京：中华书局，1982：286 – 287.

会问题。要解决近代中国的社会问题，就必须先从经济问题着手，奖励资本家，发展生产。但世界资本主义发展的历史清楚地告诉中国人，资本就意味着掠夺、血腥和罪恶。资本主义在一极积累财富的同时，另一极积累着贫困。欧美也不是乐土，有极其严重的经济平等问题亟需解决。这几乎是 19 世纪末 20 世纪初近代中国知识分子的一个共识。基于对理想社会的向往，对经济发展应推进社会绝大多数人的幸福这一宗旨的信仰，梁启超确信社会主义优于资本主义，并对当时欧美的社会主义运动表示同情和关注。梁启超以"社会主义其必将磅礴于二十世纪"① 这样的宣言式的口号表达了自己对社会主义的热忱。但在中国走怎样的社会变革道路这一问题上，梁启超则相信"进步有等级，不能一蹴就几"，② 主张中国应奖励资本家，发展生产，并认为非如此不足以解决中国目前的社会问题，不足以抵御帝国主义侵略，挽救民族危亡。至于以经济平等为主张的社会主义，梁启超相信在欧美也许有立即实行的必要，但在当时的中国仅"适用于社会主义之研究"，③ 无法立即实行。发展资本主义是近代中国的中心问题，如无世界历史上的重大变化，中国也必须经过资本主义这一阶段，这就是历史发展的规律性。无论资本主义是魔鬼还是天使，也无论中国人民欢迎还是抵制，历史的规律终究无法抗拒。从理论上看，梁启超的以发展资本主义推动经济发展的主张具有合理性。保护和发展资本主义是梁启超一贯的政治主张，也是他在"五四"时期社会主义大讨论中的基本论调。经济平等问题虽不是中国目前最迫切的问题，但政府作为社会经济的管理者，也不可放任自流，听凭资本家任意压榨工人，导致双方矛盾的激化。政府应在不妨碍经济发展的基础上，采用税收、"政府的立法""社会的监督"、帮助工人组织工会和协社等手段，调解劳资双方的矛盾，"使两阶级之距离不至太甚也"。④

经济平等与经济发展是经济发展过程中的一对矛盾。梁启超以经济发展为中心、适当照顾经济平等的主张，反映了中国经济工业化过程中的一种必然。政府干预是现代经济发展的必然。一个经济落后的国家要实现工业化和经济起飞，更离不开一个开明的具有现代化意识的好政府的参与和领导。20 世纪初年，政府干预作为一种思潮刚刚复兴，政府干预这一方式尚未被经济落后的国家普遍采用，其成败得失尚未显现。梁启超凭借自己的领悟把落后国家的政府干预问题阐发到如此完善的地步，无疑是天才的。梁启超的这些思想有助于一个正在走向世界、追求现代化的落后国家的努力和成功。

## 1.2.2 孙中山的宏观调控思想⑤

孙中山是中国近代伟大的革命家，也是一位卓越的思想家。他为中国人民留下了许多珍贵的思想遗产，而经济管理思想尤其是宏观经济管理思想是其中的重要组成部分，主要内容包括"节制资本"的主张与国民经济管理的战略目标、模式和体制以及对引进外资的管理

---

① 梁启超. 饮冰室合集·专集（第 2 卷）［M］. 北京：中华书局，1989：87.
② 梁启超. 饮冰室合集·专集（第 22 卷）［M］. 北京：中华书局，1989：42.
③ 梁启超. 饮冰室合集·文集（第 20 卷）［M］. 北京：中华书局，1989：2.
④ 梁启超. 复张东荪书论社会主义运动［A］. 蔡尚思. 中国现代思想史资料简编（第 1 卷）［C］. 杭州：浙江人民出版社，1982：248 – 249.
⑤ 赵靖，陈为民，郑学益. 中国近代经济管理思想遗产中的珍品——纪念孙中山诞辰 120 周年［J］. 经济研究，1986（10）.

等问题。

孙中山关于"节制私人资本，发达国家资本"的思想是其"民生主义"的精髓。他在1921 年就提出要效仿德国的俾斯麦，实行"国家社会主义"，"国家一切大业，如铁路、电气、水道等事务皆归国有，不使其私人独享其利"。改组国民党时，孙中山又正式提出了"节制资本"的原则。《中国国民党第一次全国代表大会宣言》指出："凡本国人及外国人之企业，或有独占的性质，或规模过大为私人之力所不能办者，如银行、铁道、航路之属，由国家经营管理之，使私有资本制度不能操纵国民之生机，此则节制资本之要旨也。"从此可以看出，他对于国家干预经济持肯定的态度。对于孙中山的这种思想，其实也可以看作中国传统思想在个人身上的反映。纵使孙中山接受过诸多西洋思想，也还是有着中国传统思想的烙印。陈争平认为，孙中山关于民生主义的论述，是其有关公共管理思想的核心。孙中山主张解决民生问题应采取自由竞争和国家干预相结合，强调政府干预，既是对当时中国国情的考虑，同时也比美国强调国家干预的"罗斯福新政"早了十来年，可谓走在"世界潮流"的前列。[①]

在孙中山奔走革命的时代，中国已陷入半殖民地半封建的深渊。孙中山以其伟大的革命家气魄，不但力图挽救中国，"亟拯斯民于水火，切扶大厦之将倾"[②]；还殚精竭虑，为建造一个富强康乐、繁荣幸福的中国而进行精心设计。他在千难万险的革命斗争生涯中，不断"环视近世，追溯往古"，苦苦思索着改造中国的总体战略以及和它相适应的宏观经济管理的战略目标。他为宏观经济管理所提出的战略目标是同时注意"贫"和"不均"两个方面的问题，在保证国民经济迅速发展的同时力求防止出现严重的贫富不均现象："中国今日民穷财尽，所患在贫；而各国之所患则在不均。……欲谋救贫之法，同时须先将不均问题详加研究。"[③] 孙中山得出这个认识是经历了一定的过程的。1894 年中日甲午战争前，孙中山眼看中国积贫积弱，有志进行改革。但当时他对洋务运动及其代表人物（如李鸿章）还抱有一定的幻想，又同资产阶级改良派的代表人物郑观应、何启等人相往还，受他们的西学富强思想的影响。因此，他为中国的改造所提出的方案是学习西方如通过自上而下的改革，按西方资本主义方式发展中国经济，以解决中国患贫的问题。在甲午战争前夕，他上书李鸿章，提出"人能尽其才，地能尽其利，物能尽其用，货能畅其流"四项改革纲领，认为"人能尽其才则百事兴，地能尽其利则民食足，物能尽其用则材力丰，货能畅其流则财源裕"。[④]这四项纲领全是用以解决"国贫""民贫"问题的，企图以此仿效"西法"（资本主义方式）发展农、工、商业，并为此培养各方面人才，以求做到食足、材丰和财裕。

甲午战争后，孙中山彻底抛弃了在清政权下进行自上而下改革的幻想，走上了反清革命的道路。他的学习西方的主张也由学习科学技术和资本主义生产方式进而同时寻求革命方案和革命理论。他从西方资产阶级革命时期的革命家和思想家那里寻找到资产阶级共和国方案以及天赋人权论和自由、平等、博爱等思想武器。但在 19 世纪末 20 世纪初，西方国家正在进入垄断资本主义的发展阶段，资本主义制度的矛盾日益明显地暴露出来，引起广大人民的

① 陈争平. 孙中山思想的治国理念具有重要意义 ［DB/OL］. 2009 - 11 - 29. http：//www. tianya. cn/publicforum/content/develop/1/350891. shtml.

② 孙中山选集（上卷）［M］. 北京：人民出版社，1956：19.

③ 胡汉民. 总理全集（第二集）［M］. 上海：上海民智书局，1930：265.

④ 孙中山选集（上卷）［M］. 北京：人民出版社，1956：15.

强烈不满。西方国家的社会矛盾和社会斗争异常剧烈，社会主义运动空前高涨。这使孙中山在学习西方、企图按资本主义方式改造中国的同时，又感到不能满足于资本主义制度，并且对广大劳动人民的处境和社会主义运动深抱同情。于是，在他的国民经济管理思想中，就由主要注意"贫"的问题进而同时注意"不均"的问题，开始把"患贫"和"患不均"并提，企图找到一个既能富国富民，又不致造成日益严重的财富分配不均现象的经济发展战略和管理模式。孙中山一再指出西方国家富和不均同步发展的情况说："英国财富，多于前代不止数千倍，人民的贫穷，甚于前代也不止数千倍"，①"欧美强矣，其民实困"。他把富和不均看作是文明所产生的"善果"和"恶果"，认为欧美资产阶级革命时期没能预见到革命后会出现"善果"和"恶果"，因而使"恶果"越来越严重，以致非进行一次社会主义革命不可。中国应该借鉴欧美的覆辙，在民主革命时期就同时注意"患贫"和"患不均"两个方面，以求"取那善果，避那恶果"。②

但是，孙中山对贫和不均两个方面并不是等量齐观。他始终认为，中国的主要问题是经济落后，国家贫穷。因此，解决中国的问题首先应该是发展经济，救贫求富。他从来不把解决不均的问题放在首位。孙中山出身于农民家庭，对广大中国农民的贫苦状况自幼就有亲身见闻，但这并未使他受到农民小生产者绝对平均主义的影响。在1894年以前，他只是提出了采用西法发展经济以富国的问题，而没有明确地谈到过"患不均"的问题。20世纪初，他提出了以平均地权为主要内容的民生主义，较多地注意不均问题了；但在贫和不均两个方面中，他仍然把贫看作中国的主要问题。他明确地说，中国的事实是大家都"受贫穷的痛苦"，"中国今日是患贫，而不是患不均"，③因而解决的办法也是"救穷宜急"，④首先着手解决贫穷问题。孙中山主张通过民生主义的实现使全国人民都能丰衣足食，有良好的居住条件和便利的交通条件。民生主义当然包含着均的要求，但它首先是以发达经济，增加社会财富为基础和前提。正如孙中山自己所说："要解决民生问题，一定要发达资本，振兴实业"。⑤孙中山认识到，一个国家，一个社会，"能开发其生产力则富，不能开发其生产力则贫"。⑥如果生产力不发达，那么，整个社会是贫穷的，广大人民绝不可能靠均的办法来获得生活的重大改善。由此可见，孙中山的民生主义包含着均的要求，但它是均富，而不是均贫。

孙中山所以把解决贫的问题放在首位，还由于他把"患贫"看作是中国的严重的迫切的现实，而把"患不均"看作是未来发展中才将出现的一种可能。他认为，由于中国经济落后，财富不多而且增长缓慢，因而还不存在大贫大富的严重贫富分化现象。中国的富人和贫人，同欧美相比，只不过是"大贫"和"小贫"的区别；⑦只有在革命后经济迅速发展的情况下才会出现严重的贫富分化。因此，他并不主张在发展经济的同时立即采取实际措施去平均财富，而是主张救贫和防不均，即在大力发展经济、使国民财富迅速增长的同时，采

---

① 孙中山选集（上卷）［M］. 北京：人民出版社，1956：76.
② 孙中山选集（上卷）［M］. 北京：人民出版社，1956：77.
③ 孙中山选集（下卷）［M］. 北京：人民出版社，1956：792、803.
④ 孙中山选集（上卷）［M］. 北京：人民出版社，1956：167.
⑤ 孙中山选集（下卷）［M］. 北京：人民出版社，1956：802.
⑥ 孙中山选集（上卷）［M］. 北京：人民出版社，1956：88.
⑦ 孙中山选集（下卷）［M］. 北京：人民出版社，1956：792.

取一些"思患预防"的办法，以"防备将来社会贫富不均的大毛病"。<sup>①</sup>

孙中山虽然看到了西方国家的严重贫富分化现象，却并不因害怕这种现象的出规而采取措施去防止或限制经济的发展，不因害怕未来出现不均而放松当前救贫求富的努力。他批评那种认为"文明不利于贫民，不如复古"的反动论调，坚决认为"文明进步是自然所致，不能逃避的"。<sup>②</sup> 他所要预防的只是未来将会出现的贫富不均，而不是要防止经济的发展；他所企图避免的只是文明可能带来的"恶果"，而不是要逃避文明本身。

在这里，孙中山所说的"均"，决不具有绝对平均主义的含义。他不希望中国将来会出现西方资本主义国家的垄断寡头那样的"大富"，也希望永远消灭中国广大人民所处的那种"大贫"即极端贫困的状况。他宣称自己的理想是在中国"弄到大家平均"，<sup>③</sup> 但平均的含义绝不是人人都一样，而只是"都没有大贫"。<sup>④</sup> 他为中国民主革命制订了"平均地权"的纲领，其中包含着"耕者有其田"的内容。但这一纲领始终没有按人口平分土地的要求。辛亥革命前，当梁启超攻击"耕者有其由"将会妨碍中国出现现代化的大农场时，孙中山领导的资产阶级革命派报刊回答说：平均地权是为了以土地国有防止地主私人垄断土地。国有之后，要想使用土地的人都可按一定手续向国家租赁土地，而国家出租土地时，将"依其业异其标准"，<sup>⑤</sup> 也就是按各人的经营条件（资本多少和劳动力强弱）租给相应面积的土地，"用机者得租可以用机之地，能耕者可租可躬耕之地，则各如其分"。<sup>⑥</sup> 可见，孙中山说的"耕者"是同时包括个体农民和资本主义农场主在内的。"耕者有其田"包含着解决农民土地问题的要求，但并不是一个农民平分土地的口号。

不论是解决贫的问题或不均的问题，孙中山都主张依靠革命后建立的政权和平地、有秩序地进行，也就是通过国家颁布各种经济立法和制订各项宏观的经济管理措施来达到救贫防不均的战略目标。

在国民经济管理的战略目标确定之后，相继而来的问题是选择与这一目标相适应的管理模式。孙中山在国民经济管理模式方面的主张是倾向于国家干预主义的。他把当时资本主义国家日益严重的垄断压迫和贫富分化现象看作是亚当·斯密的经济自由主义所导致的结果，因而在社会经济活动方面不能纯粹听任自然，而要靠"人为"来加以改良。他认为："社会组织之不善，虽限于天演，而改良社会之组织，或者人为之力尚可及乎？"<sup>⑦</sup> 这里所谓"人为"，就是指国家积极干预经济的活动，也就是现代意义上的宏观调控。

孙中山受当时社会主义运动的影响，把他的国家积极干预经济活动的主张称为社会主义。但是，孙中山所理解的社会主义，不是通过无产阶级革命和无产阶级专政在资本主义废墟上建立起来的社会主义，而是在以民主革命推翻帝国主义、封建主义统治后用"预防"资本主义的办法来实现的"社会主义"。他借以预防资本主义的办法（平均地权和节制资本）实际上是促进资本主义发展的办法，而推行这些办法所依靠的又是民国即资产阶级共

---

① 孙中山选集（下卷）[M]. 北京：人民出版社，1956：803.
② 孙中山选集（上卷）[M]. 北京：人民出版社，1956：77.
③④ 孙中山选集（下卷）[M]. 北京：人民出版社，1956：792.
⑤⑥ 民意. 告非难民生主义者 [N]. 民报，第 12 号（1907）.
⑦ 孙中山全集（第 2 卷）[M]. 北京：中华书局，1981：508.

和国这一资本主义经济的上层建筑。他所说的社会主义，从制度方面看，实质上不是社会主义，而是一种理想化的资本主义；从理论上说，不是科学的社会主义理论，而是主观的社会主义理论。

孙中山早就知道马克思和科学社会主义学说。他对马克思非常崇敬，对科学社会主义也多有赞扬之词。但是，他认为科学社会主义是在"数千年后"人类的"道德智识完美"时才可实行的；只有"集产社会主义"才是"今日唯一之要图"，① 而"所谓集产云者，凡生利各事业，若土地、铁路、邮政、电气、矿产、森林，皆为国有。"② 这里的"生利"指获得盈利。如果一切生利事业国有，那就等于主张一切生产资料国有。实际上，孙中山不是主张一切生利事业国有，而是主张明确地划定国有和私有、国营和民营的范围。在所有制方面，对土地和森林、矿产等主要自然资源实行国有；其他生产资料则仍允许私有。在经营范围方面，"凡夫事物之可以委诸个人，或其较国家经营为适宜者，应任个人为之，由国家奖励，而以法律保护之。……至其不能委诸个人及有独占性质者，应由国家经营之。"③ 可见，孙中山所要实行的"集产社会主义"，实质上是一种兼有生产资料的（资产阶级）国有和私有，兼有（资产阶级）国营企业和私人企业，并且由国家对国民经济实行宏观的管理和调节的资本主义社会。

在划分国有和私有、国营和民营范围的基础上，孙中山为国民经济的宏观管理制定了以下基本措施：

第一，由革命后建立的资产阶级共和国政府宣布全国土地国有，但不对私人占有的土地实行没收或全部收买。土地的原主仍可照常保持和使用土地，并且可将土地出卖，但必须向国家申报土地价格，并按国家规定的税率向国家缴纳地价税。国家保留随时按申报价格收买土地的权利。私人之间的土地买卖必须经过政府。如果土地卖价超过原价，土地出卖者只许得到原价，超过原价的部分全归国家所有。农民、资本主义农场主以及工、商企业在需用土地时，可以向国家租用土地，按国家的规定向国家缴纳地租。除了出租土地外，国家也可把矿山资源租给私人开采、经营。

第二，国家对全国实业的发展进行全面的规划和指导。举凡铁路、公路网的建设，河流、湖泊、运河的修治，海港的开辟，矿产的开发，工业的分布，大规模移民垦荒和农业基地的设置，以及实业建设的重点和步骤等，都由国家统一规划、安排。国有、国营的实业固然由国家按照这种统一规划创设和经营，私有、私营的实业也受这种统一规划所指导。

第三，国家对私人所有和经营的实业依法保护和扶助，同时又实行一些"节制私人资本"的措施，如按累进税率征收所得税和遗产税，扶植合作社以及颁布工厂法，等等。

孙中山认为，在实行这些宏观的经济管理措施的情况下，私人既不能垄断土地，又不能支配巨大的有垄断性的工矿企业、银行和交通运输业；私人资本经营的企业也多少受到了节制，因而就能够预防大地主、大资本家的出现。国家再配合着实行一定的社会政策如免费教育、免费医疗以及兴办各种免费的或廉价的公共福利设施等，整个社会就

①② 孙中山全集（第 2 卷）［M］. 北京：中华书局，1981：509.
③ 孙中山选集（上卷）［M］. 北京：人民出版社，1956：191.

不会出现大富大贫而成为一个经济高度发达，人们普遍幸福康乐的"大同"社会，即社会主义社会。

孙中山的国民经济管理模式是开放式的而不是封闭式的，因而在所有制和经营方式方面除国有、国营和私有、私营外，还有外国人所有和外资经营的实业。这样，在宏观的经营管理方面，就还有一个对于外国企业和外国投资如何进行管理的问题。孙中山认为，要发达经济，解决民生问题，实现救贫防不均的目标，就必须在对外经济关系方面实行开放主义，反对闭关主义。他强调开放主义是加速一国经济发展所必要的。中国要发达经济，解决民生问题，必须以尽快的速度振兴实业。实业的建设需要先进的技术，需要巨额的资本和大批的人才，而中国却是技术落后，既无资本，又无人才。只有充分利用外国的资本、技术和人才，才能加快中国经济的发展和进步。而想要大规模地利用外国的资本、技术和人才，就只有实行开放主义。因此，孙中山断言，中国"要想实业发达，非用门户开放主义不可"。[1] 孙中山认为，只有实行开放主义，才有可能迎头赶上，而不致重走别人走过的老路，总是落在别人后头。他说："凡是我们中国应兴事业，我们无资本，即借外国资本；我们无人才，即用外国人才；我们方法不好，即用外国方法。物质上文明，外国费二三百年功夫，始有今日结果。我们采来就用，诸君看看，便宜不便宜？由此看来，我们物质文明，只须三五年，即可与外国并驾齐驱。"[2]

孙中山把开放区别为两种不同的情况：一种是在外国资本侵略下消极地、被迫地开放，象鸦片战争后的清朝那样。这种开放自然是有害无益的。另一种是积极的、主动的开放。这种开放是加快本国经济发展、实现本国的现代化所必需的。他以外国的情况为例指出："美洲之发达，南美阿根廷，日本等国之勃兴，皆得外债之力。"[3] 孙中山提倡开放主义，就是要求实行这种主动的、积极地开放。

孙中山还把实行开放主义看作是国家强大、巩固，有自信心的表现，而把实行闭关主义看作是内部矛盾严重、虚弱和缺乏自信心的表现。他以中国的历史事实为例指出，中国古代已经有过实行开放主义的情况："唐朝最盛时代，外国人遣派数万留学生到中国求学，如意大利、土耳其、波斯、日本等国是。彼时外国人到中国来，我中国人不反对，因中国文明最盛时代，上下皆明白开放主义有利无弊。"[4]反之，处于封建末世的清朝，却认为使广大人民处于闭塞、愚昧的状态有利于维护自己的统治地位，所以极力"利用闭关关系，不许外国人来"。[5]孙中山认为，在清朝被推翻后，中国已到了主动、积极地实行开放主义的时代，因为"共和政体在地球上，要算第一最好政体"。[6]在共和政体下，"人人皆有国家思想，同心协力，保全领土，拥护主权，外国人进来，毫无妨害，有何不可？"[7]

孙中山对实行开放主义抱充分信心，这当然不是说，他认为开放不会带来麻烦和问题。中国近代受帝国主义资本掠夺，创巨痛深，孙中山在提倡开放主义时自然不会忘记这些历史经验教训；但是他认为，在独立自主的共和政权下，只要对引进外资实行一些适当的、有效的管理办法，就不难预防或消除弊害。由此，对外国投资和外国在华企业的管理，孙中山提

---

①④⑤⑥⑦　孙中山全集（第 2 卷）［M］. 北京：中华书局，1981：532.

②　孙中山全集（第 2 卷）［M］. 北京：中华书局，1981：533.

③　孙中山选集（上卷）［M］. 北京：人民出版社，1956：87.

出了以下几个方面的基本主张：

第一，引进外资必须是纯经济的，决不允许外国借投资侵犯中国主权。在半殖民地半封建的中国，外国投资的特点是经济和政治直接相联系。帝国主义列强的军事、政治势力和殖民特权，是它们经济掠夺（投资是一种方式）的保障和后盾，而投资又是它们进一步攫夺中国主权和领土的一个重要手段。针对这种情况，孙中山在引进外资的管理方面首先主张把经济和政治分开：外国投资必须是纯经济的，不得附有任何政治条件。外国人在中国投资，必须采用"纯粹商业性质之办法"，① 依据国际商业惯例，同中国有关方面订立平等互利的合同。投资期间，许其获得优厚的投资利益；外国人可按照雇佣合同在中国企业中担任技术或经营管理方面的工作。但是，一切外国投资和外国人必须"遵正当之途"，② 不得侵犯中国主权，干涉中国内政。受中国雇佣的外国人员，必须履行合同规定的义务；合同期满，中国有权对他们"随意用舍"。孙中山认为，这是对外资进行管理的最基本、最关键的一点，是实行开放主义的成败所系。他一再强调："开放门户，仍须保持主权，……不论强弱，能行此政策必能收效。"③ "发展之权，操之在我则存，操之在人则亡。"④

第二，引进外资应引进私人资本，避免同外国政府发生关系。孙中山主张，引进外资只同外国公司或银行打交道，而不向外国政府借款。鉴于当时能对中国进行大量投资的多是强大的帝国主义国家，如果向外国政府借款，难免会受到帝国主义列强更大的政治控制。为避免这种后果，孙中山认为，引进外资最好采用公司同公司之间商业往来的方式，同双方政府都不要发生关系。1912 年，他辞去临时大总统职务后，自请担任全国铁路督办，大规模引进外资为中国修建 20 万里铁路。当时他所拟议的办法就是：中国成立一中央铁路公司，同外国私人或公司"直接交涉"；外国投资人不同中国政府发生直接关系，中央铁路公司和中国政府也不因利用外资而"向外国政府负责"，⑤ 这样就"可使全盘事业脱离国际的与他种的政治范围，……摆脱外交上之一切纠葛，……杜绝外来之干涉。"⑥

第三，引进外资要有利于中国自己养成独立经营的能力，不可陷入对外国人的依赖。孙中山认为，开放主义反映着现代历史发展的趋向，是任何现代国家所不应不实行，也不能不实行的，"现今世界日趋于大同，断非闭关自守所能自立"。⑦ 任何时候都不应拒绝在有利条件下利用外国的资金、技术、人才和经验。但是，这种利用在任何时候也不应陷入对外国依赖的状况，否则就谈不上"发展之权，操之在我"了。孙中山强调，在中国经济发展落后于发达的资本主义国家时，正确的政策应该是通过利用外国的资金、技术、人才和经验来培养中国自己的独立经营能力。不但要用外国专家"为我筹画，为我组织"，更要用他们来"为我训练"。⑧ 这样，不但可使大批现代化企业"林立于国中"，而且可使中国人民自己掌握发展的能力，"十年之后，则外资可陆续偿还，人才可以陆续成就，则我可以独立经营

---

① ⑤ ⑥　孙中山全集（第 2 卷）[M]. 北京：中华书局，1981：489.
②　孙中山选集（上卷）[M]. 北京：人民出版社，1956：191.
③　孙中山选集（上卷）[M]. 北京：人民出版社，1956：186.
④ ⑦　孙中山全集（第 2 卷）[M]. 北京：中华书局，1981：530.
⑧　孙中山选集（上卷）[M]. 北京：人民出版社，1956：167.

矣"。① 为了达到这个目标，孙中山主张把教授、训练中国人员，使他们将来能接替外国人的工作，规定为"受雇于中国之外人必尽义务之一"。②

第四，引进外资要善于掌握和利用时机。要在利用外资的过程中处于主动的地位，除了坚持主权和善于选择利用外资的方式外，还要善于把握和利用时机。孙中山认为，当各发达的资本主义国家都拥有大量过剩资本，争夺国外投资市场的竞争特别激烈时，利用外资也最有可能获得有利的条件。他把第一次世界大战结束后的一段时间看作中国利用外资的"天与之机"，③ 认为战时的大批生产设备已闲置无用，大批为战时生产工作的人员就业困难，欧洲各国急于为这些设备和人员寻找出路。中国如趁机引进，必可立于充分主动的地位，比较选择，从而能找到"最有利之途，以吸外资"。④ 为此，他以极大的精力写了《实业计划》一书，希望中国能抓住这一"天与之机"。

第五，引进外资，必须使外资企业不能在中国取得垄断地位。孙中山对利用外资的方式，除了主张接受外国贷款外，还允许外国人直接在中国投资办企业。例如，1912 年他主张引进外资大修铁路。引进采用三种方式，其中之一就是"任外国资本家建筑铁路"，⑤ 并认为这是三种方式中"最善"的一种。

这里没有提到对外国在华企业的规模是否有限制的问题。孙中山认为，规模过大或有垄断性质的实业，如果准许私人经营，必然会导致大资本家"操纵国民之生计"，⑥ 因而主张把这类实业一律实行国有、国营。但是，在当时的中国，真正有能力举办这类实业的只有外国资本家。如果只限制中国人而不限制外国人经营这类有垄断性质的实业，结果将使外国资本有可能操纵中国的国计民生，中国就不可能使"发展之权，操之在我"。这是孙中山外资管理办法中的一个明显的矛盾。在他的晚年，他清楚地看到了这一点，认为中国的实业"如果不用国家的力量来经营，任由中国私人或外国商人来经营，将来的结果，也不过是私人的资本发达，也要生出大富阶级的不平均"。⑦ 于是，在中国国民党第一次全国代表大会规定的政纲中明确宣布："凡本国人及外国人之企业，或有独占的性质，或规模过大为私人之力所不能办者……由国家经营管理之"。⑧

# 1.3　中国当代宏观调控思想

对中国当代宏观调控思想的总结，主要体现为对作为执政党的中国共产党的主要领导人有关宏观调控的思想进行总结，包括从中国共产党三代中央领导集体主要成员以及党的十八大以来的相关经济思想，这是影响中国宏观调控决策的决定性因素。

---

① 孙中山选集（上卷）[M]. 北京：人民出版社，1956：167.
② 孙中山选集（上卷）[M]. 北京：人民出版社，1956：192.
③ 孙中山选集（上卷）[M]. 北京：人民出版社，1956：165.
④ 孙中山选集（上卷）[M]. 北京：人民出版社，1956：192.
⑤ 孙中山全集（第 2 卷）[M]. 北京：中华书局，1981：490.
⑥ 孙中山选集（下卷）[M]. 北京：人民出版社，1956：527.
⑦ 孙中山选集（下卷）[M]. 北京：人民出版社，1956：802.
⑧ 孙中山选集（下卷）[M]. 北京：人民出版社，1956：527.

应该说，在党的三代中央领导集体和十八大以来中央领导的经济思想中，有着系统、完整和丰富的宏观调控思想，经历了从计划经济体制向市场经济体制转轨初期的宏观调控到社会主义市场经济体制下宏观调控的完整过程。这些思想指导中国从计划向市场的转轨并成为政府对各个时期经济运行进行调控的政策实践，集中而又深入地体现出宏观调控所具有的"中国特色"。在这里，我们重点评述毛泽东、周恩来、陈云、邓小平与江泽民、胡锦涛和习近平同志的宏观调控思想。

### 1.3.1　毛泽东、周恩来与陈云的宏观调控思想

毛泽东作为党的第一代领导集体的核心与灵魂人物，在长期领导革命和建设过程中，坚持把马克思列宁主义同中国的具体实践相结合，形成了毛泽东思想，以独创性的理论丰富和发展了马克思列宁主义。其活的灵魂，即实事求是、群众路线、独立自主。

毛泽东的经济思想是毛泽东思想的重要组成部分，其特点是，从中国的实际出发，以马列主义为指导，独立自主、自力更生搞社会主义经济建设。目的是不断提高广大人民群众的物质文化生活水平，逐步消灭三大差别（工农差别、城乡差别、脑力劳动与体力劳动的差别），沿着共产主义的方向逐步前进。这些特点体现在毛泽东的大量经济著作中，如《必须注意经济工作》《我们的经济政策》《新民主主义的经济》《经济问题与财政问题》《必须学会做经济工作》《关于土地改革和财经工作》《为争取财政经济状况的基本好转而斗争》《社会主义革命的目的是解放生产力》《论十大关系》《中国工业化的道路》《关于农业问题》《关于社会主义商品生产问题》《经济建设是科学，要老老实实学习》《读苏联〈政治经济学教科书〉的谈话》等。在他的报告、讲话和一些批示中也有很多关于经济方面的论述和指示，如农业的"八字宪法"和"农业的根本出路在于机械化"、要独立自主、自力更生搞"四个现代化"等。

1912～1927 年，毛泽东关于经济问题的思想和观点标志着毛泽东经济思想的开端，其内容涉及治学、妇女解放、劳工、农民、军阀统治、国家建设、各阶级政治态度等问题，具有时代性和探索性等特点；毛泽东的经济思想形成于延安时期，其实践成果表现为农村根据地的自给性经济体制；新中国成立以来，在新民主主义革命、社会主义革命与建设过程中，毛泽东经济思想又得到进一步发展。总结毛泽东经济思想中的宏观调控思想，主要包括以下几个方面：

第一，统筹兼顾、综合平衡的思想。毛泽东在《论十大关系》中以苏联为鉴戒，总结我国已有的经验，提出了我国自己的建设路线。其中，毛泽东提出了国民经济的统筹兼顾、综合平衡的思想，这是毛泽东的宏观调控思想的具体体现，反映了中国的客观经济规律。[①]"二五"计划期间，毛泽东鉴于中国经济建设的经验教训，反思性地研读了苏联社会主义政治经济学，就斯大林的《苏联社会主义经济问题》和苏联官方的《社会主义政治经济学教科书》做了许多重要的谈话和批注，反映了他对计划经济的矛盾而复杂的看法。

虽然毛泽东在原则上不反对计划，但是他对计划的看法与苏联正统理论大相径庭。毛泽东赞同斯大林对客观经济法则和主观计划的区分，但是计划的主观性也使他找到了怀疑计划

---

① 孟淑平，郭文卿.《论十大关系》中的宏观调控思想［J］. 毛泽东思想研究，1994（2）.

的理论依据，尤其当这些计划是由专家技术管理阶层制订出来的时候。他认为《教科书》"根本否认突击、赶任务，讲得太绝对了。预定进程表不一定完全反映实际，一切都机械地按照预定进度表执行，就会妨碍生产。"① 毛泽东承认计划必须建立在严格的科学基础上，"问题在于能否掌握有计划发展的规律，掌握到什么程度；在于是否善于利用这个规律，能利用到什么程度。""程度"这个概念导致了他对计划的唯一性和权威性的怀疑："在一个时期内，可以有这样的计划，也可以有那样的计划；可以有这些人的计划，也可以有那些人的计划。不能说这些计划都是完全合乎规律的。"② "合乎规律"的前提是排除人的主观愿望和意志，这是计划原则非人性的一面。毛泽东对此也持怀疑态度："我们的政治挂帅，就是为了提高居民的觉悟程度。我们的大跃进，就是实现这种计划或那种计划的尝试。"③ 思想觉悟这一不确定因素的引入使计划不仅要反映客观规律，还要"依据工人阶级的意志创造出来"。④ 在他看来，苏联的计划经济和中国的"一五"计划都没有估计到人民群众的冲天干劲。

对计划的怀疑还表现在毛泽东对经济平衡的看法上。他认为"因为消灭了私有制，可以有计划地组织经济，所以就有可能自觉地掌握和利用不平衡是绝对的、平衡是相对的这个客观规律。"⑤ 这里的"利用不平衡"似乎费解，因为计划的本质就是平衡或实现国民经济按比例发展的客观要求。"利用不平衡"只能合理地解释为利用群众运动造成的不平衡来加速发展。因此，"平衡"和"不平衡"不过是"计划"和"群众运动"这对范畴的另一种表达。从平衡或计划相对论出发，毛泽东认为"要经常保持比例，就是由于经常出现不平衡。因为不成比例了，才提出按比例的任务。平衡了又不平衡，按比例了又不按比例，这种矛盾是经常的、永远存在的，教科书不讲这个观点。"又说："计划常常要修改，就是因为新的不平衡的情况又出来了。"⑥ 还说："计划是意识形态。""一种意识形态成为系统，总是落在事物运动的后面。因为思想、认识是物质运动的反映。"⑦ 这样，计划的预期性被打了折扣。从不平衡绝对论出发，毛泽东对"一五"计划做过这样的评论："过去我们计划规定沿海省份不建设新的工业，1957 年以前没有进行什么新的建设，整整耽误了 7 年时间。1958 年以后，才开始在这些省份进行大的建设，两年中得到很快的发展。"⑧ 他不同意斯大林关于苏联的计划基本上反映了客观法则的判断，认为苏联缺少消费品，农业不足，"没有群众，没有政治"，"是一条腿走路"。⑨ 这种怀疑乃是对计划本质的怀疑，他说："不能认为历史是计划工作人员创造的，而不是人民群众创造的。"⑩ 在他看来，群众运动不应成为执行计划的工具，相反，计划应为群众运动服务，成为动员群众的工具。群众运动可以突破计划约束，"打破常规"，实现超常发展。

---

① 毛泽东读社会主义政治经济学批注和谈话（简本）[M].1998：243－244.
② 毛泽东读社会主义政治经济学批注和谈话（简本）[M].1998：50.
③ 毛泽东读社会主义政治经济学批注和谈话（简本）[M].1998：241.
④ 毛泽东读社会主义政治经济学批注和谈话（简本）[M].1998：8.
⑤ 毛泽东读社会主义政治经济学批注和谈话（简本）[M].1998：242.
⑥ 毛泽东读社会主义政治经济学批注和谈话（简本）[M].1998：240、71.
⑦ 毛泽东读社会主义政治经济学批注和谈话（简本）[M].1998：55、50.
⑧ 毛泽东读社会主义政治经济学批注和谈话（简本）[M].1998：239.
⑨ 毛泽东读社会主义政治经济学批注和谈话（简本）[M].1998：12－13.
⑩ 毛泽东读社会主义政治经济学批注和谈话（简本）[M].1998：228.

　　计划经济的弊端之一是缺乏激励机制。苏联的解决办法是对生产者和企业实行物质刺激，如利润第一、"奖金挂帅"。毛泽东一概反对，认为物质激励是重要的，"但不是唯一的原则，更不能当作决定性动力"。他把物质利益原则分为集体和个人两种原则，褒扬前者，贬抑后者。他还怀疑工薪制是否比供给制更好，担心彻底的按劳分配"带来个人主义"。①毛泽东也强调国民经济必须有统一的计划，"即全国一盘棋"。但是他心目中的统一计划并不是指从上到下只能有一种计划。这一点可以从他对计划机关的论述中看出："计划机关是什么？是中央委员会，是大区和省、市、自治区，各级都是计划机关，不只计委、经委是计划机关。"②他在1966年杭州会议上说："上边管得死死的，妨碍生产力的发展，是反动的。中央还是虚君共和好，只管大政、方针、政策、计划"，"秦始皇中央集权，停滞了，长期不发展。我们也许走了错误道路"，"中央计划要同地方计划结合，中央不能管死，省也不能完全统死"，"不论农业扩大再生产也好，工业扩大再生产也好，都要注意中央和地方分权，不能竭泽而渔"。③由于强调地方、企业自主权，中国的国家计划只包括宏观战略项目，给地方各级留下了很大的空间，各级政府不仅可以有自己的计划，政府部门和企事业单位还可以合法地经营的预算外项目，只要这些项目不冲击正式的计划。

　　管理体制取决于决策者对经济发展模式的思考。苏联的一长制、"地方经济机关挂帅"、严格的专业化和条条管理、单纯的命令—服从的行政等级等，都是根据计划经济的要求设计出来的，其目的在于保障计划能够准确无误地得到执行。对此，毛泽东指出，斯大林"过去说，技术决定一切，这是见物不见人；后来又说干部决定一切，这是只见干部之人，不见群众之人。"④他认为《教科书》只讲劳动者的享受权，不讲他们的管理权，而管理权是最大最根本的权利，没有管理权，享受权就得不到保证，"我们不能够把人民的权利问题，了解为国家只由一部分人管理，人民在这些人的管理下享受劳动、教育、社会保险等等权利。"⑤毛泽东从动员群众、调动一切积极因素出发，主张"政社合一""党委挂帅""党委领导下的厂长负责制""两参一改三结合"。

　　第二，结构调整的思想。1956年，我国的社会主义经济制度还处在建立和巩固的阶段，具体制度在运行中的矛盾还只是部分地暴露出来。毛泽东从苏联的教训和中国的实际出发，及时地在《论十大关系》中提出了对我国经济结构进行调整的思想。一是调整产业结构。毛泽东针对苏联片面地注重重工业，忽视农业和轻工业的错误倾向及其对我国影响，认为要适当调整重、农、轻工业的投资比例，更多地发展农业和轻工业。明确提出在经济发展中一要吃饭，二要建设的原则。他指出，重工业是我国建设的重点，必须优先发展生产资料的生产。但是决不可以因此忽视生活资料尤其是粮食生产，如果没有足够的粮食和其他生活必需品，首先就不可能养活工人，更谈不上什么发展重工业。所以重工业和轻工业、农业的关系，必须处理好。毛泽东之所以强调加重农业、轻工业的投资比例，一是可以更好地供给人民生活的需要，二是可以更快地增加资金的积累，发展重工业。重工业也可以积累，但是在当时的经济条件下，轻工业、农业积累得更多更快些，而重工业相比是慢的，且投资较大。

---

①　毛泽东读社会主义政治经济学批注和谈话（简本）[M].1998：281、289、41、285.

②　毛泽东读社会主义政治经济学批注和谈话（简本）[M].1998：13.

③　中华人民共和国经济大事记［M］.北京：中国社会科学出版社，1984：410.

④　毛泽东读社会主义政治经济学批注和谈话（简本）[M].1998：43.

⑤　毛泽东读社会主义政治经济学批注和谈话（简本）[M].1998：139–140.

二是调整地域经济结构。针对我国在一段时间对沿海工业不十分重视而向内地倾斜的状况，毛泽东认为，要抓住新的侵华战争和世界大战暂时打不起来的机遇，利用沿海工业底子比较好的优势，积极地发展沿海工业，从而有更多的力量来发展和支持内地工业。这就是我国抓住机遇，利用优势，加快沿海建设，促进内地发展的经济建设战略。毛泽东指出，我国全部轻工业和重工业，都有约 70% 在沿海，只有 30% 在内地，这是历史上形成的一种不合理的状况。为了平衡工业发展的布局，内地工业必须大力发展。但是，发展内地工业需要资金、技术和人才，需要沿海发达地区支援，这就要处理好沿海与内地的关系。三是调整经济建设与国防建设的投资比例。针对"一五"期间军政费用比例太大的情况，毛泽东提出了降低军政费用的比例，多搞经济建设，以经济建设促进国防建设的战略方针。毛泽东指出，第一个五年计划期间，军政费用占国家预算全部支出约 30%，这个比重太大了。降低军政费用的比重，多搞经济建设，这是战略方针的问题。因为只有经济建设搞好了，才能够出更多的经费充实国防建设。否则，国防不能巩固，经济也上不去，还要受人欺负。四是积累和消费的平衡。在社会主义条件下，积累和消费之间的矛盾实际上反映着社会生产和社会消费之间，劳动人民的长远利益和当前利益之间，国家、集体和个人之间的矛盾。这是根本利益一致基础上的矛盾，它不具有对抗性，可以通过计划调节和合理安排加以解决。毛泽东说："我国每年作一次经济计划，安排积累和消费的适当比例，求得生产和需要之间的平衡。"[1]积累和消费的平衡，在工业建设领域具体表现为处理好国家、工厂建设积累资金和工人消费资金的合理比例关系。在积累国家发展和工厂建设资金的同时，还要顾及到工人的生活。1953 年，在全国财经工作会议上，毛泽东明确指出："我们的重点必须放在发展生产上，但发展生产和改善人民生活二者必须兼顾。福利不可不谋，不可多谋，不谋不行。"1958 年 11月，他在一份报告上批示："生产和生活两方面，必须同时抓起来。不抓生活，要搞好生产是困难的。生产好，生活好，孩子带得好，这就是我们的口号"[2]。1956 年，他在中国共产党八届二中全会上还指出："前几年建设中有一个问题，就像有的同志所说的，光注意'骨头'，不大注意'肉'，厂房、机器、设备等搞起来了，而市政建设和服务性的设施没有相应地搞起来，将来问题很大。"显然，厂房、机器、设备直接投入生产，而市政建设和服务性设施就不单是为生产，也与人民生活密切相关；在农业建设领域具体表现为处理好国家的税收、合作社的积累、农民的个人收入这三方面的关系。毛泽东反对苏联那种以损害农民利益来获得经济建设积累资金的政策，主张通过实行较低农业税，采取缩小工农剪刀差以及提高农产品收购价等政策来保护农民的经济利益。他指出，农业是积累的重要来源，农业发展起来了，就可以为发展工业提供更多的资金，但是，农业本身也需要积累。"农业本身的积累和国家从农业取得的积累，在合作社收入中究竟各占多大比例为好？请大家研究，议出一个适当的比例来。其目的，就是要使农业能够扩大再生产，使它作为工业的市场更大，作为积累的来源更多。先让农业本身积累多，然后才能为工业积累更多。只为工业积累，农业本身积累得太少或者没有积累，竭泽而渔，对于工业的发展反而不利。"他还指出："合作社的积累和社员收入的比例，也要注意。合作社要利用价值法则搞经济核算，要勤俭办社，逐步增加一点积累。"毛泽东还把积累看成是一个需要根据实际情况进行相应调整的过程。他

　①　毛泽东文集（第 7 卷）［M］. 北京：人民出版社，1999：215.
　②　建国以来毛泽东文稿（第 7 册）［M］. 北京：中央文献出版社，1992：541.

说："今年如果丰收，积累要比去年多一点，但是不能太多，还是先让农民吃饱一点。丰收年多积累一点，灾荒年或半灾荒年就不积累或者少积累一点。就是说，积累是波浪式的，或者叫作螺旋式的。"①

第三，独立自主的思想。独立自主作为毛泽东思想活的灵魂之一，其基本内涵就是在国家发展的问题上，既不片面地依赖外部力量，也不盲目排外。具体来说，就是一个国家在革命和建设的过程中，依靠自己的力量，从本国的实际出发，积极探索革命和建设的规律，走出一条适合自己国情的道路；同时，既借鉴外部经验，也争取外部援助。中国革命胜利和中国特色社会主义建设的开创，就是毛泽东独立自主思想的物质成果。

独立自主原则，最初是由马克思恩格斯提出来的。马克思在《国际工人协会总委员会致社会主义同盟中央局》一函中指出："由于每个国家工人阶级的各种队伍和不同国家的工人阶级所处的发展条件极不相同，它们目前所达到的发展阶段也不一样，因此它们反映实际运动的理论观点也必然各不相同"，"我们协会根据自己的原则允许每个支部在不违背协会总方向的情况下自由制定它的理论纲领"。② 当第一国际解散、第二国际建立后，恩格斯在第三次代表大会上也指出："每个国家的无产阶级得到机会以独立自主的形式组织起来"，"我们也应当按照这一方向在共同的基础上继续我们的工作"。③ 毛泽东在领导中国革命和建设的过程中，把马克思主义关于独立自主的理论，在中国条件下进行了创造性的运用和发展，从而丰富了这一理论的内容。其基本特点为：（1）强烈的民族性，即呈现出中国风格中国气派。毛泽东在《中国共产党在民族战争中的地位》一文中指出："我们这个民族有数千年的历史，有它的特点，有它的许多珍贵品。对于这些，我们还是小学生。今天的中国是历史的中国的一个发展；我们是马克思主义的历史主义者，我们不应当割断历史。从孔夫子到孙中山，我们应当给以总结，承继这一份珍贵的遗产。这对于指导当前的伟大的运动，是有重要的帮助的。"④ "应该越搞越中国化，而不是越搞越洋化，这样争论就可以统一了"。⑤ 唯有和民族的特点相结合，经过一定的民族形式，才能使马克思主义在中国具体化，才使之在其每一表现中带着必须有的中国的特性。（2）注重"通今"的务实性。毛泽东曾说："前古后今，一无可据，而可据者惟目前（通今）"，"重现在有两要义，一贵我（求己不责人）二通今，如读史必重近世，以其与我有关也。"⑥ 在责我求己前提下的"通今"无疑体现了一种自主的精神。（3）立异中的求同性。"立异"就是坚持走自己的路。毛泽东认为："中国的社会历史条件是立异的客观依据，中国的革命可以避免资本主义的前途，可以和社会主义直接联系起来，不要再走西方国家的历史老路，不要经过一个资产阶级专政的时期"。然而，"立异"中又必须是"求同"。立异中的求同性就是以《矛盾论》中的"同一性"为现实依据，要求共产党人在革命斗争中，团结一切可以团结的力量，加强同党外人士的合作，在坚持独立自主原则的基础上，建立和扩大革命的统一战线。他指出："我们不是一个自以

① 毛泽东文集（第7卷）[M]. 北京：人民出版社，1999：200.
② 马克思恩格斯全集（第16卷）[M]. 北京：人民出版社，2006：393－394.
③ 马克思恩格斯全集（第22卷）[M]. 北京：人民出版社，2006：479－480.
④ 毛泽东选集（第2卷）[M]. 北京：人民出版社，1991：499.
⑤ 毛泽东著作选读（下册）[M]. 北京：人民出版社，1986：752.
⑥ 毛泽东. 讲堂集. 1914－1915.

为是的小宗派，我们一定要学会打开大门和党外人士实行民主合作的方法。"① 共产党人决不可把自己关在小房子里自吹自擂，称王称霸。这是一种磊落宽广的胸襟，更是一种现实的保持自己独立性的斗争策略。（4）自立中的开放性。独立自主不是盲目排外，而是在立足于中国实际的前提下积极吸收人类文明的一切优秀成果，发展对外友好的关系。早在 1936 年，毛泽东就对斯诺说：当中国真正获得了独立时，那么，外国正当贸易利益就可享有比从前更多的机会。这是一种很强的对外开放意识。毛泽东又积极主张批判地吸取西方文化。他说："中国应该大量吸收外国的进步文化，作为自己文化食粮的原料"。"凡属我们今天用得着的东西，亦应该吸收。只有在开放中有批判有原则地学习吸收外国的长处，才能创造出中国自己有独特的民族风格的东西，才不会产生民族虚无主义而丧失民族自信心；而也只有在独立自主中呈现出开放性，才能使中国走向世界，才能使中华民族自立于世界民族之林。"②

独立自主思想体现在经济发展模式上，即提出走中国式的社会主义工业化道路。毛泽东认为，中国的工业化，既不能走西方资本主义工业化道路，也不能照搬苏联工业化模式。他从中国的具体国情出发，对中国工业化的目标模式、中国工业化道路中的基本经济关系以及中国工业化道路的具体方针等进行了认真的研究。关于中国工业化的目标，毛泽东抵制了苏联以"社会主义大家庭"为由反对其他社会主义国家建立独立完整的工业体系的做法，提出中国的工业化就是要使自己有一个独立的完整的工业体系和国民经济体系，这是我们的民族得以在世界上自立的必要条件。首先，中国的工业化体系必须是独立的，即中国的工业主要是依靠中国自己的人力、物力和财力求得生存和发展。其次，中国的工业化体系必须是完整的，工业的部门比较齐全，各工业部门之间能够相互协调、相互促进。再次，中国的工业化要体现现代性，即现代化和工业化的一致性，中国工业要努力赶上和超过世界先进水平。毛泽东强调的工业化体系的这三个特性，适应了时代发展的要求，考虑到中国自己的巩固和发展，具有中国自己的特色。

对于中国工业化道路问题，毛泽东着重研究了经济建设中的一系列重大关系问题。把正确处理重工业和轻工业、农业的关系提到中国工业化道路的高度来认识。他认为重工业是我国建设的重点，要优先发展，这是确定了的，但是绝不可以忽视生活资料尤其是粮食的生产。苏联和东欧一些社会主义国家，片面强调发展重工业，忽视了轻工业和农业，结果市场十分紧张，人民买不到生活的必需品。这不仅影响到整个国民经济的平衡发展，而且引起了人民群众对社会主义制度和共产党领导的不满，成了一个严重的政治问题。有鉴于此，毛泽东提出正确处理重工业和轻工业、农业的关系，在优先发展重工业的前提下实行工业和农业、重工业和轻工业同时并举的方针，提出按农、轻、重的秩序安排国民经济。这个方针的提出，总结了苏联工业化的经验教训，对于克服工作中的片面性，调动各方面的积极性，使国民经济各部门做到综合平衡的发展有着重要的作用。

在经济建设方针上，坚持自力更生为主、争取外援为辅。1958 年 6 月毛泽东明确提出："自力更生为主，争取外援为辅，破除迷信，独立自主地干工业，干农业，干技术革命和文化革命，打倒奴隶思想，埋葬教条主义，认真学习外国人的好经验，也一定要研究外国人的坏经验——引以为戒，这就是我们的路线。"毛泽东在这里将自力更生为主、争取外援为辅

①　毛泽东选集（第 3 卷）[M]. 北京：人民出版社，1991：810.
②　邹笃峰. 毛泽东独立自主思想的特点 [J]. 毛泽东思想研究，1992（4）.

和独立自主提到路线的高度，应用到社会主义建设的各个方面。首先，毛泽东认为社会主义建设必须把立足点放在自力更生的基础上，要以自力更生为主。他曾经指出，中国这个客观世界，整个地说来，是中国人认识的，而不是靠外国人去认识的。我们搞社会主义建设，搞中国的工业化，主要依靠自己的力量来进行，要坚信自己的力量。其次，毛泽东认为坚持自力更生方针，并不排斥学习外国的先进技术和管理经验。在《论十大关系》中，他专门论述了中国和外国的关系问题，指出："我们的方针是，一切民族、一切国家的长处都要学，政治、经济、科学、技术、文学、艺术的一切真正好的东西都要学。"再次，毛泽东认为学习外国要采取正确的态度和方法。学习外国不能机械搬运。学习外国的东西是为了研究和发展中国的东西，"应该学习外国的长处，来整理中国的，创造出中国自己的、有独特的民族风格的东西。这样道理才能讲通，也才不会丧失民族信心。"毛泽东在许多著作、讲话和批示中，正确分析了坚持独立自主、自力更生、艰苦奋斗、发展本国经济同学习外国之间的辩证关系。他强调，我们的方针要"放在自己力量的基点上，叫做自力更生"。同时，毛泽东也主张向外国学习，但要有两个前提：一是学习一切先进的有利于我国政治经济发展的科学文化，管理经验，但是学习要有分析有批判，不能照搬；二是学习外国必须以坚持独立自主、自力更生为出发点，对于外国的东西不仅是学习的问题，更主要的是吸收、消化变成本国的东西。

第四，按劳分配思想。按劳分配思想是毛泽东思想的重要组成部分，它包含了"各尽所能按劳取酬"的分配原则和实现合理分配的方法等内容。[①] 首先，反对平均主义，实行按劳分配是毛泽东的一贯思想。早在土地革命战争时期，毛泽东在《关于纠正党内的错误思想》一文中就提出了反对绝对平均主义的问题。他说："绝对平均主义的来源，和政治上的极端民主化一样，是手工业和小农经济的产物，不过一则见之于政治生活方面，一则见之于物质生活方面罢了。纠正的方法：应指出绝对平均主义不但在资本主义没有消灭的时期，只是农民小资产者的一种幻想；就是在社会主义时期，物质的分配也要按照'各尽所能按劳取酬'的原则和工作的需要，决无所谓绝对的平均。"[②] 在社会主义建设时期，毛泽东又指出："……我们也必须首先检查和纠正自己的两种倾向，即平均主义倾向和过分集中倾向。所谓平均主义倾向，即是否认各个生产队和各个个人的收入应当有所差别。而否认这种差别，就是否认按劳分配、多劳多得的社会主义原则。"[③] 毛泽东认为，各尽所能、按劳分配是社会主义的分配原则，在整个社会主义时期都应实行这个原则，反对平均主义。1956 年，生产资料私有制社会主义改造基本完成以后，中国进入全面建设社会主义的新阶段。在社会主义建设的高潮中，出现了某些严重的问题，其中之一是，农村经济工作中刮起一股以"一平二调"为主要内容的"共产风"及其所表现出来的严重的平均主义倾向。对此，毛泽东予以严厉的批评。他指出：第一，刮"共产风"，搞平均主义不符合商品价值法则。他认为，人民公社范围内的社与队、社与社、队与队、社与国家都是买卖关系。买卖关系缩小是不对的，要利用价值法则进行商品交换。因为，"在现阶段，利用商品生产、商品交换、货币制度、价值规律等形式，有利于促进社会主义生产、有利于向社会主义的全面的全民所有

① 杨奎. 毛泽东合理分配思想及其当代启示［N］. 唯实，2009 - 12 - 14.
② 毛泽东选集（第 1 卷）［M］. 北京：人民出版社，1991：91.
③ 毛泽东文集（第 8 卷）［M］. 北京：人民出版社，1999：11.

制过渡……有利于为将来向共产主义过渡逐步地准备条件"。① 他不仅要求全党一定要从思想上认识到这一问题的严重性，还于 1960 年 11 月 28 日下达一份指示，明确指出："永远不许一平二调"。② 第二，搞平均主义侵占了农民正当的物质利益。毛泽东认为，"共产风"毫无代价地"平调农民的劳动果实，比地主、资本家剥削还厉害，资本家还要花点代价，只是不等价，平调却什么都不给"。③ 他特别要求全党同志务必在思想上明确："无偿占有别人劳动的情况，是我们所不许可的。"④ 剥夺农民的思想不是建设社会主义，而是破坏社会主义。在农民正当物质利益的分配中，一定要坚持等价交换，只讲剥夺地主，不能剥夺农民。第三，搞平均主义是对"按劳分配、多劳多得"原则的否定。毛泽东认为，平均主义同按劳分配是水火不相容的。他对当时刮"共产风"，在农村搞贫富拉平的做法甚为不满，明确指出，富的不下降，穷的提高生产，不拉平。搞口粮、工分拉平分配，就会破坏农民的积极性。他要求，在分配中必须区别队有穷队、富队、中等队，吃粮和工资的分配也应该按照队的情况有差别，除了公粮、征购以外，多得多吃、少得少吃，彻底实行按劳分配的原则，工资应当实行死级活评。

　　面对"共产风""引起广大农民的很大恐慌"和"从一九五八年秋收以后全国性的粮食、油料、猪肉、蔬菜'不足'的风潮"，⑤ 毛泽东清醒地认识到，反对平均主义，实行按劳分配，已经成为关系到党和政府同农民关系的"一个最根本的问题"，⑥ 如果不及时有效地加以解决，后果不堪设想。为此，毛泽东多次提醒全党，一定要从不断改善政府同农民的关系、巩固和发展国家政权的高度认真看待反对"共产风"的重要性。他领导全党制定和颁布了一系列纠正错误的措施和方针：一是坚决清理退赔，让农民满意。毛泽东认为，要纠正"共产风"表现出来的严重的平均主义倾向，取信于民，关键是要拿出实际行动来兑现。他说："一定要坚决退赔，各部门、各行各业平调的东西都要坚决退赔。赔到什么都没有，公社只要有几个人、几间茅屋能办公就行。""县、社一定要拿出一部分实物来退赔，现在拿不出实物的，可以给些票子，这就叫兑现……不兑现不行。""县、社宁可把家业统统赔进去，破产也要赔。"同时，他也指出，此举很可能会使某些县、社干部不满意，但从有利于改善政府同农民的紧张关系来看，这种做法是值得的。因为，只要"我们得到了农民群众的满意，就得到了一头……社、县、省这一头赔了，少了，那一头就有了；这一头空了，那一头就实了。那一头就是几亿农民。要纠正'共产风'，就要真兑现，不受整、不痛一下就得不到教训。苦一下、痛一下，这样才能懂得马克思主义的等价交换这个原则"。只有"退赔兑现了，干部作风才能转变"。只有保障了广大农民的利益，我们"才能得到群众，得到农民满意，得到工农联盟"。⑦ 二是重申按劳分配原则，反对贫富拉平。毛泽东认为，要克服贫富拉平的现象，克服农村经济工作中严重的平均主义倾向，归根结底是坚决贯彻落实多劳多得、少劳少得和不劳不得的社会主义分配原则。只有实行按劳分配，才能使广大劳

①　建国以来毛泽东文稿（第 7 册）[M]．北京：中央文献出版社，1992：566．
②　毛泽东文集（第 8 卷）[M]．北京：人民出版社，1999：222．
③　毛泽东文集（第 8 卷）[M]．北京：人民出版社，1999：227．
④　毛泽东文集（第 8 卷）[M]．北京：人民出版社，1999：12．
⑤　建国以来毛泽东文稿（第 10 册）[M]．北京：中央文献出版社，1996：11．
⑥　毛泽东文集（第 8 卷）[M]．北京：人民出版社，1999：10．
⑦　毛泽东文集（第 8 卷）[M]．北京：人民出版社，1999：227 - 228．

动者从中得到实惠，充分调动起他们的生产积极性。由于中国是社会主义农业大国，基础比较薄弱，按劳分配可能要坚持一个很长的时期，大约需要半个世纪到一个世纪。"按劳分配和等价交换，是在建设社会主义阶段内人们决不能不严格地遵守的马克思列宁主义的两个基本原则。"① 基于这一认识，1959 年 3 月 5 日，毛泽东在起草《郑州会议纪要》时，把"按劳分配，承认差别"规定为整顿和建设人民公社的 14 句方针之一。三是健全"三级所有"的管理体制。毛泽东认为，造成人民公社刮"共产风"的原因固然是多方面的，但与公社和大队的规模太大、分配权力过于集中有很大关系。因此，纠正错误，提高农民的生产积极性，改善政府与农民的关系，必须从改变所有制入手。他认为，必须打破过去全由公社或大队统一分配的管理体制，"公社应当实行权力下放，三级管理，三级核算，并且以队的核算为基础"。② 所谓"三级所有、队为基础"，即基本核算单位是队而不是大队。只有坚持以生产队为核算单位，才能做到社与队、队与队之间实行等价交换，才能避免在人民公社范围内再刮"共产风"。1959 年，在《郑州会议纪要》中，把"统一领导，队为基础；分级管理、权力下放；三级核算，各计盈亏"③ 规定为整顿和建设人民公社的根本方针。这一方针持续到 20 世纪 80 年代初人民公社被撤销时终止。

在实行按劳分配的过程中，在实现个人物质利益的同时，如何正确处理个人利益与国家利益、集体利益之间的关系；如何正确处理当前利益和长远利益之间的关系；如何正确处理积累与消费之间的关系，这都是社会分配必须解决的重要的现实问题。在社会主义社会，国家、集体和个人在根本利益上是一致的，但是三者之间又存在着矛盾。毛泽东指出："国家和工厂、合作社的关系，工厂、合作社和生产者个人的关系，这两种关系都要处理好。"④ "在分配问题上，我们必须兼顾国家利益、集体利益和个人利益。"⑤ 对工人来说，工人的劳动生产率提高了，他们的劳动条件和集体福利就需要有所改进，他们的工资也需要有所调整，但是，这种改进必须是逐步的，这种调整必须是适当的。"我们的工资一般还不高，但是因为就业的人多了，因为物价低和稳，加上其他种种条件，工人的生活比过去还是有了很大改善。"⑥ 对农民来说，"我们对农民的政策不是苏联的那种政策，而是兼顾国家和农民的利益。我们的农业税历来比较轻。工农业品的交换，我们是采取缩小剪刀差，等价交换或者近乎等价交换的政策。我们统购农产品是按照正常的价格，农民并不吃亏，而且收购的价格还逐步有所增长。我们在向农民供应工业品方面，采取薄利多销、稳定物价或适当降价的政策，在向缺粮区农民供应粮食方面，一般略有补贴"。"除了遇到特大自然灾害以外，我们必须在增加农业生产的基础上，争取百分之九十的社员每年的收入比前一年有所增加，百分之十的社员的收入能够不增不减，如有减少，也要及早想办法加以解决"。⑦ 这些论述都是强调要关注工人、农民的利益，处理好国家同生产者个人之间的关系。对于国家和生产单位之间的关系，毛泽东指出，各个生产单位要在统一领导下有自己的独立性，才会发展得更加

① 建国以来毛泽东文稿（第 10 册）[M]. 北京：中央文献出版社，1996：8.
② 毛泽东文集（第 8 卷）[M]. 北京：人民出版社，1999：136.
③ 毛泽东文集（第 8 卷）[M]. 北京：人民出版社，1999：14.
④ 毛泽东文集（第 7 卷）[M]. 北京：人民出版社，1999：28.
⑤ 毛泽东文集（第 7 卷）[M]. 北京：人民出版社，1999：221.
⑥ 毛泽东文集（第 7 卷）[M]. 北京：人民出版社，1999：28.
⑦ 毛泽东文集（第 7 卷）[M]. 北京：人民出版社，1999：30.

活泼。"把什么东西统统都集中在中央或省市，不给工厂一点权力，一点机动的余地，一点利益，恐怕不妥。中央、省市和工厂的权益究竟应当各有多大才适当，我们经验不多，还要研究。"① 他还指出，农村合作社经济要服从国家统一经济计划的领导，同时，在不违背国家的统一计划和政策法令下保持自己一定的灵活性和独立性。"对于国家的税收、合作社的积累、农民的个人收入这三方面的关系，必须处理适当，经常注意调节其中的矛盾。"② 1956 年 4 月，毛泽东在中共中央政治局扩大会议上谈到农村个人和集体的利益分配问题。他说："我同意这样一种意见，即农业总收入的百分之六十到七十应该归社员，百分之三十到四十归合作社和国家，其中包括合作社的公益金、公积金、生产费、管理费和各种杂费，包括国家的公粮和公粮附加。合作社和国家顶多占百分之四十，最好只占百分之三十，让农民多分一点。"③ 总之，在处理国家、集体和个人三者之间的关系时，毛泽东主张，国家利益、集体利益是第一位的，不能把个人利益放在第一位。他说："公和私是对立的统一，不能有公无私，也不能有私无公。我们历来讲公私兼顾，早就说过没有什么大公无私，又说过先公后私。个人是集体的一分子，集体利益增加了，个人利益也随着改善了。"④ 他还说："要讲兼顾国家、集体和个人，把国家利益、集体利益放在第一位，不能把个人利益放在第一位。"⑤

在正确处理当前利益和长远利益之间的关系时，毛泽东指出："应该承认：有些群众往往容易注意当前的、局部的、个人的利益，而不了解或者不很了解长远的、全国性的、集体的利益。不少青年人由于缺少政治经验和社会生活经验，不善于把旧中国和新中国加以比较，不容易深切了解我国人民曾经怎样经历千辛万苦的斗争才摆脱了帝国主义……的压迫，而建立一个美好的社会主义社会要经过怎样的长时间的艰苦劳动。因此，需要在群众中经常进行生动的、切实的政治教育，并且应当经常把发生的困难向他们作真实的说明，和他们一起研究如何解决困难的办法。"⑥ 在社会主义社会，国家和集体所代表的往往是人民群众的根本利益和长远利益，而个人所追求的有时是局部的、当前的利益。毛泽东指出，我们是以占全国人口 90% 以上最广大群众的眼前利益和将来利益的统一为出发点的，而不是只看到局部利益和眼前利益的狭隘功利主义者。他主张，既要关注人民群众眼前的具体的物质利益，更要谋划人民群众的长远利益和根本利益。1953 年，他在中央人民政府委员会第 24 次会议上的讲话中语重心长地指出："所谓仁政有两种：一种是为人民的当前利益，另一种是为人民的长远利益……两者必须兼顾，不兼顾是错误的。"毛泽东认为，人民的长远利益是人民的最高利益。由于中国经济社会矛盾的复杂性、工作任务的艰巨性，实现人民的长远利益需要一个长期的艰苦奋斗的过程。由于历史原因和现实条件，我国的生产力发展仍受到一定程度的限制，这就决定了我国生产力水平的提高需要一个逐步发展的过程。毛泽东指出，中国的人口多、底子薄、经济落后，要使生产力很快地发展起来，要赶上和超过世界上最先进的资本主义国家，没有 100 多年的时间是不行的。这就要求我们，在社会主义建设中，既

---

① 毛泽东文集（第 7 卷）［M］. 北京：人民出版社，1999：29.
② 毛泽东文集（第 7 卷）［M］. 北京：人民出版社，1999：221.
③ 毛泽东文集（第 7 卷）［M］. 北京：人民出版社，1999：52.
④ 毛泽东文集（第 8 卷）［M］. 北京：人民出版社，1999：134.
⑤ 毛泽东文集（第 8 卷）［M］. 北京：人民出版社，1999：36.
⑥ 毛泽东文集（第 7 卷）［M］. 北京：人民出版社，1999：236.

要有满腔的热情，又要有科学的态度，所制定的各项方针政策都要稳妥可行，不能操之过急。

　　周恩来是新中国经济工作卓越的领导者和组织者，他的经济思想是马克思主义基本原理同中国具体实际相结合的产物。他领导的经济建设实践，为我国社会主义事业的创建立下了不朽的功勋。在长期的经济实践活动中形成了比较完整的宏观经济调控思想，在宏观经济调控方面的远见卓识都立足于中国经济建设的实践，充满了辩证唯物主义的光辉。① 周恩来的宏观调控思想主要体现在：

　　第一，发展社会主义经济必须加强宏观调控。新中国成立之初，周恩来在第一届政协会议上的报告中明确指出了新民主主义经济的宏观调控问题"基本精神是照顾四面八方，就是实行公私兼顾、劳资两利、城乡互助、内外交流的政策，以达到发展生产繁荣经济的目的。新民主主义五种经济的构成中，国营经济是领导的成分。在逐步地实行计划经济的要求下，使全社会都能各得其所，以收分工合作之效，这是一个艰巨而必须实现的任务"。② 统一全国财政经济工作，实行新民主主义的经济政策对新中国成立初经济结构调整和实行中央领导下的计划经济，发展社会化生产起着巨大的作用。他特别强调"经济工作要有四个观念：整体观念、重点观念、先后观念、全面观念，我们进行社会主义建设，必须综合平衡，全面安排。"③ 经济建设方针的选择，是经济建设指导思想的具体化和集中表现。1956 年根据周恩来的思路并由中央确定的综合平衡，稳步前进的经济建设方针，既是马克思主义的，又符合我国的具体实际，它正确地提出了要注意经济建设中"左"和"右"两种错误倾向，突出了经济建设中的一个根本问题——综合平衡。周恩来指出"一定要为平衡而奋斗。数量上平衡以后，还有品种和时间上的平衡问题。"④ 同年 9 月召开的党的"八大"会议上，周恩来进一步阐明了这个方针。他指出："在有利的情况下，必须注意到当前和以后还存在某些不利的因素，不要急躁冒进；相反地，在不利的情况下，又必须注意到当前和以后还存在着许多有利的因素，不要裹足不前。这就是说，我们应该对客观情况作全面的分析，同时，尽可能地把本年度和下年度的主要指标作统一的安排，以便使每个年度都能够互相衔接和比较均衡地向前发展。"⑤ 指出了在宏观调控中必须坚持综合平衡。

　　第二，根据经济发展的需要，确定宏观经济调控的主要任务。周恩来密切关注经济发展的过程，深刻体察社会经济活动的变化发展，在不断研究新情况、新问题的基础上，明确提出宏观经济调控的主要任务。周恩来经常强调，政府工作的重点就要组织领导经济建设，在经济建设中，必须妥善安排积累和消费的比例关系。他认为在国民经济的发展中，不平衡现象是经常会出现的，必须保持必要的物资、财政、矿产资源、生产能力等后备力量，应该正确地处理经济和财政的关系等。他突出地强调了要"保证国民经济比较均衡地发展"，"应该使重点建设和全面安排相结合，以便使国民经济各部门能够按比例地发展。"⑥ 周恩来比较早地认识到比例失调的危害，极力主张"通过综合平衡，全面安排，进行大幅度的调

---

① 余楠. 周恩来与邓小平宏观经济调控思想初探 [J]. 集美大学学报，1998（1）.
② 周恩来选集（上卷）[M]. 北京：人民出版社，1997：370.
③ 周恩来选集（下卷）[M]. 北京：人民出版社，1997：371.
④ 周恩来经济文选 [M]. 北京：中央文献出版社，1993：253.
⑤⑥ 周恩来选集（下卷）[M]. 北京：人民出版社，1997：219.

整"，"大幅度调整的要求，就是按照农、轻、重的次序全面调整国民经济的各种比例关系。"① 周恩来还具体说明调整的要求，即：把经济建设的规模和行政管理的机构缩小到与我国经济水平相适应的程度；把城市人口减少到同农村提供的商品粮、副食品的可能适应的程度。总之，要使国民经济各种比例关系从失调到协调，把超过国力的生产建设规模和发展速度退下来，把超过生产水平的生产关系退下来，变被动为主动。经过几年调整，国民经济终于得到恢复和发展。50 年代中期，在社会主义经济已在我国占绝对统治地位的条件下，周恩来提出要更好地利用市场和价值规律的作用来调控生产和流通，促进经济，满足人民生活需要。他提出"在国家统一市场的领导下，将有计划地组织一部分自由市场"，② 提出我国以两种公有制为主体同时允许个体所有制存在，"主流是社会主义的，小的给些自由"，"工、农、商、学、兵，除了兵以外，每一行都可以来一点自由，搞一点私营的，文化也可以搞一点私营。这样才好百家争鸣嘛！在社会主义建设中，搞一点私营的，活一点有好处。"③

第三，根据经济阶段发展要求，制定国民经济发展的战略。要在比较短的历史时期内赶上世界上的发达国家，周恩来在新中国成立之初就提出工业化的战略目标。为了从宏观上把握中国的未来，1954 年在第一届全国人民代表大会第一次会议上周恩来提出："我国的经济原来是很落后的，如果我们不建设起强大的现代化的工业、现代化的农业、现代化的交通运输业和现代化的国防，我们就不能摆脱落后和贫困，我们的革命就不能达到目的"。④ 周恩来提出了四个现代化后，中国共产党接受了周恩来的提法，把它写入了 1956 年中共"八大"通过的党章总纲。1964 年 12 月全国人大三届一次会上，周恩来在完整地提出四个现代化的同时，提出了分两步走的设想：第一步，建成一个独立的比较完整的工业体系和国民经济体系；第二步，在本世纪内全面实现农业、工业、国防和科学技术的现代化，使我国经济走在世界前列。用 100 年左右的时间实现我国的四个现代化是周恩来毕生的宏愿。1963 年周恩来明确提出实现四个现代化"关键在于实现科学技术的现代化"。⑤ 他深深懂得，人才问题是实现"四化"最终的决定性因素，他反复强调"培养大批的建设人才，是我们现在最中心的问题。"⑥ 他反复说明农业是国民经济的基础，特别强调"谁忽视了农业，谁就要犯错误。"⑦ 指出"交通运输是建设中的一种先行部门，不发展交通运输企业，工业也无法有大的发展"，"所谓先行企业，就是动力、地质勘察、交通运输，它们都是开路先锋"。⑧

第四，解决好宏观调控中的中央与地方关系。宏观经济调控的客体决定了它的调控权必须集中在中央。新中国成立之初，周恩来就强调树立整体观念，在维持整体利益的前提下，认识每个部门的位置和方向，阐明了必须处理好的六个关系，即城乡关系、内外关系、工商关系、公私关系、劳资关系、上下关系。他强调指出，要调动各方面的积极性、创造性才能

① 周恩来选集（下卷）[M]. 北京：人民出版社，1997：159.
② 周恩来经济文选 [M]. 北京：中央文献出版社，1993：459.
③ 周恩来经济文选 [M]. 北京：中央文献出版社，1993：311.
④ 周恩来选集（下卷）[M]. 北京：人民出版社，1997：132.
⑤ 周恩来选集（下卷）[M]. 北京：人民出版社，1997：412.
⑥ 周恩来经济文选 [M]. 北京：中央文献出版社，1993：350.
⑦ 周恩来经济文选 [M]. 北京：中央文献出版社，1993：160.
⑧ 周恩来经济文选 [M]. 北京：中央文献出版社，1993：415.

极大地解放生产力，推进经济的全面、健康发展。周恩来从全局出发处理各种关系的思想不仅体现在新中成立初期，而且贯穿于他领导的社会主义大规模经济建设之中。20 世纪 50 年代中期，他根据我国实际和苏联东欧的教训，提出了解决中央集权过多问题的重要性和紧迫性，指出："苏联过去集权多了，地方权少了，这是一个经验教训，是一面镜子。马列主义的原则是，上层建筑一定要同经济基础相适应，适应生产力的发展。也就是说各种制度，要有利于把一切积极的力量动员起来，参加社会主义建设"。① 在党的"八大"上，周恩来提出了解决中央和地方分权的方针，"统一领导，分级管理，因地制宜，因事制宜"② 并提出具体的原则和方法、步骤，体现了"大权集中，小权分散"的精神，适应了经济发展的客观要求。

第五，适应社会经济发展的要求，不断探索和完善宏观经济调控方法。在计划经济时代宏观调控主要是运用计划手段以及财政政策和货币政策等手段。根据周恩来的思想并由中央确定的综合平衡方针在我国经济计划的制定和执行中发挥过重要的作用。周恩来特别强调制定计划和执行计划都必须实事求是。他在主持编制第一、第二个五年计划都非常严谨，非常细致，力求精确地拟定计划中的各种数字指标，集中各方面的意见，切实从实际出发，注意综合平衡，留有余地。他强调"计划不合实际就得修改，实际超过了计划也得承认，计划不能一成不变"。③ 作为政府总理，他对财政工作思路明确，并且抓得很紧。一是精心抓好国家预算，决不搞赤字预算，他精辟地论述说："国家建设规模的大小，主要决定于我们可能积累多少资金和如何分配资金。我们的资金积累较多，分配得当，社会扩大再生产的速度就会快，国民经济各部门就能够按比例地发展。因此，合理地解决资金积累和资金分配的问题是很重要的。"④ 他每年都亲自抓好国家预算的编制工作，一贯坚持按照"收支平衡，略有节余"的财政工作原则办事。二是重视国家税收工作，他对税收工作的重视是从财政税收立法工作入手，创立各种税制，从体制上来保证国家财政收入的稳定性。三是高度重视工业生产和商业工作，积极探索用经济方法来管理经济，充分肯定市场机制和价值规律的作用，特别强调合理制定并运用物价政策、工资制度等来调动各方面积极性，促进经济发展，增加资金积累和人民生活改善。

陈云同志作为我党第一代领导集体的重要成员，一直领导和参与经济建设，在长期的经济建设实践中形成了独特的宏观调控思想。⑤ 主要体现在：

第一，稳定观。脚踏实地、稳妥务实是陈云宏观调控观的基本特征。陈云在经济工作中，反复强调"稳妥""稳扎稳打"，并将其概括为"摸着石头过河"。⑥ 1979 年，陈云在《关于财经工作给中央的信》中说："前进的步子要稳。不要再折腾，必须避免反复和出现大的马鞍形"⑦。同年，他在国务院财经委汇报会上强调，"经济建设要脚踏实地"。⑧ 1985

① 周恩来经济文选 [M]. 北京：中央文献出版社，1993：192.
② 周恩来经济文选 [M]. 北京：中央文献出版社，1993：267.
③ 周恩来选集（下卷）[M]. 北京：人民出版社，1997：233.
④ 周恩来经济文选 [M]. 北京：中央文献出版社，1993：314－315.
⑤ 曾翔凤. 陈云宏观调控思想简析 [J]. 中国商界，2009（12）.
⑥ 陈云文选（第2、3卷）[M]. 北京：人民出版社，1995：8、177.
⑦ 陈云文选（第3卷）[M]. 北京：人民出版社，1995：141.
⑧ 陈云文选（第3卷）[M]. 北京：人民出版社，199：160.

年，陈云在党的全国代表会议上强调，"说到底，还是要有计划按比例地稳步前进，这样做，才是最快的速度。否则，造成各种紧张和失控，难免出现反复，结果反而会慢，'欲速则不达'。"[①] 为了保持经济稳定，避免被动，陈云主张在制订各种经济计划指标时，"我们工作的基本点应该是：争取快，准备慢。"[②] 又说，"计划指标必须可靠，而且必须留有余地。"[③] 也就是说，要做两手准备，掌握主动，避免被动，稳稳当当地解决问题，避免经济上的折腾、反复、大起大落，保持国民经济持续、稳步发展。"稳"并不是中庸和保守。实际上，陈云既反对那种片面强调经济发展速度和规模的观点和做法，又反对那种片面强调经济稳定的倾向。他在 1980 年总结我国经济建设经验和教训时说："我们要改革，但是步子要稳。因为我们的改革，问题复杂，不能要求过急。"[④] "开始时步子要小，缓缓而行。"[⑤] 他特意指出，"这绝对不是不要改革，而是要使改革有利于调整，也有利于改革本身的成功。"[⑥] 总之，陈云依据我国国情这一实际，一直强调脚踏实地、稳扎稳打、稳中求进，提倡"摸着石头过河"，"要走一步看一步，随时总结经验"。[⑦] 这是因为，社会主义建立的时间还不长，我们的认识和经验都非常有限，而经济体制改革和经济建设却是一项十分艰巨复杂的任务。在此情况下，为了保证国民经济持续、稳步发展，我们必须脚踏实地，用"摸着石头过河"的方式，随时总结经验，防止发生大的问题。

第二，平衡观。主要包括综合平衡思想和按比例发展规律。陈云是第一代领导人中最早系统地论述按比例发展和综合平衡问题的理论家，他的宏观调控思想也集中体现在其综合平衡理论中。所谓综合平衡理论是指财政、信贷、物资、外汇四个主要方面综合平衡的理论，它是随着国民经济恢复时期和第一个五年计划时期实践的发展，特别是总结了 1952 年"一女二嫁"的"小失误"和 1956 年"小冒进"的经验教训基础上逐渐形成的。其后，陈云在 1957 年初的《建设规模要和国力相适应》讲话中，初步提出了综合平衡理论，并在 1962 年中央财经小组会议上的讲话中进行了比较全面而系统的阐述。陈云主张，为了保证国民经济稳步发展，必须做到财政收支、银行信贷、物资供应和外汇收支四个方面的平衡。其中，财政收支是宏观经济的关键，国民经济不平衡必然会在财政收支上有所反应，反之亦是。信贷不平衡在短缺经济下容易引发通货膨胀，而后者往往是由于积累加消费超过了国民收入从而引起现财政不平衡的结果。物资平衡主要是人民购买力和消费品供应间的平衡，供应紧张就会使物价波动，甚至出现市场混乱；同时，物资供求平衡直接受财政信贷、外汇平衡的影响，后者平衡，则前者在整体上也会平衡，或反之。如果进口大于出口使得国际收支不平衡，就会出现逆差，反过来会影响国内财政经济的不平衡。可见，四大平衡是马克思主义关于社会再生产的实现条件和前提条件原理，即社会总需求与总供给平衡原理在中国的具体运用、丰富和发展，也是我们实施宏观调控的理论依据。根据这一理论，国家在制定国民经济的宏观调控计划时，需要建立健全计划、财政、金融之间相互配合协调机制，做到社会总需求与总供给在总量和结构上的基本平衡，与价值规律互补，从而保证国民经济稳定、协调、

---

① 陈云文选（第 3 卷）[M]. 北京：人民出版社，1995：169.
② 陈云文选（第 3 卷）[M]. 北京：人民出版社，1995：131.
③ 陈云文选（第 3 卷）[M]. 北京：人民出版社，1995：216.
④⑤⑥ 陈云文选（第 3 卷）[M]. 北京：人民出版社，1995：177.
⑦ 陈云文选（第 3 卷）[M]. 北京：人民出版社，1995：140.

高效发展。也正因为如此，刘凤岐（1995）指出，综合平衡理论是我国社会主义经济思想史上最早的宏观调控理论。[①] 邢延奕（2005）指出："陈云同志的综合平衡的经济思想，不仅指导了当时我国的经济建设实践，也成为改革开放以来宏观调控的重要理论基础。"[②] 改革开放之初，基本建设投资规模迅速增加，引进项目过多，摊子铺得过大，经济结构更加不合理，致使1979年财政赤字高达170亿元。针对这种情况，中央根据陈云和李先念的"六条建议"，确定了"调整、改革、整顿、提高"八字方针。经过几年调整，财政收支、银行信贷逐渐恢复平衡，市场物价亦趋稳定。80年代，我国几次出现了经济过热、通货膨胀严重的情况，各项经济比例严重失调。为此，党的十三届三中全会决定"治理经济环境，整顿经济秩序、全面深化改革"。到1992年，治理整顿收效，缓解了总需求大于总供给的矛盾，实现了"四大平衡"，国民经济重新步入稳定、平衡发展轨道。可见，四大平衡是强有力的宏观经济调控手段。尽管它的基本思想是在计划经济时期形成的，但在我国经济建设的伟大实践中，不断得到完善、丰富和发展，是被实践证明关于我国社会主义经济建设道路的正确理论，它对于避免国民经济失衡、防止或有效地制止经济波动、保持经济稳定发展具有重要意义。

　　搞综合平衡必须在研究国民经济比例关系的基础上实行，按比例才能做到综合平衡，按比例是实现平衡的关键。正如陈云所言："所谓综合平衡，就是按比例；按比例了，就平衡了。"[③] 具体地讲，按比例发展意味社会总需求与总供给在总量和结构上平衡，是对国民经济各构成部分间互动关系的深刻认识。因此，它是社会再生产顺利进行的前提，是人们用来自觉调节社会生产的有力工具。早在"一五"计划编制时，陈云就指出："按比例发展的法则是必须遵守的，但各生产部门之间的具体比例，在各个国家，甚至一个国家的各个时期，都不会是相同的。一个国家，应该根据自己当时的经济状况，来规定计划中应有的比例。究竟几比几才是对的，很难说。唯一的办法只有看是否平衡。合乎比例就是平衡的；平衡了，大体上也会是合比例的。"[④] 据此，他从五个方面认真研究国民经济的比例关系，如农、轻、重的比例关系和排列次序；农业和工业内部各行业间的比例关系，生产与交通运输、能源间的比例关系，市场购买力与商品可供量间的关系。1957年，陈云在各省市党委书记会议上的讲话中再次强调，"要重视研究国民经济的比例关系"。[⑤] 他说，"如果不认真研究国民经济的比例关系，必然造成不平衡和混乱状态。"[⑥] 这些理论在后来还有进一步的发展。陈云同志的按比例发展和经济平衡思想，是用以反对超越国力追求高速度、经济大起大落、欲速则不达的运行情况的，也是针对经济建设中比例失调这一弊端的。处理好比例与平衡问题，为的是处理好速度与效益的关系，使国民经济健康、稳定发展。他一再强调，国民经济"按比例发展就是最快的速度"。[⑦] 突出某点，牺牲其他，既失去比例与平衡，也失去速度与效益。总之，老一辈革命家治国经验告诉我们，社会主义国家搞经济建设时，要运用按比例

① 刘凤岐 . 陈云经济思想及其主要理论贡献 ［J］. 宁夏社会科学，1995（4）.
② 邢延奕 . 中国化的马克思主义经济理论 ［J］. 求是，2005（12）.
③ 陈云文选（第3卷）［M］. 北京：人民出版社，1995：215.
④ 陈云文选（第2卷）［M］. 北京：人民出版社，199：125.
⑤ 陈云文选（第3卷）［M］. 北京：人民出版社，1995：62.
⑥ 陈云文选（第3卷）［M］. 北京：人民出版社，1995：62.
⑦ 陈云文选（第3卷）［M］. 北京：人民出版社，1995：160、161、198.

发展规律，科学确定国民经济的基本比例，实现综合平衡，避免经济大起大落。

第三，物价调控和通胀治理。物价问题是一个非常重要的宏观经济问题。新中国成立前，国民党政府滥发纸币，造成恶性通货膨胀，民不聊生，全国人民害怕物价上涨，迫切要求物价稳定。作为党的经济工作的主要领导人之一，陈云很早（约在 1933 年）就开始关注物价问题。在长期的革命和建设实践中，他对物价问题的认识不断深刻，平抑物价、治理通胀的经验也不断地丰富。到新中国成立初期，陈云基本上形成了关于物价调控和通胀治理的比较系统的理论。在 1949 年 11 月发表的《制止物价猛涨》一文中，陈云仔细分析了物价猛涨原因，提出了具体解决措施：一是平衡社会总供求，并根据各地区具体情况有所不同；二是紧缩银根、收缩信贷；三是控制投资规模；四是打击投机，整顿市场。这些措施标本兼治，对症下药，实施以后，金融物价迅速趋于稳定，国民党政权留下的恶性通货膨胀后遗症被彻底消除。这次成功平抑物价不仅向世界证明了中国共产党人的治国能力，也充分展示了陈云把握、处理经济问题的高超艺术。总结这次成功平抑物价、消除恶性通货膨胀后遗症的经验，有两点是非常重要的：一是牢牢把握造成通胀的基本原因——社会总供求均衡，主要从生产领域而不是从流通领域去考察通胀的原因和寻求解决问题的措施。关于这一点，陈云在新中国成立前夕上海召开的财经会议上明确指出："眼光要放在发展经济上。要注意节省开支，但更要注意增加收入。节流很重要，开源更重要。所谓开源，就是发展经济。"[1] 经济发展了，供求均衡了，通胀就失去了根本；即使通胀发生了，由于生产发展了，平抑物价、治理通胀也有了坚实的物质基础。陈云的这个思想，对于他平抑物价的斗争有着直接影响。二是坚持物价基本稳定和财政收支平衡方针。这实际上是陈云综合平衡思想在平抑物价、治理通胀问题上的运用。陈云曾说过："物价平稳，经济逐渐发展"，是"一种前进的方法"。[2]他又说，国家财政如果"不是建立在财政收支的平衡上面，继之而来的物价波动就是不可避免的。"[3] 总之，在我国经济建设过程中，陈云多次主持和参与平抑物价、通胀治理，也取得了很好的效果。虽然这些措施主要是原有计划经济下的直接的、行政色彩很浓的宏观调控方式，但在当时特定的政治经济环境中，它所包含的真知灼见已成为留给我们的宝贵的思想财富。

## 1.3.2　邓小平的宏观调控思想

邓小平作为我们党第一代领导集体成员，长期以来直接领导、组织和参与了我国的经济实践活动，并作为第二代领导集体的核心在改革开放的新时期创造性地运用和发展了马列主义、毛泽东思想，对建设有中国特色的社会主义道路进行了积极的探索，形成了比较系统的邓小平理论。[4] 其宏观经济调控思想是邓小平经济思想和邓小平理论的一个重要组成部分。

邓小平的宏观经济调控思想主要体现在：

第一，宏观调控的必要性。邓小平指出，要建立社会主义市场经济，必须加强宏观调控。他说："改革要成功，就必须有领导，有秩序地进行。没有这一条，就是乱哄哄，各行

①　陈云文选（第 2 卷）[M]. 北京：人民出版社，1995：13.
②　陈云文选（第 2 卷）[M]. 北京：人民出版社，1995：33.
③　陈云文选（第 2 卷）[M]. 北京：人民出版社，1995：43.
④　余楠. 周恩来与邓小平宏观经济调控思想初探 [J]. 集美大学学报，1998（1）；戴力，齐学敏. 论邓小平的宏观经济调控思想 [J]. 理论界，1997（4）.

其是，怎么行呢?"① 明确提出了国民经济运行必须加强宏观调控，认为如果不加强国家对经济的宏观调控，不仅不能保证国民经济整体上持续、快速、健康发展，而且难以保证改革的顺利进行。邓小平也非常重视统筹兼顾，综合平衡，处理好国民经济重大比例关系。他指出："没有按比例发展就不可能有稳定的，切实可靠的高速度。"② 他还指出："生产建设、行政设施、人民生活的改善，都要量力而行，量入为出"，③ "在经济比例失调的条件下，下决心进行必要的调整。"④ 1979 年 4 月在中共中央工作会议上，决定对国民经济实行"调整、改革、整顿、提高"的方针，这个方针是党的"八大"肯定的综合平衡、稳步前进的经济建设方针和 60 年代实行的"调整、充实、整顿、提高"方针的继续和发展。

传统体制下的宏观经济管理随着经济规模的不断扩大和经济联系的日益复杂，越来越不适应生产力发展的需要，已经到了非改革不可的程度。邓小平在改革开放新时期提出："我们讲中央权威，宏观调控，深化综合改革，都是在这样的新的条件下提出来的。"他明确指出："现在中央说话，中央行使权力，是在大的问题上，在方向问题上。"⑤ 1992 年邓小平明确指出："计划经济不等于社会主义，资本主义也有计划；市场经济不等于资本主义，社会主义也有市场。计划和市场都是经济手段。"⑥ 多次强调"一个公有制占主体，一个共同富裕，这是我们必须坚持的社会主义的根本原则"⑦，并指出，要使市场在国家宏观调控下对资源配置起基础性作用。宏观调控的主要任务是，保持经济总量平衡，抑制通货膨胀，促进重大经济结构优化，实现经济稳定增长。在经济体制转轨时期，宏观调控还为促进市场发育和完善市场机制创造有利条件。

由于长期实行计划经济所带来的弊端以及各地经济发展极为不平衡的现状，严重阻碍了生产力的发展。改革之初，邓小平指出："现在我国的经济管理体制权力过于集中，应该有计划地大胆下放"，⑧ 给予了地方政府较多的自主权，使地方政府能够从当地实际出发，制订地方发展计划，调节地区经济活动，增强了整个经济活力。邓小平在市场经济发展过程中敏锐地看到，市场虽然是配置资源最有效的方式和手段，但是市场也有其本身所不能解决的缺陷，在赋予地方更大自主权的同时，必须进一步强化中央政府的宏观调控权。他指出："宏观管理要体现在中央说话能够算数"，⑨ "不能否定权威，该集中的要集中"。⑩ 邓小平指出："中央如果不掌握一定数额的资金，好多该办的、地方无力办的大事情，就办不了。"⑪ 强调"在地方来讲，则应照顾全局，中央和地方集中统一，以中央为主体。这是因为地方是在中央领导下的地方，局部是在全体中的局部，因地制宜是在集中统一下的因地制宜"，

---

① 邓小平文选（第 3 卷）[M]. 北京：人民出版社，1993：277.
② 邓小平文选（第 2 卷）[M]. 北京：人民出版社，1993：161.
③ 邓小平文选（第 2 卷）[M]. 北京：人民出版社，1993：355.
④ 邓小平文选（第 2 卷）[M]. 北京：人民出版社，1993：161.
⑤ 邓小平文选（第 3 卷）[M]. 北京：人民出版社，1993：278.
⑥ 邓小平文选（第 3 卷）[M]. 北京：人民出版社，1993：373.
⑦ 邓小平文选（第 3 卷）[M]. 北京：人民出版社，1993：11.
⑧ 邓小平文选（第 3 卷）[M]. 北京：人民出版社，1993：293.
⑨ 邓小平文选（第 3 卷）[M]. 北京：人民出版社，1993：278.
⑩ 邓小平文选（第 3 卷）[M]. 北京：人民出版社，1993：319.
⑪ 邓小平文选（第 2 卷）[M]. 北京：人民出版社，1993：200.

"如果两者之间发生矛盾，地方应服从中央"，① 辩证地指出了地方与中央在宏观调控中的关系，为全国一盘棋，建立现代市场经济确定了明确的原则。邓小平指出：宏观管理要体现在中央说话能够算数。过去我们是穷管，现在不同了，是走向小康社会的宏观管理。不能再搬用过去困难时期那些方法了。②

第二，强调宏观调控要统筹兼顾、综合平衡。邓小平一贯重视统筹兼顾、综合平衡，处理好国民经济重大比例关系。他强调指出"没有按比例发展，就不可能有稳定的、确实可靠的高速度"，③"计划和市场都是经济手段"，④ 认为国家计划"能够做到全国一盘棋，集中力量保证重点"，但计划手段主要应体现在指导性上。邓小平早在 1979 年就提出"要用经济方法管理经济"的科学论断，提出"应该排除行政干扰"使政企职责分开。他提出宏观经济调控要综合运用经济杠杆、经济政策、财政货币政策等来灵活调节和控制国民经济的运行。他提出了正确制定经济政策的标准，"社会主义经济政策对不对，归根到底看生产力是否发展，人民收入是否增加，这是压倒一切的标准。"⑤ 邓小平从社会主义现代化建设的全局出发，指出："我们的法律是太少了，成百个法律总要有的，这方面有很多工作要做。"他十分重视经济立法："经济方面的很多法律……也要制定"，⑥ 并明确指出："国家和企业，企业和企业，企业和个人等等之间的关系，也要用法律的形式来确定，它们之间的矛盾，也有不少要通过法律来解决"，⑦ 提出了用法律来规范、约束市场经济行为和经济主体的思想。邓小平同志根据改革开放以后我国经济发展的具体情况和经济发展中的突出问题，提出我国经济和社会发展的三个战略："一是农业，二是能源和交通，三是教育和科学"。⑧ 他反复强调，"农业是根本"，"科学技术是第一生产力"，⑨"各级领导要像抓好经济工作那样抓好教育工作"，⑩ 保证了战略重点在国民经济和社会发展中处于先导地位。

第三，对宏观调控的功能的认识。（1）加速经济发展。邓小平是从战略高度来分析中国的经济速度的。他认为经济速度不单纯是一个经济问题，更是一个政治问题。并指出："中国能不能顶住霸权主义、强权政治的压力，坚持我们的社会主义制度，关键就看能不能争取较快的增长速度实现我们的发展战略。"正因为邓小平把发展速度提到这样的高度来认识，所以他指出："发展才是硬道理"，"贫穷不是社会主义，发展太慢也不是社会主义"。因此我们要抓住机遇，争取若干个发展比较快的阶段，隔几年上一个台阶。（2）理顺物价，为改革创造前提条件。我国宏观调控物价的基点是先理顺物价。邓小平认为："物价问题是历史遗留下来的。"据统计，从 1950～1978 年我国物价年均上涨率只有 1.1% 左右，但我们是在传统体制下，用行政办法冻结或半冻结物价，不许上涨，这样通货膨胀便被人为地压抑下来。这种抑制性通货膨胀通过产品配给、财政价格补贴、供给短缺表现出来。要使价格成

① 邓小平文选（第 3 卷）[M]. 北京：人民出版社，1993：277.
② 邓小平文选（第 3 卷）[M]. 北京：人民出版社，1993：278.
③ 邓小平文选（第 3 卷）[M]. 北京：人民出版社，1993：111.
④ 邓小平文选（第 3 卷）[M]. 北京：人民出版社，1993：17.
⑤ 邓小平文选（第 2 卷）[M]. 北京：人民出版社，1993：314.
⑥ 邓小平文选（第 2 卷）[M]. 北京：人民出版社，1993：189.
⑦ 邓小平文选（第 2 卷）[M]. 北京：人民出版社，1993：147.
⑧ 邓小平文选（第 3 卷）[M]. 北京：人民出版社，1993：274.
⑨ 邓小平文选（第 3 卷）[M]. 北京：人民出版社，1993：121.
⑩ 邓小平文选（第 3 卷）[M]. 北京：人民出版社，1993：278.

为资源配置的第一信号，就必须理顺工业内部的产品比价以及基础设施的服务收费。这会使通胀由抑制性向显性转化，通胀得以加速释放。1985 年 7 月，邓小平就指出："物价改革是个很大的难关，但这个关非过不可。不过这个关，就得不到持续发展的基础。""只有理顺物价，改革才能加快步伐。"（3）调整和优化产业结构。1982 年 10 月邓小平指出："我们整个经济发展的战略，能源、交通是重点，农业也是重点。"1987 年 6 月他又强调："基础工业，无非是原材料工业、交通、能源等，要加强这方面的投资，要坚持十到二十年，宁可欠债，也要加强。"解决"瓶颈"问题，必须加大投资力度，调整和优化产业结构。如果走老工业国自发发展的道路，投资的重点由轻工业转到重工业再到基础设施，整个现代化的过程将会拖得很长。而采取亚太地区新兴工业化国家的办法，发挥政府的宏观调控的作用，用国家的力量推动基础设施的建设，这个过程可以大大缩短。（4）搞活国有大中型企业。国有大中型企业在我国的国民经济中居于举足轻重的地位。邓小平指出："企业改革，主要是搞活国营大中型企业的问题。"这一直是我国经济体制改革的中心环节。邓小平提出改革的方针是："胆子要大，步子要稳。"从国有企业改革的历程看，我们走的是一条"渐进改革、阶段突破"之路。党的十四届三中全会提出改革实行"整体推进、重点突破"的方针，这更能体现邓小平的战略构想。

　　第四，对宏观调控方式的认识。随着我国由计划经济体制向市场经济体制转轨，市场机制在资源配置中的基础性作用增强，调控的方式也要相应地改革。邓小平同志强调经济调控要采取计划的、金融的、财政的和法律的手段。（1）关于计划手段。邓小平在 1992 年南方谈话时作了精辟的阐述："计划多一点还是市场多一点，不是社会主义与资本主义的本质区别。计划经济不等于社会主义，资本主义也有计划；市场经济不等于资本主义，社会主义也有市场。计划和市场都是经济手段。"计划工作的任务是合理确定国民经济和社会发展的战略，宏观调控目标和产业政策，搞好经济预测，规划重大经济结构、生产力布局、国土整治和重点建设。计划工作要突出宏观性、战略性、政策性；重点放在中长期计划上。（2）关于金融手段。随着经济的发展，金融体制改革的滞后性愈发明显，银行没有摆脱计划财政的资金出纳地位。中央银行的货币政策一直在促进经济增长和稳定货币的双重目标中艰难前行，并且常常把政府的最高目标即经济增长放在首位，必然导致货币的超经济发行。邓小平1986 年就指出："我们过去的银行是货币发行公司，是金库，不是真正的银行。"旧的金融体制弊端很多，需要加以改革，"金融改革的步子要大些"，要发挥金融手段这门高超的艺术在宏观调控中的作用，就"要把银行真正办成银行"。（3）关于财政手段。我们搞现代化建设面临的一个棘手问题就是资金严重短缺，我们通过对外开放引进外资不失为一条捷径。1986 年邓小平在视察天津经济技术开发区时肯定了这种做法，同年 12 月又告诫："借外债要适度，不要借得太多"，"借外债不可怕，但主要要用于发展生产"。对于 80 年代以来，我国财政困难不断加剧，突出的表现是赤字逐年增大，负担沉重，中央财政汲取能力下降。由于国家财力不足，影响了财政职能的正常履行，极大地弱化了中央政府的宏观调控功能。邓小平指出："为了解决财政赤字问题，基建规模特别是非生产性建设规模不能过大，有些开支不能完全由中央承担……还要注意消费不要搞高了，要适度。"按照十四届三中全会精神，从 1994 年开始进行的财税体制改革已初见成效，为中央政府运用财政政策进行宏观调控奠定了强有力的物质基础。（4）关于法律手段。邓小平同志总结历史经验教训，强调国民经济的健康发展要加强民主法制建设，要"在全体人民中树立法制观念"。传统体制是以计划作为配置资源的手段，在法制不健全，依法办事环境不浓厚的条件下，计划经济很容易演变为"权力经济"，搞"首长工程"；在双轨体制并存时期，很容易出现某些无序和混乱现象，"审批经济""寻租"行为都会造成资源的浪费。市场经济是法制经济，"没有法制不行"。如果不加强法制建设，不仅市场主体行为不能规范，市场秩序更加紊乱，政府行为也会异化，这是对建立社会主义市场经济体制的最大摧残。"还是要靠法制，搞法制靠得住些"。只有依法调控经济，才能保障国民经济持续、快速、健康发展。

第五，坚持独立自主的原则。邓小平继承和发展了毛泽东的独立自主思想，并以新的内容丰富了这一思想。邓小平同志更加强调勇于实践，突破框框，大胆地闯、大胆地试，不搞争论。由于所处时代条件的不同，邓小平更主张在开放中坚持独立自主，更强调"一个国家要取得真正的政治独立，必须努力摆脱贫困。而要摆脱贫困，在经济政策和对外政策上都要立足于自己的实际，不要给自己设置障碍，不要孤立于世界之外"。① 1982 年，在中国共产党第十二次全国代表大会上，邓小平在致开幕词中说道："我们的现代化建设，必须从中国的实际出发。无论是革命还是建设，都要注意学习和借鉴外国经验。但是，照抄照搬别国经验、别国模式，从来不能得到成功。这方面我们有过不少教训。把马克思主义的普遍真理同我国的具体实际结合起来，走自己的道路，建设有中国特色的社会主义，这就是我们总结长期历史经验得出的基本结论。""中国的事情要按照中国的情况来办，要依靠中国人自己的力量来办。独立自上，自力更生，无论过去、现在和将来，都是我们的立足点。中国人民珍惜同其他国家和人民的友谊和合作，更加珍惜自己经过长期奋斗得来的独立自主权利。任何外国不要指望中国做他们的附庸，不要指望中国会吞下损害我国利益的苦果。"② 1986 年，邓小平在论述"建设有中国特色的社会主义"时，明确把它同"独立自主"直接联系起来，他说："我们历来主张世界各国共产党根据自己的特点去继承和发展马克思主义，离开自己国家的实际谈马克思主义，没有意义。所以我们认为国际共产主义运动没有中心，不可能有中心。我们也不赞成搞什么'大家庭'，独立自主才真正体现了马克思主义。"③

邓小平曾把独立自主当作中国的"首要经验"介绍给外国朋友，他说："我们向第三世界朋友介绍的首要经验就是自力更生。"④ 这样做，可以振奋起整个国家奋发图强的精神，把人民团结起来，克服困难。他在论述我国的对外开放政策时重申："我们一方面实行开放政策，另一方面仍然坚持建国以来毛泽东主席一贯倡导的自力更生为主的方针。必须在自力更生的基础上争取外援"。⑤ 后来，"自力更生，艰苦创业"写进了党在社会主义初级阶段的基本路线，成为建设中国特色社会主义的重要指导原则。

邓小平关于独立自主的思想，首先体现在把马克思主义的普遍真理同中国建设和改革的具体实践相结合、走自己的路的论述上。邓小平同志明确指出："为什么说我们是独立自主的？就是因为我们坚持有中国特色的社会主义道路。"⑥ 邓小平认为，坚持有中国特色的社会主义道路，才能够坚持独立自主，而且也只有坚持有中国特色的社会主义道路，才能够坚

① 邓小平文选（第 3 卷）［M］. 北京：人民出版社，1993：94.

②③ 邓小平文选（第 3 卷）［M］. 北京：人民出版社，1993：191.

④⑤ 邓小平文选（第 2 卷）［M］. 北京：人民出版社，1994：406.

⑥ 邓小平文选（第 3 卷）［M］. 北京：人民出版社，1993：311.

持独立自主。"否则，只能是看着美国人的脸色行事，看着发达国家脸色行事，或者看着苏联人的脸色行事，那还有什么独立性啊！"① 为了坚持有中国特色的社会主义道路，为了在建设和改革的问题上坚持独立自主的路线，邓小平强调必须始终注意正确对待马克思主义理论和外国经验。邓小平认为，马克思主义理论是科学，对实践具有重要的指导意义。但是马克思主义不是封闭的体系，不是僵化的教条，它要随着实践的发展而不断地发展。决不能用理论来裁剪现实，不能从本本出发，拘泥于书本上的公式，而必须从活生生的现实出发。邓小平同志反反复复强调"离开自己国家的实际谈马克思主义，没有意义"，② 不止一次地指出要以正确的态度对待马克思主义与马克思主义经典作家，决不能搞"凡是"，搞迷信。他鲜明地提出："一个党，一个国家，一个民族，如果一切从本本出发，思想僵化，迷信盛行，那它就不能前进，它的生机就停止了，就要亡党亡国。"③ 因此邓小平不断地强调，决不能固守一成不变的框框，要突破过去满脑袋的框框，一定不要提倡本本，"因为在中国建设社会主义这样的事，马克思的本本上找不出来，列宁的本本上也找不出来，每个国家都有自己的情况，各自的经历也不同，所以要独立思考。不但经济问题如此，政治问题也如此。"④ "实事求是是马克思主义的精髓。要提倡这个，不要提倡本本。我们改革开放的成功，不是靠本本，而是靠实践，靠实事求是。"⑤

邓小平指出，无论是革命还是建设，都可以而且应当借鉴外国的经验。但是，固定的模式是没有的，也不可能有。无论是革命或建设，都不能照抄照搬别国经验，别国模式，各国必须根据自己的条件建设社会主义。中国有自己的特点，我们只能按中国的实际办事，别人的经验可以借鉴，但不能照搬。我们既不能照搬西方资本主义国家的做法，也不能照搬其他社会主义国家的做法，更不能丢掉我们制度的优越性。我们过去照搬苏联搞社会主义的模式，带来很多问题，阻碍了生产力的发展，在思想上导致僵化，妨碍人民和基层积极性的发挥。同样，我们也不能照搬资本主义国家那一套，不能搞资产阶级自由化。在长期的改革开放实践中，邓小平反复强调了这一思想。20 世纪 80 年代中期以前，邓小平更多地强调不要照搬苏联模式。80 年代中期以后，随着苏联、东欧改革出现错综复杂的局面，邓小平在指出不要照搬苏联模式的同时，也强调不要照搬西方模式。

### 1.3.3  第三代中央领导集体的宏观调控思想

宏观调控是现代市场经济的有机组成部分。在经济体制改革的过程中，我们党始终十分重视改善宏观调控问题。建立健全宏观调控机制，更是 1992 年以来我国建立社会主义市场经济体制的一个重要内容。以江泽民为核心的党的第三代中央领导集体，创造性地发展了邓小平理论，在建立社会主义市场经济体制的过程中，对加强和改善宏观调控进行了十分有益的探索：既有理论的创新，更积累了丰富的实践经验。⑥

---

① 邓小平文选（第 3 卷）［M］. 北京：人民出版社，1993：311.
② 邓小平文选（第 3 卷）［M］. 北京：人民出版社，1993：191.
③ 邓小平文选（第 2 卷）［M］. 北京：人民出版社，1994：133.
④ 邓小平文选（第 3 卷）［M］. 北京：人民出版社，1994：260.
⑤ 邓小平文选（第 3 卷）［M］. 北京：人民出版社，1994：382.
⑥ 王爱云. 党的第三代中央领导集体与中国的宏观调控［J］. 党史研究与教学，2006（5）.

　　江泽民的宏观调控思想主要体现在：

　　第一，深化对社会主义市场经济条件下进一步加强宏观调控重要性的认识。宏观调控不同于传统的计划控制，它赖以建立的基础是以市场机制作为资源配置基本机制的市场经济。但是在确定建立社会主义市场经济之初，人们对宏观调控问题的认识存在疑问和分歧，特别是对于搞市场经济是否还需要宏观调控吗、加强宏观调控会不会削弱市场经济等问题存在认识上的不足。这一认识问题不解决，势必影响我国社会主义市场经济的健康发展。因此，正确认识市场经济与宏观调控的关系，就成为确立社会主义市场经济目标后党的第三代中央领导集体在宏观调控问题上的首要任务。主要表现在：（1）根据社会主义市场经济的特点，党的第三代中央领导集体阐述了市场经济条件下宏观调控的重要作用，从而驳斥了搞市场经济不需要宏观调控的错误论调。党的第三代中央领导集体对市场经济的特点有着清醒的认识。1992 年 6 月，江泽民分析了市场经济的特点，指出市场是配置资源和提供激励的有效方式，对各种信号的反应也是灵敏的迅速的，这是市场的优点；但市场也不是全面的万能的，市场也有其自身的明显弱点和局限性，尤其是它存在自发性、盲目性、滞后性的消极一面，例如，市场不可能自动地实现宏观经济总量的稳定和平衡；市场难以对相当一部分公共设施和消费进行调节；在某些社会效益重于经济效益的环节，市场调节不可能达到预期的社会目标；在一些垄断性行业、规模经济显著的行业，市场调节也不可能达到理想的效果①。因此，需要加强国家对市场的宏观调控，来抑制市场的弱点和不足。要依据客观规律的要求，运用好经济政策、经济法规、计划指导和必要的行政管理，引导市场健康发展②。江泽民指出，我国是发展中大国，又处在经济体制转轨、产业结构升级和经济快速发展的时期，加强和改善宏观调控尤为重要。在当今世界，没有哪一个国家的市场经济是不受政府调控的。发挥市场的积极作用，离不开国家的宏观调控。这不仅是我国，也是世界发达国家的经验所证明了的。③ 他还把市场经济条件下宏观调控的重要作用形象地比喻为总闸门，像放水一样，总闸门不把它管好怎么行。④ 在此基础上，江泽民一针见血地指出，那种以为搞市场经济就可以离开国家的宏观指导和调控，放任自流、自行其是、随心所欲，完全是一种误解。市场经济不仅不排斥宏观调控，而且必须有完备的有力的宏观调控体系的支持。⑤（2）根据社会主义市场经济体制的本质要求，党的第三代中央领导集体论述了国家宏观调控与市场机制作用二者之间的内在联系。宏观调控作为政府对经济的主要管理方式，在任何国家都占有重要地位。而且随着市场经济的发展，宏观调控的重要性日益增强。社会主义市场经济同样需要政府的宏观调控，而且只能加强，不能削弱。为此，党的第三代中央领导集体多次阐述了市场机制与宏观调控不可分割的关系。1993 年 11 月 14 日，江泽民在党的十四届三中全会上指出：国家宏观调控和市场机制的作用，都是社会主义市场经济体制的本质要求，二者是统一的，是相辅相成、相互促进的。要改革传统的计划经济体制，必须强调充分发挥市场在资源配置方面的基础性作用，不如此便没有社会主义市场经济；同时也要看到市场的弱点和不足，必须靠国家对市场活动的宏观指导和调控来加以弥补和克服。所以，建

---

① 十三大以来重要文献选编（下册）［M］. 北京：中央文献出版社，1991：2071 – 2072.
② 十四大以来重要文献选编（上册）［M］. 北京：中央文献出版社，1996：19.
③ 新时期经济体制改革重要文献选编（下册）［M］. 北京：中央文献出版社，1998：901.
④ 江泽民论有中国特色的社会主义（专题摘编）［M］. 北京：中央文献出版社，2002：72.
⑤ 江泽民论有中国特色的社会主义（专题摘编）［M］. 北京：中央文献出版社，2002：72.

立社会主义市场经济体制，必须从充分发挥市场机制作用和加强宏观调控这两个方面共同努力，每个时期工作的着重点可以有所不同，根据不同的实际情况，有的时候强调市场作用多一些，有的时候强调国家宏观调控多一些，但切不可在强调一个方面的时候，忽视以致放松了另外一个方面。① 我们要建立的社会主义市场经济体制，就是要使市场在社会主义国家宏观调控下对资源配置起基础性作用。② 1995 年 9 月 28 日，江泽民在党的十四届五中全会闭幕式上发表讲话，论述了如何正确处理社会主义现代化建设中的 12 项重大关系，其中第六项就是市场机制和宏观调控的关系。他进一步指出，充分发挥市场机制的作用和加强宏观调控，都是建立社会主义市场经济体制的基本要求，两者缺一不可，绝不能把它们割裂开来，甚至对立起来。单纯强调这一面、轻视或者忽视另一面，都不利于改革和发展大业。我国社会主义市场经济体制是同社会主义基本制度结合在一起的，既可以发挥市场经济的优势，又可以发挥社会主义制度的优越性，在处理市场机制和宏观调控、当前发展和长远发展、效率和公平等关系方面，应该比西方国家做得更好和更有成效。③ 强调在社会主义市场经济条件下，既要注意发挥市场对资源配置的基础性作用，又要注意发挥政府的宏观调控作用。

第二，深化对社会主义市场经济条件下宏观调控体系内容的认识。党的十一届三中全会以来，随着市场化经济改革的逐步推进，我国的经济体制和运行机制逐渐发生了深刻的变化。与此同时，党对宏观调控机制尤其是现代宏观调控体系主要内容的认识，也经历了一个不断探索、不断深化的过程。1990 年，中共中央在《关于制定国民经济和社会发展十年规划和"八五"计划的建议》中，提出逐步建立以国家计划为主要依据的经济、行政、法律手段综合配套的宏观调控体系和制度。由此可见，当时对宏观调控机制的要求仍然是适应原先的计划经济体制的。1992 年党的十四大明确提出建立社会主义市场经济体制的目标，对我国的宏观调控机制提出了新的要求。在经济运行的内在机理和经济主体的行为方式发生了很大改变的情况下，原有的一些管理方式方法不再起作用，这就要求建立起适应社会主义市场经济发展要求的新的宏观调控体系。但是党的十四大对宏观调控问题只是确定了要使市场在社会主义国家宏观调控下对资源配置起基础性作用的基本原则，关于新的宏观调控体系的重要内容等，并没有给予详细具体的阐述。党的十四大以后，以江泽民为核心的第三代中央领导集体多次论述了适应社会主义市场经济发展要求的现代宏观调控体系的主要内容，进一步丰富和发展了宏观调控思想。

关于宏观调控的主要任务。由于各个经济发展阶段的水平和特点各不一样，因此宏观调控的任务在各个时期也有所不同。党的第三代中央领导集体根据建立社会主义市场经济的实践需要，对宏观调控的任务不断加以充实。1993 年 11 月，中共中央召开十四届三中全会通过的《关于建立社会主义市场经济体制的若干问题的决定》，将宏观调控的主要任务界定为："保持经济总量的基本平衡，促进经济结构的优化，引导国民经济持续、快速、健康发展，推动社会全面进步"。④ 即在宏观调控中既调节经济总量平衡，又注重经济结构的优化。1997 年 9 月党的十五大报告，又根据 1993～1997 年实施宏观调控软着陆的经验，将抑制通

① 新时期经济体制改革重要文献选编（下册）[M].北京：中央文献出版社，1998 年版：1033 - 1034.
② 江泽民论有中国特色的社会主义（专题摘编）[M].北京：中央文献出版社，2002：71.
③ 新时期经济体制改革重要文献选编（下册）[M].北京：中央文献出版社，1998：1255.
④ 新时期经济体制改革重要文献选编（下册）[M].北京：中央文献出版社，1998：1012.

货膨胀添加为宏观调控的主要任务之一，即"宏观调控的主要任务，是保持经济总量平衡，抑制通货膨胀，促进重大经济结构优化，实现经济稳定增长。"①

关于宏观调控的手段。1993 年 3 月，八届人大一次会议指出：要综合运用各种经济手段，加强经济法制，并辅之以必要的行政手段，充分发挥审计、统计、监察及工商行政管理等部门的作用。党的十四届三中全会也认为，宏观调控手段，主要是采取经济办法，在财税、金融、投资和计划体制的改革方面迈出重大步伐，要建立计划、金融、财政之间相互配合和相互制约的机制，加强对经济运行的综合协调。实践证明，随着社会主义市场经济体制的建立，更多地运用经济手段进行宏观调控，成效比较显著。在 1993 年 6 月开始实施的宏观调控中，中共中央、国务院下发了《关于当前经济情况和加强宏观调控的意见》，规定了16 条措施，其中 14 条是经济手段。党的十五大报告更进一步明确提出：宏观调控主要运用经济手段和法律手段。要深化金融、财政、计划体制改革，完善宏观调控手段和协调机制。② 对加强和改善宏观调控提出了明确的思路与方针。

在党的第三代中央领导集体对宏观调控手段的阐述中，一直强调计划、金融、财政这三大杠杆的相互配合、制约与协调。这与发达的市场经济国家主要运用金融、财政这两大经济杠杆来进行宏观调控有所不同。这是与我国现阶段宏观调控的主要任务相联系的。如前所述，在经济转型期，我国宏观调控的主要任务，除保持宏观经济总量平衡外，还包含有重大结构的调整。这样，宏观调控除主要运用财政和货币政策外，还须运用计划手段，计划与金融、财政一起成为我国宏观调控机制的主要组成部分。这是我国体制转轨时期在宏观管理理论上的重大创新，这一创新使我国宏观管理体制改革有了明确的目标，即深化财税、金融、计划等体制改革，建立适应市场经济运行要求的，以间接调控方式为主的现代宏观调控体系。

第三，深化宏观管理体制改革，建立健全宏观调控体系。在经济体制改革的过程中，我们党始终十分重视建立一个有效的宏观调控体系的问题。1987 年，党的十三大提出了"逐步健全以间接管理为主的宏观经济调节体系"的任务，这是中国共产党第一次提出把宏观调控作为一个体系来建立和健全。然而，在明确确定社会主义市场经济体制的目标之前，党在宏观调控问题上也不可能彻底跳出原先计划经济体制的框架。1989 年 3 月 4 日，《国务院批转国家体改委关于一九八九年经济体制改革要点的通知》中指出："现有的宏观调控体系不能适应经济决策权相对分散、利益趋于多元化的新情况，出现一定程度的失控状态。计划、财政、银行三方面没有形成互相协调、互相制约的机制，银行缺乏执行货币政策和信贷政策的相对独立性。由于原有的调控方式和手段部分失效，新的方式和手段又很不完善，致使中央对国民经济的实际调控能力有所降低，财政收支、信贷收支失衡，货币发行失控，能源和重要生产资料的供求也有较大缺口。尤其对迅速增长的预算外资金和超过实际增长的消费基金，缺乏有效的控制和引导。由于产业政策不明确、不配套、不具备优胜劣汰机制等原因，无论在'放'的时候，还是在紧缩的时候，都难以做到区别对待、促进结构优化。"③因此，1989 年经济体制改革的主要内容是：积极探索体制转换时期宏观调控的新方式、新

---

① 十五大以来重要文献选编（上册）［M］. 北京：中央文献出版社，2000：25.

② 十五大以来重要文献选编（上册）［M］. 北京：中央文献出版社，2000：25.

③ 新时期经济体制改革重要文献选编（下册）［M］. 北京：中央文献出版社，1998：560、564.

手段，在实行总量控制的同时，突出结构调整，提出"逐步建立有利于总量平衡和结构优化的宏观调控体系"的任务，并对坚持国民经济总量平衡制度和实行区别对待、扶优限劣的信贷政策与财税政策，促进产业结构的合理调整方面提出了具体要求。1992年10月党的十四大确定建立社会主义市场经济体制的改革目标，使国家宏观调控体系的建设进入了一个新的阶段。1993年3月，在党的十四届二中全会上江泽民提出了建立起适应社会主义市场经济发展要求的新的宏观调控体系的任务。自此，党的第三代中央领导集体对如何建立新型现代宏观调控体系进行了不懈的探索。1993年3月，江泽民指出，从根本上解决宏观调控问题，要靠深化改革。要进一步改革计划体制、财政体制、金融体制和投资体制，提高宏观调控的能力和水平，从体制上促使国民经济协调持续地发展。① 同年6月，为治理当时国民经济中通货膨胀和经济过热，中共中央和国务院发出《关于当前经济情况和加强宏观调控的意见》进一步指出，当前经济中出现的矛盾和问题，从根本上讲在于原有体制的弊端没有消除，社会主义市场经济体制尚未形成，那种盲目扩张投资、竞相攀比速度，缺乏有效约束机制等问题没有得到根本解决。在这种情况下，必须着眼于加快改革步伐，从加快新旧体制转换中找出路，把改进和加强宏观调控、解决经济中的突出问题，变成加快改革，建立社会主义市场经济体制的动力。在深化改革中，特别要加快金融体制、投资体制和财税体制的改革。②

在这种思想指导下，党和政府在加强治理经济过热的同时，1993年12月，先后下发《国务院关于实行分税制财政管理体制的决定》《国务院关于金融体制改革的决定》《国务院批准国家税务总局工商税制改革实施方案的通知》等文件，决定从1994年年初开始，重点深化财税、金融、计划、投资等宏观管理体制改革，以初步确立新型宏观调控体系的基础构架。③ 主要内容包括：（1）财税体制改革。财税体制改革，是加强宏观经济调控的关键所在。江泽民明确指出：财政，是国家的一项重要职能，是国家政权活动的一个重要方面。财税政策，是国家宏观调控的一个主要手段。……在我国，建立稳固、平衡、强大的财政，制定和实施正确的财税政策，努力做好财税工作，是我们全面推进改革开放和现代化建设，实现跨世纪发展宏伟目标和中华民族全面振兴的必然要求。④ 经济体制改革以来，为改变过去中央过分集中的格局，实行放权让利，调动了地方、企业和劳动者的积极性，方向是正确的。但由于一些权力下放不当，宏观管理又没有及时跟上，一些改革措施也不配套，造成经济生活中某些过于分散的现象，国家财政收入占国民收入的比重和中央财政收入占整个财政收入的比重下降过多，以至削弱了中央的宏观调控能力。因此，加快财税体制改革，进一步理顺中央与地方的财政分配关系，更好地发挥国家财政的职能作用，增强中央的宏观调控能力，促进社会主义市场经济体制的建立和国民经济持续、快速、健康地发展，成为当时加强中央宏观调控的迫切要求。⑤ 根据《中共中央关于建立社会主义市场经济体制若干问题的决定》对财税体制改革的部署，从1994年起，我国重点对工商税制和分税制财政体制进行了改革并取得了巨大成功。经过这次财税体制改革，基本实现了财税宏观调控由被动调控向主

---

① 新时期经济体制改革重要文献选编（下册）［M］. 北京：中央文献出版社，1998：901.
② 新时期经济体制改革重要文献选编（下册）［M］. 北京：中央文献出版社，1998：929.
③ 新时期经济体制改革重要文献选编（下册）［M］. 北京：中央文献出版社，1998：1066.
④ 江泽民论有中国特色的社会主义（专题摘编）［M］. 北京：中央文献出版社，2002：82.
⑤ 新时期经济体制改革重要文献选编（下册）［M］. 北京：中央文献出版社，1998：1107.

动调控的转变，由直接调控向间接调控的转变，由单一调控方式向多种调控方式的转变，标志着适应社会主义市场经济的财税宏观调控体系的框架基本形成。（2）金融体制改革。金融是经济运行的血脉，1993 年我国发生的金融秩序混乱，与金融体制改革滞后有很大关系。1994 年实施的金融体制改革，就是为了更好地发挥金融在国民经济中宏观调控和优化资源配置的作用，促进国民经济持续、快速、健康发展。① 其主要内容有：在国务院领导下，建立独立执行货币政策的中央银行宏观调控体系。把中国人民银行办成真正的中央银行，其主要职能是制定和实施货币政策，保持货币的稳定；对金融机构实行严格的监管，保证金融体系安全、有效地运行；建立政策性金融与商业性金融分离、以国有商业银行为主体、多种金融机构并存的金融组织体系；建立统一开放、有序竞争、严格管理的金融市场体系；改革外汇管理体制，协调外汇政策与货币政策；正确引导非银行金融机构稳健发展等。1997 年亚洲金融危机爆发后，第三代中央领导集体更加重视金融工作，指出金融在现代经济中具有极其重要的地位和作用，进一步做好金融工作，保证金融安全、高效、稳健运行，是国民经济持续快速健康发展的基本条件，因此，我们要比以往任何时候都更加重视金融工作，把金融改革和发展搞得更好，并提出了以保持币值稳定、整顿金融秩序、切实防范和化解金融风险为主要任务的金融体制改革，经受住了亚洲金融危机的考验。总之，在第三代中央领导集体的领导下，经过十几年的努力，我国金融体制改革取得了重大进展。金融组织体系逐步健全，金融宏观调控水平明显提高，实现了由贷款规模控制为主的直接调控向运用利率等货币政策工具的间接调控的根本性转变，从而使金融在加强和改善宏观调控、促进经济发展、维护社会稳定方面发挥了重大作用。（3）计划体制改革。1992 年 12 月 18 日，江泽民在全国计划会议上指出，建立社会主义市场经济体制，是要改革过去的计划经济模式，但不是不要计划，国家计划是宏观调控的重要手段之一。② 1993 年，中共中央在《关于建立社会主义市场经济体制若干问题的决定》中，详细阐述了计划在宏观调控中的地位、作用、范围和职能：计划工作的任务，是合理确定国民经济和社会发展战略、宏观调控目标和产业政策，搞好经济预测，规划重大经济结构、生产力布局、国土整治和重点建设。计划工作要突出宏观性、战略性、政策性，把重点放到中长期计划上，综合协调宏观经济政策和经济杠杆的作用。按照市场经济体制的要求，计划体制进行了较大幅度的改革，计划管理职能逐步转变：一是从偏重于用行政手段直接管理微观经济活动，转向研究发展战略、重大方针政策，制订中长期计划。1995 年，制定了我国在发展社会主义市场经济条件下第一个中长期规划——《"九五"计划和 2010 年远景目标纲要》，为我国世纪之交国民经济的发展提出了正确的战略、指导方针、重大比例关系、全国生产力布局等，着重体现了计划的宏观性和战略性。二是改进年度计划形式，从指标型计划转向政策性计划，并突出计划的信息导向功能；改进年度计划指标体系，减少和简化产量指标，增加必要的总量指标。1995 年起将计划指标分为宏观调控目标、预期指标和国家公共资金和资源配置指标，提供了制定宏观经济决策的科学依据，提高了宏观调控能力。在年度计划实施中，加强了即期调控。针对经济运行中的突出矛盾和影响全局的问题，与财政、金融密切配合，运用各种经济手段、经济法规和必要的行政手段，加强和改善宏观调控。三是改进计划制定程序。在制订计划过程中，注意听取实际

---

① 新时期经济体制改革重要文献选编（下册）[M]. 北京：中央文献出版社，1998：1066.
② 江泽民论有中国特色的社会主义（专题摘编）[M]. 北京：中央文献出版社，2002：77.

工作部门、企业、高校和科研单位的意见，提高社会参与度，增强政府与社会各界对计划内容的共识。总之，计划体制的改革已经深入到改变计划在宏观经济调控作用的更深层次上，计划工作的重点、内容和形式在适应社会主义市场经济发展方面取得了很大进展。（4）投资体制改革。随着社会主义市场经济体制改革的推进，地方和企业的投资决策权日益扩大，开始逐步形成投资主体多元化、资金来源多渠道的格局。在这种形势下，培育并强化投资主体的自我约束机制和投资风险责任约束机制成为投资体制改革的重点。1992年以来，国家计委先后发布《关于建设项目实行业主负责制的暂行规定》《关于进一步深化投资体制改革的实施方案》《关于实行建设项目法人责任制的暂行规定》等文件，进行了包含确定企业法人是固定资产投资的基本主体、明确投资主体的分工和投资责任、建立项目法人责任制、实行投资项目资本金制度等内容的改革。与上述投资体制改革相适应，国家对固定资产投资的调控，不再单纯依靠全社会计划指标控制投资总量，而是主要运用经济手段，从资金源头调节投资总量和结构。如将个人投资规模作为预测性计划，集体投资规模主要由各地区通过加强规划和土地管理进行控制，不再分解下达到各地区。加快培育与投资相关的市场服务体系，逐步形成不同层次、各有侧重的投资和建设全过程服务的工程咨询体系，建立健全项目设计服务体系，大力推行工程监理制等。

吴敬琏指出，1994年推出的宏观管理体制改革，是人们公认的我国改革中的一次最成功的尝试。[①] 这一系列的改革成果，有效地促进了宏观调控体系和调控机制的完善。1997年9月，党的十五大宣布宏观调控体系的框架初步建立。这样，适应社会主义市场经济的、以间接调控为主的现代宏观经济体制框架初步形成。[②] 现代宏观调控体系的初步确立，有力地支持了第三代中央领导集体在20世纪90年代实施的宏观调控措施，从体制上巩固了宏观调控的成果。

作为政府对经济的主要管理方式，宏观调控在任何一个国家和任何一种市场经济模式中都占有极为重要的地位。第三代中央领导集体执政的13年，正是我国社会主义市场经济体制建立健全的关键历史时期。在这一特殊的转型时期，一方面，加强和改善宏观调控尤为重要，这一问题能否解决好，从根本上关系到我国经济能否保证健康稳定的发展；另一方面，在这一转型时期，良好的宏观经济管理往往并不是很容易做到的，它不仅需要良好的宏观经济管理体制这一前提，更需要政府以精巧的艺术运用综合政策来保持宏观经济稳定。[③] 面对这一艰巨的历史课题，以江泽民为核心的第三代中央领导集体，深入对宏观调控的认识，丰富宏观调控理论；深化宏观管理体制改革，建立健全宏观调控体系；实施新型宏观调控，提高驾驭市场经济能力，在理论和实践的探索上均取得了丰硕的成果，为保持中国经济发展和政治稳定做出了卓越的历史性贡献。

概括起来，江泽民关于社会主义市场经济体制下宏观调控的思想主要表现在三个方面：

第一，社会主义市场经济需要通过国家宏观调控来抑制市场的弱点，弥补市场的不足。

高度集中的计划经济体制一个突出的弊病是集中过多、信息不灵、活力不强、效率不高。而市场在对各种经济信号的反应上却恰恰是灵敏迅速的，并且能通过竞争机制和价格杠

① 吴敬琏专集 ［M］. 太原：山西经济出版社，2005：66.

② 十五大以来重要文献选编（上册）［M］. 北京：中央文献出版社，2000：6.

③ 吴敬琏. 当代中国经济改革 ［M］. 上海远东出版社，2004：351.

杆，把资源配置到效益较好的环节中去。正因为如此，我国才会在实施 30 年的计划经济体制之后将经济体制改革的目标确定为建立社会主义市场经济体制，使市场对资源配置起基础性作用。然而，这是否意味着市场就没有短处、计划就没有长处了呢？对此，江泽民同志早在党的十四大召开前夕提出把社会主义市场经济作为经济体制改革目标模式的讲话中，就曾明确指出："市场也有其自身的明显弱点和局限性。例如，市场不可能自动地实现宏观经济总量的稳定和平衡；市场难以对相当一部分公共设施和消费进行调节；在某些社会效益重于经济效益的环节，市场调节不可能达到预期的社会目标；在一些垄断性行业和规模经济显著的行业，市场调节也不可能达到理想的效果。"因此，他说："这就要求我们必须发挥计划调节的优势，来弥补和抑制市场调节的这些不足和消极作用，把宏观经济的平衡搞好，以保证整个经济全面发展。"他还提出："在那些市场调节力所不及的若干环节中，也必须利用计划手段来配置资源。同时，还必须利用计划手段来加强社会保障和社会收入再分配的调节，防止两极分化。"① 从这些论述中可以看出，缺乏宏观调控的市场调节至少有以下五个方面的缺陷：（1）不能自动实现宏观经济总量的稳定和平衡；（2）难以对相当一部分公共设施和消费进行调节；（3）在一些垄断性行业和规模经济显著的行业中，调节达不到理想效果；（4）在资源配置上有一些力所不及的环节；（5）容易导致两极分化。

在党的十四届三中全会上，江泽民同志就正确处理加强宏观调控和发挥市场作用的关系问题作了进一步阐述。他指出："建立社会主义市场经济体制，就是要使市场在国家宏观调控下对资源配置起基础性作用。国家宏观调控和市场机制的作用，都是社会主义市场经济体制的本质要求，二者是统一的，是相辅相成、相互促进的。要改革传统的计划经济体制，必须强调充分发挥市场在资源配置中的基础性作用，不如此便没有社会主义市场经济。但是，同时也要看到市场存在自发性、盲目性、滞后性的消极一面，这种弱点和不足必须靠国家对市场活动的宏观指导和调控来加以弥补和克服。"② 这充分说明，使市场在国家宏观调控下对资源起基础性作用，是对社会主义市场经济的完整表述；离开市场对配置资源的基础性作用，或者离开宏观调控，都不成其为社会主义市场经济。

此外，江泽民同志还阐明了社会主义市场经济体制的三个主要特征，即在所有制结构上，坚持以公有制为主体，多种成分共同发展；在分配制度上，坚持以按劳分配为主体，其他分配方式为补充，逐步实现共同富裕，防止两极分化；"在经济运行机制上，把市场经济和计划经济的长处有机结合起来，充分发挥各自的优势作用，促进资源的优化配置，合理调节社会分配。"③ 这说明，把计划经济体制变为社会主义市场经济体制，不等于说市场就是全面的万能的，也不等于说计划经济就一无是处；相反，是要在充分发挥市场机制反应灵敏的优点的同时，通过包括计划调节在内的宏观调控，来抑制和弥补市场调节的消极作用和局限性。

第二，社会主义市场经济中的宏观调控与西方市场经济中的政府干预不完全是一回事。江泽民同志指出：20 世纪"三十年代以来，西方国家都已不存在完全自由的市场经济

---

① 江泽民文选（第 1 卷）[M]. 北京：人民出版社，2006：201.

② 江泽民. 论社会主义市场经济 [M]. 北京：中央文献出版社，2006：159.

③ 江泽民. 论社会主义市场经济 [M]. 北京：中央文献出版社，2006：6.

了，都是由政府程度不同地调控经济的发展。"① "到了二次大战后，尤其是六十年代以来，随着资本主义所固有的矛盾日益加深以及科学技术的迅速发展，一些西方发达国家纷纷制定和实施各种形式的宏观经济计划。"因此，"不能把有计划只看成是社会主义独具的特征。"② 他又指出："建立社会主义市场经济体制，是要改革过去那种计划经济模式，但不是不要计划，就是西方市场经济国家也都很重视计划的作用。我们是社会主义国家，更有必要和可能正确运用必要的计划手段。"③ 然而，"社会主义制度下和资本主义制度下运用计划手段的范围和形式是会有些区别的，如同运用市场手段的范围和形式也是会有些区别的一样。"④ "在当今世界，没有哪一个国家的市场经济是不受政府调控的。我国是社会主义国家，应该而且也更有条件搞好宏观调控。"⑤

具体地说，可以从以下三个方面来阐释：（1）我国的社会主义基本制度与资本主义国家不同。正如江泽民同志所指出的那样："社会主义市场经济体制是同社会主义基本制度结合在一起的。"⑥这就决定了我国社会主义市场经济体制下的宏观调控，最终目的是保证国家的社会主义方向，实施起来也能通过发挥社会主义制度优越性予以保障。江泽民同志说："我们搞的是社会主义市场经济，'社会主义'这几个字是不能没有的，这并非多余，并非画蛇添足，而恰恰相反，这是画龙点睛。所谓'点睛'，就是点明我们的市场经济的性质。西方市场经济符合社会化大生产、符合市场一般规律的东西，毫无疑问，我们要积极学习和借鉴，这是共同点；但西方市场经济是在资本主义制度下搞的，我们的市场经济是在社会主义制度下搞的，这是不同点。"⑦ 什么是社会主义的基本制度？从政治上讲，最基本的就是工人阶级领导、以工农联盟为基础的人民民主专政，或者说是四项基本原则；从经济上讲，最基本的就是以公有制和按劳分配为主体，走共同富裕道路。按照江泽民同志的话说，正是这些基本制度，决定了社会主义市场经济的宏观调控，需要把"国有经济和整个公有制经济在市场竞争中不断发展壮大，始终保持公有制经济在国民经济中的主体地位，充分发挥国有经济的主导作用"；把"防止两极分化，逐步实现共同富裕"；"把人民的当前利益与长远利益、局部利益与整体利益结合起来"等任务，当成自己的重要目标。同时，正是由于这些基本制度，决定了我们具有集中力量办大事和全国一盘棋的优势，使社会主义市场经济的宏观调控更有可能和条件实现自己的目标。而这些绝不是西方经济理论，包括市场社会主义理论所提倡的国家干预应当解决的市场不足问题，也绝不是西方资本主义国家干预的有效性所能望其项背的。而对于社会主义与资本主义市场经济，由于社会基本制度不同而导致宏观调控的主观目的和客观效果不同的问题，江泽民指出："消灭贫困，实现共同富裕，是社会主义的本质要求和社会主义优越性的体现……发展社会主义市场经济体制，既要追求资源配置的效率目标，也要兼顾公平原则，更要对贫困地区采取有效的扶持政策。"⑧ "在探索和建

① 江泽民. 论社会主义市场经济 [M]. 北京：中央文献出版社，2006：90－91.
② 江泽民. 论社会主义市场经济 [M]. 北京：中央文献出版社，2006：3.
③ 江泽民. 论社会主义市场经济 [M]. 北京：中央文献出版社，2006：31.
④ 江泽民. 论社会主义市场经济 [M]. 北京：中央文献出版社，2006：3.
⑤ 江泽民. 论社会主义市场经济 [M]. 北京：中央文献出版社，2006：159.
⑥ 江泽民文选（第1卷）[M]. 北京：人民出版社，2006：227.
⑦ 江泽民. 论社会主义市场经济 [M]. 北京：中央文献出版社，2006：203.
⑧ 江泽民. 论社会主义市场经济 [M]. 北京：中央文献出版社，2006：166.

立社会主义市场经济体制的过程中，既要反对有人固守计划经济体制，又要反对有人想通过市场经济把中国带到资本主义。"① 他同时指出：我国社会主义市场经济"既可以发挥市场经济的优势，又可以发挥社会主义制度的优越性，在处理市场机制和宏观调控、当前发展和长远发展、效率和公平等关系方面，应该比西方国家做得更好、更有成效。"② "它在所有制结构上、分配制度上、宏观调控上具有鲜明的社会主义特征，因而也具有资本主义不可能有的优势。"③ （2）我国的国情和发展阶段与资本主义国家尤其是西方发达国家不同。江泽民同志指出："我们是一个发展中的社会主义国家，生产力相对落后、整体素质不高，经济发展又很不平衡，特别是我们没有搞社会主义市场经济的经验。我们的国情和目前所处的经济发展阶段，要求我们必须搞好国家宏观调控。"④ "我国是发展中的大国，又处在经济体制转轨、产业结构升级和经济快速发展的时期，加强和改善宏观调控尤为重要。"⑤ （3）我国正处于经济体制转轨时期。这也是我国社会主义市场经济比西方发达国家更需要宏观调控，而且调控范围、形式不尽相同的一个重要原因。江泽民同志指出："我们的经济体制正在向社会主义市场经济体制过渡，原有体制的一些弊端没有消除，新体制尚未形成，市场机制未能有效发挥作用。在体制转轨过程中，需要有一系列相应的体制改革和政策调整，必然涉及经济基础和上层建筑的许多领域，要从总体上协调好各方面的利益关系，就必须加强和改善国家宏观调控。"⑥ 因此，我国社会主义市场经济体制下宏观调控在现阶段有一个特殊的任务，就是要规范和完善市场，为建立、培育起一个健全的竞争有序、遵守信用的市场体系提供保证。

第三，加强和完善社会主义市场经济体制下的宏观调控，应注意总结和借鉴我们过去搞计划经济和西方市场经济国家搞国家干预的两方面经验。

社会主义市场经济不是一般意义上的市场经济，而是与社会主义制度相结合的市场经济，因此，它不是对计划经济体制细枝末节的修补，而是经济体制的根本性变革。联合国贸易和发展会议（UNCTAD）发表的《2006 年贸易和发展报告》提出："大多数发展中国家自上世纪 80 年代初开始实施的以市场为基础的改革没有取得主张进行这种改革的人保证能得到的结果。""如果看一看传统的发展思想和宏观经济理论，再看看中国过去 20 年的情况，你就会发现，95% 优秀的经济学家都会得出中国的情况是不可能的结论。"因此，该报告指出，发展中国家应更多地实行政府干预政策，并通过与中国相类似的方式发展国民经济。

党的十四大召开前夕，江泽民同志在解释为什么会从"计划与市场相结合的社会主义商品经济""社会主义有计划的市场经济""社会主义市场经济"这三种提法中，选择后者作为新经济体制的提法时说："有计划的商品经济，也就是有计划的市场经济。社会主义经济从一开始就是有计划的，这在人们的脑子里和认识上一直是清楚的，不会因为提法中不出现'有计划'三个字，就发生是不是取消了计划性的疑问。"⑦ 这非常清楚地揭示了社会主

---

① 江泽民文选（第 1 卷）［M］. 北京：人民出版社，2006：338 - 339.

② 江泽民文选（第 1 卷）［M］. 北京：人民出版社，2006：467.

③ 江泽民文选（第 1 卷）［M］. 北京：人民出版社，2006：356.

④ 江泽民. 论社会主义市场经济［M］. 北京：中央文献出版社，2006：118.

⑤ 江泽民文选（第 1 卷）［M］. 北京：人民出版社，2006：467.

⑥ 江泽民. 论社会主义市场经济［M］. 北京：中央文献出版社，2006：118.

⑦ 江泽民文选（第 1 卷）［M］. 北京：人民出版社，2006：202.

义市场经济并不排斥计划性，从一定意义上可以讲，它就是有计划的市场经济。在党的十四大报告中，江泽民同志还指出："原有经济体制有它的历史由来，起过重要的积极作用"。[①]后来，他又指出："对计划经济体制曾经起过的历史作用，我们是充分肯定的。从历史进程看，苏联能够对付并最终打败德国法西斯，同他们通过计划经济建立了独立的完整的工业体系和国民经济体系是分不开的。这就是说，在无产阶级夺取政权和建设社会主义初期那种历史条件下，实行计划经济还是有其必要的。我们建国初期的历史也说明了计划经济曾经起过重要作用……我们既不能抱着过去的计划经济体制不放，看不到它的弊病和改革的必要性，也不能照搬照抄西方资本主义市场经济的模式，而应在总结我们搞计划经济的经验教训和借鉴西方国家搞市场经济的有益经验的基础上，通过实践、认识、再实践、再认识，开拓一条发展社会主义市场经济的正确道路，使这种新的经济体制逐步成熟和完善起来。"[②] 这些论述说明，我们虽然放弃了计划经济体制，但并没有放弃计划经济中的计划性；计划经济时期积累的搞经济计划的有益经验，以及西方市场经济国家搞国家干预的经验，都应当也可能为社会主义市场经济所借鉴所继承。那种把计划经济时期积累的经验统统当成过时的东西，认为强调计划调节作用就是"复旧"，就是"要开历史倒车"的观点，是一种形而上学的和历史虚无主义的表现。

此外，社会主义市场经济的宏观调控虽然主要运用的是经济手段和法律手段，但也不可能离开计划手段和行政手段。江泽民同志指出："国家计划是宏观调控的重要手段之一。"[③]他又指出："在当前新旧经济体制转换的过程中，为保证整个国民经济稳定协调发展，尽量减少可能出现的不协调甚至混乱现象，必须运用经济手段、法律手段，同时辅之以必要的行政手段加强宏观调控。那种以为搞市场经济就可以离开国家的宏观指导和调控，放任自流、自行其是、随心所欲，完全是一种误解。"[④] 他还说："宏观调控应当以间接手段为主，更多地运用经济的和法律的办法。但在目前经济体制转换过程中，由于多种因素，一时还难以完全做到。必须根据经济运行的实际情况，相机综合地运用各种手段，其中包括采用一些必要的行政手段，以利于不失时机地解决矛盾和问题。"[⑤] 他强调："必须采取必要的行政手段，这是因为经济生活中出现的大量秩序混乱的问题是由于行政行为导致的。同时，目前的管理体制也需要通过行政手段来保证经济手段正确、有效地实施。"[⑥] "越是改革开放，越是搞活经济，就越要加强纪律性和法制观念，越要防止和克服那种有令不行、有禁不止、各行其是、法纪松弛的现象。"[⑦] 可见，在当前情况下，我们要加强和完善社会主义市场经济体制下的宏观调控，固然需要借鉴西方市场经济国家搞国家干预的某些有益经验，但计划经济时期形成的某些经验和认识距离我们的国情更接近，更具有现实针对性，更有总结和借鉴的必要。

党的十六大以来，以胡锦涛同志为总书记的党中央，根据国际国内形势发生的新变化，

① 江泽民文选（第1卷）[M]. 北京：人民出版社，2006：212.
② 江泽民. 论社会主义市场经济 [M]. 北京：中央文献出版社，2006：203－204.
③ 江泽民. 论社会主义市场经济 [M]. 北京：中央文献出版社，2006：31.
④ 江泽民. 论社会主义市场经济 [M]. 北京：中央文献出版社，2006：90.
⑤ 江泽民. 论社会主义市场经济 [M]. 北京：中央文献出版社，2006：200.
⑥ 江泽民. 论社会主义市场经济 [M]. 北京：中央文献出版社，2006：119.
⑦ 江泽民. 论社会主义市场经济 [M]. 北京：中央文献出版社，2006：46.

全面把握我国发展的阶段性特征，深刻分析影响我国经济健康、社会和谐的突出矛盾和问题，与时俱进，勇于创新，相继提出了一系列重大的指导性方针和战略任务。

　　第一，高度重视宏观调控的重要性。自党的十六大以来，胡锦涛同志在多种场合都强调了宏观调控的重要性。例如，在 2004 年 7 月 23 日中共中央召开党外人士座谈会上，胡锦涛强调，加快和改善宏观调控，实质就是要树立和落实科学发展观，优化经济结构，加快转变经济增长方式，逐步消除可能导致经济大起大落的体制性、机制性障碍，以充分利用好重要战略机遇期，实现又快又好的发展；要进一步加强领导，统一认识，继续坚定不移地贯彻落实宏观调控的各项政策措施；要区别对待、有保有压，提高宏观调控水平。在 2006 年 12 月 5 日召开的党外人士座谈会上，胡锦涛指出，要继续加强和改善宏观调控，保持宏观经济政策的连续性和稳定性，加强财政政策、货币政策和产业政策、土地政策、社会政策的协调配合，切实把经济发展的着力点转到提高质量和效益上来。在 2008 年 12 月 18 日召开的纪念改革开放 30 周年大会讲话中，胡锦涛指出："我们锐意推进各方面体制改革，使我国成功实现了从高度集中的计划经济体制到充满活力的社会主义市场经济体制的伟大历史转折。我们建立和完善社会主义市场经济体制，建立以家庭承包经营为基础、统分结合的农村双层经营体制，形成公有制为主体、多种所有制经济共同发展的基本经济制度，形成按劳分配为主体、多种分配方式并存的分配制度，形成在国家宏观调控下市场对资源配置发挥基础性作用的经济管理制度。我们着力建立和完善社会主义市场经济体制，发挥市场在资源配置中的基础性作用，推动建立现代产权制度和现代企业制度，同时又注重加强和完善国家对经济的宏观调控，克服市场自身存在的某些缺陷，促进国民经济充满活力、富有效率、健康运行。"①在 2010 年 11 月 30 日召开的党外人士座谈会上胡锦涛表示，明年要切实加强和改善宏观调控，更加积极稳妥地处理好稳定经济增长、调整经济结构、管理通货膨胀预期的关系。同时要优化需求结构，增强消费对经济发展的拉动作用。在 2011 年 7 月 21 日召开的党外人士座谈会上，胡锦涛指出，要继续加强和改善宏观调控，继续实施积极的财政政策和稳健的货币政策，保持政策的连续性和稳定性，增强政策的前瞻性、针对性、有效性，把握好宏观调控的方向、力度、节奏，保持经济平稳较快发展；要继续稳定物价总水平，坚持把稳定物价总水平作为宏观调控的首要任务，密切观察经济发展和物价上涨的走势，加强市场保障，加大清费减负力度，建立社会救助和保障与物价上涨挂钩联动机制；等等。

　　第二，深刻地阐释了科学发展观与加强和改善宏观调控的关系。首先，科学发展观的提出。2003 年 10 月，党的十六届三中全会通过了《中共中央关于完善社会主义市场经济体制若干问题的决定》，明确了"五个统筹"和"坚持以人为本，树立全面、协调、可持续的发展观"的要求，标志着科学发展观的正式形成。科学发展观正式提出后，在 2004 年中央经济工作会议上，胡锦涛结合新一轮宏观调控的实践指出，21 世纪以来我国实施新一轮宏观调控不仅保持了经济的平稳较快发展，更重要的是使全党同志深化了对科学发展观的认识。他强调，科学发展观是我们以邓小平理论和"三个代表"重要思想为指导，进一步总结我国现代化建设的历史经验，从新世纪新阶段党和国家事业发展全局出发，提出的重大战略思想和指导方针，是我们党对长期发展实践的经验总结和理论升华。进而他提出了"科学发展观是指导我们抓住机遇、加快发展的世界观和方法论，是我们应对更加复杂的国际国内环

①　十七大以来重要文献选编（上）[M].北京：中央文献出版社，2009：800.

境和各种新挑战的强大思想武器"的重要论断。对于科学发展观的这个理论定位，在 2005 年底的中央经济工作会议上，胡锦涛在总结宏观调控经验时又作了深入阐述。他指出："实践证明，科学发展观是对经济社会发展一般规律认识的深化，是指导发展的世界观和方法论的集中体现，是推进社会主义经济建设、政治建设、文化建设、社会建设全面发展的指导方针，必须贯穿于全面建设小康社会和社会主义现代化建设的全过程。"① "我们提出科学发展观，就是为了更好地解决改革发展关键时期遇到的各种问题，确保我国经济社会协调发展，确保党和人民的事业继续沿着正确的道路前进。"② 他进一步分析指出："贯彻落实科学发展观，推动科学发展，必须有科学的体制机制作保障。我国发展面临的一些深层次矛盾和问题，很多是体制机制方面的矛盾和问题，其中有的属于传统计划经济体制遗留下来、至今尚未得到根本解决的，有的属于社会主义市场经济发展过程中体制机制建设滞后造成的或由新情况新问题带来的。"③ 其次，加强和改善宏观调控是完善社会主义市场经济体制的重要任务，是贯彻落实科学发展观的重大举措。对于如何完善社会主义市场经济体制，构建有利于科学发展的体制机制的问题，胡锦涛强调要正确处理好市场机制与发挥宏观调控作用的关系。胡锦涛指出："在发展社会主义市场经济、推进现代化建设的过程中，市场机制与宏观调控是相辅相成的。我们自始至终要充分发挥市场配置资源的基础性作用，同时要根据不断变化的经济运行情况加强和改善宏观调控，两者都是不可或缺的。" "只有正确处理发挥市场机制作用和加强宏观调控的关系，才能既保持经济发展的活力，又保持经济运行的平稳，促进国民经济持续快速协调健康发展"。④ 值得关注的是，胡锦涛还谈到了加强和改善宏观调控在我国发展新阶段对于推动科学发展的特殊意义。他指出："在社会主义市场经济条件下，实现国民经济持续快速协调健康发展，既要充分发挥市场在资源配置中的基础性作用，又要注重克服市场的缺陷和防范其可能引发经济的较大波动。特别是在工业化、城镇化进程加快和改革攻坚的过程中，更需要通过宏观调控实现经济总量的基本平衡，促进经济结构优化，保持经济平稳运行。"⑤ 再次，关于加强和改善宏观调控与贯彻落实科学发展观的关系，胡锦涛作出过非常明确的阐述。2004 年 8 月，胡锦涛在四川考察工作时强调："贯彻落实科学发展观，为当前加强和改善宏观调控指明了正确方向。加强和改善宏观调控，又是贯彻落实科学发展观的一次重要实践。" 在党的十六届四中全会第三次全体会议上，胡锦涛又进一步对两者的关系作了分析，他指出："加强和改善宏观调控，是当前贯彻落实科学发展观的重大举措，其实质就是要优化经济结构，加快转变经济增长方式，逐步消除可能导致经济大起大落的体制性、机制性障碍，以充分利用好重要战略机遇期，实现又快又好发展"。⑥ 在 2005 年经济工作会议上，胡锦涛再一次谈到了这个问题，指出"加强和改善宏观调控的过程，实质是加深理解和全面落实科学发展观的过程"。

　　归纳上述重要论述，可以得出以下结论：科学发展观是指导加强和改善宏观调控的战略思想，加强和改善宏观调控是贯彻落实科学发展观的重大举措；加强和改善宏观调控的过程

① 十六大以来重要文献选编（下）[M]. 北京：中央文献出版社，2008：69.
② 十六大以来重要文献选编（中）[M]. 北京：中央文献出版社，2006：309.
③ 十七大以来重要文献选编（上）[M]. 北京：中央文献出版社，2009：582.
④ 十六大以来重要文献选编（中）[M]. 北京：中央文献出版社，2006：45、55.
⑤ 十六大以来重要文献选编（下）[M]. 北京：中央文献出版社，2008：67.
⑥ 十六大以来重要文献选编（中）[M]. 北京：中央文献出版社，2006：309.

既是贯彻落实科学发展观的实践过程，又是推动科学发展观理论升华的过程。在科学发展观的思想指导下，我们党对进一步加强和改善宏观调控思想认识也得到了进一步深化，取得了丰富的理论成果。概括起来包括了以下几个方面：一是深化了对平衡经济总量与调整经济结构关系的认识，注重实现宏观调控短期效果与长期目标的统一。随着我国发展中的结构性矛盾日益突出，立足现实着眼长远，处理好总量平衡与结构调整的关系成为宏观调控必须把握好的全局性问题。胡锦涛提出了"经济运行中出现的供求总量矛盾往往与经济结构不合理、增长方式粗放相关"的观点，指出"我们在任何时候都要重视短期增长目标与长期发展目标的衔接""宏观调控既要促进供求总量基本平衡，又要大力推进结构调整，切实加强农业、社会发展等薄弱环节，努力提高企业自主创新能力和核心竞争力，加快转变经济增长方式，增强经济运行的稳定性和协调性。"[1] 在 2006 年中央经济工作会议上，胡锦涛提出"必须在结构优化中促进总量平衡"重要思想。他指出："解决总量矛盾必须加大结构调整力度，着力调整投资和消费比例，不断优化产业结构，合理调整国民收入分配结构，努力使总量平衡建立在结构优化的基础上"。[2] 二是深化了对科学运用宏观调控工具的认识，注重宏观调控政策的协调配合。科学合理运用宏观调控工具，形成系统的政策体系和强大的政策合力，是宏观调控取得实效的保障，胡锦涛强调："随着我国经济市场化程度不断提高、利益主体更趋多元化，宏观调控必须综合运用经济和法律手段并辅之以必要的行政手段，形成调控合力，增强调控效果。对那些由市场支配的经济行为，着重运用利率、税率、价格等经济杠杆来合理调整利益关系，更有效地发挥市场机制优化配置资源的作用。对那些违法违规的经济行为，着重运用法律手段来加以规范和约束。同时，对那些由于不合理的行政干预引发的突出问题，还要采取必要的行政措施来加以纠正和引导。"[3] 对于如何具体运用财税金融等工具来实现科学调控，胡锦涛则强调从制度安排入手，完善加快经济发展方式转变的宏观调控体系和政策导向。在党的十七大的报告中，他对这个问题作了具体论述，指出要围绕推进基本公共服务均等化和主体功能区建设，完善公共财政体系；实行有利于科学发展的财税制度，建立健全资源有偿使用制度和生态环境补偿机制；推进金融体制改革，发展各类金融市场，形成多种所有制和多种经营形式、结构合理、功能完善、高效安全的现代金融体系；完善国家规划体系，发挥国家发展规划、计划、产业政策在宏观调控中的导向作用，综合运用财政、货币政策，提高宏观调控水平。三是深化了对经济增长周期性变化的认识，注重增强宏观调控的预见性和灵活性。胡锦涛在总结我国历年来的宏观调控经验的基础上，强调要更加注重加强事前调控，完善事中调控，实现适时适度微调。他提出了"经济增长出现小幅波动是难免的，关键是要防止出现大起大落"的观点，指出"经济持续增长时间的长短和波动程度的大小，不仅取决于客观因素，也取决于主观努力，取决于人们对客观规律的认识水平和运用能力。"[4] 他强调："在经济周期的上升阶段，容易出现投资膨胀乃至整个社会需求过度扩张，甚至引发严重通货膨胀。而在经济周期下行阶段，则容易出现有效需求不足，引起价格水平回落，甚至形成通货紧缩。这两种情况都要尽力避免，关键是善于认识和

① 十六大以来重要文献选编（下）[M]. 北京：中央文献出版社，2008：68－69.
② 十六大以来重要文献选编（下）[M]. 北京：中央文献出版社，2008：807.
③ 十六大以来重要文献选编（下）[M]. 北京：中央文献出版社，2008：68.
④ 十六大以来重要文献选编（中）[M]. 北京：中央文献出版社，2006：310.

把握市场经济运行的规律和特点，提高应对经济波动的预见性和针对性"。① 四是深化了对宏观调控对象普遍性和特殊性关系的认识，提出必须坚持区别对待、分类指导的原则。胡锦涛指出，在落实加强和改善宏观调控的各项政策措施时，一定要充分体现区别对待、有保有压的原则。这是我国历次宏观调控取得成功的宝贵经验，也是巩固和发展宏观调控成果的关键所在。对于坚持这个原则必要性，他指出："宏观调控必须立足于我国正处在社会主义初级阶段、各方面发展很不平衡这一基本国情。要处理好普遍性和特殊性的关系，充分考虑不同地区、不同行业的实际情况，把握全局，有保有压，不能简单采取'一刀切'的办法"。② 五是深化了对宏观调控的主要目标的认识，突出促进国际收支平衡的重要作用。促进经济增长、增加就业、稳定物价和保持国际收支平衡，是我国的调控目标。针对我国经济发展的新情况新特征，胡锦涛强调，要更加注重把促进国际收支平衡作为保持宏观经济稳定的重要任务。他指出："经过多年实践，我们对实现前三个目标逐步有了较为深刻的认识。随着我国对外开放不断扩大，特别是在经济全球化趋势深入发展和国际产业转移不断加快的背景下，国际收支状况对经济稳定发展的影响越来越大。国际收支总会存在顺差或逆差，但都应保持在合理的限度之内。在外汇短缺时期，出口创汇是我们追求的重要目标，也是促进国际收支平衡的有效途径。目前影响我国国际收支平衡的主要矛盾，已由过去的外汇短缺转为贸易顺差过大和外汇储备增长过快，这既表明我国综合国力逐步增强和国际竞争力逐步提高，但也带来人民币升值压力加大、贸易摩擦增多和国内资源更多流向国外等问题。必须把促进国际收支平衡作为宏观调控的重要任务，坚持从国情出发，注意借鉴国际经验，多方采取有效措施，逐步缓解国际收支不平衡的矛盾。"③ 这一关于促进国际收支平衡的思想，体现在党的十七大报告中明确提出要"采取综合措施促进国际收支基本平衡"的要求。

第三，提出形成有利于科学发展的宏观调控体系。胡锦涛同志在十七大报告中指出："要深化对社会主义市场经济规律的认识，从制度上更好发挥市场在资源配置中的基础性作用，形成有利于科学发展的宏观调控体系。"④ 这一表述标志着市场配置资源已进入制度化的新阶段。这是胡锦涛在总结近年来经济体制改革实践的基础上，从完善社会主义市场经济体制出发，对发挥市场配置资源作用提出的新要求。

从社会主义市场经济体制的内在规定性来看，它包括了两个不可分割的方面：一是市场对资源配置的基础性作用，这是社会主义市场经济体制与计划经济体制的根本区别。市场是配置资源和提供激励的有效方式，它通过释放灵敏的价格信号，发挥竞争机制的优胜劣汰作用，引导市场主体的生产经营活动，使其符合价值规律的要求，促进各种生产要素的优化配置，为整个经济社会生活不断增添新的生机和活力；二是国家对经济的宏观调控，这是社会主义市场经济有别于自由放任市场经济的重要标志。市场机制在配置资源方面是高效的，但也存在着自发性、盲目性。通过实施有效的宏观调控，有利于消除垄断，形成公平合理的分配格局，使广大群众共享改革发展成果；有利于促进经济总量的基本平衡，熨平大的经济波动，保持经济平稳协调健康发展。

① 十六大以来重要文献选编（中）[M]. 北京：中央文献出版社，2006：454.
② 十六大以来重要文献选编（下）[M]. 北京：中央文献出版社，2008：68.
③ 十六大以来重要文献选编（下）[M]. 北京：中央文献出版社，2008：807 – 808.
④ 十七大以来重要文献选编（上）[M]. 北京：中央文献出版社，2009：17.

对于宏观调控在社会主义市场经济体制中的地位作用，胡锦涛指出："在社会主义市场经济条件下，实现国民经济持续快速协调健康发展，既要发挥市场在资源配置中的基础性作用，又要注意克服市场的缺陷和防范其可能引发经济的较大波动。特别是在工业化、城镇化进程加快和改革攻坚的过程中，更需要通过宏观调控实现经济总量的基本平衡，促进经济结构优化，保持经济平稳运行。这些年，无论是扩大内需还是抑制需求过旺，无论是克服通货紧缩还是治理通货膨胀，都是我们根据经济运行的实际需要进行的宏观调控。健全的市场机制，有效宏观调控，都是社会主义市场经济体制不可或缺的重要组成部分，两者相辅相成，互为依托，统一于经济运行的全过程。"胡锦涛还特别强调："加强和改善宏观调控，是当前贯彻落实科学发展观的重大举措，其实质就是要优化经济结构，加快转变经济增长方式，逐步消除可能导致经济大起大落的体制性、机制性障碍，以充分利用好重要战略机遇期，实现又快又好发展。"对于搞好宏观调控促进科学发展的基本原则，在 2005 年中央经济工作会议上，胡锦涛提出：一是坚持把又快又好发展作为搞好宏观调控、促进科学发展的根本要求。发展是党执政兴国的第一要务，是解决我国所有问题的基础和关键。我国是发展中大国，不断增强综合国力、改善人民生活，需要保持适度较快的经济增长速度，以发挥各方面的积极性；同时又必须努力做到速度、结构、质量和效益的统一，做到节约发展、清洁发展、安全发展，做到全面协调可持续发展。二是坚持把区别对待、分类指导作为搞好宏观调控、促进科学发展的重要原则。宏观调控必须立足于我国正处于社会主义初级阶段、各方面发展很不平衡这一基本国情。要正确处理好普遍性和特殊性的关系，充分考虑不同地区、不同行业的实际情况，把握全局，有保有压，不能采取"一刀切"的办法。要善于抓住经济发展中的突出矛盾和关键环节，准确把握调控的方向、时机和力度，及时进行预调和微调，不断增强宏观调控的预见性、科学性和有效性。三是坚持着重运用经济和科学手段作为宏观调控、促进科学发展的主要方式。随着我国经济市场化程度不断提高、利益主体更趋于多元化，宏观调控必须综合运用经济和法律手段并辅之以必要的行政手段，形成调控合力，增强调控效果。对于那些由市场支配的经济行为，着重运用利率、税率、价格等经济杠杆来合理调整利益关系，更有效地发挥市场机制优化配置资源的作用。对那些违法违规的经济行为，着重运用法律手段来加以规范和约束。同时，对那些由于不合理的行政干预引起的突出问题，还要采取必要的行政措施来加以纠正和引导。四是坚持把推进结构调整和转变发展方式、实现总量平衡作为搞好宏观调控、促进科学发展的主要着力点。经济运行中出现的供求总量矛盾往往与经济结构不合理、发展方式粗放相关，宏观调控既要促进供求总量基本平衡，又要大力推进结构调整，切实加强农业、社会发展等薄弱环节，努力提高企业自主创新能力和核心竞争力，加快转变经济发展方式，增强经济运行的稳定性和协调性。五是坚持把深化改革、完善体制机制作为宏观调控、促进科学发展的重要保障。由于投资膨胀和低水平重复建设引发的经济波动一再出现，很大程度上是由体制机制不完善所带来的。保持经济平稳运行，提高经济增长的质量和效益，必须标本兼治，加大改革力度，不失时机地推出有利于稳定增长、改善结构的改革措施，努力突破体制障碍，逐步形成实现科学发展的体制保障。六是要坚持把维护群众利益、提高人民生活水平作为搞好宏观调控、促进科学发展的出发点和落脚点。加强和改善宏观调控，促进经济平稳较快发展，是实现好、维护好、发展好人民群众根本利益的重要基础。同时，宏观调控又需要妥善处理多方面的利益关系，特别要解决好关系群众切身利益的突出问题，不断改善人民生活，促进和谐社会建设。这些思想对于我国从"十五"到"十二五"时期的经济与社会发展起到了重要的促进作用。

### 1.3.4  党的十八大以来中央的宏观调控思想

党的十八大以来,针对复杂多变的国际经济形势与中国经济运行中出现的困难与问题,以习近平为总书记的新一届党中央高瞻远瞩,加强顶层设计,创造性地提出了一系列宏观调控的思想,主要体现在以下几个方面:

第一,正确认识市场的决定性作用与更好发挥政府作用的关系。

在党的十八届三中全会召开之前,在多个场合,习近平同志都强调了市场的作用及其与政府的关系。例如,2013年7月23日,习近平在武汉召开部分省市负责人座谈会时强调:"要把更好发挥市场在资源配置中的基础性作用作为下一步深化改革的重要取向,加快形成统一开放、竞争有序的市场体系,着力清除市场壁垒,提高资源配置效率。"2013年9月5日,习近平出席20国集团领导人第八次峰会时发表讲话指出:"中国将加强市场体系建设,推进宏观调控、财税、金融、投资、行政管理等领域体制改革,更加充分地发挥市场在资源配置中的基础性作用。"2013年7月23日,习近平在武汉召开部分省市负责人座谈会时强调:"进一步提高宏观调控水平,提高政府效率和效能。以加快转变政府职能为抓手,处理好政府和市场的关系。"2013年11月,党的十八届三中全会审议通过了《中共中央关于全面深化改革若干重大问题的决定》,指出:"坚持社会主义市场经济改革方向,核心问题是处理好政府和市场的关系,使市场在资源配置中起决定性作用和更好发挥政府作用。"此后,2013年11月习近平总书记在山东临沂考察时表示,党的十八届三中全会的一个重大突破,就是市场要在资源配置中起决定性作用。要素配置要通过市场,同时要更好发挥政府作用。政府不是退出、不作为,而是政府和市场各就其位。2014年5月26日,习近平在主持中央政治局第15次集体学习时强调:"使市场在资源配置中起决定性作用、更好发挥政府作用,既是一个重大理论命题,又是一个重大实践命题。在市场作用和政府作用的问题上,要讲辩证法、两点论,'看不见的手'和'看得见的手'都要用好,努力形成市场作用和政府作用有机统一、相互补充、相互协调、相互促进的格局,推动经济社会持续健康发展。"

习近平同志对于政府与市场关系的认识与党在十四大以来对社会主义市场经济体制改革进程历史经验的探索是一脉相承的。他指出,从党的十四大以来的20多年间,对政府和市场关系,我们一直在根据实践拓展和认识深化寻找新的科学定位。党的十五大提出"使市场在国家宏观调控下对资源配置起基础性作用";党的十六大提出"在更大程度上发挥市场在资源配置中的基础性作用";党的十七大提出"从制度上更好发挥市场在资源配置中的基础性作用";党的十八大提出"更大程度更广范围发挥市场在资源配置中的基础性作用"。可以看出,我们对政府和市场关系的认识也在不断深化。正如习近平总书记所强调的,"在对历史的深入思考中做好现实工作、更好走向未来,不断交出坚持和发展中国特色社会主义的合格答卷。"一方面,市场决定资源配置是市场经济的一般规律,健全社会主义市场经济体制必须遵循这条规律,着力解决市场体系不完善、政府干预过多和监管不到位问题。必须积极稳妥从广度和深度上推进市场化改革,大幅度减少政府对资源的直接配置,推动资源配置依据市场规则、市场价格、市场竞争实现效益最大化和效率最优化。另一方面,充分发挥市场在资源配置中的决定性作用,绝不是说政府无所作为,而是应坚持有所为、有所不为,着力提高宏观调控和科学管理的水平。政府的职责和作用主要是保持宏观经济稳定，加强和优化公共服务，保障公平竞争，加强市场监管，维护市场秩序，推动可持续发展，促进共同富裕，弥补市场失灵。2013 年 11 月 9 日，习近平在党的十八届三中全会第一次全体会议上强调指出："政府要积极主动放掉该放的权，又认真负责管好该管的事，从'越位点'退出，把'缺位点'补上。"例如，具体对于科技创新来说，2013 年 9 月 30 日，习近平在党的十八届中央政治局第九次集体学习时，强调了处理政府和市场的关系对科技创新的重大意义。他指出，着力推进科技创新与经济社会发展紧密结合，关键是要处理好政府和市场的关系，通过深化改革，进一步打通科技和经济社会发展之间的通道，让市场真正成为配置创新资源的力量，让企业真正成为技术创新的主体。

习近平同志关于政府与市场关系的重要论述对于当前我国的宏观调控来说具有重要的指导意义。一方面，政府与市场的关系是有机统一的。正如 2014 年 5 月 26 日习近平在主持中央政治局第 15 次集体学习时指出的："在市场作用和政府作用的问题上，要讲辩证法、两点论，'看不见的手'和'看得见的手'都要用好，努力形成市场作用和政府作用有机统一、相互补充、相互协调、相互促进的格局，推动经济社会持续健康发展。"另一方面，发挥好政府的作用需要进一步提高宏观调控水平。正如 2013 年 7 月 23 日习近平在武汉召开部分省市负责人座谈会所指出的："进一步提高宏观调控水平，提高政府效率和效能。以加快转变政府职能为抓手，处理好政府和市场的关系。"习近平不仅强调理顺政府关系的重要性，还强调用辩证的思路界定政府的边界，提醒不要"惰政"，要"有为"。这样，处理好政府和市场的关系，就是要使二者各司其职、各负其责，让"看得见的手"与"看不见的手""两只手"形成合力。也正是在这一意义上，习近平同志在主持 2014 年 5 月 26 日召开中央政治局第 15 次集体学习时发表了长篇讲话强调指出，使市场在资源配置中起决定性作用、更好发挥政府作用，既是一个重大理论命题，又是一个重大实践命题。科学认识这一命题，准确把握其内涵，对全面深化改革、推动社会主义市场经济健康有序发展具有重大意义。他指出，党的十八届三中全会提出，经济体制改革是全面深化改革的重点，核心问题是处理好政府和市场的关系，使市场在资源配置中起决定性作用，更好发挥政府作用。提出使市场在资源配置中起决定性作用，是我们党对中国特色社会主义建设规律认识的一个新突破，是马克思主义中国化的一个新的成果，标志着社会主义市场经济发展进入了一个新阶段。而准确定位和把握使市场在资源配置中起决定性作用和更好发挥政府作用，必须正确认识市场作用和政府作用的关系。政府和市场的关系是我国经济体制改革的核心问题。党的十八届三中全会将市场在资源配置中起基础性作用修改为起决定性作用，虽然只有两字之差，但对市场作用是一个全新的定位，"决定性作用"和"基础性作用"这两个定位是前后衔接、继承发展的。使市场在资源配置中起决定性作用和更好发挥政府作用，二者是有机统一的，不是相互否定的，不能把二者割裂开来、对立起来，既不能用市场在资源配置中的决定性作用取代甚至否定政府作用，也不能用更好发挥政府作用取代甚至否定使市场在资源配置中起决定性作用。

习近平同志指出，对于使市场在资源配置中起决定性作用，其实就是贯彻了问题导向。经过 20 多年实践，我国社会主义市场经济体制不断发展，但仍然存在不少问题，仍然存在不少束缚市场主体活力、阻碍市场和价值规律充分发挥作用的弊端。这些问题不解决好，完善的社会主义市场经济体制是难以形成的，转变发展方式、调整经济结构也是难以推进的。

我们要坚持社会主义市场经济改革方向,从广度和深度上推进市场化改革,减少政府对资源的直接配置,减少政府对微观经济活动的直接干预,加快建设统一开放、竞争有序的市场体系,建立公平开放透明的市场规则,把市场机制能有效调节的经济活动交给市场,把政府不该管的事交给市场,让市场在所有能够发挥作用的领域都充分发挥作用,推动资源配置实现效益最大化和效率最优化,让企业和个人有更多活力和更大空间去发展经济、创造财富。

习近平强调,科学的宏观调控,有效的政府治理,是发挥社会主义市场经济体制优势的内在要求。更好发挥政府作用,就要切实转变政府职能,深化行政体制改革,创新行政管理方式,健全宏观调控体系,加强市场活动监管,加强和优化公共服务,促进社会公平正义和社会稳定,促进共同富裕。各级政府一定要严格依法行政,切实履行职责,该管的事一定要管好、管到位,该放的权一定要放足、放到位,坚决克服政府职能错位、越位、缺位现象。

第二,提出"宏观政策要稳、微观政策要活、社会政策要托底"的宏观调控新思路。

在分析 2013 年上半年经济形势部署下半年经济工作的会议上,习近平总书记提出了"坚持宏观政策要稳、微观政策要活、社会政策要托底,努力实现三者有机统一"的新思路。他进一步阐述道:宏观政策要稳,就是要坚持积极财政政策和稳健货币政策,向社会释放推进经济结构调整的坚定信号。微观政策要活,就是要抓紧落实已出台的各项改革措施和各项政策,以解决突出问题为导向,推出新的改革措施,营造公平竞争的市场环境。要及时减轻企业经营负担,努力解决中小企业融资难、融资贵等问题,创造条件使企业进行存量调整,促进生产要素优化组合,从而增强企业发展动力和内生活力,推动企业技术创新和转型升级。社会政策要托底,就是要加强改善民生工作,完善社会保障制度建设,保障低收入群众基本生活,稳定和扩大就业,帮助高校毕业生等就业困难群众就业创业,帮助农村富余劳动力转移就业,搞好安全生产和救灾防灾,加强和创新社会管理,维护社会大局稳定。他进一步指出:宏观、微观、社会政策是一个有机整体。宏观政策稳定,市场主体才能稳定预期,企业才能有序竞争;微观政策放活,才能增强市场主体内生动力,反过来才能有利于宏观经济稳定;社会政策托底,就可以缓解社会压力,守住社会稳定底线,为宏观经济"稳"和微观经济"活"创造条件。[①] 杨伟民将习近平同志的这一思想归结为定力论。[②]

第三,提出"新常态"背景下创新宏观调控的思路与方式的重大命题。

2014 年 5 月,习近平同志在河南考察时首次提及"新常态":"我国发展仍处于重要战略机遇期,要增强信心,从当前我国经济发展的阶段性特征出发,适应"新常态",保持战略上的平常心态。"2014 年 11 月 9 日,习近平在亚太经合组织(APEC)工商领导人峰会上首次系统阐述了"新常态":"中国经济呈现出"新常态",有几个主要特点:一是从高速增长转为中高速增长;二是经济结构不断优化升级,第三产业、消费需求逐步成为主体,城乡区域差距逐步缩小,居民收入占比上升,发展成果惠及更广大民众;三是从要素驱动、投资驱动转向创新驱动。"新常态"将给中国带来新的发展机遇。第一,"新常态"下,中国经济增速虽然放缓,实际增量依然可观。经过 30 多年高速增长,中国经济体量已今非昔比。2013 年一年中国经济的增量就相当于 1994 年全年经济总量,可以在全世界排到第十七位。即使是 7% 左右的增长,无论是速度还是体量,在全球也是名列前茅的。第二,"新常态"

① 王兰军. 习近平关于经济金融工作的新思想新观点新举措 [DB/OL]. 新华网,2014 - 01 - 16.
② 杨伟民. 习近平总书记经济思想"十论"[N]. 学习时报,2014 - 04 - 21.

下，中国经济增长更趋平稳，增长动力更为多元。有人担心，中国经济增速会不会进一步回落、能不能爬坡过坎。风险确实有，但没那么可怕。中国经济的强韧性是防范风险的最有力支撑。我们创新宏观调控思路和方式，以目前确定的战略和所拥有的政策储备，我们有信心、有能力应对各种可能出现的风险。我们正在协同推进新型工业化、信息化、城镇化、农业现代化，这有利于化解各种"成长的烦恼"。中国经济更多依赖国内消费需求拉动，避免依赖出口的外部风险。第三，"新常态"下，中国经济结构优化升级，发展前景更加稳定。2014 年前 3 个季度，中国最终消费对经济增长的贡献率为 48.5%，超过投资；服务业增加值占比 46.7%，继续超过第二产业；高新技术产业和装备制造业增速分别为 12.3% 和 11.1%，明显高于工业平均增速；单位国内生产总值能耗下降 4.6%。这些数据显示，中国经济结构正在发生深刻变化，质量更好，结构更优。第四，"新常态"下，中国政府大力简政放权，市场活力进一步释放。简言之，就是要放开市场这只'看不见的手'，用好政府这只'看得见的手'。比如，我们改革了企业登记制度，前 3 个季度全国新登记注册市场主体920 万户，新增企业数量较去年增长 60% 以上。"2014 年 12 月，中央经济工作会议首次从消费需求、投资需求、出口和国际收支、资源环境约束等角度，全面阐释了"新常态"的九大特征。当前我国处于增长速度换挡期、结构调整阵痛期、前期刺激政策消化期"三期叠加"阶段。三期叠加在一起，相互影响、放大扩散，宏观调控的难度前所未有。杨伟民将习近平同志的这一思想归结为叠加论。[①]

　　在中国经济进入"新常态"的背景下，原有的宏观调控必然存在诸多不相适应之处。对此，习近平同志多次提出，要创新宏观调控思路和方式，稳定和完善宏观经济政策，保持宏观政策的连续性和稳定性，坚持区间调控，更加注重预调微调和定向调控。具体表现在：一是主动调控，保持合理的经济增长速度。1979～2010 年的 32 年间，中国经济增长率超出10%（含 10%）的年份就有 16 个。而 2011 年我国经济增长率为 9.3%，2012 年为 7.8%，2013 年上半年仅为 7.6%。对此，习近平指出：2013 年上半年主要经济指标处于年度预期目标的合理区间，经济社会发展总的开局是好的。"速度再快一点，非不能也，而不为也"。"中国经济增速有所趋缓是中国主动调控的结果"，"为了从根本上解决中国经济长远发展问题，必须坚定推动结构改革，宁可将增长速度降下来一些。任何一项事业，都需要远近兼顾、深谋远虑，杀鸡取卵、竭泽而渔式的发展是不会长久的。"这就是说，只要经济增速处在合理区间和预期目标内，就不要再为速度而纠结，而要下大力气加快转方式、调结构、促改革、惠民生，下大决心通过改革、调整和创新，来推动经济转型升级。这里的合理区间，就是既不冲出"上限"，又不滑出"下限"。"上限"就是防止通货膨胀，"下限"就是稳增长、保就业。以习近平为总书记的党中央强调，在这一换挡期，我们要保持调控定力，稳中有为，把握好经济社会发展预期目标和宏观政策的黄金平衡点；要不断完善调控方式和手段，坚持宏观经济政策连续性、稳定性，提高针对性、协调性；要把握好宏观调控的方向、力度、节奏，根据经济形势变化，适时适度进行预调和微调，使经济运行处于合理区间。二是确定定向而非全面的宏观调控思路。按照这一精神，2014 年 6 月 6 日，李克强主持召开部分省市经济工作座谈会，强调要精准发力、定向调控。6 月 10 日，李克强在两院院士大会作经济形势报告时指出："要在坚持区间调控中更加注重定向调控。"7 月 15 日，在经济

---

①　杨伟民. 习近平总书记经济思想"十论"［N］. 学习时报，2014 - 04 - 21.

形势专家座谈会上，李克强再次指出，注重实施定向调控，在调控上不搞"大水漫灌"，而是有针对性地实施"喷灌""滴灌"。9月9日，李克强同出席达沃斯论坛中外企业家和媒体代表交流时指出，要在保持定力的同时有所作为，坚持区间调控，实施定向调控。2014年，国务院先后针对小微企业、棚户区改造、三农、水利设施、铁路、外贸等经济运行薄弱环节出台了定向微刺激政策，推出了80个重点项目引导民间资金参与，还推出了"七个重大工程包"，并且实施了两次"定向降准"和一次非对称降息，以支持"三农"和小微企业发展，直接降低企业融资成本。这一实施定向调控、不启动强刺激的宏观调控举措，既能防止留下后遗症，又有利于让市场在资源配置中起决定性作用。三是"新常态"下宏观调控目标出现升级版。在"新常态"背景下，我国的宏观经济政策功能定位不仅指向逆周期调节，而且旨在推动结构调整，宏观经济政策的目标选择也同时指向于稳增长、保就业、防风险、调结构、稳物价、惠民生、促改革等多重目标。这意味着，我们不得不将有限的宏观调控资源同时配置于双重作用和多重目标，从而难免使得以往的"歼灭战"演化为"阵地战"。这也意味着，我们可以依托的宏观调控空间变窄，从而难免使得宏观调控的操作目标或着力重点频繁调整。所以，即便宏观经济政策的基本面亟待在扩张方面加力增效，我们也必须在兼顾稳增长、保就业、防风险、调结构、稳物价、惠民生、促改革等多重目标的前提下，围绕逆周期调节和推动结构调整两个方面的功能作用，妥善安排好宏观经济政策的新格局。① 胡鞍钢进一步认为，本届政府与时俱进、锐意创新，进一步完善了宏观调控目标体系。2014年的《政府工作报告》在经济社会发展的主要预期目标中提出了"努力实现居民收入增长和经济发展同步"，2015年的《政府工作报告》在主要预期目标中增加了节能减排约束性指标。至此，我国宏观调控形成了具有中国特色的七大目标：经济增长、物价稳定、控制失业、国际收支平衡、财政平衡、居民收入增长和经济发展同步、节能减排。②

第四，提出着力加强"供给侧结构性改革"。

在2015年11月10日召开的中央财经领导小组第11次会议上，习近平总书记指出："在适度扩大总需求的同时，着力加强供给侧结构性改革，着力提高供给体系质量和效率，增强经济持续增长动力，推动我国社会生产力水平实现整体跃升。"这就意味着未来的宏观调控既要继续重视对需求结构进行调整，也要加强对供给结构进行调整，改变过去长期只重视对需求结构进行紧缩与扩张的调整而忽视对供给结构进行相应调整的现象。2015年底，中央经济工作会议对于加强供给侧结构性改革作出了具体部署，提出了要抓好去产能、去库存、去杠杆、降成本、补短板五大任务。对此，卫兴华（2016）认为，"供给侧结构性改革"是一个新的经济术语，是党中央的重大创新。不能简单地从西方经济学，如从萨伊的"供给自动创造自身的需求"的观点中寻找我国推进供给侧结构性改革的理论源泉，因为两者根本不搭界。因为萨伊是用供给创造需求、总供给会与总需求相一致这一观点来否认资本主义会出现生产过剩的经济危机，进而为资本主义制度辩护。而我国的供给侧结构性改革是在供给侧结构与需求侧结构失衡的现实形势下采取的新的有效举措。也不能用某些西方国家供给侧改革失败来说事。我国的供给侧结构性改革是从我国经济运行中的实际问题出发采取的看得见摸得着的改革措施，有利于经济更好发展，与其他国家不能简单类比。而且，供给

①　高培勇．三个层面变化必须引入宏观调控视野［N］．经济日报，2015－08－21．
②　胡鞍钢．中国特色宏观经济调控七大目标［N］．人民日报，2015－06－29．

侧结构性改革与发挥"三驾马车"对经济的拉动作用不是对立的。

总之，自党的十八大以来，新一届中央领导集体领导经济工作的思路也在发生变化，形成了宏观调控新理念。例如，让市场在资源配置中发挥决定性作用，凡是市场和企业能决定的，都要交给市场；要主动做好政府该做的事，要有所为有所不为；要的是有质量、有效益、可持续的发展，要的是以比较充分就业和提高劳动生产率、投资回报率、资源配置效率为支撑的发展；保持一定经济增速，主要是为了保就业；宏观经济政策要保持定力，向社会释放推进经济结构调整的坚定信号；只要经济运行处于合理区间，宏观经济政策就保持基本稳定；要避免强刺激政策给经济发展带来的副作用，等等。根据这些创新的宏观调控新理念，2013 年创新性地实施了区间管理，2014 年又进一步创新地推出了定向调控和结构性调控。这种"区间＋定向"的宏观调控方式在近年来的宏观调控实践中经受了考验，释放出了越来越明显的创新效应。① 2015 年提出加强供给侧结构性改革，更是赋予了结构性改革新的内涵。上述新的理念与思路都为"新常态"下的宏观调控的创新提供了目标和方向，也取得了积极的调控效果。

---

① 王元．"区间＋定向"调控的创新效应［DB/OL］．新华网，2015－03－15．

# 第 2 章
## 马克思主义经济学中的宏观调控思想

"十月革命一声炮响，给中国送来了马克思列宁主义。"中国共产党自诞生之日起，就将马克思列宁主义作为自己的指导思想和行动指南。长期的实践证明，中国革命和建设的一切胜利，都是在马克思列宁主义、毛泽东思想、邓小平理论指引下取得的。因此，马克思列宁主义对于中国长期的革命斗争与社会主义建设有着无可替代的重要影响，而东欧社会主义国家的经济理论与实践在改革开放初期对于中国的经济体制改革同样有着极为重要的影响。因此，本部分拟对马克思主义经典作家和苏联、东欧国家社会主义经济理论中的宏观调控思想进行总结与评述。

## 2.1  马克思主义经典作家的宏观调控思想

由于时代的制约和研究重点的局限，在马克思的理论体系中，并没有宏观调控的概念，马克思也没有建立独立、系统的宏观调控理论。但这并不意味着马克思的经济理论中没有宏观调控的思想。事实上，虽然在西方经济学中首先倡导国家对宏观经济进行干预的是凯恩斯，但是，马克思关于商品、货币、市场、信用、社会资本再生产等矛盾的系列分析，深刻地揭示了市场经济宏观非均衡的微观根源、传导机制及其表现，客观上为宏观调控提供了一个从基础理论角度的科学解释；在马克思社会再生产理论中，总量平衡与结构平衡的统一性也为中国宏观调控的实践提供了借鉴意义。此外，马克思主义方法论中关于一切从实际出发、理论联系实际等重要命题，更是为中国宏观调控提供了重要的方法论意义。

首先，分析马克思的经济危机理论。马克思对资本主义经济的剖析是从商品这一"细胞"开始的，对资本主义宏观非均衡的分析也是从对商品的分析开始的。马克思认为，商品细胞包含着资本主义一切矛盾的萌芽。作为价值和使用价值的对立统一物，商品内在矛盾的发展、外化导致货币的产生。而货币充当流通手段，使商品的买和卖在时空上分裂为两个相互独立的过程，形成了部分商品卖不出去的可能性，即危机第一种形式的可能性。随着商品生产和流通的发展，货币充当支付手段，使危机的第二种形式上的可能性形成；商品买卖愈来愈多地采取赊购赊销的方式，在商品生产者之间逐渐形成了错综复杂的债务连锁关系。如果一些债务人在债务到期时不能支付，就会影响到其他的生产者也不能支付，从而使整个信用关系遭到破坏，由此发生经济危机。由此可见，经济危机，或者说宏观失衡的可能性，最初就孕育在简单的商品、货币关系中。

当然，马克思指出，在简单商品经济的条件下，危机仅仅是可能性而已。"这种可能性要发展为现实，必须有整整一系列的关系"，① 而这些关系只有在资本主义这一发达的市场经济中才逐渐形成，它们至少包括：（1）大机器工业的生产方式的确立。一旦与大工业相适应的一般生产关系形成起来，这种生产方式就获得一种弹力，一种突然地跳跃式地扩展的能力，只有原料和销售市场才是它的限制。大机器工业生产方式的扩张能力是以前一切手工生产方式所不能比拟的，因此市场问题才可能成为一个突出的问题。（2）商品资本的独立化。商业的独立化强化了资本生产无限扩大的趋势，使得生产资本的运动在一定界限内不受再生产过程的限制。它还制造虚假的社会需求，加剧生产与消费的矛盾。"在一定界限内，尽管再生产过程排除的商品还没有实际进入个人消费或生产消费，再生产过程还可以按相同的或扩大的规模进行……整个再生产过程可以处在非常繁荣的状态中，但商品的一大部分是表面上进入消费，实际上是堆积在转卖者的手中没有卖掉，事实上仍然留在市场上。"② 当这种情况累积到一定程度时，生产与社会需求的内部联系就要通过暴力即通过危机来恢复。（3）信用制度的发展。信用在当代资本主义经济发展中起着双重作用：一是"加速了生产力的物质上的发展和世界市场的形成，使二者作为新生产形式的物质基础发展到一定的高度"；二是"加速了这种矛盾的暴力的爆发，即危机"。③ 信用制度对于危机的传导机制作用主要表现在三个方面：首先，信用直接或间接地促进了资本生产规模地扩张。其次，信用是现代资本主义的基础，发达的信用关系使资本主义生产各部门间普遍形成一种支付连锁关系。在这个"再生产过程的全部联系都是以信用为基础的生产制度中，只要信用突然停滞，只有现金支付才有效，危机显然就会发生，对支付手段的激烈追求必然会出现"。④ 因此，信用对危机影响的可能性，对危机的传播和破坏力都大大加强，危机一旦发生，其影响将是全局性的。再次，信用是投机的基础和欺诈行为的一种最有效的工具。在危机发生之前，各种投机行为都属于人为的使再生产过程猛烈扩大的体系；而在危机即将来临或爆发之际，它又成为加速危机来临和加强危机的力量。信用危机发生时总是首当其冲。总之，信用制度的出现在促进资本主义生产和流通的发展的同时，又使资本主义生产与流通、生产与消费的矛盾空前尖锐。（4）社会资本再生产比例的严格性与比例实现的偶然性。社会资本再生产的平衡要受到一系列条件的约束，若其中某一环节出现问题，全局性的失衡就可能发生。（5）资本主义对抗性的生产方式和分配方式。资本主义经济危机直接表现为生产相对于社会有支付能力的需求的过剩，社会必须强制地销毁一部分生产力才能恢复再生产的平衡。马克思认为，这种荒谬的现象"必须用资本主义生产的一般条件来说明"，⑤ "总的说来，矛盾在于：资本主义生产方式包含着绝对发展生产力的趋势"，"它的目的是保存现有资本价值和最大限度的增殖资本价值"。⑥ 与任何社会生产一样，资本主义生产的最终目的也是为了

①　资本论（第1卷）[M]. 北京：人民出版社，1975：133.
②　资本论（第1卷）[M]. 北京：人民出版社，1975：89.
③　资本论（第1卷）[M]. 北京：人民出版社，1975：499.
④　资本论（第3卷）[M]. 北京：人民出版社，1975：340.
⑤　资本论（第26卷Ⅱ）[M]. 北京：人民出版社，1975：588.
⑥　资本论（第3卷）[M]. 北京：人民出版社，1975：278.

满足社会的需要，但资本的私有制决定资本生产的直接目的是为了追求最大限度的剩余价值。剩余价值量上的扩张直接取决于资本积累和扩大再生产的规模，因此直接生产过程生产规模的扩大，完全可以暂时脱离社会消费需求的扩大，仅仅依靠生产资料生产的扩大就可以实现。同时，追求剩余价值生产的直接目的还促使资本家千方百计地提高剩余价值率，压低工人的工资收入就是重要手段之一。所以，一方面是生产无限扩大的趋势；另一方面是社会最广大消费阶层的工人有支付能力需求的相对萎缩。矛盾积累到一定程度，就必须要通过危机的爆发来解决。"一切现实的危机的最后原因，总是人民大众的贫困和他们的受着限制的消费，但是与此相反，资本主义生产的冲动，却是不顾一切地发展生产力，好像只有社会的绝对的消费才是生产力的限制"。① 马克思还特别强调这种资本主义社会生产巨大增大并不是超过了人民大众的绝对需要，而仅仅是超过了人民大众有支付能力的需求。"生产过剩的危机和绝对的需要有什么相干呢？它只是和有支付能力的需要有关系"。"如果生产过剩真的要到国民全体把最必要的欲望满足以后才能发生，那在资产阶级社会一直到今日的历史上，就不仅不能有一般的过剩生产出现，甚至不能有局部的过剩生产出现了。"② 后来，马克思在《资本论》的最后一个手稿中明确否定了"危机是由于缺少有支付能力的消费或缺少有支付能力的消费者引起的"③ 观点，认为引起危机的是生产资料的生产过剩，是资本的生产过剩，即资本不能实现增殖而闲置起来。这样，手段和目的就处于对立的地位。"手段——社会生产力的无条件的发展——不断地和现有资本的增殖这个有限的目的发生冲突。"④ 在马克思看来，这就是危机的最深刻、最根本的原因。

综上所述，马克思关于经济危机的论述深刻揭示了资本主义市场经济宏观非均衡的必然性，因而他事实上成为经济学说史上系统阐明宏观调控根源的第一人。具体地说，主要表现在以下几个方面：第一，关于宏观调控的经济基础。马克思考察的对象是资本主义经济，主要是着眼于对商品经济矛盾的分析，特别是着眼于对"再生产过程的全部联系都是以信用为基础的生产制度"的分析。按照马克思的分析，只要存在商品货币关系，只要存在信用，就有可能出现生产过剩，存在总供给大于总需求。由此可见，生产过剩，总供求失衡，并不是资本主义经济特有的范畴，而是商品经济的范畴。这里的"商品经济"以及高度发展的"以信用为基础"的经济，也就是现在所说的"市场经济"。因此可以认为，马克思最早对市场经济总供求失衡，特别是作为常态的总需求小于总供给的矛盾作了科学的分析，为实行宏观调控政策提供了理论基础。第二，关于宏观调控的前提条件。马克思始终把失衡与"市场"这一制度安排相联系，指出在市场制度下，商品买和卖的分离就蕴含着生产与消费脱节的可能性。随着市场制度的发展、成熟，脱节的可能性不断增加，最终演变为现实。马克思指出现实的宏观失衡至少具备大机器工业生产方式的确立、商品资本的独立化、信用制度的广泛发展、社会化大生产对社会资本再生产比例的严格要求与该比例实现的偶然性等条件。这实际上揭示了失衡是与市场经济的制度安排相联系的。因为在发达的商品经济中，生产的社会化、专业化使生产与消费之间的不平衡加剧，不仅增大了市场预测的难度，而且强

---

① 资本论（第3卷）［M］. 北京：人民出版社，1975：561.
② 资本论（第26卷Ⅱ）［M］. 北京：人民出版社，1975：623.
③ 马克思恩格斯全集（第25卷）［M］. 北京：人民出版社，1972：456－457.
④ 马克思恩格斯全集（第25卷）［M］. 北京：人民出版社，1972：278.

化了生产与消费脱节的可能性；信用制度和机器大工业为社会化大生产提供了可迅速膨胀的资本和技术条件，使供给能在很大的空间和时间限度内超越有支付能力的需求，并呈现扩张的趋势。这就有可能使总供给超越总需求，加剧潜在的失衡。这样，针对失衡而采取的宏观调控就应以市场制度为对象，应是建立在市场制度之上的、对市场缺陷的一种校正和完善，而不是对市场制度的取代。若脱离市场制度，宏观调控的对象就会子虚乌有。第三，关于宏观调控的内在规定性。马克思对资本主义经济宏观失衡矛盾表现的分析已经隐含着宏观调控主要内容是总需求管理这一命题。马克思虽然没有提出过总需求管理之类的概念，但他准确地把资本主义宏观失衡的特征概括为"生产相对过剩"，是生产不断扩大的趋势相对于有支付能力的需求而言的过剩，是生产资料的生产过剩和资本的生产过剩。一方面，资本主义市场经济有着一切使生产无限扩张的动力和条件；另一方面，社会有支付能力的需求在资本对抗性的分配关系下总是赶不上生产的扩大。所以，马克思特别强调这种过剩不是绝对过剩。显然，解决矛盾的方法不是抑制生产力的发展，就资本主义生产特殊而言，应是改变这种对抗性生产关系及其决定的分配关系；就市场经济一般而言，主要是解决市场需求问题。第四，关于宏观失衡的传导机制。凯恩斯把人们心理预期的突然崩溃作为危机爆发的诱因，马克思则指出了这种心理因素的物质基础——信用。信用无疑是当代社会生产重要的物质条件，但它又是把双刃剑，是使危机从可能性向现实性转化的中介。在没有信用的简单商品经济中，危机仅仅是一种可能性而已；在信用发达的资本主义经济中，信用在通过支付链条把社会各生产部门紧密地联系起来的同时，又不断加剧着生产与产品最终需求的脱节：它以各种形式支持着生产无限扩大的趋势，同时又在流通领域制造各种虚假的市场繁荣进一步促成这种扩大的趋势。当生产与社会需求的脱节发展到了极端时，它又首当其冲，引发危机。应该说，马克思对信用这一危机传导机制的论述既深刻又科学。第五，关于构建宏观调控理论的方法论问题。马克思从社会经济关系总体的角度，对资本主义经济必然出现总量失衡的根源进行了多层面的系统、动态的分析。由于马克思把宏观总量失衡看作是资本主义经济一切矛盾的集中表现，因此，分析这些矛盾的每一个方面的发展，就是分析失衡的形成并不断发展的过程。他从社会再生产的各个环节，从单个资本运动到社会总资本运动，从历史与逻辑相统一、生产一般与生产特殊相结合，以及生产力生产关系矛盾运动等多个角度，深入到系统结构的内部联系，去探究从简单商品经济到资本主义经济的发展过程中危机是如何从可能性演变为现实的。在上述意义上，李健英（2006）认为，尽管马克思的危机理论还不是系统的宏观调控理论，但它事实上已经包含了关于宏观调控的一系列最基本的规定和科学的方法论，因此，也就成为市场经济条件下宏观调控的理论基础。

　　其次，分析马克思的社会再生产理论。马克思虽然没有直接使用过"社会总供给"与"社会总需求"的范畴或概念，然而，他在《资本论》中通过对资本主义社会总资本再生产的分析，却创立了社会总需求与社会总供给平衡的理论。他所揭示的两大部类的生产与消费的关系，实际上就是社会总供给和总需求的平衡关系。

　　从社会总资本简单再生产的平衡公式中可以看出，第Ⅰ部类所供给的全部生产资料必须同第Ⅱ部类所需求的生产资料总量相一致；第Ⅱ部类供给的全部消费资料必须同两大部类所需求的消费资料总量相一致；所有两大部类所供给的生产资料和消费资料之和要同两大部类所需求的生产资料和消费资料之和相一致。总而言之，在简单再生产条件下，社会总产品的供给与社会总产品的需求相等，即总供给与总需求必须平衡。只有这样，社会总资本的简单再生产才能顺利进行，宏观经济才能正常运行。

从社会总资本扩大再生产实现条件的公式中可以看出：（1）第Ⅰ部类对生产资料的供给（或对消费资料的需求）必须同第Ⅱ部类对生产资料的需求（或对消费资料的供给）相一致。这反映了在扩大再生产的情况下两大部类之间互相提出需求，互相提供产品，因而存在互为市场、互相制约的关系，舍掉了两个平衡关系即第Ⅰ部类内部生产资料供给与生产资料需求的平衡和第Ⅱ部类内部消费资料的供给与消费资料需求之间的平衡。（2）第Ⅰ部类供给的生产资料必须同两大部类扩大再生产所需求的全部生产资料相等，第Ⅰ部类的产品价值必须等于两大部类生产资料的补偿价值和积累价值之和。这是第Ⅰ部类产品的实现条件即生产资料的生产与分配条件。（3）第Ⅱ部类所供给的消费资料必须同两大部类扩大再生产所需求的全部消费资料相等，第Ⅱ部类的产品价值必须同维持两大部类所需要的消费资料价值和新增的消费资料价值之和相等。这是第Ⅱ部类产品的实现条件即消费资料生产和分配的平衡条件。

总之，无论是马克思分析的简单再生产还是扩大再生产，都存在总供给和总需求的平衡问题。那么，这种总供给与总需求的平衡指的是总量平衡还是结构平衡呢？下面进行具体的分析。

马克思社会总资本简单再生产实现条件的平衡公式为：

$$Ⅰ(v+m) = Ⅱc$$

扩大再生产实现条件的平衡公式为：

$$Ⅰ(v+\Delta v+m/x) = Ⅱ(c+\Delta c)$$

直接地看，马克思在这里舍象掉了第Ⅰ部类内部生产资料供给与需求的平衡关系和第Ⅱ部类内部消费资料供给与需求的平衡关系，着重揭示了在简单再生产和扩大再生产条件下两大部类之间互为供需、互为市场的平衡制约关系。如果将马克思舍象掉的内容包括进去（实际上马克思在其分析过程中也是这样做的），就可以看出马克思社会再生产实现条件平衡公式是建立在总量平衡分析基础之上的，并具有总量平衡的意义。

以简单再生产实现条件平衡公式为例，将舍象掉的第Ⅰ部类内部和第Ⅱ部类内部交换的内容补充进去，则有：

$$Ⅰ(c+v+m) = Ⅰc + Ⅱc \tag{2.1}$$

$$Ⅱ(c+v+m) = Ⅰ(v+m) + Ⅱ(v+m) \tag{2.2}$$

$$Ⅰ(c+v+m) + Ⅱ(c+v+m) = Ⅰc + Ⅱc + Ⅰ(v+m) + Ⅱ(v+m) \tag{2.3}$$

式（2.3）表明所有两大部类提供的生产资料与消费资料之和要与两大部类所需求的生产资料与消费资料之和相一致。可见，实现简单再生产的平衡条件就是社会总产品的供给必须与社会总产品的需求相等。

同样，对于扩大再生产实现条件的平衡公式来说，如果将舍象掉的具体内容包括进去，则可得到：

$$Ⅰ(c+v+m) = Ⅰ(c+\Delta c) + Ⅱ(c+\Delta c) \tag{2.4}$$

$$Ⅱ(c+v+m) = Ⅰ(v+\Delta v+m/x) + Ⅱ(v+\Delta v+m/x) \tag{2.5}$$

$$Ⅰ(c+v+m) + Ⅱ(c+v+m) = Ⅰ(c+\Delta c) + Ⅱ(c+\Delta c)$$
$$+ Ⅰ(v+\Delta v+m/x) + Ⅱ(v+\Delta v+m/x) \tag{2.6}$$

式（2.6）的经济含义是：在扩大再生产条件下，两大部类产品（社会总产品）的供给必须等于两大部类对生产资料和消费资料的总需求。

马克思社会再生产平衡理论是总量平衡和结构平衡的统一。马克思是从社会总产品的价值形式和实物形式两个方面来分析社会在生产平衡问题的，社会总产品的价值形式是无差别的，各种产品价值形式的数量加总和供求分析形成总量平衡的内容。而社会总产品的实物形态是千差万别的，社会再生产实物形态的平衡要求社会生产各部门之间的比例协调，也就是结构平衡。马克思将千差万别的社会产品抽象为两大部类生产资料和消费资料，从而把社会在生产的结构平衡问题归结为两大部类生产之间的平衡问题。因此，在马克思社会再生产理论中，结构平衡与总量平衡是密不可分、互为条件的。从马克思的社会再生产平衡条件看，无论是简单再生产还是扩大再生产，都反映了总量平衡与结构平衡的一致性。两大部类之间的交换既是实物形式的转换，也是价值形式上的交换，$I(v+m)$ 能否与 $IIc$ 进行全部交换，或 $I(v+\Delta v+m/x)$ 能否与 $II(c+\Delta c)$ 进行全部交换，不仅要看两大部类用于交换的产品价值总量上是否一致，还取决于产品实物形式上是否相适应。包括第 I 部类内部生产资料交换和第 II 部类内部消费资料交换的实现，也是同理。只有在价值总量上和实物结构上都是平衡的，社会总产品的两种补偿才能实现。[①] 方健敏（2005）认为，马克思是以社会总产品为出发点，研究社会总产品的价值补偿和物质补偿问题的。因此，马克思的总供求均衡理论，既包括总量均衡，即各种价值形式的供求均衡，也包括结构均衡，即各种物质产品的供求均衡，各个社会生产部门之间保持一定的比例关系。历史证明，片面强调第 I 部类的优先发展战略使生产失去了内在动力，并成为经济发展的"瓶颈"约束部类。

事实上，对于马克思的结构平衡的理论分析，国内学者一直存在较大的分歧。从 20 世纪 60 年代开始，国内学者就如何运用马克思的社会再生产理论对社会生产的结构平衡进行了许多有益的探讨，如董辅礽在 20 世纪 60~80 年代，集中研究了社会主义经济如何实现综合平衡问题，他从马克思的再生理论平衡公式入手，找到积累与消费两者之间有计划按比例平衡的具体构成要素和比例对应关系，试图论证计划经济可计算、可安排、可控制的宏观经济模型，这被国际经济学术界称为"董氏再生产模型"。在此期间，他发表了《确定积累和消费比例的若干方法论问题的探讨》《从社会产品生产和使用统一的角度探索马克思再生产公式具体化问题》《关于不同扩大再生产途径下的社会主义再生产比例关系问题》《产品的分配和使用与两大部类比例的关系》《论社会再生产诸比例与积累和消费比例之间的关系》和《中国经济发展中积累和消费的关系问题》等多篇文章，集中体现出以下几方面的学术贡献：一是研究国民经济平衡，在方法论上把积累和消费的平衡，分为最低需要和追加需要两个层级，进而推导在满足两种需要的情况下积累基金和消费基金的比例关系，使研究宏观经济平衡的要素构成和比例关系得以具体化。在政策层面上论证了根据国民收入的量确定积累和消费的比例，国民收入的量越大，积累和消费的比例的可变幅度也越大；国民收入的量越大，在保证国民经济对积累基金和消费基金最低需要的条件下，国民收入中可以用来满足国民经济对积累基金和消费基金追加需要的数量也越大。结论是决定积累和消费的比例首先是国民收入生产，积极发展生产、高速度地发展国民经济，是正确安排积累和消费比例的物质前提。他还提出了必须根据国民收入的物质构成确定积累和消费比例的观点，从物质

①　陈穗红. 马克思社会再生产平衡理论与西方经济学社会总供需均衡理论的异同 [J]. 改革与理论，1997（10）.

形态进一步细化了积累和消费两大部类比例平衡的具体方法。二是运用还原法丰富马克思的再生产公式，试图论证各种社会化大生产所共有的一些内部联系，以便根据对客观经济规律的深刻认识自觉地组织和安排社会主义再生产。董辅礽认为，马克思的再生产公式主要舍象了十大因素：第一，假定资本的有机构成和剩余价值率是不变的；第二，假定积累率是不变的；第三，没有考虑不变资本中固定资本和流动资本在周转率上的差别和特点；第四，没有考虑社会产品的价格同价值的背离，假定它们是一致的；第五，把社会产品和社会生产简单按产品的使用价值划分为生产的消费和个人的消费，忽视了再生产环节有些产品既是生产资料又是消费资料的双重性；第六，假设只有一种所有制形式，即整个社会生产都是资本主义的；第七，假定社会都是物资生产领域，而不存在非生产领域；第八，没有考虑国防对积累和消费增加的需求；第九，没有考虑对外贸易因素；第十，假定两大部类的剩余价值只用于该部类。在还原这些舍象的因素后，董辅礽提出了具体化的再生产公式，揭示了社会再生产的内在联系，并制定部门间产品的生产、分配和使用平衡表。三是依据具体化的再生产公式，详细分析了不同扩大再生产途径下的社会主义再生产比例关系，从动态平衡的角度论证了保持国民经济综合平衡应当如何确定各种比例关系问题。董辅礽运用具体化的再生产公式扩展研究了内涵扩大再生产条件下，通过提高劳动生产率引起的比例关系变化。他首先分析了实物量、资金有机构成，以及上年积累基金数量构成与下年提高劳动生产率匹配关系三个因素对再生产比例的影响。然后分析了内涵扩大再生产的实物量比例，譬如积累基金中生产资料的积累和消费资料的积累之间的比例，两大部类之间的实物量的比例，用于积累的生产资料中为扩大生产资料生产和为扩大消费资料生产的生产资料之间的比例，以及第Ⅰ部类中制造生产资料的生产资料和为制造消费资料的生产资料之间的比例等。最后分析了外延扩大再生产情况下社会再生产的比例关系问题。通过上述研究分析，他提出保持国民经济的综合平衡，必须自觉地安排上年，以至上上年社会再生产中以下几个重要比例：两大部类的比例，积累和消费的比例，积累基金中生产资料和消费资料的比例，生产资料中用于扩大第Ⅰ部类生产资料和用于扩大第Ⅱ部类生产的生产资料之间的比例，第Ⅰ部类产品中为生产生产资料的生产资料和为生产消费资料的生产资料之间的比例，第Ⅱ部类产品中用于物质生产劳动者个人消费的消费资料、用作非生产领域消费的消费资料以及用作积累的消费资料之间的比例。① 四是系统分析了社会再生产诸比例与积累和消费的比例之间的关系。在《论社会再生产诸比例与积累和消费比例之间的关系》一文中，董辅礽将其具体化的再生产公式研究又升华到宏观经济比例关系的研究中。他指出，当我们把对积累和消费的比例的需要作为安排国民经济计划出发点时，不能不考虑这一比例对社会主义再生产诸比例的影响；而当我们把对这一比例的安排作为国民经济计划的归结点时，不能不考虑社会主义再生产诸比例对它的影响。他论证了两大部类的比例与积累和消费的比例是按同一方向变化的；生产资料用于积累和补偿的比例同国民收入用于积累和消费的比例之间存在依存关系，当生产资料中用于积累的比重提高时，国民收入中积累所占的比重要提高，反之亦然；消费资料用于积累和消费的比例决定积累基金和消费基金的比例，并推演了物质生产劳动者个人消费和非生产领域消费的消费资料变化对消费资料用于积累和消费比例的影响；积累基金中生产资料和消费资料的比例决定国民收入用于积累和消费的比例。应该说，董辅礽对社会再生产各种比例关系

① 聂庆平. 重温董辅礽经济转型理论 [N]. 中国证券报，2014 – 10 – 27.

的深入研究，揭示了国民经济有计划按比例发展的经济规律，而社会再生产的各种比例关系除总量关系以外，实际上大都是经济结构上的关系。董辅礽（1980）还根据社会产品的价值和使用价值的统一，社会产品的生产和使用的统一，主要从社会产品的补偿和积累的角度，探讨了社会主义条件下运用马克思再生产公式进行结构平衡的分析。与此同时，罗季荣也从农业、轻工业、重工业相互关系的角度，探讨了运用马克思社会再生产公式进行结构平衡的分析。罗季荣（1982）还研究了怎样将马克思抽象掉的非物质生产部门引进马克思社会再生产公式问题；加进商品（产品）储备因素的马克思社会再生产公式；加进军用品（军事资料）或劳务分析马克思的社会再生产公式；加进劳动生产率变动因素如何引起两大部类比例关系的变动。张朝尊、曹新（1995）认为，社会生产两大部类是能够进行严格划分的，这方面的论述已经很多，而且马克思本人也阐述得很清楚。然而，也有学者认为，现代社会对社会生产两大部类的严格划分实际上只能存在于理论家的抽象模型中，在实际经济工作中是无法划定的，因而难以具备实际的操作性。①

再次，分析马克思的世界市场理论。"资产阶级，由于开拓了世界市场，使一切国家的生产和消费都成为世界性的了"。② 从总体上看，马克思关于世界市场的基本观点包括以下几个方面：其一，资本主义经济危机本质上是生产相对过剩的危机。马克思世界经济概念并不是一个与国别经济相对的范畴，而是作为一个世界历史的范畴提出来的，世界经济是资本主义市场经济发展的高级阶段，世界市场的形成和不断扩张是由资本推动的。"资本一方面具有创造越来越多的剩余劳动的趋势，同样，它也具有创造越来越多的交换地点的补充趋势……从本质上来说，就是推广以资本为基础的生产或与资本相适应的生产方式。创造世界市场的趋势已经直接包含在资本的概念本身中。"③ 资本主义经济的基本矛盾是社会化大生产和资本主义私人占有之间的矛盾，矛盾运动的结果是资本主义生产异化，生产和消费相互背离，直至最后爆发经济危机。资本主义危机的本质是生产相对过剩。④ 市场经济中商品交换过程的分离，货币流动过程与商品流通过程的分离仅仅是使得资本主义再生产过程随时可能出现中断，⑤ 只有资本主义生产方式才会使市场经济中潜在的危机变为现实的危机。⑥ 其二，世界经济危机是世界市场不断成熟和资本主义基本矛盾不断加剧的结果。世界经济作为一个整体，其运行规律并不是从世界市场形成时就开始显现的，只有当世界市场不断成熟，资本主义市场经济的基本矛盾充分发展时，这种规律性才得以彰显，为人们所认识。可见，马克思"世界市场"的概念本身具有双重含义：一是指相对于本国市场而言的全球性市场，这个市场对缓解国内经济矛盾具有积极作用；二是指在时空维度上相对于过去的整体性市场，它是市场经济发展的成熟阶段，这个市场中的基本矛盾已经无法通过转移而得到缓和。因此，马克思说，世界市场一方面可以暂时地、局部地缓和经济危机，另一方面又具有扩大经济危机的可能性。⑦ 其三，世界经济危机往往首先以信贷危机的形式出现。这一方面是因

① 蒋学模. 社会主义宏观经济学 [M]. 杭州：浙江人民出版社，1990：239.
② 马克思恩格斯全集（第 1 卷）[M]. 北京：人民出版社，1995：267.
③ 马克思恩格斯全集（第 46 卷第 1 册）[M]. 北京：人民出版社，1979：391.
④ 马克思恩格斯全集（第 23 卷）[M]. 北京：人民出版社，1972：287.
⑤ 马克思恩格斯全集（第 23 卷）[M]. 北京：人民出版社，1972：133 – 158.
⑥ 马克思恩格斯全集（第 23 卷）[M]. 北京：人民出版社，1972：133.
⑦ 马克思恩格斯全集（第 23 卷）[M]. 北京：人民出版社，1972：526.

为世界市场的广阔性使得国际贸易链条中商品交换环节和流通过程中的信用脱节现象更容易发生，另一方面是由于虚拟资本往往脱离现实资本，具有自我增值、自我扩张的趋势，从而使得世界经济危机往往首先表现为信用危机。其四，世界市场的危机不仅是不可避免的，而且破坏性越来越严重，因为它是由资本主义市场经济的基本矛盾所决定的，这种矛盾不是随着世界市场的建立而缩小，而是随着世界市场的发展而不断尖锐。经济活动空间范围越大，矛盾的不可调和性也就越强烈。① 相比之下，列宁在《论所谓市场问题》中则较多地强调了世界市场中各国经济的相互联系，他说：“当资产阶级的生产达到很高的发展程度时，它就不可能局限于本国的范围：竞争迫使资本家不断扩大生产并为自己寻找大量推销产品的国外市场。”② 由此可见，马克思在论及世界市场时更多的是强调世界经济的整体性（世界性），而不是国际经济中各国经济的相互联系（全球性），它是从世界整体出发来考察各个国家经济关系的，因为马克思的任务是要揭示资本主义经济在何种程度上才会最终自我消亡。

最后，分析马克思主义方法论的贡献。正如恩格斯所指出的：“马克思的整个世界观不是教义，而是方法。它提供的不是现成的教条，而是进一步研究的出发点和供这种研究使用的方法。”③ 在马克思主义方法论体系中，“一切从实际出发”是马克思主义方法论的首要命题。这是因为一切从实际出发是马克思主义认识论的根本要求和具体体现，是建立在辩证唯物主义基础上的一个基本命题，它体现了马克思主义哲学关于物质第一性，意识第二性，物质决定意识的基本原理。马克思主义揭示了社会发展和无产阶级革命的一般规律，但是，马克思主义产生在欧洲，它的内容、形式、语言都是欧洲式的。马克思的著作“撇弃了所有这些关于一般社会和一般进步的议论，而对一种社会（资本主义社会）和一种进步（资本主义进步）作了科学的分析”。④ 他们都是从所碰到的实际情况出发，进行深入的科学研究而得出一般结论的。马克思、恩格斯在《共产党宣言》1872 年德文版序言中指出：“不管最近 25 年来的情况发生了多大的变化，这个《宣言》中所阐述的一般原理整个说来直到现在还是完全正确的”。同时，还指出“这些原理的实际运用，正如《宣言》中所说的，随时随地都要以当时的历史条件为转移”。列宁指出：“马克思主义理论所提供的只是一般的指导原理，而这些原理的应用具体地说，在英国不同于法国，在法国不同于德国，在德国又不同于俄国”。⑤ 对此，斯大林说：“列宁的伟大，正在于他没有做马克思主义字句的俘虏，而善于抓住马克思主义的实质，并从这个实质出发，向前发展了马克思和恩格斯的学说。”⑥ “理论与实践相结合”是马克思主义方法论的又一重大命题。马克思在《1844 年经济学哲学手稿》中指出：“理论的对立本身的解决，只有通过实践的方式，只有借助于人的实践力量，才是可能的；因此，这种对立的解决绝不是认识的任务，而是一个现实的任务，而哲学未能解决这个任务，正因为哲学把这仅仅看作是理论的任务。”⑦ 在《关于费尔巴哈的提纲》中，

① 袁志田，刘厚俊. 世界化背景下我国宏观调控面临的新挑战及对策——基于马克思世界市场理论的分析 [J]. 广西社会科学，2010 (3).

② 列宁全集（第 1 卷）[M]. 北京：人民出版社，1984：276.

③ 马克思恩格斯选集（第 4 卷）[M]. 北京：人民出版社，1995：742 - 743.

④ 列宁选集（第 1 卷）[M]. 北京：人民出版社，1984：12.

⑤ 列宁选集（第 1 卷）[M]. 北京：人民出版社，1984：203.

⑥ 斯大林全集（第 8 卷）[M]. 北京：人民出版社，1956：22.

⑦ 马克思恩格斯全集（第 3 卷）[M]. 北京：人民出版社，2002：306.

马克思多次指出："人的思维是否具有客观的真理性，这不是一个理论的问题，而是一个实践的问题。人应该在实践中证明自己思维的真理性，即自己思维的现实性和力量，自己思维的彼岸性。"① "全部生活在本质上是实践的，凡是把理论引向神秘主义的神秘的东西，都能在人的实践中以及对这个实践的理解中得到合理的解决。"② "哲学家们只是用不同的方式解释世界，问题在于改变世界。"③ 列宁也指出："没有革命的理论，就不会有革命的运动。"④ 这些论述都强调了理论与实践相结合的重要性。⑤

作为俄国十月社会主义革命的领导者，列宁则直接强调生产与分配，计算、监督和调控。他对社会主义的总体构想和马克思一样，那就是，整个社会就是一个大工厂，每个生产单位就像是这个大工厂中的一个车间，政府是这个大工厂生产和销售的直接调节者。

在"十月革命"以前，列宁对未来社会的"直接生产和分配"估计得较为简单。他说，甚至沙皇政府在建立军事委员会、工业委员会时就已经知道了实施监督的基本步骤、主要办法和途径；一切交战国在战争中早已拟定和采用了一系列的计算监督办法。这些办法不外乎是把居民按各种职业、工作目的、劳动部门等联合起来。列宁指出："全部问题在于要他们在正确遵守工作标准的条件下同等地工作，并同等地领取报酬。对这些事情的计算和监督已被资本主义简化到了极点，而成为一种非常简单、任何一个识字的人都能胜任的监督和登记的手续，只是算算加减乘除和发发有关数据的手续。"⑥

"十月革命"之后，列宁曾打算利用人民的政治热情直接过渡到国家直接调节生产与分配。他说："苏维埃政权现时的任务是坚定不移地继续在全国范围内用有计划有组织的产品分配代替贸易。目的是把全体居民组织到生产消费公社中，这种公社能把整个分配机构严格地集中起来，最迅速、最有计划、最节省、用最少的劳动来分配一切必需品。"⑦ 但是，苏联当时的二元经济结构不适应国家的"直接生产与分配"：小经济的分散性、无组织性、自私性与"直接生产与分配"所要求的集中性、纪律性和共同利益相矛盾。针对这种情况，列宁在"十月革命"之后一直强调，要把生产者和居民组织到规模较大的生产和消费组织中去，以便于苏维埃政府调控。他的这一想法集中体现在他对资本主义的肯定性评价上："社会主义无非是从国家资本主义垄断向前迈进的第一步。"⑧ 在《论"左派"幼稚病和小资产阶级》一文中，列宁认为，当时俄国的主要敌人不是国家资本主义，而是"拒绝国家的任何干涉、计算和监督"的农民自然经济和小商品生产，而"国家资本主义较之我们苏维埃共和国目前的情况是一个进步"。在这里，列宁之所以肯定国家资本主义，是因为他认为国家资本主义同社会主义有许多相似之处：大规模的生产与分配组织，国家对整个经济的计算、监督和调控。但是，1918～1921 年的尝试失败了。"商品交换作为一种制度已经不适

①　马克思恩格斯选集（第 1 卷）［M］. 北京：人民出版社，2002：134.
②　马克思恩格斯选集（第 1 卷）［M］. 北京：人民出版社，2002：135.
③　马克思恩格斯选集（第 1 卷）［M］. 北京：人民出版社，2002：136.
④　列宁选集（第 1 卷）［M］. 北京：人民出版社，1984：311－312.
⑤　关于马克思主义方法论的研究，还可参见侯惠勤. 马克思主义方法论的四大基本命题辨析［J］. 哲学研究，2010
（10）；叶胜红. 马克思主义的三大方法论命题及当代价值［J］. 江西行政学院学报 2015（2）.
⑥　列宁选集（第 3 卷上）［M］. 北京：人民出版社，1972：258.
⑦　列宁选集（第 3 卷下）［M］. 北京：人民出版社，1972：749.
⑧　列宁选集（第 3 卷上）［M］. 北京：人民出版社，1972：163.

应实际情况，实际情况奉献给我们的不是商品交换而是货币流通、现金交易。"① 从 1921 年春天开始，实行新经济政策。其特点是，在经济调节中引入商品、货币、市场的力量，更多地依靠物质利益所激发的积极性。列宁把新经济政策看成是一种战略上的退却，是实现共产主义直接生产与分配的迂回道路。他说："我们用'强攻'的办法即用最简单、迅速、直接的办法来实行社会主义的生产和分配原则的尝试已告失败。1921 年春天的政治形势向我们表明，在许多经济问题上，必须退到国家资本主义的阵地上去，从'强攻'转为'围攻'。"② 他接着指出，这种战略上的退却是为了创造条件再转入进攻。一旦大工业得到完全的恢复和建立，一旦把数以万计的小农和私有经济纳入国家资本主义轨道，实现"直接生产与分配"的条件就成熟了，退却就要停止，进攻就会重新开始。

当然，列宁仍把商品、货币、市场看成是资本主义经济的特有范畴，把小经济的发展等同于资本主义的发展。他在《关于粮食税的报告》一文中指出："自由贸易意味着资本主义的增长；要避开这个事实是绝对不可能的……既然存在着小经济，既然存在着交换自由，也就会产生资本主义。"③ 在估计新经济政策将会带来的后果时，列宁说："新经济政策所造成的情况，如小型商业企业的发展、国营企业的出租等，都意味着资本主义关系的发展，看不到这一点，那就是完全丧失了清醒的头脑。"④ 在谈到货币在当时苏联经济中的重要作用时，又指出了黄金罪恶的本质："将来在世界范围内取得胜利后，我想，我们会在世界几个最大城市的街道上用黄金修建一些公共厕所。这样使用黄金，对于当今几代人来说是最'公正'而富有教益的。"⑤ 在《论合作制》一文中，列宁对新经济政策进行了回顾性评价。他说："在实行新经济政策时，我们向做买卖的农民让了步，即向私人买卖让了步；正是这一点……产生了合作制的巨大意义"，但"我们对合作制注意得不够"。"我们转入新经济政策时做得过火的地方，并不在于我们过分重视自由工商业的原则，而在于我们完全忘记了合作制。"⑥ 由此可见，列宁认为合作制是一种同国家资本主义相似的东西，他强调的仍然是集中的计算、监督和调控。

## 2.2　社会主义经济理论中的宏观调控思想

### 2.2.1　关于社会主义经济的两场争论

"十月革命"胜利后，苏联成为第一个社会主义国家。在当时，如何建立社会主义的经济组织？社会主义经济能否有效运行？成为政府和理论界面临的一个重大问题。在苏联国内社会主义经济学家之间、在社会主义经济学家与西方经济学家之间以及西方经济学家之间，社会主义经济体制的建立引发了一场又一场有关计划与市场的激烈争论，这些争论都涉及了

---

① 列宁全集（第42卷）[M]. 北京：人民出版社，1987：234.
② 列宁全集（第42卷）[M]. 北京：人民出版社，1987：235 - 236.
③ 列宁全集（第41卷）[M]. 北京：人民出版社，1987：149.
④ 列宁全集（第42卷）[M]. 北京：人民出版社，1987：231.
⑤ 列宁全集（第42卷）[M]. 北京：人民出版社，1987：248 - 249.
⑥ 列宁选集（第4卷下）[M]. 北京：人民出版社，1972：681 - 682.

对政府作用的探讨。这里主要讨论 20 世纪 20 年代发生的苏联经济学家普列奥布拉任斯基（E. A. Прсобракснский）与布哈林（НиколайИвановичБухарин）之间的争论、30 年代波兰经济学家兰格（O. Lange）与奥地利经济学家米塞斯（L. von Mises）、哈耶克（F. A. Hayek）之间的大论战。

第一，普列奥布拉任斯基与布哈林之间的争论。这是一场围绕经济落后国家如何实行工业化的道路展开的争论，焦点在于是由政府实现工业化还是在工业化过程中引进市场、私人力量。这场争论可以视为社会主义经济发展理论的发端之一。

苏联实行新经济政策以后，在无产阶级专政条件下，各种经济成分得到发展，城乡交换得到恢复，苏联社会主义建设的实践同在战时共产主义时期流行的那种认为社会主义制度下应当消灭商品货币关系的理论观点发生了矛盾，于是理论界开始讨论过渡时期的经济理论问题。与此同时，由于国民经济的恢复，苏联面临工业化的任务，党内展开了关于工业化问题的争论。作为苏联 20 世纪 20 年代的著名经济学家，普列奥布拉任斯基担心在新经济政策条件下占人口 4/5 的小农的自发势力会使俄国向资本主义发展，因此，他赞同只有加速工业化才能拯救俄国的观点，支持托洛茨基的"超工业化"方针，在其代表性著作《新经济学》中，认为在落后国家建成社会主义，实现工业化特别是建立资本品工业，是至关重要的。对于工业化所需的大量资金，不能光靠国营经济综合体内的资本积累，因为国营企业比重小，也不能指望通过自由交换或价值规律的形式去筹集，因为过程缓慢，且没有足够的工业品。"只把希望寄托在社会主义部门内部的积累上，那就有危及社会主义经济生存的危险，或者说，就会使预先积累的时期无限期地拖下去。"[1] 普列奥布拉任斯基提出社会主义原始积累规律，指"国家手中的主要来源于或同时来源于国营经济综合体之外的物质资源积累……这种积累在落后的农业国中应当起非常重要的作用"。[2] 这些"国营经济综合体之外的物质资源积累"包括：（1）现有工业的国有化是第一个行动。（2）对私有企业课以重税。（3）发行纸币。（4）信贷政策，把通过信贷渠道筹集到的资金只分配给社会主义企业。（5）不等价交换，即有意识地把多种形式的私有经济的相当部分的剩余产品归公的价格政策。（6）对私营企业的进出口征税。通过这些方法，国家不仅控制了存量资源，而且控制了流量资源，其实质就是工业化应由政府来搞，工业化所需资金应由政府动员，应通过政府的强制之手把非公有资源纳入工业化轨道。此外，普列奥布拉任斯基提出的"社会主义原始积累"理论还主张国家利用垄断地位运用预算、信贷和价格手段重新分配国民收入，急剧改变原有国民经济比例，把资金从农业抽调到工业方面以保证工业高速发展；提出过渡时期有社会主义原始积累规律和价值规律两个对立的调节者的理论，认为在过渡时期计划和市场势必不能相容，社会主义计划生产和商品生产必然陷于对立。

被列宁始终认为"是一位学识卓越的马克思主义经济学家"的布哈林为了驳斥普列奥布拉任斯基的超工业化计划，写了《对反对派经济纲领的批判》《新经济政策和我们的任务》《苏维埃经济的新发现或怎样工农联盟》《到社会主义之路和工农联盟》等一系列著作，提出了以下主张：（1）解决工业发展缓慢问题，必须从发展农村生产力着手。关键是把农村经济搞活，把新经济政策推广到农村去，只有农村富裕了，有了市场，工业才能得到发

①　［苏］普列奥布拉任斯基. 新经济学［M］. 上海：三联书店上海分店，1984：45.

②　［苏］普列奥布拉任斯基. 新经济学［M］. 上海：三联书店上海分店，1984：41.

展。（2）在农业社会主义改造方面逐步实行农业合作化，先组织消费合作社，等条件具备后再转到生产合作社。通过这种从低级到高级逐渐地发展的过程，吸引农民走上社会主义的康庄大道。他反对过早地实行农业集体化。（3）在发展速度上要保证长期的高速度，反对一开始就不顾现有的客观条件与可能，盲目地追求指标，要保持国民经济各部门的平衡发展。（4）在农业、轻工业和重工业的关系上，注意发展轻工业，使重工业和轻工业的发展达到完美的结合。（5）在对待新资产阶级和富农上，主张少一点行政压制，多一点经济斗争，更多地发展经济周转，使他们的经济通过银行等手段"长入"社会主义经济体系。

此外，布哈林还对政府干预提出了许多富有创见的观点：（1）政府应该在两种不同性质的生产之间作出正确的区分。一种生产是政府能够使之合理化、能够加以组织和进行计划管理的生产；另一种是政府尚不能使之合理化和进行有计划管理的生产。政府的活动应限于前者，超过了可能的范围就会适得其反。如果无产阶级"拿到自己手中的东西太多，超过了客观情况所容许的限度，那么无产阶级就不可避免地要遇到下列的形势：生产力不会得到发展而会受到束缚。"①（2）干预过多会造成机构膨胀、干预成本上升，反倒不如市场自发调节来得经济。"如果无产阶级竭力把过多的东西拿到自己手中，那么它就需要一个庞大的行政管理机构。它需要过多的职员和工作人员代替小生产者、小农等等来履行其经济职能……以致它的开支比由于小生产领域中的无政府状态而产生的耗费还要大得多。"②（3）过多的政府干预会形成一个既得利益阶层，这个阶层会把阶层的利益置于社会利益之上。

第二，兰格与米塞斯、哈耶克之间的论战。20世纪20~50年代，笃诚的马克思主义者奥斯卡·兰格与西方自由主义的两位卫士米塞斯和哈耶克之间爆发了一场计划经济条件下能否实现资源最佳配置的经济大论战，争论的焦点在于政府能否人为地构造市场和市场主体。

1920年春，米塞斯发表了一篇题为《社会主义制度下的经济计算》的文章，他否认社会主义有实行经济计算和合理配置资源的可能性。尽管该文篇幅不长，却言简意赅阐述了社会主义经济的核心问题，成为当时的石破天惊之作，引起了社会主义经济问题的大论战。无论是他的同道还是他的对手都对他评价甚高。哈耶克指出："首先使一种问题永远不可能再从讨论中消失的形式阐述社会主义经济学中心问题的荣誉，属于奥地利经济学家路德维希·冯·米塞斯"。③ 兰格也认为，使社会主义者系统地研究这个问题的功劳完全属于米塞斯教授，"米塞斯教授的像应当在社会化部或在社会主义国家的中央计划局的大厅里占一个光荣的位置"。④ 米塞斯在这篇著名的论文中指出，在以生产资料私有制的经济体制中，合理的经济计算的可能性在于用货币表现的价格提供了使这种计算成为可能的必要条件，而社会主义经济中不存在这种以货币表现的价格制度，因此无法确定某一种产品是否需要，也不能确定生产它的过程中劳动和原材料是否有浪费。他认为，社会主义还不一定能够不要货币，允许利用货币来交换消费品是可以设想的。但是，由于各种生产要素的价格不能用货币表现，因此在经济计算中货币就起不了什么作用。在一个静态的社会中可以放弃经济计算，而静态的经济体系是从来没有的。所有经济变化都牵涉到各种活动，其价值既不能事先预知，也不

---

① ［苏］布哈林. 布哈林文选（上卷）［M］. 上海：东方出版社，1988：65.
② ［苏］布哈林. 布哈林文选（上卷）［M］. 上海：东方出版社，1988：65.
③ ［英］A·哈耶克. 个人主义与经济秩序［M］. 北京：北京经济学院出版社，1991：131.
④ ［英］A·哈耶克. 个人主义与经济秩序［M］. 北京：北京经济学院出版社，1991：1.

能事后确定。一切都将在黑暗中摸索。社会主义就是合理经济的抛弃。针对一些社会主义者关于社会主义可以通过建立生产资料的人为市场来解决经济计算问题的看法，米塞斯强调这些人没有看到要把市场和它的价格形成的功能同以生产资料私有制为基础的社会分离开来是不可能的。市场是资本主义社会制度的核心，是资本主义的本质，而在社会主义条件下，市场是不可能人为仿制的。社会主义国家只能由国家或从事国家事务的人支配资本。这就表明要消灭市场，因为用市场指导经济活动意味着：根据社会各个成员所支配的购买力来组织生产和分配产品，而这种购买力只能在市场上才会被发现。消灭市场是社会主义的目标。经济计算的实质并不在于应该生产什么和生产多少，而是如何最有效地利用现有生产资料来生产这些产品的问题即资源的合理配置的问题。只有在生产资料私有制社会的生产资料市场上形成的货币价格工具，才能进行经济计算，这意味着必须有土地、原料、半成品的货币价格，必须有货币工资和利息率。文章最后指出，问题仍然是二者必居其一，要么是社会主义，要么是市场经济。米塞斯的结论是社会主义经济不可能实现资源的有效配置①。

　　米塞斯的文章遭到了许多经济学家的批驳，其中最为著名的是奥斯卡·兰格。兰格撰写了《社会主义经济理论》的长文，对米塞斯的观点提出挑战，并提出了竞争社会主义的解决方案即兰格模式。② 在该文中，兰格指责米塞斯混淆了狭义价格即市场上商品交换的比例和广义价格即提供其他选择的条件，而只有广义价格才是解决资源配置问题不可缺少的。兰格认为米塞斯混淆导致了社会主义不能解决其资源的合理配置的结论。兰格在阐述了竞争市场上如何通过试错法建立均衡之后，提出社会主义经济可以通过试错法获得均衡的价格，社会主义经济可以实现资源的合理配置。

　　兰格并不是指出社会主义可以实现资源的合理配置的第一人，早在 20 世纪初意大利经济学家帕累托（V. Pareto）在《社会主义制度》一书指出，社会主义制度能够创造并实现"最优福利状态"的条件，达到生产资源的有效配置，而帕累托的学生巴罗内（E. Barone）在《集体主义国家中的生产部》一文中提出，假如其他情况相同，资源的有效配置可以独立于生产要素的所有制，但关键是要找到一系列适当的价值。巴罗内设想在没有货币、价格的条件下，通过试错法，求解均衡方程式的解，以实现最小生产成本达到最大经济福利的经济上最有利的技术系数，使价格与最低生产成本相等，从而使资源得到有效配置。③ 他们的思想无疑给兰格以启迪，使他能够更加深入系统地探讨社会主义经济中的资源配置这个重大的理论问题。

　　兰格设想的社会主义经济中，生产资料的公有制并不决定分配消费品和分配职业的制度，也不决定指导商品生产的原则。兰格假设在这个经济中存在消费选择自由和职业选择自由，因此有消费品和劳动服务的市场，但在劳动之外不存在资本货物和生产资源的市场。兰格指出社会主义经济的主观均衡条件如下：（1）消费者有选择自由。已知消费品的收入和价格，消费品的需求被确定。（2）生产经理的决策不再由利润最大化的目标指引，而是受中央计划局的规定指导。中央计划局对他们规定如下规则，目的在于用最好的方式满足消费

　　①　[奥地利] 路德维希·冯·米塞斯. 社会主义制度下的经济计算 [A]. 现代国外经济学论文选（第九辑）[C].
商务印书馆，1986：60 - 67.
　　②　[波兰] 奥斯卡·兰格. 社会主义经济理论 [M]. 北京：中国社会科学出版社，1981：1 - 40.
　　③　范恒山. 国外 25 种经济模式 [M]. 北京：改革出版社，1993：117 - 121.

者偏好。第一条规则是必须选择使平均生产成本最小的要素组合，第二条规则是产量必须这样确定，使边际成本等于产品价格，以决定生产规模。企业经理与产业经理更为关注部门的长期成本，关注部门中生产能力扩大与缩小的决策。为了使他们遵守这些规则，要素和产品的价格必须是已知的。在消费品和劳动服务的情况下，它们由市场决定，在其他情况下，则由中央计划局决定。（3）有选择职业的自由，劳动者贡献他们的服务给支付最高工资的产业或职业。社会主义经济的客观均衡条件是价格为已知。只有价格为已知，使平均成本为最小的要素组合，使边际成本与产品价格相等的产量以及最终生产资源的最佳分配才能被决定。在社会主义经济中，价格的决定过程与竞争市场中的过程相似。中央计划局起市场的作用，它规定生产要素组合和选择工厂生产规模的规则、确定一个产业的产量的规则、分配资源的规则以及在会计中将价格当参数使用的规则。最后以试错法确定价格，如果供不应求，价格就提高，如果供过于求，价格就降低，经过反复试验直到市场上生产资料的供求相等，均衡价格确定。兰格认为这与市场经济中的价格调整过程很相似，并断言"用计划代替市场的功能是很可能的和可行的"。① 兰格自信地认为，中央计划局所拥有的经济体系的知识比任何私人企业家拥有的知识更多，而且可以比竞争市场更短的系列的相继试验获得正确的均衡价格。他把试错法推而广之，认为这也适用于消费选择自由和职业选择自由都不存在的社会主义制度。兰格指出社会主义的实际危险是经济生活的官僚化，而不是不能应付资源配置问题。生产资料公有制的社会主义经济能够实现资源的合理配置，这是争论中兰格得出的不同于米塞斯的结论。总之，兰格模式的核心问题是中央计划局采用试错法，模拟市场机制，决定生产资料的价格，从而使供求得到平衡，实现资源的合理配置。

　　哈耶克则对兰格的竞争解决方案提出了明确的质疑。哈耶克断言，没有理由预料在计划经济下生产将停止，中央当局在利用资源上会面临困难，产出量将会比计划开始前的水平低，应该预期的是在可利用资源的使用由中央权威加以决定地方的产出量将会低于市场价格机制自动运行而其他环境相似的地方。哈耶克的批评集中在以下三个方面：第一，中央计划经济存在信息收集处理的困难。哈耶克认为，中央计划的指导要替代工业企业管理者个人的作用就必须进行细致的指导，而只有将一切知识都应用于中央权威的计算之中才可以作出恰当的决策。只是这一资料收集的任务就已超越了人类的能力。即使搜集到了资料，还需作出具体的决策。每一个决策都要根据若干差不多的联立微分方程的解作出，这个任务从已知的手段看是终身都完成不了的。中央计划权威不可能掌握所有的信息。第二，中央计划经济存在激励方面的问题。哈耶克指出，问题并不在于中央权威能否合理地决定生产和分配，而在于那些既非财产主人又对自己管辖的生产资料无直接兴趣的个人能否成功地担当责任并作出决策。兰格的方案并没有说明如何向这些个人提供适当的激励的问题。第三，兰格等人的方案对于静态均衡理论过于迷恋，不理解价格机制的真正作用。他们都在一定程度上主张依靠竞争机制来决定相对价格，但又反对直接由市场决定价格，而主张用一个中央权威定价来代替市场。中央确定价格的方法非常不灵活，哈耶克将管制价格体系和市场价格体系形象地比作两支不同的进攻部队的差别，前者如同一支部队的每个分队和每个士兵只有接到特别的命令才能行动，并且在总部命令的距离内行动，后者犹如一支部队的每个分队和每个士兵都可以利用每一个机会，见机行事。在他看来，设想一个无所不在、无所不知、全能的、能够及

---

① ［波兰］奥斯卡·兰格. 社会主义经济理论［M］. 北京：中国社会科学出版社，1981：15.

时调整每一种价格的经济指挥机构在逻辑上并非不可能，但在现实中则非常困难。市场的复杂多变也使得兰格等人的以试错法确定价格的方式无法应用。中央经济权威机构确定价格不仅行动迟缓，而且只限于为各类商品定价，无法体现建立在具体时间、地点和质量基础上的价格差别，这意味着生产管理者没有动力，甚至没有真正的可能性来充分利用各种有利的机会、成交条件和当地的特殊情况所赋予的各种优势。由于价格由权威机关决定，就排除了最大限度地降低成本的力量即价格竞争。在哈耶克看来，在真正对决策负责的不是企业家而是审批其决策的政府官员时，这充其量只是一个半竞争的体制。

哈耶克对中央计划经济可以实现资源的合理配置的思想进行了有力的反驳，他于 1945 年 9 月在《美国经济评论》发表了一篇题为《价格制度是一种使用知识的机制》的文章，事实上对其思想进行了总结。[①] 哈耶克指出，如果要理解价格制度的真正功能，必须把它视为一种传递信息的机制，当价格更具刚性时，便不能发挥出这种功能。中央计划者缺乏必要的信息，有效配置资源的所需的价格及成本的信息又通过市场过程本身才可以获得。哈耶克论证了由市场力量决定价格的分散决策远比中央计划更好地利用这些信息。哈耶克的分析表明，从资源配置角度看，市场经济优于中央计划经济。

后来，兰格在 1940 年 7 月 31 日致哈耶克的信中指出："我并不认为由一个实际的中央计划局定价是一个实用的解决方式，在我的论文中这只是一个方法论的设计……事实上，我当然会建议只要可能即只有当买卖单位的数量足够大时，由完全的市场过程定价。只有当这些单位的数量如此之小以至于制造商寡占、买主寡占和双方垄断居主导地位时，我才赞成由公共机构根据我在小册子里提出的原则定价，以作为一种实际的解决方式。在这样的情形下，定价也是在资本主义下进行的，只是这是垄断的定价，而不是价格有利于公共福利政策。我还要补充的是，正如在我小册子的最后部分指出的那样，只有在竞争性市场的自动过程不能发挥作用的领域，我才赞成实际的工业社会化"。[②] 从这封信看，兰格的观点有所退却。中央计划局定价只是一个方法论的设计，而不是一个实用的解决方式。兰格在信中赞成由完全的市场过程定价，这表明他以一种委婉的方式表示在论战中服输。

20 世纪社会主义经济大论战从实质上看是中央计划经济能否有效运行的争论。尽管具有一定的意识形态色彩，但争论的主题中央计划经济的可行性却是研究 20 世纪中央计划经济演化的持久课题。米塞斯在中央计划经济尚未产生时就预见到了这种体制运行中的问题，无疑需要极大的理论洞察力。兰格的思想是社会主义思想史上的一个重要里程碑，他第一次从理论上论证了社会主义经济可以将计划与市场结合起来，但他的计划代替市场的思想也留下了模拟市场的幻想。哈耶克对于兰格模式的批评可以说是鞭辟入里，颇为深刻，后人对于中央计划经济的批评很少有超过他的。他对于中央计划经济能有效地实现资源的合理配置这一问题持怀疑态度，粉碎了中央计划是解决一切问题的万应灵丹的乌托邦式的幻想，并正确预言了中央计划经济的失败。可以说，这一场经济大论战的最大遗产在于，这场争论表明中央计划经济不能解决资源的合理配置问题。这一论断被不幸言中了，中央计划经济半个多世纪试验的糟糕记录及其失败便是明证。中央计划经济的试验付出了高昂的代价，正是出于提高经济效率的考虑一些中央计划经济国家才走上了经济改革之路。

①　[英] A. 哈耶克. 价格制度是一种使用知识的机制 [J]. 经济社会体制比较, 1989 (5).

②　H. Gabrisch, Economic Reforms in East Europe and Soviet Union [M]. Westview Press. 1989, 58.

### 2.2.2　东欧经济学家关于政府作用的观点

在社会主义经济理论中，东欧的经济学家独树一帜，他们的理论贡献不仅深化了人们对社会主义的认识，丰富了社会主义经济理论本身，同时极大地影响了东欧的经济改革进程。其中，匈牙利经济学家亚诺什·科尔内（J. Kornai）、波兰经济学家弗·布鲁斯（V. W. Bruse）、捷克斯洛伐克经济学家奥塔·锡克（O. Sik）是著名的代表人物。在此仅对他们关于政府作用、政府的职能以及计划与市场的关系等宏观调控思想进行评析。

科尔内是一位蜚声世界的经济学家，主要理论贡献在于对传统社会主义经济进行了全面系统的分析，揭示了传统社会主义经济体制的内在矛盾。[①] 特别是关于"短缺经济"与"软预算约束"的概念及其思想，对社会主义经济体制和转轨经济理论产生了重要影响。

科尔内认为，与短缺相联系的问题是传统社会主义经济体制的根本问题之一。短缺经济是传统社会主义经济的主要特征。他强调短缺绝非单纯是以货币形式表现出来的价格和工资的问题，而是体制问题，它反映了国家与企业的关系问题。短缺并非主观失误的结果，而是制度的产物。在此基础上，科尔内将短缺分成两种类型：一是水平短缺，二是垂直短缺。水平短缺存在于买方和卖方间，表现买方和卖方间的关系。这里的问题是买方意愿是否得到实现，实现了就不会有问题，实现不了就有问题。垂直短缺存在于中央物质分配机关和要求者之间。如果要求者提出的总量超过了中央机关所能分配物质的总量，就会发生垂直短缺的现象。这两种短缺分别体现了买方和卖方、中央物质分配机关与要求者之间的关系。在经济生活中，短缺成为一般的普遍现象时，则会发生内部短缺现象，即一个组织内部如企业内部的短缺。短缺与剩余（指未被利用的资源）不仅不互相排斥，而且在下列两种情况下发生因果关系：生产要素的不配套、囤积备用。短缺的后果有：损害消费者利益；影响经济效率；影响人与人之间的关系；丧失对技术革新积极性的刺激。

在科尔内看来，短缺的原因一是摩擦，二是吸纳。社会主义经济体制在正常状态下是剩余少而短缺多。科尔内列举了四种摩擦现象：卖方的预测误差；买方的动摇不定；买方的信息不完全；卖方调节的延滞和刚性。科尔内将信息缺乏、决策失误和执行偏差称为摩擦。由于企业的软预算约束，企业的需求就是无底洞，永无止境，因而形成了持续的吸纳过程。形成吸纳过程的机制有如下五种：第一，投资渴望与投资扩张。只要预算约束软化，企业就不会倒闭，它就会感到对投资不承担任何风险，而放手进行投资，反正失败了有国家支持。第二，追求数量和囤积。因为短缺的存在，企业在短期决策时，力争事前在数量上尽可能多地囤积库存，以免届时因投入物质供应不上形成生产瓶颈，使其生产能力不能充分发挥。追求数量和囤积同样会造成短缺。第三，企业为扩大出口而吸纳国内资源而造成短缺。上述三者均与企业的软预算约束有关。第四，消费者对于市场商品的过度需求。第五，消费者对于免费服务的过度需求。

---

① ［匈］亚诺什·科尔内. 短缺经济学［M］. 北京：经济科学出版社，1986；亚诺什·科尔内. 增长、短缺与效率［M］. 成都：四川人民出版社，1986；亚诺什·科尔内. 短缺与改革［M］. 哈尔滨：黑龙江人民出版社，1987；亚诺什·科尔内. 矛盾与困境［M］. 北京：中国经济出版社，1987；亚诺什·科尔内. 社会主义体制［M］. 北京：中央编译出版社，2007.

科尔内认为，仅仅用摩擦是不能完全说明社会主义经济体制的短缺现象。为了说明短缺现象，必须把持续吸纳剩余劳动力、物资、土地及其他资源的吸纳机制搞清楚。为此，科尔内对企业的约束条件进行了研究，提出了软预算约束的概念。他认为，企业在生产过程中面临着三种约束：资源约束、需求约束和预算约束。传统社会主义经济是资源约束型体制，而古典资本主义经济为需求约束型体制。如果企业必须最终从销售收入中弥补其各种支出，那么企业的预算约束就是硬性的。企业发生亏损，没有偿债能力，企业就倒闭。这适用于古典资本主义企业。而对传统社会主义企业而言，企业的约束是软的。如果企业亏损，会得到国家的帮助和关照。软预算约束有四种表现方式：一是企业从国家获得用来弥补亏损或成本提高而给予的补贴。这种补贴可以是定期的，也可以是一次性的；可以针对企业的某种产品，也可以对企业的全部活动进行补贴。二是企业获得税收优惠以弥补因成本提高造成的亏损。三是信贷制度是软性的。这并不表现在利率上，而是表现在为获得贷款而竞争的规则上，如按照何种原则选择贷款对象、给予那些企业优惠和有利条件等。四是国家行政机构规定某些价格或者确定提高价格的上限。软补贴、软税收、软信贷和软价格这四种表现方式并不是相互排斥的，它们可以同时存在，也可以相继发生。软预算约束对于企业的影响体现在三个方面：第一，对于价格敏感性的影响。在软预算约束的条件下，企业对价格的敏感性下降。第二，对经济效益的影响。企业领导人的注意力从改进质量、降低成本、开发新产品和新工艺转向寻求补贴，从车间和市场转向政府机构。第三，造成过度需求。软预算约束导致企业需求得不到限制，特别是投资需求成为一个无底洞。

衡量预算约束是软的还是硬的，主要有两个尺度：一是企业的寿命。在硬预算约束体制下，是否盈利关系到企业的生死存亡。因此企业的倒闭率高。而在软预算约束的体制下，企业长生不老，企业的寿命是有保证的，因为国家起了保险公司的作用。二是企业的发展与盈利与否的关系。在软预算约束体制下，两者关系不大，没有盈利的企业得到发展，而盈利的企业反而得不到发展。科尔内指出，软预算约束不仅是财政和金融方面的问题，而且也是国家与企业间关系的问题。国家与企业间的温情脉脉的关系。国家视企业如同自己的子女，不能放任不管。

科尔内将国家与企业的这种关系称为"父爱主义"。国家对企业的保护和企业对国家的依赖是造成软预算约束的重要原因。根据预算约束的程度，科尔内将父爱主义分为五种类型：程度0：自立—无助，即企业完全依靠自己，国家不给予任何帮助。程度1：自立—有助，即企业基本靠自己，自负盈亏，但在企业遇到困难时国家给予帮助。程度2：货币津贴，即企业可以讨价还价地从国家获得帮助，但企业经营活动基本上是独立的。程度3：实物给予—主动表达愿望，即国家在作决策时考虑企业的愿望，企业也主动向国家提出要求，进行讨价还价。程度4：实物给予—被动接受，即国家按照配给方式在企业之间进行投入品的实物分配，不会考虑或不认真考虑企业的意见。程度1~3的父爱主义表明了社会主义的特征。软预算约束反映了传统社会主义经济体制中国家与企业间的关系，这对于分析传统经济体制具有非常高的学术价值。

科尔内还提出了经济的协调机制。在他看来，存在着四种基本协调机制，即行政协调、市场协调、伦理协调和强制协调。行政协调有下列特点：在协调与被协调的个人与组织间，存在着纵向的上下级关系；鼓励个人和组织接受协调者运用行政手段作出的决定；经济交易不一定货币化。市场协调有以下特点：在个人和组织间存在着横向和法律上平等的关系；它们都受到盈利和赚钱动机的驱使，买卖实行自由价格；交易是货币化的。伦理协调有下列特点：个人与组织间存在着横向的关系；它们既不受行政命令指挥，也不受盈利目的的驱使。协调是基于互惠和互助，参加者将基本原则提高到道义或义务的高度，并通过惯例或传统方式确定下来；交易不是货币化的。强制协调有如下特点：上级和下属的个人或组织之间是纵向关系；与行政协调不同的是，上级对下级施加一种随意的强力，不必受法律和道德的认可；交易可能货币化的，也可能非货币化。

经济运行的协调机制可分为行政协调（Ⅰ）和市场协调（Ⅱ）两大类。每一种协调机制又各有两种具体形态：直接行政协调（ⅠA）、间接行政协调（ⅠB）、自由的市场协调（ⅡA）和有宏观控制的市场协调（ⅡB）。

在行政协调机制中，信息在一个控制中心和企业间纵向地往返运动，控制中心和企业间存在着主管和从属的关系。直接行政协调ⅠA与间接的行政协调ⅠB都属行政协调，区别在于纵向调节手段的运用。直接行政协调就是中央向企业发号施令，下达详细的产出指标及投入限额，企业执行上级的命令。间接行政协调就是中央不直接向企业下达命令，而是掌握一整套杠杆，借助于这些杠杆中央以间接的方法调节企业的行为。自由的市场协调ⅡA与有宏观控制的市场协调ⅡB同属市场协调，但区别在于国家是否实行宏观控制。ⅡA是指取消了行政指令性控制后，并没有建立起新的宏观控制体系，经济完全受市场机制的调节与引导。ⅡB是指社会控制中心不再主要通过行政手段控制经济运行，而是借助于宏观约束手段和宏观经济参数进行管理，但对于铁路、通信、电力等公共部门实行直接管理。

间接的行政协调ⅠB与有控制的市场协调ⅡB都是间接控制，但两者存在明显区别。第一，ⅠB体制中税率是主管部门与企业讨价还价的产物，而ⅡB体制中，国家有统一的税率。第二，ⅠB体制中利润分割的比例也是国家与企业间讨价还价的对象，而ⅡB体制中利润分割的比例是以法律形式确定的。第三，ⅠB体制中，国家救活的是少数大企业，企业被救活后不仅不存在还债问题，而且会继续向国家伸手要钱，而ⅡB体制中国家挽救的只是少数大企业，而且企业救活后会立即设法还债。国家挽救破产企业在ⅡB体制中是例外，而在ⅠB体制中则是常态。

此外，科尔内还对计划与市场的关系进行了深入分析，并别具一格地把计划目标和计划手段纳入"行政"（bureaucracy）范畴，用比较行政协调机制和市场协调机制的方法分析二者之间的关系。科尔内指出，经济学家之所以往往青睐于市场机制，关键在于"它提供了一个敏感的信息系统"。刺激反应是自动与信息相连的：不仅有正的刺激来奖励成功，也有负的刺激来惩罚错误的行为。谁不适应、谁不节约，那就迟早会被市场竞争所淘汰。买者对市场巨大的影响，迫使生产者和卖者被迫留意买者的需求。这是一个激烈竞争、优胜劣汰、自然选择的过程。然而，市场也有它的重大缺陷，完全依靠它也是不行的，必须有某种行政的或计划的协调作为补充。科尔内提到了三个问题：（1）市场对某些给社会带来害处的活动没有计入成本，而对另外一些给社会带来利益的活动也没有计入成本。这就是著名的外部性问题（externaleconomies）。因此，必须用行政调节来制止或由政府征收特别税来限制那种对社会不利的活动，相反，对那些有益于社会的活动，可由政府给予财政上的支持。（2）市场分配收入的方式必然破坏收入的公平分配的道德原则，有的时候可能产生过分的不平等（高收入仅仅是由于好运气或固有的条件造成，低收入是由于偏低的条件或灾难所致）。所以，为了制定更公正的收入比例税，必须以补贴、福利费和其他形式的干预进行再分配，并且用行政机制作为实施这些手段的工具。（3）生产力的发展引起生产的专业化和集中，必然导致垄断的出现。伴随这种历史过程出现的是对垄断进行限制的社会要求。为了控制垄断或使它们国有化，或由行政机关接管它们的职能，必然产生行政机构。

科尔内极为精细地分析了行政协调和官僚主义在社会主义社会中不断扩张的原因。第一，行政协调具有自我完善倾向。他考察了从 1970～1981 年每年颁布的法律文件件数、中央机关的工作人员数目、预算机构的行政费用、"净收入"中上交集中部分、中央政府资助与省或县议会（政府）发展基金的比率、国营企业中由再分配中引起的利润转移的比例等项目，得出的结论是：排除通货膨胀因素，当生产的增长减慢时，行政机构的费用的增长却保持上升趋势。第二，官僚主义向原先未控制的领域中扩张，"这种现象就像外科医生在人体器官的某个部位切除了恶性肿瘤，但癌细胞又向其他地方转移并开始扩散的现象一样。"第三，存在一种恶性的循环。"行政调节不可避免地要产生过分的要求，因为要求者想借助这种方式提高他们讨价还价的地位。定量配给导致窖藏，即用户库存的膨胀。需求变得几乎是无限的，在这个意义上来说，短缺成为持久的现象了。在持续短缺的状态下，配置的行政机制成为不可避免的。"第四，利害关系造成了保护官僚主义的强大力量。科尔内精辟地论述说，尽管人人都反对官僚主义，但却存在着为保留每一个行政职位而努力的巨大力量。所有负责某个领域的机关都热衷于在自己统辖的范围内保留行政协调，因为它能给人提供权力和名望，很少有人会自愿地乐于放弃这些东西。连经济界的领导人亦是如此，他们大都赞成进一步分散化和加强市场协调，但他们却坚持这样一种改革方式，即作为一般规则的例外，他们要求只在自己的权力范围内保留行政职位。

既然行政协调有这样的问题，市场协调也有它的缺陷，看来逻辑的推论只能是取二者之长、弃二者之短，要一个中介型的模式了。不仅普通人这么想，连许多经济学家也这么认为。"计划与市场相结合""政府控制的市场""计划调节的市场""有计划的商品经济"等概念和方案应运而生，在不少地方成为流行的要求。对此，科尔内评价道："把它作为一般的口号要比真正实行它容易得多。市场和行政并不是像杜松子酒和强身剂那样能以任何比例相混合的东西。可能存在一种行政的市场限制，它仍允许市场在其中占一席之地。但行政限制超过临界限度就会扼杀市场的生命力，使市场的存在仅仅成为表面的。还存在这样一种行政和市场的结合，它把这两种类型单独存在时的优点丧失了，而结合了它们的缺点。"科尔内的主张是：如果能够使市场与行政的作用分离，这比合并它们更为有利；如果"结合"是不可避免的，则应将两种机制谨慎地结合在一起。在很多情况下，50% 对 50% 的比例未必是理想的；两种机制之一应占主导地位，而另一种应作为修正和补充形式。在他看来，尽管不能指望市场协调能够完善地调节社会经济过程，但利用市场协调（机制）还是利大于弊的。"这就是为什么我们必须并且值得在致力于缩减行政协调范围的同时，又尽力扩大市场协调范围的原因。"

布鲁斯的主要理论贡献则在于他潜心研究社会主义经济运行问题，提出了"导入市场机制的计划经济模式"的理论。他的理论不仅对于 20 世纪 60 年代东欧经济思想具有很大的影响，而且对于分析传统社会主义经济体制具有很高的理论价值。[①]

---

① ［波兰］布鲁斯. 社会主义经济与政治［M］. 北京：中国社会科学出版社，1981；布鲁斯. 社会主义经济的运行问题［M］. 北京：中国社会科学出版社，1984.

　　为了说明社会主义经济运行模式，布鲁斯引用了奥斯卡·兰格对于模式的定义。"经济理论详细说明抽象规律发生作用和以一定方式彼此联系的条件。经济理论所包含的这类详细说明被称为经济理论的假设，这类假设的系列近来被称为理论经济模式。"布鲁斯认为，模式表示经济机制运行的图式，它撇开复杂细节，而提供经济运行主要原则的抽象图式。经济模式不应当同经济运行的体制混为一谈。布鲁斯指出，"'社会主义经济模式'这种提法十分清楚地说明，我们考察的不是不同类型的社会经济制度，而是社会主义类型的经济运行原则的变种"。经济制度反映基本的生产关系，而经济模式则显示经济的运行原则或运行机制。

　　布鲁斯将经济模式分为军事共产主义、集权模式、分权模式和市场社会主义四种模式，这一划分是基于对不同层次经济活动决策方式的认识。他将社会主义经济中经济决策分为三个层次：第一个层次（a）是宏观层次的决策，它涉及整个经济的发展战略问题，如经济增长速度、积累和消费的比例关系、投资分配以及投资的技术水平标准的选择、消费基金的分配等。第二个层次（b）是企业日常经济活动的决策。它涉及企业和部门的生产规模和结构、物质消耗的数量和结构、企业经营销售战略和原料供应、较小的投资和工资的具体形式等。布鲁斯认为，模式的讨论主要是围绕这一层次的决策活动。第三个层次（c）是家庭和个人经济活动的决策。它包括在收入已定的情况下个人消费结构的决策和关于职业选择和劳动岗位的决策。根据三个层次决策方式的不同，布鲁斯指出了四种模式的不同特征：

　　（1）军事共产主义模式：在（a）、（b）、（c）三个决策层次上均采取高度集中化的办法。在此模式下，几乎全部经济活动（农业除外），包括雇员超过5人以上的小企业都实行国有化。征收全部农业剩余，禁止私人交换贸易；在消费方面实行定量供应，在劳动力分配上实行强制性派遣，不能自由离开；企业在国家高度管制下缺乏自主权，既无自有资金，也无所谓盈利或亏损；分配上实行高度的平均主义；经济关系中出现取消货币的"自然化"；对外贸易完全由国家控制。这一模式作为完整的模式仅出现在苏维埃政权建立初期。

　　（2）集权模式：（a）和（b）决策上实行集中化，（c）在原则上实行分散化。其特征是：生产资料实行几乎单一的公有制（国有制），但由于有自留地——农产品自由市场的存在而运行着一条薄弱而又合法的私人经济链条；经济决策基本掌握在国家手中，但由于保留着家庭消费和职业选择的自由，因而导致了消费品市场和劳动力市场的存在；企业仍然严格从属于行政等级制度，但企业在经济核算的基础上有了自己的盈亏关系；物质刺激成为完全合法的东西，主要以计件工资制来强化在个人报酬方面的刺激；国家通过两个方式完全垄断对外贸易，一是对进口和出口的总量、总值、商品种类和地区分布实行严格的中央控制，二是把国内市场价格与世界市场价格隔离开来；货币起着类似"经济计算"的消极作用，货币的流动服从于实物的流动。货币在国营经济中的消极作用和在其他经济中的积极作用并存，并导致了一个双重的价格体系。

　　（3）分权模式：（a）实行集中化，（b）和（c）实行分散化。其特点是：部门中经济决策的集中化让位给经济决策的多层次化，形成了中央和企业两级决策体制；企业具有自主的计划，强制性的计划指标和等级从属的计划结构被废除。企业需要的生产资料不再由物资部门统一分配。企业经营状况不再以完成国家计划的状况来衡量，而是取决于企业获得利润的多少；货币已经在国营经济中起积极作用，价格的形成一方面受计划的指导，另一方面价格具有更大的灵活性，适应变化着的经济条件；国内价格与国际价格已经建立了联系；非国营经济更加自主和更加面向市场，私人企业能够正常经营，家庭对消费品市场和劳动力市场发挥更大的影响。

在分权模式中，中央决策与企业决策之间并不是通过直接命令而是通过间接的经济手段联系的。在这里，起重要作用的是企业间的水平联系，从而是市场关系。分权模式的优点在于一方面给企业活动以自由，另一方面不失去国家对企业经营活动以及整个国民经济的控制和管理。

（4）市场社会主义：（a）、（b）和（c）都实行分散化。市场社会主义与分权模式的区别在于：扩大再生产的责任从国家计划者的手里转移到企业手中，企业决定其纯收入的分配；资本市场取代国家预算在企业之间、部门之间和地区之间分配资本的职能；市场社会主义模式的运行不仅没有中央决策规定的总框架，而且也没有规定的"目标函数"从上面指导企业。企业只是从市场环境中得到其"行为原则"。

布鲁斯提出的分权模式试图将市场机制引入社会主义经济中。分权模式就是包含市场机制的计划经济模式。在他看来，在社会主义中使用市场机制是指把商品货币形式用作基本的、积极的分配资源的工具。布鲁斯认为，分权模式的基本特征为经济决策是分级作出的。在布鲁斯对分权模式的描述中，主要研究的是中央一级的决策和企业一级的决策。

布鲁斯就集权模式与分权模式进行了比较分析。他认为，中央一级在整个社会偏好标尺的基础上制订国民经济的总计划，同时应用长期的社会经济合理性标准。集权模式的中央计划与分权模式的中央计划没有很大的区别，包含在计划中的问题也很相似。分权模式涉及下列指标：生产和国民收入的增长速度；国民收入在积累和消费之间的分配；积累部分在投资和流动资金增加之间的分配，包括对部门和地区的最主要投资方向的决策；国民收入消费部分在集体消费和个人消费之间的分配，包括对收入结构变化的规定（涉及各部门和各地区）；各地区和部门的生产结构；就业和劳动生产率；外贸的数量和结构；在实现计划的方式方面，在企业计划同中央计划的结合方面表现出重大的差别。在集权模式中，计划中规定的一项指标原则上等于以计划命令的形式发布一项直接决策。而在分权模式中，中央计划的大多数指标没有强制性质，并不意味着作出了一项直接决策。

国家直接决策的范围包括国民收入分配领域和选择中央投资方向的领域。这对形成国民经济的主要比例具有根本的意义。在分权模式中，这些领域的某些决策属于企业的职权范围。除此之外，分权模式中的一切经济决策是直接在企业一级作出的。企业在创办时，就具有相应的固定资金和流动资金；它自主组织再生产过程。它选择日常生产的目标（生产数量和生产结构）和生产方法（消耗结构）。它在市场以生产资料购买者的身份出现，并独立自主地选择自己的供应来源。它也以所生产的产品的出售者身份出现，并独立自主地选择销售方向。盈利收入（扣除税收）的分配以及本身资金中投资的规模和方向的决策也属于企业决策的范围。企业对提高生产能力的决策也可依靠折旧基金的财政支持或信贷。企业在实现中央直接确定的投资方面也有某种决策自由，它能选择自己实现该投资的具体方法。企业在内部组织上，在遵循中央一级规定的方针范围内的工资制度上，在就业结构等问题上具有决策自由。布鲁斯认为，企业决策自由的标准的来源是：企业活动的基础是盈利原则。这是企业在选择生产目标和生产方法时自主进行活动所遵循的唯一可能的原则。布鲁斯对于企业的自主权也作了限制，如企业不能创办新的企业，企业之间资本的直接流动是不允许的。由于企业日常的决策不同于集权模式，不是由中央作出的。国营经济中的商品和货币形式的作用由消极转变为积极。

布鲁斯阐述了分权模式下计划的变化。中央一级的计划以总量形式包括了企业计划的许多重要问题，但中央一级的计划既不是各企业计划的综合，也不是微观决策的预先作出。它是从全社会的角度、考虑到非经济因素等而自主地制订的计划。同时，企业计划不是中央计划的一个形式上组成部分；它们包含着对中央计划来说过分具体的要素，而它们是不以中央计划为转移地制定的，不必无条件地与中央计划保持一致。在分权模式中，中央一级必须利用起调节作用的市场机制，目的是借助一系列间接决策更确切地决定由直接决策的范围。

布鲁斯认为，分权模式中的市场机制不是使生产比例行交换比例消极地从属于自发过程的一种形式，而是使企业活动适应在计划中表现出来的全社会偏好的工具。货币的积极作用不仅在消费品市场和劳动力市场被利用，而且在国家所有制内部也被用来达到集权模式中严格的实物计划所要实现的目标。布鲁斯强调，通过利用货币的积极作用来分配资源，并不意味着分权模式放弃了实物单位的平衡。分权模式把实物平衡限于宏观经济分析。在布鲁斯的分权模式中，价格不取决于企业。他指出，这并不是说一切价格要由国家机构来规定。在一定产品的市场具有竞争市场的实际性质，使企业对价格不能发生垄断的条件下，在没有特殊的社会偏好要求有供货者价格和购买者价格之间差额的地方，价格形成仍听任市场机制的自由作用。在所有其他情况下，即在无论是考虑到特殊偏好或对价格可能发生垄断的情况下，在分权模式中保证价格的参数性质是必不可少的。而且，在分权模式中，行政方法必须执行辅助的职能。布鲁斯强调，社会主义经济的运行机制应当尽可能以分权模式的原则为基础。

布鲁斯提出的分权模式反映了他对于建立可行的社会主义经济体制的理论探索。他试图在社会主义经济中引入市场机制，同时不放弃计划机制，试图利用经济手段，但又不放弃行政手段，在强调决策分权的同时不放弃决策的集权。他的观点具有折中性，但是他在苏联式计划经济甚嚣尘上之时就提出社会主义经济可以有不同的模式以及社会主义经济应引入市场机制等思想，在当时具有振聋发聩的作用。他的思想启迪了东欧的经济学界，促进了东欧国家对于建立可行的社会主义经济体制的探索。

锡克对社会主义计划和市场的分析，这是他最为主要的理论贡献。[①] 锡克认为，社会主义制度下社会生产发展的有目的的性质，首先是通过经济活动（生产、交换、分配等活动）的计划化来保证的。锡克指出了社会主义经济的两个特点：一是作为社会全体成员基本利益一致的表现的全部经济活动是通过全社会的计划加以控制和管理的；二是可以预测出主要经济活动的基本有联系，从而也就有条件使计划和随之而来的实际经济活动基本上达到协调。他指出了社会主义计划的一些基本规律：（1）社会生产必须保证使用价值（具有一定具体效用的物质财富）的不断扩大和发展，不仅从质上满足存在于社会之中的需求，而且通过新产品不断引起新的需求，从而保证社会不断提高消费水平（使用价值进化规律）。（2）社会生产的发展必须保证各个种类的使用价值总是按照经济比例进行生产。这就是说，现有的使用价值的生产量必须同对于这种使用价值的需求（由分配过程所决定）相适应（比例性规律）。（3）社会生产的发展必须保证在不断提高劳动生产率和充分利用并扩大社会的一切生产资源的情况下生产使用价值（节约时间规律）。（4）社会生产最终必须为非生产消费及

---

① ［捷］奥塔·锡克. 经济—利益—政治［M］. 北京：中国社会科学出版社，1984；奥塔·锡克. 社会主义的计划和市场［M］. 北京：中国社会科学出版社，1985；奥塔·锡克. 第三条道路［M］. 北京：人民出版社，1982.

其增长服务，而不应当为生产而生产。这也决定了生产资料生产和消费资料生产的具体比例（再生产规律）。基于上述认识，锡克把国民经济的社会主义计划性的特殊本质作了如下概括：国民经济的社会主义计划性，就是在整个国民经济的范围内，在考虑到一切基本的、内在的经济联系的条件下，对各种经济活动的发展作出某种全社会的、有目的的规定，并且要做到使计划中的经济活动同这种活动的未来的实际发展始终保持一致。

在锡克看来，社会主义市场关系具有必要性，因为社会主义经济并不能保证具体耗费的劳动就是社会必要劳动。造成这一现象有以下两个原因：（1）信息问题。在不断变动的经济条件下很难认识所有具体的经济联系以及受这种联系制约的具体劳动形式。社会主义经济在信息收集、传输和处理上存在许多困难。这主要体现在以下几个方面：第一，社会生产的内部联系十分复杂，当需要决定以什么方式、多长时间等生产什么样的使用价值时，必须了解生产的各种技术问题，分工和劳动协作的可能性，通过生产要素的其他可能的结合而取代某些使用价值的消费和生产的可能性。而一个中央机关不可能对这一切进行面面俱到的管理。第二，各个管理机关之间的联系不可能很完善，它们会在获得信息、相互联系、信息分类和信息传输等方面遇到困难。第三，信息处理上较为原始，社会主义生产的组织必然会遇到许多困难。（2）利益问题。锡克认为，一定的利益矛盾作为社会主义发展阶段的某种特征仍然存在，这些矛盾成为了实现社会必要劳动耗费的障碍。这些矛盾在生产力发展的目前阶段无法克服。

社会主义社会存在着具体劳动和社会必要劳动的矛盾。行政管理体制下的计划指标体制把管理部门的注意力集中在生产发展的数量方面，而忽视了生产的质的内容和使用价值的发展。在旧的行政管理体制下，每个企业会集中力量完成或超额完成年度计划任务（总产值、商品产值、净产值、按劳动力计算的总产值），并且避开一切可能危及计划完成或给计划完成带来困难的活动，也就是避开技术革新、改进产品和生产新产品等。由于企业不可能仅仅依靠中央计划来作出最佳生产决策，因此必须创造各种经济条件，以便使企业对最佳的生产决策产生足够的兴趣。由于在现存的劳动和消费条件下生产者和消费者还存在着客观上相对立的利益，所以企业的决策必须不断地和直接地通过消费得到修正。如果没有一定的、特殊的经济关系对人们发生影响，那么一方面会出现尽量花费少量简单易行的劳动而不去继续发展劳动（从数量上和质量上）的倾向；另一方面会出现尽可能消费和追求更新的、更好的和不断变化的使用价值的倾向。而社会主义商品货币关系使作为生产者的利益和作为消费者的利益不断相互反应，并直接相互平衡，因而有助于达到某种社会必要的劳动耗费。社会主义商品关系是解决具体耗费的劳动和社会必要劳动之间矛盾的必要形式。

市场之所以不能被取代，不仅是因为在技术上存在着不可克服的困难，而且还因为在社会主义社会中企业与社会之间存在着不可克服的利益矛盾。没有市场，就不能保证企业有社会所需要的微观生产结构，企业就不能灵活地根据需求的变化进行生产、积极主动地改进质量和生产新产品、最经济地利用生产要素、最大困难地提高生产率和最有效地进行投资等。没有市场，不仅自发的机制将消失，而且计划和监督结构也不可能弄清具体的需求，不可能最有效和最灵活地组织生产，从而也就不可能具体地反映社会利益和保证社会利益的实现。

锡克在肯定市场关系在社会主义经济存在的必要性的同时，指出了市场的局限性。第一，市场从来就不是完善的市场。在资本主义发展后期，市场的垄断造成了严重的不平等和其他的缺陷。第二，市场本身并不能单独说明市场未来的发展。市场所反映的只是在过去的生产和分配基础上出现的需求结构，市场不能说明将来的生产结构、生产方法、生产费用、生产价格、贸易情况以及需求结构等。第三，市场本身不能防止那些经常出现的、对社会再生产有很大危害的干扰，特别是对宏观经济再生产的干扰。第四，今天的市场已不能单独影响社会某些重要需求的发展以及迫使生产结构做相应的改变。自发的市场具有下列倾向：重复产生现有的生产和消费结构，造成不必要的浪费，而其他的社会需要如教育、文化、医疗、市政建设和环境保护等则不能得到充分的满足。

锡克强调，在长期形成的劳动性质和劳动分工的条件下，没有市场就不能保证高度有效的经济发展。然而生产结构的改变服从于社会的需要和利益则要求对经济发展实行宏观经济的有计划调节，包括对市场发展的有计划地施加影响。只有计划和市场的结合，才能保证经济的有效发展。在社会主义经济中，市场将继续作为一个不可替代的衡量经济有效发展的尺度，作为一种迫使社会进行有效生产的机制，作为纠正计划中可能出现的各种缺点的因素而继续发挥作用。

锡克认为，计划与市场的结合意味着对市场自发性的限制，意味着社会有意识地对宏观发展进行调节。社会可以通过计划影响国民收入的分配和再分配，通过国家的经济政策（首先是收入政策）直接或间接地影响需求发展，通过反垄断政策来调整市场的范围、基本结构、发展速度以及它对社会经济的作用，使之有利于生产者和非生产者的长远利益。

针对经济中存在的两类不平衡即微观不平衡和宏观不平衡，锡克指出了计划和市场的不同功能。微观不平衡是指在消费品生产和生产资料生产各部类内部，有些产品生产过剩，有些产品生产不足。这种不平衡是由于需求结构的变化引起的，因而在市场上很快会得到反映并可以通过市场机制得到克服。宏观不平衡是指社会生产的两大部类之间的不协调，即生产资料的总供给和总需求、消费资料的总需求和总供给之间的不协调引起的不平衡。这种不平衡主要是由于收入分配的变化引起的。这种不平衡只能通过宏观收入分配计划，通过改变宏观收入分配比例实现社会总供给和总需求的平衡来解决。锡克认为，在微观经济领域，社会主义依靠市场可以比依靠指令性计划更好地实现微观平衡，而在宏观经济领域，社会主义必须通过宏观收入分配计划来避免宏观的紊乱。

锡克的经济思想被直接运用到 20 世纪 60 年代捷克斯洛伐克经济改革计划的设计中，具体构想是：以方向性计划取代指令性计划，企业对生产和投资有更大的决策权；逐步向市场机制过渡；企业职工的收入与市场上实现的经营成果发生联系。但是令人遗憾的是，捷克斯洛伐克的经济改革中道夭折，锡克失去了将其改革构想付诸实践的机会，但锡克关于计划与市场相结合的思想在社会主义经济理论中占有重要的地位。

# 第 **3** 章
# 西方经济学中的宏观调控理论

    虽然西方宏观调控理论是从 20 世纪 30 年代世界经济大危机以来才得以形成和发展起来的，但是，在西方古典经济学以及德国历史学派的理论观点中，已经存在熠熠生辉并对现代理论的形成产生重要影响的宏观调控思想。而且，自此以后，包括凯恩斯主义、新制度学派、新古典综合派、公共选择学派以及新凯恩斯主义和发展经济学都在政府干预或者宏观调控方面提出了各自的理论体系与政策主张。本章拟对西方经济理论中宏观调控思想进行系统的总结与概述。

## 3.1　西方古典经济学中的宏观调控思想

### 3.1.1　国家干预经济的发端——重商主义

    15 世纪末，西欧普遍进入封建社会的瓦解时期，资本主义生产关系开始萌芽和成长。地理大发现扩大了世界市场，给商业、航海业、工业以极大刺激；商业资本发挥着突出的作用，促进各国国内市场的统一和世界市场的形成，推动对外贸易的发展；与商业资本加强的同时，西欧一些国家建立起封建专制的中央集权国家，运用国家力量支持商业资本的发展。随着商业资本的发展和国家支持商业资本的政策的实施，产生了从理论上阐述这些经济政策的要求，逐渐形成了重商主义（mercantilism）的理论。① 因此，重商主义就成为 16～17 世纪西欧资本原始积累时期的一种经济理论或经济体系，反映了资本原始积累时期商业资产阶级利益的经济理论和政策体系。

    重商主义理论认为：第一，贵金属（货币）是衡量财富的唯一标准。一切经济活动的目的就是为了获取金银。除了开采金银矿以外，对外贸易是货币财富的真正的来源。因此，要使国家变得富强，就应尽量使出口大于进口，因为贸易出超才会导致贵金属的净流入。一国拥有的贵金属越多，就会越富有、越强大。因此，政府应该竭力鼓励出口，不主张甚至限

---

    ① 重商主义的名称最初是由亚当·斯密在 1776 年出版的《国民财富的性质和原因的研究》一书中提出来的。但亚当·斯密在他的著作中抨击了重商主义，他提倡自由贸易和开明的经济政策。直到 19 世纪中叶英国才废弃以重商主义哲学为基础的经济政策。

制商品（尤其是奢侈品）进口。第二，由于不可能所有贸易参加国同时出超，而且任一时点上的金银总量是固定的，所以一国的获利总是基于其他国家的损失，即国际贸易是一种"零和博弈"。基于上述认识，重商主义在政策上主张国家干预经济生活，禁止金银输出，增加金银输入。重商主义者认为，要得到这种财富，最好是由政府管制农业、商业和制造业，发展对外贸易垄断，通过高关税率及其他贸易限制来保护国内市场，并利用殖民地为母国的制造业提供原料和市场。

应该说，重商主义抛弃了西欧封建社会经院哲学的教义和伦理规范，开始用世俗的眼光，依据商业资本家的经验去观察和说明社会经济现象。它以商业资本的运动作为考察对象，从流通领域研究了货币—商品—货币的运动，体现了一种历史的进步。而重商主义主张政府应该控制国家的经济，以便损害和削弱对手的实力，增强本国的实力，在西方经济学说史上第一次提出了国家干预经济的思想。① 这对于国家经济职能的形成与完善具有积极的意义。自此，这种国家干预经济的政策主张一直实行到 18 世纪，影响了接近两个世纪。

## 3.1.2    古典经济学中的政府干预

从 17 世纪中叶到 18 世纪中叶，英、法等资本主义国家经济得到迅速发展。随着规模更大的"圈地运动"，这些国家的农业取得了迅猛发展，农场在经济中占据了统治地位。与此同时，随着国内外市场的扩大，工厂手工业特别是纺织工业有了很大发展，许多商人变成了产业资本家，急需扩展对外贸易。而殖民地的建立，使资本主义在掠夺原料与强制推销的支持下，得到更加快速的发展。新兴的资产阶级反对本国封建贵族的特权，反对业已过时的商业资本所持有的各种垄断，要求消除一切不利于资本主义发展的限制措施和政策，提出了"自由放任"的口号，推崇"自然秩序"的思想，反对国家对经济生活的干预，认为在经济生活中占主宰地位的是自然的永恒的规律，而国家干预主义对这些规律只会起到破坏作用。基于此，他们主张经济自由放任、自由经营、自由贸易，最大限度地利用完全竞争的市场机制，由私人来协调一切社会经济活动。在这方面，最有代表性的理论观点是亚当·斯密提出的"看不见的手"与萨伊提出的"萨伊定律"。

亚当·斯密（A. Smith）是在 1759 年出版的《道德情操论》中首先使用"看不见的手"这一概念的。他说，富有的生性自私和贪婪的地主"虽然只图自己方便，虽然他们从其所有雇佣的千百万人的劳动中所要达到的唯一目的，就是满足自己的无聊的和无厌的欲望，他们却同穷人分享他们所获得的全部改进的产品。他们被一只看不见的手引导着去进行生活必需品的分配，这种分配差不多同假设土地在其所有居民中分割成相等的部分时所能有的分配一样；这样，不知不觉地却促进了社会的利益，为人类的繁衍提供了生活资料。""他们被一只看不见的手所引导去实行生活必需品的分配，既非出于有意，事前也不知道，就增进了利益。"② 斯密认为，由于个人都在追求自己的利益，把资本投之于产业，并努力管理其产业，使其生产物的价值达到最高，这样，必然使社会的年收入尽量增大起来。虽然

---

① ［瑞典］马格努松. 重商主义经济学 [M]. 上海：上海财经大学出版社，2001.
② ［英］亚当·斯密. 道德情操论（第四卷）[M]. 纽约英文版，1969：304-305.

个人通常既不打算促进公共利益，也不知道在什么程度上促进那种利益，但他却受着一只"看不见的手"的指导，虽然并非出于本意，却往往能比在真正出于本意的情况下更有效地促进社会的利益。① 他认为政府应从全面干预经济生活乃至"妄为""乱政"的专制政府沦为"守夜人"的角色。所以，这种"看不见的手"是一种源于追求"自身利益"的利己的人性，它能驱使和调节人们的活动，这种不以每个人原先的意志和情感为转移的力量，使个人利益与社会利益达到协调，最终造成伦理道德的、经济的、政治的乃至社会的自然均衡或自然秩序。表现在经济领域，由于"看不见的手"的作用，一方面，以牟取个人私利或利润为目标的个人利益与为促进人类福利为目标的公共利益之间将达到自然均衡；另一方面，在短期内，使市场供给与需求趋于一致，从而使市场价格与自然价格趋于一致。在长期内调节资本的投向，最终达到社会供求平衡，生产者利益和消费者利益平衡，从而建立起旨在富国裕民的自然平衡的经济秩序。

当然，斯密并非完全不要政府干预的极端的经济自由主义者。他在界定政府职能时考虑到以下两个方面：（1）凡是利润能够偿其费用的活动，都应交给市场，政府没有必要插手。凡利润不能偿其费用且社会必需的事业，才由政府出面兴办。（2）政府干预亦有成本，如司法费用、公共工程和公共机关费用、维持君主尊严的费用等，且这些费用都是非生产性的。在作了上述基本论述之后，斯密提出政府的义务与职能仅仅限于三个方面：一是保护社会，使其不受其他独立社会的侵犯，这是保证国家安全的职能。二是尽可能保护社会上每个人，使其不受社会上任何其他人的侵害和压迫，要设立严正的司法机关，这是维护社会安定的职能。上述两种职能都是一国经济发展的不可缺少的外部条件。三是建设并维持某些公共事业及公共设施，这是在一定限度内承认政府必要然而有限的经济职能。斯密将公共工程分为两类：一类是便利一般商业的公共设施，如道路、桥梁、运河、港口。这类工程由政府主持建设，但其费用可取自受益者，其中有些设施如运河的具体经营亦可交与私人，这比政府直接经营更有效。另一类是便利特殊商业的公共设施，如殖民地的贸易机构。这类设施必须由政府主持，但其费用亦可取自受益者。斯密在经济自由主义的总体框架下，严格规定了政府有限地适度地干预经济的前提条件：一是为国防所必需的特定产业给予优惠；二是对幼稚产业部门给予扶持；三是某些对自然的秩序有干扰的或个人无力经营或不愿经营的事业，可由政府出面干预或经营。

斯密认为，超过上述范围的政府干预是有害的：一是使资源的配置恶化，二是滋生腐败。他尤其反对政府对私人经济活动的过多管制。他说："管制的结果，国家的劳动由较有利的用途改到较不利的用途。其年产物的交换价值，不但没有顺应立法者的意志增加起来，而且一定会减少下去。"② 由于政府运作亦有成本，因此斯密主张应把政府开支压缩到最低限度，提倡"廉价政府"。斯密要求尽可能消除与生产无关的非必需的开支，用以增大资本总量，加快资本积累，并使资本摆脱政治的和宗教的束缚，使其自由自然地发展。

后来，大卫·李嘉图（D. Ricardo）进一步发展了斯密提出的自由经济理论，在政策上也主张对政府的职能加以严格地限制。他说："纸币发行权操在政府手里比操在银行手里似乎有更容易被滥用的危险。政府往往会不顾未来的安全，而只顾眼前的方便，因之很容易以

① ［英］亚当·斯密. 国民财富的性质和原因的研究（下卷）［M］. 北京：商务印书馆，1979：27.
② ［英］亚当·斯密. 国民财富的性质和原因的研究（下卷）［M］. 北京：商务印书馆，1988：29.

权宜办法为借口而取消控制纸币发行量的制约。"①

此外，当时主张自由经济的一种有普遍影响的理论首推萨伊定律。萨伊定律（Say's Law）也称作萨伊市场定律（Say's Law of Market），是一种自 19 世纪初流行至今的经济思想。萨伊定律主要说明，在资本主义的经济社会一般不会发生任何生产过剩的危机，更不可能出现就业不足。虽然定律得名自 19 世纪的法国经济学家让·巴蒂斯特·萨伊（Jean - Baptiste Say），不过萨伊并非最早提出定律内容的人，真正提出相关概念的是英国的经济学家、历史学家詹姆斯·穆勒（J. Mill）。对于生产的目的，詹姆斯·穆勒认为："'生产，分配，交换只是手段。谁也不为生产而生产。'所有这一切都是中间、中介的活动。'目的是消费。'"② 对此，李嘉图说道："任何人从事生产都是为了消费或销售；销售则是为了购买对他直接有用或是有益于未来生产的某种其他商品。所以一个人从事生产时，他要不是成为自己商品的消费者，就必然会成为他人商品的购买者和消费者。"在这里，穆勒说明了生产者是为求达到消费目的，形成对其他商品的需求才进行生产性的劳动，至于为何创造了"自己的需求"？因为在商品的流通过程中，生产者的生产引起了对其他生产者的商品需求，整个经济体系也就达到循环，某一数量商品的供给也就带动了对相同数量商品的需求。于是，古典学派经济学者得出了这样的一个结论：生产过剩不可能在流通过程发生。

当然，萨伊定律也存在假设前提：在以产品换钱、钱换产品的两种交换过程中，货币只一瞬间起作用；当交易最后结束时，我们将发觉交易总是以一种货物交换另一种货物。萨伊指出："你要钱干什么？不是要买原料吗？不是要买你所经营的货物吗？不是要买维持生活的食物吗？因此，你所需要的是产品而不是钱。你从出售货物所收进的银币和为着购买别人货物所付出的银币，过了一会又会在别的买卖者之间执行同样的职务……值得注意的是，一种货物一经产出，从那一时刻起就给价值与它相等的其他产品开辟了销路。"③ 虽然这一论证完全是微观的，但从中得出的结论则是宏观的。那就是，市场经济是一个顺畅周流的过程，能够自动维持社会总供给和总需求的均衡，政府旨在维持供求均衡的干预不仅是多余的，还是有害的。因此，萨伊主张产品总是用产品来购买，生产自行创造需求。因此，最有助于促进一种产品的需求的，无过于另一种产品的供给。萨伊断定，局部的生产过剩只是一种暂时现象，因为过剩的产品，由于价格下降、利润减少，会逐渐降低生产、减少供给；过少的产品，由于价格上升、利润增加，会逐渐扩大生产增加供给，这样，就会使各种产品的供给和需求趋于平衡。④ 这样，萨伊上述关于产品购买产品、供给会自行创造需求的命题被称为"萨伊定律"，它成为 19 世纪经济自由主义者反对国家干预、否认经济危机的理论支柱和有力武器，也成为西方经济学家普遍信奉的教条。

① ［英］大卫·李嘉图. 政治经济学及赋税原理［M］. 北京：商务印书馆，1976：309.
② 参见卡尔·马克思. 詹姆斯·穆勒《政治经济学原理》一书摘要。这个摘要是马克思从 1843 年 10 月到 1845 年 1 月底在巴黎所作的 9 本经济学札记中的第四本和第五本。参见马克思恩格斯全集（第 42 卷）［M］. 北京：人民出版社，1979：237.
③ ［法］萨伊. 政治经济学概论［M］. 北京：商务印书馆，1982：142 - 145.
④ ［法］萨伊. 政治经济学概论［M］. 北京：商务印书馆，1982：144.

### 3.1.3　19 世纪西欧的国家干预主义

即使是在自由主义最为辉煌的古典和新古典时期，国家干预主义也没有失去声音。处于蛰伏期的国家干预主义一面从经济自由主义身上吸取养分，一面等待着经济"自然秩序"出现漏洞。尽管国家干预主义在自由竞争时代最终被经济自由主义打败（一个重要的标志是 19 世纪多场国家干预主义和经济自由主义的大论战以前者的失败告终，自由贸易政策在这个时代得到了广泛的推行），古典经济学家们仍然为后人留下了许多宝贵的遗产，正是这些宝贵的思想和主张成了现代国家干预主义的理论源泉。

1815 年和 1818 年，英国分别爆发了两次经济危机，出现了收入分配的两极分化现象，对法国经济学家西斯蒙第（J. C. L. Simode de Sismondi）思想的形成带来了重大影响，促使他从前期斯密学说的拥护者转化为怀疑者乃至反对者。西斯蒙第是第一个与古典经济自由主义传统决裂的古典经济学家。他从经济危机中发现，自由竞争的市场经济并不如斯密构想的那样完美，由此他否定了斯密古典经济自由主义的理论支柱，即私人利益和社会利益的一致性或协调性，认为在完全自由竞争的条件下，个人利益常常是与社会利益相矛盾的，因此最自由的竞争并不能带来最好的结果。自由竞争并不能使市场供求自动达到均衡状态，所以生产过剩、失业攀升、贫富两极分化的经济危机是不能避免的。西斯蒙第将摆脱危机的希望寄托在政府的大力干预上，并提出了一整套改革的设想和政策建议：一是适度限制自由竞争；二是延缓经济的发展，认为过分迅速的发展会破坏经济生活中各种比例关系的平衡；三是采取措施发展小农经济和宗法式农业；四是发展和保护手工业行会制度；五是主张政府直接干预分配领域，包括改革赋税制度、实行公平赋税原则、限制遗产继承税、实行累进税、缩短工人工时、实行劳保、控制生育等。

英国经济学家马尔萨斯（Thomas R. Malthus）的国家干预思想成熟许多，他关于政府要进行宏观需求管理的主张后来成为凯恩斯国家干预主义的一个重要思想来源。马尔萨斯既不同意萨伊等人对自由竞争的迷信，也不同意西斯蒙第关于政府全面而积极地干预经济生活的观点，他提出了一种适度干预主义。马尔萨斯的国家干预主义建立在他的危机理论的基础上。在 19 世纪 20 年代那场关于经济危机的大论战中，马尔萨斯和西斯蒙第站在了一个阵营，共同反对李嘉图和萨伊否定普遍生产过剩危机的观点。马尔萨斯指出了三种类型的经济发展危机：人口增长与生活资料增长速度不匹配引起的危机，有效需求不足引起的危机和基于土地报酬递减规律而导致的资本积累下降引起的危机。他认为危机产生的原因不是来自生产而是来自消费。由于资本积累导致资本家和富人阶级的消费需求下降，使得部分产品不能在市场上实现自己的价值，从而导致产品过剩，并引发危机。因此，国家应通过各种政策扩大社会的有效需求。第一，国家应该通过"地产分割"来限制大土地所有者的扩张，通过增加中小地主在社会成员中的比重来扩大以地租为主要构成的有效需求。第二，国家应减少贸易限制，通过扩大国内外贸易来刺激国内产业的有效需求。第三，国家应在经济环境恶化时，扩大非生产性支出或消费，如雇佣贫民修筑道路和公共工程。第四，国家应在经济萎缩时适当增加货币发行量，这样可以在一定时期内增加社会的购买力，从而刺激消费需求，同时货币的贬值及其引起的信用的便利又能刺激投资和生产。第五，国家可通过适量的国债发行刺激经济和劳动就业，从而创造有效需求。但从长远来看，不能靠长期举债来推动经济增长。马尔萨斯是一个适度干预主义者，他主张在经济萎缩或产品过剩时国家进行干预，在一般情况下则主张经济自由主义。在提及国家干预政策是马尔萨斯时总是带着一种审慎性，每每告诫政府不可滥用。

作为一个有名的折中主义经济学家和古典经济学集大成者，约翰·穆勒（John S. Mill）的国家干预主义是前人思想的有益总结。在他那里，经济自由主义与国家干预主义两大思潮完成了一次历史性的大综合。19 世纪上半期西欧各国在理论界和政界就政府干预的限度、政府对社会生活的干预可以或者应该扩大到什么范围等问题进行了时断时续的讨论，形成了许多有关国家干预的思想和政策。穆勒将这些纷繁的观点整理出来，系统地阐述为折中主义的国家适度干预理论。穆勒将政府职能划分为"必要职能"和"任选职能"。必要职能是政府为了增进普遍的福利而在所有社会都行使的职能，这种职能的行使能够得到大家的赞成，不存在分歧。主要包括税收、财产和契约、司法和执法制度的建立和维护。任选职能指必要职能之外的政府有时执行、有时不执行，且人们对政府是否应该执行没有一致意见的那些职能。在这里，充分体现了穆勒的实用主义精神，他将那些悬而未决的问题全部划归到一个模糊的概念下，然后根据具体的情况具体讨论。值得注意的是，穆勒将六种他认为错误的国家干预排除在任选职能之外。这六种行为是：（1）用高额关税禁止或阻止国内能生产的外国商品的进口；（2）对自由订立实业合同契约的干预；（3）对商品价格进行强制性管制以压低物价；（4）用垄断的方法人为地提高物品的价格；（5）通过禁止工人联合的法律；（6）对思想和言论自由以及出版的限制。

## 3.1.4　德国历史学派论政府干预

在 19 世纪上半期，经济自由主义理论在英、法两个发达资本主义国家付诸实践，使这两个国家走上了自由贸易道路，从而开辟了经济自由主义和自由竞争资本主义的"黄金时代"。英国已基本上完成了工业革命，成为"世界工厂"。法国、美国的工业革命正在蓬勃开展，而德国还处在落后的农业国家。如何加速德国的工业化进程和经济发展，在先进国家与落后国家并存的条件下如何维护德国的利益，就成为当时德国经济学家所面临的一项艰巨任务。对此，德国历史学派的创始人李斯特（F. List）抨击了英国古典学派的自由放任和"世界主义"政策，认为它忽视了国家的作用和不同国家经济发展的民族特点，因而竭力反对自由贸易政策，主张实行保护关税制度。他认为德国资本主义经济具有自己的特殊性，应采取保护主义。他认为，财富的生产比财富本身重要得多。向国外购买廉价商品，似乎可以增加财富，看起来比较划算。但从长远来看，将会阻碍德国工业发展，使德国长期处于从属国地位。为了培养德国的生产力，政府必须采取保护关税政策。他说："财富的生产力比之财富本身，不晓得要重要到多少倍。"[①] 向别的国家购买廉价的商品，表面上看起来是要合算一些，但是这样做的结果，德国工业的生产力就不能获得发展，德国将处于落后和从属于外国的地位。而采取保护关税的政策，起初会使工业品的价格提高，经过一定时期，生产力提高了，商品生产费用就会跌落下来，商品价格甚至会跌落到国外进口商品的价格以下。

李斯特首先认为，国家之所以要对经济生活进行干预，是因为私人经济存在很多局限：

---

① ［德］李斯特. 政治经济学的国民体系［M］. 北京：商务印书馆，1961：144.

第一，存在着不同于私人利益的国家利益，私人经济并不能自动带来国家经济发展这一长期利益的实现。在他看来，个人仅仅为自己及家庭筹划，很少想到他人和后代；个人能力和眼界受到限制，很少能跨越私人企业的圈子；个人在追求自己目标的时候，很有可能损害公共利益，甚至使国家的生产力受到损害。第二，私人企业的发展离不开国家的保护和扶持。他说："个人无法通过自身力量战胜由整个国家的资本和技术所构成的联合力量。""个人也许很富有，但若国家不拥有保护个人的力量的话，个人也许在一天之内就会失去经过多年才聚集起来的财富，失去其权利、自由和独立。"① 第三，个人主要通过国家才能形成其生产能力。李斯特认为，个人生产力的大部分是从国家的政治组织与国家的力量中得来的，并且在很大程度上取决于国家的社会环境和政治环境。第四，国家在保护和积累生产力方面起着决定性作用，个人则没有这方面的作用。他说："个人所具有的生产力，包括经验、习惯和技术，在失去了本业之后，一般就会大部分不复存在。"② 而国家则不同，一国若实行正确的政策，就能保证该国的生产力世代相传，而在这一方面，维持国家的独立自由和建立制造业体系是至关重要的。因此，国家干预是弥补以上私人经济缺陷的主要手段。因为国家能够为社会大多数人的需求筹划，不仅考虑到现在，而且考虑到下一代甚至更多的世代。当然，李斯特也不否认国家干预必然会使一部分人的利益和要求受到限制、一些经济领域和活动受到限制，但他认为这一切都是必需的，国家为了民族的最高利益，不但有理由而且有责任对经济部门实行某些约束和管制。一个不被限制和管制的社会无异于一个野蛮人的社会；若没有国家力量的干预，就不会有人们对铸币的信任，不会有经商的安全感，不会有度量衡、专利权、版权，也不会有运河和铁路。他甚至说道："一个国家让任何事情都放任自流，那就意味着自杀。"③

李斯特进一步指出，当一个国家处在经济实力迅速发展和向工业化转变的关键时期，国家干预尤为重要。因为借助于国家的力量能够使转变的过程尽快完成。他甚至主张，这一时期，国家的干预应当是有意识的、有目的的，使本国的经济发展"趋于人为的方向"。虽然通过私人的力量也能够实现这种转变，但要经过漫长的时期。

在上述分析的基础上，李斯特指出，对经济的一切部门都实行干预是不明智的，国家的干预只能限于部分领域，即："关于国民个人知道得更清楚、更加擅长的那些事，国家并没有越俎代庖；相反地，它所做的是，即使个人有所了解、单靠他自己力量也无法进行的那些事。"④ 在李斯特看来，国家应做的事情包括：借助于海军和航海法保护本国的商船；修筑公路、铁路、桥梁、运河、防海堤等基础设施；制定专利法以及各项有关促进生产力和消费的法规；为推动本国的制造业发展，实行贸易保护政策等。他指出："国家在经济上越是发展，立法和行政方面干预的必不可少，就处处显得越加清楚。"⑤

德国新历史学派继承和发展了李斯特的国家干预理论，其代表人物施穆勒（G. von Schmoller）对国家作用的论证首先体现在他对人的赢利心的看法上。他认为，赢利心是人类社会经济发展的重要动因。但是，如果不存在伦理的、社会心理的和制度的因素，包括经济

① [德]谭崇台.西方经济发展思想史 [M].武汉：武汉大学出版社，1993：172.
② [德]李斯特.政治经济学的国民体系 [M].北京：商务印书馆，1983：201.
③ 谭崇台.西方经济发展思想史 [M].武汉：武汉大学出版社，1993：173.
④ 谭崇台.西方经济发展思想史 [M].武汉：武汉大学出版社，1993：173 – 174.
⑤ [德]李斯特.政治经济学的国民体系 [M].北京：商务印书馆，1983：150 – 151.

进步在内的人类社会的演化将是难以设想的。而且，当赢利心达到极度状态时，它就会给社会带来危害。他说：一方面，"假使没有强烈的甚至于是肆无忌惮的赢利心的话，那么当今所有文明民族的巨大的经济努力和成就似乎是难于想象的"①；另一方面，"在极度发达的经济里……当哪里有了高度发展的商业交易、货币交易和信用交易的时候，原先许多传统习惯和法制限制被推翻了，于是本来正当的赢利心变成了无所不用其极的赢利狂……总之只要能赚得更多的财富就无所不用其极"。② 在后一种情况下，赢利心"一定会毒害社会的关系，摧毁社会的和平，并且由于因此造成的仇恨和道德上的粗犷性，以及由于因此而产生了斗争，难免将断送和埋葬已有的富庶和繁荣"。③ 因此，施穆勒主张，赢利心应当永远受到一定的道德习惯、各种法律和制度规范的管制和制约。

在上述关于赢利心的基本判断的基础上，施穆勒提出了自己的国家干预理论。同李斯特一样，施穆勒强调国家对加速国民经济发展具有特殊作用。他说："没有一个坚强组织的国家权力并具备充分的经济功用，没有一个'国家经济'构成其余一切经济的中心，那就很难设想一个高度发展的国民经济。"④ 与此相应，他主张政府借助于国家权力对经济领域实行广泛的干预，提出的政策主张有：对铁路、交通等公用事业以及银行、河流、森林、矿山实行国有化；制定工厂法，实行工厂监督，限制土地私有制以及改革财政赋税以制裁私有经济等。另外，施穆勒还主张推行广泛的社会政策，包括孤寡救济、劳资纠纷仲裁、制定有关干涉劳动契约的法令、使工人接受良好的技术教育、鼓励劳资双方合作等。他认为，经济进步基本上是同社会制度的改革联系在一起的，推行社会政策的目的在于使财富的生产和分配趋于合理化，以满足社会公正及道德完善的需要。

另一位新历史学派经济学家瓦格纳（A. Wagner）同样主张国家对经济生活进行广泛的干预，但他担心随着国家干预范围的扩大，国家财政支出会日益膨胀。由此，1882 年，瓦格纳通过对 19 世纪的许多欧洲国家和日本、美国公共支出增长情况的考察，提出了"公共支出不断增长法则"，或称"政府活动扩张法则"。它可以表述为：随着人均收入的提高，财政支出的相对规模也随之提高。他认为一国政府的支出与其经济成长间，也就是政府职能的扩大与国家所得的增加之间存在一种函数关系。即随着国家职能的扩大，随着经济的发展，就要求保证行使这些国家职能的公共支出不断增加。这是因为：（1）市场失灵和外部性的存在需要政府的活动增加。瓦格纳认识到，随着经济的工业化，不断扩张的市场与这些市场中的行为主体之间的关系更加复杂化，这需要建立司法体系和管理制度，以规范行为主体的社会经济活动。（2）政府对经济活动的干预以及从事的生产性活动，也会随着经济的工业化而不断扩大。因为随着工业化经济的发展，不完全竞争市场结构更加突出，市场机制不可能完全有效地配置整个社会资源，需要政府对资源进行再配置，实现资源配置的高效率。（3）城市化以及高居住密度会导致外部性和拥挤现象，这些都需要政府出面进行干预和管制。最后，教育、娱乐、文化、保健以及福利服务的需求收入弹性较大，要求政府在这些方面增加支出。这就是说，随着人均收入的增加，人们对上述服务的需求增加得更快，政

---

① 季陶达. 资产阶级庸俗政治经济学选辑［M］. 北京：商务印书馆，1963：350.
② 季陶达. 资产阶级庸俗政治经济学选辑［M］. 北京：商务印书馆，1963：349.
③ 季陶达. 资产阶级庸俗政治经济学选辑［M］. 北京：商务印书馆，1963：350.
④ 季陶达. 资产阶级庸俗政治经济学选辑［M］. 北京：商务印书馆，1963：353.

府要为此增加支出。这一结论被称为"瓦格纳法则"（Wagner's Law）。瓦格纳还认为，只要符合国家职能的要求，即使出现暂时的财政不均衡也无妨。利用公债举办公共事业是可行的，条件是它将来带来的财政收入增加额能抵消这些公共事业的费用。

瓦格纳早期主张自由主义，但后来转向为对自由主义经济学进行批判。他强调法律关系在经济生活中的决定作用，认为财产权利、契约关系都是以法律为依据的，从而主张修订法律以对整个社会进行改良。他强调国家在经济生活中的作用，国家是社会改良的支柱，宣传"国家社会主义"，明确反对古典政治经济学。从实践上看，以李斯特为代表的历史学派所主张的生产力论和保护关税政策以及新历史学派的国家干预理论与政策确实促进了德国工业的发展，使它在很短的时期内就赶上了先进的资本主义国家。这对于世界上许多落后国家发展独立自主的民族经济，实现工业化，赶超先进国家都提供了指导和借鉴意义。当然，这一国家干预理论长期以来一直被视为异端，置于非主流的地位，而大多数国家仍主要实行经济自由主义政策，并实行了两个多世纪。

## 3.2　西方现代经济学中的宏观调控理论

### 3.2.1　凯恩斯的需求管理理论

19 世纪下半叶，一系列重大的科学发现和技术进步，使得西方国家的工业生产得到迅速发展，但生产实际上越来越集中到少数大企业手中。到 20 世纪初，各国的资本与生产的集中已达到相当高的程度，自由竞争的资本主义走向了帝国主义，一般垄断资本主义走向了国家垄断资本主义。但萨伊定律所揭示的供给会创造自身的需求仍是当时所信奉的主流理论。这种理论认为，不论供给（生产）高达什么水平，都不愁没有需求（销路），即使生产局部的或偶然的失调，通过市场机制的自动调节，均衡都可以自动得到恢复。这种对经济的完全放任自流政策终于引发了 1929～1933 年的世界经济大危机。经济危机的爆发使信奉萨伊定律的经济自由主义者不得不承认，一定程度的政府干预是市场经济运行的必要条件。

1936 年，英国经济学家凯恩斯（J. M. Keynes）出版了一本具有划时代意义的著作《就业、利息和货币通论》，对经济自由主义的理论与政策进行了猛烈抨击，系统地阐述了国家干预经济的理论与政策，被称为"凯恩斯革命"。其主要内容包括：（1）承认现代资本主义还有严重的失业问题，不仅有摩擦失业和自愿失业，还存在非自愿失业。为保证充分就业、消除经济危机和实现经济增长，就必须改变传统经济学中强调物价稳定的战略目标。（2）在理论上推翻了萨伊定律，摒弃供给会创造自身的需求和否认普遍意义上的生产过剩危机的传统理论，提出有效需求理论。（3）在政策上否定了传统的自由经营主张，摒弃通过市场自动调节可以实现充分就业均衡的传统教义。凯恩斯认为，在没有政府干预经济生活的情况下，资本主义社会总是有效需求不足，不能达到充分就业。（4）在经济政策上提出扩张性财政政策，主张通过扩大政府支出、赤字预算和大量增发公债作为"反危机"政策的核心。（5）在分析方法上，开创了现代宏观分析的先河，以研究总就业量、总产出和国民收入及其变动的原因，代替和用以区别研究单个商品、单个厂商和单个消费者经济行为的微观分析。

凯恩斯理论的基础和核心是"有效需求原理"。在凯恩斯看来，所谓有效需求是指商品总供给价格和总需求价格达到均衡时的总需求，或者说是市场上有支付能力并决定总就业量的总需求。凯恩斯认为，资本家为了获得最大利润，需要从供给和需求两方面来考虑生产究竟应该达到什么样的规模、雇佣多少工人。从需求方面看，全体资本家也有一个预期，即预期他们在雇佣一定数量的工人时，社会购买这些工人生产的商品所愿意支付的价格。凯恩斯把这个价格称为总需求价格。按照凯恩斯的有效需求原理，资本主义社会存在大量失业，原因就在于有效需求不足。据此，凯恩斯提出加强国家对经济的干预，通过政府设法刺激有效需求，以实现充分就业。具体地说，包括三个方面的政策主张：一是赤字财政政策。凯恩斯认为，为了扩大消费和投资，政府实施"举债支出"，即通过推行赤字财政政策，增加由国家总揽的投资资金和政府支出，刺激需求，从而促进经济增长和增加就业。二是通货膨胀政策。凯恩斯摒弃了传统自由经营理论中的货币数量论和物价稳定论，提出"半通货膨胀"的价格一般理论。凯恩斯不同意任何货币数量的增加都具有通货膨胀的观点，认为不能把通货膨胀一词仅仅解释为物价上涨。因为影响物价波动的因素很多，主要有成本单位和就业量。而货币数量的增加是否具有通货膨胀性，则要视经济体系是否达到充分就业而定。凯恩斯认为货币数量增加后，在充分就业这个最后分界点的前后，其膨胀效果的程度不一。一般有两种情况：（1）在达到充分就业分界点以前，货币量增加后，就业量随有效需求的增加而增加。"因为在该点以前，货币数量每增加一次，有效需求尚能增加，故其作用，一部分在提高成本单位，一部分在增加产量。"出现这二重效果的原因之一是存在闲置的劳动力，工人被迫接受低于工资品价格上涨比例的货币工资，因此成本单位的提高幅度小于有效需求的增加；原因之二是尚有剩余生产资源，供给弹性大，增加有效需求仍有刺激产量增加的作用。此时货币数量增加不具有十足的通货膨胀性，而是一方面增加就业量和产量，另一方面也使物价逐渐上涨，但其幅度小于货币量的增加。这种情况，凯恩斯称之为"半通货膨胀"。（2）当达到充分就业点以后，货币量增加产生了显著的膨胀性效果。由于各种生产资源均无剩余，供给无弹性，货币量增加后有效需求也提高，但就业量和产量却不再增加，增加的只是边际成本中各生产要素的报酬，即成本单位。特别是工人增强了对工资下降的抵抗力，货币工资必然随工资品价格同比例提高，此时物价就随货币量的增加而上升，形成绝对的通货膨胀。他说"当有效需求再增加时，已无增加产量之作用，必使成本单位随有效需求作同比例上涨，此种情况，可称为真正的通货膨胀"。而在凯恩斯的理论中，充分就业是一种例外，而小于充分就业才是常态。因此，在实际上，凯恩斯认为，增加货币数量只会出现利多弊少的半通货膨胀，而不会出现真正的通货膨胀，这成为他提倡膨胀性货币政策的理论基础。凯恩斯认为，在就业不足的前提条件下，增加货币数量能够促使有效需求增加，其效果只会引起"半通货膨胀"，即一部分引起物价水平上涨，另一部分促使产量和就业量增加。只有在达到充分就业的情况之后，再增加货币数量，才会再促使产量、就业量增加，而引起物价水平无限制上涨，形成真正的、绝对的通货膨胀。凯恩斯认为，"半通货膨胀"对于解救衰退和减少失业是一个行之有效的办法。但长期推行"半通货膨胀"政策，会造成经济衰退与通货膨胀两症并发的恶果。三是对外经济扩张政策。凯恩斯认为，在某一时期如果存在大量失业现象，而工资水平不易改变，流动偏好也相当稳定，又不能直接操纵国内投资的其他引诱，那么，扩大对外商品输出和资本输出，一样可以扩大有效需求，为国内滞销商品和过剩资本找到出路，从而带来较多的就业机会和较多的国民收入。[①]

凯恩斯主义的需求管理理论在第二次世界大战结束一直到 20 世纪 70 年代初期的这一段时期内对各主要资本主义国家产生了广泛而深刻的影响。在这期间，各主要资本主义国家为了摆脱经济危机带来的经济衰退和失业增加对经济的影响，纷纷推行凯恩斯主义的赤字财政政策，加强了政府对经济的干预。其主要措施包括：国家集中越来越大的国民收入份额；国家投资迅速扩大；国有企业迅速增加；国家订货和国家采购迅速增加，成为调节市场的重要手段；国家资本输出显著扩大；进一步加强财政、金融政策的调节作用；实行国民经济计划化等。这种国家垄断资本主义的大力发展，使垄断资产阶级在资本主义范围内对生产关系进行了局部的调整，把国家的力量与私人垄断资本的力量综合起来，在一定程度上缓和了经济中固有的矛盾，解决了资本主义经济发展过程中的经济危机和失业等痼疾，使得资本主义国家的经济以前所未有的速度和规模迅速发展起来。20 世纪 50 年代和 60 年代是西方资本主义国家发展的"黄金时代"。

凯恩斯的理论和分析方法还开创了宏观经济学这一经济学的新门类，被称为继亚当·斯密发表《国富论》以后一个重要里程碑，现代宏观经济学是在凯恩斯思想的基础上建立并发展起来的。20 世纪 40~50 年代以来，凯恩斯的理论得到后人的进一步拓展，使之不断完善和系统化，从而构成了凯恩斯宏观经济学的完整体系。这些拓展主要体现在希克斯（J. R. Hicks）和汉森（A. Hansen）同时创建的"IS – LM 模型"、莫迪利安尼（F. Modigliani）提出的"生命周期假说"、弗里德曼（M. Friedman）提出的"永久收入说"、托宾（J. Tobin）对投资理论的发展、索洛（R. M. Solow）等人对经济增长理论的发展以及克莱因（L. R. Klein）等人对宏观经济计量模型的发展。在众多经济学家的努力下，日趋完善的凯恩斯宏观经济理论与微观经济学一起构成了经济学的基本理论体系，这一理论体系被称为"新古典综合派"，成为西方主流经济学理论。

此外，凯恩斯需求管理理论不仅奠定了西方宏观调控理论的基础，并成为一直延续至今的以总量调控为特征的现代宏观调控理论。

## 3.2.2 新制度学派的国家干预理论

制度学派在西方经济学史上一直是作为正统的主流经济学的"异端"出现。19 世纪末 20 世纪初，在美国出现的早期制度学派主要挑战古典经济学和新古典经济学，其开山鼻祖凡勃伦（Th. B. Veblen）是对传统经济学理论最尖锐、最诙谐的批判者，他承袭了德国历史学派和英国历史主义者的一些传统，以社会达尔文主义的进化论为武器，否定了古典学派关于资本主义经济制度是符合"自然秩序"的正常的、稳定的观点，认为社会经济发展和生物发展一样，也是一个历史发展过程，因而不应当把寻求不变的自然规律作为研究目的。他主张以"历史起源方法"来研究各种经济制度的产生、发展及其作用，说明这些制度的作用同相应的社会经济之间的关系，并用来考察当前社会经济及其发展趋势。"制度学派"由此得名。早期制度主义另一个重要代表人物康芒斯（J. R. Commons）则偏重于研究法律制度对经济生活的作用，把制度说成是控制个体行动的集体行动。集体行动的种类和范围，

---

① ［英］凯恩斯. 就业、利息和货币通论［M］. 北京：商务印书馆，1983.

从无组织的风俗习惯到有组织的机构，如家庭、公司、行会、法院、工会、银行等都在其内。由于个体行动受到控制，个体行动就遵循一定规范。他提出，20世纪已是集体行动时代……因此，制度经济学要以集体行动作为研究对象。早期的制度学派从诞生开始，就抛弃了新古典经济学的分析经济问题的方法。凡勃伦本人深受德国历史学派的影响，主张用历史的眼光分析经济现象，强调经济现象产生的根源。其理论以人类的两种本能的划分为逻辑起点，由此产生相对应的两种制度，并且在两种制度下形成两个先天矛盾的两个阶层，社会经济就是在这两个阶层之间的矛盾冲突中发展。而康蒙斯主张利用法律的角度规范经济者的行为的观点，实际上与后来的凯恩斯主义的政府需求管制一样，强调政府在经济活动中的作用，虽然两者的主张手段不甚相同。此外，康蒙斯已经意识到社会制度供给的重要性，而制度供给只能由政府承担。这点对后来的新制度经济学的观点产生了重要的影响。

20世纪60年代起在美国形成的以加尔布雷斯（J. K. Galbraith）为主要代表的新制度学派对凯恩斯主义提出了挑战。在新制度学派看来，自由放任政策早已不合时宜，管制、调节、计划才是当前这个时代的迫切需要。加尔布雷斯指出，经济体系会自我改进的说法，现在也许已没有人相信。不平衡发展、不均等、无意义和无规律的技术革新、环境的侵蚀、对个性的置之不顾、对政府拥有的权力、通货膨胀、行业间缺乏协调——这些都是体系中的一部分，也是现实中的一部分。这些都不是小毛病，不是像机器中的畸形的齿轮那样，一经发现就可以纠正。它们在体系中已经根深蒂固。加尔布雷斯认为，这个严重的问题不能不解决，而必须由国家进行干预，才能得到解决。新制度学派批评把自由竞争当作生产经济均衡的调节者的传统理论，认为自由竞争不能保证供求均衡，而极力主张以国家干预经济的有效办法来解决"计划系统"和"市场系统"这个系统的矛盾和由此产生的一系列弊端。

加尔布雷斯认为，现代资本主义社会不是单一模式，而是二元系统，即"计划系统"和"市场系统"两个模式。所谓计划系统是指由1000家左右公司组成的垄断组织，它有计划地进行经营，实行计划生产和计划销售，拥有操纵价格的权力。所谓市场系统是指大约由1200万个较小的厂商所组成的系统。其特点是力量单薄，无权控制价格，无法支配消费者，而受市场力量的支配。由于这两个系统的权力和地位不平等，必然造成收入的不平等，因而会给资本主义经济带来严重危害。对此，加尔布雷斯从权力分配的不平衡着手分析两个系统运行的具体问题，展开了国家干预经济的分析。其主要观点是：第一，通过国家干预经济改善计划系统和市场系统之间的关系，实现权力均等化。即两个系统在出售和买进产品时，对价格应有同等的控制权，使两个系统的贸易条件相同。要实现这一权力的均等化，只能依靠政府对两大系统进行宏观干预。具体而言，一是通过增加市场系统的权力来实现权力均等化；二是通过减少计划系统的权力来实现权力的均等化。第二，政府实现权力均等化的干预手段，不能是行政命令，而是运用法律和经济的措施去提高市场系统的权力和减少计划系统的权力。第三，在两个系统中，都采用均等化的收入措施，使计划系统和市场系统中的雇工的工资水平缩小差距。

加尔布雷斯提出的政府干预的一系列调节措施包括：（1）调节总需求这种干预必须是经常性的。加尔布雷斯认为，在一切正常的平时环境下，促成下倾性不稳定——衰退的原因，首先是有效需求不足。因此，只有通过国家的税收政策和货币信贷政策才能保证经济的均衡发展。当需求过大时，政府应适当增税；当需求不足时，政府应增加政府支出。总之，纠正总需求的不足或过度，这是政府必须经常要做的工作。（2）控制工资与价格，确保收人的均衡和经济的稳定增长。加尔布雷斯认为，不能靠增加失业来抑制收入和物价上涨，而必须通过政府实施的收入、价格政策来调控。他指出，在一个市场制度中，工资和价格是由政府规定的，那就不再有什么市场制度了。但是，如果不对工资与物价进行任何形式的直接控制，现代资本主义就无法存在下去。想实行一种不对工资和物价进行控制的经济政策的人，可以说对现代组织的重要性不理解。（3）政府必须采取促进技术革新的措施。加尔布雷斯认为，现代的重要的技术发展，如原子能及其应用、现代航空运输、现代电子发展、计算机发展、重大的农业革新，没有一样是市场体系中个人发明家的产物，这主要依靠政府和计划系统。对于经济的发展和技术革新来说，政府的支持是必不可少的。政府不仅可以提供市场、资金，还可以提供公路、航路和发展所必要的其他辅助物等。（4）加强人力投资。加尔布雷斯认为，现代的经济活动，需要大量受过训练和熟练的人。对人的投资和物质投资一样重要，改善资本或者技术，几乎完全取决于对教育、训练和个人专业水平提高的投资。特别是在市场机制下，资本不会自动流入近期内不能带来利润的部门，即对人的投资不能自动实现。因此，需要政府来解决。（5）强化政府对经济的计划管理。在新制度学派的国家干预理论中，越来越重视国家计划的作用。加尔布雷斯认为，主要的计划组织是公司，因为现代公司可以不听从消费者的指示，能维持价格的稳定，能不受市场调节作用的支配，能实行计划化，即一切公司按既定目标去做，自行设计、自行生产、自行销售，保证计划的完成。但公司计划有一定的界限，它不能管理总需求，不能保证熟练人员的培养，也不能提供巨大科研项目的经费来源。公司计划不能完成的这些任务，只能由政府负担起来。因此，需要一个政府的关于计划性的权力机构，制订了为社会全体成员利益的国家计划，它所反映的不是计划系统的目标，而是公共目标。（6）加强对农业、环境等的政府干预。新制度学派认为，政府应对农业的发展提供各种支持，这也是平衡发展所必要的。同时，改善自然环境、清除环境污染，是政府的重要任务。政府对有效的环境保护需要有明确的和硬性的法律规定。

由上述分析可以看出，在主张国家干预经济的问题上，新制度学派和凯恩斯学派是十分接近的，都认为市场经济不可能通过自行调整而恢复均衡，必须依靠政府进行干预和调节。但二者又存在重要的差别：第一，主张国家干预的出发点和原因不同。凯恩斯认为，国家干预是因为存在有效需求不足，出发点是扩大有效需求，增加就业。而加尔布雷斯认为，国家干预是因为现代美国社会存在"计划系统"和"市场系统"之间的尖锐矛盾，国家干预的目的是消除这些矛盾。第二，提出的对策不同。凯恩斯学派主要围绕就业问题提出相关的解决对策，而加尔布雷斯的政策主张更广泛，并提出了结构改革的主张。

### 3.2.3　新古典综合派论政府干预

新古典综合派，又称为后凯恩斯主义，是在第二次世界大战后在发展凯恩斯主义的热潮中诞生的。其理论核心综合了凯恩斯的有效需求理论和马歇尔（A. Marshall）的均衡价格理论，最为重要的代表人物是美国经济学家萨缪尔森（Paul A. Samuelson），被誉为当代凯恩斯主义的集大成者、经济学的最后一个通才。

对于凯恩斯的有效需求理论，前文中已有所阐释。在 1890 年出版的《经济学原理》中，马歇尔以英国古典经济学中生产费用论为基础，吸收边际分析和心理概念，论述价格的供给一方；又以边际效用学派中的边际效用递减规律为基础，对其进行修改，论述价格的需求一方，认为商品的市场价格决定于供需双方的力量均衡，犹如剪刀之两刃，是同时起作用的，从而建立起均衡价格论，认为在其他条件不变的情况下，商品价值是由商品的供求状况决定的，是由商品的均衡价格衡量的。而均衡价格是指一种商品的需求价格和供给价格相一致时的价格，也就是这种商品的市场需求曲线与市场供给曲线相交时的价格。均衡价格被认为是经过市场供求的自发调节而形成的。需求价格是买者对一定数量的商品所愿付的价格，是由该商品的边际效用决定的；供给价格是卖者为提供一定数量商品所愿接受的价格，是由生产商品的边际成本决定的。马歇尔分析了均衡价格的三种形式：暂时的、短期的和长期的均衡价格，研究了生产成本的三种情况：递增成本、递减成本、不变成本，提出了"弹性"理论、生产者剩余和消费者剩余概念，并建立了供给曲线、需求曲线及其公式。马歇尔还用均衡价格分析方法论述了工资、利息、利润、地租，它们分别是劳动、资本、企业家能力和土地的均衡价格。因此，马歇尔的《经济学原理》为西方经济学中的微观经济学理论体系的建立奠定了基础。

萨缪尔森认为，凯恩斯就业理论的核心是有效需求理论，即通过国家干预经济，提高有效需求，实现充分就业。如果达到这一点，就恰恰满足了新古典经济学的前提假定，因而马歇尔以价格分析为主体的微观经济学是适用的。所以，新古典综合派在强调国家干预经济的同时，并没有完全否定市场机制的自发调节作用，而且恰好是把自由放任政策和国家干预政策两者综合起来。萨缪尔森指出：我们的经济不是纯粹的价格经济，而是混合经济；在其中，政府控制的成分和市场的成分交织在一起来组织生产和消费。根据这一观点，混合经济包括两个部门：国家管理的公共经济部门和市场机制发挥作用的私有经济部门。凯恩斯的宏观国家干预政策基本适用于以"经济稳定""平等"为主要目标的公共经济部门；自由放任的政策适用于以"经济自由""效率"为主要目标的私有经济部门。这等于说，资本主义的市场经济离不开国家宏观调节的作用。萨缪尔森还认为，混合经济的特征就是"综合"，既包括政府的作用，又包括竞争的作用。自由竞争不是混乱，而是经济秩序。因此，必须加强政府干预经济的职能。

新古典综合派的主要政策目标是消除垄断和其他不完善性问题，任务在于提出限制垄断和歧视的措施，以达到经济的有效竞争。通过政府对公用事业的调节，通过国家的各种形式的反托拉斯活动，政府的行动可以取得完全竞争不能自动得到的某些限制和平衡的结果。

应该说，萨缪尔森作为新古典经济学和凯恩斯经济学综合的代表人物，其理论观点体现了西方经济学整整一代的正统理论观点，并且成为西方国家政府制定经济政策的理论基础。正是有赖于他的"新古典综合"理论的成功，才使凯恩斯的国家干预说产生了广泛的影响并改变了资本主义市场经济运行的基本模式，使"国家干预"与"自由市场"并行不悖。

然而，进入20世纪70年代以来，西方国家经济陷入"滞胀"困境，以"新古典综合"作为理论基础的经济政策受到质疑，萨缪尔森的经济理论受到了来自各方面的挑战。由此，形成了西方经济学界旷日持久的大论战。论战的结果是许多以前非主流的学派如货币主义、供给学派、新凯恩斯主义等抢去了萨缪尔森体系的不少风头，转入了主流的行列，而以萨缪尔森为代表的经济理论的正统地位发生了动摇。但是，西方国家"混合经济"的现实不可逆转，而且萨缪尔森本人也以经济学大家的风范从其他学派的经济理论中吸收了许多重要的观点，对自己的理论加以修正和完善，使之适合于变化了的经济情况。

### 3.2.4　公共选择学派论国家干预

随着凯恩斯学派创立之后政府对市场干预的增强，政府干预的局限性及政府失效的缺陷也日益暴露出来。20 世纪 60 年代初期，以布坎南（J. M. Buchanan）、图洛克（G. Fulloch）为代表的公共选择学派为了克服市场失灵和政府干预失效，提出了非市场决策理论，主张用政治制度完善市场的不足。

所谓公共选择，是指非市场的集体决策，实际是政府选择。而公共选择理论，就是把经济分析工具应用于政治领域研究，用布坎南的话来说，公共选择实际上是经济理论在政治活动或政府选择领域中的应用和扩展。布坎南认为，政治制度就像市场制度，政治家就像企业家，公民就像消费者，选举制度就像交易制度，选票就像货币，由于政治与市场制度有很多相似性，所以，经济学的许多原理可以用来分析政治决策行为。在政治市场中，人们建立起契约交换关系，一切活动都以个人的成本——收益为计算基础。作为交换行为主体的政府同经济人一样是具有理性的、自私的人，追求的是集团的最大利益，而公民或选民则以个人成本与收益为计算的基础，这样，当普通选民无力支付成本时，不参加选举，于是政府往往为代表特殊利益集团的政策制定者所操纵，由此滋长了种种经济和政治弊端。所以，布坎南认为，现代西方社会面临的重重困难，与其说是市场制度的破产，不如说是政治制度的失败。因此，现代社会面临的挑战不是市场制度方面的挑战，而是政治制度方面的挑战。正是基于上述原因，布坎南等创立了公共选择理论。

布坎南认为，公共选择理论是公共经济的一般理论。例如，政府对公共物品的供给活动就属于公共经济问题。它要帮助人们在政治市场中作出合理的集体选择行为。而集体选择行为，特别是一些外部效应的管理和公共物品的供给相关的各级政府行为的集体选择问题，正是公共选择理论所要回答的。公共选择理论的基本特点是，以经济人的假定为分析工具，探讨在政治领域，经济人行为是怎样决定和支配集体选择行为，特别是对政府行为的集体选择所起到的制约作用。由此证明，政治市场领域存在缺陷是可能的。

公共选择学派将市场制度中的人类行为与政治制度中的政府行为纳入同一分析框架，即经济人模式，从而修正了传统经济学把政治制度置于经济分析之外的理论缺陷。布坎南声称，我们不是向国家干预原则提出挑战，而是要使现代人意识到：如果说市场是一种极不完善的财富分配机构，那么，国家也并非没有缺点。要使人们增加一点理智，意识到当市场解决办法确比公共干预解决办法的代价更高时，才选择国家。公共选择理论的根本目的，不是要去调查市场的一切缺陷后，去说明政府的任何干预都是正当的，而是要通过对政府决策行为的研究，使国家结构的缺陷尽可能地降低到最低的限度，从而达到利用政治市场领域和谐运转去弥补经济市场运转不足的目的。

当然，国家的活动并不总像应该的那样或像理论上所说的那样"有效"，也会存在"政府失效"的问题。公共选择学派认为，政府行为的非理想化、政府官员制度效率低下等，都必然会导致政府失效。因此，运用经济分析的方法来检验和改善国家机构的作用，把经济分析工具应用于政治领域研究是必要的。

在公共选择理论看来，公共选择和市场选择的思想基础和出发点是相同的，抉择者都是根据自己的偏好和最有利于自己的方式进行活动。公共选择和市场选择都是以个人成本——

收益分析为基础,极力追求自身利益最大化。但是政治市场与经济市场的运转方式是不同的:(1)市场选择以私人物品为对象,公共选择以公共物品为对象;(2)市场选择是通过完全竞争的经济市场来抉择,即消费者用"美元选票"来购买私人物品,公共选择是通过一定政治程序的政治市场来抉择,即消费者用投票来购买公共物品;(3)在市场选择下抉择行为的主体是个人,在公共选择下则是集体。应当指出,在政治市场上生产和出售的产品不能作为个人消费的对象,它们使一些公益性的,被分成若干份出卖给若干消费者集团,但没有一个集团能够明确说出它所希望的公益数量(需求)。要想了解这种需求,必须经过集中个人偏好的程序,以揭示有关集团的需求。因此,在政治市场中,消费者(选民)和生产者(国家)之间存在一个技术媒介,这就是选举制度,其作用在于,或者通过直接方式(举行公民投票),或者通过指定当选代表的间接方式,来显示人民希望的公益数量和质量。选举制度的不同,如普选制、一致通过制、多数制、比例选举制等,对选民和公共决策人有关成本—收益是不同的。

在公共选择学派看来,所谓公共选择实际上是政府选择。那么,政府应该如何选择呢?对此,萨缪尔森和诺德豪斯作出了一个简明的概括:公共选择是一种政府应该做什么的理论。依照许多人的看法,政府应建立一个公正而有效率的法律体制;政府应该运用最优的宏观经济政策来稳定产量、失业以及通货膨胀;政府应该调节工业以克服市场失灵;政府应该把收入再分配到最应得到的人手中。但是,政府会这样做吗?政府会遵循那些力图创造一个有效率的和公正的社会的经济学家们的学说吗?或者有没有超越现行伦理学和经济学之外的约束和目标?如果有的话,那么,可以辨别出什么样的原理呢?这些问题属于公共选择理论的范围,它是一种研究政府决策的经济学分支。

总之,公共选择学派的理论与政策主张都属于自由经营论。在布坎南看来,社会经济生活中出现的严重赤字、通货膨胀、公共部门的无限增长,都归因于凯恩斯主义国家干预的理论与政策。因此,公共选择学派反对国家的过度干预。"如果说,现代货币学派主要否定凯恩斯主义的财政政策,供给学派主要否定凯恩斯主义的需求政策,那么,公共选择学派从根本上否定了国家干预的必要性和有效性,从根基上动摇了凯恩斯主义。"①

### 3.2.5　新凯恩斯主义的政府干预理论与政策

从20世纪30年代初直到70年代中期将近半个世纪中,凯恩斯主义经历了从兴起到鼎盛的过程,并逐渐占据了绝对支配地位。然而,从60年代开始,凯恩斯主义逐渐受到了货币主义、理性预期学派和供给学派等的挑战和影响。货币主义的代表人物弗里德曼从三个方面反驳凯恩斯的观点:(1)提出现代货币数量论,认为通货膨胀起源于"太多的货币追逐太少的商品",因而政府可以通过控制货币增长来遏制通胀。这被视为现代经济理论的一场革命;(2)创立消费函数理论,对凯恩斯经济理论中的边际消费递减规律进行驳斥。凯恩斯认为,随着社会财富和个人收入的增加,人们用于消费方面的支出呈递减趋势,与此同时储蓄则越来越多。因此政府可以通过增加公共支出来抵消个人消费的减少,从而保证经济的持续增长。弗里德曼指出,这一理论站不住脚,因为人们的欲望实际上永无止境,原有的得

---

① 安福仁. 中国市场经济运行中的政府干预 [M]. 大连:东北财经大学出版社,2001:95.

到满足后，新的随即产生；（3）提出"自然率假说"理论。1968 年，弗里德曼与美国哥伦比亚大学经济学家菲尔普斯（E. S. Phelps）同时提出"自然率假说"理论。他们发现，长期来看，失业率与通货膨胀并没有必然联系。自然失业率永远存在，是不可消除的。因此政府的宏观调控政策长期来看是不起任何作用的。理性预期学派的代表人物卢卡斯（R. Lucas）则依据理性预期理论，提出了政策无效性的命题，认为政府的干预在短期内也是无效的。因此，对于政府来说，无论是短期还是长期，都不能实行干预的措施。而 60 年代末 70 年代初西方国家经济普遍陷入"滞胀"困境，使得凯恩斯主义的理论和政策失灵，出现了凯恩斯经济学的危机，为凯恩斯学派以外的其他经济学派的兴起提供了契机，这样，从 70 年代中期开始，以供给学派为代表的经济自由主义的理论与政策主张就走上了前台，开始发挥重要的作用。

供给学派搬出了萨伊定律，赞扬市场供求的自动调节作用，主张自由放任以达到经济的均衡发展，断言经济危机是由于政府过度干预所引起的。经济自由主义者认为劳动生产率增长速度的减慢、资源和生态问题的尖锐化、通货膨胀的严重、失业的增加、生产积累率的降低以及利润率下降趋势的加剧，统统在于国家干预政策。在他们看来，资本主义经济是高度稳定的、最适应于自我调节的制度，它处于有节奏的、均衡增长的自然状态中，资本主义存在无危机发展和增长的内在潜力，用不着国家进行干预或调节。他们还认为，生产过剩的经济危机、通货膨胀、结构比例失调等，都是不合规律的偶然现象，同资本主义生产的内在规律并没有什么联系。基于上述认识，英、美、德等许多西方国家从宣扬国有化到大搞私有化，从鼓吹福利国家到削减社会福利，大批国有企业出卖归私人所有，走上了经济自由化的道路。

在 20 世纪 80 年代末 90 年代初，新自由主义政策的失误导致经济出现普遍的衰退。在这一时期，经济增长率下降，失业人数增加，企业大批倒闭，财政状况恶化。1989～1992 年美国实际国内生产总值年均增长速度为 1%，从 1989 年第一季度到 1990 年第三季度的 7 个季度内，美国的经济出现了经济增长的逐步停滞，在其以后的两个季度内出现了国内生产总值的绝对下降。1991 年美国的年经济增长率出现率 - 0.7% 的负增长。同时，失业浪潮席卷西方国家。欧共体 12 国失业人数高达 1700 万人，平均失业率为 11%；美国失业率为 7%，失业人数超过 800 万人。新自由主义对于因自己的政策失误所造成的经济衰退表现出无奈和气短，而理性预期学派的经济均衡、政策无效等结论与现实大相径庭，因而对凯恩斯主义的指责也就显得软弱无力。这样，凯恩斯主义的重新复活就水到渠成了，并以"现代主流经济学新综合"或"新凯恩斯主义"的面目出现。1993 年克林顿上台全面推行与里根、布什新自由主义政策迥然不同的凯恩斯主义国家干预政策，标志着新凯恩斯主义的形成。

应当说，新凯恩斯主义并不是传统凯恩斯主义的简单重复，是在 20 世纪 80 年代中期继新古典主义之后，作为凯恩斯主义的最新发展而兴起的，并致力于构建具有微观基础的宏观经济学。新凯恩斯主义吸取了现代货币主义关于货币政策重要性的观点，吸收了供给学派和理性预期学派关于总供给的理论，保持和发展了以马歇尔为代表的微观经济理论。虽然新凯恩斯主义不是一个完整的理论体系，但它构成了克林顿经济学的理论基础。其基本观点是：政府必须干预经济，尤其是要进行财政干预，以实现充分就业和经济增长的战略目标。克林顿政府加强政府干预的原因在于：一方面，银行体系疲软，生产能力闲置；另一方面，干预比不干预在政治上所冒的风险要小。克林顿政府的基本改革思路是长短期兼顾，双管齐下，既要刺激经济增长，实现充分就业，又要削减赤字，压缩债务；短期内用财政刺激促使经济复苏，增加工作岗位；长期内则逐渐减少赤字，增加政府干预，以维持经济的稳定持续增长。这就是克林顿经济学的核心。正如加尔布雷斯所说，即使在经济开始暴露复苏的迹象时，加强政府干预仍然是克林顿政府应做的事。

克林顿经济学的主要政策主张，可以归结为七个方面：第一，强调国家在经济中的作用，如刺激经济，指导产业结构调整等，实际上是承认市场机制与自由放任的失灵；第二，在国家干预中重视财政政策的作用，并制定详尽的财政措施；第三，在财政政策中强调公共投资的刺激作用与乘数效应，通过投资促进经济增长；第四，在税收政策方面强调收入再分配，主张增加对富人征税，使税负更为公平；第五，强调福利措施，增加公民的福利待遇；第六，在对外贸易政策上，主张扩大对外贸易，拓展国际市场实现公平竞争，对竞争力弱的实行保护政策；第七，以充分就业与经济增长为目标。

面对 2008 年爆发的全球性金融危机，政府干预政策又一次走向前台。当然，对于这一世界最为严重的经济危机，各国政府大力推行了大规模的经济刺激措施。此外，加强各国政府间的协调与合作、反对贸易和投资保护主义成为新时期共同应对这一全球性挑战的最大亮点。

# 3.3　发展经济学论政府的作用

发展经济学（development economics）是诞生于 20 世纪 40 年代末 50 年代初的一门西方经济学的分支学科。当时一大批第三世界国家纷纷兴起但都面临着贫穷落后的经济局面，这些国家生产力水平低下、人口增长率高、经济增长率低、经济结构落后、失业问题严重，这些问题严重困扰着各发展中国家的发展。为了应对这些问题，发达国家和发展中国家的经济学家共同作出了深入的探讨。在发展经济学的发展过程中，经历了三个阶段：第一阶段为 20 世纪 40 年代末到 60 年代初，其特点是唯资本论、唯工业论、唯计划论。其中，唯资本论认为投入三要素中资本的多寡及其形成的快慢是发展中国家促进或阻碍经济增长的首要因素，代表性的理论如纳克斯（R. Nurkse）的"贫困恶性循环"理论、纳尔逊（R. Nelson）的"低水平均衡陷阱"理论、缪尔达尔（C. Myrdal）的"循环累积因果关系"理论、罗森斯坦 - 罗丹（P. N. Rosensten-Rodan）的"大推进"理论、莱宾斯坦（H. Leibenstein）的"临界最小努力"理论、罗斯托（W. W. Rostow）的"起飞"理论、钱纳里（H. B. Chenery）的"两缺口"理论等；唯工业论代表性理论如刘易斯（Lewis, W. A.）的"二元经济"理论、罗森斯坦 - 罗丹的"平衡增长"理论和赫希曼（A. O. Hirschman）的"不平衡增长"理论、普雷维什（R. Prebisch）的"贸易条件恶化"理论等；立足于市场不完全与凯恩斯主义的唯计划论则认为，在"大推进"理论、平衡增长理论等思想中，计划化、国家干预等都是应有之意。受上述经济理论的影响，这一时期发展中国家大多走的是一条封闭式的、以物质资本积累为核心、高度计划化的进口替代型工业化发展道路，虽其中有些国家经济发展取得了一定的成果，但总的来说，经济发展并未达到预期结果，反而暴露出许多新的问题，反倒是经济比较开放、注意发挥市场作用、实行出口导向的一些发展中国家经济取得了较快的增长。第二阶段为 60 年代中期至 80 年代。针对前一时期存在的问题，第二阶段在许多方面都进行了大的调整，如对发展有了更广泛的认识；对经济计划化的得失重新评价；纠正对农业的偏见，认为农业成为"糟糕经济学的很大牺牲品"，农业不仅仅是工业扩张的工具，农业现代化也是经济发展的重要目标，发展劳动密集型农业对就业的作用，只要采取加大人力资本投资及合适的政策，农民利用土地、劳动和技术的能力是明显的、巨大的；重新评估市场机制的作用，认为市场机制具有三方面的作用，与计划机制相比，市场机制是一种更为可取的经济发展工具，重视市场不等于取消计划和政府干预，政府干预应与利用市场机制相结合；强调对外开放的作用，对进口替代战略提出了批评，指出出口鼓励战略的好处。第三阶段为80年代至今，与上述两个阶段最大的区别在于呈现出一种多样性，包括结构主义思路、新古典主义思路、新古典政治经济学思路和激进主义的思路。其中，结构主义思路认为新古典主义经济学对发展中国家并不适用，普雷维什提出"中心—外围"结构理论，认为贸易条件的恶化是一个长期的过程，非均衡的结构异质还具有刚性的特点，必须实现工业化，实行进口替代战略；新古典主义思路认为理论对发达国家和发展中国家都适用，经济发展是一个渐进的、连续的过程，又是一个和谐的、累积的过程，经济发展均衡状态是稳定的，发展主要表现为边际调节，而价格机制是一切调节的原动力，重视资本的积累，认为储蓄率是经济发展的主要制约条件，认为贸易自由化、国际资本流动和国际技术扩散对于发达国家和发展中国家都有利；新古典政治经济学思路认为发展最需要的是努力推动有利于发展的制度变迁，现实的世界交易成本（信息成本、谈判成本、履约成本）为正，除了"看不见的手"，还有"看不见的脚"在阻碍"看不见的手"发挥作用；激进主义思路则对新古典主义的批评比结构主义还要尖锐和彻底，认为发展中国家的不发达状态是由不公平的世界经济秩序所造成的，形成了"支配—依附"的关系。

### 3.3.1　早期发展经济学关于政府的作用[①]

早期的发展经济学家基于结构主义分析方法指出，发展中国家为了谋求经济发展，必须推行全面的经济规则和广泛的政府干预，市场机制在这方面则无能为力。发展经济学的先驱彼德·鲍尔（P. T. Bauer）总结早期经济发展的观点是，"如要实现重大的经济进步，必须进行关键性的大规模变革，以扫除经济增长中的可怕障碍，并发动和维持增长过程，在这方面，政府发挥着必不可少的、全面的作用"[②]。

较早提出政府干预和经济计划思想的发展文献是1951年由刘易斯（W. A. Lewis）和舒尔茨（T. W. Schultz）参加的联合国专家小组提出的报告《不发达国家经济发展的措施》。在该报告中，专家们建议：不发达国家的政府应该建立一种中央机构，它具有通盘考虑经济、拟定发展计划并定期就计划提出报告的职能。发展计划中应当包含说明资本需要量，以及预期有多少国内和国外可获得资源的资本预算。为什么必须由政府来解决经济发展问题，主要基于以下几个方面的原因：第一，市场机制在解决经济发展问题上存在功能缺陷。具体地说，表现在两个方面：（1）即便是完善的市场，也不具有解决经济发展问题的功能。罗森斯坦－罗丹（Rosensten-Rodan）将市场配置资源的过程分为四个阶段或四种均衡：既定

①　胡家勇. 政府干预理论研究［M］. 大连：东北财经大学出版社，1996：60－93.

②　［美］G. M. 迈耶. 发展经济学的先驱（第1卷）［M］. 北京：经济科学出版社，1988：26.

的消费者存量的分配（即消费者均衡），在既定设备、土地和劳动力存量下产量的分配（生产者均衡），投资品的分配（投资均衡）和总供给与总需求的均衡（货币均衡）。罗森斯坦－罗丹认为，如果收入分配是可接受的，那么市场机制就能够合理分配消费品存量，即市场可以有效地通过资源配置的第一阶段。当资源配置进入第二阶段时，即决定消费品流量时，市场机制虽还能有效发挥作用，但已出现功能障碍。然而，进入第三阶段时，市场机制就会出现严重的功能障碍，"当我们取消资本存量既定这一假设转而假定投资量和结构取决于私人投资决策时，价格机制就无法发挥作用"①。而投资规模和结构正是经济发展中的基本问题。也就是说，市场机制在第三阶段和第四阶段都不能有效地发挥作用。（2）发展中国家的市场是不完善的，不完善的市场更难以解决经济发展问题。早期的经济学家指出，发展中国家的市场体系不健全，支离破碎，消费品市场发育程度也很低，稍许规范的资本市场也基本不存在，劳动力市场由于无限剩余劳动力存在而形不成正常的供求关系，且城乡间、地区间市场彼此分割；由于产业结构缺乏弹性，现有市场上短缺、过剩、滞后、刚性大量存在；由于市场的不完善使得价格信号既不灵敏、准确，又不统一、完整，难以指导资源的配置，更不用说引导经济发展过程。因此，经济学家们主张用政府的力量去代替不完善的市场。第二，过分强调工业化、物质资本积累和收入分配公平，就必然会重视和强调政府的作用。首先，早期的发展经济学家把现代化等同于工业化，认为农业不能成为经济增长和经济发展的源泉，其作用仅仅是向工业部门提供零值劳动力和农产品。由于把农业置于可以被任意榨取的地位，工农业之间的关系就没有必要依赖市场——价格机制来调节，农业部门的资源可以通过政府之手强制调拨到工业部门。其次，发展中国家在经济发展过程中需要在短期内动员大量资本，因此，早期发展经济学家大多强调资本积累的重要性。刘易斯认为："经济发展的中心事实是迅速的资本积累。"② 罗斯托（W. W. Rostow）也认为：把储蓄在国民收入中的比例由不到5%提高到10%以上是经济起飞的一个前提条件，"发动的前提条件包括最初动员国内储蓄投资于生产事业的能力，也包括一种在以后使储蓄率提得很高的结构"③。

在早期的经济发展理论中，大都体现或蕴藏着依赖政府解决经济发展问题的思想。纳克斯1953年在《不发达国家的资本形成问题》一书中揭示了发展中国家在宏观经济中存在着供给和需求两个循环。他认为，从供给方面看，低收入意味着低储蓄能力，低储蓄能力引起资本形成不足，资本形成不足使生产率难以提高，低生产率造成低收入，这样周而复始，完成一个循环。从需求方面看，低收入意味着低购买力，低购买力引起投资引诱不足，投资引诱不足使生产率难以提高，低生产率又造成低收入，这样周而复始又完成一个循环。两个循环相互影响，使经济情况无法好转，经济增长难以实现，这就是闻名的"贫困恶性循环理论"。这一供求双方扭在一起的恶性循环，便形成一个牢固的死圈，市场机制是难以打破的，必须由政府做出"关键性的最低限度努力"来打破它，以启动发展过程。而这一"关键性的最低限度努力"即通过全面的投资规划，在广泛的领域进行大规模的投资。而罗森斯坦－罗丹于1943年在《东欧和东南欧国家工业化的若干问题》一文中提出了大推动理论

---

① G. M. Meier, The issues in economic development [M]. Oxford University Press. 1989，513.

② 现代国外经济学论文选（第八辑）[M]. 北京：商务印书馆，1984：63.

③ [美] 罗斯托. 经济成长的阶段 [M]. 北京：商务印书馆，1962：48.

(The theory of the big-push)。该理论的核心是在发展中国家或地区对国民经济的各个部门同时进行大规模投资，以促进这些部门的平均增长，从而推动整个国民经济的高速增长和全面发展。主要内容包括：（1）大推动理论的目标是取得外部经济效果。外部经济效果包括两层含义：一是对相互补充的工业部门进行投资，能够创造出互为需求的市场，这样就可以克服发展中国家国内市场狭小，在需求方面阻碍经济发展的问题；二是对相互补充的产业部门同时进行投资，可以降低生产成本、增加利润，为增加储蓄、提供再投资的资本创造条件，有助于克服在供给方面阻碍经济发展的障碍。因此，对几个相互补充的产业部门同时进行投资，所产生的外部经济效果，不仅可以增加单个企业的利润，而且还可以增加社会净产品。（2）实施大推动所需的资本来源于国内国际双向投资。对几个相互补充的产业部门同时进行投资，其所需的资本是巨大的。因此，罗丹特别强调最小临界投资规模，即小于此规模，则地区经济不能实现腾飞启动。在人均收入很低的发展中国家或落后地区，这些资本从何而来呢？罗丹认为，主要有两个来源：一是国内。在不降低国内原有消费水平的基础上，利用一切可能利用的资本增加投资；二是国际。罗丹认为，发展中国家或地区的工业化，决不能仅仅依靠国内资本，还要依赖大量的国际投资和资本引进。（3）大推动的重点投资领域集中于基础设施和轻工业部门。大推动的投资方向并不是整个国民经济的所有部门，而是几个相互补充的产业部门。发展中国家或地区在工业化的初期，应把资本主要投向经济社会基本设施，以及具有相互联系的轻工业部门，而不是重工业部门。（4）大推动过程必须通过政府计划而非市场调节来组织实施。因为投资的目标首先是取得外部经济效果，而非利润；其次是投资数额巨大；再次是基础设施投资周期长。因而必须由政府来承担。

自大推动理论面世以来，已为多数发展经济学家所接受，并在区域经济发展实践中得到印证和反映，为发展中国家或地区的工业化提供了解决问题的钥匙和治病良方。但它也存在不足之处。首先，大推动理论的立论基础是"三个不可分性"。但在实际中，却出现了某种程度的可分趋势，而且忽略了专业化分工和比较优势的客观存在。其次，在实践中，大推动所需巨额资本难以找到。发展中国家收入水平低，自身无法筹集，国外支持也难以保证。再次，大推动理论过分重视和强调计划的作用，而忽视发挥市场经济的自组织作用。因此，大推动理论具有很大的局限性，在实践中也没有成功的案例。

## 3.3.2　发展经济学的"新古典复活"

从 20 世纪 60 年代开始，针对前一时期发展中国家在解决经济发展问题的过程中存在的问题，经济学家们对早期思想进行了深刻反思，其核心内容是对政府、市场各自在经济发展中的作用进行重新评价，主张利用市场力量来解决发展问题。代表性人物舒尔茨说道："发展经济学家所造成的主要影响是赋予政府部门过多的经济功能，但政府却没有能力有效地履行这些功能，有这样一个政策传统，对发展是很不利的。"[1] 另一位先驱人物 G・哈伯勒（G. Von Haberler）也认为，支持政府广泛干预发展过程的早期观点，如贸易条件长期恶化论、有害示范效应论、伪装失业论、进口替代工业化论，都是站不住脚的；强调市场机制、

---

[1]　G. M. Meier, Pioneers in development ［M］. Oxford University Press. 1989，18.

配置效率、私人积极性的新古典理论不仅适用于发达国家，同样适用于发展中国家。这种更多地强调计划和政府干预局限性、主张把市场机制作为经济发展基本工具的思想转向被称为"新古典复活"。也正是因为如此，斯特恩（N. Stern）指出"消除对计划化的迷信"构成了新古典主义复兴运动的"中心部分"。①

首先，对市场的功能进行重新论证。约翰逊（H. G. Johnson）在其著作《货币、贸易与经济增长》中认为，市场不仅能够解决现有资源在不同用途上的有效配置问题，而且具有动态功能，即能够提供增长与发展的刺激。例如，能够刺激人力资本积累，因为高技术能够获得高收入；能够刺激物质资本积累，因为资本能够带来资本化收入。而且，市场的所有功能都是自动完成的，不需要庞大的管理机构，不需要中央决策，所需要的仅仅是保证契约得以顺利履行的法律体系。哈拉·明特（Hla Myint）也认为，市场能够有效解决资源的静态配置问题，而经济发展是动态问题，这是确切的。但就此否认市场机制解决经济发展问题的力量则是不科学的。因为静态和动态不是绝对分开的：现有资源的配置结构决定了增量资源的配置结构。如果现有资源的配置结构是最优的，那么增量资源的配置结构亦为最优；反之，增量资源的配置就不可能优化。而增量资源的配置正是动态发展问题。因此，市场机制在有效解决静态问题的同时，也随之促进了动态问题的解决。他说："从发展中国家的经验中得到的基本教训是，经济增长并不单纯地取决于储蓄和可投资资源的供给，而且必定关键性地取决于如何生产性地使用这些资源。配置效率是生产性地使用资源的主要因素，更精确地说，如果我们关心的不是既定资源而是从不断增长的储蓄和资本积累源源而来的流动资源，那么，防止资源配置不当就特别重要。在这种情况下，资源配置的各种扭曲就会通过它们的累积效应严重抑制增长。因此，认为静态的资源配置问题对动态的、由资本积累而促进的增长问题并不重要的说法是错误的。"②

其次，强调自由贸易政策对发展中国家的意义。哈伯勒指出："贸易理论的静态特征并没有剥夺它解释动态过程的有效性……来自贸易的静态收益能够使一个国家进行更多的储蓄和投资。而且国际贸易能够从国外吸引资本，促进技术、人才引进，这就意味着静态的生产可能性曲线向外推移了。"③ 哈拉·明特认为自由贸易具有动态作用，主要表现在：动员尚未利用的资源（土地和劳动力）；刺激农民欲望并向他们提供新的投入；改善国内交通、通信和公共服务。"更重要的是，国际贸易的扩张能够诱导国内市场的扩大和要素市场、产品市场的发育。"④ 而对于一些发展中国家存在出口实绩不佳的现象，经济学家们认为其中的原因在于国家垄断的贸易体系造成的贸易关系扭曲、外汇管制导致的货币的不可兑换性，在外贸战略上则失之于产品集中和市场集中。

再次，认为政府集中解决经济发展问题存在局限性。托达罗（M. P. Todalo）认为，政府强制工业化会加剧社会失业问题。在托达罗模型中，他认为，农村人口迁往城市的决策是由两个主要变量决定的：一是城乡实际收入差距，包括货币收入水平、享受的公共服务数量等；二是在城市正式部门找到工作的可能性，即就业概率。实际收入和就业概率的乘积被称

① N. Stern, The Economics of Development: A Survey [C]. in The Economic Journal. 1989, 621.

② G. M. Meier, Pioneers in development [M]. Oxford University Press. 1989, 135.

③ G. M. Meier, Pioneers in development [M]. Oxford University Press. 1989, 73.

④ G. M. Meier, Pioneers in development [M]. Oxford University Press. 1989, 121.

为预期收入。按照这一人口流动模式，如果城市预期收入大于农村预期收入，城市失业人口的存在并不能阻止农村劳动力继续流向城市，因为迁移者认为，虽然一时不能在现代部门找到工作，但可望在近几年内找到工作，一旦找到工作，所得必然大于所失。所以，在城市失业率很高的情况下，农村人口仍会纷纷流入城市，并沉淀到城市中的非正式部门。而政府强制工业化形成三股加剧城市失业的力量：一是在短期内强制工业化能够提供更多的就业岗位，缓解现存的失业问题。但它同时提高了城市的就业概率和预期收入，诱发一大批新的迁移者。二是强制工业化往往是运用一套扭曲政策（如低利率、资本无偿使用）来实施的，会诱使资本密度高于市场均衡水平，结果降低了一定量资本所能支持的就业水平。三是强制工业化是以强制转移农业部门资源为条件的，这会降低农村预期收入，又使一大批处于迁移边缘的劳动力作出迁往城市的决定。因此，托达罗模式的政策含义是：强制工业化无益于发展中国家就业问题的解决，应该运用市场机制协调城乡间的资源流动和利益平衡，这样就不会有城乡间劳动力的过度迁移。

　　哈拉·明特则运用结构分析法剖析了政府干预过多的危害性。他认为，发展中国家具有明显的"自然二重性"特征，表现为现代部门与传统部门同时并存、资本市场支离破碎、公共服务和基础设施在现代部门与传统部门之间的不均匀分布。其根基是发展中国家"组织结构的不完全发育状态"，这种"不完全发育状态"不仅存在于商品市场和资本市场，而且存在于政府的行政系统和财政、税收系统。而发展中国家政府干预会造成政策性扭曲，这种政策性扭曲会进一步恶化本已存在的"自然二重性"。如偏向现代部门的资源分配扭曲常常会对传统部门的收入增长和收入分配份额产生消极影响；政府的高利贷法和对小钱庄的抑制会使本已脆弱的现代部门与传统部门的金融联系更加脆弱，从而恶化"金融二重性"。因此，明特指出，早期经济学家从市场不完善出发强调政府干预，殊不知政府系统和财税系统也是不完善的。"很清楚，基于完善计划机构的无所不包的计划同基于完全竞争的自由放任政策一样，是不能令人信服的。它不过是另一个幌子下的完全竞争模型。"[1]

　　迪帕克·拉尔（Deepak Lal）则认为，不完善的市场要胜于不完善的计划。这是因为：第一，政府干预也要受到信息、交易成本的制约，那种认为任何形式的干预都会增进福利和配置效率的观点是荒谬的。"因为无论是在为设计公共政策而获取、处理以及传递有关信息方面，还是在强制执行政策的过程中，都会发生交易成本。于是，就如同市场失灵一样，可以举出无数官僚失灵的例子，使政府也难以达到帕雷托效率的结果。"[2] 第二，政府干预往往会造成整个经济的扭曲。拉尔认为，不造成经济扭曲的政策是没有的，即使有，也是很少的。而且，一种扭曲会造成另一种扭曲，结果形成一个扭曲链条，造成整个经济关系的全面扭曲。第三，发展中国家的市场不完善，但更强调计划的不完善，而不完善的市场要胜于不完善的计划。

　　此外，这一时期的经济学家们还批评了过于重视物资资本的倾向。舒尔茨指出，国民产出增长一直高于物资资本等生产要素投入的增长，而人力资本投资则是解释这两者之间差别的主要原因。不少发展中国家之所以面临困境，是因为新资本没有用在追加人力投资方面，致使人力资本无法与物资资本齐头并进，最终降低了物资资本的吸收率，成为增长的限制因

①　G. M. Meier, Pioneers in development［M］. Oxford University Press. 1989，134.

②　［英］D. 拉尔. 发展经济学的贫困［M］. 上海：三联书店上海分店，1992：15-16.

素。而且，歧视农业的偏见得到了纠正。舒尔茨把歧视农业的原因解释为前一阶段盛行的"糟糕的"经济学误导的结果，而这种经济学是建立在有关低收入国家的农民对价格激励反应迟钝，贸易条件长期恶化造成世界农产品市场长期萧条，穷国农业是增长的负担，其使命是为工业化提供大量资本等推论的基础上的。以这些推论为依据的错误政策扭曲了对农业的激励，致使农业中的经济潜力未能发挥出来。特别要指出的是，这一时期的经济学家们还对计划化及其管理体制进行了评估，其结论是：（1）体现计划化具体运作的投入—产出分析所依托的是物质平衡体系，该体系忽视了相对价格变动，因而缺乏坚实的微观基础。利特尔和米尔利斯（D. Little & J. Mirrlees）则发展了成本—收益分析方法，应用社会机会成本（即影子价格）来评估计划化中的公共投资项目，分析被控制价格未能反映机会成本（即价格扭曲）的程度，并讨论如何对用于公共部门的国内资源实行成本适度定价等问题。（2）计划管理体制具有低效率的特征。舒尔茨和巴拉萨（B. Balassa）均认为，计划管理体制扭曲了对经济的激励，究其根源，既同信息传递有关，又同公共部门负担过重有关。克鲁格（A. O. Krunger）则认为，第一阶段中的"市场失效论"诱导人们不再信任市场而过于相信政府的能力和计划的功能，因此忽视了市场与价格激励功能。（3）计划管理体制被认为易于产生腐败，克鲁格对寻租（ren-seeking）的分析被认为在这一领域做出了贡献。她认为，计划管理体制下对经济活动的干预引发租金成为合法与非法寻租活动的目标，而与寻租相伴随的往往是贪污、行贿、走私及黑市等非法活动，因此浪费了大量资源，推动追加成本上升，导致福利净亏损并阻碍增长。

### 3.3.3　克鲁格的政府干预理论

安妮·克鲁格（A. O. Krunger），曾任世界银行副行长、美国经济学会会长，现任美国斯坦福大学教授。她的主要理论贡献之一是对发展中国家的政府干预和政府经济政策作了系统而深入的研究，提出了"寻租"理论和关于发展中国家的"经济政策动态学"。

先看寻租理论。从理论史的角度看，寻租理论可以追溯到古典经济学，特别是萨伊的学说。20世纪60年代后期，塔洛克（G. Tullock）在一篇论文中对寻租现象进行了分析论证，但学术界都公认克鲁格是现代寻租理论的创始人，而她1974年发表的《寻租社会的政治经济学》被认为是该理论的经典之作。在这篇论文中，克鲁格以发展中国家对外贸易领域的数量配额和许可证制度为例对寻租现象进行了广泛的分析。她认为，进口许可证控制是发展中国家在经济发展初期普遍采用的一种政府干预措施，目的是为了克服外汇的短缺和推行进口替代工业化战略。但许可证控制会带来租金，从而诱发人们大规模激烈争夺租金的行为。在克鲁格的寻租理论中，租金是一种由政府干预带来的非生产性的收益。租金的存在必然刺激人们"寻求租金"，如同利润的存在会刺激人们"寻求利润"一样。但是"寻租"和"寻利"给资源配置和社会福利所带来的后果迥然不同。根据克鲁格的分析，寻租行为会酿成以下始料不及的后果：一是竞争性寻租活动诱使人们把大量稀缺资源从生产性用途转移到非生产性用途，这类活动只能给个人或利益集团带来收益，而不能给社会带来产品和服务，是纯粹性的既定利益再分配，是资源的浪费；二是竞争性寻租会导致资源配置偏离帕雷托最佳状态，而资源配置扭曲及资源浪费将导致经济在生产可能性曲线以内运行；三是寻租活动会造成额外社会福利损失。

克鲁格虽然是从许可证控制入手来分析寻租行为的，但她并不认为进口许可证是形成租金和导致寻租行为的唯一根源。她认为，政府对经济活动的限制大多会形成租金，同时促使人们去争夺租金，"寻租作为一种一般现象更具普遍性"。[①] 因此，减少寻租行为的根本措施是减少包括诸如许可证控制等的政府干预行为。基于对寻租行为的理论分析，克鲁格得出了许多重要结论：第一，如果由于某一原因确实需要对进口进行限制，实施关税比颁发许可证更可取。因为关税所生成的租金量远少于许可证生成的租金量。如果政府不能有效控制争夺许可证的寻租行为，则禁止进口比实施进口配额更可取，"这是因为禁止进口将消除寻求租金所浪费的资源，而国内生产的额外成本可能少于租金的价值"。[②] 第二，一旦租金形成，即使政府有能力限制人们对租金的争夺，也往往陷入进退维谷的境地。因为如果政府为了阻止由寻租所导致的资源的非生产性使用而限制人们的寻租行为，那么，现有的寻租集团就会持久地获得租金，从而带来社会收入分配不公的后果；如果听任人们竞相寻租，虽然租金在寻租竞争中消散，但由此而造成的资源浪费又是十分惊人的。第三，寻租行为会破坏人们对市场机制的信仰，产生对政府干预的渴求。寻租破坏了市场竞争的公平性，使人们"把价格制度看作一种可以为富人和有关系者带来好处的机制"；"如果市场机制受到怀疑，则必然会有人寻求更多的政府干预，从而增加寻租的经济活动"，[③] 形成一种恶性循环。

克鲁格的寻租理论自提出以后，一方面，寻租理论得到了迅速的发展；另一方面，寻租理论还被广泛地运用于产业组织理论、公共管制理论以及发展经济学等领域，成为分析政府干预行为和政府经济政策的一个强有力的工具。

对于经济政策，经济学家们大多将其作为一个既定的外生变量来看待。克鲁格指出，政府的经济政策其实是一内生变量，它一旦被制定出来，就会在政治经济的相互作用下沿着自己的轨迹演变。她把自己的这一思想称为"经济政策动态学说"，主要表现在：第一，初始政策在政治经济的作用下往往演变得面目全非，甚至与制定者的初衷背道而驰。第二，最初的扭曲政策在执行过程中会进一步扭曲，并逐渐形成一个与扭曲政策息息相关的既得利益集团。这个既得利益集团反过来会成为维护现行政策的游说集团，从而使得现行政策的改革非常困难。克鲁格指出，由于实施政府干预和扭曲政策，"结果在私人部门和公共部门，其利益依存于维持现有政策的利益集团得以扩大。这些集团拥有反对任何放松控制的经济及非经济资源，并且支持维护种种现行政策的选票也不断增加……当这些人（即政策的最初制定者）建议放弃初始政策时，则会面临由该政策创造的利益集团的反对"。[④] 而扭曲的政策最终会导致资源配置恶化、经济增长率明显下降、国际收支状况恶化、外资流入减少等而难以为继，必须进行政策改革，但改革不可能到位。"因为在政治上能够对变革达成一致的程度，有可能低于改变经济行为和资源配置所必需的'最低限度'变革。"[⑤] 由此可见，由于扭曲政策会形成既得利益集团，因此政策一旦出台，就会保持自己的惯性，对其进行改革就相当困难。当然，基于同样的原因，成功的政策改革一旦启动，也会保持自己的惯性，经过

---

① ［美］A. O. 克鲁格. 寻租社会的政治经济学 ［J］. 经济社会体制比较，1988（5）.
② ［美］A. O. 克鲁格. 寻租社会的政治经济学 ［J］. 经济社会体制比较，1988（5）.
③ ［美］A. O. 克鲁格. 寻租社会的政治经济学 ［J］. 经济社会体制比较，1988（5）.
④ ［美］A. O. 克鲁格. 发展中国家实施经济政策的教训 ［J］. 经济社会体制比较，1995（5）.
⑤ ［美］A. O. 克鲁格. 发展中国家实施经济政策的教训 ［J］. 经济社会体制比较，1995（5）.

一段时间就会步入良性循环。第三，在政府政策的动态演变过程中，政策有日趋复杂化的趋势。克鲁格指出："每当政治决策层试图控制经济活动时，管制的复杂性就会不断增加，这已是一种有规律的经验现象。"① 为什么政府政策和管制会变得越来越复杂呢？克鲁格认为，是由于管制者对平等的关心、管制的操作者自身利益的存在以及管制者企图控制市场对管制的反应等三个原因。其发生机制是：首先，政府对经济实施管制的目的有时就是为了达到平等，但当宣布新的管制条例后，那些认为自己受到不利影响的人就会竭力争取豁免或优惠，要求在原有条例上增加新的条款，于是产生增加新条款的第一轮政策修改。当新的增补条款宣布后，又会有一些受到不利影响的集团要求增加新的针对自己的优惠条款，导致第二轮政策修改。这个过程会一直持续下去，以至最初的简单政策或管制演变得越来越复杂。其次，一旦政策和管制开始复杂化，常常就需要增加新官僚来实施新增的管制条例，于是官僚体制的规模越来越大；同时，由于管制条令越来越多、越来越复杂、越来越难懂，"中间人"行业便应运而生，这些人专门为那些利益受影响的人解释各种规则、办理复杂手续，从而取得佣金或手续费。大规模官僚机构和中间人集团的利益依存于政策和管制的复杂性，因此，他们有维持和增加政策和管制复杂性的强烈利益冲动。"这些政府官员在确保管制规则不断复杂化中具有金钱上的利益，否则他们的知识就会因此而贬值和无用。"② 最后，政府的政策和管制大都要修正私人或企业的利润最大化行为，但私人或企业并不是被动地听任政府的摆布，它们会采取一些措施与政府的政策和管制相抗衡，结果，"市场的反应可能产生与预计相反或者比估计的成本高很多的结果"。③ 在这种情况下，管制者就会对市场反应作出反应，增加新的规则，以便把市场主体的反应控制在自己希望的范围内，新规则的不断增加无疑使管制日趋复杂。

对于发展中国家在政府干预的过程中存在的"政府失效"现象，克鲁格认为，早期的经济发展理论在强调政府干预发展过程的时候，有三个暗含的假定："首先，政府作为政策实施主体，将公民的最大化利益纳入其目标函数；其次，追求最大化社会福利的决策者都自然有决策所需要的充分信息；最后，似乎无需成本就可提出和实施政策"。④

克鲁格认为，这三个暗含的假定都是不现实的。她尤其强调第一个假定的非现实性。克鲁格指出，在分析政府失效时，重要的是要认识到，"政府"同样是由一些"当事人"组成的，这些当事人包括政治家、行政人员和官僚，他们同样有不同于公共利益的私人利益。虽然有些当事人是十分关心"公共品"的生产的，但"更为实际的情况是，公共部门的成员和私营部门的成员一样关心他们自身的利益。个人利益集中体现在他们自身的生存、职位的升迁或其他的奖励政策上"。⑤ 因此，由这些当事人制定和实施的政策并不能自动符合社会利益。另外，压力集团的存在往往使政府的政策背离理想的资源配置目标。由于压力集团的存在，"有关经济政策的决策并非由经济学家和技术专家作出……压力集团常常过多地对政策的制定施加影响，政策实施的结果与原来的意图大相径庭。"⑥

---

① ［美］A. O. 克鲁格. 管制的政治经济学：复杂性问题［J］. 经济社会体制比较，1996（4）.
② ［美］A. O. 克鲁格. 管制的政治经济学：复杂性问题［J］. 经济社会体制比较，1996（4）.
③ ［美］A. O. 克鲁格. 管制的政治经济学：复杂性问题［J］. 经济社会体制比较，1996（4）.
④ ［美］A. O. 克鲁格. 发展中国家实施经济政策的教训［J］. 经济社会体制比较，1995（5）.
⑤ ［美］A. O. 克鲁格. 发展过程中的"政府失效"［J］. 经济社会体制比较，1991（3）.
⑥ ［美］A. O. 克鲁格. 发展过程中的"政府失效"［J］. 经济社会体制比较，1991（3）.

　　克鲁格并不反对所有的政府干预，但她认为政府干预应主要集中在自己具有比较优势的领域，即公共品领域。"诸如法律和秩序的维护（特别包括合同的执行），提供信息（如农业研究和发展）以及提供那些大规模的基本的公共服务（如道路和通信）之类的活动属于政府拥有优势的领域，在这些地方，私人企业面临劣势。"① 这样，克鲁格仍把政府活动限定在亚当·斯密所限定的范围内。克鲁格同时指出，发展中国家政府活动的范围大大超出了这一合理界限，因此，政府失效就是不可避免的。

### 3.3.4　斯蒂格利茨论"市场失灵"与政府的职能

　　约瑟夫·斯蒂格利茨（J. Stiglitz），曾任克林顿总统经济顾问团的主要成员和主席、世界银行副总裁、首席经济学家，2001 获得了诺贝尔经济学奖，先后执教于耶鲁大学、普林斯顿大学、牛津大学和斯坦福大学，现任美国布鲁金斯学会高级研究员，是世界上公共部门经济学领域最著名的专家。斯蒂格利茨为经济学的一个重要分支——信息经济学的创立作出了重大贡献；他所倡导的一些前沿理论，如逆向选择和道德风险，已成为经济学家和政策制定者的标准工具。

　　首先来分析斯蒂格利茨的市场失灵理论。斯蒂格利茨与西方其他经济学家一样，认为政府干预的主要作用是弥补市场失灵。因此，对市场失灵的研究就成为政府干预理论的一部分。传统的市场失灵理论，在承认市场竞争可以在某些条件下达到帕累托最优的同时，认为市场机制不能解决外部性、垄断、收入分配和公共品提供等问题，因此，政府干预的范围应限制在上述"老四条"范围之内。斯蒂格利茨对这种观点提出了挑战。他的独特之处在于，不仅从各种表面现象论证市场失灵，而且还触及了微观经济学的核心——福利经济学的基本原理，这就使他的理论有比较扎实的基础。

　　福利经济学是西方微观经济学的核心部分，正是福利经济学最终完成了对市场机制会导致帕累托最优的论证。这一论证建立在福利经济学两个基本定理的基础上。福利经济学第一定理指出，每一个完全竞争的经济都能够带来帕累托效率；第二定理指出，每一种具有帕累托效率的资源配置都可以通过市场机制实现。若这两个定理成立，则政府干预的范围将被局限在上述狭隘的范围之内，市场将把大部分事情做好。可见，福利经济学基本定理为限制政府干预提供了最有力的论据。而斯蒂格利茨则认为，这些定理都是建立在错误的假定之上，因此定理本身也是错误的。第一，福利经济学假定，市场经济中的买者和卖者通过观察价格即可掌握所有有关商品交易的信息，即人们是具有完全信息的。而斯蒂格利茨认为，有关商品交易的事件空间远大于价格空间，市场中不仅存在影响厂商产出的一般事件，而且存在许多无法预料的偶发事件，如总经理生病、机器突然损坏等。这些成百上千的变量会影响厂商的利润率，但这并不能很快从价格上表现出来。此外，有关效用函数的假设也非常重要。盖尔和斯蒂格利茨（Gale and Stiglitz, 1985）证明，只有在一个极为严格的假定之下，即必须存在"恒定的绝对风险规避效用函数"，价格才可以传递所有信息。一旦偏离此假定，价格

---

　　① ［美］A. O. 克鲁格. 发展过程中的"政府失效"[J]. 经济社会体制比较，1991，（3）.

就不能充分传递信息。可见，完全信息的假设不能成立。① 第二，福利经济学假定存在一套完备的市场。而事实上，构建市场是需要费用的。如果无数的商品、偶然事件和不确定性都存在市场的话，那么光是为了组织这些市场就要耗费大量资源。特别是那些不确定性较强的市场，如风险市场和期货市场，由于不确定性造成的巨大组织成本，使得建立这两种完全竞争市场是极不经济的。此外，信息不对称也限制了市场的完备性。因为处于信息劣势的一方为规避风险，防止被欺诈，不愿同具备信息优势的一方进行交易，这就大大限制了市场的范围。所以，完备的市场这一假定也不成立。第三，福利经济学假定市场是完全竞争的，即每个厂商都是价格接受者。实际上，市场竞争更类似于垄断竞争。由于信息不完全，当一个厂商提高价格时，该厂商的所有顾客并不马上寻找另一家产品同质而价格更低的厂商，因为搜寻信息是需要成本的。同理，一个厂商降价也不会把其他厂商的顾客都吸引过来。这就使厂商可以制定价格而不是接受价格。此外，固定成本也会造成不完全竞争。斯蒂格利茨等（1993）证明，即使只存在少量的固定成本，也会使市场供给者大量减少，从而使市场竞争变成不完全竞争。②

在上述论证的基础上，格林沃德和斯蒂格利茨（Greenwald and Stiglitz，1986）以较复杂的数学模型证明，当市场不完备、信息不完全、竞争不完全时，市场机制不会自己达到帕累托最优，这就是格林沃德—斯蒂格利茨定理。③ 此定理的深刻含义在于，由它所定义的市场失灵是以现实中普遍存在的不完全信息、不完全竞争、不完备市场为基础，因此市场失灵不再局限于外部性、公共产品等狭隘范围，而是无处不在的。这就为政府干预提供了广阔的潜在空间。为了弥补市场失灵，政府干预应该遍布各个经济部门和领域，而不仅仅是制定法规、再分配和提供公共品。

对市场的这种判断，必然导致斯蒂格利茨对政府作用采取新凯恩斯主义的态度，强调适度政府干预的必要性。斯蒂格利茨在《政府的经济角色》（1986）一文中，对此进行了较为系统的总结。④ 斯蒂格利茨认为，信息不完全问题既遍及私人部门又遍及公共部门，因此，我们在承认政府干预经济、克服市场失灵的积极作用的同时，也应看到政府干预的不足之处和公共失灵现象。斯蒂格利茨将"公共失灵"归结为五个方面：不完全信息和不完全市场是市场失灵的一个来源，同样普遍存在于公共部门；与政府强制力紧密相关的再分配，不仅会导致不公正，而且会产生寻租活动；当前政府带给未来政府的有效合同的局限性，会带来巨大的经费；公共部门中产权让渡的其他缺陷，将限制有效的激励结构的构建；公共部门缺乏竞争，会削弱人们的积极性。在此基础上，斯蒂格利茨提出了自己的政府的经济职能理论，认为市场失灵的普遍性必然要求政府干预的普遍性。但西方经济学的流行观点是，政府本身也有失灵问题，政府干预经常是无效的。针对这一点，斯蒂格利茨提出了政府的经济职能理论。他认为，政府失灵并不比市场失灵更糟，而且这种失灵是可以被

①　Gale, I. and Stiglitz, J. E., Futures markets are almo-st always informationally inefficient [R]. Princeton University F-inacial Research Center Memorandum. No. 57, February. 1985.

②　Joseph E. Stiglitz, Jaime Jaramillo-Vallejo, Yung Chal Park., The role of the state in financial markets [R]. World Bank Research Observer, Annual Conference on Development Economics Supplement：1993：19－61.

③　Greenwald, Bruce and Joseph E. Stiglitz., Externalities in economies with imperfect information and incomplete markets [J]. Quarterly Journal of Economics. 1986 (101)：229－264.

④　[美] 斯蒂格利茨. 政府为什么干预经济：政府在市场经济中的角色 [M]. 北京：中国物资出版社，1998.

缓解乃至消除的；通过采取适当的政策，政府干预可带来帕累托改进。主要体现在以下三个方面。

第一，政府效率分析。许多西方学者认为，政府对市场失灵的各种干预缺乏效率，即存在政府失灵问题。斯蒂格利茨承认政府失灵的存在，并从原因和表现形式等多方面论证了政府失灵。但是，斯蒂格利茨认为应换个角度看政府失灵。并非只有政府部门才会出现低效率现象，人们在私营部门中同样可以找到类似的低效率现象。任何人都不会不犯错误，问题的关键不在于谁犯了什么错误，做了什么好事，而在于是否有足够的证据说明政府失灵比市场失灵更坏。斯蒂格利茨（1988）的实证研究表明，无论是统计数据还是具体事例，都不能证明政府效率比私营部门更低。[①] 也就是说，政府效率并不比市场更差。从理论上讲也是如此。有人认为政府部门会由于缺乏所有者而导致缺少激励，从而效率低于私营部门。斯蒂格利茨认为，西方大型私营公司的雇员都不是所有者，从委托—代理理论的角度看，他们也同样缺乏利润最大化的激励。特别是目前大型公司股权高度分散，公司经理所占股权也是微乎其微，所有者已很难控制公司了。就这一点来说，政府与私营企业之间几乎没有区别。

尽管如此，斯蒂格利茨仍然承认政府部门因某些原因而严重缺乏效率。这些原因包括：缺乏竞争；没有破产威胁；承担社会目标；过分追求公平和限制职权范围等。但是，斯蒂格利茨又认为这些问题不是政府本身所固有的，可以通过各种途径消除。如政府可以允许甚至鼓励政府企业与私营企业竞争或政府企业内部之间竞争；政府可以建立一套程序，使得与预算软约束有关的交易费用增大，迫使企业硬化预算约束；政府可以制定法律和规则，迫使自己遵守承诺，终结无效率的企业；政府完全有能力自己控制收入差距和职权范围的强度。总之，没有任何证据表明，政府天生就比市场缺乏效率。

第二，政府的相对优势。斯蒂格利茨认为，政府不但不比市场效率差，而且由于政府的强制性职能，使它能做许多市场不能做的事件。这样，政府就会在纠正市场失灵方面具有明显的相对优势。这些优势可分为四种：（1）政府有征税权。政府同私营部门一样，也面临着不完全信息的约束，但是，政府可以通过纠正性税收来影响生产、引导消费，以增加福利收益，实现帕累托改进。例如，假设一家保险公司认识到，吸烟会引起火灾，所以增加了提供保险的风险。然而，它缺乏投保人吸烟的信息。投保人知道这一点，因此他就会产生道德风险，放松对吸烟引起火灾的警惕性。而政府虽然缺乏信息，但是它可以通过对香烟征税，抑制人们吸烟，从而因道德风险的减少而获得福利收益。（2）政府有禁止权。政府凭借其强制力可以禁止某项活动，而这类禁止可带来帕累托改进。例如，当某些商品的固定成本较高时，为了弥补固定成本，最优定价机制会使某些商品的价格非常高，特别在商品需求弹性较低或生产技术落后的情况下更是如此。市场本身并不能淘汰此类商品，而政府却可以行使禁止限制这些商品进入市场，根据斯蒂格利茨的分析，这样做可以增进福利。（3）政府有处罚权。政府可以通过立法对市场中的违约行为进行处罚。尽管私人之间订立的合同也包含了对违约活动的处罚条款，但这些条款仅限于对违约者财产的处分规定，而政府则可以对那些无财产抵押的人实施处罚。此外，政府可通过处罚轻易地解决污染等外部性问题，而私人之间协商的解决方案仅在科斯定理的零交易成本假设下才能形成；在正交易成本的现实世界

---

① Stiglitz, J. E., Economic Organization Information and Development［A］. in T, N. Srinivasan and H. Chenery eds., Handbook of Development Economics［C］. Vol. I, North-Holland: Elsevier Science Publishers. 1988.

里，个人之间达成协议的交易成本是如此之高，以至于难以成功。（4）节省交易费用。在没有政府的情况下，市场中的"搭便车"、信息不完全和逆向选择问题会提高交易费用，而政府则可通过公共品供给和建立社会福利制度节约这些费用。例如，保险公司为了弄清保险人的情况，需要一笔巨额运转费用，相比之下，政府社会福利体系的运转费用要低得多。

第三，政府纠正市场失灵的措施。如何纠正市场失灵呢？斯蒂格利茨认为，尽管教科书中的完全竞争模型在现实中并不存在，但市场经济中的有限竞争却可以起到传递信息、推动技术进步的作用。所以，在政府直接参与的公共汽车和公共部门中，应积极抑制垄断，鼓励开展竞争。要做到这一点，政府的经济功能就要在保持集中化决策优点的同时，适当进行分散化。即把公共服务交给不同政府团体去经营，使人们可以在不同政府团体的竞争中比较它们之间的效率优劣。而对于市场经济中普遍存在的资源配置无效率现象，斯蒂格利茨提出，政府的公共政策应主要定位于资源配置职能，通过发挥政府的再分配职能提高资源配置效率。具体做法是对所有商品实施最优纠正性税率，最优税率应以估算的所有商品的供给弹性和需求弹性（包括所有的交叉弹性）为基础。斯蒂格利茨也承认获取这些信息有困难，所以他又指出，政府应把注意力集中在较大、较严重的市场失灵上，如资本市场、保险市场等。

# 3.4    金融危机以来西方国家的政府干预思想

2008 年美国金融危机爆发以来，对于危机产生的原因和应对策略，历来信奉政府干预的新凯恩斯主义经济学家与信奉自由市场的新自由主义经济学家之间又爆发了大规模的论战，纷纷将危机产生的原因归结为经济实践中采取对方理论和政策的结果，并以此成为指责和批判对方理论的重要"靶点"。

## 3.4.1   国家干预主义与新自由主义的论争

国家干预主义和新自由主义这两股思潮两大流派的论争，是当代西方经济学发展的重要趋势。这两大思潮从重商主义时代晚期起，贯穿着西方经济学发展的全过程。或者说，国家干预主义和新自由主义是在资本主义生产方式产生、发展和演变的全过程中此消彼长、彼此斗争的两大基本经济思潮。

所谓国家干预主义，是指一种主张削弱私人经济活动的范围，由国家干预和参与社会经济活动，在一定程度上，承担多种生产、交换、分配经济职能的思想和政策。这一思潮的主要代表是凯恩斯学派（还有以加尔布雷斯为代表的新制度学派和瑞典学派）。其基本理论是：（1）摒弃传统理论把资本主义歌颂成完美无缺的说教，承认资本主义存在失业和分配不均的"缺陷"，承认失业问题严重，除传统的摩擦失业和自愿失业外，还承认非自愿失业的存在；（2）摒弃萨伊"供给会创造它自身的需求"的定律以及否认普遍意义的生产过剩危机的传统理论，认为资本主义经济中缺乏自动保持均衡和经济增长的力量，主张扩大有效需求，促进经济增长；（3）国家干预被看作是资本主义经济正常发展的必要条件，并在促进经济发展中起主要作用，主张扩大政府机能对经济进行干预；（4）摒弃传统的健全的财政原则，主张实行扩张性的财政政策，扩大政府开支，提高税收，搞赤字财政，举债花费。而新自由主义或新保守主义，是指一种主张最大限度利用市场机制和竞争力量，由私人来协调一切社会经济活动，而只赋予国家以承办市场和竞争所不能有效发挥作用的极少量的经济活动的经济思想和政策。属于这一思潮的有货币学派、理性预期学派、供给学派、弗莱堡学派、伦敦学派、公共选择学派。其基本理论是：（1）以萨伊定律"供给创造它自身的需求"为理论基础，认为通过市场供求作用的自动调节，能够达到充分就业均衡，资源得到充分利用，否认普遍意义的生产过剩危机和"非自愿失业"；（2）信赖市场供求的自动调节作用，主张自由放任，达到经济均衡的发展，反对国家干预，硬说经济危机是由于政府过度干预引起的，即使要有所干预，也应降低到最低限度；（3）坚持传统的健全的财政原则，量入为出，开支力求节省，税收力求其小，收支平衡；（4）主张稳定物价，坚决反对通货膨胀。

从以上国家干预主义和新自由主义基本经济理论的对比分析中可以看出，二者是完全相反的，但它们都在为西方发达国家出谋献策，力求保持和发展资本主义。它们之间孰优孰劣，各自的效应究竟如何呢？从这两大思潮不断更替来看，是不能作出断然回答的。一个国家主要依靠政府干预还是主要进行自由经营，只能根据当时的政治、经济和社会情况来作抉择。诚然，西方各经济思潮和学派提出的政策，虽然有的可能在这一时期对这一国家的"经济病"有一定疗效，有的在那一时期对另一国家的经济起一定作用，但总的说来，无论哪一经济思潮、哪一经济学派的经济政策，都不是灵丹妙药，都不能从根本上消除危机、失业、通货膨胀、经济停滞等资本主义痼疾。因此，根本谈不上孰优孰劣。

吴易风、王晗霞（2011）对国际金融危机和经济危机背景下西方国家干预主义和新自由主义的论争进行了深刻而又系统的剖析。[①] 在他们看来，西方经济学史上曾经发生过多次国家干预主义和经济自由主义的论争。20 世纪 30 年代大萧条以来，国家干预主义和新自由主义的论争经历了三个阶段。第一阶段从 20 世纪 30～60 年代，在经济理论上主要表现为凯恩斯经济学和新古典经济学之争。这场论争以国家干预主义经济学的胜利和新自由主义经济学的失败而告终。第二阶段从 20 世纪 70 年代西方国家发生滞胀危机到 21 世纪第一次国际金融危机和经济危机爆发前为止，在这一阶段，新自由主义思潮广为泛滥，新自由主义经济理论和经济政策在不少国家占据上风。第三阶段开始于 21 世纪第一次国际金融危机和经济危机的爆发，这次危机源于美国，很快发展成为世界性金融危机和经济危机。在这场危机爆发前后，新凯恩斯主义经济学和新自由主义经济学在危机可能性、危机严重程度和发展趋势，以及危机原因和应对危机的政策等一系列问题上展开激烈争论。西方学界和普通民众有越来越多的人认为，新自由主义对这场危机负有不可推卸的责任。西方国家政府很多采取了以新凯恩斯主义为理论依据的应对政策。在这一阶段，新自由主义的主流地位发生动摇，并在危机中趋于衰落。

具体说来，国家干预主义与新自由主义的分歧主要表现在以下几个方面。

其一，危机爆发前，国家干预主义经济学家承认金融危机和经济危机的可能性，新自由主义经济学家否认金融危机和经济危机的可能性。在这方面，主张国家干预主义的西方经济学家承认市场自我调节能力有限，承认市场失灵。在这场危机爆发前夕，他们的一些代表人

---

① 吴易风，王晗霞. 国际金融危机和经济危机背景下西方国家干预主义和新自由主义的论争 [J]. 政治经济学评论，2011（4）.

物不同程度地预感到甚至预言了西方国家特别是美国存在爆发金融危机和经济危机的可能性。例如，美国纽约大学斯特恩商学院教授努里埃尔·鲁比尼（Nouriel Roubini）由于对本次危机的较为准确的预言而备受瞩目。2006 年 9 月 7 日，鲁比尼在国际货币基金组织的一次研讨会上预言，美国住房市场即将崩溃，并将导致深度经济衰退。2008 年 2 月 5 日，鲁比尼又具体地预言走向金融灾难和经济灾难可能经历的 12 个步骤；他还预言美国投资银行以及类似房利美和房地美这样的大型金融机构在危机中有可能陷入瘫痪，甚至有可能遭灭顶之灾。鲁比尼的预言很多都为当前这场危机所证实。美国普林斯顿大学教授保罗·克鲁格曼（Paul R. Krugman）1994 年预言可能爆发亚洲金融危机，1996 年预言即将爆发亚洲金融危机。他的两次预言为 1997 年爆发的亚洲金融危机所证实。《萧条经济学的回归》是克鲁格曼在 1997 年亚洲金融危机期间探讨危机原因和对策的名著。2008 年，克鲁格曼在此书基础上写成《萧条经济学的回归和 2008 年经济危机》一书。在这本书中，克鲁格曼预言，美国和全世界都将遭遇一场严重的衰退。克鲁格曼不仅认为亚洲金融危机与"大萧条"颇为相似，而且认为当前国际金融危机和经济危机"与'大萧条'更为相似"。① 美国哥伦比亚大学教授斯蒂格利茨较早地察觉到美国存在发生金融危机和经济危机的可能性。在 20 年前"证券化时代"开始时，斯蒂格利茨就预见到证券化有可能在灾难中结束。他提醒政府加强对抵押贷款证券化的监管。② 21 世纪初，斯蒂格利茨看到美国房地产市场销量和价格与居民收入持续严重背离，即居民实际收入不断下滑而房地产销量和价格却不断上涨，预感到房地产泡沫已经取代了股市泡沫，有可能爆发危机。与此相反，新自由主义经济学家迷信市场有充分的自我调节能力，反对政府干预，强调政府失灵而否认市场失灵。他们普遍否认西方国家特别是美国存在爆发金融危机和经济危机的可能性，断言大萧条早已一去不复返，甚至经济周期也已被驯服。例如，美国芝加哥大学教授罗伯特·卢卡斯（Robert E. Lucas Jr.）2003 年在美国经济学年会上宣布："预防萧条的核心问题，实际上已经解决了。"曾经追随萨缪尔森并成为新凯恩斯主义者的美国普林斯顿大学教授、现任美联储主席本·伯南克（Ben Shalom Bernanke）近些年来越来越明显地表现出新自由主义倾向。在 2004 年发表题为《大缓和》的演讲中，他模仿新自由主义者卢卡斯，断言经济周期问题大体上已经解决了。在这次美国次贷危机爆发后，伯南克等人还散布幻想，说次贷危机可以得到控制。在美国已经陷入危机时，信奉新自由主义并推行新自由主义经济政策的美国总统布什（George Walker Bush）在 2008 年 3 月 14 日发表演讲，完全无视现实，还在宣传市场自行调节论。他说："市场正处于自我调节的过程中。"布什此言后来被美国舆论评为"2008 年最糟糕的预言"之一。

其二，危机爆发后，国家干预主义经济学家和新自由主义经济学家对危机严重程度和发展趋势的不同判断。21 世纪第一次国际金融危机爆发后，国家干预主义经济学家承认这场危机的严重性，认为再继续实行自由放任后果将不堪设想。不少国家干预主义经济学家认为，当前这场危机是 20 世纪 30 年代大萧条以来最严重的金融危机和经济危机。研究大萧条的美国经济学家克里斯蒂娜·罗默（Christina Romer）和国际货币基金组织首席经济学家奥

① ［美］保罗·克鲁格曼. 萧条经济学的回归和 2008 年经济危机［M］. 北京：中信出版社，2009.

② Joseph E. Stiglitz. , Banks versus Markets as Mechanisms for Allocating and Coordinating Investment［A］. in J. Roumasset and S. Barr（ed.）, The Economics of Cooperation［C］. Boulder：Westview Press，Inc. 1992.

利维尔·布兰查德（Olivier Blanchard）认为，这场危机非常接近于 20 世纪 30 年代的大萧条。伯克利加州大学巴里·艾肯格林（Barry Eichengreen）和都柏林大学三一学院的凯文·奥鲁尔克（Kevin O'Rourke）认为，此次衰退类似大萧条初期阶段的特征，全球工业产值下降的路径与大萧条期间惊人地接近，全球贸易萎缩的幅度比大萧条的第一年严重得多，全球股市的跌幅远远高于大萧条相应阶段的跌幅。总之，"从全球范围来看，我们正沿着大萧条的轨道发展……这是一次萧条级的事件"。为了强调此次经济衰退的严重性，有不少国家干预主义经济学家称之为"大衰退"。与之相反，以前否认危机可能性的新自由主义经济学家现在否认当前危机的严重性，对美国和西方国家经济形势一再表示乐观，断言经济很快就会复苏，政府无须干预。很多新自由主义经济学家认为，这场危机与大萧条没有可比性。芝加哥大学的加里·贝克尔（Gary Becker）认为，这场危机无论从对产出还是对就业率的影响来看，都无法和 20 世纪 30 年代的大萧条相比。他在 2010 年 1 月接受记者采访时甚至认为，"这场衰退可能并不比 1981 年的衰退更严重——如果是这样，我想你不会看到政府在经济中的作用显著加强——我对此越来越有信心"。危机爆发后，奉行新自由主义政策的布什政府白宫预算主任吉姆·努斯尔在 2008 年 7 月还不顾事实地宣称，美国"已经避免了一场经济衰退"。当经济数据显示经济收缩稍有减缓时，不少新自由主义经济学家就匆忙声称已经看到了"复苏的萌芽"，认为衰退即将结束并将回归正增长，而且很快接近潜在增长率，经济再没有下行的风险。这种对经济形势的盲目乐观的估计，受到国家干预主义经济学家的严肃批评。美国著名经济学家保罗·萨缪尔森于 2009 年 6 月 17 日接受采访时表示，流行的观点认为复苏就会到来，这是非常不确定的；也许政府会根据官方数据宣布衰退在某个时刻结束，但这是有误导作用的，因为这个衰退结束可能伴随着就业率持续下降、国际收支持续失衡、消费和投资持续减少。鲁比尼于 2010 年 5 月提出，美国经济并不像盲目乐观者说的那样好，甚至还存在"二次探底"的可能性。他说，我们正经历着的是全球危机的第二个阶段，即对私营企业国有化和过度信贷等刺激措施导致国债和赤字激增的阶段。全球危机远没有结束，而是进入了一个更加危险的阶段。同年 9 月 8 日，鲁比尼在接受英国《金融时报》记者专访时说，美国经济发生"二次探底"的风险超过 40%，美国经济 2010 年下半年就业情况会恶化，赤字会更严重，房价会继续下跌，银行的亏损会增加，经济增长率会大大低于长期平均水平，今年年底或明年美国经济还有可能发生"二次探底"。而西方国家严峻的经济现实证明了国家干预主义经济学家并非在危言耸听。2010 年 8 月 10 日，面对疲软的实际增长、消费支出和就业指标，美联储不得不下调了对经济前景的预测，表示"近几个月产出和就业复苏的步伐已有所放缓"。美联储主席伯南克也不得不承认，美国经济前景面临"非同寻常的不确定性"，美国在实现全面复苏之前还有相当长一段路要走。2010 年 9 月 20 日，记录和研究经济衰退起止日期的机构美国全国经济研究所宣布，始于 2007 年 12 月的经济衰退于 2009 年 6 月结束。可是，面对高失业率、工资增长停滞、房价下跌以及几十年来数量最多的丧失抵押品赎回权的案例，美国总统奥巴马（Barack Hussein Obama）无可奈何地说，人们根本没有理由庆祝全国经济研究所得出的经济衰退已经结束的结论。在美国全国经济研究所宣布的经济危机已经"结束"两年多之后，奥巴马又一次无可奈何地说："经济患了心脏病，虽然病人活过来了，正在渐渐康复，但是康复的速度非常缓慢。"2011 年 8 月 14 日《今日美国报》（USA Today）援引对 39 名顶级经济学家进行调查的结果说，目前发生另一场经济衰退的几率是 3 个月前的两倍。美国有日渐增多的国家干预主义经济学家用克鲁格曼的"大衰退"一语来表示新世纪的第一次经济危机，相当普遍地认为，这是自20世纪30年代大萧条以来最严重的一次经济危机。

其三，国家干预主义经济学家和新自由主义经济学家对危机产生原因存在不同认识。随着国际金融危机和经济危机的发展，原本否认金融危机和经济危机可能性的新自由主义经济学家这时不得不面对现实，回过头来讨论危机的原因。但是，他们中的许多人都认为，当前危机原因在于政府监管，在于国家干预经济。由此，他们坚持反对政府监管、反对国家干预经济的新自由主义立场。斯坦福大学教授约翰·泰勒（John B. Taylor）说："是政府的行为和干预，而不是任何私有经济固有的缺陷和不稳定性造成、延长并加剧了经济危机。"美国加图研究所执行副所长大卫·鲍兹（David Boaz）说："这是一次由政府监管、政府补贴和政府干预引起的危机……我们陷入这场危机正是因为背离了自由放任资本主义的原则。"因此，要建立更好的经济体系，就需要"政府退出"。与新自由主义经济学家的危机原因在于政府监管和国家干预的观点完全相反，国家干预主义经济学家认为，危机的原因正是在于解除或放松监管，正是在于没有发挥国家干预的作用。当金融泡沫和经济泡沫已经吹起时，政府没有及时刺破泡沫，而是等着泡沫破裂了以后着手收拾残局；正是政府推行的这种对金融部门解除或放松监管的新自由主义政策，直接导致了金融危机的爆发。克鲁格曼认为，此次危机的原因一方面在于对传统银行解除或放松监管；另一方面在于作为"非银行"运营的金融机构即"影子银行系统"逃避监管，没有被金融风险防范网覆盖。他指出，美国20世纪90年代发生的危机和本世纪初出现的房地产泡沫，本应被看作是更大危机的可怕前兆，但当时流行的新自由主义思潮和小布什政府反对监管的政策，都认为市场总是正确的，监管则是坏事，因此，政府不但没有扩大监管和金融风险防范网，反而为"金融创新"和"自由市场奇迹"大唱赞歌。斯蒂格利茨也认为，危机形成的原因很大程度上是由于解除或放松监管。他指出，当出现泡沫的可能性增加时，美联储本可以采取减少最大贷款余额比率、降低最大房屋抵押贷款与收入比率等措施来加强监管。如果美联储认为没有合意的工具，本可以向国会提出要求，但是它却选择了不作为。斯蒂格利茨说："自保罗·沃尔克被解雇后，我们的国家就开始承受由不相信监管的人来监管的后果了。""格林斯潘之所以被里根选中，就是因为他反对监管。""我们现有的监管和监管机构失败了——部分是因为当监管者自己都不相信监管时，就不可能得到有效的监管。"斯蒂格利茨还从信息经济学的角度进而分析了金融系统本身的问题，认为信息和激励问题在此次金融危机中起了重要作用。给予公司高级管理人员股票期权，激励他们提供误导性的信息——在资产负债表中只记收入而不记负债，因为用这种办法比通过真正提高企业利润从而提高股票市值来增加个人收入要容易得多。还有，高管们所持股份升值时个人获利，贬值时个人不受损失，这就激励他们过度冒险。斯蒂格利茨还指出，证券化造成了新的信息不对称。近年来企业越来越多地靠市场（包括证券市场）而不是靠银行来提供贷款。证券发行者因为不承担违约的后果，所以不像银行那样有确保其贷款对象有能力还款的动机。并且，次贷证券经打包卖给许多利益和信念不同的持有人，这使得出现问题以后的重新协商谈判变得尤为困难。评级机构和会计机构由于收入大部分来自于接受它们服务的公司，因此有取悦这些公司的动机，把这些公司评为更高级别并夸大其利润。美国马萨诸塞大学政治经济学教授大卫·科茨（David Kotz）分析了当时美联储主席格林斯潘（Alan Greenspan）不采取行动的新自由主义逻辑："（格林斯潘）不愿采取行动可能是因为他赞同自由市场在金融体系所起的作用……新自由主义的逻辑理论很好地解释了格林斯潘为什么不采取行动，因为在新自由主义模式制约下，通过宽松的货币政策引发房地产泡沫可能是促进 21 世纪初产量和利润增长的唯一可行的办法。"大卫·科茨从多方面研究并揭示了新自由主义政策导致经济危机的必然性。他指出，美国政府采取的解除或放松管制、私有化、放弃对宏观经济的调节、大幅削减社会福利、与大型企业联合打击工会、为企业和富人减税等新自由主义政策削弱了工人的议价能力，压低了工人的工资，加剧了税后收入的不平等。一方面，利润相对于工资迅速增加，上层家庭收入不断积累，超过了现有的生产性投资机会，为资产泡沫的产生创造了有利条件；另一方面，由于工人实际工资的减少限制了他们的消费能力，这就必须靠举债消费来解决需求不足，维持经济增长。主张国家干预主义经济学家认识到，新自由主义政策造成的收入分配不平等、贫富差距拉大是酿成危机的原因。伦敦经济学院教授罗伯特·韦德（Robert Wade）认为，正是由于 20 世纪 70 年代起放弃了凯恩斯主义的政府调节政策，美国里根政府和英国撒切尔政府采取了新自由主义政策，导致收入分配不平等，财富流向边际消费倾向较低的富人，而普通民众收入低、消费少，因此总需求不足，使得信贷、负债特别是投机性投资成为刺激总需求的关键。他指出，这种机制是脆弱的，作用是有限的。

　　在美国，有的新自由主义经济学家提出，全球失衡是导致金融危机和经济危机的原因。他们断言，新兴市场国家为了防范风险积累了巨额外汇储备，这迫使美国和其他发达国家维持低利率政策，创造出复杂且有风险的信贷工具。他们还有人指责其他国家特别是指责中国操纵汇率。这些说法显然是为危机的罪魁祸首美国开脱罪责，把危机的责任推到别国头上，认为经济危机是其他国家造成的。值得注意的是，美国有少数国家干预主义经济学家竟然也附和新自由主义者的这一说法。但是，国家干预主义经济学家斯蒂格利茨颇有根据地指出：全球失衡固然不可持续，可能对未来的全球稳定造成威胁，但并不是当前危机的原因。没有全球失衡，美国的问题也依然存在。如果银行能够很好地估计风险并谨慎借贷，或者监管者有效地防范金融部门的疯狂行为，低利率——无论是美联储的行为还是全球储蓄过剩的结果——都不一定导致泡沫，即使导致泡沫也不会有这么坏的影响。斯蒂格利茨在 2009 年 12 月 10 日接受新华社记者专访时还表示，美国应当主要从自身来找原因，包括不应该再寅吃卯粮，而不应该强调全球失衡问题，把责任诉诸世界其他国家。国际货币基金组织首席经济学家奥利维尔·布兰查德也认为，现在不是讨论中国的汇率问题的时候，因为这不是现在世界性经济危机的主要因素，还有许多其他的事情需要我们考虑。他说："人民币升值本身并不能解决美国和全球其他地区的经济问题，即便人民币和其他主要亚洲货币升值 20%，最多也只能帮助美国出口实现相当于 GDP 的 1% 的增长。"

　　有些信奉新自由主义的经济学家在将危机原因归咎于政府监管和国家干预时，还具体地将危机原因归咎于美国《社区再投资法》，指责该法规定向信用等级低的穷人和少数民族裔贷款的政策，认为房地产市场崩溃正是政府向贷款机构施压、要求它们贷款给穷人的结果。这种说法一方面是指责政府干预；另一方面是将危机的责任推到穷人身上。这一说法受到国家干预主义经济学家以及熟悉实际情况的经济界人士的尖锐批评。斯蒂格利茨针对这种说法指出，《社区再投资法》涉及的贷款范围很小，违约率也很低，根本不足以解释如此大范围的金融危机。高盛集团前投资银行家约翰·R·塔伯特（John R. Talbott）指出，这种说法与实际情况不符。《社区再投资法》是 1977 年通过的，但是直到 1997 年，居民房产也没有迅速增长。房地产泡沫波及美国以外的其他许多国家，而这些国家并没有《社区再投资法》。在这次危机中，美国高收入阶层贷款购买第二套房、度假用房和奢华高档住宅的贷款案例违约率要比穷人的贷款案例违约率高，许多穷人和中产阶级并没有过度借贷，却受到了冲击。根据美国房地产分析公司的数据分析，进入 2010 年下半年，购买豪华住宅、贷款超过 100 万美元的业主停止支付贷款的比例大约占 1/7，而那些贷款总额在百万美元以下、购入普通住房的家庭反倒更能按时还款，出现不良贷款的比例只有 1/12。美国亚利桑那大学研究战略性拖欠问题的专家布伦特·怀特（Brent T. White）教授揭露说，富人更缺乏道德感，"他们很容易随意地放弃偿还贷款，把房产当作一桩失败的生意，随意处理掉，他们不怎么害怕政府和银行的恐吓，也不大觉得羞耻。他们所关心的是自己的利益怎样才能最大化。"这些有理有据的批评，使那些将危机原因归咎于《社区再投资法》的新自由主义者无以回应。

其四，国家干预主义经济学家和新自由主义经济学家在应对危机政策方面存在着一系列重大的意见分歧。主要体现在：

第一，关于金融机构救助和监管。国家干预主义经济学家很多都认为，解除或放松监管的新自由主义政策对此次危机负有不可推卸的责任。他们认为，美国现有的金融监管体系存在很多问题，出路在于改革金融监管体系，对金融业加强监管。他们主张，在危机时期，政府必须采取激进措施救助银行和金融系统；在长期内，政府必须加强对金融系统的监管。他们对政府已经采取的救助政策表示不满，认为这些政策过于保守，力度不够。为此，斯蒂格利茨、克鲁格曼、鲁比尼等就金融机构救助和监管提出了较为深刻的看法和比较激进的主张。如斯蒂格利茨认为，由于美国现有的金融监管体系过度信奉市场的自我调节能力，监管工具已经被那些需要被监管的人所利用，存在对监管的套利和操纵，因此，必须对现有的监管体系进行改革。克鲁格曼主张，在救助银行和财政刺激的近期措施有效实施之后，就应当转向长期的预防性措施：改革金融体系，重建金融系统，用一套新的规则和条款确保金融安全。他力主扩大金融监管和金融风险防范网，覆盖全部金融机构。他提出，不仅是银行，而且任何像银行一样经营的机构和任何在危机爆发时需要得到像银行一样救助的机构，都必须被当成银行来监管。鲁比尼主张迅速对金融系统监管进行改革。他认为，这场危机表明，证券化不是减少了系统风险，而是制造了系统风险；金融公司和金融创新工具的不透明性，导致了定价的不确定性风险。这表明，盎格鲁—撒克逊式的资本主义即自由放任的资本主义已经失败。自我监管实际上意味着没有监管。自我监管的方法还引起了评级机构的巨大利益冲突，它们不是按照监管原则而是依据自己确定的办法行事。鲁比尼提出："我们现在需要一个在流动性、资本、杠杆、透明度、补偿金等方面更有约束力的制度。"奥巴马政府财政部长盖特纳和总统首席经济顾问萨默斯也承认，必须建立一个更坚固、更安全的金融体系，目前金融监管存在很多问题。例如，现在的金融监管框架有许多缺点和漏洞，以及司法权重叠；对金融风险的定义也已经过时，只注重个体安全而忽视了系统安全。没有监管好传统银行以外的衍生品业务，没有给消费者和投资者以适当的保护；联邦政府没有控制和管理金融危机的合适工具，更没有全球一致的监管体系。而新自由主义经济学家热衷于市场自行调节论，反对政府对金融市场进行干预，反对政府对金融机构进行救助和加强监管，认为政府干预的政策违反了自由资本主义的原则，侵蚀了资本主义体系的基础。芝加哥大学的约翰·科克伦说，在这场典型的银行恐慌中，由政府充当最后贷款人，让市场解冻就足够了，没有必要对银行进行救助。他竭力美化解除或放松监管的新自由主义政策，宣称许多决策者没有意识到解除或放松监管后银行系统是多么强健。芝加哥大学的加里·贝克尔和凯文·墨菲认为，政府干预在大多数情况下只会帮倒忙，人们不清楚政府将在什么时间采取什么行动，以及谁会获得救助，这就会带来风险和不确定性。哈佛大学的肯尼思·罗格夫（Kenneth S. Rogoff）和马里兰大学的卡门·莱茵哈特（Carmen M. Reinhart）认为，过度杠杆行为是当前危机的直接原因，而政府在鼓动过度杠杆行为中起了决定性作用。法国学者居伊·索尔曼（Guy Sorman）认为，理智的决定应当是让破产的银行消失，这样，在很短的时间内，可能只需要几个月，市场就会消化掉僵尸银行和坏账，新的银行就会出现；与此同时，不受政府干预的房地产市场会恢复真正的房地产价格，使交易建立在可维持的基点上。他还认为，有些银行被认定为"太大而不能倒闭"，这只是一些人的猜想；自由市场策略也许会导致更严重的衰退，但会使经济更快反弹，衰退的时间更短。

值得注意的是，这场严重的危机使新自由主义经济学家营垒内部出现了分化迹象，甚至在新自由主义经济学大本营芝加哥大学也能看到这种迹象。例如，已经在芝加哥大学从教30多年的道格拉斯·戴蒙德（Douglas W. Diamond）在这次危机中拒绝在自己同事组织的反对政府救助计划的请愿书上签名。他认为，如果否决了救助计划，就会刺激私人投资者从银行抽离资金，因此，政府除了为银行提供保护伞和加强监管，别无选择。芝加哥大学的约翰·科克伦（John H. Cochrane）在接受采访时承认，像他本人这样反对政府救助和监管的学者只占少数，大多数人都认为，应该对金融机构进行救助和监管。而有些新自由主义经济学家面对这场严重的危机仍在倡导政府对金融机构解除或放松监管。他们认为，监管者在危机时刻往往只看金融创新的成本，不看金融创新的收益，过度监管是"将孩子和洗澡水一起倒掉"。有的认为，监管会限制银行的活力，从而会影响经济的活力，而解除或放松监管则可以使银行系统更有效率，使人们更容易贷款买房，从而提高住房自有率；使企业更容易获得贷款，从而雇用更多工人；还可以使收入增长更快、经济周期波动更小，甚至还能降低犯罪率。芝加哥大学的克里斯琴·勒茨（Christian Lets）认为，金融监管会压制金融创新，妨碍公司和消费者借款，阻碍经济增长。他说：我们并不需要更多、更严厉的监管。在平时，市场调节力量很强，严格的监管只会增加成本。针对加强金融监管会阻碍金融市场创新这一说法，国家干预主义经济学家斯蒂格利茨批驳说，现在的金融创新不是用来帮助美国人应对他们真正面临的风险，使他们在经济条件发生变化时仍能拥有住房，而几乎全是在逃避税收、监管和会计准则，尽可能钻空子或愚弄一知半解的借款者；真正的金融创新需要一个设计良好的监管制度来确保金融系统安全、稳健，好的监管会鼓励好的创新。此外，有的新自由主义经济学家在危机中改变了他们对监管的看法，值得一提的是诺贝尔经济学奖得主罗伯特·卢卡斯。作为新自由主义经济学家的领军人物，他在理性预期假设的基础上重建宏观经济学，得出了政府干预经济的政策无效的结论。如今，面对经济危机，卢卡斯承认解除或放松监管出了问题。他说："我每周都在改变关于银行监管的看法，过去我以为这个领域得到了控制，现在我不这么认为了。"卢卡斯顺便透露，奥巴马是除克林顿以外44年来他唯一投票支持的民主党总统候选人。

为了加强对金融机构的监管，巴塞尔银行监管委员会于2009年12月通过了《巴塞尔协议Ⅲ》，提高了全球银行业的最低资本监管标准。由于受到了来自金融部门的广泛压力，委员会曾经被迫放松监管指标。2009年9月12日，世界主要国家中央银行代表终于在瑞士巴塞尔就这个全球银行的监管新规则达成了历史性协议。2010年6月25日凌晨，美国国会参众两院联席委员会议员经过通宵工作，就 20 世纪 30 年代大萧条以来规模最大的金融监管改革法案《多德—弗兰克华尔街改革和消费者保护法案（*Dodd-Frank Wall Street Reform and Consumer Protection Act*）》最终文本达成一致，不顾华尔街几个月来的疯狂游说，批准了其中限制银行自营交易和分离银行衍生品业务者两项争议最大的规则。2010 年 7 月 21 日，《多德—弗兰克华尔街改革和消费者保护法案》由美国总统奥巴马签署生效。根据该法案，银行的自营交易能力将受到限制，以后受联邦担保的资金不能够从事高风险活动，同时，利润丰厚的衍生品业务也将从传统银行中分离出去。众议院金融服务委员会主席弗兰克（Barney Frank）认为，这项法案比"几乎所有人"预计的都要严格。参议院银行委员会主席多德（Christopher Dodd）称这个法案是"巨大的成就"。美国凯威莱德国际律师事务所应法律和金融界的广泛要求，发布了《多德—弗兰克华尔街改革和消费者保护法案》的法律评估报告。凯威莱德旗下金融服务部门联席主席史蒂文·洛夫齐表示，根据《多德—弗兰克华尔街改革和消费者保护法案》，所有金融机构都将直接受到重大影响，非金融机构由于使用受监管的金融产品，其也将受到间接的影响。该法案对《萨班斯—奥克斯利法案（Sarbanes-Oxley Act）》的修改，以及对高管薪酬和企业监管规定的广泛调整，将对美国所有的上市公司产生影响。《巴塞尔协议Ⅲ》和《多德—弗兰克华尔街改革和消费者保护法案》的颁布，是金融监管领域中国家干预主义胜利和新自由主义失败的一个重要标志。

第二，关于银行国有化。一些国家干预主义经济学家主张由政府接管陷入危机的银行，提出了部分银行暂时国有化的方案。例如，鲁比尼认为，国有化是对付银行业危机更"市场友好"的方案，既能给无偿付能力的机构普通股和优先股股东以最大打击，又可以保护纳税人的利益，还可以避免政府管理有毒资产的问题。克鲁格曼认为，金融行业的生存依赖于政府的支持，所以政府需要有相应的所有权，不实行国有化，银行就不能自负盈亏。斯蒂格利茨认为，国有化有助于迅速恢复信贷，有助于使银行的动机与国家利益相符，有助于清理银行间债务。这些主张国家干预主义经济学家的国有化主张，甚至得到了曾经长期信奉新自由主义的前美联储主席格林斯潘和前里根政府财政部长詹姆斯·贝克（James Addison Baker Ⅲ）有条件的支持。格林斯潘说："为了迅速而有序地进行重组，或许有必要暂时将一些银行国有化。"他还添加一句："这是百年才能做一次的事情。"与格林斯潘相似，贝克在里根政府任财政部长时曾经热衷于私有化，在此次危机中也对银行国有化表示有条件的支持。而新自由主义经济学家则竭力反对国有化。哈佛大学的杰弗里·迈伦（Geoffrey Myron）认为，国有化意味着由政治而不是市场力量来决定谁获益谁受损，政府可能去补贴信用等级较低的贷款人，补贴与政治相联系的产业，贷款给国会里政治势力强大的议员所在的地区，所有这些都有损经济效率。同时他认为，国有化不可能是暂时的，一旦将银行国有化，将银行作为政治工具的诱惑就会使银行被国有化数十年时间，甚至永远收归国有。更糟糕的是，一旦银行被国有化，其他行业如汽车、钢铁、农业就会纷纷寻求政府帮助，就会使政府在经济中的作用迅速加强。不少新自由主义经济学家担心，如果对问题银行和金融机构实行国有化，哪怕是实行暂时国有化，就会蒙上"社会主义的色彩"。曾经信奉新凯恩斯主义但近些年来不时表现出新自由主义倾向的美联储主席伯南克，也是银行国有化的反对者。2009 年 2 月 24 日，伯南克在国会听证会上表示，美国不需要银行国有化。他强调，即使为了进行必要的重组，政府也不一定非得接管背负着巨大问题资产的银行。不过，伯南克面对意见分歧，他又换一个说法："不需要正式地把银行国有化……而是公私合营。"在这里，伯南克似乎佯装不知道私有企业或私有银行改为公私合营也属于西方定义的"部分国有化"。总之，新自由主义经济学家主张由私人部门给银行和金融机构纾困。布什总统经济顾问委员会的格伦·哈巴德（Glenn R. Hubbard）、哈佛大学的哈尔·斯科特（Hal S. Scott）和芝加哥大学的路易吉·津加莱斯（Luigi Zingales）提出了两个方案：一是鼓励银行将有毒资产分离至一个坏账银行，政府不再担保任何坏账银行的债务；二是政府进一步放松限制，让私募股权基金进入银行，由私人资金承担大部分风险。对此，国家干预主义经济学家克鲁格曼指出："这种对私人控制方式的偏爱，会使政府应对金融危机的策略严重扭曲，总是出台完全没用的救市措施。如果仅仅为了保住'私人所有'的幻觉，而把大把的钱塞进银行以及高官们的腰包，这会付出我们无力承受的巨大代价。"克鲁格曼还指出："如果仅仅因为担心救助金融体系的行动有一点所谓社会主义的色彩便不采取必要的行动，那将是滑天下之大稽。"

第三，关于"保尔森计划"和"盖特纳计划"。"保尔森计划"又名"问题资产救助计划"（troubled assets relive program，TARP），是保尔森（Henry "Hank" Merritt Paulson, Jr.）任布什政府的财政部长时于 2008 年 10 月出台的美国政府救助计划。该计划拟通过 7000 亿美元财政支出，由政府购买银行和金融机构的不良资产，以恢复信贷市场的正常运转。而"盖特纳计划"又名"公私投资计划"（public-private investment program，PPIP），是奥巴马政府财政部长盖特纳（Timothy Geithner）提出的于 2009 年 2 月出台的美国政府救助计划。该计划拟用"保尔森计划"的部分资金，并引进私人投资者的资金，建立公私联合投资基金，用来购买银行和金融机构的不良资产，以恢复信贷市场的正常运转。国家干预主义经济学家和新自由主义经济学家对这两大计划都表示不满，但两派经济学家的出发点和政策主张却大相径庭，这种不同的出发点和不同的替代方案反映出两派经济学家的意见分歧。例如，国家干预主义经济学家斯蒂格利茨在批评"保尔森计划"和"盖特纳计划"时说："以保尔森计划为基础的任何救助计划都不会产生效果，经济学家越来越就这一点达成共识。""如果这项计划最终得以采纳，很可能要由美国的纳税人来收拾残局。"斯蒂格利茨颇有深度地揭示这类计划的性质，指出这类计划是由导致这场危机的"特殊利益""错误的经济理论"和"右翼意识形态"等毒素混合而成的。克鲁格曼在批评"保尔森计划"和"盖特纳计划"时说，布什政府的"保尔森计划"是让政府直接买下银行的有毒资产，而奥巴马政府的"盖特纳计划"是让政府借钱给私人投资者，由他们来购买银行的有毒资产。因此，"盖特纳计划"只不过是用一种拐弯抹角、乔装打扮的方式来为有毒资产的购买进行补贴，实际上是"保尔森计划"的翻版。而新自由主义经济学家、芝加哥大学布林商学院教授路易吉·津加莱斯从另一个出发点和另一个替代方案出发批评"保尔森计划"和"盖特纳计划"。他认为，"盖特纳计划"比"保尔森计划"更有风险、更狡猾，不但很有可能像后者一样失败，而且有可能引起政治上的不满。他认为这种做法"违反了资本主义的基本原则——谁获益谁就要承担受损的风险"。他说："对于像我这样信奉自由市场体系的人，当前最可怕的风险是少数金融家的利益会侵蚀资本主义体系的基础。是到了从资本家手里解救资本主义的时候了。"由此可见，对于"保尔森计划"和"盖特纳计划"，国家干预主义经济学家和新自由主义经济学家存在深刻的意见分歧。以斯蒂格利茨为代表的国家干预主义经济学家认为，"保尔森计划"等是"特殊利益""错误理论"和"右翼意识形态"等毒素的混合物，根本解决不了问题，除非由政府接管陷入危机的银行，实行银行暂时国有化。而以津加莱斯为代表的新自由主义经济学家则认为，这类救助计划"违反了资本主义的基本原则"，也会"侵蚀资本主义体系的基础"，因而是"信奉自由市场体系的人"所不可接受的，出路是从少数金融资本家手中解救资本主义。

第四，关于量化宽松货币政策。美国的量化宽松（quantitative easing，QE）货币政策是指美联储在量化通货膨胀目标基础上量化扩大货币供给，通过购买国债等中长期债券增加基础货币，向市场注入大量流动性以刺激经济复苏和减少失业的一种非常规调节方式。在通常情况下，美联储通过购买短期国债和其他低风险资产来调节经济；在此次金融危机和经济危机中，美联储大量购买长期国债和其他高风险资产来刺激经济，企图通过量化宽松降低利率，刺激消费和投资，支撑复苏，减轻失业，防止物价下滑，缓解通货紧缩风险。但是，不仅美联储许多官员和经济学家知道，而且美联储主席伯南克本人也知道，这一政策并非万应灵药，而是暗藏风险。然而，曾经是新凯恩斯主义者的伯南克，近些年来在货币理论和货币政策问题上越来越倾向于弗里德曼的新自由主义的货币主义。他多次称颂弗里德曼，尤其是竭力赞美弗里德曼1970年所作的题为《货币理论中的反革命》（counter-revolution in monetary theory）的讲演。2003年，在弗里德曼夫妇《自由选择》一书出版23周年纪念会上，伯南克说，《自由选择》是一部经典著作，"弗里德曼货币框架对当代货币理论和运作的影响怎样说都不为过"，"无论是决策者还是普通大众，都应该对弗里德曼心存感激"。伯南克此前在弗里德曼90寿辰庆祝会上曾引证并赞扬弗里德曼"派直升机从头顶上大把撒美元"以拯救美国经济的说法。西方一些媒体现在称弗里德曼是伯南克的"精神导师"。弗里德曼主张实行单一规则的货币政策。他根据失业水平与通货膨胀率之间存在稳定关系的假说，认为按照会导致温和的通货膨胀或者温和的通货紧缩的固定增长率增加货币供给量的政策是可取的。弗里德曼的这一论点隐含着通货膨胀目标和通货紧缩目标，从而隐含着量化宽松和量化紧缩的货币政策思想。当这一假说受到质疑后，弗里德曼又表示，看来需要采取愈来愈大的通货膨胀才能保持低失业率。货币主义在20世纪80年代初盛行之后，由于声誉不佳，便开始寻找新的"经文"：确定通货膨胀目标。伯南克被任命为美联储主席以来，就一直谋求设定一个"合理的"或"最优的"通货膨胀目标作为扩大货币供给的依据。他表示，美联储大多数官员都认为物价涨幅应该保持在2%或略低的水平，而当前的通货膨胀率太低。这是伯南克发出的美联储将量化的货币供给与量化的通货膨胀目标捆绑在一起的重要信号。这一信号很快成为美联储量化宽松政策及措施。伯南克后来公开发表文章说，美联储的"双重使命是促进就业，同时维持低水平通货膨胀。……今天，大多数的实际通胀率指标都不到2%，即低于大多数美联储决策者心目中符合经济长期健康增长所需的水平"。他极力强调量化通货膨胀目标的重要性，说"过低的通胀可能对经济构成风险"，"极低的通胀可能变成通缩"。自从美联储实行量化宽松政策以来，国际舆论普遍谴责美联储使劲开动印钞机，滥发货币。著名投资家、金融学教授吉姆·罗杰斯（Jim Rogers）2010年11月4日在牛津大学发表演讲时，把批评的矛头直指伯南克，说："伯南克博士不懂经济学，不懂外汇，也不懂金融，他只懂印银纸。……他的学术生涯就是研究印银纸，给他一台印刷机，他就会使劲地开动。"法国《费加罗报》2010年11月4日发表题为《美联储的纸房子》的文章，回顾美联储主席伯南克在2002年所作的一次著名演讲。伯南克在演讲中坚称，无论任何时候都能用一件对政府来说非常容易操作的工具来摆脱通缩的幽灵——印钞机。他引用货币主义创始人米尔顿·弗里德曼的话说，如果发生通缩，只需要派直升机在头顶上撒美元。在这种思想指导下，2008 年底至 2010 年 3 月，美联储共购买 1.75 万亿美元的国债及抵押贷款担保证券，企图在金融危机和经济危机加深的背景下刺激经济。这被称为第一轮量化宽松（QE1）。2010 年 11 月 3 日，美联储宣布，到 2011 年 6 月底，将再购买 6000 亿美元长期国债，企图在失业形势严重、经济复苏乏力的背景下进一步刺激经济。这被称为第二轮量化宽松（QE2）。伯南克不遗余力地为量化宽松政策辩护，竭力夸大它的效果。2011 年 4 月 27 日，伯南克在宣布即将结束此项政策的记者招待会上说："量化宽松政策的成功超出预期。"但是，与伯南克的自我夸耀不同，美国国内外对量化宽松的批评之声不绝于耳。第一轮量化宽松政策在美国国内就已引起不少人批评，第二轮量化宽松更是招致一片质疑声和批评声。媒体充满斥责这一政策的尖锐话语："有一系列负面影响"，"起到了反效果"，"冒风险"，"进行豪赌"，"是可怕的错误"，"是与魔鬼做交易"，"伯南克说的那些恐怕连他自己都不信"，"与'庞氏骗局'无异，简直就是'山姆骗局'"。

对于美联储推出的量化宽松货币政策，斯蒂格利茨是多次尖锐批评的典型代表。在美联储出台量化宽松政策之前，斯蒂格利茨在 2008 年 5 月 26 日的法国《回声报》有针对性地发表题为《确定通货膨胀目标失败》的文章。他在追溯"确定通货膨胀目标"与"弗里德曼鼓吹的货币主义"的关系后作出预言："确定通货膨胀目标很可能要失败。"斯蒂格利茨提出："西方必须快速有力地应对，更为重要的是放弃制定通货膨胀目标。"在美联储出台量化宽松政策之后，斯蒂格利茨指出，美联储购买巨额长期债券的量化宽松不会起多大作用，而且会有坏处。他说："美联储及其拥护者掉进了当初把我们引向危机的那个陷阱。他们的观点是，经济政策的主要杠杆是利率。事实上，利率主要是通过银行系统来发挥作用的，而银行系统运转不畅，量化宽松对利率的作用很小，对投资和消费没有多大影响。"2011 年 1 月 28 日，斯蒂格利茨在达沃斯接受 CNBC 采访时，强调美国如果希望持续复苏，就必须改变花钱方式："我们需要做的是在投资上多花钱，减少在武器上的花销，不要在根本不存在的敌人身上浪费钱了。"斯蒂格利茨批评美联储量化宽松政策是药不对症。他对记者说，美国当前严重的问题是有效需求不足，而非货币供应量不够，用第二轮量化宽松货币政策治疗美国的经济是药不对症。斯蒂格利茨还担心美联储的量化宽松政策会引起货币战争，其结果既损人又不利己。他在 2010 年 11 月 2 日英国《卫报》发表题为《货币战争没有赢家》一文指出：美元贬值"会刺激竞争对手做出回应。在这种脆弱的全球经济环境之下，货币战争会使每个国家都成为失败者"。此外，克鲁格曼也认为量化宽松对刺激实体经济没有作用。他说，有人问我对于第二轮量化宽松政策是否感到失望，我觉得量化宽松政策一开始就没有指望能够对实体经济产生效果。鲁比尼认为，美联储量化宽松政策无助于美国经济迅速复苏，甚至会让美国经济体这个病人从"加护病房"搬进需要长期看护的"慢性病房"。

批评量化宽松政策的不仅是国家干预主义经济学家。斯坦福大学教授约翰·泰勒批评美联储第二轮量化宽松政策实际上是向发展中国家输出通货膨胀，使得其他国家央行的日子更不好过。至于第一轮量化宽松政策，泰勒说，这几年批评者越来越多，一些人认为这种刺激政策奏效了，但我并不认同。对于通过美元贬值来减轻债务，泰勒说："我希望不要采取这样的政策，这是不负责任的，对其他国家有害。"他相信，经济刺激政策注定将是一场失败。原来持凯恩斯主义观点后来转向新自由主义的供给学派的哈佛大学教授马丁·菲尔德斯坦（Martin Feldstein）认为，量化宽松是危险的赌博，有制造资产泡沫的危险，可能破坏全球经济的稳定。不仅如此，美联储量化宽松政策在国际上更是广受抨击，反对者不仅有学者、经济界人士和公众，而且还有包括财政部长、经济部长、外交部长、央行行长以至首相、总理和总统等在内的政界权威人士。他们谴责美联储"派直升机从头顶上大把撒美元"的政策是"美国式自私"的典型体现，直接损害了许多国家的利益。

　　第五，关于财政政策。具有凯恩斯主义传统的国家干预主义经济学家最重视的是通过财政政策刺激经济。2010年10月31日，斯蒂格利茨接受《华盛顿邮报》记者采访。记者问："您为什么坚信进一步的财政政策会奏效？"他说："关键在于刺激经济时财政政策的确奏效。"问："如果从整体上理解您的论点，那就是，我们应当推行财政政策，美联储应当宣布它不会变动利率，而且若非确实需要就不应插手。"答："完全正确。"2011年1月28日，斯蒂格利茨接受CNBC采访时针对有人说"凯恩斯主义已经死亡"，斯蒂格利茨指出："任何持这种观点的人都不是真正懂经济的。"他说："长期来看，长远来看，还是需要一个有序的财政制度。"又说："美国其实已经不再需要更多量化宽松，但是财政刺激应该继续进行。"多数主张国家干预主义的经济学家都认为财政政策重要而量化宽松货币政策作用不大。2011年4月24日《纽约时报》以《经济学家们说，美联储的刺激措施令人失望》的醒目标题报道说："众多经济学家说，令人失望的结果表明，美国央行在让这个国家摆脱经济困境方面能力有限。"俄勒冈大学经济学教授马克·托马说得更明确："要扭转局势、推动复苏的话，我认为货币政策没有这种能力。"这些经济学家主张扩大财政支出，以弥补私人部门的投资不足和消费不足。具体措施有：加强失业保险，向州和地方政府进行财政转移，加大在教育方面的投资，兴建公共工程，加大对基础设施的投资，等等。对政府已经采取的财政刺激措施，国家干预主义经济学家普遍认为过于保守，力度不足。而大多数新自由主义经济学家认为，凯恩斯主义的财政刺激措施没有多大效果。他们主张由私人自行筹款去修缮基础设施，不必动用纳税人的钱。芝加哥大学的加里·贝克尔和凯文·墨菲反对政府的经济刺激计划。他们认为，政府的刺激计划也许有利于长期增长，但对GDP的短期刺激效果非常有限，远达不到有些乐观者所估计的刺激乘数将达到1.5。经济刺激计划应是短期行为，可是过去的经验表明，利益集团会千方百计地游说政府维持和扩展原有的项目，这意味着即使经济恢复到充分就业水平，刺激计划也难以退出，到那时，它对经济的刺激作用将接近于零。政府计划在两年之内花掉5000亿美元，在如此短的时间内很难保证这些钱能被明智地花掉，很难保证刺激计划能经过严格、合理的成本收益分析，因为许多民主党人都将此视为获得他们渴望已久的开支项目的黄金机会。开支计划最终将给纳税人带来沉重的负担，影响劳动者工作积极性和投资。2004年诺贝尔经济学奖得主爱德华·普雷斯科特（Edward C. Prescott）表示，如果认为仅仅依靠扩大财政支出就能够促进经济增长，这是完全不理解经济科学的一种表现。是什么造成了20世纪30年代大萧条以及今天的金融危机和经济危机？普雷斯科特说，真正的罪魁祸首不是市场失灵，而是中央政府失灵。他公布一份征集经济学家签名的请愿书，内称："尽管有报道说所有的经济学家现在都是凯恩斯主义者了，都支持增加政府的重任，我们在请愿书上签名的经济学家却不相信更多的政府支出是改善经济运行的方法。20世纪30年代大萧条时期胡佛和罗斯福的政府开支计划没有使经济走出萧条，更多的政府支出也没有使日本摆脱'失去的十年'。让更多的政府开支帮助美国复苏只是良好的愿望。"

　　也有少数新自由主义经济学家在两派争论中持较温和的支持财政刺激计划的立场。例如，供给学派的代表人物马丁·菲尔德斯坦在主张减税的同时认为，货币政策作用有限，必须扩大政府开支。他说:"尽管作为财政保守主义者我不喜欢预算赤字和增加政府开支,但就目前的情况,财政刺激计划是必要的。"

政府开支的乘数作用是两派争论的一个焦点,争论的实质是财政刺激计划有无效果或效果大小的问题。英国《金融时报》发表短评说:"(财政乘数的)不确定性事关重大,因为它为政界人士的几乎所有行动或政策试验提供了借口。"国家干预主义经济学家很多都认为,政府开支会刺激而不是挤出私人开支,刺激乘数将大于 1。而新自由主义经济学家很多则认为,政府支出对私人投资有挤出效应,刺激乘数将小于 1,甚至几乎等于零。克鲁格曼和萨默斯认为,政府支出对私人投资有挤出效应是基于政府借款会推高利率的假设,而现在美联储已将利率降低到接近于零,并且除非经济有过热的迹象,美联储将保持这种政策不变,因此政府支出不会挤出私人投资。可是,哈佛大学教授尼尔·弗格森(Niall Ferguson)认为,扩张的财政政策会拉高利率。他的这一论断受到克鲁格曼的嘲笑,说他"忘记了一年级的经济学课程"。克里斯蒂娜·罗默(Christina Romer)是奥巴马提名的白宫经济顾问委员会主任,以研究 20 世纪 30 年代大萧条的原因和经济复苏以及财政和货币政策在经济复苏中所起的作用而闻名。她论证,刺激乘数可以达到 1.5。而斯坦福大学的约翰·科根(John Kogan)、约翰·泰勒等都质疑克里斯蒂娜·罗默和总统经济办公室首席经济学家贾里德·伯恩斯坦(Jared Bernstein)所采用的统计方法,认为他们采用的是传统凯恩斯模型,并且假设条件与实际不符。如果采用新凯恩斯主义模型并修改假设条件,刺激乘数就会小得多。哈佛大学的罗伯特·巴罗(Robert J. Barro)计算的刺激乘数为 0.8。芝加哥大学的约翰·科克伦甚至认为刺激乘数可能为负,根本无法降低失业率和改善经济状况。克里斯蒂娜·罗默对巴罗等经济学家的计算方法提出质疑。她认为,刺激计划有助于消除消费者和企业的恐慌,提振信心,这种对私人开支的刺激作用不是用模型和凯恩斯乘数能说清楚的。美国国会预算办公室"根据多个数学模型和过去类似的经验"估计,美国的财政刺激计划在 2009 年第三季度大约维持了 60 万～160 万个就业岗位,使 GDP 比没有刺激计划时提高 1.2～3.2 个百分点。国会预算办公室(Congressional Budget Office)负责人道格拉斯·埃尔门多夫(Douglas Elmendorf)说:"尽管 2009 年春季和夏季的经济前景和就业率不如国会预算办公室预计的好,但这只反映了经济基本面比预计的还要糟糕,并不表明刺激计划的效果比预计的差。"

此外,关于前布什政府减税政策到期后要不要给企业和富人继续减税的争论也十分激烈。新自由主义经济学家希望继续给企业和富人减税,而国家干预主义经济学家则主张在 2010 年 12 月布什政府减税政策到期时停止对最富裕的家庭减税,并继续对手头不太宽裕的家庭减税,这样既可以给正在挣扎着复苏的经济提供短期支持,又有助于解决长期预算赤字问题。克鲁格曼认为,对工薪阶层家庭减税可以刺激需求,而对高收入家庭减税则没有什么作用。他抨击共和党人以担心赤字为由,不肯花 300 亿美元补贴失业者,却支持对富人高达 20 倍额度的减税政策,甚至认为减税能增加政府收入。美国学者约翰·波德斯塔(John Podesta)指出,允许对高收入家庭减税措施到期将使未来 10 年的赤字和债务减少 8300 亿美元,布什政府为富人减税的"涓滴计划"不但没有创造令人印象深刻的就业增长,没有增加工薪阶层的收入,反而拉大了贫富差距,增加了赤字。美国奥巴马政府已经或准备采取的财政政策包括增加在修建公路、铁路和机场跑道的财政支出,准备为年收入较低的家庭延长减免税收,停止为富人减税,反对为富人延长减税期。这些经济政策表明,在国家干预主义的和新自由主义关于财政政策的争论中，美国政府目前倾向于国家干预主义而不是新自由主义。

在 21 世纪第一场严重的金融危机和经济危机中，30 年来几乎一直处于主流地位的新自由主义遭到沉重打击，被迫退居非主流地位，国家干预主义重新占据了上风。西方国家政府采取的各种救助措施和经济刺激计划，证明了退居非主流地位已达 30 年之久的凯恩斯主义的国家干预主义重新受到决策者的青睐和追捧。著名新自由主义经济学家加里·贝克尔（Gary Becker）对这一趋势有畏惧之感，他不无夸张地说："事实上凯恩斯主义确实有复兴的趋势，这让我相信大约 90% 的经济学家都是隐蔽的凯恩斯主义者，只是他们害怕承认而已。"凯恩斯主义的经济政策是有局限性和副作用的。新凯恩斯主义经济学家鲁比尼认识到，财政政策只能给经济以暂时的刺激，货币政策的作用不大，即使是极端的货币政策有时也无力挽救经济。据计算，为了刺激 1 美元国内生产总值增长，美国政府就要推出 10 倍金额以上的各种救市措施，为挽救经济危机所付出的代价要远远超过危机本身所造成的损失。因此，危机使新自由主义受到重创并陷入困境，但是这一思潮不会自行退出历史舞台。随着经济逐渐复苏，随着凯恩斯主义政策措施的副作用逐渐显现，新自由主义仍然有可能重新抬头。国家干预主义代表人物斯蒂格利茨就有此担忧，他说："几年前，一种强大的意识形态——对无拘无束的自由市场的信仰——几乎将世界推入万劫不复的深渊。现在，这种右翼经济学大有卷土重来之势，其背后的推手无他，乃是意识形态和特殊利益集团。右翼经济学重整旗鼓将再次威胁全球经济——至少是欧洲和美国的经济，因为右翼经济学思想在这些地区最为盛行。"①

## 3.4.2 新国家干预主义

"新国家干预主义"是一种彻底地与市场原教旨主义和纯粹的自由市场主义诀别，反对自由放任，主张扩大政府机能，限制私人经济，由国家对社会经济活动进行干预和控制，并直接从事大量经济活动的一种经济思想和政策。其动向和变化表现在：美国总统奥巴马于 2011 年底发表的演讲中，严厉抨击共和党的自由市场理念，重提老罗斯福的"新国家主义"，强调国家干预的重要性。这表明持续的美国金融危机以及正在持续发酵的欧债危机使西方经济思潮开始出现新变化、新趋势，导致新国家干预主义正式回到世界经济思想的前台。

从历史上看，全球性的金融经济危机必然引致新的经济思潮出现或已有的经济思潮的轮替。20 世纪 30 年代的大萧条催生了凯恩斯主义，将古典主义经济思潮取而代之；20 世纪 70 年代的经济滞涨使凯恩斯主义饱受诟病，新自由主义经济思潮开始成为主流。从 20 世纪 80 年代开始，西方国家进入了一个"高增长，低通胀"的经济周期，一直持续到 21 世纪初期，以美国为首的西方经济学者开始为这段时间内的"歌舞升平"高唱赞歌，认为西方经济在新自由主义思潮的指导下进入了一个全新的时代，并称之为"大缓和"，完全没有意识到这是暴风雨来临的前夜。2008 年美国金融危机爆发后，无论是美国政府还是相关经济学者，都开始认识到新自由主义思潮下的种种经济调控模式过度放任，为此次金融经济危机埋

---

① Joseph E. Stiglitz. The Ideological Crisis of Western Capitalism ［DB/Ol］. 2011 - 07 - 06. http：//www. project-syndi-cate. org/commentary/stiglitz140/English.

下了过多的隐患。痛定思痛，新国家干预主义被迅速搬上舞台，承担起拯救西方国家经济的使命。之所以将 2008 年美国金融危机后的国家干预主义称为"新国家干预主义"，主要是区别于凯恩斯主义。与凯恩斯主义相比，这次国家干预更为彻底，彻底地与市场原教旨主义和纯粹的自由市场主义诀别。在 1929 ~ 1933 年的大萧条时期，罗斯福新政后，采取国家干预主义，大规模地对银行进行救助，但终究放任了 10797 家银行的破产和淘汰。而 2008 年则截然不同，国家干预的宽度和深度都是在西方国家经济发展史上绝无仅有的，除雷曼兄弟破产外，美国政府对金融业进行了全面救助，没有再让任何一家金融机构步雷曼的后尘。从总体数量上看，在危机高峰期，美国政府通过问题资产救助计划（TARP）对全美 88% 的银行进行了注资，注入资金达到 2450 亿美元。更为体现美国政府干预意图的是对最先爆发危机的房利美（Fannie Mae）和房地美（Freddie Mac）公司接手，收归国有。实际上，即使对本轮金融危机中仅有的一家倒闭机构雷曼而言，美国政府的初衷也并非放任不管，从美国前财政部长保尔森对金融危机的回忆录《峭壁边缘》一书和现任美联储主席伯南克在美国国会听证会的陈述中可知，当时美国政府并不是想放弃雷曼，一是当时没有找到救助雷曼的合适交易对手，二是如果政府直接购买雷曼的话，经过推算，将来经济好转后变卖雷曼资产时，不足以收回成本，最后只能不得已而为之。据此可以推测，新国家干预主义可能将成为西方经济思潮的主流，从对金融危机的救助开始向国家经济调控的其他方面渗透。

　　从新国家干预主义思想出发，发达国家的经济事件中开始出现两个发展趋向：其一是贸易保护主义再度兴起。金融危机向来都是贸易保护主义的"温床"，以危机为借口，实施以邻为壑的贸易政策是西方国家惯用的手段，本次金融危机自然也不例外。首先，西方国家以全球经济失衡为借口压迫贸易顺差国的汇率升值。西方国家不从自身寻找原因，而将金融危机爆发的原因归咎于全球经济失衡，归咎于中国等亚洲国家和石油产出国的贸易顺差行为。为此，以调整全球经济失衡为借口，压迫贸易顺差国的汇率大幅度升值，减少贸易顺差行为。殊不知，在其国内经济的根本矛盾无法解决的情况下，靠压迫其他国家汇率升值的方式永远无法解决问题，只会招致更多国家的反感。其次，西方国家贸易保护主义兴起的另一表现形式是反倾销行为的日益加大。西方国家以金融危机为借口，加大对本国的贸易保护行为，对新兴市场经济体频频挥舞反倾销的大棒，致使世界贸易争端不断增多，贸易规则不断破坏，正常的贸易渠道正受到日益严重的阻碍。其二是经济全球化受到抑制。美国金融危机和欧债危机必然使经济全球化的进程受到抑制。一是美国金融危机和欧洲债务危机爆发后，西方国家认识到经济全球化的进程越快，危机的传递速度越快，传染范围越广，传播渠道越多，本次危机是西方国家发起并传染给其他发展中国家，下次很可能是次序相反。为此，对危机的防范意识会大为增强，经济全球化会因此受到影响。二是欧债危机使西方国家意识到经济全球化的过快发展会埋下多重隐患。作为经济全球化的高端表现形式，欧元的诞生令西方国家一度作为典范向世界宣传，然而，在相关协调机制落后的情况下，欧元区的危机终未幸免，西方国家甚至全球都会因此对快速发展的区域一体化和经济全球化进行重新审视。三是危机后，欧美国家的经济结构将进行调整，无论是美国还是欧洲，实体经济的空心化已对其本国的经济带来掣肘，奥巴马总统已经提出美国重振制造业的计划，欧洲为消除欧债危机的后遗症也更加重视制造业，增加纳税源，提升本国竞争力。欧美重振实体产业有可能引发其分布在全球各国的企业回迁，这会间接影响经济全球化的进程。

# 第 2 篇　中国特色宏观调控的实践模式与政策绩效

　　第 1 篇阐释的中国特色的宏观调控具有明显不同于西方国家宏观调控的三大源流，为全面理解和把握中国特色宏观调控奠定了坚实的理论基础。在第 2 篇中，重点安排对中国特色宏观调控的实践模式与政策绩效进行系统分析，主要包括中国特色宏观调控产生的背景、转轨以来中国特色宏观调控的发展演变、中国特色宏观调控与西方国家宏观调控的国际比较研究以及中国特色宏观调控的政策绩效等内容。

　　中国特色的宏观调控从诞生之时起就不同于西方国家的宏观调控，具有鲜明的中国特色。中国的宏观调控在其发展与动态演变过程中，这一特色更加凸显，这一点可以在每一阶段的宏观调控实践中得到具体的佐证。基于此，首先，对中国特色宏观调控产生的背景进行分析，包括政治经济背景、实践与理论背景以及思想与政策背景等；其次，系统梳理转轨以来中国特色宏观调控的发展演变，探讨自 1978 年以来中央政府实施的宏观调控政策的发展演变情况，重点探讨中国特色宏观调控的实践模式，并对中国宏观调控的实践路径进行剖析和归结；再次，对发达国家、发展中国家和转轨国家的宏观调控的实践模式与特色进行分析，为分析和认识中国宏观调控的特色，从而总结与提炼中国宏观调控的理论特色与范式奠定基础；最后，对历次中国调控的政策绩效进行评价与测算，论证中国特色宏观调控的有效性。

　　在本篇中，对于中国特色宏观调控的实践模式与政策绩效的探讨长期以来都是理论界争论的焦点问题之一。多数学者认为，中国宏观调控的许多做法明显不合乎西方主流经济学的宏观调控经典理论，原因在于中国正处于由计划向市场的转轨过程中，市场机制尚不健全、市场体制也不完善；特别是认为行政手段的大量使用是受计划体制下传统思维的影响，不符合市场经济条件下间接调控的一般做法。本篇暂且对上述认识不予评议，仅仅着眼于对中国历次宏观调控及其政策变化进行实事求是的经验分析和绩效评价，重点分析中国的宏观调控与发达国家、其他发展中国家和转轨国家宏观调控的差别，为第三篇关于中国特色宏观调控的理论范式及其贡献提供必要的佐证。

# 第 **4** 章
## 中国特色宏观调控产生的宏观背景

　　中国的宏观调控是从 1978 年改革开放以来才开始出现的，而带有现代宏观调控含义的"宏观控制"一词则是在 1985 年召开的"巴山轮会议"上才首次引进的。在实施宏观调控之前，中国即面临着与发达国家明显不同的国际国内政治经济背景，这也成为中国宏观调控之所以区别于西方发达国家宏观调控并形成自身特色的重要原因之一。因此，本章分别就中国特色宏观调控产生的国内国际政治经济背景，包括中苏论战、苏联和东欧社会主义国家的经济改革和亚洲"四小龙"崛起等实践与理论背景以及思想与政策背景进行系统的剖析，有助于深刻理解中国特色宏观调控的形成与发展。

## 4.1　中国特色宏观调控产生的政治经济背景

### 4.1.1　中国特色宏观调控产生的国内背景

　　从国内背景来看，由于改革开放前我国长期实行计划经济体制，对国民经济的宏观管理实行计划管理，因此，可以将宏观调控引进之前的 36 年划分为三个时间段：一是从 1949 年新中国成立到 1966 年"文化大革命"开始的 17 年；二是"文化大革命"的 10 年；三是1978～1985 年改革开放初期的 7 年。在这里，可以按照时间的先后顺序来分析中国特色宏观调控产生的国内背景。

　　第一阶段：从新中国成立至 1966 年"文化大革命"开始的 17 年。在这一时期，中国先后经历了从新民主主义革命胜利向对农业、手工业和资本主义工商业进行社会主义改造与社会主义建设的历史转变。从经济方面来看，新中国成立之初，由于中国经历了长期的动乱与战争，社会矛盾尖锐，经济水平落后，货币贬值，交通运输不畅。因此，在当时苏联的社会主义建设取得令人羡慕的成就，而中国共产党人当时也缺乏领导社会主义建设的实践经验的情况下，只能虚心地向苏联"老大哥"学习，"以俄为师"，一个全面模仿苏联工业化模式的共产主义社会便迅速建立起来。在 1953～1957 年的第一个五年计划期间，中国经济建设取得了巨大的成就，为社会主义工业化奠定了初步的基础。这一期间，全国实际完成基本建设投资总额 588 亿元，工矿建设项目 921 个，新增固定资产 492 亿元，相当于 1952 年全国拥有的固定资产原值的 1.9 倍。1957 年全国工业总产值达到 783.9 亿元，比 1952 年增长 128.3%，平均每年增长 18%。重工业生产在工业总产值中的比重，由 1952 年的 35.5% 提高到 45%。从几种主要工业产品的产量来看，1957 年钢产量达到 535 万吨，比 1952 年增长 296%；原煤产量达到 1.3 亿吨，比 1952 年增长 96%；发电量达到 193.4 亿度，比 1952 年增长 166%。"一五"期间工业生产所取得的成就，远远超过了旧中国的 100 年。同世界其他国家工业起飞时期的增长速度相比，也名列前茅。1957 年农业总产值达 604 亿元（按 1952 年不变价格计算），比 1952 年增长 25%，平均每年增长 4.5%；粮食产量达 19505 万吨，比 1952 年增长 19%，平均每年增长 3.7%；棉花产量达 164 万吨，比 1952 年增长 26%，平均每年增长 4.7%。5 年间，全国物价基本稳定，国家财政除 1956 年有赤字外，其余各年都收支平衡，略有结余；人民生活水平也逐步有所提高，全国居民平均消费水平 1957 年达到 102 元，比 1952 年的 76 元提高了 1/3。

　　然而，"一五"计划的提前与超额完成，在客观上助长了盲目乐观的倾向与急躁冒进的决策，加之 1959～1961 年中国遭遇了极为严重的三年自然灾害，到"二五"计划后期，经济建设中出现的突出问题使得国家不得不对国民经济实行调整。1960 年 9 月中共中央在批转国家计委《关于 1961 年国民经济计划控制数字的报告》中提出了国民经济"调整、巩固、充实、提高"的"八字方针"。其基本内容是：调整国民经济各部门的比例关系，主要是农轻重、工业内部、生产与基建、积累与消费等比例关系；巩固已经取得的经济建设成果；充实那些以工业品为原料的轻工业和手工业品的生产，发展塑料、化纤等新兴工业；提高产品质量，改善企业管理，提高劳动生产率。1963 年 2 月，中央工作会议提出，从当年起，再用两三年的时间，继续实行"八字方针"。在这之后的 3 年调整时期，除继续改善国民经济的比例关系之外，着重是加强现有生产能力的填平补齐，并搞好一批设备的更新；改善企业的经营管理，提高经济效益；适当组织企业开展专业化协作。经过 3 年的努力，到 1965 年，原定的各项调整任务均顺利完成，我国国民经济出现了新的面貌。

　　第二阶段：1966～1976 年的十年"文化大革命"。这一时期，激烈的意识形态领域的批判运动弱化了对宏观经济的调节，经济发展速度缓慢，没有在应有发展速度下取得大的成就，社会总产值年增长率为 6.8%，国民收入年增长率为 4.9%。1976 年我国人均年消费粮食只有 381 斤，低于 1952 年的 395 斤。到 1978 年，全国农村还有 2.5 亿人没有解决温饱问题。全国职工平均工资下降，住宅、教育、文化、卫生保健等方面也造成了严重欠账。

　　第三阶段：1978～1985 年改革开放初期。在 1977～1978 年，由于市场要素的简单释放，中国经济出现了一种短期而又快速的增长型复苏。然而，这种复苏仅仅是一种没有经济基础的景气增长，其中有很浓厚的虚假和泡沫成分。1978 年 12 月 18～22 日党的十一届三中全会的召开，决定把全党工作的重点转移到社会主义现代化建设上来，明确指出党在新时期的历史任务是把我国建设成为社会主义现代化强国，从而揭开了社会主义改革开放的序幕。党的十一届三中全会结束了粉碎"四人帮"之后两年中党的工作在徘徊中前进的局面，实现了新中国成立以来党的历史的伟大转折。以党的十一届三中全会为起点，中国进入了改革开放和社会主义现代化建设的新时期。

　　从党的十一届三中全会到 1980 年底之前的两年中，虽然 1979 年提出"调整、改革、整顿、提高"的"八字"方针对国民经济进行调整，但是由于对"左"的思想的清理存在一个过程，对中国社会主义经济建设基本规律的认识还有待于逐步深入，指导思想的转变也不可能一蹴而就，因此，这两年的调整只是初步的，效果并不理想。1981～1985 年第六个五年计划是在经济建设指导思想从总体上实践根本转变的情况下制定的，是中国继"一五"之后又一个从实际出发的国民经济中期发展计划，其特点是注重实际，讲求实效，不贪多图快，不搞花架子，做到了速度规定适当、注重经济效益，力求在综合平衡基础上实现全面发展。到 1985 年，"六五"计划规定的工农业生产、交通运输、基本建设、技术改造、国内外贸易、教育科学文化、改善人民生活等方面的任务和指标，绝大部分都已提前完成或超额完成。这 5 年中，工农业总产值每年平均增长 11%，其中工业总产值平均每年增长 12%（包括村办工业），农业总产值每年平均增长 8.1%（不包括村办工业）；国民生产总值平均每年增长 10%，都大体相当于"一五"时期，高于其他几个五年计划时期。若干关系国计民生的重要产品的产量大幅度增长，以"六五"时期同"五五"时期相比，粮食的年平均产量由 30530 万吨增加到 37062 万吨，棉花由 224 万吨增加到 432 万吨，为整个经济的全面稳定、持续、协调发展创造了极为有利的条件。从 1980～1985 年，原煤产量由 62000 万吨增加到 85000 万吨，原油由 10600 万吨增加到 12500 万吨，发电量由 3000 亿度增加到 4073 亿度，钢由 3700 万吨增加到 4666 万吨，标志着总体经济实力有了显著的增强。"六五"期间，全民所有制单位固定资产投资总额达到 5300 亿元，新增固定资产 3880 亿元，建成投产大中型项目 496 个，其中能源、交通项目 103 个。此外，财政收入由下降转为上升，1985 年实现了收支平衡；科技、教育、文化事业重新出现了繁荣兴旺的局面；对外经济贸易和技术交流也打开了新局面，人民生活得到显著改善。当然，这一时期也还存在一些困难和问题：虽然注意了国民经济的综合平衡和按比例发展，但对有效控制社会总需求的过度增长注意不够；在处理数量和质量、速度和效益的关系上，对提高经济效益特别是产品质量还缺乏有力的措施和有效的监督；在着重增强企业活力的同时，加强和改善宏观管理的措施未能及时跟上。因此，在经济领域仍然出现两大问题：一是由于总需求膨胀带来的经济过热，导致货币超量发行、信贷失控，引起通货膨胀。1984 年货币增长率达到 33%，1985 年上升为49.5%；1984 年零售物价指数只增长了 2.8%，然而 1985 年则上升为 8.8%。二是由于基本建设摊子过大、战线过长，导致政府支出增加，直接造成固定资产投资规模膨胀和财政赤字上升。整个"六五"时期，全社会固定资产投资总计 7997.6 亿元（1981～1985 年分别为961 亿元、1230.4 亿元、1430.1 亿元、1832.9 亿元和 2543.2 亿元），年均增长率达到19.4%（1981～1985 年分别为 5.5%、28%、16.2%、28.2% 和 38.8%）。其中，1985 年固定资产投资增长高达 38.8%；从 1979 年开始，连续 6 年出现财政赤字，1985 年实现收支平衡并略有结余。从总体上看，"六五"后期，在经济形势好转的情况下，固定资产投资规模过大，消费基金增长过猛，货币发行过多，对经济稳定增长产生了不利影响。特别是 1984年下半年至 1985 年上半年，出现了投资和消费双膨胀导致的经济过热与通货膨胀压力加大。

## 4.1.2　中国特色宏观调控产生的国际背景

从国际背景来看，第一次世界大战，诞生了苏联一个社会主义国家；第二次世界大战末期和战后初期，诞生了以苏联为首的包括欧洲东部的波兰、民主德国、捷克斯洛伐克、匈牙利、罗马尼亚、保加利亚、阿尔巴尼亚、南斯拉夫和亚洲东部的中国、蒙古、朝鲜、越南等13 个社会主义国家组成的社会主义阵营。后期，南也门、古巴、安哥拉、埃塞俄比亚等国也加入社会主义阵营。这一阵营与以美国为首的资本主义阵营之间的长期对峙，是冷战时期的主要内容。冷战的主要方式，表现为政治上的对抗、军事上的对峙、意识形态上的对立和经济上的割据。然而，在社会主义阵营内部，由于苏联推行霸权主义，在 20 世纪 60 年代，社会主义阵营瓦解；20 世纪 60～70 年代，随着欧共体的形成和日本的崛起，资本主义世界形成了美、欧、日三足鼎立的局面；随着第二次世界大战后许多国家获得民族独立和不结盟运动的兴起，标志着第三世界国家的崛起，第三世界国家作为一支独立的政治力量开始出现在国际舞台。从 20 世纪 70 年代初到 80 年代中期，世界政治格局由两极向多极化发展。

1949 年新中国成立后，以美国为首的西方国家对新中国采取政治上的"孤立""遏制"，经济上"封锁""禁运"的政策，企图借此扼杀新生的中华人民共和国政权。在以美苏为首的两大阵营"冷战"对峙的格局下，美国为首的西方国家出于对社会主义国家的惧怕和敌视，对苏联及其他人民民主国家采取了"封锁""禁运"的政策，企图阻挠社会主义国家的经济建设，以达到扼杀社会主义制度的目的。1949 年 11 月，以美国为首的 15 个西方国家在巴黎发起组织"向共产主义国家出口统筹委员会"（巴黎统筹委员会），专门检查和管制他们与苏联及其他社会主义国家贸易。新中国成立后，美国政府对中国采取政治上不承认，经济上封锁的政策，以便"尽一切可能让共产党在经济上日子不好过"。朝鲜战争爆发后，美国对新中国的"封锁""禁运"步步升级。1950 年 6 月 29 日，美国颁布了《1950 年输出统制法令》，规定煤油、橡胶、铜、铅等 11 种货品除非有特别输出许可证，不得输往中国大陆和澳门。1950 年 7 月 11 日、7 月 17 日，美国政府正式宣布"巴统"对苏联和东欧集团的贸易管制范围扩大到中国和朝鲜。7 月 20 日，美国商务部宣布撤废美货驶往中国的出口许可证，持有人须一律缴还重新审查。8 月，美国颁布了《1950 年特种货物禁止输出令》，特种货物包括金属母机、非铁金属、化学药品、化学用器材、运输器材、电讯器材、航海设备 16 种。11 月，美国商务部将对中国管制的战略物资由 600 余种增加到 2100 余种。12 月 2 日，美国公布了"有关管制战略物资输出"的加强命令，所有输往中国香港和澳门的物资，不论是否是战略物资一律纳入管制。8 日，又公布了《港口管制法令》，不但禁止美国籍船只开往中国，而且凡是经过美国辖区口岸转口的外国商船，必须把运载的战略物资向港口管制机构申请批准，否则即予扣留。16 日，美国政府颁布了《管制外人资产法令》，冻结中国在美国辖区的所有公私财产。1951 年 5 月，美国操纵联合国通过对中国"禁运"案。在美国的拉拢和压服下，到 1953 年 3 月，参加对中国禁运的国家共有 45 个。1952 年 9 月，巴黎统筹委员会增设"中国委员会"，作为执行对中国禁运的专门机构。这些"封锁"和"禁运"政策，给恢复中的新中国经济造成严重的困难。首先，使中国与一些国家的贸易中断或大幅削减。中国历史上与欧洲各国及周边国家有着长久的贸易关系。由于西方的"禁运"，这种传统的贸易关系被大大地缩小了。中英贸易在数量上减少 90% 以上，中法减少了 95%，中德贸易完全中断。中日贸易也处于几乎完全停顿状态。中国与东南亚各国贸易第二次世界大战后得到了较快恢复，但受西方的"封锁""禁运"政策的影响，中国与东南亚各国贸易遇到了许多困难。其次，造成中国市场物价波动。一方面，"禁运"使进口原料器材价格上涨。据统计：1950 年底到 1951 年 7 月，上海市场上进口原料器材上涨了 1～4 倍；另一方面，"禁运"使部分过去出口西方的土产品滞销。再次，给中国国家财产造成重大损失。由于财产冻结，中国在美、日的 2700 万美元的公私订货被扣留禁运，中国国家银行在美国的 500 万美元未到期汇票被冻结，中国在欧洲经日本、菲律宾运回的订货在美控海岸被扣。[①]

鉴于新中国成立初期中国所处的国际环境和历史条件，中国政府一方面将发展与苏联和各社会主义国家的外交关系放在第一位，提出站在以苏联为首的和平民主阵营之内的"一边倒"方针；另一方面，新中国在独立自主的基础上也不排除在平等互利的基础上同美国等西方国家建立外交关系。因此，在新中国成立至 50 年代中期，面对以美国为首的西方国家的封锁、禁运、包围、孤立，中国立足于社会主义阵营，实行"一边倒"的外交政策，与 20 多个社会主义国家和民主独立国家建交，并参加了 1954 年的"日内瓦会议"和 1955 年的"万隆会议"，在国际舞台开始崭露头角。20 世纪 50 年代后期至 60 年代末期，从苏共"二十大"起，由于苏联推行霸权主义政策，导致中苏关系恶化，社会主义阵营实际上已不复存在。为捍卫国家与世界和平，中国反对美苏两个超级大国的霸权行径，中国放弃"一边倒"，提出"依靠亚非拉，反对帝修反"的"两个拳头打人"的外交政策。这一时期建交国家发展到 50 多个，绝大多数是亚非拉民主独立国家。同时，与西欧国家关系取得突破性进展，1964 年 1 月 27 日，与法国建立大使级外交关系，初步打破了西方国家的封锁。20 世纪 70 年代初至 80 年代初，提出联美反苏，实行"一条线、一大片"的外交政策。这一时期在外交方面取得重大突破和发展，积极发展与第三世界的友好合作关系。到 1979 年，与 121 个国家建立外交关系。其中，中美关系从 1971 年开始改善并于 1978 年正式建交，中日关系正常化并于 1972 年 9 月 29 日建交。在 1970 ~ 1980 年，与 75 个西方国家建交，大大改善同西方国家的关系；1971 年 11 月 25 日，中国在联合国的合法席位得到恢复。中国开始全面参与国际事务，在国际舞台上发挥着日益重要的作用。这样，两大阵营的对垒开始被多极化的格局所取代。改革开放以来，由于东欧剧变和苏联解体，世界格局由美、苏两极向多极化发展，邓小平提出了和平与发展的时代主题，制定了全面对外开放的基本国策。中国在和平共处五项原则基础上，同世界一切友好国家和平相处，反对霸权主义和强权政治，为维护世界和平作出了重大贡献。到 20 世纪 70 年代末至 80 年代初，整个国际局势发生了重大变化，中国与世界的关系也在悄然间进行着重大调整。邓小平经过反复研究和慎重观察，于 20 世纪 80 年代中期提出关于时代主题的判断，即和平与发展是当今世界的两大问题。这一重大判断，既为党和国家把工作重心转移到社会主义现代化建设上来奠定了重要基础，也为中国坚定不移走和平发展道路指明了方向。

综上所述，到 1978 年改革开放前夕，国内已实行了近 30 年的计划经济体制，在经历了"一五"时期国民经济的高速增长之后，又经历了 1959 ~ 1961 年"三年自然灾害"和 10 年"文革"，国民经济虽有一定的发展，但增速不断下降，效益较差；而国际环境则经历了由新中国成立初期西方国家的孤立与封锁逐渐向世界多极化、和平与发展成为时代主题的深刻变化，因此，由新中国成立初期的"强国战略"造成的重点发展重工业带来的国民经济失衡与基本建设规模膨胀、财政赤字以及急躁冒进等问题突出。1978 年改革开放之后，虽然工作重心已转移到经济建设上来，但由于没有任何可资借鉴的现成经验，改革遵循"摸着石头过河"的渐进式策略，在宏观管理上更是缺乏经验，计划体制下宏观管理的传统做法已不再适用，再加之对于改革初期导致经济运行中出现的过热倾向的机制缺乏认识，因此，

---

① 王巧云. 陈云与建国初期反封锁、反禁运斗争［C］. 第二届"陈云与当代中国"研讨会论文，2008（6）.

对于 1980～1981 年与 1984～1985 年出现的经济过热与通货膨胀毫无办法。特别是 1985 年中国经济体制改革已进行了第七个年头，在农村改革取得了巨大成就的基础上，改革的重点正在从农村转向城市。城市的改革要求改革国有企业，把微观经济搞活，从而在宏观经济和微观经济的关系上要触动计划经济的核心——实物指令性计划，并对宏观调控提出了新的要求。从决策层面看，1978 年底召开的党的十一届三中全会的精神是强调发展商品生产，在经济生活中更多地发挥价值规律或市场机制的作用。1982 年秋举行的中共十二大仍然坚持"计划经济为主，市场调节为辅"，强调的是指令性计划。然而，1984 年 10 月举行的党的十二届三中全会通过了《中共中央关于经济体制改革的决定》，提出了"有计划商品经济"的改革方向，强调缩小指令性计划，出现了从计划经济到市场经济的一个关键转折。在这种情形下，加强从计划到市场转轨条件下的宏观管理的重要性日益突出，已成为国民经济发展中的一个亟待解决的重大现实课题。

## 4.2　中国特色宏观调控产生的实践背景与理论背景

### 4.2.1　中苏论战及其对苏联模式的扬弃

客观地说，新中国成立以后，对于如何建设社会主义这一重大实践命题，包括苏联在内的世界范围内的社会主义国家都处于摸索之中。当时的苏联已有 30 多年的社会主义建设经验，特别是在以斯大林为首的苏联共产党人的领导下，逐渐形成了苏联模式。这种模式影响着社会主义各国对社会主义的认识，其概念、假设与方法所构成的框架，成为社会主义各国共同实行的规范、规则。由于苏联在社会主义建设过程中取得了令世界为之瞩目的巨大成就与积累的经验，吸引着一切为社会主义事业奋斗的共产党人及其领导的国家纷纷效仿。因此，各社会主义国家成立以后，受苏联的影响并借鉴苏联社会主义建设的经验，实行了高度集中的计划经济体制，取得了高速的经济发展。1929～1957 年，世界社会主义体系在同资本主义进行经济竞赛中取得了巨大成就。在这个时期内，社会主义国家的比重增加了：煤的世界开采量从 2.7% 增加到 39.4%，石油产量从 6.7% 增加到 12.8%，电力产量从 2.1% 增加到 17.7%，钢产量从 4.0% 增加到 25.2%，卡车产量从 0.2% 增加到 17.3%，拖拉机产量从 1.6% 增加到 27.7%，糖产量从 3.2% 增加到 18.9%，棉花—纤维产量从 4.4% 增加到 33.3%。1957 年，社会主义阵营在锯材产量中所占份额为 36.6%，在棉织品的产量中占 28.9%。在第二次世界大战前，社会主义体系的份额占世界工业产量的 1/10 左右，而到了 1957 年则占 1/3 左右。[①]

社会主义国家早期经济的快速发展，震惊了西方世界，给世界上社会主义国家的人民以及西方发达国家中厌恶剥削和压迫的左翼知识分子以巨大鼓舞，并且给市场经济国家带来巨大压力。然而，苏联模式本身是苏共及其领袖们根据他们对马克思主义经典著作中关于社会主义社会的设想的理解而提出来的，其主要的特征表现为：在经济上表现为高度集中，片面

---

① 苏联科学院世界经济与国际关系研究所．第二次世界大战后资本主义国家经济情况（统计汇编）［M］．北京：世界知识出版社，1962：999．

追求生产资料的公有制，重视重工业，忽视农业和轻工业，致使农轻重比例失调，人民生活水平提高不快；在政治上表现为高度集权，中央对地方卡得过死，使地方丧失了积极性和主动性。同时，大搞个人崇拜，权力集中在个人手中，官僚主义盛行。因此，按照苏联模式长期运行的结果，直接导致经济增长失速，经济效益显著下降。从表 4.1 和表 4.2 中可以看出，在 20 世纪 50～60 年代，苏联和东欧实行计划经济体制的社会主义国家的经济（主要是工业）以高速发展而著称于世。但自 20 世纪 70 年代以来，这些国家经济增长逐渐失去了势头。到 80 年代中期，几乎完全失去了速度优势，经互会成员国与西方主要国家的经济增长已基本拉平，这对这些国家的"赶超"目标来说不能不是严重的挫折。就苏美两大国的主要经济指标对比来说，这一趋向就更加明显。实际上，自 20 世纪 80 年代以来，即使按苏联自己的统计，在赶超美国方面也未取得任何进展，有些指标还有所恶化。例如，1970 年苏联的国民收入为美国的 65%，1980 年上升为 67%，1985 年又下降为 66%。照这种速度，苏联要想赶超上美国看来至少还需 300 年。

表 4.1　　　　　　　　　苏联东欧国家国民收入年均增长率　　　　　　　单位:%

| 年份 | 1951～1955 | 1956～1960 | 1961～1965 | 1966～1970 | 1971～1975 | 1976～1980 | 1981～1985 |
|---|---|---|---|---|---|---|---|
| 苏联 | 11.5 | 9.2 | 6.6 | 7.1 | 5.1 | 3.9 | 3.1 |
| 保加利亚 | 11.2 | 9.6 | 6.7 | 8.8 | 7.8 | 6.1 | 3.7 |
| 匈牙利 | 5.7 | 6.0 | 4.1 | 6.7 | 6.2 | 3.2 | 1.3 |
| 民主德国 | 13.1 | 7.1 | 3.4 | 5.3 | 5.4 | 4.1 | 4.4 |
| 波兰 | 8.6 | 6.6 | 3.4 | 4.6 | 9.8 | 1.2 | -0.8 |
| 罗马尼亚 | 13.3 | 6.6 | 9.2 | 7.5 | 11.3 | 7.3 | 4.4 |
| 捷克斯洛伐克 | 8.2 | 6.9 | 1.9 | 7.0 | 5.6 | 3.7 | 1.8 |
| 南斯拉夫 | — | — | 6.8 | 5.8 | 5.9 | 5.6 | 0.6 |

资料来源：经互会统计年鉴。

表 4.2　　　　　1985 年经互会国家与西方主要国家国民生产总值
（社会总产值）增长率对比　　　　　　　单位:%

| 经互会国家 | 苏联 | 保加利亚 | 匈牙利 | 民主德国 | 波兰 | 罗马尼亚 | 捷克斯洛伐克 |
|---|---|---|---|---|---|---|---|
| | 3.5 | 3.4 | 0.0 | 3.6 | 3.2 | 2.6 | 1.9 |
| 西方主要国家 | 美国 | 日本 | 法国 | 联邦德国 | 英国 | 意大利 | 加拿大 |
| | 2.7 | 4.7 | 1.4 | 2.5 | 3.4 | 2.3 | 4.0 |

资料来源：同上。

　　新中国成立初期，中国共产党人当时也缺乏领导社会主义建设的实践经验，对怎样在中国建设社会主义没有深刻的理性认识，只能虚心地向苏联"老大哥"学习，和其他社会主义国家一样仿效苏联模式建立起自己的国民经济体系。应该说，苏联模式对于新中国成立初期促进新民主主义革命向社会主义革命的转变，对于推进社会主义建设都发挥过积极作用，但是，中国经济除了受到 3 年自然灾害和"文化大革命"的影响之外，苏联模式的弊端同样给中国经济带来了重大影响，最主要的弊端体现在：（1）重大经济结构和比例失衡，重工业增长过快。"一五"期间重工业平均增长 25.4%，轻工业为 12.8%，农业只有 4.5%，重工业增长过快，轻工业和农业增长过慢，经济结构和比例呈现出失调和畸形的趋向。(2) 排斥市场和价值规律的高度集中的计划管理体制，严重束缚经济发展的活力。在社会主义改造中，"我们受到苏联那套高度集中的经济体制模式的很大影响，是顺理成章的，是很难避免的。我们所以发动社会主义改造高潮，重要的目的之一，就是想要以最快的速度把全部农业、全部手工业、全部工商业都纳入直接的计划经济轨道。"由此形成了排斥市场和价值规律的高度集中的指令性计划经济体制，这严重束缚了经济发展的活力和劳动积极性的提高。此外，还出现了经济运行不畅、增长下滑以及市场紧张、物资短缺、物价波动等问题（表 4.3）。自 1956 年党的八大前后，以毛泽东为核心的中国共产党人敏锐地觉察到国际上对苏联社会主义模式的批判，开始对苏联模式进行反思，认为苏联模式不适应世界形势发生的变化和中国的具体国情，开始在中国社会主义建设的实践过程中不断调整和修正农、轻、重发展的比例，并提出了以农、轻、重为序安排国民经济的重要思想。1956 年 4 月 5 日，《人民日报》发表了毛泽东《关于无产阶级专政的历史经验》，这是新中国成立后中国共产党第一次独立地对国际共产主义运动中的重大问题公开发表看法，也是第一次围绕斯大林问题对苏联模式进行理论反思的开端。4 月，发表了《论十大关系》一文，全面揭开了中国改革苏联模式和探索中国特色社会主义道路的历史序幕。从 1956 年初起，毛泽东进行了大量的调查研究，明确提出了正确对待苏联模式问题，指出"学习苏联也不要迷信，对的就学，不对的就不学。""学习苏联也得具体分析，我们搞土改和工商业改造，就不学苏联那一套"。[①] 1956 年 12 月 29 日，《人民日报》发表了《再论无产阶级专政的历史经验》，首先强调了苏联革命和建设经验的普遍性，认为"十月革命"后苏联革命和建设的基本经验"都是放之四海而皆准的马克思列宁主义的普遍真理"。这样，毛泽东对苏联模式的认识已开始出现重大分化：一方面，积极探索改革苏联模式的问题；但另一方面，又开始强化对苏联模式正统性的认识，把苏联模式作为检验马克思主义与修正主义的尺度，把如何对待斯大林错误作为检验对待苏联模式的尺度。虽然在 1957 年发表的《关于正确处理人民内部矛盾的问题》和 1962 年的《在扩大的中央工作会议上的讲话》等著作中，毛泽东提出了从我国实际出发建设社会主义的一系列重要原则和思想。然而到了 20 世纪 60 年代初期的 1963 年 9 月到 1964 年 7 月的中苏论战期间，作为毛泽东主持下形成的重要理论文献，中国共产党发表了九篇评论苏共内政外交文章，毛泽东从对苏联模式的态度明显从维护走向了强化。

表 4.3　　　　　1950～1978 年中国国内生产总值指数与人均国内生产总值　（以上年 = 100）

| 年份 | GDP 指数 | 人均 GDP（元） | 年份 | GDP 指数 | 人均 GDP（元） | 年份 | GDP 指数 | 人均 GDP（元） |
|---|---|---|---|---|---|---|---|---|
| 1950 | 105.4 | 102.3 | 1954 | 110.3 | 109.1 | 1958 | 118.6 | 118.3 |
| 1951 | 103.2 | 100.5 | 1955 | 102.5 | 99.9 | 1959 | 97.2 | 97.7 |
| 1952 | 109.0 | 105.3 | 1956 | 113.2 | 109.2 | 1960 | 110.8 | 112.9 |
| 1953 | 111.0 | 109.7 | 1957 | 102.1 | 98.3 | 1961 | 64.7 | 68.2 |

---

① 建国以来重要文献选编（第 8 册）[M]．北京：中央文献出版社，1994：231 - 238．

续表

| 年份 | GDP 指数 | 人均 GDP（元） | 年份 | GDP 指数 | 人均 GDP（元） | 年份 | GDP 指数 | 人均 GDP（元） |
|---|---|---|---|---|---|---|---|---|
| 1962 | 99.8 | 102.5 | 1968 | 84.2 | 81.8 | 1974 | 101.4 | 98.9 |
| 1963 | 114.6 | 112.2 | 1969 | 111.8 | 109.0 | 1975 | 111.5 | 108.6 |
| 1964 | 114.7 | 111.2 | 1970 | 120.5 | 116.5 | 1976 | 94.9 | 93.9 |
| 1965 | 114.3 | 110.4 | 1971 | 111.6 | 108.2 | 1977 | 119.7 | 118.5 |
| 1966 | 105.7 | 102.8 | 1972 | 99.9 | 97.1 | 1978 | 116.8 | 116.7 |
| 1967 | 90.0 | 87.6 | 1973 | 103.0 | 100.5 | | | |

　　早在改革开放前，邓小平对苏联模式就发表了一系列重要看法。在 1956 年 9 月召开的党的八大上作的《关于修改党的章程的报告》中，旗帜鲜明地提出反对斯大林个人崇拜问题，并肯定了苏共二十大的历史地位。报告强调："关于坚持集体领导原则和反对个人崇拜的重要意义，苏联共产党第二十次代表大会作了有力的阐明，这些阐明不仅对于苏联共产党，而且对于全世界其他各国共产党，都产生了巨大的影响。很明显，个人决定重大问题，是同共产主义政党的建党原则相违背的，是必然要犯错误的，只有联系群众的集体领导，才符合于党的民主集中制原则，才便于尽量减少犯错误的机会。"报告还指出："苏联共产党第二十次代表大会的一个重要的功绩，就是告诉我们，把个人神话会造成多么严重的恶果"；"我们党也厌弃对于个人的神化"；同时，"个人崇拜是一种有长远历史的社会现象"。① 这是邓小平成为党的第一代领导核心成员后，首次就苏联模式中的个人崇拜弊端表明自己的看法。1956 年 11 月会见国际青年代表团时指出："我们今天对资本主义工商业改造所走的道路，是列宁所想过的，但是列宁没有能实现。"② 1957 年 4 月在一次干部会议上所作的报告中指出："社会主义国家在建设问题上犯大错误，栽大跟头，并不是没有先例的，以为在建设问题上不会栽跟头的想法是不符合实际的。"因此，我们不仅"要继续学习苏联，还要会学"。也就是说，"学习苏联好的东西对我们用处很大，借鉴苏联错误的东西，对我们也有很大的益处。我们要善于接受苏联的经验教训"。同时还强调，"苏联的许多经验是好的，但是如果采取教条主义的方法去学习就坏了"。③ 1957 年 4 月在西安干部会议上作的报告中指出："如果我们不注意，不搞'百花齐放、百家争鸣'，思想要僵化起来，马克思主义要衰退，只有搞'百花齐放、百家争鸣'，各种意见表达出来，进行争辩，才能真正发展马克思主义，发展辩证唯物主义。这一点，斯大林犯过错误，就是搞得太死了，搞得太单纯了。在苏联，马克思主义在一个时期衰退了。"④ 这是邓小平首次在公开场合点名批评斯大林的错误。

　　1978 年中国实行的改革开放政策彻底地摒弃了苏联模式。改革开放以来，邓小平继续对苏联模式的经验教训进行阐释，并成为邓小平理论不可分割的组成部分。1979 年 11 月会

①　邓小平文选（第 1 卷）[M]．北京：人民出版社，1994：229、235.
②　邓小平文选（第 1 卷）[M]．北京：人民出版社，1994：259.
③　邓小平文选（第 1 卷）[M]．北京：人民出版社，1994：263－264、268.
④　邓小平文选（第 1 卷）[M]．北京：人民出版社，1994：272.

见外宾时就中国与苏联在社会主义道路选择上的异同指出："中国的社会主义道路与苏联不完全一样，一开始就有区别，中国建国以来就有自己的特点。我们对资本家的社会主义改造，是采取赎买的政策，不是剥夺的政策。所以中国消灭资产阶级，搞社会主义改造，非常顺利，整个国民经济没有受任何影响。毛泽东主席提出的中国要形成既有集中又有民主，既有纪律又有自由，既有统一意志又有个人心情舒畅、生动活泼的政治局面，也与苏联不同。但是，我们有些经济制度，特别是企业的管理、企业的组织这些方面，受苏联影响比较大。"① 1980 年 1 月在《目前的形势和任务》报告中指出："苏联搞社会主义，从 1917 年十月革命算起，已经 63 年了，但是怎么搞社会主义，它也吹不起牛皮。"② 1980 年 8 月在中央政治局扩大会议上发表题为《党和国家领导制度的改革》重要讲话，强调指出，权力过分集中的现象，"同我国历史上封建专制主义的影响有关，也同共产国际时期实行的各国党的工作中领导者个人高度集权的传统有关"。③ 这里讲的共产国际时期，实际上指的主要是斯大林时期及其所形成的苏联模式。1980 年 8 月在中共中央政治局扩大会议上进一步指出："我们过去发生的各种错误，固然与某些领导人的思想、作风有关，但是组织制度、工作制度方面的问题更重要。这些方面的制度好可以使坏人无法任意横行，制度不好可以使好人无法充分做好事，甚至会走向反面。"④ 1985 年 8 月同来访的津巴布韦总理穆加贝谈话时，对列宁的社会主义实践作了精辟的论述："社会主义究竟是个什么样子，苏联搞了很多年，也并没有完全搞清楚。可能列宁的思路比较好，搞了个新经济政策，但是后来苏联的模式僵化了。"⑤ 1987 年 2 月在同几位中央负责同志的谈话中指出："为什么一谈市场就说是资本主义，只有计划才是社会主义呢？计划和市场都是方法嘛，只要对发展生产力有好处，就可以利用。它为社会主义服务，就是社会主义的；为资本主义服务，就是资本主义的。……我们以前是学苏联的，搞计划经济。后来又讲计划经济为主，现在不要再讲这个了。"⑥ 1987 年 6 月会见南斯拉夫共产主义者联盟中央主席团委员科罗舍茨时强调："我是主张改革的，不改革就没有出路，旧的那一套经过几十年的实践证明是不成功的。过去我们搬用别国的模式，结果阻碍了生产力的发展，在思想上导致僵化，妨碍人民和基层积极性的发挥。"⑦ 1988 年 5 月会见莫桑比克总统希萨诺时指出："坦率地说，我们过去照搬苏联搞社会主义的模式，带来很多问题。我们很早就发现了，但没有解决好。我们现在要解决好这个问题，我们要建设的是具有中国自己特色的社会主义。"⑧ 1988 年 5 月会见捷克斯洛伐克共产党中央总书记雅克什时再次强调："别人的经验可以参考，但是不能照搬。过去我们中国照搬别人的，吃了很大苦头。中国只能搞中国的社会主义。"⑨ 这里所讲的"别国""别人"，都指的是苏联模式。1988 年 9 月会见波兰统一工人党中央第一书记雅鲁泽尔斯基时指出："我们两

① 邓小平文选（第 2 卷）[M]. 北京：人民出版社，1994：235.
② 邓小平文选（第 2 卷）[M]. 北京：人民出版社，1994：250.
③ 邓小平文选（第 2 卷）[M]. 北京：人民出版社，1994：329.
④ 邓小平文选（第 2 卷）[M]. 北京：人民出版社，1994：333.
⑤ 邓小平文选（第 3 卷）[M]. 北京：人民出版社，1994：139、292.
⑥ 邓小平文选（第 3 卷）[M]. 北京：人民出版社，1993：203.
⑦ 邓小平文选（第 3 卷）[M]. 北京：人民出版社，1993：237.
⑧ 邓小平文选（第 3 卷）[M]. 北京：人民出版社，1993：261.
⑨ 邓小平文选（第 3 卷）[M]. 北京：人民出版社，1993：265.

国原来的政治体制都是从苏联模式来的。看来这个模式在苏联也不是很成功的。"① 1989 年 5 月会见苏共中央总书记戈尔巴乔夫时强调："列宁之所以是一个真正的伟大的马克思主义者，就在于他不是从书本里，而是从实际、逻辑、哲学思想、共产主义理想上找到革命道路，在一个落后的国家干成了十月社会主义革命。"② "多年来，存在一个对马克思主义、社会主义的理解问题。……马克思去世以后 100 多年，究竟发生了什么变化，在变化的条件下，如何认识和发展马克思主义，没有搞清楚。绝不能要求马克思为解决他去世之后上百年、几百年所产生的问题提供现成答案。列宁同样也不能承担为他去世以后 50 年、100 年所产生的问题提供现成答案的任务。真正的马克思列宁主义者必须根据现在的情况，认识、继承和发展马克思列宁主义。"③ 此外，邓小平还总结了 20 世纪 80 年代末和 90 年代初发生的标志着苏联社会主义模式的终结的东欧剧变和苏联解体的经验教训。1989 年 9 月同中央负责同志的谈话要点中指出，"东欧、苏联乱，我看也不可避免"；"现在的问题不是苏联的旗帜倒不倒，苏联肯定要乱，而是中国的旗帜倒不倒。因此，首先中国自己不要乱，认真地真正地把改革开放搞下去。没有改革开放就没有希望。"④ 1989 年 11 月会见坦桑尼亚革命党主席尼雷尔时指出："东欧的事情对我们说来并不感到意外，迟早要出现的。东欧的问题首先出在内部。"⑤ 1990 年 3 月同几位中央负责同志的谈话明确指出："世界上一些国家发生问题，从根本上说，都是因为经济上不去，没有饭吃，没有衣穿，工资增长被通货膨胀抵消，生活水平下降，长期过紧日子。"⑥ 1992 年初在武昌、深圳、珠海、上海等地的谈话则强调："一些国家出现严重曲折，社会主义好像被削弱了，但人民经受锻炼，从中吸取教训，将促使社会主义向着更加健康的方向发展。"⑦ 由此可见，邓小平理论就是在总结其他国家社会主义建设的经验教训基础上，特别是苏联模式的兴衰成败的基础上逐渐形成和发展起来的。

## 4.2.2　苏联、东欧社会主义国家的经济改革实践

在新中国从成立到完成社会主义改造、进行社会主义建设与改革的同时，苏联东欧社会主义国家在 20 世纪 50 ~ 90 年代初期经历了三轮改革：第一轮改革从南斯拉夫肇始，后由赫鲁晓夫（Nikita S. Khrushchev）在苏联推进，并在东欧尝试；第二轮改革由东欧国家大力推动，触及一些关键性问题；第三轮改革先在东欧国家启动，接着由戈尔巴乔夫（Mikhail S. Gorbachev）在苏联强力主导，继而整个东欧国家出现改革高潮，然而结局则是社会主义国家的崩溃。

苏联东欧社会主义国家的改革是从 20 世纪 50 年代的南斯拉夫首先开始的。这是因为南斯拉夫实行的高度中央集权的体制与其联盟结构发生严重冲突，再加之执政的南斯拉夫共产党及其领导人铁托（Josip B. Tito）因坚持独立自主的路线而与苏共发生严重矛盾，尤其是

---

① 邓小平文选（第 3 卷）［M］．北京：人民出版社，1993：178.
② 邓小平文选（第 3 卷）［M］．北京：人民出版社，1993：139、292.
③ 邓小平文选（第 3 卷）［M］．北京：人民出版社，1993：291.
④ 邓小平文选（第 3 卷）［M］．北京：人民出版社，1993：320.
⑤ 邓小平文选（第 3 卷）［M］．北京：人民出版社，1993：344.
⑥ 邓小平文选（第 3 卷）［M］．北京：人民出版社，1993：354.
⑦ 邓小平文选（第 3 卷）［M］．北京：人民出版社，1993：383.

因为巴尔干联邦问题导致与苏联的冲突公开化，从而开启了反思苏联模式的大门。首先，南斯拉夫提出了以人民自治理念为核心的社会主义政治改革方案，将社会自治与国家作为自由人联合体、国家所有制的暂时性、国家消亡，以及消灭异化等马克思主义命题紧密联系起来。在政治制度上，南斯拉夫将自治改革法制化，在基层成立了工厂委员会和管理委员会，改干部任命制为民主选举和定期轮换制。其次，南斯拉夫对农业政策作出了调整，降低了强制性合作化程度，逐渐取消了农产品的征收制度。再次，南斯拉夫在政治体制上大力推进"民主化、分散化、非官僚化"的改革——强化地方自治，限制和取消官僚特权，精简机构并下放权力，改善执政党与社会的关系，承诺非党政治组织的作用。1953 年，南斯拉夫更以确定上述改革的《基本法》，取代了 1946 年的集权型《宪法》。

正当南斯拉夫大力推进改革之时，1953 年斯大林去世，赫鲁晓夫执掌了苏联最高权力。在短暂的权力调整期，斯大林时期高度集权的统治也开始进行调整：改革国家特务机构，平反冤假错案，加强集体领导，促进经济发展，缓和国际局势。到 1956 年"苏共二十大"，赫鲁晓夫对斯大林的错误进行了清算，重申了苏共的民主集中制原则，其后又改善了苏维埃的运作制度，加强了法制建设，精简了机构并改善干部制度。同时，苏联对社会主义与资本主义的关系进行了重新评估，承认不同国家过渡到社会主义的方式存在差异。此外，苏联还对经济社会发展的经验和教训进行了总结，除了继续推动以重工业为中心的经济发展之外，也积极调整农业政策和发展方式。这一时期，东欧各国掀起了改革浪潮。1956 年，波兰在"波兹南事件"（poznan uprising）发生后，对苏联模式的反思进入高潮，主张改革的哥穆尔卡（Wladyslaw Gomulka）取得最高领导人职位，推动设立工人委员会，扩大议会权力，发展各种形式的农民自治经济。匈牙利在纳吉（Imre Nagy）担任政府领导人之后，也致力于推进改革，但 1956 年 10 月发生的"匈牙利事件"（hungarian revolution）使改革中断，直到 11 月卡达尔（Janos Kadar）执掌国家权力之后，改革才得以继续推进。匈牙利改变了执政党绝对执掌国家权力的方式，实行党政分开，健全民主制度和加强法制建设，重视农业生产，强调劳动生产率。与此同时，捷克斯洛伐克、保加利亚、东德也在同期进行了类似的改革。

到 20 世纪 60~70 年代，苏联东欧社会主义国家的第二轮改革启动了。与第一轮改革明显不同，这一轮不再有社会主义与资本主义直接对垒的背景，也不再针对苏联模式及其矫正而展开，其特点主要体现在：一是对社会主义体制自身的弊端有了更为深刻的认识；二是开始自觉地引入市场机制，个人利益得到承认，经济组织更为多元；三是扩大了民众的政治参与，强化了国家政治体制中的民主因素；四是改革的综合性特点日益突出，配套改革的意图日益明显。这一轮改革浪潮主要是在国家经济危机的背景下展开的。如 60 年代南斯拉夫就自认处于经济危机之中：重复投资严重、基建规模过大、经济效益下滑、高增长伴随着比例失调，等等。于是，南斯拉夫在 60 年代中期推出了"新经济措施"，采取了一系列财政措施缓解经济危机。同时，南斯拉夫还致力于改革政党机制，推进党内民主，并修改宪法，扩大民族自由和自治，强调民族平等。而苏联从 1964 年开始进入勃列日涅夫（Leonid I. Brezhnev）时代。这一时期开始对赫鲁晓夫改革进行清算，所进行的改革注定只能是技术性的：在经济改革方面，勃列日涅夫推行了新经济体制，注重计划的完善，管理的改进，强化了经济核算，建立了物质激励机制，引入了包工制度，扩大了联合公司，致力提高劳动生产率；在农业体制和发展战略上，采取了一系列改革举措，旨在以集约化的方式提高农业生产率，并且增加农业投资，强化技术改造，推行农工一体化；在政治体制上，苏联强调民主集中制原则，实行三驾马车（党—国—政）的新型体制，以期杜绝斯大林式的个人专制。在此时期，苏联虽确认苏共的领导地位，但明确提出改善党的领导方式。苏联于 1977 年修订了宪法，提高了苏维埃的地位，加强人民监督，健全司法制度，扩大直接民主。

　　当然，这些改革都是针对国内的具体问题展开的，明显缺乏对社会主义制度本身的深刻认识与整体重构。这是一种忽视结构性问题、专注于功能性调整的改革：改革者完全没有意识到社会主义的基本理念、制度设计以及运作秩序存在结构上难以治愈的病症，整个改革的重心都是原社会主义结构的改良与优化。因此可以说，社会主义的改革一开始就处于错位的状态：人们习惯于将社会主义弊端视为某个领导人失误所造成，而对于社会主义制度本身缺乏反思能力。因此，在反思斯大林错误的起点上推动的改革，实际上并没有触动社会主义制度的基本缺陷。在政治体制上，这类改革大多是重申共产党民主集中制的固有组织原则；对于法律的引入也缺乏法治的理念；限制个人权力膨胀也远远高于限制组织权力的脱缰。在经济体制上，这些国家主要寄望于通过小修小补来提升效率，因此没有触及生产资料所有制重构的问题。由于没有推行有效的市场资源配置方式，所谓改革大多停留在经济结构的调整，尤其是工业与农业关系的调整。因此，这些改革，无法为僵化的社会主义制度注入长期有效的活力。

　　具体地说，在第二轮改革浪潮中，捷克斯洛伐克在 20 世纪 60 年代初期启动了改革进程。在推进改革的过程中，人们意识到改革不仅是经济领域的事情，而应当是政治—经济改革的联动。捷克著名经济学家锡克（O. Sik）指出，第一轮改革失败的责任在上不在下。他主张在企业微观运行上必须引入市场机制，对企业利润进行分成，调整企业领导选拔方式，加强工人自治，扩大工会权力。捷共领导人诺沃提尼（A. Novotny）采纳了锡克的建议。于是，捷克开始推进比第一轮改革更为激进的改革举措。但是，1964 年赫鲁晓夫的下台导致捷克改革受阻。1967 年，捷克陷入严重的经济困难，阻挠改革的诺沃提尼与改革力量形成对峙。1968 年初，主张改革的杜布切克（A. Dubcek）被推上捷共第一书记的职位，波澜壮阔的“布拉格之春”（Prague Spring）开始了，它对苏东改革具有象征意义。捷共不仅在党内实行民主化，而且推进政治多元化，实施民主选举制度，并在捷克与斯洛伐克之间建立联邦制，同时致力于保障公民权利和自由。在经济上，捷共扩大企业自主权，引入市场机制，成立工厂委员会，农业实行独立经营。在国际上，捷克斯洛伐克奉行独立自主的外交政策。然而，这一疾风暴雨式的“改革”，既激发了捷克斯洛伐克国内保守力量的聚集，也促使保守的苏联横加干预，中止了捷克的改革。1969 年，胡萨克（G. Husak）登上领导人之位，进行了清党，将改革者悉数清除出去。此后，在整个 70 年代，捷克斯洛伐克的改革回归到小修小补的道路。匈牙利 1968 年开始推行市场导向的经济体制改革，其核心是价格制度改革，同时扩大地方和企业的财政权限，改革税收和银行体制，改革工资制度，建立灵活的分配制度。其改革的原则就是宏观控制由国家执掌，微观管理由企业自主，试图由此来缓解政府宏观管理与微观经济运作之间的尖锐矛盾。1970 年 12 月 12 日，波兰政府宣布大幅度提高 40 多种生活消费品的价格，随后引发多个城市的工人及市民抗议示威，导致波兰统一工人党领导哥穆尔卡下台。新领导人盖莱克（E. Gierek）在危机感充溢的社会氛围中登台，虽然以 15 条政治结论总结了波兰社会主义实践的失误，但基本上还是对社会主义原教旨的重申。虽然在经济上采取了类似于捷、匈的一些改革措施，但是在整个 70 年代，波兰的政治经济环境始终处于比较动荡的状态。此外，保加利亚和罗马尼亚也在经济经历困难的情况下，进行了新经济体制的尝试。然而，与东欧国家在动荡不安的局势下因改革而催生的惊涛骇浪不同，苏联自建立勃列日涅夫—米高扬（Anastas I. Mikoyan）—柯西金（Alexei N. Kosygin）三驾马车的领导格局之后，便将改革限定在经济管理手段的改进和领导方式的改善上面。这一时期苏联的改革在勃列日涅夫当政期间实际上陷入停顿状态。面对 70 年代苏东国家日积月累的制度弊端，苏联不仅未能推动有效的改革，反而以所谓"发达社会主义"的意识形态宣传来遮蔽制度的结构性病症，陷入一种自我慰藉的太平盛世幻觉之中。

从总体上看，苏东社会主义国家第二轮改革存在的共同点就是力求政治—经济的联动，但在政治上基本围绕着改善党的领导和完善社会主义制度的目的来展开，经济上主要是围绕着提高效率的目的而进行。对这些国家的执政党来说，缓解明显的社会矛盾，是改革的现实推动力量，而执政党内的改革力量与反改革力量则成为改革曲折前行中的对手。这一时期的改革进展缓慢，收效甚微。20 世纪 70 年代末 80 年代初，苏联和东欧大多数国家的经济处于低速发展时期，经济增长率仅为为 2%～3%，少数国家处于 5% 左右的中速发展时期。特别是南斯拉夫和匈牙利，在经济上出现了严重困难。苏东国家领导人认识到这些困难与问题同传统体制有密切联系，深感现在已到了非改革不可的地步。苏联从赫鲁晓夫到勃列日涅夫，进行了多次经济改革，但没有从根本上触动高度集中的计划经济体制，因而始终没能扭转苏联经济增长率和经济效益不断下降的趋势。到了 20 世纪 70 年代末 80 年代初，经济出现了严重停滞。据统计，1982 年与 1969 年相比，国民收入从 7.2% 下降到 2.6%，工业总产值从 8.5% 下降到 2.8%，劳动生产率由 6.8% 下降到 2.1%，居民实际收入则从 5.8% 下降到 0.1%。[①]

面对 20 世纪 70 年代苏东社会主义国家普遍存在的经济困难与危机，这些国家的第三轮改革在 80 年代初开始启动，南斯拉夫依然处于改革的前列。在 20 世纪 70 年代，南斯拉夫的自治制度改革进入所谓"联合劳动阶段"，即由此前以自治制度提升劳动效率的改革，进入生产关系的改革阶段，劳动者开始以自由的、联合的劳动条件去代替计划经济体制下的强制性劳动。为此，南斯拉夫建立了联合劳动的基层组织、中间组织和复合组织三层结构，以类似于公司制的方式将劳动者组织起来，并以工人委员会作为自治机构。在此基础上，将不同的社会组织建立为自治利益共同体，实施了所谓"自治社会计划"。在政治上，为了弥合各联邦之间的民族关系，推行了代表团制度，建立了联邦、共和国或自治省以及区三级代表团议会制，彻底地简政放权。在政治强人铁托去世以后，南斯拉夫更是实施了"集体工作、集体决定、集体负责"的领导体制。一时间，南斯拉夫在社会主义国家中显得经济繁荣，景象万千。但是，南斯拉夫此时的改革实际上已经完全无法改变结构性的国家困境，如权力的赋予与权力的运用关系无法对接；经济体制的所有制矛盾与经济绩效之间的冲突无力改变。因此，即使在所有社会主义国家中南斯拉夫的改革算是较为彻底，但是到了 80 年代，改革就已经没有进一步推进结构性改变的余地了，并陷入缺少对策的僵化状态。

这样的处境，在所有其他东欧社会主义国家都是相同的。社会主义国家的改革发展到这样的地步，政治体制的结构性改革已经刻不容缓，否则改革再也无法进行。

从总体上看，苏东改革可以分为三种类型：一是南斯拉夫的强人启动与内部阻止中断

---

① 李忠杰等. 社会主义改革史 [M]. 北京：春秋出版社，1988.

型；二是捷克斯洛伐克、波兰等国的内部驱动改革与苏联的外部强制终止型；三是苏联的内部矛盾驱动与国家反改革力量集结性反对的阻止型。虽然南斯拉夫的改革在社会主义改革中较为彻底，但仍然属于功能调整型改革。东欧其他社会主义国家也都有改革的内源动力。但与南斯拉夫一样，改革的政治前提是完全一致的，改革初期都是限定在经济—管理领域，都是为了显示社会主义制度的优越性，到后来才不得不触及政治体制问题。苏联自身改革的最初阶段也曾有声有色，但由于体制改革的产权基础没有建立起来，经济绩效的提高也就不具有可持续性。于是，苏联和东欧国家一样，第一轮改革都在一段时期内提高了经济绩效，但很快就出现经济停滞。此后再经过一轮改革，以形式上新颖但实质上依旧的一些改革举措来应对经济下滑。所谓的"改革"就在这种循环往复中徘徊。

### 4.2.3　亚洲"四小龙"崛起的地缘政治影响

新中国成立以后，在完成社会主义改造开始进行社会主义建设、经历三年自然灾害和十年"文化大革命"期间，处于东亚近邻的韩国、新加坡、中国台湾和香港从 20 世纪 60 年代开始相继实行对外开放政策，推行出口导向型战略，成功使其自身产业结构递次向劳动密集型、资本密集型与资本与技术密集型产业过渡，重点发展劳动密集型的加工产业，在短时间内实现了经济的腾飞，引起全世界的广泛关注，被称为"东亚模式"或"东亚奇迹"。到 70 年代末期，上述 4 个国家和地区都进入了新兴工业化国家（地区）行列，成为举世瞩目的经济奇迹的创造者，被誉为亚洲"四小龙"。

韩国、新加坡、中国台湾和香港都属于幅员不大、工矿资源很少，但地理位置优越且同西方发达国家有特殊关系的国家（地区）。在成为新型工业化国家（地区）的过程中，其经济发展具有一些鲜明的特点：（1）增长速度快。从 20 世纪 60 年代开始，国民生产总值年平均增长速度都接近或超过 10%。（2）出口扩张迅速。中国台湾地区 1970 年出口总值是 1960 年的 9 倍，1980 年为 1970 年的 13 倍；韩国 1980 年出口总值是 1960 年的 534 倍；新加坡 1980 年出口总值是 1965 年的 20 多倍。（3）经济结构发生重大变化。韩国农业在国民经济中的比重从 1961 年的 47.4%降为 1985 年的 15%，工矿业从 16.5%上升为 33.4%；中国台湾农业比重从 1952 年的 35.7%降为 1978 年 12.1%，工业比重从 17.9%上升为 40.3%。中国香港与新加坡也从转口港变为工业城市。（4）人均国民收入水平迅速提高。（5）失业人数减少，收入分配相对平均。80 年代这些国家和地区的失业率都降到 4%以下，收入分配与美、日等发达经济体相比较为平均，差距较小。

亚洲"四小龙"的经济腾飞，首先表现在经济增长速度上。据世界银行提供的数据资料显示，世界平均经济增长速度 20 世纪 50～60 年代为 4.8%，70 年代为 3.4%，80 年代为 2.9%。其中，西方发达国家经济增长率 60 年代为 4.9%，70 年代为 3.2%，80 年代为 2.6%，而同期亚洲"四小龙"的经济增长率却分别高达 9.3%、9.2%和 7.9%，大大超过了世界和西方发达国家的平均水平。其次，国民经济规模迅速扩大。1965 年，在亚洲"四小龙"经济起飞的初期，国内生产总值最高的韩国也仅有 30 亿美元，其次的中国台湾地区仅为 28.1 亿美元，排名第三的中国香港地区为 18.4 亿美元，最少的新加坡为 9.7 亿美元。然而，到 1992 年，亚洲"四小龙"的国内生产总值分别相应地增加到 2961.36 亿美元、1516.6 亿美元（1989 年的数值）、780.28 亿美元和 460.25 亿美元，分别增长约 99 倍、54

倍、42 倍和 48 倍。再次，从人均国内生产总值这一指标来看，1950 年新加坡、香港地区、台湾地区和韩国的人均 GDP 分别为 434 美元、222 美元、95 美元和 78 美元，而 1993 年这一指标则分别达到 1.985 万美元、1.536 万美元 (1992 年)、1.0215 万美元和 7660 美元的高水平，增长幅度都超过了 3000%，其中台湾地区的增幅甚至高达 10800% (见表 4.4)。

表 4.4　　　　1965～1990 年亚洲"四小龙"国民生产总值与
人均国民生产总值增长
　　　　　　　　　　　　　　　　　　　　　　　　　　　单位：亿美元、美元

| 年份 | 韩　国 | | 台湾地区 | | 香港地区 | | 新加坡 | |
|---|---|---|---|---|---|---|---|---|
| | GNP | 人均 GNP | GNP | 人均 GNP | GNP | 人均 GNP | GNP | 人均 GNP |
| 1965 | 30.06 | 105 | 28.28 | 216 | 18.42 | 512 | 9.7 | 970 |
| 1979 | 600.66 | 1480 | 355.30 | 1870 | 189.88 | 3760 | 90.10 | 3830 |
| 1985 | 883.65 | 2150 | 601.71 | 3144 | 330.19 | 6230 | 183.27 | 7420 |
| 1990 | 2380 | 5500 | 1620 | 7440 | 700 | 12000 | 350 | 12960 |

资料来源：根据联合国历年《世界经济展望》等数据统计整理。

对于亚洲"四小龙"迅速崛起的原因，各国学者众说纷纭，莫衷一是。在长期的争论过程中，总体上看，达成的共识主要包括：(1) 外部世界比较有利的发展环境。20 世纪 50～70 年代，世界主要发达国家经济高速发展，为亚洲"四小龙"的出口导向发展提供了良好的外部条件。科学技术革命使发达国家生产转向技术和资本密集工业，亚洲"四小龙"拥有质高价廉的劳动力资源，正好发展劳动密集工业。因此，这些国家和地区充分利用西方发达国家向发展中国家转移劳动密集型产业的机会，吸引外地资本和技术，利用本地的劳动力优势适时调整经济发展战略，迅速走上发达国家或地区的道路，成为东亚和东南亚地区的经济火车头之一。此外，东亚地区的稳定也使它们可以把主要精力放在经济发展上。(2) 实行正确的经济政策。台湾地区从 20 世纪 50 年代后期开始，放弃凯恩斯主义政策，采用货币贬值以利出口，提高利率以抑制通货膨胀，并刺激居民储蓄以增加投资来源等政策。韩国也仿效中国台湾货币贬值提高利率等方法。新加坡与中国香港则抓住有利时机，将消费城市转变为工业城市。(3) 发挥政府的积极作用。亚洲"四小龙"的政府都为经济发展创造各方面的有利条件，并积极参与投资，适当进行经济管理。(4) 中国优良的文化传统。亚洲"四小龙"同属中华文化区，在经济发展过程中，都注意发扬了注重教育、甘于吃苦、勤俭节约等传统。(5) 西方价值观影响：香港地区与新加坡，在法律、教育、经济各方面都深受英国影响；而台湾地区和韩国则是在 20 世纪 50 年代以后深受美国影响，能够和西方价值体系及经济体系接轨。

对于改革开放初期的中国来说，其借鉴意义主要体现在：一是实行适宜的对外开放战略；二是充分发挥政府的作用。对于前者来说，由于韩国、新加坡和中国的台湾、香港地域面积都不大、人口稠密，经济底子较薄弱，自然资源极度匮乏，科技也不十分发达，因而无法通过初级产品的出口来实现发展，以出口为导向的劳动力密集型产业是他们的最佳选择。因此，亚洲"四小龙"的经济腾飞在过程和手段上有很多相似或相同的做法和经验，其共同特征就是全面参与国际分工，走发展外向型经济的道路。因此，外向型经济发展模式是"四小龙"经济腾飞的基础。而在 20 世纪的 60～70 年代，美国、欧洲和日本的贸易战越来越激烈，为了降低成本，发达国家的跨国公司开始选择贸易环境优良，劳动力便宜的地区作为他们的加工基地。亚洲"四小龙"通过承接工业化国家的产业转移，不断获得外来的资金和技术，其贸易量出现了爆炸式的增长。在出口导向的帮助下，亚洲"四小龙"迅速成为世界贸易的新生力量。当然，亚洲"四小龙"虽然都实行的是出口导向型发展战略，但侧重点也不尽相同。新加坡的出口导向主要倚重于外国投资者带来的技术创新；香港地区则主要得益于金融发展与自由贸易；而台湾地区和韩国，技术创新对经济增长起了关键性作用：台湾地区通过引进外国投资与当地企业合作的方式获得技术，韩国则着重购买成套技术设备，在此基础上进行模仿、改造、创新。对于改革开放初期的中国来说，虽然不缺乏资源，但缺乏资金、技术和管理经验，长期以来实行封闭型经济的结果使得经济发展缓慢。因此，借鉴亚洲"四小龙"的经验实行对外开放的战略，充分利用国外的资金、技术与管理经验，国民经济才能得到较快的发展。对于政府作用的发挥，从东亚近邻的经济实践来看，"强政府"在"东亚奇迹"中发挥的重要作用理所当然地成为实行"赶超战略"的中国学习的一个极佳样板。第二次世界大战以后，东亚"四小龙"等国家和地区实行了"赶超式"发展战略，在比较短的时间内迅速实现工业化，迅速实现了经济的腾飞，被称为"东亚奇迹"。在这一奇迹的背后，政府对经济强有力的干预、政府主导下的市场经济、具有能够认知和执行"强政府"的官僚体系等，都成为各种对于"东亚奇迹"进行阐释的重要原因之一。有学者认为，在东亚，"权威主义同资本主义的结合"是经济取得优异成就的核心。[①] 李晓将东亚模式的内涵概括为："在共同或相近的历史传统和文化背景下，形成了致力于经济发展的'强政府'。这种'强政府'不仅以较高乃至极高的'政府强度'（government strenght）实现了有利于发动经济增长和缓解随之产生的各种社会、政治、经济压力的制度创新和制度供给，而且以较高的'政府质量'（government quality），有效地确保了各种制度安排的顺利实施，从而有力地推动了经济增长和工业化进程。"[②] 斯蒂格利茨也高度肯定了东亚模式的"强政府"："东亚奇迹以及该地区过去 10～20 年时间里惊人的发展速度，令世人对其原因感到迷惑不解。……由于市场在此发挥了重要作用，因此一些观察家得出了只有市场才是它们成功秘诀的结论。但是，政府在经济中几乎处处都在发挥着举足轻重的作用。当韦德将他研究台湾经济成功的著作命名为《支配市场》时，这无疑是在强调政府通过市场干预经济的作用。"[③] 由于这些国家（地区）都属于中国的近邻，其推行的具有"强政府"特征的经济发展模式并取得了巨大的成功，因而这一模式就极为自然地成为中国借鉴和效仿的样板。[④] 当然，亚洲"四小龙"在政府干预经济方面也有一定的区别，如香港地区开始是采取"自由经济"政策，而新加坡则早就非常重视政府对社会经济发展的干预。台湾地区和韩国虽然在政治体制、国家机器设置等方面有惊人的相似之处，但两者在经济发展的起点、阶段、重点等方面又有着很大的不同。

---

① ［日］大野健一.通向市场经济的路径选择和政府的作用［J］.经济社会体制比较，1999（4）.

② 李晓.东亚奇迹与"强政府"：东亚模式的制度分析［M］.北京：经济科学出版社，1996.

③ ［美］约瑟夫·斯蒂格利茨.社会主义向何处——经济体制转型的理论与证据［M］.长春：吉林人民出版社，1992.

④ 庞明川.转轨经济中政府与市场关系中国范式的形成与演进：基于体制基础、制度变迁与文化传统的一种阐释［J］.财经问题研究，2013（12）.

## 4.2.4 改革初期对国际经验的考察、借鉴与探索①

改革开放初期，在彻底与苏联模式决裂之后，如何克服计划体制的弊端进行经济体制改革？如何解决经济发展过程中出现的突出问题？这一切都没有现成的经验可以借鉴。1977年秋至1978年春之际，当中国领导人酝酿未来23年"四个现代化"的宏大规划时，意识到必须打开国门走向世界，利用外部资源（包括资金、技术、设备和经验）加快自己的发展，"把世界最新的科技成果作为自己的起点"。② 随着对外引进的步伐明显加快，出国考察的任务也提出来了。1977年7月原国家计委向中央政治局作的关于引进的报告，首次提出"认真组织好出国考察工作"。起初出国考察主要为了落实引进规划，进而要求派更多的干部出去看看，目的是开阔思想，"看看国外有什么好的东西"，"联系自己作为借鉴"。③ 在这一背景下，决策层在从中国的具体实际出发立足自身、自力更生的基础上，采取"走出去"与"请进来"相结合的方式，重点对美、欧、日等发达国家和地区与东欧国家进行密集的学习考察，一方面，学习和借鉴西方发达国家的管理经验和处理经济问题的有效方法；另一方面，学习和借鉴东欧国家社会主义改革的经验。这样，中国的改革不仅建立在总结自己经验的基础上，还具有一个广泛的国际经验的背景。

中国对国外经验的学习与借鉴，主要遵循了两条明显的路径来进行：一是包括美、欧、日在内的西方发达国家；二是以南斯拉夫、匈牙利等为代表的东欧国家。表4.5和表4.6分别列示了不完全统计下的20世纪70年代末至80年代初期中国与发达国家、与东欧各国的重要往来情况，从中可以看出，当时中国对于国外经验的学习是全方位的。萧冬连（2006）认为，这些学习涉及近40个国家和地区，主要分两类：一类是美、日、欧等发达资本主义国家和韩国、新加坡以及中国的香港、台湾等所谓新兴工业化国家和地区；另一类是苏联、东欧等社会主义国家。在前一类国家中，日本显然是最受重视的国家。④ 开放之初，中国人对日本的经验特别重视。在出访目的国中，去日本的最多，邀请日本专家和学者来中国介绍日本经验，给中国提供咨询意见的人数也居首位；其次是美国；⑤ 再其次是联邦德国、法国、意大利、英国、奥地利、荷兰、瑞典、比利时等欧洲国家。在后一类国家中，关注最多的有3个国家，依次是苏联、南斯拉夫、匈牙利。⑥ 除了这两类国家，还包括了其他发展中国家经济发展的情况，包括菲律宾、马来西亚、印度、伊朗、蒙古、阿富汗、尼泊尔等亚洲国家和巴西、墨西哥、秘鲁等拉丁美洲国家等。所涉及的内容集中在三个方面：一是经济结构、产业政策和发展战略；二是企业体制和经济管理体制；三是利用外资和引进技术。细分

---

① 萧冬连. 中国改革初期对国外经验的系统考察和借鉴 [J]. 中共党史研究，2006（4）.

② 邓小平年谱（1975－1997年）（上）[M]. 北京：中央文献出版社，2004：210.

③ 华国锋在听取赴日访问团和赴港澳考察团汇报后的谈话（1978年6月3日）。

④ 1979～1980年《经济研究参考资料》多达30期刊登访日报告和日本资料，还有7期刊登了日本专家来华讲座、考察、咨询和建议。

⑤ 1979～1980年《经济研究参考资料》刊登美国资料、访美报告、美国国会和学者对中国经济的评估报告等资料的有33期。

⑥ 1979～1980年《经济研究参考资料》刊登苏联资料有31期、刊登南斯拉夫资料有27期、刊登匈牙利的资料有21期。

起来涉及几十个经济领域，均在中国领导人和经济学界希望了解的范围。①

**表 4.5　　　　　　改革开放初期中国与发达国家重要的往来情况**

| 时　间 | 往来人员与国家 | 内　容 |
|---|---|---|
| 1977 年底 | 袁宝华、李强率领国家经委代表团赴英国和法国 | 考察企业管理 |
| 1978 年 3~4 月 | 林乎加为团长的中国赴日经济代表团 | 考察第二次世界大战后日本经济发展的经验 |
| 1978 年 3~4 月 | 段云为组长的港澳经济贸易考察团 | 对香港、澳门地区进行实地调研 |
| 1978 年 5~6 月 | 谷牧带领中国经济代表团访问法国、瑞士、比利时、丹麦、联邦德国等西欧五国 | 考察西欧国家经济发展情况 |
| 1978 年 | 12 位副总理、副委员长以上领导人先后 20 次访问了 51 个国家，其中华国锋出访 4 个国家，邓小平出访 8 个国家 | |
| 1979 年 | 中国十几位领导人先后分别出访法国、联邦德国、英国、意大利、美国、日本等 30 多个国家。最重要的有 1979 年初邓小平出访美国；1979 年 10~11 月，华国锋访问法国、联邦德国、英国和意大利 | |
| 1978 年 10 月底~12 月上旬 | 国家经委组团访问日本 | |
| 1979 年 10 月 7 日~11 月 3 日 | 薛暮桥与马洪率中国社科院和国家计委联合组成的中国工商考察团访问美国 | 考察大学的管理学院和 17 家公司等 |
| 1979 年 11 月 5 日~12 月 6 日 | 以袁宝华为团长、邓力群为顾问的国家经委代表团应邀访问美国 | 考察企业管理 |
| 1979 年 | 国家经委和中国企业协会作出两项决定：一是派出 200~300 名管理人员分批到国外短期学习；二是分批约请 50 名左右外国管理专家、教授和有实际经验的人员来中国讲学，并接受联合国工业发展组织在培训方面的经济援助 | |
| 1979 年 10 月 10 日 | 国家经委副主任张彦宁同日本外务省课长高桥等人商定：1980 年邀请 30 名日本企业专家、教授来华讲学和为中国企业进行诊断，中国向日本派遣 150 名进修生学习企业管理。这个计划从 1980 年初开始实行 | |
| 1979 年 11 月 | 国家经委与美方商定，在大连建立一个培训中心。1980 年 8 月 18 日，中美两国合作举办的"中国工业科技大连培训中心"第 1 期研究班开学，来自全国各地 120 名企业管理人员参加研究班学习 | |
| 1980 年 1 月 30 日 | 国家计委副主任杨波率经济代表团赴瑞士达沃斯 | 参加欧洲管理论坛年会，并考察瑞士联邦德国和法国的企业 |
| 1980 年 4 月 30 日~6 月 4 日 | 袁宝华、马洪率国家经委团访问联邦德国、瑞士、奥地利等 | 考察企业管理和职业教育 |

---

① 萧冬连. 中国改革初期对国外经验的系统考察和借鉴［J］. 中共党史研究，2006，(4).

| 时　间 | 往来人员与国家 | 内　容 |
|---|---|---|
| 1980 年 4 月 2 日 ~ 16 日 | 国务院副总理余秋里率团访问日本 | 全面考察日本经济发展经验 |
| 1978 年 9 月 | 向坂正男、小林实等日本经济专家代表团应谷牧邀请首次访问中国 | 中国经济发展问题举行了日本专家座谈会 |
| 1979 年 10 月中下旬 | 大来佐武郎、向坂正男和小林实等人再次来访 | |
| 1980 年 4 月 | 下河边淳、向坂正男、小林实等 6 人第三次访华 | |
| 1979 年 11 ~ 1981 年 | 国务院财经委员会理论和方法组在北京开设"外国经济学讲座"，共开设 60 次 | 增加对当代资产阶级经济学的了解 |
| 1979 年 | 美国经济学家团访问中国 | |
| 1980 年 11 月 12 日 ~ 12 月 12 日 | 以许涤新为团长的中国经济学家代表团访问美国 | 了解美国发展经济学的最新成果 |
| 1985 年 9 月 2 ~ 7 日 | 1981 年度诺贝尔经济学奖获得者詹姆斯·托宾、英国剑桥大学教授阿来克·凯恩克劳斯（Alexander Cairncross）、美国波士顿大学经济学教授里罗尔·琼斯（Leroy Jones）、日本小林实等 | 参加"巴山轮会议" |

资料来源：根据有关公开资料整理。

**表 4.6　　　　　改革开放初期中国与东欧国家重要的往来情况**

| 时　间 | 往来人员与国家 | 内　容 |
|---|---|---|
| 1977 年 8 月 30 日 | 南斯拉夫总统铁托应中共中央之邀访问中国。此后，中国出现了一个访问南斯拉夫的高潮，从中央到地方有 30 多个代表团、考察组赴南斯拉夫 | |
| 1978 年 3 月 | 以李一氓为团长、于光远和乔石为副团长的中共党的工作者代表团访问南斯拉夫 | 全面考察南斯拉夫的政治、经济制度 |
| 1978 年 11 月 23 日 ~ 1979 年 1 月 20 日 | 中国社会科学院副院长宦乡率社科院经济学家考察团到南斯拉夫、罗马尼亚访问达两个月之久 | 对两国尤其是南斯拉夫的农业、企业管理、计划与市场的关系、价格体系等进行考察 |
| 1979 年 11 月 25 日 ~ 12 月 22 日 | 于光远、苏绍智、刘国光、黄海、陈国焱等 5 人赴匈牙利 | 考察经济体制，与经济学家和经济界人士举行了 21 次会谈 |
| 1979 年 10 月 | 南斯拉夫马克西莫维奇院士回访中国 | 成为首位来访的东欧经济学家 |
| 1979 年底 ~ 1980 年初 | 布鲁斯来华访问 | 就经济体制改革问题进行讲学，成为对中国影响最大的经济学家，给中国带来了早期经济改革的思想理论和实践经验 |

续表

| 时　间 | 往来人员与国家 | 内　容 |
|---|---|---|
| 1979 年、1980 年 | 佐藤维明两次来华访问 | 在中国社会科学院世界经济研究所举行学术报告会，介绍苏联和东欧经济改革的经验和教训 |
| 1981 年 3 ~ 4 月 | 奥塔·锡克应中国社会科学院邀请来华访问 | 在北京和上海作了 7 次报告，介绍捷克的经济改革 |
| 1985 年 9 月 2 日 ~ 7 日 | 布鲁斯、科尔奈以及南斯拉夫政府经济改革执行委员会委员亚历山大·巴伊特（Aleksander Bait） | 参加"巴山轮会议" |

资料来源：根据有关公开资料整理。

　　学习西方先进经验，首先是从学习先进技术和企业管理经验开始的。例如，出国考察日本的企业管理和质量管理，对美国考察的重点仍然是企业管理，认为在管理水平上中国同发达国家之间存在的巨大差距。当然，学习西方绝对不限于管理层面，各类考察团对西方的观察涉及经济体制的各个方面。如 1980 年国务院副总理余秋里率团对日本的访问，就是对日本经济发展经验的一次全面考察。此外，学习西方经验的另一个途径，是邀请外国专家和学者来华考察，为中国经济发展和体制改革提供咨询和建议。这一举措实际上从 1978 年秋就开始了，影响较大的有向坂正男、小林实等日本经济专家作为谷牧副总理的客人先后三次来华。此外，1979 年美国经济学家团访问中国时与中方谈定，成立中美经济学家联络工作组，隔年交替在美国和中国开会一次，讨论中美双方在经济领域内的交流事项；联邦德国汉堡经济研究所教授古托夫斯基应国家计委顾问薛暮桥的邀请，1980 年和 1981 年两次访问中国，就中国经济改革和财政金融问题提出咨询意见等。当然，中方在听取西方学者的建议时是有保留的，一则因为外国学者对中国国情隔膜，提出的看法和建议并非都能切中要害；二则中国人不能不存有意识形态方面的警觉性。如中国经济学家代表团 1980 年 11 月访美时，美方学者向中方推荐韩国、新加坡和台湾地区的道路，认为中国也应该依赖对外贸易，把对外贸易放在举足轻重的地位。代表团认为，虽然美方学者"出于善意"，对我们"有启发"，"但总的说来，是要我国的经济更加市场化，更加自由化"，这是中国所不能接受的。许涤新在作总结发言时明确告诉美方学者："中国经济发展的道路，是坚持自力更生为主，争取外援为辅，重视发展对外贸易，但不能像一些国家、地区那样，依赖对外贸易。我国进行的四个现代化，决不是西方化，我们采取各种灵活的政策把经济搞活，但决不能因此就动摇社会主义的基本经济制度。"① 借鉴西方经验，另一种方式是系统介绍西方资产阶级经济学。其中，西方关于发展经济学的成果更是受到中国学界的重视。

　　虽然西方国家发展经济的经验和经济学理论对改革初期的中国具有借鉴意义，但存在一个制度障碍，使这种借鉴存在一定的困难。中国学者和官员在与西方学者交流时，一方面对西方发达国家的经验表现出很强烈的兴趣；另一方面在谈到对中国的借鉴意义时，显得有些犹豫和保留。然而，借鉴苏联东欧等国家的经济发展经验教训就没有这种制度上的障碍。因此，在改革初期，中国对于东欧国家的改革经验尤为重视：最先引起兴趣的是南斯拉夫，

---

① 中国经济学家代表团访美报告专辑 ［J］. 经济研究参考资料，1981（25）.

1979 年以后集中在匈牙利的改革。中国与东欧国家之间的重要往来除了考察东欧改革实践经验外，东欧关于社会主义改革的理论也被介绍到中国来，其中又以兰格、布鲁斯和奥塔·锡克三个人的理论最为中国人关注。东欧之外受到关注的学者，有研究苏联东欧体制的日本经济学家佐藤维明。20 世纪 80 年代以前苏联和东欧国家的经济改革为中国理论界提供了一些经验和教训，在经济改革思想上 80 年代初期深受波兰经济学家布鲁斯的影响，到 80 年代中期以后则深受匈牙利经济学家科尔奈的影响。赵人伟说道："改革开放初期，中国的决策者和多数经济学家都还没有跳出计划经济的大框框，而是想在计划经济中增加市场机制的作用，所以，请东欧的改革经济学家来讲学是很自然的事情。另外，东欧的改革经济学家都有马克思主义经济学的学术背景，中国人听起来也比较容易懂。"① 因此，东欧国家经济学家们关于社会主义改革理论与思想对中国经济学界和中央决策层探索改革的目标模式起了直接的启示性作用。

当然，1978 年和之前的出访还只是"出去看看"，开阔眼界，1979 年以后的出国考察才开始具有更强的目的性和专业性，这些考察为探索中国经济发展和改革道路提供了国际经验。而改革初期对国际经验的借鉴，是推动中国改革向市场化发展的一个重要因素。

尽管当时苏联和东欧的经济改革实践和东欧的经济学家在改革初期为中国经济体制改革提供了可以借鉴的经验和思想，然而，到了 20 世纪 80 年代中期，当时的决策层和理论界对于市场经济如何运转和调控，特别是从计划经济如何转向市场经济仍然是相当陌生的。赵人伟后来评价说："从 1979 年到 80 年代初那几年，中国刚改革开放，从计划经济一下跳到市场经济里，要一个过程。从高层决策者到经济学界，知识背景都不够。当时学习东欧的经验较多。无非是在原有的计划经济框架里，加点市场机制到里面。这方面东欧做得最多。但是东欧并没有把市场经济作为资源配置的基础，到了 1985 年，中国人觉得光学东欧改革是不够的了，也要学习西方的市场经济国家经验。"② 因此，中国的经济改革不能仅仅吸取东欧的经验、停留于在中央计划经济的框架下引入市场机制，而是要进一步吸取对市场经济进行宏观管理的经验以及如何从计划经济向市场经济转型的经验已成为理论界普遍的共识。特别是在当时十分复杂的背景下研讨宏观经济管理问题，不仅要涉及比较成熟的市场经济条件下宏观经济管理的一般问题，而且要涉及经济转型初始条件下宏观经济管理的特殊问题；不仅要涉及间接调控中的普遍性问题，而且要涉及直接调控逐步放弃和间接调控尚未相应地建立和健全条件下的特殊问题。

## 4.3　中国特色宏观调控产生的思想背景与政策背景

### 4.3.1　中国特色宏观调控产生的思想背景

中国特色宏观调控之所以明显迥异于西方国家的宏观调控，从思想根源上看，与毛泽东、邓小平等党的第一代和第二代最高领导人长期坚持一切从实际出发，反对本本主义，反

---

① 柳红．鲁斯：东欧来风 ［N］．经济观察报，2009 – 02 – 14.
② 赵人伟．1985 年"巴山轮会议"的回顾与思考 ［J］．经济研究，2008（12）.

对照抄照搬国外经验，坚持把马克思主义普遍原理同中国的具体实际相结合等思想一脉相承。

　　自从社会主义制度建立的初期，以毛泽东为代表的中国共产党人就以改革的精神独立探索"中国式的社会主义道路"。以毛泽东发表《论十大关系》《关于正确处理人民内部矛盾的问题》等著作为标志，不仅提出"中国式的社会主义道路"的命题，而且在当时的情况下难能可贵地提出"以苏为鉴"，防止照抄、照搬苏联模式，开始了对符合本国国情的社会主义建设道路的探索。从 1956 年初起，毛泽东在大量调查研究的基础上，明确提出了正确对待苏联模式问题，指出"学习苏联也不要迷信，对的就学，不对的就不学"。"学习苏联也得具体分析，我们搞土改和工商业改造，就不学苏联那一套"。[①] 在 1957 年发表的《关于正确处理人民内部矛盾的问题》和 1962 年发表的《在扩大的中央工作会议上的讲话》等文章中，毛泽东提出了从我国实际出发建设社会主义的一系列重要原则和思想。这些理论成果，至今仍然具有指导性的意义。在这些理论指导下的实践，铺垫了中国社会主义改革的基础。这正如《关于建国以来党的若干历史问题的决议》所指出的："在过渡时期中，我们党创造性地开辟了一条适合中国特点的社会主义改造的道路。""一九五六年四月，毛泽东发表《论十大关系》的讲话，初步总结了我国社会主义建设的经验，提出了探索适合我国国情的社会主义建设道路的任务。"毛泽东在政治、经济、文化方面创造的新成果，是把马克思主义与中国实际情况相结合的产物。在 20 世纪 60 年代，以毛泽东为代表的中国共产党人继续深入探索具有中国特点的社会主义道路的一系列问题。在社会主义所有制的形式问题上，按劳分配的问题上，发展商品经济的问题上，社会主义社会的所处阶段问题上，社会主义国家相互关系的问题上，执政党的思想理论建设和组织建设问题上，国际战略问题上，社会主义国家对外关系问题上，都得出了比较正确的结论，产生了十分宝贵的思想理论成果。

　　邓小平继承了毛泽东提出的走具有中国特点的社会主义道路的思想，提出在中国的社会主义建设实践中必须严格按照中国国情进行，一以贯之。从"中国式的社会主义道路"到"中国特色社会主义"一脉相承。这正如美国的毛泽东思想研究者斯图尔特·施拉姆（Stuart R. Schram）在谈到毛泽东与邓小平的继承发展关系时所说的："当今邓小平的中国和 20 年前毛泽东的中国有了不同，但是有一件事一点也没有改变：即为寻求一条现代化的道路而向西方学习，特别是向马克思主义学习，同时又保留中国的特色，他们都以此为目标。毛谈到过制定一条'走向社会主义的中国道路'；邓则宁愿说建设'具有中国特色的社会主义'。"正是在这里，施拉姆找到了毛泽东与邓小平的思想一脉相承的依据。早在 1957 年 4 月，邓小平在一次干部会议上所作的报告中指出："苏联的许多经验是好的，但是如果采取教条主义的方法去学习就坏了。"[②] 1979 年 11 月他强调指出："中国的社会主义道路与苏联不完全一样，一开始就有区别，中国建国以来就有自己的特点。我们对资本家的社会主义改造，是采取赎买的政策，不是剥夺的政策。所以中国消灭资产阶级，搞社会主义改造，非常顺利，整个国民经济没有受任何影响。毛泽东主席提出的中国要形成既有集中又有民主，既有纪律又有自由，既有统一意志又有个人心情舒畅、生动活泼的政治局面，也与苏联不同。

---

　　① 建国以来重要文献选编（第 8 册）[M]. 北京：中央文献出版社，1994：231 - 238.

　　② 邓小平文选（第 1 卷）[M]. 北京：人民出版社，1994：263 - 264、268.

但是，我们有些经济制度，特别是企业的管理、企业的组织这些方面，受苏联影响比较大。"① 1987 年 6 月会见南斯拉夫共产主义者联盟中央主席团委员科罗舍茨时强调："我是主张改革的，不改革就没有出路，旧的那一套经过几十年的实践证明是不成功的。过去我们搬用别国的模式，结果阻碍了生产力的发展，在思想上导致僵化，妨碍人民和基层积极性的发挥。"② 1988 年 5 月会见莫桑比克总统希萨诺时指出："坦率地说，我们过去照搬苏联搞社会主义的模式，带来很多问题。我们很早就发现了，但没有解决好。我们现在要解决好这个问题，我们要建设的是具有中国自己特色的社会主义。"③ 1988 年 5 月会见捷克斯洛伐克共产党中央总书记雅克什时再次强调："别人的经验可以参考，但是不能照搬。过去我们中国照搬别人的，吃了很大苦头。中国只能搞中国的社会主义。"④ 这里所讲的"别国""别人"，都指的是苏联模式。1989 年 5 月会见苏共中央总书记戈尔巴乔夫时强调："列宁之所以是一个真正的伟大的马克思主义者，就在于他不是从书本里，而是从实际、逻辑、哲学思想、共产主义理想上找到革命道路，在一个落后的国家干成了十月社会主义革命。"⑤ "多年来，存在一个对马克思主义、社会主义的理解问题。……马克思去世以后 100 多年，究竟发生了什么变化，在变化的条件下，如何认识和发展马克思主义，没有搞清楚。绝不能要求马克思为解决他去世之后上百年、几百年所产生的问题提供现成答案。列宁同样也不能承担为他去世以后 50 年、100 年所产生的问题提供现成答案的任务。真正的马克思列宁主义者必须根据现在的情况，认识、继承和发展马克思列宁主义"。⑥

在长期艰难的探索中，我们党既对社会主义传统观念产生过重大突破，为后来开创中国特色社会主义提供了理论源头，也在很多问题上未能突破社会主义传统观念的束缚，致使长期以来对于"什么是社会主义、怎样建设社会主义"没有完全搞清楚。邓小平抓住什么是社会主义、怎样建设社会主义这个根本问题，深刻揭示了我国正处于并将长期处于社会主义初级阶段，在此基础上深刻揭示了社会主义的本质，指出社会主义的本质是解放生产力，发展生产力，消灭剥削，消除两极分化，最终达到共同富裕；强调贫穷不是社会主义，社会主义要消灭贫穷；平均主义大锅饭不是社会主义，要鼓励一部分人、一部分地区先富起来，通过先富带后富，最终实现共同富裕；没有民主就没有社会主义，就没有社会主义现代化，必须使民主制度化、法律化等。邓小平第一次比较系统地初步回答了在中国这样经济文化比较落后的国家如何建设社会主义、如何巩固和发展社会主义的一系列基本问题，创立了邓小平理论。

由上述分析可以看出，一切从实际出发，坚持实事求是，是中国共产党人长期坚持的一大优良传统。改革开放以来，关于"实践是检验真理的唯一标准"的大讨论与解放思想大讨论，推动了关于计划经济体制和社会主义等认识观念上的大变革，恢复了实事求是的思想路线。这对于在中国实施宏观调控同样必须结合中国的具体国情、不能照搬别国经验，从而最终形成中国特色的宏观调控奠定了坚实的思想基础。

① 邓小平文选（第2卷）[M]. 北京：人民出版社，1994：235.
② 邓小平文选（第3卷）[M]. 北京：人民出版社，1994：237.
③ 邓小平文选（第3卷）[M]. 北京：人民出版社，1994：261.
④ 邓小平文选（第3卷）[M]. 北京：人民出版社，1994：265.
⑤ 邓小平文选（第3卷）[M]. 北京：人民出版社，1994：139、292.
⑥ 邓小平文选（第3卷）[M]. 北京：人民出版社，1994：291.

## 4.3.2　中国特色宏观调控产生的政策背景

到 1985 年，中国的改革开放已经进行到第七个年头。在这年 9 月召开的"巴山轮会议"上，"宏观调控"的概念被首次提出。财政部原部长项怀诚指出，30 年前中国经济学家的思想资源主要来自马克思主义政治经济学。对于总需求、总供给、货币政策、财政政策等话语则十分陌生。[①]

对于宏观调控产生的政策背景，从党的历届全国人民代表大会和中央委员会的报告以及主流媒体的报道中可以梳理出一个明显的线索：1978 年底召开的党的十一届三中全会的精神是强调发展商品生产，在经济生活中更多地发挥价值规律或市场机制的作用；1982 年秋季召开的党的十二大仍然坚持"计划经济为主体，市场调节为补充"；在 1984 年 10 月 12 日中国共产党十二届三中全会通过的《中共中央关于经济体制改革的决定》中，不仅提出了"有计划商品经济"的改革方向，强调缩小指令性计划，出现了从计划经济到市场经济的一个关键转折，而且首次提出了"宏观调节"一词，其基本含义与现在讲的宏观调控基本一致。《中共中央关于经济体制改革的决定》指出："越是搞活经济，越要重视宏观调节，越要善于在及时掌握经济动态的基础上综合运用价格、税收、信贷等经济杠杆，以利于调节社会供应总量和需求总量、积累和消费等重大比例关系，调节财力、物力和人力的流向，调节产业结构和生产力的布局，调节市场供求，调节对外经济往来，等等。我们过去习惯于用行政手段推动经济运行，而长期忽视运用经济杠杆进行调节。学会掌握经济杠杆，并且把领导经济工作的重点放到这一方面来，应该成为各级经济部门特别是综合经济部门的重要任务。"1985 年 8 月 13 日《人民日报》发表社论《瞻前顾后、统筹安排》首次提出了"宏观控制"的概念。社论针对当时全国固定资产投资规模不断膨胀的情况，指出"出现这种现象的主要原因，在于一些同志较多地重视微观放活，而在一定程度上忽视了贯彻党中央、国务院关于加强宏观控制的指示"。而 1985 年"巴山轮"会议上最先提出的也是"宏观控制"的概念。在 1987 年为党的十三大报告中，提出"逐步健全以间接管理为主的宏观经济调节体系"，并认为"宏观调节与搞活企业、搞活市场三者是统一的，缺一不可。离开了宏观调节，市场会乱，企业也会乱"。在 1988 年 9 月召开的党的十三届三中全会的报告中，不仅首次提出了"宏观调控"这一概念，而且对宏观调控的作用和手段等进行了阐述。报告指出："这次治理经济环境、整顿经济秩序，必须同加强和改善新旧体制转换时期的宏观调控结合起来。""必须综合运用经济的、行政的、法律的、纪律的和思想政治工作的手段，五管齐下，进行宏观调控。在新旧体制转换时期，尤其不能过早地轻率地放弃行政手段，以免出现经济生活的混乱。加强行政手段的目的，是为了更好地推进改革，而不是走老路，对这一点必须有明确的认识。我们要在实践中努力学习，积累经验，逐步掌握和提高宏观调控的本领。"从这时起，中国经济学界与决策层开始正式使用"宏观调控"这一概念。[②]

从政策实践来看，1984 年《中共中央关于经济体制改革的决定》提出的"宏观调节"

---

① 项怀诚. 巴山轮会议的启蒙作用 [DB/OL]. http：//www. guancha. cn/politics/2015_06_29_324991. shtml.

② 刘瑞. 宏观调控的定位、依据、主客体关系及法理基础 [J]. 经济理论与经济管理，2006 (5)；黄伯平. 宏观调控的理论反思 [J]. 社会科学研究，2008 (3). 新华文摘，2008 (15).

和党的十三届三中全会提出的"宏观调控"概念与"巴山轮会议"上提出的"宏观控制"存在着显著的差别。首先,"巴山轮会议"提出的"宏观控制"指的就是总量控制。对此,魏加宁(2009)指出:"(宏观调控)这个词语上世纪 80 年代最初引进中国时叫作'宏观控制',后来改叫'宏观调节',指的就是总量控制。1985 年的'巴山轮会议'使中国经济学家们第一次搞懂了宏观调控就是总量控制,'巴山轮会议'上,专家学者们讨论的结果,认为中国应当走'有宏观控制的市场协调模式'('2B'模式),主张从直接的行政控制转向间接的宏观管理。"① 然而,1984 年《中共中央关于经济体制改革的决定》提出的"宏观调节"的主要任务就包括了"调节社会供应总量和需求总量、积累和消费等重大比例关系,调节财力、物力和人力的流向,调节产业结构和生产力的布局,调节市场供求,调节对外经济往来,等等";而"宏观控制"的提法在"巴山轮会议"之前的 1985 年 8 月 13 日《人民日报》社论《瞻前顾后、统筹安排》中已经被首次提出。党的十三届三中全会在提出"宏观调控"概念的同时,强调了宏观调控的任务是"治理经济环境、整顿经济秩序",指出宏观调控的手段是"综合运用经济的、行政的、法律的、纪律的和思想政治工作的手段,五管齐下,进行宏观调控","尤其不能过早地轻率地放弃行政手段,以免出现经济生活的混乱。加强行政手段的目的,是为了更好地推进改革,而不是走老路,对这一点必须有明确的认识"。从政策层面上看,在"宏观调控"提出之前的两次宏观调控实践中,如 1981 年中央提出"调整、巩固、整顿、提高"的八字方针以及采取的大规模压缩基建投资、减少财政支出,对地方实行"划分收支、分级包干"的财政体制以及行政手段和财政手段的采用等;1985 年中央推出的加强中国人民银行对宏观经济的控制与调节职能、严控信贷总规模和现金投放、严控固定资产投资、坚决压缩行政开支和社会集团购买力、严控消费基金的盲目增长等措施,都与总量调控存在明显的差异。在"巴山轮会议"召开之后的 1988 年的宏观调控中,政府最初采取了提高居民存款利率、对部分产品征收消费税等抑制消费的间接调控政策,但调控效果不明显。于是,政策当局不得不采用直接的调控手段,最主要的是压缩投资的各种直接的行政控制手段,包括明确规定压缩幅度、停建缓建各种项目的指令性计划、向各地派出固定资产投资检查小组等。从中可以看出,这些措施既包含了总量调控的内容,也有结构性调控的身影,还存在行政性调控的手段。因此,从这一意义上说,有学者提出在"宏观调控"提出前后"无论'宏观调节'还是'宏观控制''宏观调控',指的都是总量控制。"这一说法是值得商榷的。

正是基于上述宏观背景,"巴山轮会议"上提出的"宏观控制"在中国出现以来,就明显不同于西方成熟市场经济国家的宏观调控。在"六五"时期,中国经济运行中出现的 1980 ~ 1981 年和 1984 ~ 1985 年两次经济过热和通货膨胀。特别是 1984 年下半年至 1985 年上半年,出现了投资和消费双膨胀导致的经济过热与通货膨胀压力加大。对此,理论界也缺乏成熟的经验和思想资源借鉴,确实是"摸着石头过河"。对此,参加"巴山轮"会议的各国各派经济学家,在研究了世界银行提供的中国宏观经济数据后,形成了一致意见:当时的中国经济表现是投资热且工资膨胀,处于工资推进与过度需求拉动的膨胀之中,因此,必须加强宏观调控,必须推进改革。与会专家认同了科尔内提出的认为中国的宏观管理应当采取"2B"模式,即"有宏观控制的市场协调"模式,主张从直接的行政控制转向间接的宏观管

---

① 魏加宁. 改革开放 30 年之宏观调控:回顾与反思 [DB/OL]. 中国改革论坛,2008 - 02 - 22.

理。在这次会议后，中国政府就当时的宏观调控提出了七个方面的主要观点和对策措施，就与发达国家旨在熨平经济周期性波动的宏观调控存在显著区别。这些措施包括：（1）宏观控制下的市场协调作为改革的目标模式；（2）间接控制的核心是有效控制总需求的合理增长，相应建立和完善各种间接管理的调控手段；（3）创造能够使企业家对宏观经济间接控制手段作出灵敏反应的各种外部和内部条件；（4）改革需要一个长期的过程，应当一步一步走，采取渐进、逐步过渡的办法；（5）在需求膨胀的情况下，采取一些行政控制是需要的；（6）对国有企业实现工资增长与利润挂钩不一定是好办法；（7）过高的增长是有危险的，在存在过度需求的情况下，任何改革都很难实行。从中可以看出，虽然这些观点和措施由来自西方发达国家、东欧国家与中国经济学家及政府官员共同提出，但从一开始就结合了中国经济运行的实际，具有鲜明的中国特色。

# 第5章
# 中国特色宏观调控实践模式的发展演变

自 1978 年中国实行改革开放以来，针对不同时期经济运行的特点，政府对经济进行了八次大规模的宏观调控。在这 30 年的发展历程中，中国的宏观调控伴随着经济体制改革的历程，经历了包括治理经济全面过热、局部过热与内需不足、通货膨胀与通货紧缩的复杂过程，采取的调控措施包括紧缩性、扩张性与"有保有压"等政策选择，调控手段从行政计划等直接手段过渡到运用经济、法律等间接手段，几乎经历了从短缺到过剩、从过热到过冷、从通货膨胀到通货紧缩的全过程，成功应对了经济可能遇到的各种复杂经济状况，形成了独具中国特色的宏观调控实践模式。

## 5.1 转轨以来中国的经济运行与宏观调控

改革开放以来，中国经济取得了长期持续高速增长，创造了让世界为之瞩目的增长"奇迹"。1978～2013 年，GDP 年均增长超过 9.4%，而同期世界经济年均增速只有 2.8% 左右。因此，无论是从高速增长期持续的时间还是从增长速度来看都超过了经济起飞时期的日本和亚洲"四小龙"，创造了人类经济发展史上的新奇迹。在这一增长奇迹的作用下，中国经济呈现出一幅靓丽的画卷：第一，经济总量连上新台阶，综合国力大幅提升。国内生产总值（GDP）由 1978 年的 3645 亿元迅速跃升至 2015 年的 67.67 万亿元。第二，经济总量居世界位次稳步提升，对世界经济增长的贡献不断提高。1978 年，我国经济总量仅位居世界第十位；2008 年超过德国，居世界第三位；2010 年超过日本，居世界第二位，成为仅次于美国的世界第二大经济体，这一位次一直保持至今。经济总量占世界 GDP 总量的份额由 1978 年的 1.8% 提高到 2015 年的近 1/5。2008 年国际金融危机爆发以来，我国成为带动世界经济复苏的重要引擎，2008～2012 年对世界经济增长的年均贡献率超过 20%；2015 年中国经济对世界经济增长的贡献达到 25% 以上。第三，人均国内生产总值不断提高，成功实现从低收入国家向上中等收入国家的跨越。1978 年人均国内生产总值仅有381 元，1987 年达到 1112 元，1992 年达到 2311 元，2003 年超过万元大关至 10542 元，2007 年突破 2 万元至 20169 元，2010 年再次突破 3 万元大关至 30015 元，2013 年突破 4万元大关达到 42557 元，2014 年达到 46629 元，2015 年更是突破 5 万元大关达到人均

5.2 万元。根据世界银行（WB）数据，我国人均国民总收入由 1978 年的 190 美元上升至 2015 年的 8016 美元，按照世界银行的划分标准，已经由低收入国家跃升至上中等收入国家（表 5.1）。

**表 5.1　　　　1978 ~ 2015 年中国主要宏观经济指标增长情况**　　　单位:%

| 年份 | GDP | CPI | I | 人均 GDP | 年份 | GDP | CPI | I | 人均 GDP |
|---|---|---|---|---|---|---|---|---|---|
| 1978 | 111.7 | 100.7 | — | 110.2 | 1997 | 109.3 | 102.8 | 8.85 | 108.2 |
| 1979 | 107.6 | 101.9 | 17.40 | 106.1 | 1998 | 107.8 | 99.2 | 13.89 | 106.8 |
| 1980 | 107.8 | 107.5 | 2.20 | 106.5 | 1999 | 107.6 | 98.6 | 5.10 | 106.7 |
| 1981 | 105.2 | 102.5 | 5.50 | 103.9 | 2000 | 108.4 | 100.4 | 10.26 | 107.6 |
| 1982 | 109.1 | 102.0 | 28.03 | 107.5 | 2001 | 108.3 | 100.7 | 13.05 | 107.5 |
| 1983 | 110.9 | 102.0 | 16.23 | 109.3 | 2002 | 109.1 | 99.2 | 16.89 | 108.4 |
| 1984 | 115.2 | 102.7 | 28.17 | 113.7 | 2003 | 110.0 | 101.2 | 27.74 | 109.3 |
| 1985 | 113.5 | 109.3 | 38.75 | 111.9 | 2004 | 110.1 | 103.9 | 26.83 | 109.4 |
| 1986 | 108.8 | 106.5 | 22.70 | 107.2 | 2005 | 111.3 | 101.8 | 25.96 | 110.7 |
| 1987 | 111.6 | 107.3 | 21.51 | 109.8 | 2006 | 112.7 | 101.5 | 23.91 | 112.0 |
| 1988 | 111.3 | 118.8 | 25.37 | 109.5 | 2007 | 114.2 | 104.8 | 24.84 | 113.6 |
| 1989 | 104.1 | 118.0 | -7.22 | 102.5 | 2008 | 109.6 | 105.9 | 25.85 | 109.1 |
| 1990 | 103.8 | 103.1 | 2.42 | 102.2 | 2009 | 109.2 | 99.3 | 29.95 | 108.9 |
| 1991 | 109.2 | 103.4 | 23.85 | 107.7 | 2010 | 110.4 | 103.3 | 23.83 | 110.1 |
| 1992 | 114.2 | 106.4 | 44.43 | 112.8 | 2011 | 109.3 | 105.4 | 11.83 | 109.0 |
| 1993 | 114.0 | 114.7 | 61.78 | 112.7 | 2012 | 107.8 | 102.6 | 20.60 | 107.3 |
| 1994 | 113.1 | 124.1 | 30.37 | 111.8 | 2013 | 107.7 | 102.6 | 19.60 | 107.2 |
| 1995 | 110.9 | 117.1 | 17.47 | 109.7 | 2014 | 107.3 | 102.0 | 14.90 | 106.8 |
| 1996 | 110.0 | 108.3 | 14.46 | 108.9 | 2015 | 106.9 | 101.4 | 12.00 | 106.4 |

在中国经济的长期高速增长过程中，中国的宏观经济运行呈现出以下显著特征。

第一，经济的周期性波动。自 20 世纪 80 年代以来，许多学者致力于实证研究中国的经济周期与经济波动，其中最有代表性的学者刘树成被公认为中国经济周期波动理论第一人。[①] 自 1984 ~ 1985 年提出中国经济周期波动这个命题和开拓出这一崭新研究领域之后，刘树成在对中国经济增长与波动进行的长期跟踪研究中，认为中国经济在走向繁荣与稳定的历程中，呈现出三个阶段：第一个阶段是新中国成立后至改革开放前，第二个阶段是改革开放之后的 30 余年，第三个阶段是目前正在开始的新阶段。在这里，我们着重探讨改革开放以来的第二和第三阶段。刘树成（2009）认为，改革开放以来，中国的经济运行包括 5 个

---

① 崔克亮.刘树成：中国经济周期波动理论第一人［N］.中国经济时报，2014 - 01 - 15；2014 - 02 - 12.

周期，分别为：1977～1981 年，1982～1986 年，1987～1990 年，1991～1999 年，2000～2009 年。与改革开放前中国经济的"大起大落型"波动相比，改革开放 30 余年来，中国经济的增长与波动呈现出"高位平稳型"的新态势。"高位平稳型"具体归纳为五个特点：（1）波动的强度：理性下降。波动的强度，即每个周期中经济增长率的高峰，从改革开放前经常高达 20% 左右，回落到改革开放后的 11%～15%。（2）波动的深度：显著提高。波动的深度，即每个周期中经济增长率的低谷，在过去经常为负增长，而改革开放后，经济增长率的低谷均为正增长，再没有出现过负增长的局面。（3）波动的幅度：趋于缩小。波动的幅度，即每个周期中经济增长率的峰谷落差，由过去最大时近 50 个百分点，缩小至改革开放后的 6～7 个百分点。（4）波动的平均高度：适度提升。1953～1978 年（以 1952 年为基年）的 26 年中，GDP 年均增长率为 6.1%；1979～2009 年（以 1978 年为基年）的 31 年中，GDP 年均增长率为 9.9%（近两位数），比过去提升了 3.8 个百分点。（5）波动的长度：明显延长。波动的长度，即每个周期中经济增长率一起一落的时间长度，在 1953～1990 年的前 8 个周期中，平均为 5 年左右，表现为一种短程周期。而 20 世纪 90 年代初之后，在第 9、第 10 个周期中，周期长度延长到 9～10 年，扩展为一种中程周期。特别是在第 10 个周期中，上升阶段由过去一般只有短短的 1～2 年，延长到 8 年（2000～2007 年），这在新中国 60 多年来经济发展史上还是从未有过的。第三个阶段，即目前正在开始的新阶段。2010～2012 年，中国经济增长与波动所面临的国内外环境发生了重大变化。一方面，世界经济已由国际金融危机前的"快速发展期"进入"深度转型调整期"。国际金融危机的深层次影响还在不断显现，世界经济复苏缓慢，增长动力不足，国际经济形势依然错综复杂，充满不确定性；另一方面，国内经济已由"高速增长期"进入"增长阶段转换期"。改革开放 30 多年来近两位数的高速增长已告一段落，开始进入潜在经济增长率下移的新阶段。鉴于国内外经济环境的重大变化，刘树成（2013）指出，今后，中国经济增长与波动有可能从改革开放以来的"高位平稳型"转入"锯齿形缓升缓降"的新阶段，即一两年微幅回升、一两年微幅回落、又一两年微幅回升，使经济在潜在经济增长率所决定的适度区间内保持较长时间的平稳运行和轻微的上下起伏波动，这既不是简单的大落又大起的"V"形或"U"形轨迹，也不是大落之后很长时间内恢复不起来的"L"形轨迹。

从总体上看，改革开放以来，中国经济周期波动的主要特点为波幅减缓，并由古典型波动转变为增长型波动（即在经济周期的下降阶段，GDP 并不绝对下降，而是增长率下降），呈现出一种峰位降低、谷位上升、波幅缩小的新态势。从表 5.2 中可以看出，在中国经济取得高速增长的同时，周期性波动也十分显著，有时波动的幅度还很大，对经济资源造成了极大的浪费。20 世纪 80 年代以来，中国的经济增长经历了三次大的起伏和波动：第一次出现在 20 世纪 80 年代初期，经济从 1981 年左右开始发动，到 1984 年达到最高点，然后逐渐减速，于 1990 年到达最低点，形成了转轨以来的第一个周期性循环；第二次出现在 20 世纪 90 年代初期，经济从 1991 年开始启动，到 1992 年达到最高点，然后逐渐减速，于 1999 年前后到达最低点，形成了第二个周期性循环；第三次出现在 21 世纪初期，也就是目前正经历的这个新的经济发展周期。从数据上看，经济从 2001 年开始启动加速，在 2007 年达到最高点，然而逐渐减速，2014 年达到最低点，进入中高速增长的"新常态"阶段。

表 5.2　　　　　　　　　　　转轨以来中国的经济周期性波动

| 序号 | 起止年份 | 峰位经济增长率 | 谷位经济增长率 | 峰谷落差（%） | 上升阶段的年数 |
|---|---|---|---|---|---|
| 1 | 1978～1981 | 1978 年 11.7% | 1981 年 5.2% | 6.5 | 2 |
| 2 | 1982～1986 | 1984 年 15.2% | 1986 年 8.8% | 6.4 | 3 |
| 3 | 1987～1990 | 1987 年 11.6% | 1990 年 3.8% | 7.8 | 1 |
| 4 | 1991～1999 | 1992 年 14.2% | 1999 年 7.6% | 6.6 | 2 |
| 5 | 2000～2009 | 2007 年 14.2% | 2001 年 8.3% | 5.9 | 6 |
| 6 | 2010～2015 | 2010 年 10.4% | 2014 年 7.0% | 2.7 | 1 |

此外，刘树成（2000）以我国产出增长率为基础，按照"谷—谷"法将新中国成立以来我国经济运行划分为 9 个相对完整的周期，并详细比较分析了改革开放前后我国经济周期的峰位、谷位、波幅和位势等经典周期特征，指出改革开放以后我国经济稳定性日趋增强，当前正处于体制转轨的深化期、长期高速增长后的调整期以及由全面短缺向阶段性买方市场的转变期，从而导致"宽带现象"的出现，而我国未来经济增长与波动将可能出现"缓起缓落"与"长起长落"的新态势。刘恒（2003）同样以我国产出增长率为基础，通过对新中国成立以来我国经济周期的划分和周期波动类型的分类，描述了我国经济周期波动轨迹，并详细考察了新中国成立以来我国经济周期波动的经典周期特征，指出改革开放以后我国经济周期由以前的"大起大落"型转向"高位—平缓"型。刘恒、陈述云（2003）选择反映生产规模、市场环境和开放度为主要内容的六个宏观经济指标，按照一定步骤构造了一个能综合反映经济周期波动的短期指数，并以此为依据详细考察了 20 世纪 90 年代以来的我国第 9 轮经济周期的经典周期特征，指出我国第 9 轮经济周期总体上表现出"前峰型周期""增长弱周期"和短扩张、长收缩型周期等特征。李建伟（2003）以各宏观经济变量增长率为基础，着重考察了新中国成立以来我国经济波动的短周期、中周期和长周期，指出我国经济运行目前正处于存货投资短周期波动的扩张期、固定资产投资增长短周期和中周期波动的扩张期、产业结构升级中周期波动的衰退期和中长周期波动的复苏期，相应地，我国产出增长正处于短周期波动的扩张期、中周期波动的复苏期和中长周期波动的谷底。刘金全、范剑青（2001）利用差分分解、分离时间趋势和 HP 滤波等消除趋势方法，对一些主要宏观经济变量进行随机分解，从而考察了 20 世纪 90 年代以来我国经济周期波动的非对称性特征和一些宏观经济变量的相关性，指出我国经济周期波动具有较为明显的非对称性特征，总体表现出"缓升陡降"的形态，这主要是由固定资产投资、财政政策和货币政策的非对称性所造成的。刘金全、张海燕（2003）利用广义条件异方差模型（GARCH）和指数广义条件异方差模型（EGARCH），以条件异方差作为经济周期波动的度量指标，分别考察了 20 世纪 90 年代以来我国经济周期的波动性特征和非对称性特征，认为我国经济周期波动出现了新的态势，在经济周期分界模糊和波动性降低的同时，主要宏观经济变量波动性的关联和反应方式也体现出一定程度的非对称性，显示出我国经济增长过程中市场规模和体制转变的动态性和阶段性特征。陈昆亭、周炎、龚六堂（2004）从现代经济周期理念出发，在详细比较了各种滤波算子的基础上，利用 BK 滤波对一些主要宏观经济变量进行消除趋势，然后考察了新中国成立以来我国经济周期的波动性、持续性和协动性等现代周期特征，结论是我国经济周

期波动基本上服从一般经济周期特征，但由于特殊的国情造成 1978 年前的独特性，即个别宏观总量关系可能不服从一般经济学假定。经济周期波动的非线性特征是指经济周期的拐点处发生明显的情势转变，常常表现为经济周期的扩张阶段和收缩阶段的明显不对称性。这方面的研究以弗里德曼（Friedman，1993）的波动模型（plucking model）和哈密尔顿（Hamilton，1989）的马可夫情势转变模型（Markov regime switching，MS）最具代表性。弗里德曼（1993）的波动模型认为，经济通常运行在生产可能边界上，只是由于一些扰动因素的影响，经济出现了衰退，从而暂时脱离生产可能边界，但最终仍然会回到原来的生产可能边界上。这意味着经济周期波动是非对称的，且经济衰退对产出水平只具有暂时性影响。这一观点得到了一些先验研究的支持（Goodwin and Sweeney，1993；Beaudry and Koop，1993；Sichel，1994）。哈密尔顿（1989）利用马可夫情势转变模型将经济运行划分为两种状态，即经济繁荣和经济衰退，从而很好地揭示出经济周期在两种状态间发生情势转变的非线性特征，并指出经济衰退对产出水平具有永久性影响。金（Kim）和纳尔森（Nelson，1999）提出一个一般形式的计量模型，详细比较了弗里德曼和哈密尔顿对经济周期波动的非线性特征的差异，并将二者统一起来进行考察，证实这两种形式的非线性特征在美国战后经济中都存在。金等（King et al.，2000）利用马可夫情势转变模型分别考察了美国、加拿大和英国经济周期波动的非线性特征以及经济衰退对产出水平的影响，指出美国经济衰退的持久性影响很弱，而其他国家经济衰退的持久性影响相对较强。辛普森等（Simpson et al.，2001）与穆尔曼（Moolman，2004）利用时变转换概率马可夫模型（time-varying transition probabilities，TVTP）分别考察了英国和南非经济周期波动的非线性特征，并进行了相应的拐点识别分析。而经济周期波动的协动性特征研究主要目的在于探求经济周期波动中不同经济变量之间的相互联系。这类研究主要是利用两种方法：一种方法是借助消除趋势后各经济变量的横截面相关来刻画协动性特征，使用的方法主要有 BN 滤波（Beveridge and Nelson，1981）、HP 滤波（Hodrick and Prescott，1990）和 BK 滤波（Baxter and King，1995）等，这种方法属于静态分析；另一种方法主要是利用动态因素模型来捕捉协动性特征，这主要归功于斯托克和沃特森（Stock and Watson，1989，1991，1993）的开创性研究，这种方法属于动态分析，但相对较为复杂。早期的研究主要致力于考察单一经济主体不同部门经济之间的协动性，以探究不同部门经济在整个经济周期波动中的相互联系。其中一些研究主要是借助消除趋势后宏观经济变量的横截面相关，来给出一国经济周期波动的一些基本典型事实（Hodrick and Prescott，1990；Stock and Watson，1990；Baxter，1991；Canova，1993；Kydland and Prescott，1994）。此外，还有一些研究利用多变量动态马可夫转换因素模型，将协动性特征和非线性特征融合起来加以考虑，以更好地进行经济周期波动特征和拐点识别分析（Diebold and Rudebusch，1996；Chauvet，1998；Kim and Nelson，1998）。近年来，更多的研究致力于探究不同国家、不同地区宏观经济运行之间的协动性，以揭示世界经济周期波动的普遍规律。这主要是受卢卡斯（Lucas，1977）提出的经济周期理论研究应致力于探究所有市场经济运行的普遍规律，而不应仅仅局限于某个国家特有制度安排的主张影响。其中一些研究主要是利用消除趋势后各宏观变量的横截面相关，考察主要发达工业化国家经济运行之间的协动性（Backus et al.，1995；Baxter，1995；Bergman et al.，1998），以及发展中国家与发达工业化国家经济运行之间的协动性（Agenor et al.，1999；Kose，2002），结论是发达工业化国家经济周期波动具有很大的相似性，而发展中国家与发达工业化国家经济周期波动也具有较大的相似性，但也存在着一些明显差异。另外一些研究则主要利用多因素动态模型将国内经济周期波动的影响因素分解为世界动态因素和国别动态因素等，从而考察不同动态因素对国内经济周期波动的影响，结论是世界动态因素对大多数国家经济周期波动具有较大的影响，从而很好地证实了世界经济周期的存在，并揭示出世界经济周期波动的一些基本特征（Nirrbin and Schlaggenhauf，1996；Gregory et al.，1997；Kose et al.，2003）。① 国内学者将协动性特征和非线性融合起来对中国经济周期波动特征和拐点识别的研究主要有：贾俊雪（2006）从总体经济视角出发，详细考察了新中国成立以来我国经济周期波动的特征，并与改革开放以来的情况进行比较分析。首先分析我国经济周期波动的经典周期特征，然后运用消除趋势法对我国经济周期波动的现代周期特征作静态分析，最后利用多变量动态马可夫转换因素模型对我国经济周期波动的非线性特征和协动性特征进行分析。结果表明：改革开放以来，尤其是 20 世纪 90 年代以来，我国经济稳定性逐步增强。改革开放以前，我国经济波动总体上表现出较为明显的对称性，改革开放以后，非对称性特征逐步增强，20 世纪 90 年代以前总体上表现出明显的"缓升陡降"形态，20 世纪 90 年代以后非对称性特征更为明显，出现了所谓的"宽带现象"；从我国经济周期波动的现代周期特征的动态分析中可以看出，就长期而言，我国经济周期波动表现出明显的协动性和非线性特征，改革开放以前，宏观经济情势转换发生得较为频繁，改革开放以后，经济周期波动明显趋缓；就短期而言，尤其是 20 世纪 90 年代以来，协动性特征依然显著但非线性特征明显减弱。郭庆旺、贾俊雪、杨运杰（2007）运用吉布斯抽样方法估算了我国经济周期的多变量动态马可夫转换因素模型，对我国经济周期进行拐点识别和同步指数分析，进而揭示出我国经济周期的长期和短期运行特点。分析表明，就长期而言，我国经济周期运行表现出明显的协动性和非线性特征，改革开放以前，宏观经济波动剧烈，情势转换发生得较为频繁，改革开放以后，宏观经济波动明显趋缓；就短期而言，尤其是 20 世纪 90 年代以来，我国经济周期运行平稳，协动性特征依然显著但非线性特征明显减弱。

第二，通货膨胀与通货紧缩交替出现。通货膨胀历来是经济学领域最引人关注的宏观经济问题之一。对于中国通货膨胀的认识和理解，自然也成为国内经济理论界争论的焦点所在。改革开放以来，中国先后经历了 1980 年、1985 年、1988～1989 年、1994 年以及进入 21 世纪以来 2004 年、2008 年和 2011 年三次温和的通货膨胀与 1998～2002 年和 2009 年的两次通货紧缩。其中，通货膨胀最高为 1994 年 24.1%，最低为 1999 年 -1.4%。从通货膨胀的情况来看，具体情况分别为：（1）1980 年的通货膨胀。1978 年以后，政府逐渐放松了对物价的控制，通货膨胀也逐渐从压抑型通货膨胀转为公开的通货膨胀。由于投资需求的高度膨胀，基本建设规模出现失控，1979 年全国在建大中型项目 1100 多个，1980 年再增加了 1100 多个，如此大规模的基本建设规模导致 1979 年财政赤字近 170 亿元，1980 年近 127 亿元。当时的财政赤字依靠货币融资，导致货币的超量发行，1979 年增发货币 50 多亿元，1980 年又增发了 78 亿元，结果引发了改革开放后的第一次通货膨胀，1980 年居民消费价格指数上涨 7.5%。（2）1985 年的通货膨胀。针对 1981 年实施收缩政策而来的市场疲软和经济萧条，为了恢复较高的经济增长率，国家于 1982 年开始松动财政，经济也在投资的拉动

---

① 钟伟，覃东海. 商业周期理论的协动性和非对称性综述 [J]. 世界经济，2003（1）；贾俊雪. 中国经济周期及其波动原因研究 [D]. 中国人民大学博士学位论文，2006.

下迅速进入扩张阶段。GDP 增长率从 1982 年的 9.0% 上升到 1983 年的 10.9%，到 1984 年则达到 15.1%，居民消费价格指数同比增长率在 1985 年则达到改革开放后的最高水平 11.4%。（3）1987～1988 年的通货膨胀。当 1985 年实行的收缩和调整政策导致许多企业严重缺乏流动资金，要求放松财政、放松银根的呼声开始日益强烈起来。于是从 1986 年第二季度开始扩大财政支出，通过财政赤字维持投资与消费需求的增长。特别是 1988 年实施财政的"包干"体制后，中央财政收入在整个财政收入中所占份额下降，而由于地方政府对投资的软约束，投资需求与消费需求更加迅猛扩张。与需求迅速膨胀相伴的是，1987 年和 1988 年的商品零售价格指数增长率分别是 7.3% 与 18.5%，结果触发了 1988 年 8 月的抢购风潮。（4）1994 年的通货膨胀。1992 年，在邓小平同志南方谈话和中共十四大精神的激励下，中国经济开始了新一轮的启动。GDP 增长率从 1991 年的 9.2% 上升至 1992 年的 14.2%，全社会固定资产投资 1992 年比上年增长 44.4%，1993 年上半年增速高达 70%，1993 年居民消费价格指数比上年增加 14.7%，1994 年则达到 24.1%，1995 年为 17.1%。（5）21 世纪以来的三次温和通货膨胀。进入新世纪以来，中国经济运行中先后出现了三次价格上涨：第一次出现在 2004 年，居民消费价格指数同比上涨 3.9%，比 2003 年加快 2.7 个百分点。2004 年的前三季度同比 CPI 逐月攀升，四季度受上年四季度高基数的影响，呈现回落态势，从 9 月的 5.2% 回落到 12 月的 2.4%。在全年居民消费价格指数同比上涨 3.9% 中，食品类价格上涨 9.9%，居民消费价格指数上涨 3.3%，非食品类价格上涨 0.8%，影响居民消费价格指数上涨 0.6%。粮食价格在经历了 2003 年 10 月～2004 年 4 月较快上涨以后，全年上涨 26.4%。第二次价格上涨出现在 2008 年，居民消费价格同比上涨 5.9%。食品价格大幅上涨是推动居民消费价格同比上涨的主要原因。自 2006 年 11 月以来，粮食、肉蛋、油脂、鲜菜以及奶制品等价格轮番上涨，推动食品价格涨幅不断走高，2007 年食品价格上涨 12.3%，拉动居民消费价格同比上涨 4 个百分点，对居民消费价格同比上涨的贡献率达到 83%。第三次价格上涨出现在 2011 年，居民消费价格同比上涨 5.4%。

　　从通货紧缩的情况来看，具体情况分别为：（1）1998～2002 年的通货紧缩。受 1997 年 7 月爆发的亚洲金融危机的影响，从 1998 年开始，由于有效需求不足，1998～2002 年居民消费价格指数分别为 −0.8%、−1.4%、0.4%、−0.4% 和 −0.8%，中国出现通货紧缩，失业问题也日益严重。（2）2009 年的通货紧缩。2008 年上半年到 2009 年上半年，全球金融危机使 CPI 直线下跌，通胀转向。在此期间，中国经济步入下行期，GDP 增速由 2007 年的 13% 的陡降至 2008 年的 9.6%，直到 2009 年探底。在此期间，尽管央行屡屡降息，中国 CPI 从 5.9% 的高位一路降至将近 −0.7% 的水平，降幅超过 6%。这一阶段 CPI 下行，归因于需求趋冷与信贷紧缩，而非政府价格管制的结果。

　　如果将通货膨胀的成因归结为需求拉动、成本推动与结构性，将通货膨胀的类型区分为：CPI ≤ 3% 为爬行式通货膨胀，3% < CPI ≤ 10% 为温和型通货膨胀（其中，3% < CPI ≤ 5% 为中低通胀区，5% < CPI ≤ 10% 为中高通胀区），10% < CPI ≤ 100% 为奔腾式通货膨胀，CPI > 100% 为恶性通货膨胀，那么，从通货膨胀的成因来看，改革开放以来中国的历次通货膨胀既有需求拉动的因素，也有成本推动与结构性因素，还有三者共同作用的影响；从通货膨胀的类型上来看，除恶性通货膨胀之外，其他各种类型的通货膨胀都存在。

　　需要特别指出的是，在中国加入 WTO、主动融入经济全球化的背景下，通货膨胀的剧烈上升幅度逐渐趋于下降，但输入性通货膨胀的影响日益突出。从总体上看，2001～2008

年，CPI 逐步走高，通货膨胀率逐渐上升，主要是出口导向型经济下顺差剧增、人民币升值进而热钱涌入的结果，表现为输入性通货膨胀。而 1998 年亚洲金融危机与 2008 年美国金融危机也分别导致中国的有效需求不足，从而引起 CPI 下行，出现通货紧缩。

第三，投资波动剧烈。主要表现在：（1）改革开放以来，中国的投资增长波动频繁和剧烈，明显的投资波动有五次，分别是 1978～1980 年、1981～1989 年、1990～1999 年、2000～2011 年、2012 至今。具体地说，1978～1980 年，投资增长率最高为 1979 年的17.4%，最低为 1980 年的 2.2%，二者相差超过 15 个百分点；1981～1989 年，投资增长率最高为 1985 年的 38.75%，最低为 1989 年的 -7.22%，二者之间波动幅度超过了 45 个百分点；1990～1999 年，投资增长率最高为 1993 年的 61.78%，最低为 1990 年的 2.42%；二者之间波幅接近 60 个百分点；2000～2011 年，投资增长率最高为 2009 年的 29.95%，最低为2000 年的 10.26%，二者之间的波幅降低为接近 20 个百分点。从表 5.3 中可以看出，20 世纪 90 年代投资增长率的波动最为剧烈，80 年代投资波动的幅度相对要小得多，而进入 21世纪以来波幅明显降低，相对平稳。

表 5.3　　　　　　　　　　　改革开放以来中国的历次通货膨胀

| 年份 | 背　　景 | 通胀成因 | 最高点（%） | 特征 |
|---|---|---|---|---|
| 1980 | 投资膨胀 | 1 种 | 7.5 | 温和型；中高 |
| 1985 | 投资拉动 | 1 种 | 9.3 | 温和型；中高 |
| 1988 | 投资过热 | 1 种 | 18.8 | 急速；奔腾式 |
| 1994 | 投资过热；信贷投放混乱 | 2 种 | 24.1 | 急速；奔腾式 |
| 2004 | 粮食缺口；投资过热；大宗商品价格上涨 | 3 种 | 3.9 | 温和型；中低 |
| 2008 | 货币供应过多；热钱；大宗商品价格上涨 | 3 种 | 5.9 | 温和型；中高 |
| 2011 | 货币供应过多；热钱；大宗商品价格；劳动力价格上升 | 4 种 | 5.4 | 温和型；中高 |

从投资增长的实际过程来看，改革开放初期，由于政府投资仍然是中国投资的主要方式，而宏观经济运行中的投资增长因政府投资的扩张与收缩始终处于波动状态，所以，在20 世纪 80 年代，投资增长率在不同的年度之间是波动的，时而上升，时而下降，其变化特点为两头低、中间高。1979 年为 17.9%，从 1982 年开始到 1988 年，投资增长率一直维持在年均接近 26% 的较高水平。其间经历了由物价上涨和国有企业经营机制改革、税制调整以及金融改革等城市综合改革和旺盛的投资需求带来的 1985 年和 1988～1989 年的两次高通货膨胀时期。1985 年投资增长率达到 38.8% 的高位，形成了改革开放以来的第一个最高峰值。在经历了 1988 年由地方政府过度的投资扩张带来的投资膨胀之后，1989 年投资转向，出现 -7.2% 的负增长，为改革开放以来首次出现的奇怪现象。90 年代初期，中国经济又一次出现过热状态，投资增长的波动较 80 年代更加剧烈。1992 年投资增长率达到 44.4%，1993 年更是高达 61.8%，为改革开放以来的最高值。1992～1994 年投资增长年均超过了45.5%，成为中国投资增长最快的一段时期。投资的过快增长也带来了 1994 年的高通货膨胀，该年的零售物价指数和消费物价指数分别上涨了 21.7% 和 24.1%，达到了新中国成立以来的最高水平。1995～1996 年，投资增长率一直稳定在年均超过 16% 左右的水平，1997

年下降到 8.8%，1998 年积极财政政策的实施刺激投资增长率上升到 13.9%，但 1999 年又下降为 5.1%，投资需求锐减。进入 21 世纪以来，从整体上看投资增长的波动趋缓，波幅缩小，这一方面反映了中国经济转轨过程中市场机制作用逐渐增强等体制转轨方面的成效；另一方面，在中央政府投资规模缩减之后还存在地方政府周期性投资冲动的机制。

大量研究表明，在投资波动与经济波动之间存在一致的逻辑联系。Naughton（1986）构建了一个社会主义的投资周期模型，发现真正决定中国经济周期性过热的是地方政府控制下的投资扩张。Imai（1994）也发现，中国的经济波动呈现投资周期现象，且周期受到官员讨价还价的影响。Rawski（2002）也指出，中国的经济波动周期本质上是一种投资周期。改革开放以来，在一系列的制度安排下，我国形成了激烈的地方政府竞争格局，各地方政府为促进辖区的 GDP 增长而展开了多种多样的竞争，投资的竞争就是其中最重要的手段之一。[①] 正是这种对投资的偏好和争夺，就产生了我国的投资周期和宏观经济波动。实证分析的情况也表明在中国的投资增长与经济波动之间存在明显的相关关系。

第四，经济结构失衡。经济结构是指国民经济的组成和构造，具有多重含义：（1）从一定社会生产关系的总和来考察，则主要通过不同的生产资料所有制经济成分的比重和构成来表现。（2）从国民经济各部门和社会再生产的各个方面的组成和构造考察，则包括产业结构、分配结构、交换结构、消费结构、技术结构、劳动力结构等。（3）从所包含的范围来考察，则可分为国民经济总体结构、部门结构、地区结构，以及企业结构等。（4）从不同角度进行专门研究的需要来考察，又可分为经济组织结构、产品结构、人员结构、就业结构、投资结构、能源结构等。改革开放以来，中国的经济结构经过多轮的主动调整和被动调整，取得了很大的成效，有力地支撑和促进了经济的长期高速增长。在与美国、日本、巴西、印度以及世界经济高收入国家、中等收入国家和低收入国家经济结构的比较中，可以看出，中国经济结构虽与发达经济体以及其他发展中大国存在差异，但这种差异是中国寻求工业化的特定历史阶段的必然选择，也是中国充分发挥自身竞争优势的必然选择，在经济意义上具备一定的合理性。具体表现在：首先，从产业结构来看，中国三大部门发展均衡性明显高于世界平均水平，其中工业部门是中国的专业化部门，其相对经济地位高于世界平均水平，也高于其他主要经济体。以工业为主导产业是中国能耗水平居高不下、环境污染问题日益严峻的根源。但这样的产业结构与中国在全球经济中追赶者的地位是相匹配的。成本领先发展战略是我国在工业化进程中不得不采用也是最能充分发挥自身优势的战略选择。对于追赶者而言，尤其是主要竞争优势在于劳动力成本低廉的追赶者，产品多样化战略是启动工业化进程的必然也是最佳选择。而追赶者的产品多样化通常以模仿领先者产业结构为特征，总是以技术相对简单的产品或服务作为突破口。具体到中国来说，基于 20 世纪 80 年代的国际市场条件，选择符合自身竞争优势的制造业作为产业多样化的突破口，这是适合当时阶段的合理选择。其次，从需求结构来看，中国最终消费率显著低于世界平均水平，经济增长对投资的依赖显著高于其他主要经济体。中国属于中等收入水平的发展中国家，正处于工业化中后期，较高的国民储蓄率既是经济发展的必然结果，也是保持经济较快增长的必要条件。而且中国人一贯勤俭节约，有着为后代打算的传统，强烈的遗产动机极大地抑制了居民消费，更进一步推高了国民储蓄率。其原因在于中国作为追赶者，国内需求规模和结构都无法满足

---

① 刘大志，蔡玉胜. 地方政府竞争、资本形成与经济增长 [J]. 当代财经，2005（2）.

产业多样化的需要，必须寻求外部市场。只有出口保持高速增长，产业多样化才能快速推进，否则新增生产能力无法消化。事实上，所有利用国际市场实现工业化的国家，如日本、韩国等，都有过对外依存度迅速上升的阶段，而中国的外贸依存度也仅相当于发达国家、发展中国家的平均水平。再次，从收入结构来看，中国的分配现状与共同富裕的理想的确相去甚远，劳动报酬在国内生产总值中所占份额不断下降，行业薪酬差异持续扩大，贫富差距问题依然严峻。但分配不公并非中国独有的问题，是世界各国面临的共同现象。世界经济出现这一现象，根本原因在于经济全球化。随着经济全球化深入发展，资本从资本边际产出低的发达国家流向边际产出高的发展中国家，逐步推升了全球资本相对边际产出水平，且加剧了全球资本稀缺性，由此必然导致劳动报酬—资本收益比例逐步下降。中国资本收益比例趋于上升，则主要因为工业化带来的城乡经济一体化。一方面，长期城乡分割使得中国农村出现大量闲散人员，可以近乎无限地为城市工业化供应劳动力；另一方面，长期存在的贷款利率刚性表明，资金短缺一直是困扰中国工业化的"瓶颈"问题。在此背景下，基于市场机制的初次分配一定会更多倾向于企业，随着社会劳动生产率提升，劳动报酬与企业盈余比例趋于下降。

当然，经济结构的调整是一个长期的过程。当前，中国经济结构存在的主要问题包括：其一，产业结构的失衡。产业结构的重工业化，导致了资源、能源的高消耗，也导致了服务业严重滞后，重化工业比重畸高，"三高一资"产业处于主导地位，出现了严重的产能过剩问题。其二，内需和外需的比例失调。由于长期推行出口导向型的经济模式，过度地依赖外需，直接导致内需与外需的比例失调，外需高速增长、内需萎缩。金融危机爆发以来，出口部门的压力越来越大，贸易保护主义盛行，贸易摩擦时有发生，使得中国经济很难再现危机之前出口高速增长的情景，出现外需急剧下降；在内需中，主要依靠投资的结果导致投资的比重过高，消费的比重过低，而且消费比重处于一个持续下降的地位，属于典型的投资拉动型经济增长模式。这对于一个大国经济而言，显然是不可持续的，必须进行经济结构的调整和转型。因此，经济发展转向内需拉动，这既是结构调整的需要，也是一种必然的选择。其三投资与消费比重失调，严重影响经济的内生动力。这一问题在计划经济时代就已经出现，1997 年亚洲金融危机爆发，使得投资与消费比例失调的问题凸显，而近年来这一情况进一步恶化。经济的重化工业化必然是投资高涨，消费受到挤压。从储蓄率来看，在政府、企业、居民当中，政府和企业的储蓄率增长远比居民的储蓄率要快，政府和企业的储蓄呈上升的态势，居民的储蓄呈下降的态势，这是高投资的来源。高储蓄才有高投资、高出口。其四，国民收入分配结构扭曲，各阶层收入差距扩大，社会消费倾向降低。居民收入增长相对缓慢直接造成消费需求不足。特别是在经济全球化的背景下，国内问题与国际问题相互交织、互相影响，大大增加了结构调整的难度。

综上所述，尽管中国经济经历了 30 多年的持续高速增长，但是，经济的周期性波动以及与之相伴随的高通货膨胀、投资剧烈波动与不断暴露和显现的结构失衡问题同样给中国带来了严重的经济与社会问题。正是由于中国经济的特殊性以及上述问题的存在，使得宏观调控成为一种常态。然而，也正是这一点，招致了国内学者的诸多批评。韦森（2011）说："……我的感觉是这几年我们调控太频繁。大家非常清楚，从 2007 年出现通货膨胀之后，一直到 2008 年 6 月 30 日，央行在货币政策上连续提了 12 次准备金率，6 次升息。但是 2010 年 6 月之后又发现通货膨胀来了，接着又在进行货币政策转向，先是拼命的紧，然后拼命的松，然后又来拼命的再紧，再紧的时候又提了 12 次准备金了，又 6 次升息了……我的一个综合判断，当然我们这几年的这个宏观调控取得了很大的这个成就了，但是整个来看，回顾这五六年的情况，这个经济发展轨迹，我感觉可能是不是顺周期调节，而是逆周期调节。周其仁看得比较悲观，他认为可能会是造周期。"张曙光（2011）也认为，目前中国宏观调控过于泛滥，"任何政策的长期化都会走到反面，但中国宏观调控的问题我觉得还不只是这一个，首先是范围问题，无限扩大，什么是宏观调控？主要是用到货币政策、财政政策、税收政策，这些东西才算宏观调控，咱们现在什么都是宏观调控，把三个东西混起来了，宏观调控、政府管制、政府监管，根本混成一锅粥。"孟静静（2014）也认为，频繁运用宏观调控使国家经济易波动，难于稳定。"宏观调控是从短期来刺激需求的办法，不利于一个国家的长期稳定和繁荣。如果长期依靠宏观调控，将造成经济体的波动。对政府来说，如果过分依赖宏观调控，可能造成经济大起大落。宏观调控过于频繁是经济体制不成熟的表现。总的来说，这与中国的市场经济制度不完善有着密切关系。"

　　然而，也有许多学者认为中国的宏观调控应该常态化。陈佳贵（2007）明确指出："宏观调控应常态化，防止经济大起大落。"吴越（2008）提出："宏观调控宜政策化抑或制度化"。李成（2014）也认为："从应急调控转为常态化调控。宏观调控是政府履行经济调节职能的基本手段，即便是成熟的西方市场经济国家，虽然政府的职能定位不同，采取的一些措施也可能不叫'宏观调控'，但种种财政政策、货币政策的影响依然是广泛的，作用依然是普遍的，效果也是整体性的，说是广义的'宏观调控'也是可以的。从这个角度讲，宏观调控不是事到临头抱佛脚，也不应是手术刀式强行'割除'，不到迫不得已不宜大动作，而应该是'小火慢炖'、中药调理，在每件事情、每个阶段中，都要有调控的意识，体现调控的目的。这样，日常的功夫做到了，常态调控见效了，也就能减少被迫的应急调控，宏观调控也就更加上路入轨。"庞明川（2008）也认为宏观调控已成为转轨经济中的一种常态。李敏晖（2008）认为："宏观调控是在市场配置资源的基础上对经济运行变量进行部分调整，而常态化宏观调控则将这种调整固化为一种经常性的行为。这几年的国家宏观调控实践表明，伴随着经济增长波动而常态存在的宏观调控已经成为保证经济持续较快稳定发展的必要手段。""当前宏观调控对经济生活各方面都产生着深刻的、战略性的影响。自 2004 年开始，宏观调控越来越体现出常态化特点，常调、预调、微调、渐进、经济手段成为其常态化的明显特征。"当然，也有学者认为，中国的宏观调控比较频繁，政府不应过度依赖宏观调控。[①] 中央财经领导小组办公室副主任杨伟民（2013）也强调政府宏观调控"不要扩大化，更不宜频频施行"。还有学者针对宏观调控的具体政策作出评论，如田国强（2011）在谈到任何一个理论、任何一个制度安排都是有边界时指出："凯恩斯主义那是什么东西？是鸦片、是强心针，需不需要？需要，但是要在得病的时候才需要，但不能把它常态化"；左小蕾（2014）在谈论"新常态"的特点时也指出："如果你想把危机时期的政策常态化，才是"新常态"下经济增长的风险之一。增速是可以通过政府的政策恢复的，这是误导。实际上是一个危机思维，是政府干涉经济的惯性思维"。这些观点无疑是正确的。

　　我们认为，之所以中国的宏观调控如此频繁，甚至已经成为中国经济运行中的一种常

---

　　① 李义平. 宏观调控为何如此频繁［DB/OL］. 人民网，2007－05－22；王鹤，贺涵甫等. 厉以宁批过去几年调准太频称不要过度依赖宏观调控［N］. 广州日报，2013－03－06.

态，具有多方面的原因。它既是经济体制不成熟的一种表现，这种不成熟主要表现在国有企业的产权约束尚未充分硬化，地方政府不适当地扮演了市场主体的角色；也是由中国经济的特殊性所决定的。中国特殊的体制基础决定了中国的宏观调控必然与西方成熟市场经济国家的宏观调控有着重大的区别。因此，李义平（2007）认为："目前相对频繁地进行宏观调控，实际上是不得已而为之的，有着其存在的天然合理性。"而事实上，中国比较频繁地进行宏观调控，也是宏观调控的中国重要特色之一。

## 5.2　中国特色宏观调控实践模式的演进

改革开放伊始，中国政府对国民经济实行的"调整、巩固、整顿、提高"虽属于对经济的计划控制，但同样是政府对经济的宏观干预，因此，这一种计划控制与行政干预是政府对经济进行宏观调控的萌芽和发端。从这一时期开始，中国特色的宏观调控经历了 30 多年的发展演进历程，开展了八次大规模的宏观调控实践。

### 5.2.1　1979～1981 年的宏观调控

改革开放以来的第一次经济过热主要是由"洋跃进"造成的。"洋跃进"造成了财政支出增加和财政赤字的出现，财政赤字又必然带来货币的超量发行，这样就引发了改革开放后的第一次通货膨胀。面对国民经济重大比例关系的严重失调和 1980 年宏观经济运行一度出现的严重混乱局面，1981 年中央提出"调整、巩固、整顿、提高"的八字方针对经济实行调控。采取的主要政策措施是大规模压缩基建投资，减少财政支出。1979 年和 1980 年先后停建缓建了 400 多个大中型项目，1981 年又停建缓建了 22 个大型外资引进项目。这样，投资总规模才被明显地压下来。财政方面对地方实行"划分收支、分级包干"的财政体制，明确各级财政的责权利关系，减少财政赤字。现在看来，由于缺乏宏观调控经验，宏观调控存在两个方面的问题：第一，当时的基建投资砍得过猛，1981 年基建投资增长下降20.75%，而 GDP 增长率从 1978 年的 11.7% 下降到 1981 年的 5.2%，紧缩性政策有些过度，至少在基建投资方面如此。第二，宏观调控采取的主要手段是行政手段和财政手段，这是由当时所处的历史背景所决定的：刚从传统的计划经济体制下转轨出来，经济运行的许多方面还带有浓厚的计划色彩，采用行政手段（财政手段本身也具有行政性的特点）是非常有效的，微观主体还没有太多的自主权。当然，严格地说，这一时期对经济的治理整顿措施还不能称之为真正意义上的宏观调控。

### 5.2.2　1982～1986 年的宏观调控

经过经济调整，1982 年中国经济开始回升，并逐渐进入高速增长时期。到 1984 年第四季度经济再次出现过热，银行信贷失控、投资规模膨胀、消费基金增长过快和物价上涨趋势明显。1984 年 GDP 增长率达到 15.2% 的高水平，固定资产投资增长率也高达 42%。面对这一严峻形势，1985 年中央提出一系列紧缩的调控措施：统一制订信贷计划和金融政策，加强中国人民银行对宏观经济的控制与调节职能，严格控制信贷总规模和现金投放；从严控制固定资产投资，特别是预算外投资的规模；坚决压缩行政开支，压缩社会集团购买力；严格控制消费基金的盲目增长，严禁任何单位和个人在财务上乱开口子、乱提工资、乱发奖金、津贴和实物。

与 1979～1981 年的宏观调控相比较，随着经济体制改革的全面推进以及随之而来的市场化程度提高，这一时期的宏观调控表现出不同的特点：第一，本轮宏观调控的中间目标主要集中在控制通货膨胀，以保持经济快速稳定增长。这一时期的通货膨胀，主要是货币的超经济发行引起的，其根源在于投资需求和消费需求膨胀。而投资需求的膨胀又与 1984 年财政体制的分税制改革和减税让利措施密切相关。第二，中央银行体制的建立和金融市场的初步形成，创设了货币政策工具的初步制度框架，为我国宏观调控政策体系的形成提供了一定的基础和条件，货币政策开始在宏观调控中发挥作用。因此，从某种程度上说，我国真正意义上的宏观调控是从 1984 年开始的。第三，宏观调控的手段仍以行政手段为主，但经济手段的力度大为增强，并发挥了明显的作用。当时的财政部和中国人民银行无论从主观上还是客观上都不具备独立制定和执行财政货币政策的条件。第四，从这一次宏观调控开始，政策当局注重分别运用相应的紧缩性与扩张性的政策工具对宏观经济的冷热状况进行调节。从 1984 年的经济过热到 1985 年的紧缩再到 1986 年第四季度的政策松动到 1987 年的偏热，正好完整地演绎了宏观调控与经济波动的全过程。这一在短短的 4 年中经济运行经历的由"热"到"冷"再到"热"的周期性循环，显然与对调控力度的把握有着直接的关系。① 当然，这一次的调控是在财政与金融体制改革的基础上，逐渐通过紧缩性的财政货币政策来推行的。这也是我国在宏观经济管理方式上由直接的行政和计划干预向运用宏观经济政策来进行间接调控过渡的一次尝试。

### 5.2.3　1987～1991 年的宏观调控

1988 年的经济过热有着特殊的经济背景：一方面，在 1985～1987 年的宏观调控措施并未使经济实现"软着陆"的情况下，决策层认为中国经济已经走出了一条在低通货膨胀环境下实现经济高速发展的路子。这在一定程度上刺激了投资规模的进一步扩张；另一方面，提出加快价格改革的步伐，认为"价格改革关"晚过不如早过，并在 1988 年 8 月发布《公告》公开宣布开始"价格闯关"。自 1986 年第二季度开始，政府的宏观经济政策发生了变化：扩大财政支出，通过赤字财政来维持投资和消费需求增长，1986～1988 年按 IMF 口径计算的财政赤字累计约为 610 亿元。特别是在 1988 年财政体制实行"包干制"后，中央财政收入在整个财政收入中所占的份额继续下降，致使中央政府的宏观调控能力减弱，而地方财政收入得到增长，导致投资需求和消费需求迅猛扩张。其中，需求膨胀的主要原因是预算外的投资膨胀。1987 年和 1988 年，预算外资金支出分别为 1840.75 亿元和 2145.27 亿元，

---

① 例如，在 1986 年上半年经济增长明显放慢的情况下，适当放松信贷的政策是可行的。但是，1986 年的货币供应量只有 M0 比上年下降 1 个多百分点，而 M1 和 M2 增长率分别为 28.1% 和 29.3%，分别比上年高出 22.3 和 11.7 个百分点，是转轨以来货币供应量最高的年份。由此可见，过度放松信贷是造成 1987 年经济再度过热的最主要原因。或者说，1986 年的信贷松动政策是恰当的，但放松信贷政策的力度过大。参见张晓晶. 宏观经济政策与经济稳定增长［A］. 王小鲁，樊纲. 中国经济增长的可持续性——跨世纪的回顾与展望［C］. 北京：经济科学出版社，2000：368.

分别占当年全社会固定资产投资的 50.6% 和 47.7%，相当于预算内总支出的 81.4% 和 86.1%。为弥补财政赤字，货币连年超量发行。1987 和 1988 年分别增发货币 236.1 亿元和 679.5 亿元，分别比上年增长 31.7% 和 49.6%。由于货币超发，引发了物价猛烈上涨，经济剧烈波动。1988 年零售物价指数上升至 18.5%，比 1987 年的 7.3% 上涨了 11.2 个百分点。1988 年 8 月中旬出现大规模抢购的风潮和挤兑银行存款的现象，造成商品脱销和储蓄下降。

从 1988 年第四季度开始，政府采取紧缩性政策遏制经济过热。最初，政策当局采取了提高居民存款利率、对部分产品征收消费税等抑制消费的间接调控政策。但由于微观主体存在对未来通货膨胀的预期，增加现期消费的行为无法阻止，政策的调控效果不明显。于是，政策当局不得不采用直接的调控手段，最主要的是压缩投资的各种直接的行政控制手段，包括明确规定压缩幅度、停建缓建各种项目的指令性计划、向各地派出固定资产投资检查小组等。这些政策措施的效果立竿见影：1989 年名义投资额下降 8%，实际投资规模下降 25% 左右，1990 年上半年仍控制在较低水平；货币供应量 M0、M1 和 M2 的增长率分别由 1988 年的 46.7%、22.5% 和 22.4% 下降为 1989 年的 9.8%、6.3% 和 18.3%。现在看来，这一次的调控无论是投资规模还是货币供应量，调整力度都非常大，以至于经济增长下降过猛，1990 年 GDP 增长率仅为 3.8%，是改革以来历年经济增长率最低的年份。正因为如此，这一次宏观调控的结果被称为"硬着陆"，其根本原因主要是政策调整的力度过大。当然，这一轮宏观调控还有一个突出的特点是企业、财政、税收、金融、价格、外贸等体制改革的配套进行，减少了经济的结构摩擦和交易成本，确立了宏观调控体系的初步框架。

## 5.2.4 1993～1997 年的宏观调控

从 1990 年第二季度开始，中央采取了适当增加固定资产投资和微调消费需求等措施，放松了紧缩性政策力度，1991 年我国经济回升到正常的增长速度。1992 年邓小平南方讲话和党的十四大社会主义市场经济体制改革目标的确立，启动了新一轮的经济增长。仅 1992 年第四季度经济增长率就比第三季度高出 3 个百分点，全年 GDP 增长率高达 14.2%，达到改革以来第二个历史高峰。到 1993 年上半年，持续高涨的投资热情和宽松的货币政策所引发的通货膨胀压力的全面释放，表明中国经济再度全面过热。

面对经济过热而出现的日益严重的通货膨胀和金融秩序混乱等问题，1993 年 6 月 24 日，中央出台《关于当前经济情况和加强宏观调控的意见》，提出 16 条宏观调控措施。主要内容包括：提高存贷款利率、加强中国人民银行的央行地位等金融政策，削减行政管理费等财政政策，重新审查地方批准建设的开发区、压缩基建投资规模、增加能源交通运输等基础设施投资计划以及其他措施。这些政策措施实施后，失控的固定资产投资增长得到遏制，金融秩序混乱问题得到一定程度的纠正，货币供应增长下降，财政收支趋向平衡，经济增长速度放缓。1994 年对财政、税收、银行、外汇、投资体制等实施"一揽子"改革措施，特别是在财政体制方面全面实行分税制改革，在货币政策方面执行适度从紧的货币政策，严格控制信贷规模和货币供应的增长速度，整顿金融纪律等，在投资政策方面限制新批项目等；1995 年和 1996 年继续实行财政和货币"双紧"政策。经过三年半的宏观调控，到 1996 年底，通货膨胀率成功地控制在一位数以内，经济增长恢复到正常的范围内，国际收支也趋向平衡，成功地实现了经济"软着陆"。至此。一直困扰我国经济的总需求严重大于总供给的问题业已得到解决。进入 1997 年买方市场格局开始形成。

这一轮宏观调控有着不同于以往的特点：首先，这一次的宏观调控是在市场化程度有了极大提高，而且明确实行市场经济体制的背景下进行的。其次，政策当局并没有简单运用直接调控手段给经济降温，而是综合运用各项调控措施，有步骤、分阶段地逐步推进。其中十分突出的是货币政策的成功运用，特别是充分运用利率政策调控经济取得了很好的效果。这样，既有效地遏制了通货膨胀，又使经济保持在合理的稳定增长区间。当然，这一次的宏观调控也给我们一个重要的启示：就是要充分认识和合理把握间接调控政策作用的时滞，否则，只会加剧经济的波动。

## 5.2.5　1998～2002 年的宏观调控

1996 年经济实现"软着陆"以后一路下滑，有对间接调控政策的时滞考虑不足以至于紧缩过度的因素，也有东南亚金融危机的影响，在宏观经济政策全面松动之后仍未有所好转，甚至出现阶段性有效需求不足和通货紧缩问题。这是政府决策部门始料不及的，也是改革开放 20 年来首次出现的一个新问题。如何应对？理论界众说纷纭，展开了一场对宏观经济形势的判断和如何进行宏观调控的大讨论。

面对严峻的宏观经济形势，政策当局首先选择以货币政策为主的宏观调控政策安排，目的在于遏制经济持续下滑的势头。到 1998 年 7 月，包括下调利率、取消贷款限额、调整法定准备金率、恢复中央银行债券回购业务等市场经济通用的主要货币政策工具悉数推出，经济减速和物价下跌的势头并未得到有效抑制，导致货币政策失效，在前一阶段调控中灵敏的利率政策也未能对市场产生作用。1998 年中期，政府确立了以财政政策为主并与货币政策相互配合的积极的宏观调控政策取向。至此，通过连续发行国债和政府投资的扩张为特征的积极财政政策开始发挥重要作用，并拉动内需，启动了经济增长。到 2000 年，中国经济出现重要转机，GDP 增长率回复到 8%。然而，经济增长的基础不稳，通货紧缩问题还没有得到根本解决，结构失衡问题突出。2001～2002 年，GDP 增长率始终在 7.5%～8% 徘徊。因此，政府继续实施积极财政政策，到 2002 年累计发行长期建设国债 6 600 亿元，并与银行新增贷款、地方资金"捆绑"配套形成共计 3 万亿元的投资规模，同时采取鼓励民间投资和提高收入等启动消费需求措施、提高出口退税率等鼓励出口的措施，带动了经济景气回升，由此进入了新一轮增长周期。[①]

应该说，这一轮的宏观调控与以往历次调控本质的区别在于，第一次使用扩张性政策来扩大内需、启动经济增长，这在改革开放以来的经济发展过程中也是从未出现过的。这是运用凯恩斯主义的短期需求管理政策来刺激经济的一次成功尝试，表明政府决策部门已经从宏观经济政策的角度开始沿用市场经济国家的成熟经验来调控中国的经济运行。当然，这一轮调控的不足表现在以下两个方面：第一，积极财政政策在西方国家是一项短期刺激政策，属于扩张性政策，其机理是通过政府投资的扩大使总供求均衡维持在接近充分就业均衡的水

---

① 吕炜．1998 年以来财政体制与政策的宏观评价 [J]．财贸经济，2003（3）；吕炜．体制性约束、经济失衡与财政政策——解析 1998 年以来的中国转轨经济 [J]．中国社会科学，2004（2）．

平，利用投资转化的收入效应改变居民消费预期、提高边际消费倾向、刺激民间投资意愿增强，最终使市场机制恢复自主运行能力，经济增长恢复内在的秩序。这也是发达市场经济国家的通行做法。而实际执行的情况是，积极财政政策对防止经济失速的效果是明显的，1998～2002 年 GDP 年均增长率达到 7.6%，保证了整个国民经济的平稳运行。但是作为一项反周期调节的政策，积极财政政策始终未能在刺激有效需求、恢复经济自主增长方面产生明显的效果，投资需求越来越依赖政府，对居民消费拉动较弱，政府消费率却节节上升。这些现象表明，积极财政政策对经济的直接产出效果要大于调控作用，其实质是以直接贡献于经济增长的方式掩盖了政策传导受阻的事实。第二，作为一项反周期的短期政策，在我国却得到了较长时期的运用，客观上加剧了财政自身的收支矛盾和债务负担，其副作用也是相当明显的。

## 5.2.6　2003～2007 年的宏观调控

2002 年下半年开始，中国经济呈现进入新一轮增长期的迹象。在 1998 年以来中央政府投资行政性拉动的惯性作用下，出现了以信贷膨胀和外资猛增为主要表现形式的地方政府主导的普遍投资扩张。2003 年前三季度中央政府进行的固定资产项目投资额同比分别下降了7.0%、7.7% 和 14.0%，但地方政府的投资额同比增长分别达到 41.5%、41.5% 和 39.7%。地方政府投资猛增直接导致了 2003 年以来我国投资增幅过快，全社会固定资产投资同比增长超过 26.7%，增幅比 2002 年同期几乎提高了 1 倍，达到了 1993 年以来的最高水平。2004 年第一季度固定资产投资增长甚至达到了 43% 的高水平。由于投资的过快增长，带动了生产资料的上涨，以至于造成了局部经济过热。有的学者称之为投资性过热，还有学者据此认为我国经济全面过热[①]。

从 2003 年下半年开始，政府针对经济运行中出现的部分行业投资增长过快与物价上涨压力增大问题，采取了加强宏观调控的政策措施。这些措施包括规范房地产发展、土地管理、提高存款准备金率等。2004 年 4 月，又采取了进一步提高存款准备金率、较大幅度地调高钢铁、电解铝、水泥和房地产四个行业的固定资产投资项目资本金比例，严格土地审批，对一些行业的投资项目进行全面清理以及公布对"铁本事件"的严肃查处等措施。这些调控措施在时间上比较集中，间接调控手段与行政性直接调控措施形成政策组合，且调控力度明显加大，取得了显著的政策效果，经济运行中不稳定、不健康的因素得到有效抑制。2004 年 GDP 增长率进一步上升为 9.5%，物价平稳，实现了低通货膨胀下的经济高速增长。

这一轮宏观调控有着与以往的宏观调控不同的特点：第一，宏观调控针对的是部分行业投资过度扩张带来的局部经济过热，不同于以往的经济全面过热。这也是改革开放以来第一次出现的新情况、新问题。在这种情况下，决策部门采取了"有保有压、区别对待"的方针，采取点刹车的方式而不是一味地采取紧缩政策和急刹车的方式来调控经济运行。第二，针对上述新的情况，在已经推行稳健的财政货币政策且未能有效遏制部分行业和地区经济过

---

① 参见樊纲等有关"经济过热"、吴敬琏"中国经济怕冷不怕热"以及刘国光等提出的观点。在国内经济学家中，樊纲在 2003 年第一个提出经济已经出现了过热的苗头："尽管有了非典，但今年中国经济的主要问题不是增长率不够的问题，而是开始防止过热的问题。"范君. 中国经济已出现投资性过热 [J]. 经济学家，2003 (9).

热的基础上，被迫采取一定的行政手段也是无可厚非的。① 实践表明，正是这一系列行政措施给局部过热的经济迅速降温，起到了间接调控措施未能起到的积极作用。例如，土地调控作为本次宏观调控最大特点，对抑制固定资产投资增长过快产生了釜底抽薪的效应。第三，地方政府和部分行业基于利益驱动还存在与中央政府进行博弈的行为，在这一轮的宏观调控中表现得尤为明显。② 第四，这是一次预防性的宏观调控，本次宏观调控发生在经济生活中的一些矛盾刚刚显露，尚未成为全局性问题之时，是一次见事早、行动果断的预防性调控，因而减少了国民经济损失，降低了宏观调控成本。

## 5.2.7　2008～2009年的宏观调控

2008年，伴随着美国次贷危机的全面爆发，全球金融市场发生了剧烈动荡，各国实体经济受到了猛烈冲击，以美国和欧盟两大经济体为代表的国际市场消费能力迅速下降，直接造成了世界经济出现萧条甚至衰退。尽管在金融危机之前中国经济连续5年多一直维持着10%以上的增长速度，但在金融危机的严重冲击下，中国经济开始下滑，出现了先热后冷的情形。受金融危机影响，国外市场需求疲软，中国出口也出现了负增长。2008年，中国GDP增速由第一季度的10.6%放缓至第四季度的6.8%，是1999年第四季度以来的最低增速。2008年第四季度以来，受国际金融危机影响，中国进出口一度出现两位数的深度降幅。为应对此次金融危机，中国政府果断制定了积极的财政政策和适度宽松的货币政策，并于2008年11月9日推出了包括4万亿元投资计划在内的"一揽子"经济刺激措施以刺激经济。其中，4万亿元投资计划用于基础设施建设、农业补贴、廉租房、医疗和社会福利等方面，具体包括以下十项措施：一是加快建设保障性安居工程。加大对廉租住房建设支持力度，加快棚户区改造，实施游牧民定居工程，扩大农村危房改造试点。二是加快农村基础设施建设。加大农村沼气、饮水安全工程和农村公路建设力度，完善农村电网，加快南水北调等重大水利工程建设和病险水库除险加固，加强大型灌区节水改造。加大扶贫开发力度。三是加快铁路、公路和机场等重大基础设施建设。重点建设一批客运专线、煤运通道项目和西部干线铁路，完善高速公路网，安排中西部干线机场和支线机场建设，加快城市电网改造。四是加快医疗卫生、文化教育事业发展。加强基层医疗卫生服务体系建设，加快中西部农村初中校舍改造，推进中西部地区特殊教育学校和乡镇综合文化站建设。五是加强生态环境建设。加快城镇污水、垃圾处理设施建设和重点流域水污染防治，加强重点防护林和天然林资源保护工程建设，支持重点节能减排工程建设。六是加快自主创新和结构调整。支持高技术产业化建设和产业技术进步，支持服务业发展。七是加快地震灾区灾后重建各项工作。八是提高城乡居民收入。提高明年粮食最低收购价格，提高农资综合直补、良种补贴、农机具补贴等标准，增加农民收入。提高低收入群体等社保对象待遇水平，增加城市和农村低保补助，继续提高企业退休人员基本养老金水平和优抚对象生活补助标准。九是在全国所有地

① 正是这一点为有些学者所诟病。他们认为我国市场经济体制已建立多年，在市场化程度已经提高到一定水平、市场机制建立多年的条件下，再运用行政手段来调控经济运行是不可取的。事实上，中国经济的市场化程度、市场机制等与市场经济国家尚存在本质的区别，微观主体特别是地方政府的行为还存在很强的利益驱动。

② 进一步的分析可参见庞明川. 中央与地方政府间博弈的形成机理及其演进［J］. 财经问题研究，2004（12）；庞明川. 政府投资、经济转轨与体制性约束［J］. 经济社会体制比较，2005（2）.

区、所有行业全面实施增值税转型改革，鼓励企业技术改造，减轻企业负担1200亿元。十是加大金融对经济增长的支持力度。取消对商业银行的信贷规模限制，合理扩大信贷规模，加大对重点工程、"三农"、中小企业和技术改造、兼并重组的信贷支持，有针对性地培育和巩固消费信贷增长点。初步匡算，实施上述工程建设，到2010年底约需投资4万亿元。其中，新增中央投资共11800亿元，占总投资规模的29.5%，主要来自中央预算内投资、中央政府性基金、中央财政其他公共投资，以及中央财政灾后恢复重建基金；其他投资28200亿元，占总投资规模的70.5%，主要来自地方财政预算、中央财政代发地方政府债券、政策性贷款、企业（公司）债券和中期票据、银行贷款以及吸引民间投资等。此次投资计划堪称全球之最。

　　然而，国际金融危机从虚拟经济发端，迅速侵蚀到实体经济，对中国经济的影响让人始料未及。2008年11月的一系列经济数据表明，中国经济的增速下滑超出许多人的意料。2008年11月，中国进出口增速突然"跳水"：出口增速从10月的19.2%下降到－2.2%，进口增速从10月的15.7%下降到－17.9%。出口回落直接拉低工业增速。2008年11月，全国规模以上工业企业增加值同比增长5.4%，比上年同期回落11.9个百分点，比上月增速回落2.8个百分点。11月份生铁、粗钢和钢材产量分别下降16.2%、12.4%和11%；汽车71.4万辆，下降15.9%。工业增速下滑引发发电量下滑，2008年11月发电量下降9.6%，创出历史最大月度降幅。这样，继第一轮"4万亿经济振兴方案"出台之后仅仅不到两个月时间，中央政府又推出包括钢铁、汽车、船舶、石化、纺织、轻工、有色金属、装备制造、电子信息以及物流业十大产业振兴规划。与第一轮把重点放在固定资产投资和扩大消费的方案不同，第二轮经济振兴方案主要侧重于产业整合与振兴，涉及的都是对国民经济有重大影响的产业，其鲜明特点是几乎囊括了中国80%的制造业。这对于缓冲世界金融危机对中国经济的影响，防止中国经济加速下滑，确保2009年中国经济增速在8%以上与对中国产业技术升级改造、结构调整等都具有现实的积极意义。2008年12月中央经济工作会议也确立了"保增长、扩内需、调结构"三个基调。在上述措施的作用下，从2009年3月份开始，经季节调整后，中国外贸总值已连续9个月环比增长，11月当月更是迎来了年内首次同比正增长，其中出口同比下降1.2%，环比增长2.6%；2009年以来，中国投资和消费始终保持高位增长态势。城镇固定资产投资始终维持在25%以上的增速，社会消费品零售总额同比增速也从未低于10%；从"三驾马车"的贡献来看，2009年前三季度，中国经济7.7%的增长中，投资贡献7.3个百分点，消费贡献4个百分点，但出口的贡献为－3.6个百分点；2009年前三季度中国GDP同比增长7.7%，按季度增速分别为6.1%、7.9%和8.9%，上升趋势明显。2009年全年GDP增长8.7%，其中第四季度GDP增幅重新回到两位数，达10.7%，在全球经济低迷的大背景下，中国"保八"任务圆满完成。

　　中国实施的"一揽子"计划，不仅保持了本国经济稳定和较快增长，为中国经济抵御国际金融危机的冲击发挥了重要作用，助中国经济实现"V"形反转，保增长、扩内需、调结构、促改革、惠民生取得重大成就，而且，也为世界经济复苏做出了重要贡献。当主要发达国家经济出现负增长之时，中国在世界范围内率先实现经济回升向好，保持经济平稳较快发展，极大地增强了世界战胜国际金融危机的信心，为世界经济提供了强劲增长动力。2009年中国实现进口10056亿美元，全年贸易顺差减少了1020亿美元；2010年前7个月，中国实现进口7666亿美元，同比大幅增长47.2%，贸易顺差同比减少226亿美元。这表明，中国经济增长为跨国公司提供了重大发展机遇，为主要经济体和周边国家创造了大量需求，成为世界经济复苏的重要引擎。对此，联合国全球经济监测部主任洪平凡在接受采访时说，中国推出的强有力的扩大内需政策，不仅将为遏制世界经济衰退作出重要贡献，同时也将为2009年下半年世界经济复苏打下基础。中国政府推出的总额约4万亿元人民币的扩大内需十项举措覆盖面广，方向正确，对世界经济贡献很大。这一政策不仅可以拉动基础设施的建设，同时增加了对社会服务、民生需求的投入，这将有效地拉动中国国内的消费需求、促进进口增长。澳大利亚总理陆克文认为，中国的4万亿元人民币经济刺激计划"非同凡响"，不仅对中国经济，对东亚经济和世界经济来说都是"非常好的"消息。《德国金融时报》2009年8月12日题为《中国——正确的时间选择》的文章指出，中国经济快速复苏最大的优势却在于时间选择：中国的援助计划恰好是在危机的关键时刻制定的。因此中国能够成为第一个宣布取得成果的国家，并且在经济刺激政策方面现在已可以挂减速挡。美国《新闻周刊》的文章称，事实证明，中国的经济刺激计划是世界上规模最大（按照占GDP的比重来衡量）和速度最快的经济刺激计划。许多人还认为，这是世界上最有效的经济刺激计划。中国继续保持着世界第一的经济增长速度，目前为8%。

## 5.2.8　2010～2015年的宏观调控

中国在应对国际金融危机实施"一揽子"计划与产业振兴规划的过程中，在积极的财政政策和适度宽松的货币政策的引导下，经济恢复了高速增长，不仅使得2009年"保八"目标顺利实现，而且，2010年国内生产总值比上年增长10.3%，经济总量已经超过日本，成为世界第二大经济体。但是，一些问题也随之出现，如通货通胀持续扩张、国家信用风险以及人民币持续升值等问题，特别是从2010年开始，中国经济面临着较大的下行压力，在经济运行中甚至出现了持续下滑的发展势头，2011～2014年GDP增长率分别为9.5%、7.8%、7.7%和7.0%。2011年末，随着欧债危机不断加剧，政府继续实施积极的财政政策，保持适当的财政赤字和国债规模。同时，实施稳健的货币政策，综合运用价格和数量工具，提高货币政策有效性。2012年，政府开始全面进行结构性减税和税制改革。2013年以来推出的"微刺激"和"区间调控""定向调控"等一系列"组合拳"，其政策目标是"稳增长、调结构、促改革"，在本质上仍然是一种扩张性政策。

从2012年开始，理论界与决策层借鉴美国学者的"新常态"的说法，将7%～8%的经济增长速度称为经济运行"新常态"。这样，"新常态"一词迅速蹿红，台湾《联合报》2014年8月11日载文《习近平创"新常态"网路爆红》予以报道。事实上，"新常态"是从英文"New Normal"翻译而来，原创者也不可考证。美国学者罗杰·麦克纳米2004年出版了《"新常态"——大风险时代的无限可能》，认为现在是一个无法预知的时代，即使经济恢复了，也无法再回到过去的辉煌。因此，这一时代即为"新常态"。2010年，美国太平洋投资管理公司（PIMCO）的穆罕默德·埃里安在一次题为"Navigating the New Normal in Industrial Countries"的演讲中说，之所以要用"New Normal"一词，是因为2007～2008年的全球金融危机给世界经济带来的影响，不仅仅是皮外伤，而是已经伤筋动骨。在这里，"新常态"一词用来表示2008年金融危机之后世界经济特别是发达国家所发生的变化，其特征包括：增长乏力、失业率持续高企、私人部门去杠杆化、公共财政面临挑战，以及经济增长动力和财富活力从工业化国家向新兴经济体转移。同时，"新常态"是在目前的政治经济环境下最可能发生的事情，而不是应该发生的事情。随着美国各大主流媒体如 CNN、彭博、《时代》《福布斯》《纽约时报》等对"新常态"话题的探讨，使得"新常态"逐渐成了一个重要的经济概念，并一度超越了原有的范畴，被借用于商业、宏观经济等多个领域。

在中国学者和决策层眼中，"新常态"被赋予了新的内涵。原世界银行副行长林毅夫在2012 年的一次演讲中指出，全球经济大衰退可能是未来 5~10 年的"新常态"，也就是美欧将无法走出政府债务负债过大，投资回报率不高，风险非常巨大，经济增长非常缓慢，失业率非常高的国际经济"新常态"。而北京大学国家发展研究院教授黄益平在 2012 年发表的一篇专栏文章中，阐述了构成中国经济"新常态"的重大变化：较低的经济增长、较高的通货膨胀、更为公平的收入分配、更为平衡的经济结构、加速的产业升级换代和更为激烈的经济周期。他还特别明确地提出，"7% 至 8% 已成为中国经济增长的'新常态'"，并称"经济'新常态'对经济决策提出的最重要的要求是放弃单纯追求 GDP 增长的政策目标。"2014 年 5 月，中共中央总书记习近平在河南考察时指出："我国发展仍处于重要战略机遇期，我们要增强信心，从当前我国经济发展的阶段性特征出发，适应"新常态"，保持战略上的平常心态。在战术上要高度重视和防范各种风险，早作谋划，未雨绸缪，及时采取应对措施，尽可能减少其负面影响。"7 月 29 日，在中南海召开的党外人士座谈会上，习近平问计当前经济形势，再次提到"新常态"："要正确认识我国经济发展的阶段性特征，进一步增强信心，适应"新常态"，共同推动经济持续健康发展。"这样，"新常态"一词不仅首次出现在中国官方的表述中，而且是一种高层决策者对中国发展阶段性特征的判断。8 月 4~7日，《人民日报》连续 4 天在头版刊登特别报道和评论员文章，聚焦"中国经济新常态"，对中国经济形势进行多角度阐释，认为"进入'新常态'，增长速度换挡期、结构调整阵痛期、前期刺激政策消化期'三期'叠加，各种矛盾和问题相互交织。"[①] 至此，"新常态"一词被赋予了特殊的中国意义和特色。专家们普遍认为，"新常态"主要有四个特征：（1）中高速。从速度层面看，经济增速换挡回落，从过去 10% 左右的高速增长转为 7%~8% 的中高速增长是"新常态"的最基本特征。（2）优结构。从结构层面看，"新常态"下，经济结构发生全面、深刻的变化，不断优化升级。（3）新动力。从动力层面看，"新常态"下，中国经济将从要素驱动、投资驱动转向创新驱动。（4）多挑战。从风险层面看，"新常态"下面临新的挑战，一些不确定性风险显性化。当然，风险显性化并非经济本身出了问题，而是因为随着经济增速放缓，很多原来在高速增长期被掩盖的风险开始暴露出来。例如，经济下行压力加大会削弱人们的投资信心，过去积累的楼市泡沫和风险就凸显了出来；在楼市下行预期下房地产企业会暂停购买新的土地，导致以土地财政为重要来源的地方财力紧张，地方债风险就会显现；而房地产市场不景气，银行的相关贷款就会埋下金融风险的隐患。这些风险因素相互关联，容易引起连锁反应。关于"新常态"的一个基本共识是，中国经济增速告别两位数的增长时代。7 月 28 日，《经济日报》头版通栏刊发署名"钟经文"的《论中国经济发展"新常态"》一文，认为"新常态"之"新"，意味着不同以往；"新常态"之"常"，意味着相对稳定。以"新常态"来判断当前中国经济的特征，并将之上升

---

① 这些特别报道和评论员文章分别是人民日报 2014 年 8 月 4~7 日：《"新常态"，新在哪?》《经济形势闪耀新亮点》《经济运行呈现新特征》和《经济发展迈入新阶段》。

到战略高度，表明中央对当前中国经济增长阶段变化规律的认识更加深刻，正在对宏观政策的选择、行业企业的转型升级产生方向性、决定性的重大影响。

从中国经济的实际运行来看，从 2003 年中国经济增速跃上 10% 平台起，直至 2007 年达到 11.9%，5 年间，中国经济一路上行。然而，国际金融危机的冲击使得中国的经济趋于短暂下降，2008～2009 年 GDP 增长率分别为 9.6% 和 9.2%。在政府"一揽子"计划的作用下，2010 年经济增长回升至 10.3%。但是，从 2011 年开始，中国的经济增长开始趋向于一个较长时期的下降通道，2011～2014 年 GDP 增长率分别为 9.5%、7.8%、7.7% 和 7.3%，2015 年首次跌破 7% 为 6.9%，创 25 年来新低。这明显意味着高速增长时代已经过去，中速增长将成为今后多年的常态，其特征是保证经济增长的平稳和质量，不再盲目追求过快的速度，不以 GDP 论英雄。因此，"新常态"最基本特征，就是中国经济增长速度较以前下了个大台阶，超高速增长时期已告一段落，真正进入经济换挡期。而理性看待经济增速，已成为官方宏观调控的重要基调。适应"新常态"，意味着"不搞强刺激、大调整"，这也成为理论界与政府部门的共识。"新常态"是新的探索，要创新宏观调控思路和方式。

基于上述认识和判断，近年来，在创新宏观调控的思路和方式方面，政府推出了一系列新的举措。

（1）微刺激。与 2008 年中国推出巨额刺激方案以抵御全球金融危机不同，新的刺激方案利用一系列有针对性的改革，力求简政放权，收窄政府权限，让企业有更大经营空间，希望"激发市场主体活力"。具体地说，从 2013 年 7 月开始，国务院决定进一步公平税负，暂免征收部分小微企业增值税和营业税，确定促进贸易便利化推动进出口稳定发展的措施，部署改革铁路投融资体制，加快中西部和贫困地区铁路建设。这一系列举措被外媒称之为"微刺激"方案。普遍认为，"微刺激"乃明智之举。对于小微企业来说，新的刺激方案利用一系列有针对性的改革，力求简政放权，收窄政府权限，让企业有更大经营空间。中国的中小企业是经济增长的一个关键推动因素，也是就业岗位的重要来源。由于大企业现在发现很难投资于有成效的项目，因此针对中小企业是更有效、更可持续的提振经济方式；从 8 月 1 日起，对小微企业中月销售额不超过 2 万元人民币的增值税小规模纳税人和营业税纳税人，暂免征收增值税和营业税，此举将为超过 600 万户小微企业带来实惠，旨在营造更加公平的商业环境和支持就业；近期中国加大对小微企业的扶持力度。这对缓解小微企业融资难问题具有较强的针对性和可操作性。管理层已经注意到民企特别是小微企业的经营困境。随着政策的持续落实，中小企业经营环境将适当改善，对于促进经济发展，增加就业都有积极意义。在铁路建设方面，推出深化铁路投融资体制改革、加快铁路建设的政策措施，包括计划 2014 年新建 6600 公里铁路，比上年增加 1000 公里；发行 1500 亿元债券以支持主要在中西部欠发达地区的铁路建设；设立一项规模达到每年 2000 亿～3000 亿元的发展基金，以增加铁路建设资金的来源；通过改革全面开放铁路建设市场，优先建设中西部和贫困地区的铁路及相关设施等。在制造业、零售额和投资状况指向始料未及的疲软增长之后，这些措施将补充中国加快开展建设性工程的计划。此外，还包括便利通关、整顿进出口环节经营性收费等进出口促进措施，以及实施棚户区改造工程以改善低收入家庭的住房条件等。虽然政府对于上述一系列促增长的"一揽子"微刺激措施并没有具体说明将新增多少支出，不过其规模可能远不及中国在 2008 年末为抵消全球金融危机影响而推出的 4 万亿元经济刺激方案。这一刺激方案效率更高，也更有针对性，因此，有助于使中国从全球性衰退中快速恢复过来，并实现 7.5% 的经济增长目标，虽然这一目标低于 2013 年 7.7% 的增速，也远低于近几年的增速。从总体上看，相比较于中国经济管理中长期存在的强政府模式对经济的强力干预而言，本轮宏观调控中的经济刺激的力度是轻微的，但更有效率，也更具针对性。

（2）上下限区间管理。2013 年 7 月 9 日，国务院总理李克强在部分省区经济形势座谈会上要求，宏观调控要立足当前、着眼长远，使经济运行处于合理区间，经济增长率、就业水平等不滑出"下限"，物价涨幅等不超出"上限"。李克强总理首次提出中国经济的上限和下限，立即引发市场的无限遐想。7 月 17 日，李克强对此作出更加明确的阐述，要避免经济大起大落，使经济运行保持在合理区间，其"下限"就是稳增长、保就业，"上限"就是防范通货膨胀。应该说，这一"让经济运行在合理区间"的政策意图，不仅是为完成全年经济社会发展的主要任务打下坚实基础，也是为中国经济更好的转型升级和推进各项改革创造条件。"稳增长可以为调结构创造有效空间和条件，调结构能够为经济发展增添后劲，两者相辅相成；而通过改革破除体制机制障碍，则可为稳增长和调结构注入新的动力。"而突出"区间效应"则提醒市场对政策的理解和把握不能僵化和曲解。从实际操作看，"区间""上限"和"下限"所强调的更是一种"稳中有为"的政策取向。如果突破底线，政府不会坐视不理；没有突破底线，就要抓紧调结构、促改革。在这种判断的背后，是一种既利当前又利长远的经济逻辑。而与"经济运行合理区间"相适应的，是要形成合理的宏观调控政策框架，针对经济走势的不同情况，把调结构、促改革与稳增长、保就业或控通胀、防风险的政策有机结合起来，采取的措施，既稳增长又调结构，既利当前又利长远，从而避免经济的大起大落。

（3）定向调控。定向调控来源于宏观调控的进一步创新，基于区间调控，成熟于微刺激。2014 年 6 月 10 日，李克强总理在中国科学院第十七次院士大会和中国工程院第十二次院士大会上作经济形势报告，指出今年以来，国内外环境错综复杂，各种困难和问题交织，全国上下共同努力，全面贯彻党中央国务院决策部署，经济运行总体平稳、主要指标处在合理区间，结构调整发生积极变化，市场预期等一些方面出现稳中向好。但也要看到，经济下行压力仍然较大，各地发展不平衡，制约发展的不利因素依然较多。对此，我们要清醒认识和准确把握，既要坚定信心、保持定力，继续坚持宏观调控政策的基本取向，又不能掉以轻心，要直面问题、善谋善为，不断创新宏观调控思路和方式，丰富政策工具，优化政策组合，在坚持区间调控中更加注重定向调控，瞄准运行中的突出问题确定调控"靶点"，在精准、及时、适度上下功夫，好预调微调、未雨绸缪、远近结合、防范风险，保持经济运行在合理区间。坚持向改革要动力、向结构调整要动力、向惠民生要动力，发挥政策叠加效应，确保实现全年经济社会发展目标任务。这里的定向调控，就是朝着确定的方向，根据调控对象的具体特点实施的有针对性的调控措施。例如，对于小微企业、部分实体企业贷款难和融资难的问题，有针对性地为这些企业提供资金的部分城市商业银行、农村信用社，降低存款准备金率 0.5，不是全面降准，不是针对所有银行，有选择进行调控，给这些小微企业注入流动资金，支持他们运转，吸纳劳动力，促进就业。在货币政策方面，中国人民银行 2014 年使用了一系列"创新"手段来定向调控货币。两次定向降准分别发生在 4 月和 6 月。4 月 25 日，一季度经济数据公布后的 10 天，中国人民银行下调县域农村商行人民币存款准备金率 2 个百分点，下调县域农合行人民币存款准备金率 0.5 个百分点；6 月 16 日，中国人民银行再次定向降准 0.5 个百分点，对象包括"符合审慎经营要求且'三农'或小微企业贷款达到一定比例的商业银行"，以及财务公司、金融租赁公司和汽车金融公司。两轮定向降准之后，中国人民银行又对"三农"和小微企业增加了 120 亿元再贴现额度。7 月末有媒体披露，国务院今年二季度已批复中国人民银行 1 万亿元再贷款，用来支持国开行的住宅金融事业部，解决棚改贷款资金来源问题。在此之前，中国人民银行已经通过创设支小再贷款，专门用于支持金融机构扩大小微企业信贷投放；对贫困地区符合条件的金融机构，新增支农再贷款额度，降低再贷款利率。这些接二连三的定向宽松措施，显而易见是中国人民银行配合国务院的"稳增长、调结构、惠民生"之举。针对定向降准，中国人民银行在《2014 年第二季度中国货币政策执行报告》中辟出专栏作出解释："当前我国货币信贷存量较大，增速也保持在较高水平，不宜依靠大幅扩张总量来解决结构性问题。"同时指出，货币政策主要还是总量政策，"定向降准等结构性措施若长期实施也会存在一些问题，如数据的真实性可能出现问题，市场决定资金流向的作用可能受到削弱，准备金工具的统一性也会受到影响。"此外，2013 年以来，中国人民银行还陆续增加了 SLO（短期流动性调节工具）、SLF（常备借贷便利）、PSL（抵押补充贷款工具）等新的货币调控工具。前两者增添了公开市场操作的手段，便于更灵活管理中短期的流动性，也被解读为中国人民银行探索进行更有效的价格指导；而据媒体报道，目前中国人民银行正在研究创设的 PSL，除了引导中期利率的意义，与再贷款类似，也是定向的货币投放工具。

　　然而，上述中国人民银行货币政策工具选择的微妙转变，迅速成为市场议论的话题。一般说来，货币政策只作总量控制，不干涉资金流向，而这一轮"结构性"的货币调控，被评论人士称为货币政策的"财政化"；过去的半年中国人民银行频频定向放水，在民间评论指出这些举动有"背离市场化"之嫌的同时，数家金融机构的首席经济学家则认为经济数据已预示衰退，建议全面降准。而事实上，继 4 月国家出台增加铁路投资等稳增长政策后，5 月、6 月定向降准等微刺激政策持续加码，这些政策有力地支撑了经济回稳。尤其是在稳投资方面，政策的效果会逐步显现。从数据来看，基建投资和制造业投资已企稳，而房地产投资也走向由落到稳的态势。这些微刺激措施不同于以往的大规模刺激政策，面对经济下行的压力，自 2013 年以来，国家出台宏观政策时更注重兼顾稳增长、调结构、促改革等多重目标，进行"预调微调"，2014 年更强调"定向"发力。例如，中国人民银行两度定向降准，将资金引入"三农"和小微企业。这就像西医和中医的区别，见效快但副作用巨大的西医疗法已成为过去式，现在的宏观政策更注重"治本"，虽然见效慢，但有利于优化结构。2014 年以来经济运行中的一些积极变化也证明了对经济的"中医疗法"已小有成效。具体表现在：经济结构在优化，就业形势仍稳定，民间投资活跃，市场活力被激发。正是因为如此，要保持中国经济中高速增长，必须创新宏观调控，更加注重定向调控；既要继续坚持宏观调控政策的基本取向，又要不断创新宏观调控思路和方式。正如李克强总理在 2014年 7 月 15 日举行的经济形势专家座谈会上强调，必须坚持在区间调控的基础上，注重实施定向调控，不搞"大水漫灌"，而是抓住重点领域和关键环节，更多依靠改革的办法，更多运用市场的力量，有针对性地实施"喷灌""滴灌"。

　　（4）"供给侧结构性改革"。2015 年 11 月 10 日召开的中央财经领导小组第十一次会议上，习近平强调，在适度扩大总需求的同时，着力加强供给侧结构性改革，着力提高供给体系质量和效率，增强经济持续增长动力，推动我国社会生产力水平实现整体跃升。这里所谓的供给侧结构性改革，是强调在供给角度实施结构优化、增加有效供给的中长期视野的宏观调控。2015 年 12 月底召开的中央经济工作会议，强调推进供给侧结构性改革，是适应和引领经济发展"新常态"的重大创新，是适应国际金融危机发生后综合国力竞争新形势的主动选择，是适应我国经济发展"新常态"的必然要求。会议提出 2016 年经济社会发展特别是结构性改革任务十分繁重，战略上要坚持稳中求进、把握好节奏和力度，战术上要抓住关键点，主要是抓好去产能、去库存、去杠杆、降成本、补短板五大任务。具体包括：一是积极稳妥化解产能过剩。要按照企业主体、政府推动、市场引导、依法处置的办法，研究制定全面配套的政策体系，因地制宜、分类有序处置，妥善处理保持社会稳定和推进结构性改革的关系。要依法为实施市场化破产程序创造条件，加快破产清算案件审理。要提出和落实财税支持、不良资产处置、失业人员再就业和生活保障以及专项奖补等政策，资本市场要配合企业兼并重组。要尽可能多兼并重组、少破产清算，做好职工安置工作。要严格控制增量，防止新的产能过剩。二是帮助企业降低成本。要开展降低实体经济企业成本行动，打出"组合拳"。要降低制度性交易成本，转变政府职能、简政放权，进一步清理规范中介服务。要降低企业税费负担，进一步正税清费，清理各种不合理收费，营造公平的税负环境，研究降低制造业增值税税率。要降低社会保险费，研究精简归并"五险一金"。要降低企业财务成本，金融部门要创造利率正常化的政策环境，为实体经济让利。要降低电力价格，推进电价市场化改革，完善煤电价格联动机制。要降低物流成本，推进流通体制改革。三是化解房地产库存。要按照加快提高户籍人口城镇化率和深化住房制度改革的要求，通过加快农民工市民化，扩大有效需求，打通供需通道，消化库存，稳定房地产市场。要落实户籍制度改革方案，允许农业转移人口等非户籍人口在就业地落户，使他们形成在就业地买房或长期租房的预期和需求。要明确深化住房制度改革方向，以满足新市民住房需求为主要出发点，以建立购租并举的住房制度为主要方向，把公租房扩大到非户籍人口。要发展住房租赁市场，鼓励自然人和各类机构投资者购买库存商品房，成为租赁市场的房源提供者，鼓励发展以住房租赁为主营业务的专业化企业。要鼓励房地产开发企业顺应市场规律调整营销策略，适当降低商品住房价格，促进房地产业兼并重组，提高产业集中度。要取消过时的限制性措施。四是扩大有效供给。要打好脱贫攻坚战，坚持精准扶贫、精准脱贫，瞄准建档立卡贫困人口，加大资金、政策、工作等投入力度，真抓实干，提高扶贫质量。要支持企业技术改造和设备更新，降低企业债务负担，创新金融支持方式，提高企业技术改造投资能力。培育发展新产业，加快技术、产品、业态等创新。要补齐软硬基础设施短板，提高投资有效性和精准性，推动形成市场化、可持续的投入机制和运营机制。要加大投资于人的力度，使劳动者更好适应变化了的市场环境。要继续抓好农业生产，保障农产品有效供给，保障口粮安全，保障农民收入稳定增长，加强农业现代化基础建设，落实藏粮于地、藏粮于技战略，把资金和政策重点用在保护和提高农业综合生产能力以及农产品质量、效益上。五是防范化解金融风险。对信用违约要依法处置。要有效化解地方政府债务风险，做好地方政府存量债务置换工作，完善全口径政府债务管理，改进地方政府债券发行办法。要加强全方位监管，规范各类融资行为，抓紧开展金融风险专项整治，坚决遏制非法集资蔓延势头，加强风险监测预警，妥善处理风险案件，坚决守住不发生系统性和区域性风险的底线。

## 5.3　中国特色宏观调控实践模式的总体特征

从总体上看，在改革开放以来中国业已进行的八次大规模宏观调控中，有四次发生在转轨前期，包括 1979～1981 年、1982～1986 年、1987～1991 年以及 1993～1997 年的宏观调控。这 4 次宏观调控主要在应对经济过热、通货膨胀的过程中，紧缩性政策总体呈现出较为显著的调控效果。其特点是：（1）1986 年以前的宏观调控主要以行政手段为主，但经济手段的力度逐渐增强，并开始发挥作用。从 1986 年的宏观调控开始，政策当局注重运用相应的扩张性与紧缩性的政策工具对经济的冷热状况进行调节。（2）1991 年宏观调控形成经济的"硬着陆"，其原因在于政策调整的力度过大。这一次的宏观调控还有一个突出的特点是企业、财政、税收、金融、价格、外贸等体制改革的配套进行，基本确立了宏观调控体系的初步框架。（3）1992 年以来的宏观调控并没有简单运用直接调控手段给经济降温，而是综合运用各项调控措施，有步骤、分阶段地逐步推进。这样，既有效地遏制了通货膨胀，又使经济保持在合理的稳定增长区间。从总体上看，在 1997 年以前中国近 20 年的改革历程中，在经历了从计划体制到明确市场体制的发展过程中，无论是应对投资与需求双膨胀和财政信贷扩张还是经济过热、物价上涨，也无论是投资与需求膨胀所引发的通货膨胀、经济过热还是经济全面过热、通货膨胀，紧缩性宏观调控政策都取得了明显的效果，1996 年还实现了经济"软着陆"。多次的紧缩性调控还为政府积累了较为丰富的宏观调控经验和调控艺术。

转轨中后期的宏观调控具体表现为 1998～2002 年、2003～2007 年、2008～2009 年和 2010～2013 年的宏观调控。这些调控在应对有效需求不足、通货紧缩与局部经济过热、投资膨胀的过程中，扩张性和"有保有压"的政策调控体现出密度大、组合性强、力度大等特点，但调控的效果却低于预期。其特点是：（1）1998 年以来的宏观调控第一次使用扩张性政策来扩大内需、启动经济增长。这是运用凯恩斯主义的需求管理政策来刺激经济的一次成功尝试，表明决策部门已经开始沿用市场经济国家的成熟经验来调控中国的经济运行。（2）2003 年以来宏观调控针对的是部分行业投资过度扩张带来的局部经济过热，不同于以往的经济全面过热。在这种情况下，决策部门采取了"有保有压、区别对待"的方针，采取点刹车的方式来调控经济运行。地方政府和部分行业基于利益驱动存在与中央政府进行博弈的行为，在这一轮宏观调控中表现得尤为明显。与紧缩性政策的调控效果相比较，近两轮扩张性与"有保有压"政策未能有效体现出政府的政策意图，其绩效也与预期存在一定的差距。当然，2003 年下半年开始的新一轮宏观调控，为控制可能出现的经济过热趋势，起到了积极的效果。据此，樊纲（2007）认为："正是我们多年来通过宏观调控，有效地抑制了过剩生产力的产生，成功避免了经济过热，实现了经济平稳快速的增长。"确实，转轨以来特别是 1998 年以来我国的宏观调控确实起到了有效抑制经济发展中不稳定不健康的因素、避免经济出现大的波动，促进经济持续快速增长的积极作用。从总体上说，我国的宏观调控巩固了经济体制改革的成果，保障了改革的顺利进行并将改革持续推向深入。[①] 但是，一些

---

① 庞明川. 转轨以来中国的宏观调控与经济发展［J］. 财经问题研究，2006，(2).

学者认为，1996 年以来的宏观调控确实存在与预期脱节的问题。如吴超林（2001）认为："1997 年以后，面对在市场机制作用不断扩大基础上形成的总需求小于总供给的宏观总量非均衡情形，尽管政府实施了更为市场经济意义上的一系列积极的财政政策与货币政策，但 3 年来的宏观调控政策效应与预期结果仍相距甚远。"王洛林（2007）也认为："尽管我们的宏观调控政策取得重要成效，但效果还不够理想。"（3）2008 年以来的宏观调控针对国际金融危机对经济的不利影响，果断实施了积极的财政政策和适度宽松的货币政策以及为应对国际金融危机、保持经济平稳较快发展的"一揽子"计划，包括 4 万亿元投资计划、结构性减税、"家电下乡"，以及鼓励汽车、家电以旧换新等政策措施，以扩大投资和消费；完善出口信贷保险和出口税收政策，适时调整出口退税率等政策，以稳定出口；实施十大产业调整振兴计划、国家科技重大专项、发展高技术产业集群、加强企业技术改造等政策，以调整优化经济结构。另外，稳定农业发展，促进农民增收，制定实施稳定和扩大就业政策；提高离退休职工的离退休金和养老金，提高最低保障水平和最低工资标准等措施，以改善民生等。随着"一揽子"计划的贯彻落实，中国经济在不断向好的方向运行，积极因素不断增多，总体形势企稳向好，取得了明显成效。从表 5.4 中可以看出，在转轨以来的八次宏观调控中，前四次都属于经济过热的情形，因此政府选择了紧缩性的政策给过热的经济降温，区别仅在于运用了不同的政策工具和调控方式。对于第五次宏观调控面临的有效需求不足和通货紧缩问题以及第六次面临的局部经济过热问题，政府分别采取了扩张性的财政政策和"有保有压、区别对待"的方针。对于第七次宏观调控所面临的全球性金融危机带来的经济下滑，政府采取了综合性的扩张政策来应对，更体现出宏观调控的复杂性和调控艺术的难度，因而具有典型的意义。而第八次宏观调控更加突出了宏观调控内容和方式的创新，首先确立经济运行进入了"新常态"的特殊阶段，然后通过优化政策组合，在区间调控中更注重定向调控。从上述分析中可以看出，我国改革开放以来的宏观调控伴随着经济体制改革的历程，经历了包括治理经济全面过热、局部过热与内需不足、通货膨胀与通货紧缩和经济增速主动降为中高速增长的"新常态"等复杂过程，采取的调控措施包括紧缩性、扩张性与"有保有压"等政策选择，调控手段从行政计划等直接手段过渡到运用经济、法律等间接手段。应该说，我国的宏观调控几乎经历了从短缺到过剩、从过热到过冷、从通货膨胀到通货紧缩的全过程，成功应对了经济可能遇到的各种复杂经济情况。

表 5.4　　　　　　　中国转轨以来历次宏观调控的经济背景与调控特点

| 时间 | 经济背景 | 调控重点 | 政策特征 | 调控手段 | 调控方式 | 政策工具 |
|---|---|---|---|---|---|---|
| 1979～1981 | 投资与需求双膨胀，财政信贷扩张 | 控制投资与消费 | 紧缩性 | 行政手段为主，经济手段为辅 | 直接管理为主，间接管理为辅 | 财政政策为主，货币政策为辅 |
| 1982～1986 | 经济过热，物价上涨 | 通货膨胀 | 紧缩性 | 行政手段为主，但经济手段力度增强 | 强化间接调控方式 | 货币政策工具开始得到运用 |
| 1987～1991 | 投资与需求膨胀，经济过热 | 通货膨胀 | 紧缩性 | 强调行政干预，但经济手段力度加强 | 加大间接调控力度 | 财政、货币、价格、外贸等综合运用 |

续表

| 时间 | 经济背景 | 调控重点 | 政策特征 | 调控手段 | 调控方式 | 政策工具 |
|---|---|---|---|---|---|---|
| 1993～1997 | 经济全面过热，通货膨胀 | 通货膨胀 | 紧缩性 | 行政手段减弱，经济手段得到广泛运用 | 间接调控为主 | "适度从紧"的财政货币政策 |
| 1998～2002 | 有效需求不足，通货紧缩 | 扩大内需，启动经济 | 扩张性 | 经济与法律手段为主 | 间接调控为主 | 积极财政政策 |
| 2003～2007 | 投资增长过快，局部经济过热 | 信贷与土地 | 有保有压 | 经济、法律手段为主，行政手段为辅 | 直接调控与间接调控相结合 | 各种政策工具综合运用 |
| 2008～2009 | 金融危机引起经济下滑与衰退 | 扩大投资与消费 | 扩张性 | 经济手段为主 | 直接调控与间接调控相结合 | 积极财政政策、宽松货币政策与产业政策等"一揽子计划" |
| 2010～2015 | 金融危机引起的经济下滑 | 扩大消费、加强供给侧结构性改革 | 扩张性 | 经济手段为主 | 间接调控，区间与定向调控 | 各种政策工具综合运用 |

从总体上看，中国特色宏观调控的实践模式具有以下特征。

第一，紧缩性调控与扩张性调控相结合。根据政策操作的性质，可以将改革开放以来中国已开展的八次大规模的宏观调控划分为两大类型：一种是以应对经济过热、通货膨胀为主要目标的紧缩性调控，包括1979～1981年、1982～1986年、1987～1991年、1993～1997年和2003～2007年的五次宏观调控；另一种是以应对有效需求不足、经济下滑或衰退等为主要目标的扩张性调控，主要包括1998～2002年、2008～2009年和2010至今的三次宏观调控。这两种不同性质宏观调控的作用与西方经典的反周期政策在调控方向上是一致的：当需求不足、失业率上升时，政府通过实行扩张性政策以扩大需求，拉动经济增长和增加就业；当总需求过度扩张引起通货膨胀上升、经济过热时，政府则通过紧缩性政策来给经济降温并抑制通货膨胀。对此，刘伟和苏剑（2007）认为："需求管理上的总量政策选择的基本方向，无外乎扩张和紧缩两种类型。"中国经济增长与宏观稳定课题组（2010）针对五次紧缩型调控指出：一方面，由总量扩张所造成的经济过热成为中国宏观经济运行的常态；另一方面，鉴于过热是常态，宏观调控的主要目的就是收缩。总体而言，总量扩张与结构收缩是中国宏观调控的最大特点。由于中国的宏观调控长期以来都表现出"双轨并行"的特点，上述紧缩性调控包含了总量的收缩与结构性调整带来的紧缩效应，而扩张性调控也同样包含了总量扩张与结构性调整带来的扩张效应。

第二，总量调控与结构性调控相结合。在西方主流理论中，宏观经济被严格地限定在总量的范畴，因而宏观稳定政策一直强调的是总量调控，这与发达国家市场体系相对完善、同质化程度较高且处在相对均衡的增长路径上紧密相关。虽然20世纪70年代的"滞胀"使得供给学派登上舞台，但占据主流地位的一直是以凯恩斯主义需求管理为主要形式的总量调控，西方国家长期的宏观调控实践提供了现实的佐证。从中国的实践来看，在经历了1978～1985年的计划控制后，1985年"巴山轮会议"引入的"宏观控制"含义就是总量调控，属于需求管理的范畴。对此，魏加宁（2008）指出：我个人认为，所谓"宏观调控"，其词源最初来自于现代经济学教科书中的宏观经济政策，包括货币政策、财政政策以及收入政策。20 世纪 80 年代最初引进中国时叫作"宏观控制"，后来改叫"宏观调节"，指的就是总量控制。1985 年的"巴山轮会议"使中国经济学家们第一次搞懂了宏观调控就是总量控制。①从这时起，中国的宏观调控就走上了学习与运用需求管理政策进行总量调控的轨道。在转轨初期，由于短缺现象大量存在，因而经济中的投资饥渴、扩张冲动与软预算约束的结合使得经济的过热成为一种常态，于是在 1979～1981 年出现了投资与需求双膨胀和财政信贷扩张，1982～1986 年出现了经济过热、物价上涨，1987～1991 年出现了投资与需求膨胀引发通货膨胀和经济过热，1993～1997 年出现了经济全面过热与通货膨胀。甚至在 2003～2007 年还出现投资增长过快和局部经济过热现象。对此，总量调控分别对投资与消费、通货膨胀、银行信贷等经济总量进行紧缩性与有保有压的控制，给过热的经济降温。在转轨中后期，对于 1998～2002 年由于亚洲金融危机引起的有效需求不足和通货紧缩、2008～2009 年由美国金融危机引起的经济下滑与衰退，总量调控分别采用积极财政政策和"四万亿投资计划"，对内需、投资与消费等经济总量进行扩张性调控。由此可见，总量调控方式在中国宏观调控中得到了大量的运用。

　　然而，针对经济结构所进行的结构性调控在中国宏观调控的实践中长期占据着主要地位，并在中国经济进入"新常态"以来有了进一步的创新和发展。具体地说，在 1979～1981 年的第一轮调控中，政府采取了压缩基建规模、压缩各种开支和消费基金、加强对市场和物价的管理和监督等结构性调控措施。即使是在 20 世纪 80 年代的宏观调控实践中，结构性调控也发挥了重要作用。例如，在 1982～1986 年的宏观调控中，政府采取了严格控制信贷总规模和现金投放、从严控制预算外投资的规模、坚决压缩行政开支，压缩社会集团购买力、严格控制消费基金的盲目增长，严禁任何单位和个人在财务上乱开口子、乱提工资、乱发奖金、津贴和实物等措施。在 1987～1991 年的宏观调控中，政策当局采用直接的调控手段，最主要的是压缩投资的各种直接的行政控制手段，包括明确规定压缩幅度、停建缓建各种项目的指令性计划、向各地派出固定资产投资检查小组等，取得了立竿见影的政策效果。在 1993～1997 年的宏观调控中，中央发布的 16 条《关于当前经济情况和加强宏观调控的意见》，其中包括了削减行政管理费、重新审查地方批准建设的开发区、压缩基建投资规模、增加能源交通运输等基础设施投资措施。在 2003～2004 年的宏观调控中，从 2003 年下半年开始，政府采取了"有保有压、区别对待"的方针和规范房地产发展、土地管理等措施。2004 年 4 月，又采取了较大幅度地调高钢铁、电解铝、水泥和房地产四个行业的固定资产投资项目资本金比例、严格土地审批、对一些行业的投资项目进行全面清理以及公布对"铁本事件"的严肃查处等措施。这些调控措施在时间上比较集中，间接调控手段与行政性直接调控措施形成政策组合，且调控力度明显加大，取得了显著的政策效果。而对于 1998 年亚洲金融危机引发的有效需求不足和通货紧缩问题，政府首次大规模地使用积极财政政策来扩大内需、启动经济增长，这是运用凯恩斯主义的需求管理政策来刺激经济的一次尝试。虽然在短期迅速起到拉动内需、恢复增长的作用，但由于忽视结构问题，未能在刺激有效需求、恢复经济自主增长方面产生明显的效果。对于 2008 年美国金融危机引发的增长下滑，政府分别于 2008 年 11 月推出了包括 4 万亿元投资计划在内的"一揽子"经济刺激计划、

---

　　①　陈晓晨，徐以升．专访国务院发展研究中心宏观经济研究部副部长魏加宁［N］．第一财经日报，2008－09－22.

2009 年陆续推出"十大产业振兴规划"。这一次的扩张性政策吸取了 1998 年的经验教训,不仅在 4 万亿计划中增加了加快建设保障性安居工程,加快农村基础设施建设,加快铁路、公路和机场等重大基础设施建设,加快医疗卫生、文化教育事业发展,加强生态环境建设,加快自主创新和结构调整,加快地震灾区灾后重建各项工作等结构性改革措施;而且,产业振兴规划的推出则明显属于结构性调控的内容。因此,虽然大规模的经济刺激是需求扩张的总量调控政策,但多项结构性调控措施和产业振兴规划的推出是将结构性调控融入总量调控的成功实践。中国经济进入"新常态"以来,结构性调控的形式与内涵更是得到进一步拓展:一是实施定向调控。2014 年 9 月 9 日,李克强在出席达沃斯论坛时指出,要在保持定力的同时有所作为,坚持区间调控,实施定向调控,实际上这也是结构性调控。陈建奇(2014)指出,定向调控是具有中国特色的政策术语,但实质上却是结构性调控的思路,与传统的有保有压的思想一脉相承。张莫、蔡颖(2014)指出,从定向降低存款准备金率、定向再贷款,到通过 PSL、MLF 等创新工具定向补给市场流动性,所有这些操作都没脱离结构性调控的轨道。二是总量调控与结构性调控相结合。马建堂等(2015)认为,新一轮宏观调控思路和方式创新的一个突出特点是形成了"总量 + 结构"的调控组合,大大提高了宏观调控工具的精准度和效果。区间调控与定向调控各有侧重,区间调控侧重于稳总量,定向调控侧重于调结构,两者紧密结合,形成稳增长调结构合力,丰富了宏观调控的目标内涵和方式手段,是中国宏观调控实践对宏观调控理论的重大贡献。由此可见,从 2012 年开始的全面进行结构性减税和税制改革、2013 年推出的"微刺激"和"区间调控",到 2014 年推出的"定向调控"和 2015 年提出"加强供给侧结构性改革",都是结构性调控在"新常态"下的重大创新和发展。

第三,需求结构调控与供给结构改革相结合。从供求总量的角度,可以把改革开放以来的中国经济增长划分为三个阶段:第一个阶段从 1978 年到 20 世纪 90 年代中期,经历了由短缺到基本供求平衡的过程;第二个阶段从 20 世纪 90 年代中期到 2008 年,经历了从基本供求平衡到总供给逐渐大于国内总需求的过程;第三个阶段从 2008 年至今,则呈现出总供给明显大于总需求的情形。如果从结构的角度来分析,总供求的变动就是另一番图景:长期的结构失衡,表现为供给结构失衡、需求结构失衡以及供给结构与需求结构之间的失衡。

正是由于中国存在二元结构以及由转轨带来的大量体制结构问题,使得无论是对于需求结构的调整还是对供给结构的调整都十分重要,结构调整成为经济发展中长期面临的重大问题。然而,尽管改革开放初期的结构调整是从供给侧首先开始的,但是,长期中的结构调整都主要着眼于对需求结构进行调控,虽然对于供给结构也进行了一定程度的调整,但其重视程度远远不如对需求结构调整的重视程度。如在紧缩性调控时对需求结构中投资需求和消费需求的压缩,在扩张性调控时对需求结构中消费需求的刺激与扩大进出口等,都是对需求结构进行调整。改革开放以来,供给侧结构性改革包括 1978 年改革开放起步后推行家庭联产承包责任制、发展乡镇企业、放权让利等;20 世纪 80 年代中期以来搞活国有企业、进一步扩大企业自主权;20 世纪 90 年代以农村综合改革、国有企业改革、价格改革、财税改革、金融改革、外汇改革等为主要内容的经济体制总体改革,以及建立现代企业制度、发展中小企业与非公有制经济、政府机构改革;进入新世纪以来的行政管理体制改革、农村税费改革、国有企业改革、改善非公有制经济发展的体制环境以及发展土地、劳动力、技术、产权、资本等要素市场;近年来以简政放权为市场主体松绑、营转增改革、降低税负为中小企业轻身、以"负面清单"划清政府市场界限、财税金融改革、资本市场改革、反垄断、反腐败全面推进、鼓励创新和创业等，都属于供给结构改革的重要内容。<sup>①</sup> 针对 2010 年以来中国经济出现的波动下行与日益凸显的供给和需求不平衡、不协调的矛盾和问题，特别是供给侧对需求侧变化的适应性调整明显滞后的现象，2015 年 11 月中央财经领导小组第 11 次会议提出"在适度扩大总需求的同时，着力加强供给侧结构性改革"，这不仅意味着强调从供给侧入手针对经济结构性问题的体制性障碍而推进改革，而且意味着今后一段时期将结构改革的重点由过去重视需求结构转向供给结构，强化供给结构调整的力度。

上述分析表明，在中国宏观调控的长期实践过程中，既有紧缩性调控也有扩张性调控，既存在总量调控也存在结构性调控，在结构调控中既包括对需求结构的调控也包括对供给结构的调控。这些不同性质与不同内容的调控共同构成了中国宏观调控的实践模式和特色，明显区别于西方主流经济学中的经典宏观调控。

---

① 平言. 向结构性改革要新动力新优势 ［N］. 经济日报，2015 – 11 – 13；周子勋. 中国经济将转向供给管理 ［N］.
京华时报，2015 – 11 – 13.

# 第 **6** 章
## 宏观调控实践模式的国际比较研究

虽然政府干预的传统早在 16 ~ 17 世纪西欧重商主义的理论与政策体系就已经出现，并在 17 ~ 19 世纪经历了与经济自由主义与新自由主义的多次较量与反复，但是，自 20 世纪 30 年代宏观经济学诞生以来，特别是经历了 1929 ~ 1933 年世界经济大危机的冲击，包括发达国家、发展中国家与转轨国家在内的世界各国都普遍开始认识与重视政府对经济的干预作用，并形成了各自不同的实践模式与特色。21 世纪以来的美国金融危机的爆发，使得以国家干预为核心的宏观调控的重要性更加凸显。本章立足于 20 世纪以来各国政府开展宏观调控的实践，比较与分析各国宏观调控的实践模式与特色。

## 6.1　发达国家宏观调控的实践模式与特色

发达国家现代意义上的宏观调控在实践上发端于 1933 年在美国出现的罗斯福"新政"，在指导思想上则发端于凯恩斯（J. M. Keynes）在 1936 年出版的《就业、利息和货币通论》中提出的政府干预思想。在此之前，占据主流和统治地位的思想是 17 世纪下半叶产生于英、法两国的古典经济学（classical economics），认为自由竞争的市场机制是一只"看不见的手"，它支配着社会经济活动；反对国家干预经济生活，提出自由放任原则。主要代表为英国的配第（W. Petty）、亚当·斯密（A. Smith）和李嘉图（D. Ricardo）以及法国的魁奈（F. Quesnay）等。其中，亚当·斯密 1776 年出版的代表作《国民财富的性质和原因的研究》为奠基之作。在这一思想指导下，19 世纪初起直至 19 世纪六七十年代既是自由竞争的资本主义的黄金时代，也是经济自由主义无可争议的思想统治时代。在西欧经济发达的国家里，经济自由主义无可争辩地处于统治地位的经济思想。相比较而言，经济自由主义理论的现实性更多地在于当时的英国；而在当时法国，虽然经济自由主义仍处于上风，但法兰西革命所带来的浪漫主义的保护政策和社会主义思想思潮使得它的现实性不如在英国显著。

由自由放任的市场经济向国家干预下的市场经济转变，是与 20 世纪发生的两大事件直接相联系的：一是两次世界大战。两次世界大战使西方主要国家的经济都进入了战时轨道。为保证战争的需要，各国政府都大大加强了对经济的干预。二是 1929 ~ 1933 年发生的世界经济大危机。这场世界经济大危机从根本上动摇了西方国家自由放任的市场经济。这是资本主义发展史上有史以来最严重的一次危机。其特点包括：一是持续时间长达 5 年，实际上造成了长期萧条的局面；而以往的危机生产下降的持续时间不过几个月、十几个月。二是所造成的生产下降，失业增加，都是以往的危机所难以相比的。1932 年，整个西方国家的工业生产比 1920 年下降 1/3 以上；在 5 年时间里，总失业人数从 1000 万人增加到 3000 万人，加上半失业人数共计有 4000 万～5000 万人。其中美国失业人数由 150 万人增加到 1300 多万人，失业率接近 25%。这次危机使整个西方国家的工业生产倒退到 1900～1908 年的水平，英国甚至倒退到 1897 年。而以往的经济危机，生产水平通常只倒退一两年。三是这场危机不仅仅是一场生产危机，同时也是一场金融危机。开端是纽约股票市场于 1929 年 10 月爆发行情暴跌，此后不少国家的股票交易宣告破产。美国的股票价格平均下跌了 79%。整个西方国家有许多银行由于猛烈而持续地爆发挤提存款、抢购黄金的风潮而破产倒闭。更为严重的是，在以往的危机中时常采用的旨在摆脱危机的金融货币政策完全失灵。对此，主张自由放任的古典经济学既不能提供逻辑一致的解释，在对策措施方面也一筹莫展。如何解释长期萧条的形成，成为当时经济学面临的重大课题。

在上述背景下，1933 年美国"罗斯福新政"（the roosevelt new deal）为转向政府干预的现代市场经济奠定了实践基础，而 1936 年"凯恩斯革命"（the keynes revolution）的出现为转向政府干预的现代市场经济提供了理论基础。在世界经济大危机爆发后，罗斯福新政与凯恩斯主义不谋而合，都主张国家对经济进行干预，并促成了国家干预经济这一新的宏观管理形式的出现，在第二次世界大战之后被更多的国家采用。至此，推行凯恩斯主义扩张政策的结果给西方发达国家带来了接近 40 年的经济繁荣。到 20 世纪 70 年代，长期推行扩张性政策的结果给西方国家的经济造成了程度不一的"滞胀"现象，弗里德曼的货币主义与卢卡斯的理性预期学派等主张自由放任的自由主义经济思想又重新占据了上风，并辅之以供给学派的政策主张。2008 年全球性金融危机的爆发，使得凯恩斯主义又重新登上历史舞台，各发达国家纷纷采取大规模的扩张性政策以应对危机。由此可见，西方发达国家的宏观调控在不同时期与不同的经济发展阶段发挥着重要作用。

### 6.1.1　美国宏观调控的实践模式与特色

美国的宏观调控模式被认为是自由竞争市场体制的典型模式，其实践是从 1933 年罗斯福"新政"开始的。从这时起，美国的宏观调控先后经历了 20 世纪 30 年代以来的宏观调控、第二次世界大战后到 20 世纪 70 年代以前的宏观调控、20 世纪 70 年代、80 年代、90 年代的宏观调控以及 2000 年以来的宏观调控、金融危机爆发以来的宏观调控等七个阶段。

第一阶段：20 世纪 30 年代以来的宏观调控。1933 年 3 月 4 日，富兰克林·罗斯福就任美国第 32 届总统。为应对世界经济大危机，罗斯福总统采取了一系列政策，被称作"新政"（new deal），其核心包括改革（reform）、复兴（recovery）和救济（relief），简称为三 R。主要的政策措施有：（1）整顿银行与金融系，下令银行休业整顿，逐步恢复银行的信用，并放弃金本位制，使美元贬值以刺激出口；（2）复兴工业或称对工业的调整（中心措施）：通过《国家工业复兴法》与蓝鹰行动来防止盲目竞争引起的生产过剩；根据《国家工业复兴法》，各工业企业制定本行业的公平经营规章，确定各企业的生产规模、价格水平、市场分配、工资标准和工作日时数等，以防止出现盲目竞争引起的生产过剩，从而加强了政府对工业生产的控制与调节;(3)调整农业政策:给减耕减产的农户发放经济补贴,提高并稳定农产品价格;(4)推行"以工代赈";(5)大力兴建公共工程,缓和社会危机和阶级矛盾,增加就业刺激消费和生产;(6)政府建立社会保障体系,通过了《社会保障法》,使退休工人可以得到养老金和保险,失业者可以得到保险金,子女年幼的母亲、残疾人可以得到补助;(7)建立急救救济署,为人民发放救济金。第二次世界大战爆发后,新政基本结束,但罗斯福新政时期产生的一些制度包括《紧急银行法令》《国家工业复兴法》《农业调整法》《社会保障法案》等法案或机构如社会安全保障基金、美国证券交易委员会、美国联邦存款保险公司、美国联邦住房管理局等至今仍产生着影响,而且,罗斯福新政措施使总统权力全面扩张,终于逐步建立了以总统为中心的三权分立的新格局,成为总统职权体制化的开拓者。更为重要的意义在于,罗斯福新政成为美国乃至西方发达国家政府干预经济的发端。从这一时期开始,各国政府开始在罗斯福新政与凯恩斯主义的指导下运用政府的权力干预经济的运行。当然,包括凯恩斯早期的李路年与政策主张在内以及19世纪末20世纪初美国的实用主义哲学思潮、进步主义思潮和改革、第一次世界大战期间对经济的全面干预以及20世纪20~30年代早期制度学派经济学理论创新等思想运动,都构成了罗斯福新政的思想渊源。

　　第二阶段:第二次世界大战之后至70年代之前的宏观调控。这一时期,凯恩斯主义成为美国宏观调控的主导思想,主张以总需求管理为核心,以扩张性的财政政策为主,辅之以货币政策来刺激社会需求、创造就业机会、促进经济增长。1961年肯尼迪执政之后,针对当时国内经济的低增长、高失业状况,美国政府以充分就业为中心目标,依循凯恩斯扩大有效需求的政策路径,采取扩张性的财政政策,增加政府采购及公共开支,并大幅削减税收。与此同时,针对当时的外贸逆差及对外失衡问题,美国政府实行扩张性的货币政策,并致力于消除贸易壁垒、扩大出口,同时对购买外国资产征税以抑制美元外流。之后美国的顺差不断扩大,外国银行挤兑黄金的压力也得以缓解,经济基本实现了内外均衡。在一系列政策的调控作用下,60年代美国经济持续增长,进入了所谓的黄金发展期。但是"双松"的财政、货币政策也带来了负面效应,导致财政赤字扩大与通货膨胀加剧。特别是60年代中期,约翰逊总统推行"大炮加黄油"(即战争加福利)的政策,造成了更加严重的赤字和通胀,破坏了社会经济秩序。之后,美联储转变了货币政策,逐渐紧缩银根,1961~1969年联邦基金年利率从1.95%提高到8.21%。

　　第三阶段:20世纪70年代的宏观调控。尽管调控的导向有所转变,70年代美国还是出现了"滞胀"现象,经济增长低迷(年均经济增长率仅为2.8%,而失业率则达6.2%),通胀率持续高位(CPI年均上涨率达7.1%)。与此同时,美国又出现了巨额贸易逆差,市场上开始出现抛售美元、抢购黄金的狂潮。面对经济滞胀与内外失衡,美国宏观调控的政策取向陷入了两难困境,以利率政策为例,若要刺激经济增长就需要降低利率,但是低利率又会引发资本外流,从而加大美元贬值的压力。权衡之下,美国调控选择了以内部均衡为主,优先促进国内经济增长和充分就业。1971年尼克松总统实行"新经济政策",对内实行对工资、物价及租金的直接管制;对外停止兑换黄金,征收10%的进口临时附加税,同时美元对日元、马克、英镑等主要货币大幅贬值。新经济政策实施的结果,使得美国的经济增长有所起色,国际收支也得到改善。然而好景不长,70年代中期后,美国经济重又出现严重的失衡现象,财政赤字与贸易逆差并存,失业率增加,经济陷入衰退。1976年卡特任总统后,为刺激经济、增加就业，采取扩张性的财政与货币政策，同时美元对日元和马克急剧贬值，以减少贸易逆差。但是双松的政策又加剧了通货膨胀，美元贬值也削弱了国际投资者的信心，卡特政府又转而实行反通胀的紧缩政策。一方面降低了减税力度，并实行对物价与工资的自愿控制；另一方面提高联邦银行的贴现率，从 1978 年 5 月的 6.5% 逐步提高至 1979 年 10 月的 12%，货币供给量的收缩，缓解了国内通货膨胀以及美元对外贬值的压力。

第四阶段：20 世纪 80 年代的宏观调控。滞胀困境引发了美国各界对凯恩斯主义的质疑，80 年代里根执政之后，美国的宏观调控理念发生了变化，自由主义复兴，重新强调市场自发调节的作用，调控重点也由需求管理转向供给管理。为摆脱经济滞胀的泥潭，里根政府采纳了供给学派和货币学派的观点，制订了经济复兴计划，主要内容包括：放松管制、削减政府支出（主要是社会福利和教育支出）、减少税收（包括个人所得税和公司所得税）、紧缩通货。在其第一任期内，调控政策取得了良好的效果，美国经济在 1983～1984 年出现了较强的复苏，但同时也出现了高利率、高赤字、高汇率、高逆差并存的现象。在里根总统的第二任期内，为实现内外均衡，美国政府重又加强了对经济的干预，采取降低利率、美元贬值、提高出口补贴等措施，但是调控效果有限，巨额财政赤字与国际收支赤字依然存在，"滞胀"现象仍未消除。

第五阶段：20 世纪 90 年代的宏观调控。1993 年克林顿执政以后，制订了"经济振兴计划"，即在短期通过减免税收与增加政府投资来刺激经济、扩大就业，长期则通过增加税收与节约支出来逐步削减财政赤字。具体政策措施包括：（1）财政政策。开源与节流并行，通过税制改革增加政府收入，同时削减社会福利及行政开支，以促进实现"平衡财政"的目标。（2）货币政策。实行中性的货币政策，以物价稳定为首要目标，中介目标由控制货币供给量转变为控制利率及货币供给量，同时对利率进行微调，以避免经济的剧烈波动。（3）产业政策。奉行"加强宏观调控，改革科教体制，鼓励创新，促进科技产业化"的国策。重视教育培训，提高人力资源的素质；改善交通、通信等基础设施，提供良好的投资环境；设立专门的管理机构，促进科技创新，提高产品的比较优势与国际竞争力；以信息技术为先导，加大对高新技术产业的扶持力度，促进产业结构的调整与升级。（4）贸易政策。克林顿政府用更加实用的公平贸易政策代替了传统的自由贸易政策，致力于扩大对外贸易。制定国家出口促进战略，成立国家贸易促进委员会；放宽高科技产品出口限制，并为出口商提供融资支持；推动亚太经合组织、北美自由贸易区等多边贸易的发展，积极拓展海外市场。通过一系列政策的调控，美国的财政赤字逐步下降并出现盈余。克林顿政府的宏观调控取得了显著成效，美国经济运行良好，并呈现出低失业、低通胀的景象，且持续增长 120 个月，被誉为新经济现象。

第六阶段：2000 年以来的宏观调控。2000 年小布什就任美国总统，在经历了 20 世纪 90 年代的持续增长后，美国经济显现衰退趋势，因此在其第一任期内，小布什实行了扩张性的财政与货币政策。（1）财政政策减税与增支并行。2001 年，美国国会通过了 1.35 万亿美元的大规模减税计划；"9·11"恐怖事件后，小布什政府相继发动阿富汗和伊拉克战争，军费开支激增；推进养老、医疗、失业等社会保障改革，社会福利支出大幅增加。（2）宽松的货币政策。自 2000 年后美联储先后 14 次降息，至 2003 年 6 月联邦基金利率降至 1% 的低点，并维持了一年有余。"双松"政策刺激了消费与投资，到小布什的第二任期，美国经济形势发生了变化，经济回升且出现过热趋势，宏观调控又转而以防止经济过热为主。由于其第一任期的减税与增支导致美国财政赤字迅速累积，2005 年小布什着手削减军费以外的其他开支，赤字有所降低，但是 2006 年由于美国经济增长放缓，加之自然灾害和伊拉克战争的拖累，赤字重新上升。在此背景下，实行紧缩的货币政策，2004 年 6 月开始，美联储以每次 0.25 个百分点的速度连续 17 次提高利率，至 2006 年底联邦基金利率达 5.25%。在双紧政策的作用下，虽然经济得以降温，但是利率的频繁上升也最终导致了次贷危机的爆发。

第七阶段：金融危机以来的宏观调控。金融危机爆发以来，美国政府先后实施了"一揽子"经济应急方案。这些政策措施包括：（1）危机救助的货币政策。金融危机爆发以来，市场恐慌心理加剧，消费和投资急剧萎缩。为提供充足的流动性，避免银行信贷紧缩，美联储于 2007 年 9 月 18 日开始宣布降息，将联邦基准利率下调 50 个基点到 4.75%。自此，美联储开始了新一轮的降息。自危机爆发至 2008 年 12 月，美联储已经累计下调基准利率 500 个基点，联邦基金利率从 5.25% 降至 0.25% 的历史最低点。次贷危机恶化之后，美联储分别于 2008 年 10 月 8 日、10 月 29 日和 12 月 16 日三次下调贴现率累计 175 个基点。截至 2008 年底，美联储累计下调贴现率 575 个基点，基准利率和贴现率的差距仅为 25 个基点。为增加金融机构的收入、减小公开市场业务的压力，美联储于 2008 年 10 月 15 日宣布向存款准备金支付利息。10 月 29 日美联储在调降基准利率 50 个基点后，继续将超额准备金利率下调至 0.6%，使得两者利差缩小至 35 个基点。为了便于提供更多的流动性支持，2008 年 9 月 21 日美联储批准高盛和摩根士丹利转变为银行控股公司的申请，针对特定抵押品扩大对高盛和摩根士丹利的信贷。此外，美联储将救助对象从"受困金融机构"扩展到了"基本面良好"的金融机构。（2）危机救助的财政政策。2007 年 12 月 6 日，美国政府实施次级房贷解困计划。该计划核心内容是向贷款购房者提供为期 5 年的抵押利率冻结，这一计划有助于投资者和房屋所有人重新获得信心。2008 年年初，美国政府公布了规模为 1460 亿美元的经济刺激计划。该计划包括规模为 1010 亿美元的退税计划，可以使每位纳税人获得 500 美元的退税，有孩子的家庭每个孩子可以得到 300 美元的退税；该计划可以使企业节约成本 450 亿美元，可以鼓励企业购买新的设备。2 月 12 日，美国政府和六大房贷商提出了一项"救生索计划"，来帮助那些因还不起房贷而即将失去房屋的房主。10 月美国政府通过了 7000 亿美元的救助法案。该法案提高了普通纳税人获得的救助，同时还包含了 1490 亿美元的减税计划。美国政府提高新能源、节能减排、交通等方面的税收优惠措施，鼓励发展新能源，促进节能减排，保障新能源产业的顺利实施，促进经济的复苏；2009 年 2 月美国国会通过了规模为 7870 亿美元经济复苏计划，该计划中包含了 5000 亿美元财政开支计划以及相关的减税方案。此外，对于一些濒于破产的大银行展开了一系列紧急救助活动，使其渡过危机。2008 年 9 月 7 日，美国政府宣布接管两大住房贷款融资机构房利美和房地美，向其提供多达 2000 亿美元的资金，提高其信贷额度，买进其发行的抵押贷款支持证券；同年 9 月 16 日，美联储向陷于破产边缘的 AIG 注资 850 亿美元，美国政府持有该集团近 80% 的股份；2008 年 10 月，美国政府宣布从 7000 亿美元救市方案中动用了 2500 亿美元直接购买金融机构股份，以恢复这些机构的正常贷款活动；10 月底，美国财政部表示还将向非上市银行和寿险公司提供资金援助。与此同时，2008 年 11 月 13 日，美国财政部表示将对汽车行业提供资金援助。通用汽车（General Motors Corp.）和克莱斯勒（Chrysler LLG）均获得了政府数量不小的贷款援助。（3）加强金融监管。针对次贷危机暴露出来的监管问题，美国金融当局出台了一系列的措施完善监管，首次将对冲基金纳入监管范围。另外，2008 年 4 月，美国财政部公布了对金融监管体系进行结构性改革的计划：一是扩大美联储的权力，将其监管范围扩大至非银行金融机构；二是整合监管机构，美国证券交易委员会和商品期货交易委员会合并为一个机构，美国储蓄管理局并入美国财政部金融局；三是建立新的联邦监管机构，在财政部成立一个全国性保险业监管办公室，实行对各州保险业的统一管理。随着金融危机的蔓延，后来，美国政府又实施了量化宽松政策、"再工业化"战略以及包括贸易投资保护主义在内的对外经贸政策。

从美国宏观调控的实践来看，宏观调控的特色主要体现为：

第一，以间接调控为主，实用主义至上。宏观调控主要采取间接调控的方式，多运用财政、货币政策等经济手段，而很少使用行政、计划等手段。除了联邦财政预算外，美国很少制定全局性的经济计划，其经济计划多为局部、短期性质的，主要是关于军工、农业、环保等关键领域及具体行业。由于间接调控是通过改变价格信号和市场环境来引导微观主体的经济行为，一般不直接干预生产和分配结构，较少触及各集团的既得利益，因而能够保持微观主体经济决策及行为的充分自由度和积极性。如果说自由是美国经济的灵魂，那么实用则是美国宏观调控的主旨。在美国宏观调控的历程中，从来没有一成不变的主导思想，随着经济形势的变化不同的调控理念应运而生。20 世纪 30 年代大危机之后，为应对萧条、刺激经济增长，美国政府采用了凯恩斯主义的政策主张；70 年代出现"滞胀"现象后，凯恩斯主义受到质疑，货币主义和供给学派又得到青睐；90 年代克林顿执政以后，宏观调控采取了折中主义，尽量平衡政府干预与市场机制的调节作用。经过多年的实践与历史的积淀，美国宏观调控集各学派之所长，形成了综合的调控理念，虽然没有确定的"主义"，但实用一直是其奉行的调控主旨与内核。

第二，灵活运用财政货币政策。美国财政政策包括收入与支出两个方面。收入方面主要体现在税收政策上。美国联邦政府的财政收入约占总收入的六成，凭此财力可以对各州及地方经济进行管理和调控。美国拥有完备的税收体系，涉及社会经济的各个领域，通过税种的改革及税率的变动，可以对社会消费与投资进行调节；同时通过差别化征税，实现对不同地区和对象的灵活调控。财政支出一般包括公共工程支出、政府购买与转移支付三大类，近年美国的财政支出主要集中在社会福利支出、军事开支以及教育科技支出。其中社会福利支出名目繁多、覆盖面广，约占财政总开支的 2/3，具有较强的自动稳定器功能；庞大的军事开支除了用于攻防战略，对于增加就业、刺激需求以及带动高新技术产业的发展也起到一定的推动作用；教育科技支出则对于提高人力资源素质，提升产业结构起到了积极作用。通过财政开支的增减变化，美国财政政策发挥着对经济的调控作用。美国货币政策的作用在第二次世界大战之后不断增强，美联储负责货币政策的制定与实行，由于美联储直接对国会负责，其他部门无权干涉，因而其决策具有相对独立性。美联储传统的政策工具主要有公开市场业务、再贴现率和法定准备金率。其中，公开市场业务具有市场化程度高、灵活主动的特点，是美联储经常使用的工具；而法定准备金率政策的强度太大、波及面太广，再贴现率的政策效应又不甚明显，因而不大常用。20 世纪 90 年代之后，美国货币政策的运用发生了一些变化，调控目标由单一的控制通胀，转向以控通胀为主、兼顾充分就业与经济增长；中介指标也由货币供应量转向利率，利率成为货币政策的核心。一般在经济过热时，提高利率；面临衰退时，降低利率。尤其是在格林斯潘执掌美联储之后，利率政策的运用更为灵活，采取预调、微调的方式进行调控，即在经济出现过热或者衰退苗头时，及时采取行动，并且是小幅度、连续性调整，直至达到调控目标。通过预调、微调的方式，有利于变被动为主动，及时掌控经济走势，避免市场剧烈震荡。美国的财政政策和货币政策各具特点，在实践中经常优势互补、搭配使用。由于财政政策的审批程序严格复杂，决策速度较慢，因而更擅长于解决具有长期性质的经济增长、结构调整、充分就业、收入分配及福利改善等问题；而货币政策的决策速度则相对较快，更适宜于解决经济短期波动、通货膨胀等问题。如前所述，财政货币政策的运用贯穿于美国宏观调控的历程中，通常是逆经济风向而动，灵活地进行松紧搭配，采取扩张或者紧缩的财政货币政策，这也构成了美国宏观调控的重要特点和经验。

第三，利己的对外经济政策。从贸易政策来看，历史上美国政府倡导自由贸易政策，但在克林顿时期为了适应当时的经济形势，扩大对外贸易，采取了更为实用的公平贸易政策；而在此次金融危机之后，为尽快恢复国内经济，奥巴马政府施行新政，其中的购买美国货条款则又体现出浓厚的贸易保护主义色彩，这显然与其宣扬的自由贸易精神相悖。可见，贸易政策也是美国进行宏观调控、实现内外均衡的工具，形势有利时主张自由贸易，不利时则采取贸易保护，而利己是其不变的法则。从汇率政策来看，第二次世界大战后，美国凭借其政治经济地位，经常向别国施压，营造有利于本国的汇率环境。70 年代当布雷顿森林体系规则影响到其国内经济与出口增长时，美国政府放弃了固定汇率制度；80 年代初面临滞胀状态时，美国大幅提高利率，美元急剧升值，随后国外资金大量注入、进口价格相对降低，既弥补了国内资金缺口，又缓解了通胀压力，促进了国内经济的增长与福利水平的提高；90 年代美国相继实行弱势美元与强势美元政策，当经济衰退、逆差扩大时，即通过美元贬值促进出口，当国内资金不足时，则通过美元升值吸引外资。由此可见，美国通过灵活利己的汇率政策，转嫁了国内经济失衡，减少了调整的代价，精明霸道地维护了本国利益。

第四，完备的法制体系。美国是西方国家中最早产生宏观调控法的国家，运用法律手段干预经济也是美国宏观调控的重要特点和经验。基于崇尚自由竞争、维护市场公平的历史传统，美国早期有关宏观调控的法律主要体现在限制垄断、反不正当竞争以及保护消费者权益等方面。1929 ~ 1933 年经济危机之后，罗斯福总统为恢复市场秩序、刺激经济增长，先后颁行了一系列法令，标志美国政府开始通过法律对经济进行大规模、经常性的干预，并逐步建立起宏观调控的法律框架。之后，美国历任总统均重视法制建设，迄今美国已拥有较为完备的宏观调控法律体系，涉及财政、金融等领域，行业发展、小企业问题等层面，生产规模、产品定价、工资标准等具体环节，有效地保障了生产经营的正常开展与市场经济的良性运转。完备的法制体系提高了美国宏观调控的规范性与权威性，有力地保障了宏观调控政策的施行。

## 6.1.2 英国宏观调控的实践模式与特色

作为老牌资本主义国家，英国是世界上第一个完成工业革命的国家，也是第一个实行市场经济国家。作为凯恩斯主义的发源地，英国的经济政策和理论在世界上具有典型性，影响广泛，先后经历了从重商主义、经济自由主义、凯恩斯主义、新自由主义到"第三条道路"、重回凯恩斯主义的重大变革。20 世纪 30 年代世界经济大危机爆发以来，英国的宏观调控大致可分为四个阶段：一是 20 世纪 30 年代以来尤其是第二次世界大战以来凯恩斯主义盛行；二是 1979 年撒切尔夫人上台后奉行自由市场制度；三是布莱尔推行所谓的"第三条道路"；四是金融危机爆发以来凯恩斯主义的回归。

第一阶段：20 世纪 30 年代以来的宏观调控。在此之前，16 ~ 18 世纪，英国经历了自然经济瓦解、原始资本积累和资本主义经济建立的历史巨变，主张国家干预的重商主义走向全盛。到 19 世纪，工业革命使英国开创以近代工业为生产力基础的市场经济。产业资本和工业资产阶级成为新主角，适合工业资本发展的新制度、新理论和新政策，能最大限度自由发展的经济制度的经济自由主义逐渐产生。1759 年，亚当·斯密首次提出有"看不见的手"；1776 年出版的《国富论》是经济自由主义的理论高峰。这一时期，经济自由主义政策给英国经济带来了"好日子"：英国从 19 世纪初到 70 年代的几十年间，在世界工业、贸易、海运和金融方面都处于垄断地位。既是世界各国工业制成品的主要供应者，又是世界各国出口原料的最大购买者，成为世界加工厂，故称"世界工厂"。到 19 世纪末期，经济自由主义登上巅峰。20 世纪前期，英国经历两次世界大战和西方经济大危机，这是资本主义史上最严重危机的时代。为应对危机，英国的经济政策"重返"国家干预，推行凯恩斯主义。

事实上，在这一时期的英国，还存在两个方面的影响：一是出现了以格林（T. H. Green）、霍布豪斯（L. T. Hobhouse）和霍布森（J. A. Hobson）为代表的新自由主义派别。他们重新思考自由主义哲学，主张国家干预；霍布森和霍布豪斯认为社会是复杂有机体，相互依存，不宜片面强调个人自由和权利，主张国家适度干预社会经济，提供基本社会保障，即"新的自由主义"（new liberalism）；以道德理论为基础，主张个人自由与公共利益、社会发展相一致。国家应为个人自由创造条件，扫除障碍，提供保证；国家的作用是积极的，干涉是必要的；国家要救济贫者，扶助弱者，规定最低收入标准和生活标准，推行各类社会保险，扩大公共教育；主张实行更多的社会合作，提倡改良主义。他们既批判帝国主义，也反对科学社会主义，主张走第三条道路。二是在第一次世界大战中，英国建立战时经济体制，计划分配物资，管制物价、食品、运输、工资等，甚至直接管理工厂。政府几乎控制了社会生活的各个领域。① 经济政策的变化，使现代国家干预在战争中走上历史舞台。新兴的工党从中看到希望。但是，战时措施在战后解除，重回经济自由主义轨道。1929 年美国股市暴跌，导致西方经济大危机，资本主义体系全面混乱。经济灾难和失业贫困笼罩英国，经济自由主义束手无策。1932 年麦克唐纳政府宣布放弃自由贸易，实行进口税，建立帝国特惠制，保护市场。这样，危机使经济自由主义破产，但也成为走向大规模国家干预的动力。坚信自由主义的自由党衰落了，信奉"社会主义"的工党崛起，与保守党并驾齐驱。

第二次世界大战期间，英国死亡 41 万人，伤 36 万人，耗资 250 亿英镑，还有约 1/4 的财富被毁于战火。战争结束时英国不仅丧失了战前黄金与美元储备的大部分，而且积欠了 30 亿英镑的新外债，其出口贸易下降了将近 70%，英国的经济受到严重创伤，只能依赖美国的援助来恢复发展经济。第二次世界大战后初期，英国工业生产地位进一步下降，海上力量被美国远远超过，国际金融地位严重削弱，美国取代英国成为最大的资本净输出国。英国对英联邦内部的控制力更加削弱，殖民体系已面临土崩瓦解。1945 年 7 月，工党出人意料地在大选中获胜，单独组阁，成立了由工党领袖克里门特·艾德礼为首相的战后英国首届政府。工党政府刚一成立，就决心实行一系列的改革，以振兴战后的英国经济和改善社会状

---

① ［英］阿萨·勃里格斯. 英国社会史［M］. 北京：中国人民大学出版社，1991.

况。工党政府改革的主要内容就是企业国有化、经济计划化和推行福利国家制度。在实行国有化方面，为了大力发展国有经济，工党政府分别在 1945 年 7 月～1951 年 10 月和 1975 年 3 月～1979 年 5 月掀起两次国有化高潮，国有企业得到迅速发展。据统计，1970 年国有企业劳动力占全国劳动力 8.1%，生产总值占全国生产总值的 11.1%，固定资产投资额占国内固定资产投资总额的 20%。70 年代末 80 年代初，英国国有企业地位显著上升。1981 年，英国最大 10 家公司（企业）按营业额排序，国有化公司占 3 家，按职工人数排序，国有企业占 6 家。国有企业主要集中在如下部门：英国邮政局、国家煤炭局、英国铁路局、英国航空和宇航公司、英国机场管理局、英国港务局、英国货运公司、国家公共汽车公司、英格兰运输局、英国钢铁公司、英国国家石油公司、英国制造公司、电力委员会等。英国政府除了原已收归国有的电话、电报、地铁、发电站以外，还将煤矿、铁路、电力、煤气、运河、船坞、医院、英格兰银行、航空及钢铁业收归国有。国有化的方式是由国家向原业主支付赔偿金，而国有化的目的：一是利用国家的力量维护英国整个经济机制的正常运作，推动战后英国经济的恢复和增长；二是帮助调整英国国内经济生活中的各种关系，尽可能地争取社会平等。与国有化相互关联的是工党政府实行了一定程度的经济计划化。艾德礼（C. R. Attle）政府从一开始就奉行国家干预经济的政策，通过对财政、金融、贸易和部分生产的控制，主动地指导和调节经济发展。福利国家制度是第二次世界大战后初期英国工党政府诸项改革举措中影响最大的一项。1946 年 8 月，通过工党政府的努力，英国国会通过了《国民保险法》。该法在以往有关法令的基础上进一步提供了"从摇篮到坟墓"的社会保险项目，规定凡已就业而未达退休年龄的职工都须参加保险，以便在失业、退休、怀孕、工伤、疾病、死亡的情况下能够享受津贴和补助。1946 年 11 月又通过《国民医疗保健法》，在英国的居民从此享受免费医疗。同年还通过了《住房法》，该法规定地方当局负责集资修建房屋，解决战后房荒；同时对房租实行限制，以保护租户的利益。1948 年 5 月，《国民援助法》出台，规定由于种种原因而无力缴纳社会保险金的贫困者，可得到政府的救济。上述所有的社会保险和福利补助的基金来源于投保职工交纳的保险费、企业主上缴的保险费和国家的预算拨款等三个方面。工党政府的福利政策使战后英国普通居民的生活得到相当程度的改善。1948 年，艾德礼宣布英国已经建成了福利国家。

英国工党政府的经济和社会政策对战后初期英国经济的恢复和复兴起到了极大的促进作用。与西欧其他国家相比，英国较早地在 1948 年达到战前的经济水平。马歇尔计划又使英国从美国给欧洲的援款中得到 1.2 亿美元，工党政府用此款充实英格兰银行的外汇储备，稳定英国的金融市场，弥补政府的巨额财政赤字，使英国的经济更快地走上复兴之路。到 1950 年，英国经济达到了 4% 的年增长率，为此，工党赢得了 1950 年的大选而继续执政。虽然一年后由于工党政府的内外政策不如人意而使保守党通过大选重新上台执政，但是工党政府的改革成果却没有被否定。

1951 年 10 月，保守党组成由丘吉尔（W. L. S. Churchill）为首相的新政府，从此开始了长达 13 年的保守党执政时期（在此期间丘吉尔、艾登、麦克米伦和霍姆相继出任首相）。保守党政府除了终止实行工党原先准备实施的钢铁工业和国内运输业的国有化计划，基本上接受了国有化的现实；同时继续推行福利政策，只是在一定程度上减少了一些国家在国民保健方面的开支。丘吉尔政府还根据战后英国经济恢复的实际，结束了产生于战时的国家对经济生活的严格控制，使英国的经济能更好地发展。50 年代前期，英国的经济呈现繁荣，其国民生产总值位居资本主义世界第二位。虽然在 50 年代下半期和 60 年代上半期，与联邦德国、法国与日本经济的迅速发展相比英国的经济发展相对缓慢，但是英国的经济增长仍然保持 2% ~ 3%。在 20 世纪 50 ~ 60 年代英国的经济总体发展平稳，其主要特点是经济缓慢而持续增长，失业率低，物质丰富，人民消费水平不断增长。在 70 年代，英国在所有的发达国家中，始终保持最低经济增长率，最高的通货膨胀率和最高的贸易赤字纪录，陷入了"英国病"的长期困扰之中。其病因包括：世界工厂和庞大的殖民帝国给英国留下了陈旧的生产部门；第三产业过分膨胀，传统产业长期不振，新兴产业缺乏竞争力；固定资本投资增长缓慢，劳动生产率较低；重科学轻技术，重基础轻应用，科技成果得不到有效应用。此外，墨守成规，守旧思想严重，企业管理较落后；门第观念、等级制度根深蒂固，对引进技术审慎、保守；不让工人参加管理，劳资关系紧张以及过早实行高福利制度、两党轮流执政，经济政策缺乏必要的连续性等，最终导致英国经济长期停滞不前。

第二阶段：20 世纪 70 年代以来的宏观调控。1979 年 5 月，玛格丽特·希尔达·撒切尔（M. H. Thatcher）担任英国第 49 任首相，并成为自 19 世纪初利物浦伯爵以来连任时间最长的英国首相（1979 ~ 1990 年在任）。撒切尔夫人的思想体系深受哈耶克的影响，她曾经举着哈耶克的 *Constitution of Liberty* 一书说，这才是我们要信仰的；而撒切尔的货币政策则主要来自于弗里德曼的货币主义。在撒切尔夫人上台后就立即进行大刀阔斧的改革，主要措施包括私有化、控制货币、削减福利开支和打击工会力量。她为了减少通货膨胀实行紧缩政策，使得商业损失和破产均有增加。

撒切尔夫人上台后，首先做的就是控制通货膨胀。当时英国的通货膨胀率已超过两位数，并迅速攀升，一度高达 21%。撒切尔夫人将通胀视为头号大敌，认为它干扰经济活动，影响企业的理性规划，从而不利于投资与经济增长。于是，她遵循货币主义原则，通过货币的紧缩政策（先是直接控制 M3，然后是提高利率）来控制通货膨胀。这实际上是一种紧缩性的需求管理，带来的直接后果是失业率从 10% 上升到大概 12%。撒切尔主义对通货膨胀的原则就是，治理通货膨胀要不惜以牺牲就业为代价。其次，国企私有化成为新政重点。1979 年，英国政府出售垄断国企英国石油公司 19% 的股份，拉开撒切尔时代私有化的序幕。从这时开始，英国的国企私有化大体经历了两个阶段：第一阶段（1979 ~ 1986 年）：主要对包括石油公司、天然气海岸设施、宇航公司、电报电话公司、铁路、旅馆、全国卡车公司等在内的亏损不太严重、仍可获利且大多属竞争行业的企业实行私有化。具体做法包括企业公开上市、整体出售给私人企业以及职工内部持股。这一阶段改造的规模相对较小。第二阶段（1987 ~ 1990 年）：主要涉及亏损较为严重的国有企业以及公用事业和自然垄断性行业，包括天然气公司、航空公司、机场、钢铁、供水、造船、电力、全国公共汽车公司等。与第一阶段不同，第二阶段主要以将国有企业出售给私人企业，其他则采用股份公开上市及职工持股的办法。从改造的规模看，该阶段比第一阶段扩大了近一倍。此外，为保证整个改造进程的平稳性，英国政府还采取了多种相关配套措施，其中最为重要的是特别股权安排及照顾职工和分散的小额股东的权益。所谓特别股权安排是指政府保留一部分国有股权暂不出让。其目的在于防止某些行业或私人企业利用国有企业私有化改造，采取恶意收购或兼并国有企业的不良做法，同时也在于制约企业的个别经理人员利用私有化改造转公为私，乘机扩大个人利益，使国有资产流失。所谓照顾职工和分散的小额股东的权益，重点在于合理确定职工持股购股方案，一般让本企业职工持有本企业总股份的 10% 左右。由于政策可行、措施有效，通过 10 多年的私有化改造，英国国有企业的经济效益得到普遍提高，其中英国最大的 40 家被改造的国有企业全部取消了亏损，企业盈利增幅较大。政府也甩掉了一些财政包袱，财政收支状况明显好转，政府通过出售国有企业，直接获得的总收入超过 600 亿英镑。国有企业职工的收入也有较大增长，加上股票收益，使职工参与企业管理的意识增强，企业的经营管理机制也相应地得以改善。此外，股份制改造也得到英国社会各阶层及广大人民的支持，表现在社会公众持股人数大增，由 300 万人上升到 1000 万人。到 1989 年，国有企业的总资产比 1979 年减少了 45%，1990 年底国有企业在国内总产值中的比重已由 1979 年的 10% 降至不足 5%。因此可以说，国有企业私有化改造的浪潮最早源自英国，从 80 年代末到 90 年代初逐渐影响到世界大多数国家，形成所谓私有化浪潮。此外，撒切尔夫人在哈耶克自由市场的理论指导下，还采取了一系列供给方面的举措，包括减税、放松管制以鼓励竞争，削弱工会力量。国有企业的私有化在企业回归市场、提高效率的同时，还为政府提供了资金，创造了减税的条件。因此，撒切尔夫人采取大力减税措施以刺激经济活动，将高收入的边际税率从 80% 降到 50%，将低收入的税率也从 33% 降到了 30%；关闭工会要求继续经营的亏损矿井等。这样，到了 1982 年初，英国经济衰退开始触底，通货膨胀率也降到了 8% 左右。英国的经济随后进入一段久违的良好发展期：GDP 增速达到 5% 左右，通货膨胀则进一步降到了 4% 左右。这一趋势一直延续到撒切尔夫人下台的前夕。1990 年，撒切尔夫人在地方推行的新税制（人头税）已使她不得民心，而她错误地处理经济问题（如把利率调高至 15%），更使她失去了来自中产、企业和商界的核心支持。至于在保守党党内，又因欧洲统合问题而出现日益严重的分歧，使她和她的党派在政治上显得愈益脆弱。

总之，撒切尔夫人的政治哲学与政策主张被通称为"撒切尔主义"，它包括在财政上推行货币主义政策，压缩公共开支，降低税收；在经济上实行大规模私有化政策，减少对经济活动的政府管制；在社会政策领域，则努力摆脱"福利国家"色彩，削减、控制与改革社会福利制度。撒切尔夫人改变了世界，并和前美国总统里根携手开创了新的自由市场经济模式。以至于在 1990 年撒切尔夫人下台后，继任的保守党约翰·梅杰政府以及工党托尼·布莱尔政府，依然沿行了她所推行的经济变革，该政策方向一直持续到 2008 年世界金融危机爆发。

第三阶段：20 世纪 90 年代以来的宏观调控。1997 年，工党在大选中获压倒性胜利上台执政。此前工党在野 18 年，在对过去的理论思想和政策实践进行反思的基础上改称新工党，提出两个政策思想：市场社会主义和第三条道路。对于市场社会主义，事实上，早在 1983 年工党讨论理论问题时，牛津大学戴维·米勒（D. Miller）教授就提出了市场社会主义概念，主张"市场主导的市场社会主义"。[①] 1988 年工党声明"我们现在不会，永远也不会去实施单一形式的公有制"，代之以社会所有制："主要不是看在经济中采取某种明确形式，而是取决于每个人掌握自身生活的权利，在影响其生活的决策中有发言权和公正地分享由于参与社会事业所作的贡献而应得到的好处。"[②] 该理论主张放弃国有化，通过市场来实现社会主义目标。在市场社会主义中，经济政策以"市场作用奏效的领域就依靠市场，市场作用失效的领域就依靠政府"为指导原则，既容纳充满活力的私有经济，也容纳高质量的

---

① 余文烈，吕薇洲. 英国工党的市场社会主义模式 [J]. 世界经济与政治，1998（7）.

② 社会党国际和社会党重要文件选编 [M]. 北京：中央党校出版社，1993：275.

公有服务业的经济体系，主张在国企和私企之间建立合作伙伴关系，认为国有化能够促进经济发展，改善财富不均时，就采用国有化；反之，则可以实行私人所有。① 1994 年工党修改党章，取消著名的"公有制条款"。1997 年工党竞选宣言提出"在政策领域要有独特的新规划，它不同于老左派和保守党右派"；"保守党做得对的一些事情，我们不会改变，只在他们犯错误的地方加以改正。我们无意用一套教条去取代另一套教条"；"老左派要对经济产业实行国家控制，右派的保守党满足于把一切都推给市场，工党拒绝这两者"，要对工商业施以"新政"。② 工党认为社会主义可以利用市场去实现自己的价值目标。而对于"第三条道路"，新工党思想领袖安东尼·吉登斯（A. Giddens）认为"第三条道路"是一种思维或政策框架，超越老左派和新右派。老左派的普遍国家干预、凯恩斯主义、福利国家、平等主义、限制市场作用等不再适用，新右派（撒切尔和新自由主义）的市场原教旨主义、强烈的经济个人主义、压缩福利、放任社会不平等和贫富分化等，制造了新的风险和不确定性，同样不适用。因此，需总结以往政策和理论的经验教训，探索一种不同于它们的"第三条道路"。③ 该理论（虽被批评缺少系统的经济学说）提出新型混合经济思想，它不同于市场受制于政府的"老式"混合经济，要求在公共部门和私人部门之间建立协作机制，承认和利用市场机制，同时重视公共利益，既反对过度国家干预，也反对自由放任，主张适度国家干预。④ 由此可以看出，"第三条道路"试图在国家干预与市场机制的关系中谋求新平衡，追求"看不见的手"和"看得见的手"的均衡。

在经济政策方面，布莱尔（T. Blair）首相提出"政府要为经济成长提供有利条件，并非指挥其运作"，⑤ 政府的主要作用在于调控宏观经济，为市场经济创造良好环境，同时力求使市场机制、企业追求利润、开发应用新技术等不形成对社会的威胁，而成为社会发展的机会。布莱尔政府财政大臣戈登·布朗制定的宏观经济政策有两大内容：一是促进整体经济稳定；二是提供就业和经济机会，消除障碍。其中，注重民生问题成为政策亮点。经济政策的一个重点是保持政府支出稳定，降低通胀率，健全公共财政系统，规定政府贷款用于投资，而不是提供支出的资金运作；另一重点是建立良好的经济政策架构，包括充分就业、经济机制稳定，把握利率工具等。同时，经济政策还倾向于增加公共支出，以促进经济成长与稳定公共财政的目标，又以国家作用重建对金融市场功能的信心，要求决策透明化。在政策手段方面，新工党政府基本放弃了以政治裁量为主和直接使用行政干涉的政策手段，多用法治方法，建立以法规为主的经济调控系统，依法行事。从 1997～2007 年，新工党政府连续三次大选获胜，主要原因之一就是英国经济平稳发展，年均增长率约为 2.5%，通货膨胀率为 2%，经济政策取得一定功效。在英国经济发展的历程中这样持久稳定的发展并不多见。⑥

第四阶段：金融危机爆发以来的宏观调控。金融危机爆发之前的英国尚存在诸多问题，如工党许诺不增赋税，但在财政开支压力下，多次增税，引起不满。英国作为一个以金融业

①　索尔·埃斯特林，尤里安·勒·格兰德. 市场社会主义 [M]. 北京：经济日报出版社，1993：152.

②　New Labour Party. New Labour because Britain deserves better, Britain will be better with new Labour [A]. in lain Dale, ed., Labour Party General Election Manifestos, 1900–1997 [C]. Politico's, London, 2000.

③　[英] 安东尼·吉登斯. 第三条道路：社会民主主义的复兴 [M]. 北京：北京大学出版社，2000.

④　Anthony Giddens. The Third Way: The Renewal of Social Democracy [M]. Cambridge, 1998.

⑤　Tony Blair. The Third Way, New Politics for the New Century [M]. London: the Fabian Society, 1998, 32.

⑥　吴必康. 变革与稳定：英国经济政策的四次重大变革 [J]. 江海学刊，2014 (6).

和服务业为主的国家，在房地产市场存在着泡沫，银行业经营不善的情况下，由美国次贷危机引发的全球金融危机使英国深受打击。尽管全球经济不景气几乎波及了所有国家，但英国的损失却最为严重，面临银行破产、金融动荡、英镑不稳、失业加剧和人民不满的严重形势。根据国际货币基金组织的统计，英国公债总量仍在继续攀升，在未来5年内债务总额或将与国内生产总值持平；英国经济与社会研究所表示，如果想要英国人的平均收入恢复到2008年早期的水平，政府还要花费6年的时间；由于军事、外交开支巨大，英国政府在预算问题上早已是捉襟见肘；英国遭遇了近半个世纪以来首次通货紧缩，国际货币基金组织更是发出警告，称相比其他发达国家英国的经济下滑将更为严重；一直以来象征英国经济发展的金融城，如今也步履维艰。在学习美国华尔街的过程中，金融城开发了对冲基金、衍生品交易等业务，而这些部门恰恰是金融危机中最为倒霉的"受害者"。金融投机家索罗斯（G. Soros）直言，英国经济对金融行业的依赖使其在这次金融地震中尤为脆弱："金融行业是英国经济重要部分，所以我认为，英国在这次金融危机中受到的冲击远比其他绝大多数国家更严重。"具体地说，金融危机的影响主要体现在：（1）英国银行大面值缩水，负债严重。市值上，从2008年10月13日～2009年1月19日：巴克莱银行从174亿英镑跌到74亿英镑；汇丰银行从956亿英镑下跌到608亿英镑；LLOYDES TSB银行从180亿英镑下跌到106亿英镑；皇家苏格兰银行从119亿英镑下降到46亿英镑。英国银行资产负债表上拥有总计4万亿英镑的资产，这个数字大约相当于英国国内生产总值的2.5倍。（2）英镑贬值严重，2008年以来英镑兑美元汇率累计下挫27%，为1971年取消金本位制以来最大年度跌幅。欧元兑英镑汇率年内涨幅超过32%，英镑兑欧元汇率接近平价，为欧元诞生以来表现最差的一年。（3）英国企业变得生存困难。如英国大型超市——玛莎因为在2016年12月27日前13个星期内的圣诞节销售额比2007年同期减少了7.1%，7日宣布关闭其在英国的25家食品专卖店。英国专门销售巧克力的连锁公司THORNTONS圣诞期间销量减少了2.3%。因为企业利润降低，贸易萧条，大多企业采取裁员或者削减薪水或者养老金。（4）随着经济形势恶化，英国失业率不断攀升，影响个人消费开支，使经济增长缺乏动力。根据英国国家统计局公布的数据，截至2008年11月底，英国失业人数已经连续10个月上升，失业总人数攀升到186万人，失业率达6%，为1999年年中以来的最高水平。随着经济持续下滑，英国各行各业还将大幅裁员。

全球金融危机在影响英国经济的同时，严重冲击了工党的经济政策和"第三条道路"理论。基于国内严峻的经济形势，有"自由放任"传统的英国政府紧随美国政府，出台了大量政策举措强有力地介入并干预市场。布朗政府不得不采取国家干预手段，投入纳税人的上千亿英镑公共资金挽救危机。2010年保守党卡梅伦和自民党联合执政。卡梅伦政府推行紧缩政策，然而经济形势不佳，债台高筑。英国经济政策似处于"救急"状态，来不及高谈"主义"。具体的救市政策包括：一是银行国有化。就是用纳税人的钱救大银行的命。政府以购买优先股和担保的途径推动银行间的资金流通，对银行实行"部分国有化"，一旦情况好转，纳税人有可能从优先股中获利。这一救市计划是继美国推出7000亿美元救市计划以后，西方大国中的又一次"救市大行动"，注资、贷款、担保、降息，四管齐下。从整体规模、配套方案来看，数额更大、措施更多，可行性似乎更强。二是增加政府支出。英国以发达的银行业闻名于世，但在国际金融危机中，英国的银行业受到极大的牵连，所以对银行业的救助成为英国政府的头等大事。2008年10月13日英国政府宣布控股受金融危机影响最为严重的英国两大商业银行——哈利法克斯银行和苏格兰皇家银行，将用 500 亿英镑救市资金中的 370 亿英镑注资于苏格兰皇家银行、哈利法克斯银行和莱斯银行。由于英国银行业未能恢复正常放贷，2009 年 1 月英国政府推出了第二轮救助计划。但是，简单地对银行业实施救济并不能对经济起到明显的刺激作用，因为提高民众的信心以及减轻人民的生活压力才是根本出路，因此，同年 11 月 24 日，英国财政大臣达林在议会下院公布了价值 200 亿英镑的最新一轮刺激经济方案，方案的一项核心内容是扩大政府借贷，引起了社会各界关注。布朗首相也"摇鼓助威"，宣称这是为复苏经济而采取的有力措施。此外，该计划对高收入阶层的税收、国民保险、养老金、汽车税、企业税以及环保、房市、就业等也有一系列新的规定。三是减税。在上述 200 亿英镑的经济刺激方案中，另一项核心内容就是减税。自 2008 年 12 月 1 日起增值税从 17.5% 降低到 15%，到 2010 年时再恢复到当前水平。这项政策的出台给当时萎靡不振的经济以明显刺激。英国政府的这一新方案，是为复苏经济推出的又一剂救命"猛药"。四是降息及增发货币。英国央行英格兰银行一反常态，断然加入国际六大央行联手行动，提前宣布将利率降低半个百分点，幅度之大为 7 年来之最。英格兰银行的主要目的是：更快地改善信贷环境，提振企业投资和个人消费活力，防止通缩进一步恶化，刺激国家经济尽早走上复苏的轨道。

从英国宏观调控的实践来看，其宏观调控的特色体现为：

第一，指导思想的不统一导致政策的"摇摆"与不确定性。英国作为第一个工业化大国，其经济理论与政策在世界上具有典型性，影响广泛。先后经历了从重商主义、经济自由主义、凯恩斯主义、新自由主义到"第三条道路"、重回凯恩斯主义的五次重大变革。在这一过程中，市场机制和国家干预这两只"看得见的手"和"看不见的手"相互交替，形成一种重要历史现象——经济政策的"钟摆运动"：从注重国家干预之手的重商主义，走向积极推行"看不见的手"的经济自由主义，继而"回归"重视国家干预的凯恩斯主义，随后是新自由主义重新力推"看不见的手"，18 年后又走向寻求两只手平衡的"第三条道路"，在全球金融危机影响下又重新回归凯恩斯主义，反映出国家干预和市场机制的变化关系，体现了权力与资本的关系，也包含了经济变革与社会稳定的关系。[①] 例如，对于企业来说，第二次世界大战之后，英国政府为加强国有经济的实力开始推行企业国有化运动；从 1979 年开始在撒切尔夫人执政期间又将国有企业私有化；2008 年美国金融危机爆发以来则又将银行国有化，政府以购买优先股和担保的途径推动银行间的资金流通，对银行实行"部分国有化"，并采取注资、贷款、担保、降息等措施，四管齐下。这实质上也反映出英国的宏观调控缺乏统一的起主导作用的理论基础与政策体系设计。

第二，经济手段与行政命令兼具。在英国的宏观调控中，以经济手段为主间接调控与行政手段等调控方式同时具备，只是在不同的历史时期发挥的作用不同罢了。在推行经济自由主义的经济政策期间，间接调控手段发挥的作用则大得多；在推行凯恩斯主义扩张性政策期间，虽然也存在间接调控方式，但是，还有一些政策的推行主要靠行政手段，如第二次世界大战后的企业国有化、经济计划化以及撒切尔时期的国有企业私有化、金融危机爆发以来的银行国有化等，都是主要依靠行政手段来推动的。

第三，各调控政策之间缺乏相互的配合与协调。相比较而言，英国的财政政策与货币政

---

① 吴必康. 变革与稳定：英国经济政策的四次重大变革 [J]. 江海学刊，2014（6）.

策不如美国的财政政策与货币政策具有独立性，而且相互之间的协调与配合明显不足。在财政政策方面，英国的财政支出分为中央和地方两极，分别以政府支出与公共支出的指标出现。在全国性预算支出中，以中央支出为主。在地方的全部支出中，大部分为中央财政补助，其余部分则通过征收地方税和借款筹集。在1945～1951年，工党政府为复苏战后的英国经济，推行凯恩斯主义政策，一方面减少国外消费品的进口，提高税率，降低工资，增加积累；另一方面增加政府的公共支出，扩大"公众福利"，并配合适当货币政策协助财政部发行国债，以弥补财政赤字。这一时期财政政策发挥了积极作用，英国的经济呈现了相对稳定的格局。进入20世纪60年代，英国政府改变了战后初期的压低财政支出的紧缩性财政政策，代之以刺激消费和投资的扩张性财政政策，结果导致财政赤字增加和通货膨胀，最终演变为经济的"滞胀"。撒切尔夫人执政后，采取了"双紧"的反通胀政策，严格控制赤字并减少国家干预，取得了显著的成效，1987～1988年度出现了罕见的财政预算盈余。之后，出于对预期产出和财政收支的盲目乐观，英国的财政政策开始趋于松懈，导致财政状况又出现恶化，财政赤字越演越烈，1993～1994年度的财政赤字占国内生产总值的比重达到7%，英国经济再度处于低谷之中。为此，布莱尔政府一方面通过增税以增加收入，另一方面，通过抑制财政支出减轻政府的财政负担，取得了一定成效，财政赤字的规模缩小，英国经济保持了低速稳定增长，失业率也逐年下降。对于货币政策来说，英国的金融政策是由英格兰银行执行的，第二次世界大战后至20世纪70年代初，金融政策与财政政策相比处于次要地位。1951年前，英国一直实行"廉价货币政策"。英格兰银行的贴现率在1932～1951年基本固定在2%左右，短期资本市场利率大致维持在0.5%～1%。1951年实行新的金融政策，放弃利率冻结，保持长期债券市场利率稳定不变，规定流动性资产对银行存款总额的比率不得低于30%，以此来抑制过度扩张的信用。进入70年代，英国政府感到仅有财政政策不能有效控制支出，转而重视金融政策的调节作用。尤其是撒切尔夫人上台后，金融政策被作为调节经济活动的主要政策，财政政策只起支持金融政策以达目的的作用。

第四，在国家干预与市场机制寻求平衡的努力流于形式与表面化。布莱尔政府推行的"第三条道路"按照新工党思想领袖安东尼·吉登斯的说法是一种思维或政策框架，既超越老左派的普遍国家干预、凯恩斯主义、福利国家、平等主义、限制市场作用，也超越撒切尔夫人和新自由主义等新右派的市场原教旨主义、强烈的经济个人主义、压缩福利、放任社会不平等和贫富分化，试图在总结以往政策和理论的经验教训的基础上，探索一种"第三条道路"。这一主张提出新型混合经济思想，它不同于市场受制于政府的"老式"混合经济，既反对过度国家干预，也反对自由放任，主张适度国家干预，试图在国家干预与市场机制的关系中谋求新平衡。然而，从理论上看，这一主张被批评缺少系统的经济学说，并不是什么系统性的理论，而只是为了应付选民和吸引选票的策略；而且，除了让市场说了算以外，没有明确的经济政策；从实践上看，"第三条道路"在英国、美国和德国很难说取得成功，英国首相布莱尔在2007年被迫辞职、美国总统小布什2009年下台、奥巴马执政以及德国社会民主党在2005年4月底结束的州议会选举中在传统选区失去了政府大权。特别是面临美国金融危机的冲击，"第三条道路"更是不堪一击。因此，"第三条道路"的兴起是为了回答和解决资本主义面临的矛盾和再发展问题。他们在反思凯恩斯主义和新自由主义的基础上，提出了要使传统的社会民主主义与新自由主义相结合，扬利抑弊地采取兼顾国家与市场、供给与需求、公平与效率、权利与义务相平衡的原则，塑造新经济、构建新福利、推行新政策，谋求使资本主义获得再发展。因此，这些政策都是在资本主义范围内的局部调整，带有明显的折中主义色彩。

## 6.1.3　法国宏观调控的实践模式与特色

法国的市场经济被认为属于计划指导型的经济。法国政府干预与其他发达国家政府干预最大的不同点是强有力的计划干预。在坚持市场机制调节的基础上，法国政府制定和实施了中期经济、社会和文化发展计划，并建立了一套指导性计划体制，对国民经济进行广泛而深入的计划干预。

第二次世界大战后，法国政府一直以计划化手段对经济进行宏观调节，将计划化调节作为市场机制的必要补充。1946 年 1 月 3 日法国政府颁布了一条法令，规定在 6 个月内制订"法国本土和海外领土的第一个全面经济现代化与投资计划"。在同一时期，还建立了负责制订计划的机构——计划咨询委员会和计划总局，计划总局的负责人由计划主任让·蒙奈担任，法国政府连续地推行了 10 个中期经济计划。如此连贯地实行经济计划调节，这是法国干预经济区别于其他国家的独到之处。

法国政府的经济计划规定了国家在未来几年内的总体发展战略和目标，在宏观经济发展方面，经济计划规定了包括国民生产总值、工业、农业、进出口、总投资等多方面的指导性目标。法国政府规定各个计划的基本目标、优先或重点发展的部门和项目，对国民经济各部门轻重缓急的发展顺序作出安排，指明未来发展的方向，使企业在明确了一定时期内国家总体发展战略目标，然后在制订本企业生产计划时就有了方向，这样避免了盲目性，因而有利于企业经营活动的稳定。

政府作为国有经济的所有者，掌握了公营企业的决策权、人事权及财务管理权，从而使公营企业能够顺应政府的经济计划进行经济活动。法国政府签订计划合同主要是处于国家基础设施产业以及具有战略意义的行业中的公营企业。计划合同的制订是根据企业的发展计划，通过政府与企业之间的谈判，在达成一致的基础上签署的。计划合同主要包括三方面内容：一是在企业的发展目标中必须内含国家的相关政策目标；二是制订企业的具体发展计划，包括发展战略、投资财务计划等；三是国家对企业承担的各项义务，如财政支持等。计划合同成为政府对企业进行干预的主要手段，一方面可以避免直接干预企业经营而造成企业经营的低效率；另一方面又能较好地体现国家的发展计划，使企业的发展与国家的总体经济目标保持一致。

政府制定各种具有高度综合性而又不具有强制性的数量指标，并为企业的独立决策提供信息和指导。在实现计划目标的手段和措施上，采用信贷、价格、投资、税收等财政和货币手段来使经济走上有计划发展的道路，将国家的一些直接调节活动同财政政策、货币政策等一些间接调节活动紧密地结合起来，使国家的各种不连贯的短暂性的调节活动变成系统的中长期性的调节活动，使国家的一些局部的、个别的调节政策变为整体的、全局性的调节政策，从而达到国家对整个社会经济活动实行总体的计划调节和指导，取得比较理想的干预效果。

法国政府对经济的计划化调节，有以下几个特点。

（1）强调计划化调节的"指导"性质。法国政府不实行指令性计划，而实行指导性计划。所谓指导性计划，是指政府在制订经济计划时，具体规定一些中期指导性指标，对私人经济和企业进行间接调控。这些指导性指标主要包括工农业生产、高技术发展等内容。法国政府在第一个到第三个中期经济计划中把复兴经济和加快工农业生产发展作为主要指标，在第四个到第六个中期经济计划中把工业现代化和增强对外竞争能力作为主要指标，在第七个到第九个经济计划中把整顿经济和发展高技术产业作为重点目标，在第十个经济计划中把增强对外竞争力和促进经济稳定增长作为战略性指导性目标。从"协商经济"变为政府行动方案。社会团体发言人参与编制计划，从一开始就是法国制订计划的哲学思想的一个组成部分。这一点在编制第一个计划时就已讲得十分清楚："由于计划的贯彻需要各方面的合作，所以全国所有重要部门都参加计划制订工作是极为必要的。这就是提出这样一种工作方法的原因，这种方法要求政府有关部门的官员、著名专家和工商业团体的代表（工人、管理人员和资方）对每个经济部门的问题共同进行讨论……"

（2）国家计划和地区计划、经济发展计划与社会发展计划、中期计划和短期计划密切结合。在制订经济计划方面，法国制定计划的覆盖面比起其他西方国家广泛得多。在20世纪60年代以前，法国政府只制订全国性的经济计划，很少制定地区性和社会发展规划。从20世纪60年代开始，法国的经济计划才由单一的国家计划转为国家计划、地区计划和社会发展计划相互结合的全国经济与社会发展计划。除此之外，法国政府在制定经济计划时，还把中期计划与短期计划结合起来，作为经济与社会发展计划的补充。中期计划与短期计划的结合，既弥补了中期计划的局限性，又使计划实施具有更大的灵活性。

（3）政府设立计划机构，对计划制订、执行起到指导和监督作用。为保证经济计划的顺利实现，法国设立了一系列计划调节机构。法国制订计划的机构共有三类委员会："横向"委员会，主要包括总经济与资金筹措委员会、就业委员会、社会福利委员会、研究委员会、经济情报委员会、国家地区发展委员会和海外领土委员会，负责研究各项活动共同问题；"纵向"委员会，主要包括农业委员会、农业与食品工业委员会、工业委员会、运输委员会、交通委员会、商业委员会、职业与工艺委员会和旅游委员会；预算委员会，又称"集体工作委员会"，主要包括农村地区委员会、城市委员会、社会活动委员会、体育与社会教育委员会、文化事务委员会、给水委员会、教育委员会、房屋委员会和卫生委员会，负责处理重要的公共事业问题。

## 6.1.4　德国宏观调控的实践模式

第二次世界大战后，联邦德国专注于尽全力进行经济建设。由于联邦德国集中了战前德国70%的设备能力和62.4%的工业产值，因此，实行国民经济非军事化，集中有限的人力、物力、财力进行经济建设，以恢复和发展生产力。再加之马歇尔计划的援助，联邦德国通过参加经合组织接受了美国包括金融、技术、设备等各种形式的援助合计130亿美元。美国还针对联邦德的军事基地、军工厂在没有被摧毁的前提下，保留了之前的厂房和足够雄厚的工业基础，为经济发展奠定基础。与此同时，政府制定了切实可行的政策，对市场经济进行宏观调控，适时地进行了经济改革，加强国家对经济的干预，发展国家垄断资本主义。联邦德国政府通过建立国有经济，制定法令政策，调节国民经济等方面，对经济进行有效的宏观管理，并强调经济按市场规律运转，这有力地推动了经济的发展，建立了一个比较符合国情并行之有效的社会市场经济。1950～1960 年，联邦德国国民经济劳动生产率年平均增长 5.3%，人民生活水平显著提高。20 世纪 50 年代联邦德国经济发展进入繁荣时期，60 年代已经超过英法，成为欧洲头号资本主义强国，世界第三大经济体。

联邦德国政府对经济的调节有其鲜明的特征，这就是社会市场经济调节。在社会市场经济中，提供社会保障的社会福利不能无限制地发展，否则它就会影响市场机制的运行；反之，市场经济也不能盲目发展，不然它也会加剧两极分化，使社会更加不公正。社会市场经济的原则不外是，国民经济的发展尽可能地靠市场机制予以解决，国家干预只有在必要的情况下才去进行。具体来说，德国的社会市场经济调节有以下主要内容。

（1）限制垄断，保护竞争。在社会市场经济中，建立并保证市场竞争秩序是维护市场的先决条件，因而有效的市场竞争也是社会市场经济调节的有力支柱。国家为了保护市场竞争，势必需要对垄断进行限制，并为此采取相应的反垄断政策。1957 年联邦德国议会颁布了《反对限制竞争法》，对那些妨碍竞争活动的卡特尔组织严加管制。《反对限制竞争法》的实施，为联邦德国限制垄断和保护市场自由竞争提供了法律上的必要依据。

（2）稳定币值为主的货币政策在社会市场经济调节中发挥了重要作用。联邦德国政府和经济界认为，要使市场机制发挥作用，就必须促使商品价格保持相对稳定性。联邦德国货币政策有两个突出特点：一是中央银行独立于政府，拥有制定货币政策的法律权限；二是把控制货币供应量作为稳定币值的前提条件。战后联邦德国议会根据历史上出现的教训，特别授予联邦银行以独立于政府之外的权力，以避免整个金融业出现失控。虽然联邦银行有义务支持政府的一般经济政策，但是，联邦银行的首要任务是保持币值稳定。联邦银行为阻止通货膨胀上涨，有权制定国家的货币政策，使之保持相对稳定性，而不为政府的意愿所左右。由于联邦银行稳定币值的货币政策保持了独立性，因此促使联邦德国长期保持了低通货膨胀的局面。战后 50 多年来，联邦德国物价上涨率年平均为 3% 左右，在西方国家中是最低的。

（3）利用财政和计划手段对经济进行总体调节。实现总体宏观调控的主要措施，是1967 年联邦德国议会颁布的《经济稳定增长法案》。该法案强调财政政策的重要性，明确规定把以前由联邦银行制定的景气政策改为由国家通过的财政政策，使财政政策在联邦德国经济增长中发挥重要作用。联邦政府在编制经济计划时，常常把年度计划和中期计划结合起来，形成一种年复一年的连续性计划。通过制订经济计划，达到总体调节经济的目的。

（4）建立国有企业和实施社会福利制度，为社会市场经济调节提供物质条件。战后联邦德国政府在基础设施和其他部门由国家投资直接兴办了一批国有企业。国有化作为政府宏观调控经济的一个重要组成部分，对德国经济发展发挥了重要作用。推行社会福利政策，可以克服市场经济容易引起收入分配不均的弊端，促进经济发展，实现社会安定。战后联邦德国政府用于社会福利的开支不断增加，已经建立起一套相当完善的社会福利体系，主要有社会保险制度、社会补贴制度和社会救济制度等。发达的社会福利制度，不仅缓和了社会各个阶级之间的矛盾，还在一定程度上推动了德国经济的协调发展。

由于德国实行特殊的"社会市场经济"，因此，德国的宏观调控模式被认为是介于美国与日本两国宏观调控模式之间的一种不同的模式。这种模式的特殊性表现在政府的作用不如日本突出，但比美国作用强，国家的宏观调控在注重市场效率的同时，更多地关注社会公平。德国认为它实行的宏观调控，既反对经济上的自由放任，也反对对经济过度的管制使其失去活力，而要将社会进步与个人自由创造的两者结合起来。因此，在具体的政策设计上，德国的宏观调控具有以下特色。

第一，在财政体制与财政调控方面，德国财政政策的主要特点是凯恩斯主义的因素较少，强调的最多的是"公平"和"平衡"的原则。财政政策的核心是国家支出政策，其中包括国债政策、政府补贴和国家投资。德国的一项重要的财政补充政策是发行国债，它在一定程度上动员社会各种资金，使之朝着促进经济的方向发展。政府补贴是国家财政影响再生产过程的重要手段。补贴包括联邦、州和地方支出的救济金、税收优惠和低息贷款等。此项财政补贴政策在国家经济发展方面起到了非常重要的作用，维持了部分夕阳产业，保证了一定的就业岗位，同时促进了新兴产业的发展。但是，由于德国的财政补贴数量庞大，最终导致国家财政的不堪重负。

德国的国家投资政策是德国政府调节经济、促进经济社会发展的重要手段。战后的联邦财政投资预算的支出总额中有 20% 用于基本建设投资，其中大多数是私人资本不愿投资的社会基础设施项目。国家投资的重点在州和地方，各州和地方预算支出中国家投资比例高达 80% 以上。

第二，在金融体制与金融调控方面，德国的银行体系包括德意志联邦银行、商业银行、专业银行、储蓄银行、信用合作银行等五大类。其中，德意志联邦银行是德国的中央银行。在整个银行体系的运作过程中，德国实行联邦银行和联邦政府的共同监督银行系统的集中管理体制。在德国银行体制中，联邦银行处于极其显著的地位，拥有相当大的独立性。《联邦银行法》规定，联邦银行独立于政府的指令之外行使自己有关货币方面的职权。在货币发行和流通量调控方面，联邦银行的货币政策不受政治决策者自身利益的影响。在德国社会市场经济宏观调控目标中，稳定物价是实施货币政策的首要任务。为了实现这一目标，联邦银行主要运用三大政策手段。

其一，存款准备金率。联邦银行可以在活期存款准备金率不超过 30%、定期不超过 20%、储备存款不超过 10%、境外存款不超过 100% 的范围内规定最低存款准备金率。各商业银行必须向联邦银行交付现金形式的准备金。准备金一旦调整，信贷机构在中央银行账户上的结存将直接被扣住或放出。这在很大程度上调整了中央银行货币的创造，从而影响全社会的信贷规模。最低存款准备金制度的这些内在功能，使它成为联邦银行执行货币政策时最强烈的手段。

其二，再融资政策。再融资包括再贴现和抵押贷款两种方式。联邦银行可以通过贴现和抵押贷款政策控制货币流通和信贷供应，也可以在质量上和数量上限制再融资行动。其中贴现率的高低决定了信贷机构的贴现成本，也决定了其贷款的利率，因而贴现率是调整利率的核心。抵押贷款也是联邦银行融资政策手段之一。联邦银行在接收某些合格票及抵押的条件下，可向商业银行发放不超过 3 个月的有息贷款。抵押贷款率一般高出贴现率的 1% ~ 1.5%。总之，联邦银行提高贴现率和抵押贷款率，银行系统内的拆借利率必然上升，这就会起到减少信贷活动、稳定经济的目的；反之，则增加银行资金的流动性，以促进经济的发展。

其三，公开市场业务。联邦银行可以在公开市场上买卖某些合格证券。这类证券主要包括再贴现的票据、国库券、政府及其下属基金发行的债券以及官方允许在证券市场上交易的各种证券。通过出售或回购上述票据，起到调节信贷规模和货币供应量的作用。

对于上述三大货币政策，联邦银行一般综合加以运用。其中使用最多的是在融资手段，最低准备金率也是主要手段，而公开市场业务是作辅助手段加以使用的。

第三，在社会保障体系方面，战后 50 多年来，在西方发达国家中，德国的社会福利和保障制度，逐步成为日益完善和全面的公民福利和生存保证制度。这种制度不仅为德国人民引以为豪，而且不少国家也纷纷效仿。德国社会保障不同于其他主要资本主义国家的地方是其社会保险机构的自治管理。社会保险机构享有自治权，这体现在其代表大会、理事会乃至会长都是层层选举产生，投保者和企业主在代表大会和理事会中各占一定比例，双方轮流主持工作。当然，社会保险机构仍处于国家的监督之下，不过国家监督只限于监视其对法律规章的遵守。当然，德国庞大的社会保障制度也给政府带来了沉重的压力，在财政、经济和社会等方面产生了一系列后果。

## 6.1.5　日本宏观调控的实践模式与特色

第二次世界大战后，日本实行的市场经济是政府主导型经济，政府在战后日本经济的发展中发挥了至关重要的作用。与美国的宏观经济管理模式相比较，日本的宏观经济管理被认为是一种政府管理范围宽、干预力度大，从而政府主导作用突出的典型。因此，日本市场经济模式的特点是以各种政策为主导的宏观调控和以产业政策、经济计划等为导向的政府干预与日本特色的企业制度。

第一，在宏观经济政策方面，日本的财政政策与金融政策有着自己的特点。在财政方面，财政政策功能主要是提供各种公共服务和基础设施，提供最低生活保障，以及根据经济运行状态实行反周期的宏观调控。日本的大部分财权由中央所掌握。从原则上讲，各地方自治体负有自主经营财政的责任。但由于各地方政府不可能都具备与所需经费相适应的税收财源，而中央税收额通常要占税收总额的 70%，所以中央通过"下拨地方税""让与地方税"及"国库支出款"等，将中央的很大一部分收入拨付给了地方政府。政府的财政政策的调控主要包括两个方面：一是利用价格补贴、减免税收等方法来诱导私人资本发展的方向；二是政府对基础事业的投资，国家积极开拓国内市场，并在很大程度上为私人资本提供良好的创业机会。政府在其他政策方面的基本方向，则主要用于改善社会待遇等民生问题方面。在金融方面，金融政策主要是通过控制货币供应量来保持和稳定经济增长，日本银行对货币供应量的控制主要是通过再贴现率的调控和"窗口指导"来进行的，"窗口指导"是指日本央行通过影响商业银行的贷款计划组来控制贷款规模，是日本特有的金融调节手段。银行系统的发展及银行作为"银行的银行"（中央银行）有其悠久的历史。日本于 1881 年建立了中央银行，同年又颁发了"日本银行条例"。第二次世界大战后，日本重建了金融体系，现行的金融系统主要有两套：一套是在国家专门机构管理下的各种商业性银行；另一套则属于国家控制系统。日本银行对商业性银行的调节主要采用两种方式：一是靠信贷控制，由于日本政府把稳定物价作为金融政策优先目标，提高存款准备金率和人为的低利率便成为日本政府经常的金融政策；二是依靠利率的调整，日本银行利率相比于其他主要西方发达国家普遍较低，这是因为国家对私人企业的扶持，有利于带动经济发展。在 20 世纪 50 年代，日本政府的金融机构逐步建立起来，除了日本进出口银行、日本开发银行，还包括 10 多个分库。"大藏省"是日本政府金融机构资金的主要来源地，提供了全部机构资金来源的 70%，而"大藏省"的资金来源主要是通过邮政储蓄积累了社会的闲散资金。

第二，在产业政策方面，日本政府干预模式的特色是实施产业政策。其内容包括：积极促进企业的发展壮大；促进产业结构的调整；积极推进科技、贸易的发展，实施"科技立国"和"贸易立国"两大基本战略；通过政府公共投资，推动基础产业和基础设施的建设。政府实施产业政策的具体措施主要有指导性经济计划、财政和金融政策。

第三，在经济计划方面，日本的经济计划对企业并没有法律上和行政上的约束力，但却能为各界提供可靠的经济信息以及协调各方利益关系。计划形式主要有三类：一是年度计划，也称"政府的经济预测"，是政府编制财政预算的依据。二是中期计划，主要说明计划期内的主要政策目标和手段，以及对各种宏观经济变量作出预测。三是长期计划，如通产省的"产业结构长期展望"和国土厅的"全国综合开发计划"。

第四，在企业制度方面，日本在十分激烈的世界市场残酷竞争中仍然保存有强烈的优势，它们竞争的目的已经不满足于获取更多的剩余价值，而在于不断地扩大生产规模，扩大产品的销路，企业还必须在激烈的竞争中不断精益求精，以产品质量最终取得胜利。生产经验的积累又形成了日本工人队伍的稳定（终身雇佣制）及日本的年功序列工资制，政府也鼓励私营企业对青工的教育和训练进行投资。

第五，在经济调节方面，由于日本是以民营企业、家族企业为主要组成部分，所以国家难以对社会经济活动进行直接干预，所以，尽管政府设有专门的经济计划机构，但是，仍实行"官民混合"经济调节。这里的"官民混合的经济调节"系指有能力的官僚的行政指导和企业对这种行政指导的依存关系。英国经济学家布朗（M. M. Brown）认为，20世纪60~70年代日本经济高速发展的基础是"民间企业和以通产省为代表的政府的紧密合作"。他强调指出，这不仅是在战后几十年间，而且是明治维新以来日本一直坚持的特有经济调节体制。

日本政府对经济的"官民混合"调节，具有以下一些明显的特征。

（1）财政投资贷款资金是"官民混合"调节的物质基础。战后日本政府为了调节经济，除了利用财政补贴、税收等财政手段以及向私人经济部门和企业提供短期和中长期贷款等货币信用手段之外，还采取了适合日本国情的特殊办法，特别是利用了财政投资贷款资金。所谓财政投资贷款资金，是指日本政府通过公共金融机构为公共基础设施和需要扶植的民间产业筹集、融通资金以及直接进行投资的金融活动。财政投资贷款资金来源有四个系统，即产业投资特别会计、大藏省管理的资金运用部资金、邮政部门控制的简易保险资金及日本政府担保的债券和借款。这笔资金的绝对数额，随着国家调节经济的不断加强而日益增加，1965年为17764亿日元，1991年达到37兆日元。

（2）官产学共同协商进行决策。日本的各种审议会制度对于政府的经济决策起了十分重要的作用。审议会是指民间和政府"共同"商讨大事的会议机构。日本的各种审议会共有200多个，其中大部分与经济决策密切相关。重要的审议会有：通产省的产业结构审议会，大藏省的金融制度、财政制度审议会，经济企划厅的经济审议会等。审议会在经济决策中发挥以下作用：参与制定政府中长期经济计划和有关经济政策，调整各方面关系、维护政策的广泛性，有助于政府和民间的相互情报交流。

（3）充分利用经济计划手段调节经济。从20世纪50年代中期到90年代初期，日本正式编制了11个计划。日本计划的编制按主体划分有四种：经济企划厅的"中期经济计划"和"经济展望"，通商产业省所属产业结构审议会的"产业结构设想"，国土厅编制的"全国综合开发计划"，内阁各省制订的具体计划。按计划规划的时间来分有短、中、长三种；日本的经济计划自成一体，时间上具有衔接性，而且各类计划实行了专业分工，强化了经济的计划性。计划目标包括经济增长、充分就业、物价稳定和国际收支平衡。日本计划最突出的特点是灵活性、预测性、民主性和科学性，每一个计划只为经济发展和产业结构的变化指明方向。日本经济计划起了以下作用：一是经济计划预测了今后若干年的经济发展方向，为私人企业制订生产经营计划提供了比较准确的预测性情报；二是经济计划既密切了政府同企业之间的关系，促进了日本大企业沿着政府预期的方向发展，又对日本经济发展起到了推动作用。例如，1961～1970 年日本政府制订的"国民经济倍增计划"，按照原来的规定，日本经济增长率为 7.2%，实际上达到了 10.9%，其中，经济计划对促进经济增长所起的作用是不可低估的。

（4）重视产业政策的制定和管理。产业政策是日本"官民混合"经济调节的一个重要特征。英国一家报刊载文指出："通产省的中心任务就是，确定和管理国家的产业政策。通产省的成功之处在于，它设法这样做但又不扼杀赫赛尔廷（L. Heseltine）等主张的自由市场所十分珍惜的创业精神。"在不同时期，日本通产省制定的产业政策也不一样。在 20 世纪 50～60 年代，通产省常常利用产业政策对私人企业进行"指导"。通产省为每个私人部门和大公司制定了生产限额，干预和管理公司的经营活动。在包括通产省在内的负责各个产业的政府部门、以大垄断组织为主的民间各行业组织、企业界人士及其"智囊"团体、为企业提供资金的金融资本集团等影响并决定着日本产业政策的制定。因此，日本的产业政策是国家政府与私人垄断资本相互结合的产物，是有利于垄断资本和大企业的经济政策。在 20 世纪 70～80 年代，通产省往往利用行政指导，引导一些私人企业摆脱"陈旧"产业，鼓励这些公司向高新技术产业发展。正是在不同时期实施不同"行政指导"的产业政策，才促使国家干预与市场机制实现有机结合。

# 6.2　发展中国家宏观调控的实践模式与特色

研究发展中国家的宏观调控问题，拉美和东亚两大地区就成为开展个案研究的最佳案例。在拉美、东亚两大地区推进工业化的过程中，各国（地区）政府发挥了十分重要的作用，政府是工业化进程起步和向纵深发展最重要的推动力量。由于国家（当局）对经济活动的组织、指导和调节，两大地区在战后的一定时期都出现了快速发展的局面，因此在世界经济中涌现了一批新兴工业化国家（地区）。但是，国家干预的效果并不是一成不变的。政府干预对经济发展的正面与负面影响并存。随着内外条件的变化，经济全球化趋势的加强，政府应适时调整干预经济的内容与方式，否则必将造成政策失误，影响经济正常发展，甚至导致危机的发生。

拉美和东亚国家在第二次世界大战后初期，都实行重工业优先的"赶超战略"，在具体的发展战略上拉美实行"进口替代"而东亚则实行"出口导向"的发展战略，国家（政府）的地位和作用被赋予重要意义。张凡（2000）认为，影响发展中国家选择经济发展道路的因素至少包括：广大发展中国家和人民强烈的民族主义情绪，20 年代末 30 年代初世界性经济危机的经历，第二次世界大战时期的战时管制经济，苏联社会主义计划经济的"成功"经验，美国的新政，马克思主义和凯恩斯主义经济学理论的影响，等等。50 年代和 60 年代的"发展经济学"强调发展中国家所面临的特殊环境和条件，即各种结构性障碍和不利条件，因而更加加强国家（政府）的突出作用。[①] 在国家（政府）作用的推动下，20 世纪 50 和 60 年代，拉美地区和东亚地区都取得了快速的经济发展。到 60 年代末至 70 年代初，随着发达国家贸易和资本流动自由化的进展，以及 70 年代石油危机以后经济"滞胀"局面的出现，经济政策思想中有关国家干预的思想开始发生变化。特别是政府财政预算压力的增大导致建立小政府思想的抬头。与此同时，在发展中国家，实行进口替代工业化的国家（如拉美）普遍遇到了诸如工业效益低下、政府补贴增加、国际竞争力提高缓慢等一系列问题，而另一些发展中国家和地区（如东亚）则通过出口导向工业化政策取得了令人瞩目的经济增长。从这一时期开始，在拉美和东亚这两大发展中国家的典型地区，出现了指导思想上的大分化：拉美地区自 20 世纪 80 年代以来接受新自由主义"华盛顿共识"的指导开始进行经济改革，而东亚地区在 1997 年亚洲金融危机爆发后泰国、印度尼西亚、韩国等受危机的影响不得不牺牲一定的经济自主权以换取 IMF 的贷款，只有马来西亚拒绝接受。其结果在 20 世纪 80 ~ 90 年代给拉美国家带来了严重的经济和社会后果，而东亚国家虽受危机的影响但经济仍保持快速发展，自 20 世纪 60 ~ 90 年代的 30 年间一直保持着接近两位数的经济增长率。90 年代以后，政府在经济发展中的作用，特别是在发展中国家具体环境中政府职能的确定问题，随着发展中国家特别是拉美和东亚地区经济发展的波动而日益引起各方的兴趣和关注。如果说 50 ~ 60 年代在凯恩斯主义居统治地位时，发展中世界盛行国家干预主义，而 60 ~ 70 年代自由主义思想的抬头使争论的钟摆向右偏斜，那么在 80 年代末至 90 年代初自由主义盛极一时之后，争论的钟摆又开始摆向左方。这与世界经济形势的动荡（特别是东亚危机后，世界经济衰退、紧缩的危险）、欧美国家政治风向（左翼政党上台）以及经济思想界各种对立观点的合流或一定程度的共识有关。

## 6.2.1 拉美国家宏观调控的实践模式

大多数拉美国家早在 19 世纪初就取得了民族独立。到 19 世纪末叶，拉美主要国家较早的迎来了工业革命，形成了工业初级产品和农牧产品出口的发展模式。从 20 世纪 30 年代起，拉美国家摆脱了以出口初级矿产品、农牧产品为主的传统增长模式，走上了探索民族自主的工业化道路。在国家大力扶持下，有目的、有计划地促进面向国内市场的民族工业的发展，即实施"进口替代"的发展战略，鼓励制造业的发展，同时大量出口资源丰富的初级产品。所谓"进口替代"就是用本国生产的产品来代替以前必须依靠进口的外国产品，由此带动经济增长，促进工业化的实现。与此同时，拉美国家为求得民族工业的发展则采取收购外资企业为国有企业，进口外国的机械设备在本地生产和加工等措施。从 20 世纪 30 年代初至 40 年代末，进口替代取得了显著成绩。最突出的是巴西，1939 年工业增长率达到 11%，阿根廷、墨西哥等其他拉美国家的工业也有很大发展。1949 年，阿根廷经济学家劳尔·普雷维什（R. Prebisch）提出了"发展主义"理论，主张以工业发展为核心来发展经济，为拉美进口替代工业化起到了推动作用。到 50 年代，主要拉美国家的轻工业基本自给，

---

① 张凡. 发展中国家政府干预思想的演变 [J]. 拉丁美洲研究，2000 (4).

重工业初步建立起来。由于国家扶持和鼓励，当地工业尤其是制造业的发展最为迅速。到 50 年代中期，拉美制造业产值超过农业产值，成为拉美地区主要的生产部门。从 50 年代起，拉美国家还积极引进外资，依靠大举外债发展进口替代和基础工业建设。50～60 年代上半期，进口替代从建立非耐用消费品转向耐用消费品。60 年代中期，巴西、墨西哥工业品的自给率达到了 85% 以上。60 年代下半叶，拉美国家经济有明显飞跃，向资本和技术密集型转变，跨国公司在生产技术、产品质量和国际市场联系具有优势，使拉美生产的工业品有较强的出口竞争力。经过一个多世纪的发展，在政府作用的大力推动下，一些拉美国家的经济发展水平已达到较高的程度，普遍地出现了"经济起飞"。在 20 世纪 50 年代中期至 60 年代，拉美国家工业年均增长 8% 以上，GDP 年均增长 6.5%，人均 GDP 从 400 多美元迅速提升到 1000 多美元，被称为"拉美奇迹"。其中，巴西经济迅猛发展，出现了有名的"巴西奇迹"。1968～1974 年，国内生产总值平均增长 11% 以上，其中工业平均增长达到 12%，钢产量增长 69%，汽车增长 248%。巴西不仅成为拉美实力最雄厚的国家，而且一跃为世界上第十大工业强国。事实上，20 世纪中叶，拉美的人均收入高于世界上任何一个发展中地区，它与发达国家的人均收入之比在 1:2 左右。这一时期，拉美国家的政府为了更快地实现工业化，赶超发达国家，普遍采取了扩张性经济政策，对外大规模举债，以增加政府对公共事业的支出。政府不仅是经济部门的"管理者"，而且还通过国有企业发挥着"生产者"的作用。通过六七十年代的发展，拉美国家形成以汽车、造船、石油化工、军火、原子能等制造业为工业核心的现代工业体系。

第二次世界大战结束后，拉美国家就不停地处于发展模式的选择中。在替代出口战略的发展中，完全否认市场的作用，试图通过政府的强力干预实现工业化。然而，尽管政府的作用似乎无处不在，但它运转的效率十分低下，甚至难以发挥其基本功能；政府的行为经常受到利益集团的牵制，因此政府部门和官员的腐败行为司空见惯。而"进口替代"发展战略导致对外来资本依赖程度过高、储蓄率普遍偏低，为了维持较高的投资水平，只能举借外债保证资金供给。20 世纪 70 年代爆发的两次石油危机使得拉美国家迎来了 80 年代中后期的债务危机。1982 年 8 月 12 日，墨西哥因外汇储备已下降至危险线以下，无法偿还到期的公共外债本息共计 268.3 亿美元，不得不宣布无限期关闭全部汇兑市场，暂停偿付外债，并把国内金融机构中的外汇存款一律转换为本国货币。继此之后，巴西、委内瑞拉、阿根廷、秘鲁和智利等国也相继发生还债困难，纷纷宣布终止或推迟偿还外债。至此，拉美国家相继爆发了严重的债务危机，这是拉丁美洲国家当时经济发展路径矛盾的总爆发。1971 年，拉美国家的外债总额仅为 250 亿美元，到 1985 年激增到 3750 亿美元。以后继续每年以 200 多亿美元的速度递增，1995 年达到 6071 亿美元。到 1986 年底，拉美发展中国家债务总额飙升到 10350 亿美元，且债务高度集中，短期贷款和浮动利率贷款比重过大，巴西、阿根廷等拉美国家外债负担最为沉重。外债占整个第三世界外债总额的 50% 以上。1986 年，世界上最大的 15 个债务国中，拉美地区占了 10 个。1985～1987 年，一时为奇迹陶醉的巴西连续 3 年经济出现负增长，人均国民收入仅相当于 80 年代初的 60%，1986 年债务猛增到 1090 亿美元，沦为破产国家；墨西哥债务总额增长近 20 倍，从 70 年代初期的 50 亿美元激增至 1982 年末危机爆发前的 876 亿美元，债务规模的膨胀远远快于 GDP 增速，1982 年墨西哥 GDP 不过 1373 亿美元，债务余额占 GDP 的 63.8%。沉重的债务导致拉美国家财政赤字恶化，通货膨胀加剧，大量资金开始外流，经济增长遭受严重影响，国民收入大幅度下滑。1981～1990 年，拉美国家经济年均增长率仅为 1.0%，人均年增长率为 -1.0%，被称为"失去的十年"。

从 20 世纪 80 年代中期起，拉美国家政府干预的理论与实践发生了深刻的变化。拉美多数国家变更了发展模式，从内向发展战略逐步转向外向发展战略，开始实施以贸易自由化、国有企业私有化和全面开放资本市场为主要内容的新自由主义外向型发展战略，大刀阔斧地进行调整政策和进行经济改革。这一时期的经济改革声势之大、范围之广、影响之深，不仅在拉美历史上是前所未有的，而且在整个第三世界来说也是非常引人注目的。无怪乎有人称这一改革为拉美大陆上的一次"经济政变"。主要包括以下几个方面：（1）贸易自由化。在实施进口替代发展模式期间，拉美国家通过高筑贸易壁垒等手段来保护国内市场和民族工业。为了开放市场，从 80 年代末开始，拉美国家实施了贸易自由化战略。就整个拉美地区而言，平均关税已从改革前的 44% 下降到目前的 10% 左右。此外，拉美国家还降低了非关税壁垒，基本上取消了用行政手段控制进口的做法。（2）放松对外资的限制，从而使外资的投资领域进一步扩大，申报和审批过程中的行政程序更加简化。此外，拉美国家还通过提高利润汇出的额度和允许外资参与私有化等方式来吸引外国直接投资。（3）私有化。为了扭转国有企业长期亏损和效益低下的局面，拉美国家对国有企业实施了私有化。私有化的方式主要包括以下几种：①直接出售，即把企业直接出卖给私人投资者。这种出卖法通常采用竞争性的招标程序，以便使政府获得一个较高的价格，对有意购买者来说也公平。②公开上市，即把企业的股份在国内股票市场上出售，有时也在国际市场上出售。③管理人员和雇员购买，即把国有企业直接出售给本企业的工人或管理人员。④合资，即把国有企业的部分产权直接出售给私人投资者，其余部分由政府保留。出售的那部分通常会成为一个新的公司。⑤特许经营权和租赁，即私人公司在特定时间内（通常为 15～30 年）向国有企业租赁资产并接管其经营活动，有时还可在租赁期满时购买这家企业。私人公司在支付租金后可保留所有经营利润。特许经营权与租赁的不同之处主要在于：特许经营权的所有者有责任承担部分或所有新的投资，而租赁者则不必进行投资，仅仅负责现有的经营活动。（4）税制改革。改革前的拉美税制存在许多不合理性。它的多重税率无功效可言，复杂的税率居于很高的水平，从而扭曲了企业的决策，也使居民的储蓄积极性受到了损害。政府试图通过税收的杠杆作用促进投资或发展某些部门。但是，由于税收机构软弱，免税得不到有效的管理，因而"寻租"行为十分严重。进入 90 年代后，拉美税制改革全面展开。改革的方向是实现中性化，并在立法和行政管理方面使税制简化，力求获得更多的税收。（5）金融改革。在改革前，拉美国家的金融体系受政府垄断的程度很高，金融体制高度分割，"金融压抑"司空见惯，银行效率低下。进入 90 年代后，拉美国家加快了金融改革的步伐。改革的重点是：降低政府在配置银行信贷方面的作用；最大限度地放开存款和贷款利率；降低存款准备金率；加强中央银行的独立性；强化对金融机构的监督和管理。这些改革措施使拉美的金融体制朝着金融市场的自由化和建立一个有效的管理体系这两个方向迈出了重要的一步。（6）劳工制度改革。改革前，政府对劳动力市场的有力干预，加之工会组织"战斗性"很强，因此，拉美国家的劳工制度具有强烈的"刚性"。90 年代以来，越来越多的拉美国家开始进行劳工制度改革。改革的重点是减少解雇雇员的成本和简化招聘临时工的程序，使雇员和雇主的关系更加适合市场经济体制的要求。（7）社会保障制度改革。改革前拉美的社会保障制度覆盖面小，效率低下，财政失衡严重。进入 90 年代后，一些拉美国家仿效智利的做法，建立了一个以"个人资本化账户"为基础的私人养老金基金，并发挥私人部门在养老金管理中的作用，从而为提高储蓄率和维系社会保障基金的平衡创造了条件。

　　从总体上看，拉美的经济改革取得了明显的积极成效，主要体现在：改革使拉美经济在进入 90 年代后摆脱了"失去的十年"的阴影，走上了复苏之路；国民经济实现了从封闭的进口替代模式向外向发展模式过渡的转变；国民经济的活力有所增强，抵御外部冲击的能力有所增强；财政失衡的现象有所减缓；恶性通货膨胀得到控制，宏观经济形势开始好转；大多数人的生活水平有所提高；外资开始回流，为经济复苏提供了保障；国家的"生产者"作用有所降低，国有企业严重亏损的趋势开始得到扭转；市场机制的功能和作用在不断强化；区域经济一体化再度兴起。但是，拉美的改革也产生了一系列问题：第一，新自由主义理论积极推崇的国有企业私有化使一些私人资本和外国资本的生产集中不断加强，也使失业问题更为严重。此外，由于经营不善或国家停止拨款后资金周转发生困难等原因，一些国有企业在私有化后陷入了困境，最终不得不再次被国家接管或靠政府的财政"援助"度日。可见，私有化不是解决一切问题的"灵丹妙药"。第二，改革使收入分配不公的问题变得越来越严重。新自由主义理论推崇效率优先，漠视公平的重要性和必要性，并认为市场是万能的。诚然，收入分配不公不是改革的必然结果。但在许多拉美国家，少数人从私有化和市场开放等改革措施中大发横财，而社会中的弱势群体则没有或很少从改革中得到好处。其结果是两极分化和贫困化十分严重。墨西哥是一个典型的例子。改革前，墨西哥只有两位亿万富翁，90 年代后期增加到 20 多位；与此同时，墨西哥的贫困人口却未见减少。第三，市场开放导致不少竞争力弱小的本国企业陷入困境。新自由主义理论主张最大限度地开放市场。在拉美，市场开放的过程是一个外资企业不断入侵的过程。有些民族企业在竞争中仍然能保持自己的优势，并在竞争中不断壮大自身的实力，但有些民族企业则因不敌外来竞争而陷入困境。这种情况在开放度较高的墨西哥和阿根廷等国尤为明显。第四，在重新定位国家作用的过程中忽视了社会发展的重要地位。新自由主义理论要求把国家的作用降低到最低限度。在新自由主义理论的影响下，拉美国家的政府通过私有化等手段退出了生产领域，并减少了对经济的直接干预。这无疑为市场机制发挥积极作用创造了条件。然而，拉美国家似乎从一个极端走向另一个极端。例如，有些国家的政府为了实现财政平衡而减少了对文教卫生领域的投资，从而使低收入阶层得不到必要的服务；有些国家的政府则将一些社会服务设施交给追求利润最大化的私人部门去管理，失去了政府在社会发展领域中的主导地位。第五，不成熟的金融自由化和过早开放资本项目增加了金融风险。在推动金融自由化的过程中，政府未能有效地对金融部门加以监管。其结果是，有些银行为追求高利润率而从事风险过大的业务；有些银行为应付政府有关部门的检查而弄虚作假；有些银行则将大量贷款发放给少数"关系户"。不容否认，政府放松对金融业的监管，是近年来许多拉美国家爆发银行危机的主要原因之一。国际资本的无序流动以及巨额游资的冲击，使拉美国家面临更大的金融风险。20世纪 80 年代以来，拉美曾爆发过四次震惊世界的危机，即 80 年代初的地区性债务危机、1994 年的墨西哥金融危机、1999 年的巴西货币危机和 2001 年的阿根廷债务危机，都与过早开放资本项目有关。其中，2001 年 12 月爆发的阿根廷危机是这个南美洲国家一个世纪以来所遇到的最严重的经济危机、政治危机和社会危机。在政治领域，先后有四位总统在短短的半个月时间内走马上任。在社会领域，成千上万的民众走上街头，敲着锅碗瓢盆，抗议声此伏彼起。此外，有人还抢劫商店，堵塞交通，与警察发生流血冲突。在经济领域，阿根廷无力偿还 1000 多亿美元的外债，成为世界上最大的"倒账国"。为了避免银行体系崩溃，政府不仅在一段时间内命令银行停止营业，甚至还冻结了银行存款，并强制要求储户将美元存款转换为本国货币存款。

对于新自由主义经济政策带来的一系列经济与社会问题，自90年代以后，拉美国家开始对自己以往的经济改革理论和发展模式进行了一系列的调整。例如，1982年智利爆发的债务危机对新自由主义改革计划给予了重创后，智利政府开始放弃完全不干预的经济管理理念，首先对国家金融系统进行干预，采取了对债权人进行财政补贴，实行有管制的小幅爬行区间钉住汇率制度，对部分私有化银行和金融机构重新国有化等措施。同时，在其他领域，在坚持市场化改革目标的前提下，加强国家的宏观调控和行政干预。以私有化为例，智利政府在推进私有化进程中，实行大众资本主义，让更多的企业职工成为私有化企业的股东，减轻私有化对社会的冲击。此外，智利政府还在社会政策上更加关注弱势群体，为建立与市场机制相适应、相配套的社会保障制度实行了一系列的改革措施。针对80年代以来出现的高通货膨胀甚至是恶性通货膨胀与经济增长的不断下降，1993年4月，巴西总统佛朗哥通过制定经济计划达到国家对经济的干预。首先他制订了以振兴经济、反通货膨胀为主要目标的经济社会发展计划，这一计划重点解决贫富差距拉大问题；12月7日，佛朗哥政府的新任财政部长卡多佐又主持制订了一个新的反通胀计划，称为"雷亚尔计划"。该计划是巴西迄今为止反通胀最为成功的一次。正是凭借着雷亚尔计划，卡多佐在巴西1994年10月3日的大选取得成功，并于1995年1月1日就任巴西新总统。卡多佐认为巴西通货膨胀的症结在于公共部门的失控，因此雷亚尔计划先从减少公共部门的财政入手，设立了一项紧急社会救济基金，用于社会各部门的支出，避免造成预算外支出。其次是稳定货币。为避免货币的一再贬值，采用了新经济指数——实际价值单位（URV），以此作为货币价值的参照指数，以人为的方式用它对国民经济进行货币调整，将其作为工资、物价服务费用变化的依据。经分步过渡，最终将实际价值单位变为正式货币——雷亚尔。1994年在墨西哥塞迪略总统当政期间实施经济改革，认为财政和货币纪律是墨西哥摆脱危机恢复振兴经济的必要条件，因此，在金融体制方面进行了改革并富有成效。就总体经济形势而言，虽然90年代的经济增长仅仅略高于80年代的水平，但是，拉美国家已摆脱80年代的危机，步入了新的经济增长阶段。当然，拉美经济在90年代经过两次较大的波动，两次上升周期分别为墨西哥金融危机和巴西金融动荡所打断。但是，总结这一时期经济改革取得一定成就的原因，主要在于选择了正确的经济体制，即以市场经济为基础，政府通过经济计划等手段积极干预的经济体制；强调了国家和政府的重要性，也凸显出政府对经济发展所发挥的巨大作用。

正是通过上述改革，越来越多拉美国家的决策者对政府的作用有了重新的认识：首先，政府的作用必须被限制在私人部门难以自发运转或不能很好地发挥作用的领域（如社会发展）。在经济发展和社会发展的过程中，政府的"管理者"作用不仅不应降低，而且还应强化。换言之，政府必须对自身作出严格的自我约束。其次，政府应该在提供基础教育、医疗保健以及经济活动所必需的物质基础设施方面发挥更大的作用。90年代以来，拉美国家的政府为了实现财政平衡和促进私人投资，一直在努力缩小政府投入的规模和压缩政府开支。拉美国家的公共部门开支通常占GDP的24.5%，而工业化国家的这一比重则高达47.7%。但是，在工业化国家，由于私人部门发挥着重要的作用，公共投资占GDP的比重只有2%，而拉美的这一比重则高达6%。拉美国家与发达国家在公共部门开支方面的最大差异是在社会保障领域。在工业化国家，社会保障开支占 GDP 的 16.4%，而拉美仅占 2.5%。[①] 可见，拉美国家不能单纯地为了削减财政开支而压缩用于社会发展方面的经费。再次，必须规范中央政府与地方政府之间的关系。80 年代后期以来，拉美国家的地方政府获得了较大的权力。例如，在委内瑞拉等国，中央权力的下放使地方政府的管理部门改进了服务质量。哥伦比亚等国也改变了长期以来中央集权的传统，将提供社会服务的权力下放给地方政府，并用地方选举的办法来改变僵化的政治任命制度。事实上，在不少拉美国家，地方政府权力的扩大不仅体现在政治参与上，而且还反映在经济领域中，其中包括自由支配财政开支的权力。然而，权力下放也有缺陷，其中包括地区之间的差别进一步扩大和中央政府的宏观经济稳定政策受到影响，等等。在巴西和阿根廷等国，一些地方政府的财政开支几乎不受财政预算的制约。[②] 这就为政府维系宏观经济稳定提出了难题。1999 年初巴西金融动荡的间接原因之一，就是中央政府的财政负担过重，而中央政府财政负担重的原因之一，就是地方政府的财政开支不断扩大。最后，政府必须约束自身的腐败行为。在拉美，政府部门腐败的情况十分严重。腐败不仅损害了政府的合法性，而且还影响了政局的稳定。巴西前总统科洛尔被弹劾即是一例。因此，必须完善正规的约束机制，其中，司法制度的建设是正规的约束机制的重要组成部分。[③] 正如世界银行在其发布的报告中所指出的那样："良好的政府不是奢侈品。它是发展所必需的。……如果没有一个有效的政府，经济和社会的可持续发展是不可能的。有效的政府（而不是小政府），是经济和社会发展的关键，这已越来越成为人们的共识。政府的作用是补充市场，而不是替代市场。"[④]

进入 21 世纪以来，拉美国家经历了 20 世纪 90 年代末期和本世纪初发生在墨西哥和阿根廷两次金融危机引发的全地区性经济危机之后，拉美各国一批左翼政党掌握政权后，开始强化政府在经济社会发展中的作用，而其他执政的右翼政党也转而强调政府的社会责任，并且这一趋势在 2008 年全球金融危机爆发后不断加强。1998 年 12 月，统一社会党领袖查韦斯当选委内瑞拉总统为标志，到 2008 年 4 月巴拉圭"爱国变革联盟"领导人卢戈赢得政权，拉美左翼政党在拉美 33 个独立国家中的 15 个国家获得执政地位，这些国家的国土总面积和人口总数分别占整个拉美地区的 80% 以上。[⑤] 这些拉美左翼政党最初都是在"第三条道路"的名义下对发展模式进行探索，即试图在资本主义和社会主义之外寻求适合自身发展特点的现代化道路，后来演变为对新自由主义改革弊端的反对。随着拉美政治民主化进程的推进和反对新自由主义的呼声不断高涨，拉美左翼运动出现新的高涨，左派政府也因为在经济和贸易政策是否存在亲市场的倾向，或是对新自由主义反对程度的不同，而进一步分化为以巴西等国为代表的"温和左派"政府和以委内瑞拉等国为代表的"激进左派"政府。其中，以委内瑞拉、玻利维亚、厄瓜多尔以及尼加拉瓜等国为代表的拉美"激进左派"政府反对新自由主义的立场十分明确，均提出建设社会主义的口号。委内瑞拉总统查韦斯在 2006 年 12 月第三次当选总统后宣布，将领导委内瑞拉进行"21 世纪社会主义"建设。莫

①　Inter-American Development Bank：The IDB［R］. 1997：9 – 10.

②　Shahid Javed Burki，Sebastian Edwards. Dismantling the populist State：The Unfinished Revolution in Latin America and the Caribbean［R］. World Bank，1996，26.

③　江时学. 21 世纪拉美经济面临的挑战［J］. 拉丁美洲研究，2000（6）.

④　世界银行（WB）. 1997 年世界发展报告［M］. 北京：中国财政经济出版社，1997：15 – 18.

⑤　何鹏程. 当前拉美左翼政党的三大特征［J］. 当代世界 2009（9）.

拉莱斯 2006 年就任玻利维亚总统后宣布要建设"社群社会主义"或"印第安社会主义"。2007 年，科雷亚就任厄瓜多尔总统时也宣布将推行"21 世纪社会主义"，同时他也表示，"我们在厄瓜多尔提倡的 21 世纪社会主义跟委内瑞拉、玻利维亚的不一样"，经济政策具有较明显的民粹主义特点，即使经济发展相对缓慢，也要增加社会福利开支，平民利益压倒中产和更高经济阶层的诉求。其中最典型的是，针对新自由主义的私有化政策导致拉美国家国有资产流失严重的教训，拉美"激进左派"政府对国家具有重要意义的能源部门实行国有化政策。如 2006 年 5 月，玻利维亚总统莫拉莱斯颁布能源国有化法令，宣布对本国石油和天然气资源完全和绝对的控制，增加了向外国能源公司征收的特许权使用费。厄瓜多尔也加强了国家对能源产业的控制，主张重要的基础设施应该由国家控制和管理。查韦斯政府还收回石油、天然气资源的勘探与开发权，并在电力、钢铁、电信业、水泥和金融等战略部门采取一系列国有化措施。这些国有化措施也给政府带来巨额收入，仅以玻利维亚石油部门为例，在 2001～2005 年，玻利维亚石油收入仅为 16.61 亿美元，但国有化后的 2006～2011 年，该国石油收入达 124.24 亿美元，增幅达 647%。这也使得"激进左派"政府有足够资金来推动社会福利政策，为下层民众增加最需要的教育、公卫、房屋津贴的预算。如在查韦斯执政期间，委内瑞拉赤贫人口比例减少了一半。但是，这些国有化政策从长期来看对其国内经济发展存在一定负面影响。以委内瑞拉为例，查韦斯在国内实施的社会发展计划及在国际上提供的慷慨援助，都是以石油出口收入为基础的。2008 年全球金融危机爆发后，委内瑞拉石油收入面临因价格下跌和产量减少造成的双重压力。委内瑞拉政府为此于 2009 年 5 月 8 日再次宣布计划对 39 家从事石油服务的私人公司进行国有化。虽然正如该国能源和石油部长拉米雷斯所言，此举"不仅能够削减生产成本，还可以大幅提高政府的石油收益"，但是它对委内瑞拉未来经济发展产生的负面影响也显而易见。因此，拉美"激进左派"政府虽然可以暂时应对金融危机的打击，但是从长远来看将面临国内政治稳定和经济可持续发展的双重考验。而随着巴西劳工党领袖卢拉和阿根廷正义党的基什内尔分别于 2003 年就任巴西和阿根廷总统，以及智利"争取民主联盟"的巴切莱特在 2006 年当选总统，这些被视为拉美"温和左派"的代表人物在执政后实行了一系列中左性质的改革措施，在继续奉行贸易自由化政策的同时，对内加强国家对民族工业发展的干预和社会领域的调控，以扭转贸易自由化带来的负面影响。为保持经济的平稳和发展，卢拉执政后，承诺继续执行前政府与国际货币基金组织达成的财政协议，继续实行严格的财政政策，从而再次获得外国投资者的信任。同时，他以扶贫为突破口，出台"家庭救助计划"，并扩大了对社会领域的公共投资，加大了对低收入家庭的扶助等措施。作为拉美新自由主义改革试点的智利在 20 世纪 70 年代就已经品尝到失败的苦果，因此智利在 1985 年时已经从新自由主义要求的金融、市场和贸易完全自由化转向有选择地采取措施保护面向国内市场的工农业部门，对货币和汇率进行谨慎的操控。阿根廷基什内尔政府也对影响国家经济发展的重要领域，如自然资源、矿产等部门加强了控制和国有化程度。这些调整在应对 2008 年金融危机时也产生了明显效果。危机爆发伊始，巴西、阿根廷主要股指跌幅均超过 30%，阿根廷在 10 月内的债券和证券市场价格分别下跌了 60% 和 40%，以稳定和低风险著称的智利股指跌幅 2008 年 12 月初亦已达到 23%。不过，巴西和阿根廷等国此前已经历多次金融动荡历练，再加上政府在金融管理部门调控能力的加强，其经济结构已经相对较为稳定。在危机爆发之后的 1 个月内，巴西央行便紧急动用了数百亿美元的外汇储备对汇市进行干预。在稳定汇市的同时，它们还纷纷出台促进投资和信贷等刺激经济计划。如巴西准备动用 16.2 亿美元外汇储备扶持出口行业。为了保持比索对美元的稳定，阿根廷启动了总额为 132 亿比索（1 美元约合 3.41 比索）的经济振兴计划，重点为农业和制造业；秘鲁政府推出了政府注资和扩大公共投资的计划，其中包括向当地金融机构注资 30 亿美元。再加上世界银行和 IMF 提供的贷款，巴西、阿根廷等拉美新兴经济体不仅没有重蹈国内金融体系在 20 世纪 90 年代全球金融危机爆发中崩溃的悲剧，相反经济获得迅速复苏和增长。如巴西 2008 年时经济增速依然达到 5.2%，并成为全球第六大经济体，在"金砖国家"组织等世界多边舞台中的国际影响力日益扩大。这一时期，拉美国家中的其他执政右翼政党在金融危机爆发前后也对经济模式进行了调整。哥伦比亚和墨西哥等国受地缘关系影响在经济上对美国依赖较深。其中，墨西哥 1994 年与美国和加拿大组成北美自由贸易区；而美国目前是哥伦比亚最大的投资国和贸易伙伴，并在 2006 年 2 月达成了双边自由贸易协定。因此，两国一直以来都是新自由主义改革的支持者，但在现实情况下也并不排斥国家宏观调控。如哥伦比亚被认为在经济上向来都实行着一种"混合经济模式，强调国家宏观经济管理"。所以无论是 20 世纪 80 年代的债务危机，还是 90 年代以来拉美地区爆发的一系列金融危机，哥伦比亚均得以幸免。近年来，哥伦比亚经济总体保持平衡增长态势，平均经济增长率也高于大多数拉美国家。受 2008 年全球金融危机的影响，哥伦比亚经济增速一度显著放慢，但自 2009 年底已经开始得到复苏。哥伦比亚《1999－2009 年生产力和竞争力政策全国规划》由于强调国家对本国出口企业的"促进补贴"方法，包括补贴出口财政、营运资金贷款和信贷，被西方学者认为是拥有开放经济下最完善工业政策的拉美国家之一。对于新自由主义在拉美引发的严重社会矛盾，哥伦比亚开始关注社会领域。如 2003 年的经济发展计划就强调了增加就业机会，减少贫困；同时加强社会保障制度，扩大医疗卫生保险范围，哥政府希望通过这些政策至少增加 500 万人享受医疗保险。总统胡安·马努埃尔·桑托斯于 2010 年 8 月组阁后，在总结 2008 年国际金融危机经验和教训的基础上，通过刺激、鼓励和推动重点行业发展，保持整体经济中长期可持续平稳增长和促进全社会就业，并进而实现改善民生的政策目标，并推动矿业、住房业、基础设施建设、农业和科技创新等五个行业的发展纳入"2011—2014 年国家发展规划"，从而力争在 2014 年赶超阿根廷，成为继巴西和墨西哥之后的拉美第三大经济体。墨西哥在 20 世纪 80 年代后期开始新自由主义经济改革，扩大经济上的开放和减少国家对经济的干预，经济取得较快发展。然而由于在金融体系的过度自由化导致其在 1994 年爆发金融危机。自 1995 年起墨西哥政府谨慎地实施第二代经济改革。在指导思想上，墨西哥政府强调国家适度放弃调控，采取循序渐进的改革措施，加大解决社会问题的力度；重新界定了国家在经济生活中的作用，更加关注社会发展问题，使国家的调控作用日趋"合理和适度"。特别在金融领域建立了以中央银行为核心的现代金融管理体制，央行成为独立自主的货币政策的决策和管理机构，国内金融体系较为稳定。2008 年全球金融危机爆发后，由于与美国经济联系紧密，墨西哥也遭遇"池鱼之殃"，其经济增长速度趋缓，金融市场动荡，比索出现大幅贬值。墨西哥政府为此不断加强政府宏观调控措施，如公布了以促进投资为主导的金融危机应对计划，在基础设施建设领域的投资也高达 228 亿美元。墨西哥央行还公布了一项旨在稳定国内金融局势的应急方案，包括向美洲发展银行和世界银行等机构借款 50 亿美元、减少发行长期债券及暂时允许银行向旗下基金、投资机构注入资金以保障其流动性等。并于 2008 年 10 月 8 日和 10 日先后采取干预汇市措施，帮助投资者和民众重建信心，防止汇率紊乱造成金融市场恐慌，最终避免了重蹈 1994 年金融危机的覆辙。卡尔德龙政府还在《2007 - 2012 年国家发展规划》中提出以工业化为主要发展目标和战略，强调加大政府对工业领域的投入和干预。

综上所述，自 20 世纪 90 年代以来，拉美各国政府在总结新自由主义改革经验教训的基础上，调整发展战略，转变发展模式。自 2003 年起拉美地区开始经济复苏，并保持持续增长，经济进入平稳增长期，成为世界上最具活力的经济区域之一。2008 年美国金融危机爆发以来，拉美国家仍实现了经济的平稳增长。根据国际货币基金组织的报告，虽然受到美欧主权债务危机的一定影响，拉美地区 2011 年经济增幅仍达到 4.3%；2012 年，世界经济环境趋于复杂，拉美经济增长不确定性进一步增加，拉美地区主要经济体增速分别为：巴西 0.9%，墨西哥 3.8%，阿根廷 2.2%，哥伦比亚 4.5%，委内瑞拉 5.5%，智利 5.6%，秘鲁 6.2%。据拉加经委会预计，2012 年拉美和加勒比地区经济将增长 3.1%。2003 ~ 2012 年，由于中国等新兴国家对矿产、能源的强烈需求，拉美国家经历了经济增长的"黄金十年"，对世界经济增长的贡献率升至 14%，是引领世界经济复苏的重要引擎之一。在 2008 年爆发的全球性金融危机中，以巴西为代表的一批拉美新兴经济体在调整发展模式之后已经显示了一定的抗危机能力，在加强政府作用的同时采取了大规模的经济刺激政策，对经济的复苏起到了关键性作用。

## 6.2.2 东亚国家宏观调控的实践模式

第二次世界大战以后，包括日本、韩国、新加坡、中国香港和中国台湾在内的东亚国家和地区普遍实行了出口导向型的工业化战略或外向型的经济发展战略，形成了政府主导的市场经济体制，取得了巨大的成功。20 世纪 60 ~ 90 年代，中国香港、印度尼西亚、马来西亚、新加坡、韩国、中国台湾及泰国这 8 个国家和地区的经济年均增长率为 5.5%，比东亚其他国家快 2 倍，比拉丁美洲快 3 倍；从人均 GDP 来看，1960 年，日本、韩国、新加坡、中国香港和台湾的人均 GDP 水平分别为 7093 美元、1110 美元、2203 美元、3022 美元和 1012 美元，分别相当于当时美国人均 GDP 水平的 50.2%、7.9%、15.6%、21.4% 和 7.2%。大部分东亚国家和地区踏入了中等发达经济体的行列。到 2004 年，日本、韩国、新加坡、中国香港和台湾的人均 GDP 水平按照不变价格计算，分别达到 39195 美元、12743 美元、23636 美元、27597 美元和 13609 美元，分别相当于美国人均 GDP 水平的 106.5%、34.6%、64.2%、75.0% 和 37.0%；东亚八国占世界出口的份额由 1965 年的 9% 增加到了 1990 年的 21%。这些东亚经济体的迅猛增长震惊了世界，被称为"东亚奇迹"。1993 年世界银行发表了《东亚奇迹：经济增长与公共政策》的研究报告，明确提出了"东亚模式"的概念，充分强调了东亚地区政府干预经济过程的重要作用。尽管学术界对"东亚模式"的解释不尽一致，如认为"东亚模式"本质上是一种"经济发展模式"，它是指出口导向型的工业化战略或外向型的经济发展战略；"东亚模式"本质上是一种"体制模式"，即认为东亚模式是指近几十年来亚洲新兴工业化国家实现经济现代化的一整套发展措施和体制结构，其最显著的特色是强力政府具有强烈的经济建设意识和强大的导向作用；"东亚模式"本质上是一种综合的现代化模式，即认为东亚模式具有许多要点，包括出口导向型经济发展战略，不断升级和调整的产业政策，温和极权主义与市场原则相结合的经济体制，强有力的政府公营经济与民营经济相互合作，以及政府同企业界的密切联系与协调、技术引进及其特有的企业文化、较高的国民教育水平、倡导文化多元和民族文化的复兴等；"东亚模式"本质上是一种文化模式，即认为东亚工业化地区成功的根本原因是它们共同的儒家文化背景，儒家传统是保持东亚工业化地区经济发展的有决定意义的天生本性；"东亚模式"是"制度模式"，即认为"东亚模式"作为一种制度模式，其特征表现为：东亚各国、各地区的经济增长和工业化是它们致力于经济增长和现代化的政府理性地进行制度创新和制度安排并有效地予以实施的结果，制度是其经济增长和工业化取得巨大成效的根本原因等，但是，这些模式都强调了政府在"东亚模式"中的核心作用，即政府要想尽快赶超发达国家、实现高速增长的发展战略，就必然要制定一套保证高速增长的制度安排，若想行之有效，要求政府高度理性。当然不可否认，这种政体和相应制度安排下的政府理性和自律是相当脆弱的。从这个角度而言，"东亚模式"必然也是一种制度模式，"制度模式"的说法只不过更多地强调了成功的制度因素而已，其核心还在于权威政府。因为，短期内完成这样的制度创新，必须依赖于一个强有力的政府，能够大规模地调动生产资源用于经济增长目标。事实上，在东亚国家和地区实施赶超战略过程中，政府利用各种国家力量来干预和指引经济发展。主要包括：第一，政府通过制定国民经济发展目标、发展战略、发展计划来规定各种经济主体的发展方向。东盟国家从 60 年代开始，为促进经济发展，各国都制订了经济发展计划，并提出在一个特定时期的发展目标以及发展战略，像新加坡、泰国都有这样的计划。这种计划是政府根据世界经济的发展及本国经济发展的需要而制订的，并随形势的变化而调整。第二，东亚国家政府通过利率、价格、税率、信贷等经济杠杆对经济实行宏观的调控，规定企业的发展方向。企业要生存和发展仅依靠市场情况做出决定是远远不够的，必须要重视政府的指导，这样才能获得政府的信贷支持。这种做法，避免了企业的短期行为，将企业的发展纳入国家经济发展轨道。第三，政府通过制定各项法律、法规，规范市场行为，培育市场机制，引导经济健康发展。第四，政府通过直接拥有一部分土地、资本、企业和劳动，掌握国家的经济命脉，通过直接参与生产活动，与私营企业合作和竞争。第五，加强基础设施建设，创造良好的投资环境和发展环境。东亚国家在交通运输、通信设施、水电供应等部门的投资，为吸引外资和经济发展提供了最基本的条件。因此，"东亚模式"可以表述为一种制度模式，但最根本的是"强政府"，或者在某种程度上来说，是理性的集权政府。从实践上看，"东亚模式"经历了一个兴衰的过程，包括 20 世纪 50 ~ 60 年代的兴起，到 20 世纪 70 ~ 80年代延续与扩展，然后到 20 世纪 80 年代中后期至 90 年代上半期不成功的调整，再到 1997年东亚金融危机爆发导致东亚模式的衰败五个阶段。

　　一般来说，选择出口导向战略是东亚经济起飞过程中的一个共同特征。日本在其高速经济增长阶段，对外贸易占 GDP 比重一直在 20% 左右。相比日本，"四小龙"出口导向特征非常显著。韩国对外贸易占 GDP 比重从不到 20% 上升到 60% 以上，中国台湾对外贸易占GDP 比重从不到 25% 上升到 80% 以上，中国香港和新加坡则充分发挥国际货运中心和转口贸易优势，对外贸易是其 GDP 的 1 ~ 3 倍。而东亚国家虽都强调加强政府干预，但政府干预程度可谓大相径庭，香港政府奉行完全市场化经济政策，日本、韩国、中国台湾以特定形式谨慎地干预经济。例如，为鼓励出口和扶持某些工业而实施的补贴贷款及税收优惠刺激政策被广泛应用；在东亚国家发展的初级阶段，除香港地区和新加坡以外，所有的东亚国家都依赖于进口壁垒来保护他们的国内工业；甚至到了 80 年代初，韩国的大多数工业仍被关税及非关税壁垒保护着；1980年台湾地区进口40%多的产品仍被征收高达31%的进口关税；而印度尼西亚、马来西亚和泰国在发展的早期都有保护自己产品的进口替代制度。各国政府虽然以不同程度和方式干预市场，但都促进了当地经济的增长。世界银行1993年发表的报告在总结东亚国家经济增长的经验时指出：（1）坚持宏观管理的重要性，包括稳定的商业环境，低通货膨胀，有利于鼓励固定资产投资；谨慎的财政措施，辅之以其他措施保证经济增长中的公平共享与高经济增长的成果；有利于出口竞争性的汇率政策；金融发展和逐步的自由化保证国内储蓄的最大化，推进资源的有效分配，以及与全球金融系统的融合；尽可能减少价格扭曲；采取措施推进初等教育，创立不同技能的劳动力结构，以利于外向经济的发展。（2）需要一个强有力的政府管理体系，保证长期发展意愿的实现，追求产出与就业的快速增长；政府与工商业之间的互动，同时政府要在工商业者之间创造竞争的环境。（3）政府需要采取积极的政策加快工业化的步伐，增加出口中的工业产品份额；外向发展政策加上汇率政策，就成为达到外部平衡，产生加速GDP增长的需求，促使生产吸收技术，保持国际竞争力的手段。在工业化的过程中，东亚政府有选择地选取了关税保护和鼓励出口的政策，其中不乏道义规劝、补贴和金融手段，使得实业界可以获得低成本的融资。（4）政府清楚地表明了可以获得政府支持的条件，方法是实用的，手段可以灵活使用，在目标不能完成的时候将废止使用。

在长期的经济发展过程中，东亚国家由政府主导的经济体制，形成了独特的政府宏观调控的实践模式。强有力的政府干预成为实现工业化与现代化重要的推动力量。其政府的干预主要表现在三个方面：（1）政府直接出资建立国有（公营）企业。国有企业和国有金融机构的成长是拉美现代化进程的一个重要特征，国家拥有主要的钢铁企业、公共设施、大部分矿山及矿山产品加工企业，并垄断石油开采、精炼及石化部门。东亚各国也通过没收、投资、合资等方式开设企业，直接控制甚至垄断一些关键的行业和部门。韩国、中国台湾、新加坡的公营企业掌握着全国（地区）能源、交通、水电、邮电等公用事业和金融业，中国台湾公营资本曾一度高达50%。（2）通过编制各种发展计划推动经济发展。日本经济的起飞和迅速发展对东亚其他经济体起了很强的示范作用，其指导经济的方式（如经济计划和产业政策）对其他国家（地区）产生了很大的影响。韩国、中国台湾、新加坡等从20世纪50年代开始相继制定了不同时限的发展计划，并在不同时期明确了优先发展部门，引导私人资本的投资方向。韩国60年代初提出了实现工业化的目标，实行"出口第一主义"战略，70年代又根据形势的变化有步骤地实施了重工业化战略。新加坡政府在60年代初则强调发展劳动密集型产业，60年代中期转而大力发展出口加工工业，70年代以后又大力推行"第二次工业革命"等。东亚各经济体还建立了各种官方职能机构，加强对经济的指导和管理，比较突出的有韩国的经济企划院、新加坡的经济发展局等。（3）通过各种政策手段诱导资源配置。各国（地区）政府（当局）均用明确的产业政策引导资源配置的方向，还通过其他宏观经济政策手段和法律法令，调节和保障既有的发展模式。60年代东亚经济转向出口导向阶段以后，韩国、新加坡、中国台湾等向生产出口商品的企业提供优惠信贷和税收，并通过汇率调整刺激出口。东亚各国（地区）的经济立法也成为维护正常市场运作的重要手段，如韩国的中小企业法、限制垄断法、外汇管理法、外资引进法，新加坡的中央公积金制度，台湾地区60年代的奖励投资和80年代的促进产业升级的有关做法等。总之，东亚国家和地区大都依托所建立的政府主导型经济体制，对国民经济的规划、指导、管理和调控等实施政府强有力的干预，并以此作为这一区域经济增长的原动力。"强政府"保证了政府决策的自主性，可以不受社会利益集团短期行为的影响，从而制定出长远发展目标和实施战略，并运用各种政策手段以保证决策目标的实现。当然，必须指出的是，虽然东亚各国和地区采用的具体政策、机制和手段有所不同，但都是通过政府这只"看得见的手"，充分利用国内外的各种资源服务于本国的经济利益，提升本国经济的国际竞争力。市场在东亚经济发展过程中起着重要的作用，但这一地区的经济发展并非自由市场自发作用的结果，而是由于政府成功地对经济进行了引导，是"看不见的手"和"看得见的手"共同推进了东亚经济的发展。

具体地说，东亚各国宏观调控的实践特色主要表现为：

（1）日本实施以产业政策为核心的宏观调控。日本政府干预经济的模式以搞活企业、产业政策、景气调控、社会保障为重点，其中产业政策是政府调控的重要手段和核心。日本政府对国民经济的中长期管理的中心是产业政策，而不是经济计划。这是因为日本的经济计划具有长期预测的性质而并非严格的、有约束力的规划或安排，而产业政策则具有法律保证，政府对产业的干预一般是依据专门法律进行的。日本政府依据产业政策对确立的支柱产业实行一系列保护扶植政策，诸如优惠税率、财政补贴和长期低息贷款等，有时还运用政府权力进行"行政诱导"。相比之下，日本的经济计划只具有指导性、诱导性。日本的产业政策有两个突出的特点：一是以产业结构调整为主要目标并力求运用各种手段实现这一目标；二是充分利用市场机制，尊重与发挥私营企业的自主性与积极性，政府只提出一般的政策目标并将干预控制在必要的最小限度。日本政府运用产业政策构建了符合国际市场发展的结构体系，促进了供求平衡，实现了经济的高速发展和经济、社会的现代化。同时，正确处理经济发展与社会发展的关系，建立社会保障制度，也是日本政府宏观调控的重要目标。日本政府遵循增长与再分配并重的发展战略，通过社会保险、社会福利、国家救济等措施保证宏观调控目标的实现。日本经济自 1955 年开始进入高速增长时期，经济增长和产业结构变化扩大了收入差距，影响了国民生活的均衡，于是增加国库支出来强化社会保障就成为日本基本社会政策。日本在第二次世界大战后较早地建立起社会保障制度，对经济恢复和高速增长起到了极其重要的作用。

（2）韩国实施以计划为中心的宏观调控机制。韩国的政府主导型宏观调控体制体现了以计划为中心的高度集中统一的特点。通过制订、实施经济和社会发展计划，把整个国民经济统揽在一起，特别是在投资、金融和流通领域中加强政府的计划干预，以校正和弥补市场机能的不足，集中有限的资金，实现资源的最佳配置，推动现代化开发型经济的形成和发展。韩国的经济计划虽然是导向性的，但其指导性非常强，有时是通过直接的和强制的政策操作加以贯彻。政府为落实经济计划采取一系列措施，从而使经济的发展和运行能够符合经济计划所设计的目标。从总体上来说，韩国的经济运行主要是建立在市场机制的基础之上，通过市场来进行的，因而不同于完全的计划经济。韩国对重点产业的扶持，一般都是通过向具有发展前景的大企业输血来实现的。按照现代规模经济的要求组织建设项目和企业，是韩国高投入带来高产出的关键因素。在韩国，政府在扶植主导产业及其主要企业组织时，在一定程度上故意背离市场原则对价格进行扭曲，对战略工业部门的某些财团给予大量优惠贷款扶植，同时对国内市场实行关税保护，对产品出口给予价格补贴。但这种扶植是以企业最终能够在国际市场上盈利为条件。韩国政府与大企业、大财团的关联十分密切，甚至以政府信用为垄断集团获得国外资金和银行贷款提供担保。与日本不同，韩国在经济起飞阶段，实行了长达20余年的"先增长、后分配"的"增长第一"政策，在此期间对社会保障予以忽视，形成了"有增长、无发展"的局面。

（3）新加坡实行政府主导的市场经济。新加坡的宏观经济管理是强势政府主导与自由市场原则相结合的典型，实行着政府主导的自由市场经济。政府对经济的干预较之于日、韩则来得较为温和。在新加坡，推行自由企业政策是政府长期坚持的基本政策，即使是政府投资兴建的国营企业，其经营也完全按照商业原则参与市场竞争，实行优胜劣汰的原则；政府只对通过控股公司的管理体制，从人事参与和财政监督方面对其进行间接的管理。可以说，经济自由主义和自由市场制度在新加坡各个领域都发挥着作用，它构成了政府宏观经济管理模式的基础。但这并不意味着新加坡实行的是完全自由的市场经济。政府在推进国家工业化计划和以出口替代为导向的经济结构调整的过程中，发挥了至关重要的作用。但与发展中国家常见的政府通过直接控制经济活动以推进发展的做法不同，新加坡主要是采取一系列税收减免的措施引导私人资本服务于其发展目标。这种以各种税收优惠办法对企业成本与利润进行调节的机制表明，新加坡企业投入的生产要素价格不是由市场而是由政府根据发展需要调节的。正是由于政府的这种干预措施，创造了比自由竞争市场更为有利的投资环境。除了税收等经济手段外，政府还运用行政手段对经济进行干预。例如，基础设施和工业用地、厂房等由政府以优惠条件向厂商提供，价格由政府决定。另一个例证是，当经济委员会认为80年代初新加坡制造业缺乏竞争力是由于国内成本上升太快时，不但冻结了工资，而且下调了公共设施的收费标准。政府对价格（包括劳动力价格）强有力的控制，是新加坡政府对经济干预强而有力的明证。所以有的学者认为，新加坡的发展战略具有指令性经济制度的因素。此外，新加坡实施的住房、医疗、教育等社会福利政策和强制储蓄的中央公积金制度，亦是政府对经济进行干预的一个方面。

（4）香港地区实施"积极不干预"的宏观管理政策。在东亚国家和地区中，香港地区是一个特殊的例外，因在经济上长期实行自由放任主义和自由港政策而被视为近乎完美的自由市场经济的典范，但政府在经济发展中并非无所作为。研究表明，港英当局在中国香港的经济发展中间接地扮演了战略性的角色：一是通过对住房、教育、医疗、交通、食品等进行大量补贴，降低了公众消费价格，使中国香港能够在经济不断发展的条件下仍保持较低的工资水平；二是当局掌握着土地，使投资商能够以大大低于市场价格的条件获得工业用地。政府实行的低工资和低地价政策降低了企业营业成本，这在由大量小公司的出口来支撑的香港地区工业化过程中，起到了关键的作用。香港地区政府在创造经济增长的环境方面，虽然措施更隐蔽、更间接，但与东亚其他国家、地区一样具有同样的重要性。因此，香港至少也应该被看作一个半发展型地区。香港回归后，特区政府仍奉行维护自由经济制度的理念，保持了"积极不干预"的一贯政策。然而，在1997年金融震荡中，面对国际游资对香港地区汇市和股市发起的投机性狙击活动，特区政府动用巨额美元储备捍卫港元汇率、干预香港股市，创立了有史以来政府首次干预市场并获得成功的业绩。近年来，特区政府为了重建香港的竞争力，制定了若干引导产业结构调整的政策，以期降低风险较大的不动产业和转口贸易在经济结构中的比重，鼓励那些高收益、高附加值的经济活动的发展，并提出了把香港地区建设成为"数码港""中药港"的计划。

（5）台湾地区实行公营资本主导下的官民"二重结构"经济模式。在台湾地区经济起飞过程中，统治当局对岛内的经济运行长期起着决定性作用，形成了公营资本主导的"二重结构"工业发展模式。一般而言，在东亚国家和地区的经济现代化过程中，政府资本（即公营企业）在发展进口替代工业、加速资本积累方面具有重要的地位，发挥了突出作用。但与东亚其他国家和地区有所不同的是，台湾当局对经济的主导作用主要是通过庞大的"公营"企业对岛内经济命脉的控制来实现的，政府对市场的"替代"效应在东亚三国两地中是最强的。台湾地区的公营企业是指台湾当局各级机构所经营管理的各类企（事）业和国民党的"党营""军营"企（事）业单位。这些公营企业主要形成于第二次世界大战后接收的日资企业、40 年代末由大陆移台的公营企业，以及 50 年代以后陆续投资兴建的公营企业。50 ~ 60 年代中期，台湾当局实行以公营企业为主导、带动和配合私营经济发展的方针。公营资本集中控制着钢铁、船舶、石油化工、化肥、机械制造、金属加工、制糖（台湾的特色产业）等基础工业部门，交通运输、通信、电力等基础设施，以及大银行等金融机构。这种状况在实行完全计划经济体制的国家以外实属罕见。70 ~ 90 年代初期，在私营经济扩展的同时，公营企业的力量继续扩充，继续保持了对关键产业的高度控制和垄断。台湾当局通过优先发展公营企业的政策，以不平等竞争的方式，迅速强化了公营企业的垄断地位，从而控制了岛内经济命脉和产业发展的主导方向，为理顺经济秩序、恢复经济和迅速扩充经济实力发挥了重要作用。随着时间的推移，台湾地区行政当局开始部分地放松对经济的控制，将其职能限定在宏观经济领域和基础设施建设方面。总体上说，台湾地区的经济发展具有以公营资本为主导的官民"二重结构"特征。从产业组织上看，公营企业在基础产业、重化工业和原材料工业等投资类产业部门属于支配地位，而私人资本则主要分散于轻工业等消费类产业部门；从企业规模上看，公营企业大都为大型企业，而民间私人资本则多为中小企业；从市场结构上看，由公、私资本在产业结构上的分布特征所决定，公营资本主要垄断着岛内市场，而私人企业的产品则以海外市场为主。这种官民"二重结构"的经济模式是国民党政权在大陆统治时期官僚资本主义经济特征的延续，同时，又是台湾当局为迅速发动经济增长和工业化所进行的一种产权制度安排。台湾地区公营企业的存在和发展，对经济起飞起到了重要的推动作用。但随着经济发展战略向出口替代的转型，"二重结构"的经济模式日益显露其弊端。自 90 年代初期以来，台湾当局通过私有化措施对产权制度进行了调整和安排。

从总体上看，战后冷战体制的确立、国际政治格局的变化和国际贸易的发展，对东亚国家和地区的发展提供了有利的外部环境。东亚国家和地区大多在政府干预下首先实行了进口替代发展战略，建立了数量可观的公营企业，以承担发展可替代工业部门的重任；建立了政府主导型的经济体制，保证了人、财、物力向可替代工业部门集中；在对外贸易方面，通过高估汇率、数量控制、高关税及非关税壁垒等手段，保护可替代部门免受国际竞争的冲击。20 世纪 50 年代末 60 年代初，西方发达国家在新技术革命的带动下，产业结构发生了重大变化，开始全面放弃劳动密集型产业而去发展资本技术密集型产业。东亚国家和地区及时抓住这一世界性产业结构调整的机遇，一方面采取开放政策，引进大量劳动密集型轻纺工业资本及技术，利用廉价劳动力进行生产、加工、装配；另一方面，对发展战略进行调整，由进口替代转向出口替代（出口导向）发展战略：由政府主导体制向民间主导体制转变，将不再适于政府经营的公营企业私有化，放宽对民间企业经营范围和经济活动的限制，推行外向型贸易政策，鼓励生产者和经营者参与国际分工与国际交换；通过税收减免、出口退税和信贷优惠，以及简化出口手续和程序等政策措施推动出口。出口导向战略的实施，使东亚国家和地区及时接纳并利用发达国家所转移的产业，奠定了经济起飞的新基础，从而在短期内实现了产业结构的升级和优化，使其经济迅速增长。而政府通过对资源配置的直接或间接的控制，推动与工业化相适应的垄断竞争市场的发育和发展，尤其是通过产业政策培植主导产业成长从而带动其他相关产业的发展，走出了一条非均衡增长的工业现代化道路。

1997年东南亚金融危机的爆发，使得东亚国家和地区遭受沉重损失，也引起了对东亚道路和东亚模式的深刻反思。以国际货币基金组织为代表的西方舆论认为东亚模式是导致金融危机爆发的根本原因。在这一国际舆论的压力下，东亚的泰国、印度尼西亚和韩国在被迫接受国际货币基金组织提出的改革建议作为接受援助的条件的情况下接受了总额为1119亿美元的紧急融资贷款，并进行了更为激进的自由化改革，尤其以金融领域的改革最为激进。这些改革建议包括：（1）在金融与公司部门方面，必须关闭资不抵债的金融机构，对很多资不抵债严重的银行实行关闭或破产；用于重组所需的实际资金必须在政府的财政预算中有明确的表示，不得挤占和挪用。（2）在市场竞争和政府政策方面，东亚受援国必须建立政府资产私有化的有竞争力的程序和条件；禁止或限制受援国政府运用公共资源拯救私人企业；专门明确要求印度尼西亚对曾经实行严格销售安排的各种主要商品实行自由化，印度尼西亚关闭资不抵债的国有企业；专门明确要求韩国健全企业破产标准。（3）在贸易方面，要求受援国保护低收入阶层的利益，使其免受物价和其他必需品涨价的影响；明确要求韩国实施"劳动密集型公共建筑工程项目"和扩大失业保险安全网；明确要求印度尼西亚和泰国，保护低收入阶层的利益，使其免受物价和其他必需品涨价的影响；要求印度尼西亚政府为穷人提供健康与教育；要求泰国政府在财政预算中为穷人再健康项目拨款。然而，这些政策实施后，东亚受援国通货膨胀加剧，人民生活水平下降，加剧了更大的市场恐慌。受援国人民都不得不经受一段"非常痛苦"的经济萧条时期，给经济复苏增添了更大的成本。例如，新自由主义在泰国的经济改革，使得代表民族资产阶级利益的"泰爱泰党"领导人他信·西那瓦（Thaksin Shinawatra）当选为泰国总理，改变了泰国多年来的政治权力格局；印度尼西亚经济陷入长期低迷状态，而且在短短的几年里，更换了多位总统，国内地方分离主义运动进一步"升级"，伊斯兰极端恐怖组织活动猖獗，先后发生了2005年"巴厘岛爆炸事件"等一系列恐怖活动，大量华人企业家纷纷撤离，国内政治经济格局正面临重新"洗牌"，使得印度尼西亚成为最后一个走出金融危机的国家。反观作为东亚金融危机重灾国的马来西亚，在仔细研究国际货币基金组织提出来的"改革建议"以后，认为国际货币基金组织条件太苛刻，若接受会使马来西亚受制于西方发达国家，并丧失在经济发展中的自主决策权，因此拒绝接受国际货币基金组织的援助。马来西亚总理马哈蒂尔一再指出："随着亚洲金融危机的发展，以国际货币基金组织为代表的西方金融殖民主义正逼近亚洲。"① 马来西亚在1998年9月宣布实行固定汇率、外汇资金管制、停止股市场外交易、降低存贷款利率和准备金利率等一系列措施，以尽快挖掘资金和稳定股市汇市，从而支持政府的积极财政政策。② 可见，马来西亚并未采取国际货币基金组织的改革建议，而是采取了与其做法相反的恢复对外资进行管制的方法来克服金融危机，比较快地走出了金融危机。从中可以看出，在采取新自由主义经济政策进行经济改革的国家，为了进行金融自由化改革，政府甚至主动放松了政府的监管，不仅没有很好的适应国际经济环境的变化，提高政府干预的效率和质量，而且在某些重要领域还主动削弱政府的干预，导致政府对国际经济环境的敏感性大大削弱，从而不能及时调整战略，结果加速和加剧了金融危机的到来。[①]

在东南亚金融危机之后，东亚各国和地区为应付危机而采取了一些新的对策，东亚模式出现了新调整：从片面追求数量增长的追赶型战略转向数量与质量并重的平衡型战略；从片面追求出口增长的外向型导向战略，转向以出口导向和内部需求拉动并重的战略。这些措施已取得了一定的效果。仅两年的时间，东亚各国的经济出乎意料地快速恢复起来，到 1999 年经济增长率均在 2% 以上，恢复最快的韩国已达到了 8%。与此同时，1997 年的金融危机开启了东亚国家和地区共同抵御危机的区域合作进程。东盟国家与中、日、韩开始建立了"10 + 3"的对话与合作机制；2000 年 5 月，东盟 10 国和中日韩三国财政部长在泰国清迈签署了建立区域性货币互换网络的协议，即《清迈协议》（chiang mai Initiative）；2001 年以来，中日韩分别与东盟达成自由贸易区的协议。自此，东亚经济一体化合作形成了贸易投资自由化和金融合作平行发展的格局。

2008 年美国金融危机发生后，东亚国家同样采取了较大规模的经济刺激政策以刺激经济增长，同时也进行了金融与经济的结构改革，展现出了极强的复苏能力，主要国家经济率先复苏，经济高速增长，成为了继中国后，又一个令人瞩目的经济体。2010 年，东亚经济复苏以中国和新加坡为第一梯队，经济增长超过 10%；以老挝、泰国、菲律宾、马来西亚为第二梯队，经济增长超过 7%；而越南、韩国、印度尼西亚、柬埔寨和缅甸的经济增长超过 5%。回升较慢的日本和文莱也扭转了之前的负增长，经济增长超过 2%。同时，2010 年东亚主要经济体经济增长速度，除文莱外，均超过发达国家平均增长速度；2010 年东亚 13 国平均增长率达到 10.4%，几乎是当年世界经济增长速度的 1 倍。据日本贸易振兴机构测算，2010 年、2011 年和 2012 年，东亚对全球经济增长的贡献率分别高达 42.0%、40.1% 和 42.2%。东亚经济是否能持续保持活力，已经成为世界经济是否能平稳增长的重要力量。

## 6.2.3 发展中国家宏观调控的特色

第一，作为后发国家，发展中国家的宏观调控没有成熟的理论指导，只能在发达国家的影响或者诱致下学习与借鉴对宏观经济的管理，缺乏适应发展中国家具体特点的宏观调控案例和经验。事实上，几乎所有有关宏观管理与宏观调控的理论都是由发达国家的经济学家提出的，诞生于 20 世纪 40 年代末 50 年代初的发展经济学理论也同样如此。20 世纪以来，与宏观调控有关的理论都可以归结为国家干预主义与新自由主义两大派别，这两大派别的理论如凯恩斯主义的国家干预理论与货币主义的自由主义经济理论等都对发展中国家的宏观管理产生了重要影响。对于发展经济学理论来说，第二次世界大战后初期的发展经济学理论都强调资本积累短缺，因而需要投入足够的资本，如刘易斯农业剩余劳动力模式、罗森斯坦—罗丹的"平衡增长"理论和赫希曼的"不平衡增长"理论、罗森斯坦—罗丹的"大推进"理论和莱宾斯坦的"最小临界努力"理论等；另一些观点则强调工业化对经济发展的巨大作

---

① 赵春明. 东亚经济发展模式的历史命运与发展前景［J］. 世界经济与政治，2000（12）.

用，如纳克斯、罗森斯坦—罗丹等人的理论。这些理论都隐含着一个重要的前提条件，即由于"市场失灵"在发展中国家特定环境中更为严重也更为明显，国家（政府）必须在经济发展中起发动、组织、指导甚至控制的作用。有些学者如廷伯根、钱纳里、赫希曼等人更是直接突出了政府制定和实施的计划在经济发展中的重要作用，认为发展中国家政府应对本国的经济发展有统筹的计划与安排。因此，这些理论为如何实现快速工业化提供了多种思路和政策建议，大体上可以总结为：首先，国内经济和国外先进水平相比是脆弱的，因此需要通过政府政策予以保护；其次，市场机制在动员国内储蓄、提高资本积累方面是无力的，因此有必要采取诸如金融压抑政策以集中金融资源；再次，农业这一传统部门的作用主要表现在为工业化提供剩余劳动力和原始资本积累。这些建议都强调政府干预的作用，并以市场扭曲为代价。同时，第二次世界大战后新独立的发展中国家政府在五六十年代的经济政策均表现出了一定程度上的相似性，例如，对要害部门进行国有化、实行金融压抑政策以干预信贷资金配置、限制资本流动、鼓励进口替代、实行向城市和工业企业倾斜的社会福利政策等。而对于政府的作用阐述和强调最充分的莫过于"发展型国家（developmental state）"的概念了。在这一概念中，国家（政府）不仅为支持发展进程提供大量基础设施，而且从长远的观点看，还将其权力和影响扩展到所有影响发展进程的领域。除了维持社会的秩序、稳定和开展对外关系等基本职能外，政府行为涉及的领域还包括：教育、科学和技术开发；有关社会保障和社会服务、工资、就业、劳动力市场和劳动力构成、消费等方面的社会政策；有关信贷条件、货币问题（印钞、贬值、汇率）、财政（减免、优惠、税收）、预算、公共开支等方面的金融政策；有关预算、公共投资、商品和劳务生产、商品和劳务的购买和销售、国有化、私有化、跨国化等方面的经济政策；有关调解、仲裁、司法（刑法和民法）、制裁、执法等方面的法律政策以及文化和意识形态问题；等等。凡此种种，政府干预包揽了社会生活的各个角落。① 当然，Lin 等（1996）认为，第二次世界大战后发展中国家政府所采取的经济发展战略是理解政府干预政策的关键。② 19 世纪以来，伴随着殖民地国家的独立运动，如何实现国家的工业化并赶超发达国家成为发展中国家面临的紧迫课题（Gerschenkron，1962；Lal，1985）。受当时主流意识形态的影响，大多数发展中国家的政府都或多或少地执行了优先发展资本密集型重工业的发展战略。③

20 世纪 70 年代，随着发达国家贸易和资本流动自由化的进展，特别是石油危机以后经济滞胀局面的出现，经济政策思想中有关国家干预的思想开始发生变化。发展中国家中实行进口替代工业化的国家（如拉美）普遍遇到了诸如工业效益低下、政府补贴增加、国际竞争力提高缓慢等一系列问题，而另一些发展中国家和地区（如东亚）则通过出口导向工业化政策取得了令人瞩目的经济增长。这些情况使发展经济学关于政府地位、作用的思想受到了严重冲击，"政府失灵"被认为是与"市场失灵"同样严重甚至更为严重的问题。发展政策思想开始由 50 年代和 60 年代注重政府干预转向了更为强调市场机制、限制政府行为的"新自由主义"。这种新自由主义思想将资源的有效配置视为增长的主要推动力量。其主要

---

① Menno Vellinga, ed., The Changing Role of the State in Latin America ［M］. Westview Press. 1998：3 - 4.

② Lin, J. Y., Cai, F. and Li, Z. China's Miracle：Development Strategy and Economic Reform. Shanghai ［M］. Shanghai Sanlian Press（Chinese edition）. 1994；and the Chinese University of Hong Kong Press（English edition）. 1996.

③ Gerschenkron, A. Economic Backwardness in Historical Perspective ［M］. Harvard University Press. Cambridge MA. 1962；Lal, D. The Poverty of Development Economics ［M］. Cambridge：Harvard University Press. 1985.

观点包括：（1）强调市场机制对有效配置资源的作用及其有效吸收那些使政府管理部门不堪重负的社会活动的能力；（2）认为政府职能已经过分扩张，其成本已超过经济的承受能力，因此，必须限制政府行为，缩小政府职能，结束干预主义，以满足广大社会集团的日益膨胀的需求；（3）强调传统的狭义的机会均等原则，反对社会或经济条件的均等化，视自由为第一价值；（4）强调价格稳定、财政平衡、对外开放，而将就业和增长放在次要地位等。在 20 世纪 80 年代和 90 年代以后，随着拉美危机和改革开放正反两方面经验教训的逐步显露，人们对发展中国家政府干预经济的认识又有了进一步的发展。主张政府干预的经济学家与强调市场机制的经济学家在一些基本问题上形成了一定的共识：认为每一种资本主义经济体实际上都是市场机制与国家调控的混合体，政府在诸如收入和财富分配；信息和权力分享等基础设施和社会领域发挥着十分突出的作用，在这些领域仅靠市场力量是不够的。这种共识形成了一种与传统的排斥市场的干预主义截然不同的所谓"新干预主义"，试图以"指导"市场的思想更新过去那种"取代"市场的观念。在经济领域，这意味着通过各种激励措施将投资从非生产性和收益欠佳的部门引向生产性和收益大的部门，增强技术能力，加强与国际市场的联系，实行产业政策，并为可持续发展创造有利的条件。这类政策措施的基础必须着眼于长期的贸易和产业发展战略，同时这一战略必须接受市场信息反馈，而政府对经济活动的支持必须以经济发展实绩的优劣为条件。[①] 在这种思想指导下，拉美国家出现的新结构主义思想批判了新自由主义改革"浅薄"的表面性和短期性，并对自由化政策能够解决拉美经济的失衡以及企业家依据市场信号进行投资和对企业实行现代化改造等观点提出了质疑。90 年代以后出现的所谓"新实用主义"则明显摒弃了极端的干预主义和纯粹的自由放任，并且不再热衷于提出任何一般化的解决方案来应付日益复杂的现代社会经济生活。"新实用主义"认为，今天发展中世界所需要的是市场机制和国家干预的一种实用主义的结合，全盘否定国家干预可能会成为公共和私人部门提高效率的最大敌人。而在 20 世纪 90 年代前期，甚至那些 70 年代以来一直奉行新自由主义政策的国际金融机构也开始同把"市场与国家"视为截然对立的观念拉开了距离。如世界银行的报告已承认，短期调整计划（其宗旨是"理顺价格"）本身不足以使拉美经济摆脱衰退，而必须实行大规模的结构改革；迅速、普遍的自由化措施导致许多国家宏观经济形势恶化，因此结构调整必须分阶段有步骤地实施（稳定、治理通货膨胀、结构改革、市场分步自由化等）；必须重视结构调整的社会代价，至少应避免由此引起的政治局势动荡阻碍经济改革进程；发展并非仅来自市场力量的推动，它同时还是政府调控的结果，政府和体制的作用具有突出的重要性等。在 20 世纪 90 年代末，著名经济学家约瑟夫·斯蒂格利茨就成为强调在市场经济发展过程中加强政府宏观调控作用观点的重要代言人。他呼吁建立一种在市场经济条件下加强政府控制职能的新经济发展战略，认为在冷战结束后，意识形态之争应该结束，在市场成为经济中心的同时，政府必须发挥重要作用，对此应该有一致的意见。他赞同政府在培育人力资本和传递技术两个方面充当市场的补充，采取行动使市场运作更优而纠正市场失灵，因此，不应争论政府是否介入，而应讨论政府如何介入。低收入国家常常同时有一个弱的政府和一个弱的市场。因此，在这些国家，政府更应着重于有效地补充市场之不足。2008 年美国金融危机爆发以来，发展中国家也效仿了发达国家的普遍做法采取政府干预与大规模经济刺激，以避免出现经济的

① 　Menno Vellinga, ed. , The Changing Role of the State in Latin America [M]. Westview Press. 1998：18 – 19.

深度衰退。由此可见，发展中国家的宏观调控始终在从政府干预到新自由主义再到政府干预与市场作用相结合，最后又回归到政府干预之间左右摇摆，始终步发达国家的后尘，明显缺乏结合发展中国家具体特点的宏观调控经验，因而在总体上缺乏创新性。

第二，在发展中国家中，拉美国家与东亚国家的宏观调控各有其特点。主要体现在以下几个方面。

（1）20世纪80年以前发展战略上的差异。发展中国家从第二次世界大战结束后一直到20世纪70年代普遍实行"赶超战略"，加强政府的作用，取得了快速的经济发展，分别出现了"东亚奇迹"和"拉美奇迹"。然而，拉美国家与东亚国家在坚持国家强有力干预的基础上却采取了不同的经济发展战略：前者在1945年以前主要推行原材料和初级产品出口，在1945年之后实行进口替代的工业化发展战略。在这一阶段，拉美各国纷纷走上进口替代的工业化发展道路，经济保持了较快发展。拉美大部分国家基本保持了5%左右的经济增长，20世纪70年代人均GDP达到1000美元，迈入了中等收入国家行列。在发展战略上，拉美各国转向国内市场，走内向型发展道路，此时经济发展的主要特点是：大力发展本国制造业以取代制成品的进口；国家在基础设施和产业投资领域发挥主导作用，并带动国内外私人投资；建立高关税和非关税体系保护国内市场；工业化发展中增加就业岗位，提高人民生活水平，推动城市化进程，扩大内需；后者则长期实行出口导向型的经济发展战略，在20世纪50~80年代取得了高速的经济增长，成为世界上经济发展最快的地区。

（2）20世纪80年代以来宏观经济政策上的分化。从20世纪70年代中期开始，拉美国家先后爆发了经济危机和债务危机，经济从高速增长迅速陷入"失去的十年"。其爆发的主要原因：其一，国际金融市场的利率变化。20世纪70年代，西方国家陷入滞涨，1973年的两次石油大幅度提价使得大量石油美元流入西方商业银行，造成国际资金市场供过于求。实际利率大幅度降低，种种变化诱使拉美国家放手借贷，大量借入以浮动汇率计息的商业贷款。到80年代初，国际货币市场利率水平迅速上升，拉美各国债务形势急剧恶化。其二，拉美国家没有合理利用所借资金，很大一部分通过借债获得的外资被投放在周期长和收效慢的基础建设上，而同时忽视了出口产业的重要性，出口产品结构仍停留在原材料和初级产品水平。因此，在20世纪80年代的经济危机和债务危机爆发后，拉美各国为恢复经济尝试进行新的改革，推行新的经济政策，刺激经济发展。在这一时期，拉美国家开始按照新自由主义的"华盛顿共识"的主张进行大规模的经济改革，其结果导致拉美各国相继出现了社会贫富差距严重、经济结构严重失衡、过度依赖外资以及资源环境问题突出等问题。1999年的巴西金融危机和阿根廷金融危机的爆发，再次将拉美地区经济拖入泥潭，GDP增长率低于"失去的十年"水平，被称为"失去的五年"，直到2004年拉美才开始了新一轮经济复苏。从20世纪90年代末期以来开始进行第二轮结构性改革，重新思考并加强政府的作用。纵观80年代危机后拉美各国改革的方向，可以发现，拉美各国纷纷由"内"再次转向"外"，实行外向型经济发展模式。而东亚国家和地区继续依托政府主导型经济体制，充分利用经济计划和产业政策对国民经济的规划、指导、管理和调控等实施政府强有力的干预，并以此作为这一区域经济增长的原动力。此外，继续实行出口导向的经济发展战略，使得20世纪80年代东亚模式红极一时。然而，东亚"奇迹"背后政府强有力的作用，不仅超过了适度干预的界限，有些国家甚至由政府管理市场，这就产生了一系列的负面影响，导致了利息率、股市、汇率等经济关系的扭曲，使市场机制难以成熟。其一，政府的过度干预影响了市场的发育。在一些国家，政府的干预滋生了低效率、贪污、腐败等现象，造成"官商勾结"。一些掌握国家计划、物资和管理大权的政府官员利用其职务之便牟取私利。如韩国政府主导型的金融体制就是"官治金融、官商勾结"最好的体现。这种金融体制是以损失效率为代价的。一些企业，尤其是一些大型企业集团借助于政府官员的权势、政府的政策保护和银行信贷的全力支持，即使效益不佳，仍能获得资金。这就增加了银行的经营风险，埋下了金融动荡的隐患。另外，东亚国家政府制定的税收政策、工资政策、储蓄政策以及投资策略等都有一些与市场经济发展不相适应之处，而在政府这只"看得见的手"的控制下，市场这只"看不见的手"无能为力。因此，政府的过度干预不利于市场的发育和成熟。其二，政府对企业的过度保护，不利于企业在激烈的市场竞争环境中生存。东亚各国企业在经济发展过程中，得到政府的大力保护和扶持，政府除在资金方面给予企业各种优惠性的贷款外，还从财政、税收、补贴等方面给予优惠，这对企业的发展起到了极大的推动作用。但是，在政府的过度保护下，东亚国家的一些企业安于在舒适的环境中生存，缺乏自主意识、竞争意识、创新意识，在国际企业竞争中明显处于劣势。政府的过度保护造成了企业对政府的依赖，影响了企业的正常发展，如韩国的大企业集团习惯于在国家信贷扶持下的发展方式，只注重规模扩张，忽视了市场风险和经济效益。这些大企业大量投资于风险很高的新兴产业，大搞规模经营和多角化经营，最后由于经营不善和债务危机而导致了自 1997 年 1 月开始的韩宝、韩兴等大集团的相继破产。其三，大量引进外资，造成外资对重要经济部门的控制及过重的外债负担。东亚国家政府注重引进外资，这对东亚经济发展起到了重要推动作用。但是，东亚国家政府在引进外资时举债过多、结构不合理，没有有效地将外资纳入本国经济社会发展轨道，使受资国经济很容易被外资控制。另外，外债过多，容易失去控制，极易导致金融风暴和经济衰退。其四，未注重技术引进导致经济发展缺乏后劲。东亚国家政府在经济发展过程中多注重发展劳动密集型产品，忽视了技术引进，这导致了这些国家经济发展未能建立在技术进步的基础上，导致经济发展与科技进步不衔接。这是东亚经济后劲不足的重要因素。其五，过度对外开放，使东亚经济易受世界经济波动的影响。六七十年代以来，东亚国家政府均实施了"出口导向战略"，尽管这给东亚经济带来了高速增长，但同时也大幅度提高了国民经济对国际市场和出口的依赖，特别是对日本、美国、西欧的依赖，这不仅容易受到国外经济波动如经济衰退、货币危机、汇率波动等的严重影响，同时也使东亚经济相对脆弱，本国的经济问题或政策失误，也容易被国际投机者所利用，从而给东亚经济带来强烈冲击。1997 年 7 月爆发的东南亚金融危机就是典型的一例。在金融危机发生后，亚洲国家如泰国、印度尼西亚、韩国等国面对严重的危机，不得不牺牲一定的经济自主权以换取 IMF 的贷款，只有马来西亚以维护经济主权为由拒绝接受援助。

（3）2008 年全球金融危机爆发以来调控政策的趋同。2008 年全球金融危机的爆发，拉美经济再次遭受重创。连续爆发的危机促使拉美持续进行改革，不断调整经济政策，拉美步入"边改革、边发展"时期。对于经济的下滑和衰退，拉美国家普遍加强了国家干预，推行了扩张性的经济刺激政策，止住了经济下滑势头。而全球金融危机爆发以来，东亚国家同样采取了较大规模的经济刺激政策以拉动经济，同时也进行了金融与经济的结构改革，展现出了极强的复苏能力，主要国家经济率先复苏，经济重新回到高速增长的轨道。这样，拉美和东亚国家在应对金融危机的调控策略上出现了趋同现象。

第三，直接调控与间接调控相结合，行政手段、经济计划以及产业政策得到广泛运用。

在拉美国家和东亚国家的宏观调控实践中，可以看出，在发展中国家实施宏观调控的过程中，各种政策工具和手段得到了广泛的运用。例如，在发展中国家经济发展的初期，在强化政府作用的前提下各种行政手段与经济计划得到普遍的使用，这既是发展中国家在学习西方发达国家宏观调控的基础上尚缺乏成熟的宏观调控技巧与艺术的一种表现，也与发展中国家所处的经济发展阶段与市场环境的复杂性密切相关。就经济发展水平来说，众多的发展中国家水平参差不齐，既有中等收入国家，也有低收入国家；就市场环境来说，不同的发展中国家也存在较大的差异。因此，与发达国家相比较，发展中国家的宏观调控相对复杂得多。在经过长期的学习与积累之后，发展中国家开始运用财政政策与货币政策来调控宏观经济运行，取得了一定的效果。当然，由于发展中国家的政府在对宏观调控的整体把握上尚存在一定的不足，也缺乏成熟的经验，因而在宏观调控的效果方面与预期相比必然存在一定的距离，这也是发展中国家宏观经济运行经常性地出现剧烈波动的重要原因之一。

# 6.3　转轨国家宏观调控的实践模式与特色

从 20 世纪 80 年代末期开始，在欧洲和亚洲先后有 30 多个国家出现了大规模地从中央计划经济体制向现代市场经济体制的转轨。在这一转轨过程中，虽然各国的经济基础和国情存在差异，但多数国家都先后经历了新自由主义到适度的国家干预的过程，体现出转轨国家宏观调控的实践特色。当然，这里对于转轨国家的研究对象主要是俄罗斯以及东欧各国。

## 6.3.1　俄罗斯宏观调控的实践模式

俄罗斯自转轨伊始，采取了新自由主义的"休克疗法"来进行改革。在俄罗斯经济转轨 20 年的历程中，根据其政府与市场关系的变化可以分为三个阶段：第一阶段为 1992 ~ 1999 年。1992 年初俄罗斯开始实施"休克疗法"，启动了从计划体制向市场体制的改革。这种改革方式的基本特征是以私有制的产权制度为基础，否定国家对经济的干预，实行社会保障市场化。这一阶段又可以分为两个时期：一是市场浪漫主义时期（1992 年 1 月 ~ 1994 年 3 月）。这一时期的主要特点是大刀阔斧的经济自由化、私有化改革以及宏观经济稳定政策。从实际效果看，"休克疗法"非但没有实现预期目标，反而使原本严峻的经济形势更加恶化，造成了经济严重下滑和恶性通货膨胀，通胀率高达 2500%。二是经济调整和震荡时期（1994 年 3 月 ~ 1999 年）。1994 年 3 月，切尔诺·梅尔金当选总理宣布放弃"休克疗法"，对经济自由主义思想进行修正，重视凯恩斯主义的国家干预政策，加大了政府宏观调控的力度。这一时期的调整和震荡止住了经济下滑和恶性通货膨胀，但是经济仍然处于萧条状态。1997 年经济增长有一定起色，但 1998 年的金融危机扼杀了这一势头。这一时期经济改革的不力波及了政治稳定，在 1998 年 3 月到 1999 年 8 月不到 18 个月的时间里，叶利钦更换四任总理，面临的政治、经济压力可见一斑。这一时期由于大规模私有化的开展使得俄罗斯所有制结构迅速转变，政府难以再通过指令性计划来配置稀缺资源，政府的作用被全方位削弱，导致了长达 10 年的经济大幅滑坡。第二阶段为 2000 ~ 2008 年。普京就任总统后，为了解决俄罗斯存在的一系列经济社会问题，在建立强有力的国家，整顿权力机构秩序的同时，继续实行市场经济改革政策。其基本战略是，通过政治上建立强有力的国家政权体系与加强中央权力，保证俄罗斯实现市场经济的改革。2001 年 7 月普京指出："我们明白俄罗斯努力的方向是什么，即追求经济的自由化，杜绝国家对经济的没有根据的干预。我要说明一点：只是杜绝没有根据的干预，不是完全取消国家的调节职能。"普京认为，在保持强有力的中央政治控制下推行"自由经济"，对推动市场经济的改革与经济发展可取得最佳效果。为此，普京指出："俄罗斯必须在经济和社会领域建立完整的国家调控体系。这并不是说要重新实行指令性计划和管理体系，让无所不包的国家从上至下为每个企业制定出工作细则，而是让俄罗斯国家成为国家经济和社会力量的有效协调员，使它们的利益保持平衡，确立社会发展最佳目标和合理参数，为达到这一目的创造条件和建立各种机制。"他还强调，"在确定国家调控体系的规模和机制时，我们应遵循这一个原则，'需要国家调控的地方，就要有国家调控；需要自由的地方，就要有自由'"。围绕实行国家宏观调控下的市场经济这一核心，在经济转型方式上，普京强调"只能采用渐进的、逐步的和审慎的方法实施"，切忌20 世纪 90 年代机械搬用西方经验的错误做法，强调俄罗斯必须寻觅符合本国国情的改革之路。为此，普京政府一方面对金融工业寡头势力进行了打击，重新树立了政府的权威和独立性；另一方面取缔和清理了一些妨碍正常商业活动的行政规制，减少了行政机关对商业活动的检查和监督，并进一步完善了市场经济运行的制度环境。在此期间，俄罗斯各领域中的消极因素日益得到抑制，政治秩序混乱、无序状态有了根本性的好转，经济开始复苏并保持了良好的态势，人民生活水平有较大改善。8 年间俄罗斯 GDP 增长了 70%，年均增长率为6.9%，居民实际收入增加了 1 倍。第三阶段为 2008 年至今。全球金融危机的爆发使得 2008年 5 月开始的梅普政权以及 2012 年 5 月开始的普梅组合不断调整其经济发展战略和政策来应对危机。首先，"梅普"时期提出的一项重大战略性目标是实现国家全面现代化。2008 年2 月普京离任总统前发表的讲话《关于俄罗斯到 2020 年的发展战略》，普遍认为这"是普京近年来自由主义色彩最浓的一次讲演，其社会领域的主张更加温和。"他的战略"重点是发展有竞争的市场经济、强大的国家和负责任的社会政策"。为实现经济现代化，这一时期的梅普政权和后来的普梅组合在政策方面进行调整，减少或弱化国家对企业的不必要干预。具体措施包括减少国有企业比重，继续推行私有化政策。

从总体上看，俄罗斯经济转轨以来，先后经历了经济的阵痛、衰退和缓慢复苏的过程，其政府与市场之间的关系也由"弱政府—弱市场"向"强政府—强市场""适宜的政府与市场"转变。2002 年，欧盟和美国正式承认俄罗斯为市场经济国家；2004 年世界银行在其发布的《从经济转型到经济发展》报告中认为，俄罗斯经济转型已经基本完成，俄罗斯经济已经进入发展期。当然，俄罗斯市场经济发展的基础还较为脆弱，其政府与市场之间的关系也有待进一步优化。

## 6.3.2　东欧国家宏观调控的实践模式

同俄罗斯一样，大部分东欧国家在经济发展过程中都经历了从计划体制向市场经济体制的转型。同时，多数国家在转轨的方式上也采取了"大爆炸"式的"休克疗法"，在各国的转轨实践中付出了程度不一的巨大代价。现分述如下：

第二次世界大战后初期，包括民主德国、波兰、捷克斯洛伐克、匈牙利、罗马尼亚、南斯拉夫、保加利亚、阿尔马尼亚等在内的东欧各国在确立了社会主义经济制度后，基本上都照搬苏联模式，实行高度集中的经济体制。这对各国第二次世界大战后国民经济的恢复曾发挥了积极作用。但在经济基本恢复以后，高度集权模式不利于国民经济的高速发展。20 世纪 50 年代中期以后，一些东欧国家曾经出现一股改革浪潮，试图摆脱日益僵化的苏联模式，如 1956 年发生了波、匈事件。这一时期东欧各国的改革取得一定进展。南斯拉夫建立了以自治为特征的经济体制，南斯拉夫社会主义自治制度逐步系统化，形成以工人自治为原则、以市场经济为主体的独特的南斯拉夫模式。匈牙利建立起集权与分权结合的经济模式，匈牙利通过改革，建立了调控制度和农业新经济体制，形成"计划指导与市场调节相结合"的匈牙利模式。而其他东欧国家基本是集权的计划经济模式。这些东欧国家，在不断完善计划体制的同时，通过扩大企业自主权和运用市场机制等措施，经济也取得了较大发展。到 20 世纪 80 年代之前，东欧各国经过 40 多年的努力，经济建设取得了令人瞩目的成就。其中，民主德国经济基础较好，经济发展速度快于西方工业国家，人均国民收入是苏联、东欧各国中最高的国家；保加利亚从 1945～1985 年连续 40 年经济发展平均增长率为 7%，居世界前列，被誉为"小型经济奇迹"；波兰和罗马尼亚经济也有一定发展，捷克斯洛伐克经济改革也取得了一定的进展；阿尔巴尼亚则是东欧生产力发展水平最低的国家。

　　20 世纪 80 年代，东欧国家经济增长在高度集中的计划经济体制的困扰下遇到了难以解决的难题。到 80 年代末期，由于国内外各种因素的作用，特别是戈尔巴乔夫新思维的影响，东欧国家的政局发生了历史性的剧变。在东欧剧变发生后，20 世纪 90 年代初这些国家全部放弃社会主义基本制度，经济上向传统的私有制为基础的市场经济过渡，苏联、东欧各国基本属此类型。从转轨的速度与方法来看，这些国家普遍采取了"激进"的方式，被称为"休克疗法"。西方舆论曾经把这种类型的改革称之为"Big Bang"（又可译为"大爆炸"或"大跳跃"），这是借用圣经语言形容上帝在 7 天之内就创造了一个美好的世界，以此来比喻这种类型的转轨国家由于政治突变，旧体制一夜之间被摧毁了，新体制随之也将被强制建立起来，于是，一个发达的市场经济国家也是指日可待了。西方学者曾幻称此类改革为"效益最大化"的转轨。经济转型的措施主要有：一是采用"休克式疗法"治理通货膨胀；二是推行国有经济私有化和农业私有化；三是实行向西方国家全面开放市场的政策。具体措施包括：全面推行国有企业私有化，提高企业经营效率，放开物价，形成依靠市场调节的价格体系；实行紧缩货币政策，抑制通货膨胀；削减财政补贴、财政赤字，取消对外贸的限制，实行货币自由兑换，等等。在转轨的方式上，波兰、罗马尼亚、阿尔巴尼亚、乌克兰等选择了激进的方式，只有匈牙利选择了渐进方式。然而，"激进式"转型的结果，使得 1990～1993 年东欧各国经济普遍陷入危机，经济转型付出巨大代价。具体表现在：第一，经济实力大幅度滑坡；第二，通货膨胀恶性发展，失业急剧增加；第三，对外贸易状况恶化，外债负担加重；第四，居民生活水平下降，两极分化严重。所有东欧国家经济在转型中都经历了混乱—滑坡—谷底—回升的发展历程。从经济增长来看，这些国家普遍出现了 1929 年世界经济大危机以来最为严重的区域性大萧条，普遍经历着破坏较大的"阵痛期"。其明显特征是：政治混乱，经济衰退。政治上的无序与混乱状态使经济转轨也难以有序地进行，生产单位在无序的外部环境中，原有的产供销联系被中断或扭曲，国内缺乏统一的市场，国际市场更无竞争力进入，政府的地位极不稳定，作用极其有限，生产的下降必不可免，俄罗斯生产下降 50%，独联体另一些国家下降更多，东欧国家下降 18%～20%。生产的急剧下降导致人民生活水平的下降。1994 年，俄罗斯 60% 居民实际收入水平低于 1989 年。据欧盟 1995 年 3 月调查，东欧、独联体 27 个转轨国家中，只有捷克、爱沙尼亚、斯洛文尼亚、阿尔巴尼亚 4 国人民生活水平比上年有所改善。

从 1993 年以后，东欧国家吸取转轨初期的教训，放慢私有化进程，重视宏观经济调节，并抑制通货膨胀，实行了市场形成价格机制，同时着手完善经济立法，建立新的税制。经过几年努力，体制转轨基本完成，取得显著进展：第一，所有制改造获得成效，以私有制为主体的多种所有经济结构已初步建立起来。第二，市场经济体系正在或已初步形成。第三，外贸改革取得成效，与西方经济联系加强，外汇储备与外国投资大量增加。而且，东欧国家的经济形势逐步出现转折。但是，由于各国社会经济条件不同，转型的具体方式与政策不同，各国的发展状况出现较大差异，经济发展出现分化现象：一些国家经济开始回升或出现复苏迹象，一些国家仍在恶化，但恶化的速度逐渐减慢。1994 年，东欧国家经济缓慢回升。1995～1996 年分别增长 5.5% 和 4%，1997～1999 年经济维持低速增长。

尽管东欧中亚国家经济转型已近结束，也看到复兴的希望，但市场机制不健全，各环节运转不协调，基础设施薄弱，支柱产业和高新技术产业发展力度不够，经济增长缺乏后劲，政府宏观调控不力等深层次的经济问题尚未解决，造成许多国家的经济回升极不稳定。因此，东欧国家要实现经济复兴，还需走很长的路。

## 6.3.3　转轨国家宏观调控的特色

对于转轨经济中的宏观调控，从大的宏观背景上看，从 20 世纪 80 年代末开始，在世界范围内出现了大规模的从中央计划经济体制向现代市场经济体制的转型，这 "是 20 世纪末世界上最引人注目的大事"（孙景宇，2004）。正如波兰著名经济学家 W. 科勒德克所说："21 世纪的前夕，全球经济一个最重要的特点是广泛的后社会主义转轨过程。在欧洲和亚洲一共有 30 多个国家，其人口多达 15 亿或占全人类的 1/4，卷入了这场急剧而壮观的变革。"[①] 一般来讲，转轨经济包括两重含义：一是体制转变，即整个经济形态从计划经济体制向市场经济体制转变的制度变迁过程；二是经济发展，这主要指通过转变经济增长方式来实现经济的持续、高速增长。从这个角度来讲，转轨经济学的研究应该同时包括生产关系（经济制度）、经济运行（宏观经济和微观经济）、经济增长与发展三个方面的内容。[②] 俄罗斯和东欧国家的转轨经验表明，解决上述三个问题都离不开转轨国家的国家干预和宏观调控。因此在转轨经济中，如何协调好体制转型与经济发展二者之间的关系，维持一个稳定的宏观经济形势，从而最终实现向市场经济的过渡，是所有转轨国家共同面临的一个难题。

所有的转轨国家在转轨前所实行的无一例外的都是国有制占统治地位的计划经济体制。这种体制下国家对经济的干预是全方位的，通过行政干预、指令性计划，政府可以影响如物质资源和人力资源的配置、技术、需求结构等社会经济的方方面面。正是由于计划经济体制下国家对经济过度干预，政府管得过多、过死，因而在转轨国家最初的转型方案中，都是以

---

①　［波］格泽戈尔兹·W. 科勒德克. 从 "休克" 到 "治疗" ——后社会主义转轨的政治经济 ［M］. 上海：上海远东出版社，2000.

②　曹利群，刘东勋. 中国转型期经济学理论研讨会观点综述 ［J］. 南开经济研究，2000（6）.

减少国家对经济的干预为主，进行产权结构改革，而把宏观经济稳定化作为实现产权改革的前提，这可以理解为以体制转型为主，经济增长服从于体制转型。最初的转轨经济理论是由新自由主义学派提出的，他们认为在一个计划经济体制国家局部改革是远远不够的，只有全面地以自由市场机制取代政府的经济计划才能使改革成功，因而必须实行彻底的、完全的自由化和市场化改革。在这种理论的指导下，萨克斯（Jeffrey D. Sachs）等经济学家以及世界银行（WBG）、国际货币基金组织（IMF）等国际机构主张将曾在拉丁美洲国家治理通货膨胀时产生过成效的"休克疗法"（shock therapy）移用至东欧国家及俄罗斯，实行"大爆炸"（big bang）式的改革，以宏观经济稳定为必要条件，以私有化为基础，以经济自由化为核心，三者构成一个完整的体系，即"华盛顿共识"（washington consensus），而政府的作用只是稳定货币和金融以及明晰产权。然而，事与愿违的是，转轨国家的经济运行并没有像华盛顿共识所预料的那样，在经历一个短暂的下降以后随着新体制的建立、市场机制的完善而逐渐改善，即存在一个经济绩效的"J曲线"效应。恰恰相反，实行"休克疗法"的俄罗斯、东欧国家都陷入了经济严重衰退的困境，生产急剧下降，失业大幅上升，通货膨胀迅猛上升，经济绩效呈现"L曲线"走势。

"华盛顿共识"给转轨国家带来的宏观经济形势剧烈恶化和严重的经济衰退，引起了人们对新古典转轨理论的批判和反思。主张国家干预经济的新凯恩斯主义学派代表人物斯蒂格利茨（Joseph E. Stiglitz）指出：新古典理论的两个弊端在于没有把握市场经济理论框架的不充分性及错误地鼓吹市场社会主义的可运作性。他认为以阿罗—德布鲁模型为代表的标准新古典模型中有关信息的假设是一个严重的错误，现实中价格并不能传递所有相关的信息，因而在现代市场经济中也存在着市场失灵现象，而转轨国家对此并没有一个充分的认识。在他们看来，只要具备竞争和私有化这两个条件，市场机制就会运作得非常好。因此，由于市场经济中存在着不完全的信息、不完备的市场和不完全的竞争这些市场失效问题，转轨国家向市场经济的过渡并不是要弱化而是要重新界定政府的作用。斯蒂格利茨认为宏观经济稳定要同微观转型结合起来，政府应当控制改革的速度和节奏，它提醒转轨国家不应把"市场"和"政府"对立起来，而是应该在二者之间保持恰到好处的平衡。在转型初期，作为转型推动者的政府决策毫无疑问是必须的，当转型走上正轨后，很多需要深化的领域依然需要得到政府的支持，在这方面政府的决策行为不仅是为了摧毁旧体制，还应当制定各种制度，完善法律体系，规定私营部门之间以及私营部门与政府的关系，使市场能够高效运作。

在转轨经济理论中取代新古典自由主义转轨理论的还有迅速崛起的新制度经济学的制度变迁理论。正如波兰前副总理兼财政部长科勒德克（Grzegorz W. Rolodko）所描述的，在俄罗斯、东欧国家采取"休克疗法"向市场经济过渡的过程中，旧体制迅速瓦解，而新体制却不能迅速建立和完善，因而在旧体制向新体制转换的过程中出现了体制真空，从而造成了市场机制的失灵。在这种情况下，以市场失灵问题为主要研究对象的新制度经济学在转轨经济理论研究中广泛传播开来，它批判"华盛顿共识"，事实上强调经济转轨结果的唯一确定性，忽视了政策的内生性并且依赖于政治约束，因而没有适当的制度基础，没有相互配套的改革措施，那么"华盛顿共识"所强调的转型的三位一体的政策是不可能达到目标的。按照新制度经济学的观点，一个成功的市场经济应该有充分的制度基础作为支撑，转轨不仅仅是"华盛顿共识"所论述的自由化、私有化和稳定化所侧重的价格与市场的转轨，还必须关注更加微小的方面，如合同的制定和履行，法制、社会与政治环境。不同国家、不同的初始条件应该有不同的制度的演进方式和道路。新制度经济学强调产权和激励机制在资源配置中的重要作用，从而对转轨国家普遍进行的私有化作了较好的解释和分析，同时以制度安排为基础发展起来的制度变迁理论以成本—收益分析为主要方法，成为分析转轨经济问题的有力工具。新制度经济学一贯重视国家在制度设计中以及制度变迁过程中的重要作用，作为其主要分支的，从分析国家与经济行为主体之间互动关系角度来理解制度变迁的非合作博弈论则是当前转轨经济理论中的前沿问题。

从转轨国家宏观调控的历程来看，大体经历了两个大的阶段：在第一阶段，转轨国家逐渐取消原有的计划经济体制对国民经济的干预，以自由化、稳定化为目标重建价格体系等市场机制，其政策的重点在于"放"；而在第二阶段，在经历了或长或短的经济失控后，转轨国家又开始重塑宏观体系，加强政府对经济的干预能力，提高政府的控制力，其政策的终点在于"收"。经过 20 多年的转型，转轨经济改革的第一个目标的实现——提高效率——已在许多转轨国家尤其是中国和越南取得相对成功，而第二个目标的实现——在制度转型后达到高而持久的长期增长——则尚未得到充分的证据。宏观调控的最终目标是实现经济的持续增长，这一点在转轨经济条件下同样适用，只不过转轨经济本身具有过渡性，因而制度构建在转轨经济的宏观调控中的作用比在其他经济形态下要更大一些。从这一点上看，转轨经济条件下的宏观调控中人为设计的因素更多一些，更具有可操作性。

在转轨国家的改革实践中，除中国外，转轨国家从转型开始就无一例外地面临着停滞（衰退）、通货膨胀、财政赤字等一系列宏观经济难题。并且在经历了由原来的计划经济国家进行的自由化、市场化的改革以后，转轨国家纷纷进入了以追求经济稳定和经济增长为内容的第二阶段的改革。时至今日，转轨国家在 GDP 增长、投资、政府融资、贫富差距扩大等方面已经发生了大分化：以捷克、匈牙利、波兰为代表的转轨国家成功地跨越了鸿沟，实现了经济起飞，而另一些国家，如俄罗斯、罗马尼亚和乌克兰则陷入了制度落后、宏观经济不稳定的恶性循环。

# 第 **7** 章
## 中国特色宏观调控绩效的宏观评价

改革开放以来，中国业已开展了八轮大规模的宏观调控。长期以来，对于宏观调控的绩效，学术界一直存在激烈的分歧和争论。随着体制转轨的不断深入，对于宏观调控有效性与绩效评价的争议渐趋激烈。特别是对 1998 年积极财政政策以及 2008 年"四万亿"经济刺激计划效果的评价，更是形成了截然相反的结论。我们认为，准确客观地评价历次宏观调控的政策绩效，不仅是理解中国特色宏观调控的一个重要问题，而且，对于宏观调控科学性的探讨也具有重大的理论意义。当然，由于宏观调控本身的复杂性以及分析技术上的困难，这里仅从宏观的角度对中国宏观调控的绩效进行评价。

## 7.1 中国特色宏观调控绩效的总体评价

### 7.1.1 宏观调控绩效评价中的两大现象

国内学者早在 20 世纪末期就提出了宏观调控绩效的概念。[①] 然而，对于中国宏观调控的绩效进行评价，在这一概念提出之前就已经开始了，而且越来越呈现出蓬勃的发展态势。从总体上看，学术界关于中国宏观调控绩效的研究存在两个突出现象：一是国外学者的评价较高而国内学者的评价偏低；二是国内学者大多是针对某一时期或者某些具体政策如财政政策、货币政策、房地产调控政策、土地政策、粮食调控政策和环境保护的调控政策等来进行评价，从总体上对中国宏观调控的绩效进行评价的研究较少。

从国外学者对中国宏观调控的评价来看，长期以来，国外学者对中国宏观调控始终予以积极评价。在 20 世纪 90 年代，中国的宏观调控就"引起国际上广泛关注和赞赏"[②]。对于 2004 年以来的宏观调控，国际货币基金组织在 2004 年 8 月发表针对中国经济发展情况的年度报告，指出中国政府娴熟的经济管理措施减轻了经济过热的风险。[③] 美国斯坦福大学商学

---

① 杨秋宝. 宏观调控绩效研究导论 [D]. 中共中央党校博士学位论文，1998；杨秋宝. 宏观调控绩效论析 [J]. 中共中央党校学报，2002 (5).

② 陈锦华. 国事忆述 [M]. 北京：中共党史出版社，2005：294.

③ 国际货币基金组织 (IMF). 2004 年中国经济发展年度报告 [R]. 2004 (8).

院名誉院长迈克尔·斯宾塞（A. M. Spence）教授表示：中国政府在处理宏观经济运行中的各种复杂问题时采取了得力的措施，表现出了高度的自信，中国当前的经济运行状况非常成功。中国在从计划经济模式过渡到市场经济制度方面的努力卓有成效，在消除贫困、吸引外资、增强出口竞争力等方面成效显著。① 美国哥伦比亚大学教授罗伯特·蒙代尔（R. A. Mundell）肯定中国政府采取的宏观调控措施非常好，中国经济的增长速度也是健康的；认为宏观调控是中国政府对经济进行的非常重要的调整，中国经济将不断向价值链的高端（如高新技术产业）前进；经过调整后的中国经济有光明前景。② 前摩根士丹利亚洲区主席、美国耶鲁大学教授史蒂芬·罗奇（S. Roach）更是在英国《金融时报》发表了题为"向中国学习宏观调控"的文章。他指出："中国在管理经济方面的表现仍远远胜过多数人对它的肯定。中国甚至在宏观政策战略方面给世人上了一课，这一课是世界其他地区应该聆听的。""没有哪条战线能比通胀战线更能说明问题了。中国发动了一场成功的反通胀战役，遏制住了长期以来破坏中国经济稳定的最大威胁。这说明中国经过慎重考虑采取政策行动发挥出了效力。""通胀阻击战的胜利是中国对其战术需求和总体战略目标作出协调的一个范例。世界其他国家绝不应错过这堂课。"③

从国内学者对中国宏观调控绩效评价的相关研究来看，这些研究呈现出以下特点。

一是对中国宏观调控绩效进行总体性评价的研究相对匮乏。陈杰、王立勇（2015）从宏观调控目标实现的角度，基于宏观调控损失函数建立了一个新的理论模型，并使用可变参数模型对"产出—物价"菲利普斯曲线中强调的经济增长和稳定物价两大目标之间的替代关系进行动态估计，从而定量评价改革开放以来我国宏观调控的有效性。通过对宏观调控损失函数的估算，结果表明，损失指数的变动趋势大致可分为三个阶段：第一阶段是 1981～1985 年，这一阶段损失指数虽然较低，但由于这期间是我国确立"社会主义商品经济"的过渡阶段，中央计划仍是经济运行的主导者，宏观调控并未真正实行，因此，这一阶段的损失指数仅体现了中央计划主导经济运行的效果，并不能体现宏观调控的效果。第二阶段是 1986～1995 年，这一阶段损失指数呈现大幅度、高位势的波动，大致经历了两次大幅波动，波峰分别位于 1988 年和 1994 年，这两年我国宏观经济正是大起大落的阶段。1988 年由于货币供给、贷款以及固定资产投资增长过快，引起经济全面过热，中央以行政手段为主，"治理经济环境、整顿经济秩序"，紧缩财政和信贷，大幅度全面紧缩投资和消费。1994 年经济又出现全面过热，当年 24% 的通货膨胀率也达到了我国历史最高点，中央政府采取了一系列措施治理通货膨胀。因此，1986～1995 年我国宏观经济运行较为紊乱，说明这阶段宏观调控有效性较差。第三阶段是 1996～2013 年，1996 年我国成功实现"软着陆"后，损失指数由 1995 年的高位迅速跌落，并一直在较低的位势平稳波动。在这一阶段，我国宏观调控采取了"微调"模式，对经济增长和通货膨胀进行小幅频繁的微调，无论是在调控力度的控制上还是调控节奏的把握上，都做得非常到位，如损失指数在 1998～1999 年略有上升，这可能是由于我国治理改革开放以来第一次通货紧缩经验不足造成的，但得益于微调式的宏观调控，这种局面很快就得到了扭转。由此可以说明，1996 年后我国宏观调控的有效

① 刘超. 美国学者赞扬我国宏观调控政策［N］. 人民日报，2004 – 11 – 08.
② 刘铮，李灿. 蒙代尔：宏观调控措施使中国经济健康增长［EB/OL］. 新华网，2004 – 10 – 31.
③ ［美］史蒂芬·罗奇. 向中国学习宏观调控［EB/OL］. 英国金融时报中文网，2012 – 03 – 09.

性显著改善，达到较为理想的水平，基本实现了"高增长""低通胀"的宏观调控目标。这一结果与陈建斌、郁方（2007）和陈杰（2008）的研究结果几乎完全一致。陈建斌、郁方（2007）基于宏观经济调控政策当局的损失函数，设计了一个新的模型框架对1985~2005年宏观经济调控执行绩效进行数量评价。结果表明，宏观经济调控执行绩效在1996年以后得到了很大改善，并在2000年以后得到了进一步优化，政策损失逐渐向零水平线收敛，基本上实现了经济周期波动在适度高位的平滑化。陈杰（2008）基于政策损失函数建立了一个不包含预期通货膨胀的反映产出缺口和通胀缺口之间关系的模型，评价了1985~2005年中国宏观经济调控的执行绩效，结果表明宏观经济调控执行绩效在1996年前较差，在1996年后得到了明显的改善，并在2000年后得到了进一步优化，实际政策损失逐渐向最小政策损失靠拢。范跃进、冯维江（2005）运用中国1995~2004年间的数据计算了我国的核心通货膨胀率，在此基础上对核心通货膨胀与货币政策调控的有效性进行了讨论。而多数研究是针对某一段时期宏观调控的绩效进行评价的阶段性评价。如胡俊波（2004）从宏观调控过程的稳定性、准确性、快速性三个方面对1953~1977年、1978~1991年、1992~2003年这三个时期我国宏观调控的有效性进行了比较，发现我国宏观调控的有效性发生了明显的变化，主要体现为宏观调控过程的稳定性和准确性有所提高，而快速性却有所"减弱"，认为我国宏观调控有效性发生变化的原因是由于经济体制转轨导致宏观调控体系的结构发生变化所致。于连锐、王晓娟（2008）分析了党的十六大以来中央宏观调控政策的成效，认为从总的情况看，新一轮宏观调控较好地吸取了前几次宏观调控的经验教训，开始得比较早，即在出现局部过热但还没有形成全面过热的情况下就开始了，而且力度比较适中，即使在重点调控领域，也没有采取过去常用的"一刀切""急刹车"的办法一律加以控制，而是有保有压，区别不同情况给予不同对待。采取的措施范围比较适当，没有不加区别地全面收紧，而是主要把好土地和资金两个"闸门"，从而保证了经济的相对稳定运行，没有出现大起大落，国民生产总值增速从2003年的10%稳步上升到2007年的11.4%，固定资产投资由2003年的27.7%平缓降至2007年的24.8%。但从当前经济运行情况看，调控的效果不是十分明显，经济运行中的突出问题尚未得到有效解决，当前世界性经济危机更是增加了调控的难度。沈立人（2008）认为10多年来，GDP增长率从20世纪末的年均9%左右逐步攀高到21世纪的两位数，近几年来更是每年提高0.1个以上的百分点，十分奇妙。这不仅在发展中国家尤其大国中创造了新纪录，对世界经济的持续增长也产生越来越不能藐视的影响。肯定这段成就，不言而喻，不能不归功于此一时期的宏观调控。不难设想，假若没有持之以恒的这样那样的宏观调控，经济运行必然会出现另一种形态，或者是通货膨胀愈演愈烈，甚至不堪收拾；或者是大起之后急剧大落，付出极大的治理成本。陈孝兵（2010）认为当前我国宏观调控的有效性受到了一些客观限制：一是宏观调控有效性需要有实在的市场基础条件，这主要包括市场主体的独立性、市场主体责权利的平衡，并最终反映到市场主体对宏观调控的有效反应上。

二是宏观调控的有效性还需要宏观调控政策的权威性。这不仅包括宏观管理当局本身的权威性，如令行禁止，而且还包括各个宏观管理当局之间的协调配合。因此，从根本上提高宏观调控的有效性不是无条件的，实施调控后的效果与我们的预期还会存在这样或那样的偏差，特别是政策层面的操作方式比较复杂，无疑会增强宏观经济运行态势的不确定性。刘满平、黄文彬、黄应刚（2011）、刘满平（2013）重点对2008年以来中国宏观调控的绩效进行了分析与评价。结果表明，中国宏观调控的绩效包括：（1）积极效果：我国经济在2009

年第 1 季度出现积极或回稳信号。之后回升向好势头强劲；国内需求增长逐步加快；经济结构战略性调整和发展方式转变得到进一步推进，政策效应逐步显现；"三农"工作和民生工程得到进一步加强。（2）消极效应：从调控的长期目标来看，物价稳定以及充分就业、国际收支平衡没有达到理想中的效果；从经济增长动力机制来看，投资增长过快，投资率明显偏高，最终消费率受居民收入差距扩大的影响而不断下降，经济可持续增长受到制约；在巨大的投资压力下，政府特别是地方政府直接和隐性负债过高，财政风险较大；由政府主导的大规模基础设施投资效率不高，尚未完全实现预期效果，并且对民间资本存在挤出效应。二是大多数研究文献主要集中在对财政政策和货币政策以及二者协调配合的有效性的分析上。这些研究假定如果宏观经济政策能系统地影响产出、就业等经济变量，则表明政策有效；反之，则政策无效。在研究方法上，主要是以 IS—LM 模型或泰勒规则为理论基础，建立以经济增长或就业等宏观变量为被解释变量、财政政策指标或货币政策指标为解释变量的单方程或多方程计量模型，考察政策变量是否会对经济增长、就业等宏观经济指标产生影响，据此判定政策的有效性。这方面的文献可谓浩如烟海。例如，李长明（1997）、何蓉和高谦（1999）、郭庆旺和赵志耘（2000）、侯荣华（2000）、高铁梅、李晓芳和赵昕东（2002）、胡琨和陈伟珂（2004）、刘金全和方雯（2004）、李永友（2006）、叶文辉和楼东伟（2010）、王立勇（2010）、刘金全、印重和庞春阳（2014）等分别探讨了财政政策的有效性，而张建和吴斌（2002）、金中夏、洪浩和李宏瑾（2013）、田光宁、廖镇宇和韩中睿（2013）、马勇和陈雨露（2014）、林仁文和杨熠（2014）、李绍荣和王天宇（2015）、杨柳和黄婷（2015）、王少林、李仲达和林建浩（2015）等则分别探讨了货币政策的有效性问题，陈时兴（2001）、夏德仁、张少春和张奇（2001）、赵丽芬和李玉山（2006）、张瀛（2006）、谢浩然（2010）、杨春媛（2012）、张玉娟和贺俊（2013）、雷社平和邓丽丽（2014）等将财政政策与货币政策结合起来探讨其有效性问题。此外，还有一些学者分别对房地产行业宏观调控、土地政策参与宏观调控、粮食宏观调控以及环境保护与宏观调控等的效果进行了探讨。

三是部分学者认为我国宏观调控效果弱化或效果不佳，并对其原因进行了探讨。如刘伟、蔡志洲（2006）认为，我国经济发展的特殊国情是使得宏观调控效果不佳的主要原因。易宪容（2006）认为，目前宏观调控效果弱化的原因在于目前中国整个经济基础与市场体制都发生了根本性变化，而政府依然沿用计划经济思维，希望以旧有工具调控现有经济，走政府干预经济的计划老路，自然达不到调控效果。赵晓、谭国荣（2006）认为宏观调控弱化，一方面由于当前无论是国内还是国际上，资金都处于"超级流动"状态，这就使得虽然中央政府不断加大调控力度，但实际运行效果不佳；另一方面，政府的宏观调控尤其是房地产调控涉及中央和地方博弈以及多个部门，但由于受不同利益取向的约束，多只看得见的手在本位主义的驱使下相互牵制，从而大大抵消了调控的效果，最终看不见的手打败了多只看得见的手。余华义（2008）认为宏观调控效果弱化的根源，在于我国现行的投资型经济增长方式与宏观调控之间内在的矛盾，而中央对地方政绩单一指标考核形成的委托——代理关系，以及中央和地方政府财权、事权不统一更加剧了这一矛盾。此外，中央在制定宏观调控政策时忽视民众预期，也在一定程度上削弱了宏观调控效果。此外，刘瑞、周人杰和崔俊富（2009）在对宏观调控绩效的评估内容、评估方法和评估对象进行分析与论证的基础上，尝试建立以政策程序为评估内容、以程序成本为评估方法、以地方政府为评估对象的绩效评估体系。戴彬（2006）、姜瑶（2007）还分别对宏观调控对抑制经济过热的有效性、宏观调控对平滑周期波动的有效性进行了探讨。

　　上述国内外学者有关中国宏观调控绩效的评价结果出现一定程度的反差现象表明，国外学者大都基于经验分析从而作出整体性的判断，而国内学者虽基于定性与定量分析提出自己的判断，但是，大多数的定量研究在模型的构造上仍值得商榷。例如，陈杰和王力勇（2015）虽然探讨了1981～2013年中国宏观调控的绩效，但该文首先假定我国宏观调控的主要目标是熨平经济周期波动，并将通货膨胀率稳定在3%的目标范围之内，从而建立起测算宏观调控的损失函数模型：$L_t = \lambda_{t-1} (\pi_t - \pi_t^T)^2 + \theta_{t-1} g_t^2$。这一宏观调控损失函数由经济的实际运行对调控目标的偏离构成。其中，$\pi_t$、$\pi_t^T$分别为第$t$年的通货膨胀率和目标通货膨胀率。根据这一模型得出的结论自然与我国宏观调控的绩效相差甚远。这是因为我国宏观调控的目标是多元的，除传统的四大目标之外，还包含了结构调整、防控风险、稳定预期等内容。因此，在仅仅锁定通货膨胀和假定宏观调控的目标是熨平经济周期波动的基础上建立的模型所得出的结论显然是不可靠的。

　　当然，要对宏观调控的绩效进行准确而又客观的评价存在着包括技术、方法在内的诸多困难。因为宏观调控的绩效受到了既包括宏观调控本身诸如政策的选择、调控时机的选择、调控力度的大小等因素的影响，也受到宏观调控的微观基础和利益主体、制度环境等的影响和制约。有鉴于此，我们尝试从紧缩性调控与扩张性调控、总量分析与结构性分析等多个角度进行分析与评价。

## 7.1.2　紧缩性调控与扩张性调控的绩效反差

　　根据政策操作的性质，可以将中国已开展的八次宏观调控划分为两大类型：一类是以应对经济过热、通货膨胀为主要目标的紧缩性调控，包括1979～1981年、1982～1986年、1987～1991年、1993～1997年和2003～2007年的五次宏观调控；另一类是以应对有效需求不足、经济下滑或衰退等为主要目标的扩张性调控，主要包括1998～2002年、2008～2009年和2010年至今的三次宏观调控。这两种不同性质宏观调控的作用与西方经典的反周期政策在调控方向上是一致的：当需求不足、失业率上升时，政府通过实行扩张性政策以扩大需求，拉动经济增长和增加就业；当总需求过度扩张引起通货膨胀上升、经济过热时，政府则通过紧缩性政策来给经济降温并抑制通货膨胀。对此，刘伟、苏剑（2007）认为："需求管理上的总量政策选择的基本方向，无外乎扩张和紧缩两种类型。"中国经济增长与宏观稳定课题组（2010）指出，改革开放至今，中国一共经历了七次宏观调控。① 有五次是以治理经济过热为主要内容的紧缩型调控。这表明：一方面，由总量扩张所造成的经济过热成为中国宏观经济运行的常态，这是和中国处在工业化、城市化快速发展阶段，以及几年上一个台阶的GDP赶超有较大关系，而背后则是国有企业、地方政府、银行机构，乃至宏观调控当局的内在扩张冲动。另一方面，鉴于过热是常态，宏观调控的主要目的就是收缩。并且，考虑到不同区域产业等的结构性特征很明显，收缩就不是"一刀切"，而是有针对性，有保有

---

　　①　由于中国经济增长与宏观稳定课题组将宏观调控的研究数据截止到2007年，未能包括2010年以来的宏观调控，因此，其统计的宏观调控为七次。

压，有扶有控，从而呈现结构性调控（或收缩）的特点。总体而言，总量扩张与结构收缩是中国宏观调控的最大特点。尽管在扩张期中，中国调控当局也是强调结构的，但由于扩张过程中容易造成一哄而上，扩张中经济增长是第一位的，从而造成落后产能、两高一资等行业都有了喘息之机，而这时候相应的监管也会缺位或放松，最终导致总量规模的快速扩张，忽视结构问题甚至导致结构问题的进一步恶化。①

从调控政策的效果来看，紧缩性与扩张性政策的绩效却出现了巨大的反差：紧缩性政策在应对经济过热、通货膨胀的过程中呈现出较为显著的调控效果。周洋玲（2005）将自改革开放以来至 20 世纪末的四次紧缩性调控分为"分权制下"和"双重体制和双轨调控"两个阶段来分析，结果表明，虽在调控力度的把握方面尚有所欠缺，导致经济出现大起大落，但 1996 年经济成功实现"软着陆"说明了紧缩性调控是有效的。王立勇（2010）利用滤波方法估计了我国潜在产出和产出缺口，并测算出我国通胀缺口，进而从目标实现角度定量分析了财政政策在促进经济增长和稳定物价方面的有效性。研究结果表明，我国财政政策在实现经济增长目标方面的效率不断提高。在 1978 年以前，财政政策在实现经济增长目标方面缺乏超前性和稳健性，调控力度变化较为频繁，在一定程度上致使经济大起大落。这种现象大致持续到 1992 年前后。这一时期，财政政策调控虽然也在逐渐成熟和改善，但调控当局经验不足，政策较难保持一定的连续性和预见性。而且，政府并不考虑财政政策效应的非线性和非对称性，导致在 1996 年前，政府和学界对财政政策的调控和评价较为盲目，缺乏对财政政策的客观认识。1996 年后，财政政策调控效率出现明显提升，财政政策调控掌握了一定的提前量，能够预先对宏观经济失衡作出判断，进而采取适当、适度的财政措施。总体而言，我国财政政策在实现经济增长目标方面是有效的，且效率仍在不断提高或改进。在稳定物价方面，我国财政政策绩效不容乐观。平抑物价波动的功劳不应归属于财政政策，这说明我国财政政策的主要调控目标是经济增长，而非物价稳定。当然，如果仅从经验的角度加以观察，在 1979～1981 年、1982～1986 年、1987～1991 年、1993～1997 年和 2003～2007 年的五次紧缩性调控中，虽然经济波动较为剧烈，但 GDP 增速年均超过 9.74%，明显处于合理区间，而通货膨胀率年均为 8.4%。刘树成（2004）对五次紧缩性宏观调控进行了比较，认为调控时所针对的经济运行态势不同、调控时的经济体制基础不同、调控时所采取的主要方式和手段不同、调控时对外经济联系程度不同。在前四次宏观调控时，国际上均不太关注。而 2003～2007 年的第五次宏观调控，引起国际上的广泛关注。海外有关机构、投资者和新闻媒体，对中国经济是否过热，怎样进行宏观调控，特别是这次宏观调控的效果将会如何，也引起了广泛的争论。就这次宏观调控的效果将会如何来说，海外的争论可分为两大派：乐观派和悲观派。乐观派认为，这次采取降温措施要比 10 年前经济过热时早得多，结果会使当前的经济增长持续更长的时间，为延长经济周期提供了重要基础。悲观派则主要是担心，如果宏观调控造成经济的急剧减速，形成"硬着陆"，将会对世界经济特别是周边国家和地区产生冲击。《亚洲华尔街日报》指出，"乐观者还是多于悲观者。"② 而在 1998～2002 年、2008～2009 年和 2010 年至今的三次扩张性调控中，应对有效需求不足、通货紧缩与经济下滑的宏观调控政策的效果却大大低于预

---

① 中国经济增长与宏观稳定课题组.后危机时代的中国宏观调控[J].经济研究，2010（11）.
② 刘树成.我国五次宏观调控比较分析[J].经济学动态，2004（9）.

期，并在一定程度上出现了政策失灵的现象。[①] 余华义（2008）指出，2001～2006年，我国国内生产总值的年增长率分别达到8.1%、9.1%、10%、10.2%、10.4%和11.1%，呈现出逐年递增的态势。但在快速增长的同时，投资的膨胀、信贷规模的扩张、煤油电运的紧张、通货膨胀的压力等也给经济稳定带来了巨大的压力，经济结构失衡的矛盾日益突出。为防止经济"过热"，避免出现"大起大落"的局面，中央政府出台了一系列宏观经济调控政策，如严格审批固定资产投资项目、多次上调人民币存贷款基准利率、存款准备金率、下调部分商品出口退税、对房地产交易课税、实行严格的土地管理政策等。"加大宏观调控，预防经济过热"，成为我国宏观经济的基本政策取向。然而，中央政府的这些宏观调控措施在执行过程中往往大打折扣，调控效果出现了不同程度的弱化。刘满平、黄文彬、黄应刚（2011）认为2008～2009年宏观调控在取得包括我国经济在2009年第1季度出现积极或回稳信号，之后回升向好势头强劲；国内需求增长逐步加快；经济结构战略性调整和发展方式转变得到进一步推进，政策效应逐步显现；"三农"工作和民生工程得到进一步加强等积极效果的同时，还从经验的视角来详尽分析了2008～2009年宏观调控政策的消极效果。具体地说：（1）从调控的长期目标来看，物价稳定以及充分就业、国际收支平衡没有达到理想中的效果。第一，物价忽高忽低，短时间内从紧缩状态进入通胀阶段。受金融危机影响，我国的CPI、PPI同比值分别于2009年2月和1月由正转负，之后负数运行了9个月和11个月，随着宏观经济的逐渐复苏，在宽松的货币政策刺激下，CPI、PPI同比值分别于2009年11月和12月由负转正，之后呈现出逐月走高的态势。2010年1～5月，PPI月度同比值分别为4.3%、5.4%、5.9%、6.8%和7.1%；CPI月度同比值分别为1.5%、2.7%、2.4%、2.8%和3.1%，已超过2010年政府工作报告所定3%的目标。从趋势看，在2010年1月之前，PPI均低于CPI，CPI大幅上涨的动能并不强大。但1月后，PPI就超越CPI，形成了一个"剪刀差"。作为先行指标，PPI持续上涨，可能在两三个季度后传导至消费价格，预计CPI将继续保持在较高水平，通胀压力越来越强烈。第二，货币流动性不断增强，资产泡沫不断积累，使得通胀预期大增。从货币供应看，2009年货币供应不仅是货币供应量大增的一年，还是狭义货币余额（M1）增速不断"追赶—逼近—超越"广义货币余额（M2）增速的过程，也就是货币流动性不断增强的过程，自2009年9月起，M1的增速已超过了M2，货币流动性已发生根本性变化。在2010年，两者又出现了差距进一步扩大的趋势，货币流动性不断增强。另外，作为资产价格的代表，由于货币过度投放，投机的盛行，70个大中城市房价自2009年6月起由负转正，并且涨势惊人，2010年1～5月涨幅分别为9.5%、10.7%、11.7%、12.8%和12.4%，与CPI、PPI的"剪刀差"越拉越大，表明房地产泡沫逐渐扩大，增大整个社会的通胀预期。第三，我国就业增长滞后于GDP增长，促进就业难度加大。受金融危机影响，2008年上半年全国就有6.7万家规模以上中小企业（尤其是外向型企业居多）倒闭或停业，严重影响了就业市场的发展，仅制造业和建筑业这两大行业新增失业3500万人。再加上大学毕业生、新增城乡劳动力、需要转移的乡村劳动力、转业退伍军人等"增量劳动力"，就业压力非常大。虽然国家实施的政策解决了部分就业岗位，但由于巨额投资大部分集中在基础设施工程，短期内无法创造较多的就业岗位，整

① 庞明川. 从紧缩、扩张、稳健到"双防"：宏观调控的政策绩效与体制基础［J］. 财贸经济，2008（6）；庞明川. 中国宏观调控的体制基础与政策绩效［J］. 世界经济，2008（7）.

个来看，就业增长率明显低于 GDP 增长率；就业弹性系数逐年下降，2008 年为 0.08，2009 年为 0.06；2007 年以来登记失业率逐年增加，出现"无就业增长"现象。第四，国际收支不平衡，国际贸易摩擦加剧。长期以来，我国依靠着成本优势和产业优势，进出口总额不断增加的同时顺差也不断增大，招致世界上一些国家的不满。金融危机来临后，我国外贸形势虽然出现下滑的迹象，但在政策的刺激下（数次上调部分商品出口退税率），进出口很快就由负转正，2010 年 5 月增幅达到 48.5%，在全球受金融危机冲击和贸易保护主义抬头的情况下，这种成绩会引发更多的贸易摩擦，世界上许多国家纷纷对我国发起"两反两保"等调查。据商务部统计，目前我国已成为贸易摩擦的第一目标国和最大受害国。不断增多的贸易摩擦削弱了我国出口产品的国际竞争力，加大了企业拓展国际市场的难度，增加了我国经济运行的外部风险。(2) 从经济增长动力机制来看，投资增长过快，投资率明显偏高，最终消费率受居民收入差距扩大的影响而不断下降，经济可持续增长受到制约。首先，此轮宏观调控是以空前的信贷扩张和规模庞大的基础设施投资为主，伴随着这些投资的落实，2009 年我国的固定资本投资率大幅攀升到 47.5%，这是改革开放以来继 1993 年投资高峰后的第二个高峰。在投资率突飞猛进的同时，我国居民消费率一直处于下降趋势。1999 年居民消费占 GDP 的比例为 46.1%，到 2009 年下滑缩减至 35.6%。其次，我国最终消费率不断下降，除了发展的阶段性因素外，还有一个重要因素就是收入分配不尽合理，分配过程中的"强者越强，弱者越弱"的"马太效应"越来越明显，特别是此次政府投资大部分集中在基础设施工程，这些工程不仅短期内无法创造较多的有效就业，而且大都被国有大中型企业占据，加剧社会资源配置的不合理程度，影响国民经济基础部门和创新领域的投资，甚至由于一些工程存在腐败动力，导致资金流失，加剧政府投资的"挤出效应"，从而间接导致不同行业、不同地区、不同阶层的居民收入差异不断扩大，基尼系数不断上升。(3) 在巨大的投资压力下，政府特别是地方政府直接和隐性负债过高，财政风险较大。从中央财政角度看，国有大型银行和央企的负债实际上在某种程度上都是政府隐性负债；从地方财政看，政府投融资平台的负债也大部分是政府隐性负债。虽然我国中央财政赤字率保持在国际警戒线以内（GDP 的 3%），风险可控。但实际上，我国地方政府隐性负债较大，高财政赤字风险不容忽视。据中国银监会统计，截至 2009 年末，我国地方政府融资平台负债额为 7.38 万亿元，同比增长 70.4%。考虑到今后两年地方政府后续贷款 2 万~3 万亿元，到 2011 年末，地方融资平台负债将达到 10 万亿元左右。其中，直接债务占 80%，担保性债务占 20%，隐性债务则无法统计。由于全国数千家地方融资平台所投资项目，只有 10% 可以用产生的现金流偿还贷款，偿债能力较差，考虑未来两年政府投资可能进一步加大，则必然会大幅增加政府整体负债水平，对经济持续增长有很大风险。(4) 由政府主导的大规模基础设施投资效率不高，尚未完全实现预期效果，并且对民间资本存在挤出效应。一方面，政府投资的投资乘数要远远小于民间资本，民间投资没有被激发出来最终会影响到整个社会资源的利用效率，这其中既有投资效率、治理等运作上的问题，也有体制转轨上的问题。另一方面，基础设施投资过于集中于"铁公基"和国有企业手中，政府投资比例过大，将挤出一定比例的民间投资，并且在一定程度上打压了民间资本的投资空间，使得整个投资对经济的拉动作用远远没有发挥出来，更加剧了我国经济结构的失衡。① 当然，如果仅从 GDP 增长、通货膨胀

① 刘满平，黄文彬，黄应刚. 宏观调控政策运行机制、绩效评估和转换策略选择［J］. 经济学动态，2011（3）.

水平和失业率的角度来分析，可以看出，在三次扩张性调控期间，虽然通货膨胀率和失业率都较低，但经济增长率相对于扩张性调控期间来说也出现了明显下滑。

对于紧缩性调控与扩张性调控在政策绩效上存在的反差现象，庞明川（2008a，2008b）从体制基础的角度进行了分析和论证，认为在紧缩性调控期间和扩张性调控期间，由于存在不同的体制基础导致了调控政策绩效上出现差异。我们还可以从总量分析与结构性分析的角度进行进一步探讨。由于中国的宏观调控长期以来都表现出"双轨并行"的特点，而紧缩性调控包含了总量的收缩与结构性调整带来的紧缩效应，扩张性调控也同样包含了总量扩张与结构性调整带来的扩张效应。因此，要深入分析紧缩性调控与扩张性调控在政策绩效上存在的反差现象，还必须从总量调控与结构性调控的角度来进行分析。

### 7.1.3　总量分析与结构性分析的绩效比较

从总体上看，由于改革开放以来中国历次的宏观调控都呈现出双轨并行的特点，因此，所取得的积极成效应该是由总量调控与结构性调控共同作用所带来的。然而，对于紧缩性调控与扩张性调控的绩效存在的反差现象，究竟是由总量政策还是结构性政策造成的呢？要回答这一问题，需要分别估算宏观调控整体绩效中总量调控与结构性调控所占的份额和比重。然而，由于在实践中经济总量与经济结构是相互依存的，因而在实际的政策操作中，总量调控与结构性调控总是相互渗透和相互影响，无法在技术上将二者分离开来进行独立测算。因此，本书分别借助总量分析与结构分析方法间接评价结构性调控的政策效果。

从总量分析的角度来看，改革开放以来，中国经济保持了 30 多年的持续高速增长，1978～2013 年年均增长超过 9.86%；与此同时，经济波动趋缓。以经济增长率的标准差来衡量，1980～1989 年为 3.46%，1990～1999 年降为 3.22%，2000～2009 年进一步降为1.83%，2010～2014 年进一步持续下降（图 7.1）。经济的持续高增长与经济波动幅度的下降，既有国内产业结构、经济体制结构变动的影响，也有全球经济一体化的因素，更为重要的是，中国的宏观调控更是功不可没。从物价水平来看，在经历了 20 世纪 90 年代中期的高通货膨胀与剧烈波动之后，从 1998 年开始，以 CPI 来衡量的物价水平不仅处于低位，而且长期保持了相对稳定的状态。从充分就业来看，中国长期的经济高增长提供了大量的就业机会，使得中国的失业水平在经历了改革初期的较高状态之后一直保持在一个较低的水平且相对稳定。从上述三大目标来看，中国的宏观调控在熨平经济的周期性波动、保持物价相对稳定与实现充分就业等方面取得了巨大的成就。上述基于总量分析所得出的政策绩效也应被看作是由总量调控与结构性调控共同作用所带来的。

然而，钱纳里等（1989）指出，结构转变对经济增长具有重要影响。库兹涅兹（1999）也指出，一国的经济增长与结构变动密切相关。"如果不去理解和衡量生产结构的变化，经济增长是难以理解的"。也就是说，经济增长不仅是总量问题，更是结构问题。而结构变动所带来的增长效应不仅得到了大量实证研究的证实，[①] 相关文献还基于生产要素跨部门的

---

① 参见陈晓光，龚六堂. 经济结构变化与经济增长 [J]. 经济学（季刊），2005（3）；干春晖，郑若谷，于典范. 中国产业结构变迁对经济增长和波动的影响 [J]. 经济研究，2011（5）；侯新烁，张宗益，周靖祥. 中国经济结构的增长效应及作用路径研究 [J]. 世界经济，2013（5）.

重新配置，即生产要素从效率较低的部门流向效率较高的部门，从而促进生产率或产出增长的研究结论提出了"结构红利"假说。[①] 从中国经济的实际情况看，研究表明，1978～2005 年结构转变贡献的增长率为 7.94%，贡献份额为 82.10%，结构转变对经济增长的作用已与要素投入的作用基本相当。然而，伴随着中国经济的快速增长，中国经济结构失衡指数从 1992 年的 2.42 增加到 2007 年的 4.02，经济结构总体上由中度失衡转向重度失衡。[②]

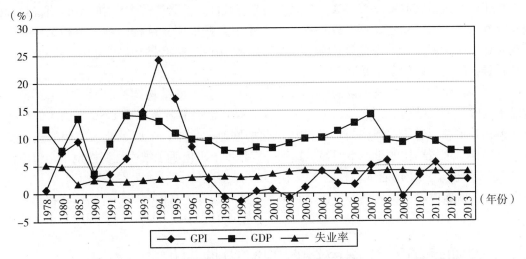

**图 7.1 1978～2013 年中国的经济增长、物价水平与失业率的变化趋势**

从具体的需求结构、产业结构、城乡与区域结构、要素投入结构等的变动趋势来看，需求结构中的最终消费率长期高于投资率，但二者分别表现出持续下降与上升的趋势。进入 21 世纪以来，投资率更表现出加速上升的发展势头，在 2010 年甚至超过了最终消费，说明在经济增长过程中最终消费的效应逐渐递减而投资的效应逐渐增强，消费对增长的贡献持续降低；产业结构中第一产业增加值比重持续下降，第二产业保持相对稳定，而第三产业持续上升。可见，产业结构调整出现了积极的变化；区域结构中东、中、西部 GDP 占全部 GDP 的比重在 1993 年以来没有出现较大的变化；而收入分配结构中城乡收入比呈现出明显的上升趋势，反映出收入分配状况的持续恶化以及结构不合理程度仍在不断增大的趋势。

由于经济增长中总量效应与结构效应存在固有的内在联系，而结构性调控的对象仅限定于经济结构，因此，有理由认为结构性调控在宏观调控中发挥了比总量调控更为重要的作用。中国经济增长与宏观稳定课题组（2010）指出，自 20 世纪 90 年代以来，相对于国际经验，中国的经济波动并不剧烈，且呈现趋缓的态势。既然计量结果显示这种现象不能用传统的凯恩斯式的财政政策来解释，因此可以猜测是具有中国特色的行政性宏观调控在发挥作用。尽管难以找到能够直接刻画各地区行政性调控力度的变量，该文利用国有单位职工在全

① Peneder, M. Structural Change and Aggregate Growth [EB/OL]. WIFO Working Paper, Austrian Instituteof Economic Research, Vienna, 2002 (2).

② 雷钦礼. 中国经济结构的演化及其增长效益的测度分析 [J]. 统计研究, 2007, (11)；项俊波. 中国经济结构失衡的测度与分析 [J]. 管理世界, 2008 (9).

部职工中的占比，即国有经济规模，间接地控制了这一因素。结果表明，以国有经济规模替换政府规模，不但其系数变为显著的负值，而且模型的拟合度增长了 1 倍之多。这至少间接地表明了通过非市场的调控手段，如对国有经济的行政监管，对经济波动有不容忽视的抑制作用。究其原因，其一，在中国，金融部门的发展有利于减缓经济波动。这意味着，由于金融部门的不发展，政策传导不畅，会不利于经济的稳定。其二，生产结构过于集中于某些产业，会加剧波动。中国第二产业占比较高，而第三产业发展滞后，也是经济波动的来源。其三，由于财政规模和波动没有关联，可以推测，行政性调控起了较大作用，而国有经济部门缩小有利于经济的平稳也印证了这一推测。以上三条都表明，结构问题（金融结构、产业结构和体制结构）是影响中国波动的重要因素，结构性调控有助于减缓波动，这也是中国结构性调控行之有效的重要原因。

结合经济结构的变化还可以看出，1998 年以前的紧缩性结构调控政策对需求结构、产业结构与收入分配结构的影响较大，而对区域结构的影响不显著；而 1998 年以来的扩张性结构调控政策在促进需求结构与产业结构优化的同时，也导致了城乡收入差距的进一步加大，且同样对区域结构的影响不明显。这在一定程度上也说明了结构性调控也不是包治百病的"灵丹妙药"。在中国宏观调控的实践中，结构性调控政策除本身存在政策工具与实施时机的选择、政策时滞等影响之外，还受到微观主体行为变化与体制基础等的影响和制约。

## 7.2　中国特色宏观调控绩效的阶段性评价

从总体上看，中国特色的宏观调控取得了积极的成效，这并不意味着中国的宏观调控不存在问题和不足。事实上，在历次宏观调控实施过程中，经常性地出现政策实施迟滞、力度过大或者力度不足、预防性与前瞻性不够、各种宏观政策之间的协调配合不够以及宏观调控的效果弱化等问题。方福前（2014）将其总结为矛盾性、多变性、滞后性与失衡性。为了更为客观地评价中国特色宏观调控的绩效，下面，我们将中国的宏观调控分为 1992 年以前、1992～1997 年、1998～2010 年和中国经济进入"新常态"以来四个阶段，结合中国经济运行的特点，分别对这四个阶段的宏观调控绩效进行分析与评价。

### 7.2.1　1978～1991 年中国宏观调控的绩效

1978～1991 年，中国经济处于由计划体制向市场体制转轨的初期，直到 1992 年中国才确立社会主义市场经济体制的改革目标。这一时期，政府实施了包括 1979～1981 年、1982～1986 年、1987～1991 年在内的三次大规模的宏观调控，都属于应对经济过热和通货膨胀的紧缩性调控。从经济运行态势上看，首先，当时针对的都是经济波动中已经出现的超过 11% 的"大起"高峰。1978 年经济增长率达 11.7%，1984 年达 15.2%，1987 年、1988年分别达 11.6% 和 11.3%，1992 年达 14.2%。其次，当时针对的都是经济的全面过热或总量过热。第一次的经济过热，起初表现为投资过热和国民经济重大比例关系严重失调，随后财政用于消费的支出大幅增加，形成大量财政赤字，导致国民收入超分配；第二次和第三次经济过热，都是投资需求和消费需求的双膨胀，社会总需求超过总供给。最后，这三次宏观调控都要治理严重的通货膨胀。从体制基础来看，这三次宏观调控都发生在原有的计划经济体制逐步转型但尚未"基本转型"的过程中。从调控时所采取的主要方式上看，在第一次到第三次宏观调控时，在最初作出调整国民经济决定的头一两年内，在实施上存在着犹豫不决、贯彻不力的问题；随后，才进行坚决的大规模的调整。在第一次宏观调控中的最后 1 年（1981 年），以及第三次宏观调控中的最后 1 年（1990 年），都是对投资和消费实行力度较大的全面紧缩，使经济增长率较大幅度地迅速回落（1981 年经济增长率回落到 5.2%，1990 年回落到 3.8%）。从调控时所采取的手段上看，第一次至第三次宏观调控，主要采用的是行政手段。如行政性财政政策，强制控制财政支出（削减投资支出和控制消费支出）；行政性货币政策，强制控制信贷投放；对经营不善、长期亏损的国有企业，停止财政补贴，停止银行贷款；对落后的小企业进行整顿和关停并转等。[①]

从总体上看，这一时期的三次紧缩性调控具有共同的特点：由于处于转轨初期，在宏观管理中计划经济体制的色彩较浓，影响也较大，因而表现在经济运行上，计划体制下的投资冲动与消费膨胀使得经济过热成为一种常态，通货膨胀反复出现。余根钱（1994）将这一时期的经济过热划分为：1979 年为财政赤字主导型经济过热、1984 年为信贷膨胀主导型经济过热、1988 年为消费行为突变引起的经济过热、1992 年为金融调控体系失效导致的经济过热。由于不熟悉宏观调控，1985 年的"巴山轮会议"才引进和学习西方的宏观调控，因此，在宏观管理中主要采取行政手段，其结果是见效快，对于经济过热和通货膨胀的控制效果明显。例如，在 1979～1981 年的宏观调控中，GDP 增速由 1978 年 11.7% 迅速降为 1981 年的 5.2%，通货膨胀率由 1980 年的 7.5% 急剧下降为 1981 年的 2.5%；在 1982～1986 年的宏观调控中，GDP 增速由 1984 年的 15.2% 降为 1986 年的 8.8%，通货膨胀在经历了 1982～1984 年的缓慢上升后由 1985 年的 9.3% 降为 1986 年的 6.5%；在 1987～1991 年的宏观调控中，GDP 增速由 1987 年的 11.6% 降为 1990 年的 3.8%，通货膨胀也由 1988 年的 18.8% 降为 1990 年的 3.1%。但由于对调控政策力度的控制出现一定程度的偏差，导致经济经常性地出现大起大落和宏观上的不稳定。这一时期 GDP 增长率最高的年份为 1984 年的 15.2%，最低的年份为 1990 年的 3.8%，二者之间的落差竟高达 11.4 个百分点；通货膨胀率最高的年份为 1988 年的 18.8%，最低的年份为 1978 年的 0.7%，二者之间相差也高达 18.1 个百分点。

当然，在 1987～1991 年的第三次宏观调控中，政府在 1988 年首先采取了提高居民存款利率、对部分产品征收消费税等抑制消费的间接调控政策，但调控效果不明显。于是不得不采用直接的调控手段，而政策的效果也立竿见影。然而，由于政策调整的力度过大，所以这一次宏观调控的结果被称为"硬着陆"。

## 7.2.2　1992～1997 年中国宏观调控的绩效

1992 年中国发生了两个重大事件：一是邓小平同志发表南方讲话，二是党的十四大确立了社会主义市场经济体制的改革目标。这两大事件推动了新一轮经济增长，出现了经济过热的迹象。1993～1997 年，中国又经历了一次大规模的紧缩性宏观调控。这一时期虽然确

---

立的改革的目标，然而体制基础仍与前三次宏观调控一样，受到双重体制的影响且计划体制的色彩较浓。对于1992年开始出现的经济过热和1993年开始出现的高通货膨胀，这一次的宏观调控汲取了前三次调控的教训，在作出治理整顿的决定后，在实施上表现出雷厉风行的特点对投资和消费实行全面紧缩，但在宏观调控中，表现出一些新的特点和亮点：一是在调控的力度上，采取了"适度从紧"的财政政策和货币政策，使经济增长率从两位数的高峰平稳地、逐步地回落到10%以内的适度增长区间；二是在调控的手段上，改变了过去单纯依靠行政手段的做法，在采取一定行政手段的同时，开始注重运用经济手段和法律手段，如运用利率、存款准备金率、公开市场业务等市场性货币政策进行调控；三是在调控的节奏上，有步骤、分阶段地逐步推进。如1993年6月中央出台《关于当前经济情况和加强宏观调控的意见》；1994年对财政、税收、银行、外汇、投资体制等实施"一揽子"改革，特别是在财政体制方面全面实行分税制改革；1995年和1996年继续实行财政和货币"双紧"政策等。随着这些调控政策的逐步推出，这一次的宏观调控取得了较好的政策效果：GDP增速由1992年的14.2%逐年回落到1997年的9.3%，1996年成功实现了经济的"软着陆"，通货膨胀率则由1994年的24.1%骤降为1997年的2.8%。

这一次的宏观调控最大的亮点是在学习与借鉴西方发达国家宏观调控的基础上开始运用间接调控的手段和方式来进行宏观管理，并取得了良好的调控效果。此外，货币政策的成功运用特别是充分发挥利率调控经济的作用，既有效地遏制了通货膨胀，又使经济保持在合理的稳定增长区间。

## 7.2.3　1998～2010年中国宏观调控的绩效

从1998年开始，中国经济开始遇到了来自外部的重大冲击问题，包括1998年的东南亚金融危机和2008年的美国金融危机，宏观调控也面临着新的问题和困难。在1998～2010年间，政府实施了三次大规模的宏观调控，包括1998～2002年和2008～2009年实施的两次扩张性调控以及2003～2007年的紧缩性调控。下面，我们按照宏观调控的性质分别讨论两次扩张性调控与一次紧缩性调控的政策绩效。

从1998～2002年和2008～2009年的两次扩张性调控来看，1996年中国经济在实现"软着陆"之后受东南亚金融危机与间接调控政策的时滞影响一路下滑，首次出现了有效需求不足与通货紧缩现象。对此，政策当局首先选择以货币政策为主的政策安排，目的在于遏制经济持续下滑的势头。到1998年7月，包括下调利率、取消贷款限额、调整法定准备金率、恢复中央银行债券回购业务等主要货币政策工具悉数推出，经济减速和物价下跌的势头并未得到有效抑制，导致货币政策失效，在前一阶段调控中灵敏的利率政策也未能对市场产生作用。1998年中期，政府确立了以财政政策为主并与货币政策相互配合的积极的宏观调控政策取向，通过连续发行国债和政府投资的扩张为特征的积极财政政策开始发挥重要作用，并拉动内需，启动了经济增长。这是首次运用凯恩斯主义的扩张性需求管理政策来刺激经济的一次成功尝试，表明政府决策部门已经从宏观经济政策的角度开始沿用市场经济国家的成熟经验来调控中国的经济运行。对于2008年由于美国金融危机的冲击而出现的经济下滑，政府果断制定了积极的财政政策和适度宽松的货币政策，并于2008年11月9日推出了包括 4 万亿元投资计划、十大产业振兴计划等在内的"一揽子"经济刺激措施以刺激经济。这一被外媒称为世界上规模最大（按照占 GDP 的比重来衡量）、速度最快和最有效的经济刺激计划不仅保持了本国经济稳定和较快增长，为中国经济抵御国际金融危机的冲击发挥了重要作用，也为世界经济复苏做出了重要贡献。当主要发达国家经济出现负增长之时，中国在世界范围内率先实现经济回升向好，极大地增强了世界战胜国际金融危机的信心，为世界经济提供了强劲增长动力。然而，1998 年宏观调控的不足也是明显的：一是积极财政政策虽起到了拉动投资的效果，更多地体现了对经济增长的直接贡献，但经济运行却一直无法摆脱消费难以启动、内需难以扩大的制约，始终未能在刺激有效需求、恢复经济自主增长方面产生明显的效果。政府投资带来的收入效应没有明显改变消费预期和消费倾向，而是更多地转化为储蓄的增加，成为下一次扩大投资的压力，使经济运行中的储蓄—投资机制进一步失衡。从投资乘数这一评价财政政策效应的重要指标来看，中国社科院经济所宏观课题组（2000）认为扩张性效果一直呈下降趋势。而且，投资需求越来越依赖政府，对居民消费拉动较弱，政府消费率却节节上升。二是作为一项反周期的短期政策，在我国却得到了较长时期的运用，客观上加剧了财政的收支矛盾和债务负担，其副作用也是相当明显的。三是1998 年的货币政策扩张主要表现为降低利率和加大贷款力度，但未能发挥出预期的效果。对此，中国社会科学院经济所宏观课题组（1999）指出：第一，降低利率没有引致民间投资的增加；第二，国家承诺人民币不贬值，没有出口效应；第三，降低利率未能刺激股市，利率的杠杆效应不足；第四，由于贷款主要为国有企业服务，尽管可贷资金充足，但中小企业得益不多，并且消费信贷刚刚起步，虽有进展，但远未达到预期；第五，降低利率本应抑制储蓄，扩大耐用消费品的支出，但储蓄仍快速增长，刺激消费的作用不大，耐用消费品支出也较平稳。因此，中国货币政策基本上仍采取传统的方式，配合国债向国有企业注入资金，而其灵活的杠杆作用收效不大，核心的问题是体制。对此，吕炜（2004，2006）指出，这种情况表明中国的积极财政政策并未产生凯恩斯政策预期的作用机理与传导效果，表明了在经历了 20 年的改革之后，中国经济的微观基础已发生了根本性变化，市场机制和市场反应的作用逐渐居于支配地位，原有的体制推动和调控措施对经济运行的影响力越来越弱。2008年的宏观调控虽立足于完善体制阶段的体制基础，却同样未能在恢复经济自主增长方面产生明显效果。Min Ouyang 和 Yulei Peng（2015）专门针对"四万亿"经济刺激计划的政策效果进行探讨，该文献使用半参数的方法与反事实（counterfactuals）模型进行研究的结果表明，2008 年实施的财政刺激政策在一开始的确刺激了经济，特别是在 2009 年第三季度左右，将GDP 提高了约 5.4%，但这一政策的效果在随后迅速降低，在 2010 年第四季度之后甚至变成了负值。这说明"四万亿"的财政政策对经济的刺激作用只存在短期性，并无长期影响。从更为长期的角度来看，这两次扩张性调控还给中国经济带来了包括产能过剩、政府债务、房地产泡沫和金融风险等一系列问题。

2003～2007 年的紧缩性宏观调控，其出发点是应对 1998 年以来在中央政府投资行政性拉动的惯性作用引发的以信贷膨胀和外资猛增为主要表现形式的地方政府主导的投资扩张，这种投资扩张带动了生产资料的上涨，造成了局部经济过热，有的学者称之为投资性过热。[①] 对此，政府从 2003 年下半年开始就采取了加强宏观调控的政策措施，2004 年 4 月又

---

① 范君. 中国经济已出现投资性过热 [J]. 经济学家，2003（9）.

采取了包括间接调控与行政干预在内的调控措施。这些措施在时间上比较集中，间接调控手段与行政性直接调控措施形成政策组合，且调控力度明显加大，取得了显著的政策效果，经济运行中不稳定、不健康的因素得到有效抑制。其特点是：第一，这是在我国社会主义市场经济体制初步建立之后的第一次紧缩型宏观调控。在这次宏观调控中，利益主体的多元化充分表现出来。中央政府与各级地方政府、宏观调控部门与其他部门、中央银行与商业银行及证券公司、过热行业与非过热行业、上游产业与下游产业、国有企业与民营企业、大型企业与中小型企业、沿海与内地以及高中低收入者之间，形成了复杂的利益格局，各有不同的利益和声音。对此，理论界展开了一场20多年来最为激烈的争论，有人称"这是一场规模空前的博弈"。第二，这次宏观调控不是全面紧缩，而是适时适度，坚持"有保有压、区别对待"的方针，不搞"急刹车"，不搞"一刀切"。货币政策由前几年的"稳健"逐步转向"适度从紧"，财政政策也由"积极"逐步转向"中性"。注重做到"四个既要、又要"：既要严格控制部分行业过度投资盲目发展，又要切实加强和支持经济发展中薄弱环节；既要坚决控制投资需求膨胀，又要努力扩大消费需求；既要着力解决当前的突出问题，又要着眼长远发展；既要从宏观上把该管的管住管好，又要充分发挥市场机制的作用。总之，这次宏观调控不是使经济增长率从两位数的高峰大幅度地回落和"着陆"，总体上看，经济还在适度增长区间内运行，既不是"硬着陆"，也不是"软着陆"，而是通过适当的控速降温，使经济在适度增长区间内既平稳又较快地可持续发展，努力延长经济周期的上升阶段。第三，这是一次预防性的宏观调控，本次宏观调控发生在经济生活中的一些矛盾刚刚显露，尚未成为全局性问题之时，是一次见事早、行动果断的预防性调控，因而减少了国民经济损失，降低了宏观调控成本。第四，这次宏观调控从一开始就注重了采用经济手段和法律手段，同时也辅之以必要的行政手段。在已经推行稳健的财政货币政策且未能有效遏制部分行业和地区经济过热的基础上，被迫采取了一定的行政手段。实践表明，正是这一系列收紧"银根"和"地根"、严控土地和信贷两个闸门的行政措施给局部过热的经济迅速降温，起到了间接调控措施未能起到的积极作用。例如，土地调控作为本次宏观调控最大特点，对抑制固定资产投资增长过快产生了釜底抽薪的效应。

## 7.2.4　"新常态"以来中国宏观调控的绩效

2008年中国应对国际金融危机实施的"一揽子"经济刺激计划与产业振兴规划使得2009年"保八"目标顺利实现，2010年GDP增速又重新站上了两位数增长的台阶达到10.3%，成为世界第二大经济体。随着国民经济总量等基数增大，支撑经济发展的人力资源、自然资源以及制度安排和经济政策等要素正在发生变化。与此同时，通货通胀持续扩张、国家信用风险以及人民币持续升值等问题也随之出现，产能过剩与地方政府债务问题更加严重。这些内在影响和问题，在国际金融危机的持续影响下，演化为经济增速出现了持续下降的发展态势，加之中国经济正处于增长速度换档期、结构调整阵痛期和前期刺激政策消化期的三期叠加阶段，导致了中国经济从2010年开始面临着较大的下行压力。在这样的背景下，中央多次提出要不断"创新宏观调控的思路和方式"，在降低短期波动的同时，不断增强长期发展后劲，促进经济社会健康可持续发展。在这一思想的指导下，2011年末，随着欧债危机不断加剧，政府在继续实施积极的财政政策，保持适当的财政赤字和国债规模的同时，实施稳健的货币政策，综合运用价格和数量工具，提高货币政策有效性；2012 年，政府开始全面进行结构性减税和税制改革；2013 年以来坚持"稳中求进"的总基调，陆续推出重点在简政放权、激发市场主体活力的"微刺激""区间调控"和"定向调控"等一系列"组合拳"，其政策目标是"稳增长、调结构、促改革"。这些政策在本质上是一种扩张性的调控政策。2015 年中央提出"在适度扩大总需求的同时，着力加强供给侧结构性改革"，这就将需求与供给有机结合起来，为经济发展提供全面的政策支持。

在这些扩张性政策的共同作用下，中国经济正出现一些积极的变化：一是经济运行平稳。2011～2015 年 GDP 增长率分别为 9.5%、7.8%、7.7%、7.4% 和 6.9%，保持在一个中高速的发展水平。二是结构不断优化。从 2012 年开始，服务业增加值占比首次超过第二产业，由工业主导向服务业主导加快转型，以移动互联网为主要内容的新产业、新技术、新业态、新模式、新产品不断涌现，三大需求结构中最终消费的比重在提升，区域结构继续改善。三是经济增长的质量提升。包括劳动生产率的提升和单位 GDP 的能耗下降4.8%。四是民生得到明显改善。全国居民人均可支配收入较快，就业保持相对稳定的态势。总体上看，在经济进入"新常态"的背景下，增速换挡、结构优化、动力转换等都在有序地推进，中国经济的总体发展大势没有变化。

当然，必须清醒地看到，现阶段中国经济的下行压力仍然存在，主要来自两个方面：从国际上看，世界经济总体上仍处在危机后的深度调整之中，呈现出一种低增长、低物价、低利率、不平衡和振荡加剧的特点，这种情况在短期内还难以改变。发达国家通过加快自己的再工业化，减少了对发展中国家的进口；而发展中国家经济普遍下行，市场需求较弱。从国内来看，中国经济正处于结构调整的爬坡过坎的阶段，由于传统产业产能过剩的程度比较大，去库存、去产能化的任务还相当艰巨，多年积累的结构性矛盾需要调整，这些在短期都会对工业产生下行压力。由此可见，一方面，"新常态"下政府在创新宏观调控的思路和方式方面做了大量积极的探索，取得了较好的政策绩效。另一方面，"新常态"下经济运行的特点不仅增大了宏观调控的难度，也给宏观调控提出了更高的要求。

# 7.3　中国特色宏观调控绩效的影响因素分析

## 7.3.1　宏观调控绩效影响因素的梳理与评述

国内学者在探讨中国宏观调控的绩效时，部分学者对影响宏观调控绩效的因素进行了考察。杨秋宝（1998）认为，所谓宏观调控绩效，从一般意义考察，简要而言，就是宏观调控主体实施调控行为所取得的成果和实际功效，或者说是致使宏观经济运行所达到的实际境况以及所产生的其他相关影响。宏观调控的结果和所达到的境况总是相应于一定的调控目标而言的，表明调控的预期目标的实现程度。同时，任何宏观调控的实施要取得效果、获得收益也总要进行一定的投入、支付一定的成本，因而宏观调控的结果和所达到的境况也是宏观调控的成本与收益的反映。再则，宏观调控还会引起广泛的经济、社会影响，这些影响也是宏观调控结果的重要的内容。因此，宏观调控绩效的内涵包括三个方面：一是目标绩效，即以宏观调控的预期目标为参照系，反映、表明宏观调控目标实际的实现程度，可表示为：宏观调控绩效＝预期调控目标的实现程度/预期的调控目标＝实际实现的目标变量/预期的目标变量。二是成本绩效，即以宏观调控的各种投入、成本为参照系，反映、表明为达到一定的宏观调控目标所支付一定的调控成本而实现的宏观调控收益，可表示为：宏观调控绩效＝宏观调控的有效结果或收益/宏观调控的投入及耗费（成本或代价）。三是连带绩效，即实施一定的宏观调控行为后所可能产生的外在于宏观调控目标的更为广泛的经济和社会影响、结果或效应。在此基础上，按照理论和调控进程的逻辑，依次分析了调控主体与调控绩效、调控手段与调控绩效、调控过程与调控绩效的关系，认为宏观调控是由调控主体进行调控决策并实施调控行为的，宏观调控绩效首先就和调控主体的调控能力及调控效率有着重要的关系；宏观调控绩效是调控主体运用、操作调控政策手段得以实现的，调控政策手段对调控绩效的作用和影响甚为重要；宏观调控绩效是经过调控过程而实现的，过程作为时间流程必然有时滞问题，过程涉及的行为主体必然会进行预期并以此为依据进行行为调整，过程中也存在不同行为主体之间的博弈。因此，调控时滞、调控预期和调控博弈也会影响宏观调控的绩效。张志敏（2000）提出，影响政府宏观经济调控绩效的因素包括以下五个方面：一是政府自身的限制因素。政府自身的限制因素使得政府的政策在执行过程中扭曲变形，影响了政府宏观经济调控的效果，导致了政府宏观调控的失灵现象。其中，最为关键的是政府的认识和决策水平以及政府的政策操作水平，这是影响宏观经济调控效果的直接原因，在既定的技术条件下（如信息技术等），它直接决定着政府能否制定出正确的政策和能否熟练地操作执行。二是政策效应局限性。政策效应的局限性主要体现在：政策效应的时滞性和政策效应的不平衡性等。政策效应的时滞性主要指一项政策实施以后不能马上见效，必须经过一段时间方能见效；而政策效应的不平衡性是指一项政策被实施后，假定它在经济生活中发生了作用，但很可能在同一领域内的两个对立的方面所起的作用是不相等的。此外，任何政策都有可能产生一定副作用或政策效应渐次递减效应。上述政策的种种局限性势必影响政府的干预与调控效果。三是市场发育程度的限制。政府宏观经济调控功能的正常发挥主要取决于市场发育的状况。市场发育程度的差异不仅使各国政府的宏观调控作用有所不同，而且还限制了政府调控手段的使用。例如，我国由于金融市场的不发达等因素限制，使得成熟市场经济条件下的一般性政策工具不能正常使用，而必须采用政府替代或其他一些过渡性的手段（主要是差别对待政策或一些行政政策）。实践表明，这些手段长期或过度使用，会使价格扭曲或使市场微观主体的积极性降低，从而影响了资源配置效率，限制了政府宏观经济调控效果的提高。四是被调控对象的限制。政府调控效果不仅取决于政府自身，而且还取决于政府是否有能力驾驭被调控者。实践证实，由于政府调控目标的综合性和社会性，必要时要以牺牲部分效率换取一定的公平，以牺牲一定增长速度换取必要的稳定。政府所追求目标的社会性、长远性往往和以追求利润最大化的生产者以及消费者产生矛盾和冲突，使许多调控措施遇到反抗和抵制，使得调控政策难以彻底贯彻，从而使政府的干预或调控大打折扣。五是信息技术的限制。现代市场经济是信息化的经济，大量信息的快速传递和高效处理已成为现代化经济运行的基本特征。由信息不足或信息处理不当而引发的政府失灵已经被无数次实践所证实。政府调控必须建立在丰富与准确的信息技术基础上；从政策的制定到政策的实施，以及政府对经济的监测和预警等，每一步都离不开信息。政府调控离开了全面、准确的信息也注定会出现决策失误和干预低效等。我国由于市场经济不发达，信息不能合理流动，信息被人为阻隔现象严重，各级政府官员为了追求政绩而虚报、瞒报信息的现象仍然存在。这些都成为影响政府正确进行宏观经济决策与调控的障碍。段宗志（2003）提出，在我国转型经济条件下宏观经济政策效果会受到诸多因素的制约：政府投资为主，民间投资比重低，投资对利率变化反应不敏感；收入分配差距大，边际消费倾向低；消费需求不足，抑制投资乘数效应的发挥；预防性储蓄使货币需求利率弹性小。胡俊波（2004）提出，市场与市场主体的塑造是提高宏观调控有效性的基础。原因在于，目前还有很多的国有企业并未建立起现代企业制度，不能成为真正的市场主体。由于产权的缺失这些企业不受产权的激励与约束，企业的生产行为也不受价格机制与供求机制的制约，从而使通过改变市场参数来调节经济运行的宏观调控的作用不能很好地发挥。首先，由于市场发育不完全导致市场残缺、扭曲和分割也会影响宏观调控的有效性。其次，提出政府权力界定与行为规范是提高宏观调控有效性的核心。原因在于，目前政府在宏观调控的过程中由于受计划体制的影响其行为方式仍然有不合理的地方，而行为方式不合理的原因在于政府的权力边界过大，权责不对称。再次，提出信息结构优化是提高宏观调控有效性的前提。虽然，在计划经济体制向市场经济体制转轨的过程中，宏观调控快速性的"减弱"有合理的成分，但是通过缩短信息的收集时滞、决策时滞、政策传导时滞以及作用时滞仍然可以进一步提高宏观调控的快速性。最后，提出制度的构建与完善是提高宏观调控有效性的保障，为此，既要完善对微观主体的制度约束机制，也要完善对政府的制度约束机制。赵萌（2005）认为当前宏观调控的仍然面临着体制性束缚。具体地说：一是宏观调控的对象更复杂。体制转轨形成的宏观调控对象的复杂性，主要表现在我国经济运行中的微观主体既有在旧体制模式下运行的，也有在新体制模式下运行的，还有处于两种体制转换过程中的。各种微观主体的不同运行模式导致了其对宏观调控的不同反映程度。由于目前我国的宏观调控难以对不同的微观主体采取不同的调控手段，因此，在同样的宏观调控作用下的微观主体的复杂性，明显降低了宏观调控的效力。二是经济结构失衡使宏观调控的难度加大。事实上，经济结构失衡并不是一定体制转轨所导致的，但改革过程中的体制转轨却加剧了我国经济结构的失衡。城乡二元结构、贫富差距、经济增长中的消费拉动因素和投资拉动因素的不平衡等诸多问题在体制转轨过程中不但不能得到矫正，反而在一定程度上加重了。因此，新一轮经济增长遇到的严重的结构性障碍，意味着市场经济运行存在着系统性、整体性风险。三是承载宏观调控体系运行的制度性基础缺失。当前，我国正处于经济体制转轨的过程之中，国家宏观调控体系面临着新的挑战。主要表现在：在当前旧有的体制基础未完全打破，新的体制基础也未完全建成的情况下，国家宏观调控的效果会因此而大打折扣。四是行政性调控手段对市场主体理性预期的作用减弱。从总体上看，体制性束缚是宏观调控面临着的最大障碍。因此，宏观调控从一定程度上只是掩盖了经济运行的潜在矛盾和冲突，或是拖延矛盾冲突、碰撞的时间。而要解决当前的困境，只有加快制度建设和体制改革的进程，尽早完善宏观调控的体制基础。伞锋（2006）认为，当前有五方面因素影响宏观调控政策效果：（1）地方对宏观调控认识不一致，部分地区对调控政策消极抵制。当前宏观调控实质上是调整中央与地方政府之间的资源配置权利。当宏观调控政策与地方政府的利益不一致时，地方政府完全有可能"曲解"宏观调控政策。（2）半开放的经济和缺乏弹性的汇率形成机制，使货币政策的效果被削弱。从理论上讲，在实行固定汇率体制的开放经济中，货币政策对抑制投资增长没有作用，这是因为，紧缩货币供给将提高利率水平和吸引外资流入。但是我国实际上是一个半开放、半浮动汇率的体制。这样的体制必然会对货币政策的独立性和实施效果带来很大的挑战。（3）企业所有制结构的多样化、自有资金实力的明显增强，使宏观调控的部分措施失效。原则上各级政府决定国有和国有控股企业的人事权，因此行政手段对国有经济的行为有一定的约束力。相比之下，对非国有经济的调控只能采取经济手段和法律手段。近年来，非国有经济的比重越来越大，使行政手段的效力受到了限制。（4）不同部门对经济形势和宏观调控认识不一致，不能给企业发出清晰的信号，影响了政策的时效性，增加了政策协调成本。另外，真正对宏观调控形成硬约束的只有投资、货币和税收等政策，其他政策如降低能耗、减少污染物排放等指标，对企业这个层面还没有形成硬约束。（5）我国部分统计数据未能真实反映经济运行的实际情况，还存在一些虚假的成分，影响了宏观决策。在上述五个因素影响宏观调控政策显效的情况下，行政检查和法律制裁无疑是两个最有效的手段。从短期看，只要能够使"管住土地、管住信贷"的各项政策得到真正的落实，宏观调控的成效就会显现。但是，从长期看，投资和信贷之所以过快增长，土地的闸门之所以时紧时松，主要还是体制和机制上的问题造成的，这些问题如果得不到解决，投资仍有可能会反弹，过不了多久就需要新的宏观调控。[①] 孙涛（2007）探讨了影响我国宏观调控政策发挥其有效性的因素。重点从两方面着手：一是政策性因素，包括政策的透明度、政策时滞以及宏观调控政策之间的协调配合问题；二是非政策性因素，包括政府形象与政府能力、公众预期、经济运行环境和中央政府与地方政府的角色定位，其中经济的运行环境中，着重讨论了市场主体、市场秩序和市场开放程度对宏观调控政策有效性的影响。余华义（2008）认为，我国宏观调控效果弱化的根源在于我国现行制度下投资型经济增长方式与宏观调控内生的矛盾，而中央对地方政绩单一指标考核形成的委托—代理关系，以及中央和地方政府财权、事权不统一更加剧了这一矛盾。此外，中央在制定宏观调控政策时忽视民众预期，也在一定程度上削弱了宏观调控效果。张辉（2009）指出，宏调"万能化"和对宏调政策持"等""要"的态度，是影响当前宏调功能有效发挥的两大认识障碍。在此基础上，认为除了宏观调控自身的局限性，宏观调控功能的发挥还受多种因素影响和制约。这些因素包括：其一，宏观调控政策方向和时机直接决定着宏观调控的效果。其二，宏观调控面临的国内外环境更加复杂，为宏观调控政策的出台形成较大难度。其三，经济主体对宏观调控的反应程度也极大影响着宏观调控的效果。其四，宏观调控所处的市场和法治环境，会对宏调效果形成一定制约。在成熟的市场经济和完善的法制条件下，宏观调控的效果与预期更为接近。其五，宏调政策和市场机制的结合程度。"宏观调控应该是市场机制的补充或校正。""如果逆着市场机制走，宏观调控肯定不会持久，也不会长期见效。"其六，经济状况的好坏影响着宏调作用的发挥。经济运行良好时，宏观调控就更容易见效；反之，则阻力较大。经济状况和宏观调控呈现一种相互作用的关系。其七，社会心理对宏观调控具有一定的反作用。在宏观政策出台前，社会上会形成一种政策预期，并根据预期采取相应的政策。由此导致政策效应有可能提前释放，政策出台以后作用反倒看起来并不明显。对这些制约因素，宏调决策者、执行者和被调控的市场主体，都应该有理性的认识，决不能过高期待或苛责宏观调控政策。陈孝兵（2010）认为，当前我国宏观调控的有效性受到了一些客观限制：一是宏观调控有效性需要有实在的市场基础条件，这主要包括市场主体的独立性市场主体责权利的平衡，并最终反映到市场主体对宏观调控的有效反应上；二是宏观调控的有效性还需要宏观调控政策的权威性。这不仅包括宏观管

---

① 子宇. 五大因素制约宏观调控效果 ［J］. 经济研究参考, 2006 (87).

理当局本身的权威性，如令行禁止，而且还包括各个宏观管理当局之间的协调配合。因此，从根本上提高宏观调控的有效性不是无条件的，实施调控后的效果与我们的预期还会存在这样或那样的偏差，特别是政策层面的操作方式比较复杂，无疑会增强宏观经济运行态势的不确定性。韦东、刘厚俊、黄犟（2011）认为，影响我国宏观调控效果的因素包括：对宏观经济形势的判断、调控层面与重心的权衡、调控方式与工具的选择、宏观调控中灵活度的把握、国内体制因素的制约，包括中央和地方的关系和政府管理体制、国际经济传导的扰动。

　　上述学者的研究表明，有诸多的因素影响着宏观调控的效果。这些因素既包括宏观调控本身的局限性，具体包括调控方式与政策工具的选择、调控政策时滞、宏观调控政策的权威性等，还有对宏观经济形势的判断、市场发育程度、体制基础与障碍、预期等社会心理、中央和地方的关系、国际经济传导等。这些因素或者构成对宏观调控的制约，或者成为直接和间接影响着宏观调控作用的发挥，导致宏观调控效果的弱化甚至宏观调控失效。在长期的宏观调控过程中，出现了许多宏观调控失败的案例。例如，国家对房地产市场的调控，尽管在一段时期内调控政策频出，在调控手段上使用了行政手段、经济手段和法律手段，然而，社会上对房地产宏观调控效果的满意度仍然较低，甚至有地产商公开称，欢迎政府调控，"因为调一次，房价就涨一次。"同样，资本市场更是宏观调控"失灵"的多发地。1994 年 8 月"三大救市"政策、1996 年 12 月《人民日报》评论员文章、1999 年"5·19"行情和 2001 年 10 月底的暂停国有股减持……不但未能稳定股市，一定程度反而成为股市大涨大落的"推手"，影响了资本市场的健康发展。这些案例充分说明，要真正做到进一步加强和改善宏观调控和"科学的宏观调控"，充分发挥宏观调控在社会主义市场经济体制下的重要作用，就必须加深对影响宏观调控绩效的因素的认识。

## 7.3.2　影响宏观调控绩效的主要因素分析

　　要全面地认识影响宏观调控绩效的各种因素，明确这些因素在宏观调控过程中发生影响作用的机制和重要程度，就必须对宏观调控的运行机制及其过程有一个全面的认识，对可能影响宏观调控绩效的诸因素及其特点进行充分的认识与详尽的分析。

　　一般说来，宏观调控是政府为实现宏观经济调控目标，根据经济运行的特点综合运用各种政策手段对宏观经济进行干预、调节和控制的过程。在这一过程中，在诸多环节都存在着影响宏观调控绩效的因素，具体表现在以下几个方面。

　　一是宏观调控的主体与客体。宏观调控的主体是中央政府，这一点在党的十四届三中全会通过的《中共中央关于建立社会主义市场经济体制若干问题的决定》中已经得到明确："宏观经济调控权，包括货币的发行、基准利率的确定、汇率的调节和重要税种税率的调整等，必须集中在中央。这是保证经济总量平衡、经济结构优化和全国市场统一的需要。"对于中央政府这一调控主体来说，影响宏观调控绩效的主要因素包括中央政府宏观调控的能力、中央政府中与宏观调控相关的职能部门的协调配合等问题。应该说，随着体制改革的不断深入，中央政府宏观调控能力在经历八次宏观调控之后得到了显著的提升，但是，经济运行环境的变化、国际经济的影响以及经济中不断出现的新情况、新问题无时无刻都在考验着中央政府的宏观调控能力。此外，中央政府中与宏观调控相关的职能部门长期存在"九龙治水"式的多头管理，相互的协调配合总是存在一定的问题，也必然会影响宏观调控的效果。对于宏观调控的客体来说，刘平理（1995）认为，包括法人企业、自然人企业、各级政府系统和其他四大类，刘瑞（2006）认为，公民、法人或者其他组织都是宏观调控的客体，其中自然包括了地方政府。从总体上说，宏观调控的客体和对象具有多层次性、复杂性和多目标的特点，且在体制转轨过程中，地方政府、微观经济组织和居民等调控客体的行为出现不断变化的趋势，必然会影响到宏观调控的效果。首先，从地方政府的行为及其变化来看，改革开放以来，地方政府在中国经济的长期持续高增长过程中一直扮演着"准市场主体"的重要角色，在行为上表现出两个特点：第一个特点是以放权让利为主要特点的体制变革使得地方政府具有极强的投资扩张偏好，直接影响到经济结构的调整和优化，这些体制因素包括任期制与短视效应、财政分灶吃饭体制与分权制带来的财政激励、GDP主义与官员晋升带来的政治激励。地方官员为了实现本地区的经济发展与个人的政治升迁，热衷于在任期内通过地方政府融资平台和土地财政筹措资金来开展大规模的经济建设与城市建设，形成了一轮又一轮的投资周期性扩张。这一现象在1992年以前的中国经济中屡见不鲜，并引发了经济过热，加剧了结构的失衡。在1992年确立了建立社会主义市场经济体制的目标之后，1994年、1998年、2003年、2008年和2012年，又先后出现了五次地方政府的投资扩张。特别是2012年以来，各地借"稳增长"之名，纷纷推出了巨额体量的"地方版四万亿投资计划"，表现出极高的投资热情与投资冲动。这种周期性的投资扩张在推高经济增长的同时，也给经济结构的调整和优化带来了消极影响，即由周期性的投资扩张造成的投资与消费的经常性失衡、投资扩张中偏重第二产业所加剧的产能过剩和产业结构不合理、偏重资本投入轻视研究与开发所导致的要素投入结构不合理等。第二个特点是地方政府与中央政府的博弈，在一定程度上影响了调控的效果，导致宏观调控的失效。改革开放以来，财政体制的结构调整在调动和激发地方积极性、维护并加强中央的财政能力的同时，也诱发和强化了地方势力的崛起，以至于形成了所谓的"诸侯经济"及地方保护主义。"诸侯经济"的直接后果是地方政府在谋取地方利益和显示政绩的前提下进行速度攀比，竞相扩大投资和消费，造成区域割据和结构趋同。一些经济发展较快的地区如广东等向中央政府要"政策"，进而获得经济快速发展，而经济的快速发展又使得这些地区拥有足够的资本在随后的改革过程中与中央政府进行讨价还价，在政治利益和经济利益等方面与中央政府进行博弈。这种情形甚至演变为一种示范效应逐步得到推广和效仿。从中央政府针对每一次的经济过热的宏观调控实践来看，正是地方政府追求经济增长的高速度和大规模投资扩张造成了经济过热，而对于中央政府的调控措施，地方政府在坚持地方自主性、注重发展和保护地方利益的同时，往往会为了局部利益对中央政策贯彻不力或是在执行时大打折扣。在应对金融危机带来的增长失速时，地方政府往往置中央政府调控方式的转向于不顾，继续热衷于传统的投资拉动手段，在加剧经济结构失衡的同时导致宏观调控决策的效果不彰。加之地方政府的多层级与区域差异性，在客观上也会导致宏观调控的结果对地方经济、区域经济具有较大差异和效应不一。

其次，从不同类型的企业及其行为来看，一般地说，企业以利润最大化作为决策目标，但如果将企业区分为国有企业、外资企业和以中小企业为主体的民营企业三种类型，可以发现，这三种不同类型的企业又分别表现出不同的行为特征。其中，国有企业由于软预算约束的存在而普遍出现强烈的投资冲动与扩张意愿，导致出现过度投资行为。由此可见，利润最大化就不是唯一的目标函数了；对于外资企业来说，利润最大化自然是唯一目标；对于民营企业来说，虽然中央政府多次给民营企业"松绑"，近年来就先后推出"非公36条""新36条"等政策措施，但由于民营企业的性质以及体制原因，导致普遍存在贷款难、融资难等现实问题，因而投资意愿不足、规模偏小。随着市场经济体制的建立和微观经济组织产权多元化，不同企业接受宏观调控的程度以及方式、力度都会有差别。一般而言，国有企业接受调控的程度要高一些，方式要直接一些，力度要大一些；而非国有企业接受调控的程度要低一些，方式要间接一些，力度要小一些。但在中央政府的宏观调控面前，所有经济组织都没有例外。1998年实施的积极财政政策，其本意是通过政府投资带动民间投资，然而，一方面，大型的基础设施建设计划（即所谓"铁公基"）主要都是由国有企业来承接；另一方面，积极财政政策不仅未能有效拉动民间投资，在一定程度上甚至对民间投资产生了"挤出效应"。因此，民营企业由于客观上存在的先天不足与后天资源分配的严重失衡导致在与国有企业的竞争中常常陷入不利地位，普遍存在的"玻璃门"效应成为制约民营经济发展的障碍。此外，地方政府与企业在转轨过程中为了各自的利益在经济发展、环境保护和审计等多个领域形成了"合谋"现象。[①] 王箐和魏建（2011）在分析中国企业表现出的强烈扩张冲动中，加入了政府因素来分析政府对企业扩张的影响，结果表明，政府官员对产出和企业规模的强烈偏好使企业将产出引进目标函数偏离利润最大化的目标，导致企业规模高于企业利润最大化时的规模，出现过度扩张。这一政企合谋现象使得宏观调控的微观基础变得更为复杂，从而加大了宏观调控的难度。而一些特殊行业存在的既得利益集团也给宏观调控带来了消极影响。最后，居民作为最基本的经济主体的行为直接影响着经济结构，进而影响着宏观调控的效果。其一是长期以来，节俭、重储蓄等传统观念使得中国居民的消费意愿不强，从而导致储蓄率高企而消费率偏低，而收入增长缓慢以及城乡收入差距、不同行业和地区收入差距的不合理更加强化了这一观念。其二是经济增长的下降造成居民普遍预期收入下降，使得居民消费受到未来预期的影响从而造成消费意愿不足。其三是收入分配差距也带来了消费层级的差异，导致低收入群体消费意愿不足，而高收入群体在基本生活需要得到满足后急需的高端消费的供给不足，致使消费畸形、消费扭曲乃至浪费现象出现，对最终消费需求产生了极大的影响。韩海燕（2014）的研究表明，1995～2012年中国城镇七个收入阶层居民的实际消费与实际收入之间都具有长期稳定的均衡关系，但短期内会经常偏离。可见，居民的行为直接影响到需求结构、产业结构和收入分配结构的优化。

二是根据经济运行的特点确定宏观调控的目标。这里有两个重要环节：其一，客观认识和科学判断宏观经济运行的特点与形势，这是确定宏观调控目标的根本依据。对于经济运行的特点认识得准不准，对宏观经济形势的判断准确与否，关系到能否准确地确定宏观调控的目标，进而影响到宏观调控的效果。其二，科学合理地确定宏观调控的目标。宏观调控的目标是宏观调控的基准和努力方向，直接影响宏观调控效果和国民经济运行。在中国宏观调控的长期实践中，宏观调控的目标历来是一个具有多重目标的体系，并且在这些目标之间还具有多层次性。对此，方福前（2014）指出，中国宏观调控的第一重目标是改革、发展和稳定，第二重目标是促进经济增长、增加就业、稳定物价和保持国际收支平衡，而且后一重目

---

① 聂辉华，李金波. 政企合谋与经济发展 [J]. 经济学（季刊），2006（10）；张莉，高元骅，徐现祥. 政企合谋下的土地出让 [J]. 管理世界，2013（12）.

标要服从并服务于前一重目标。一般说来，中国宏观调控的目标既具有西方国家宏观调控传统的四大目标，也具有中国特色的结构调整目标，还具有根据经济运行特点确定的年度目标或临时性目标。例如，党的十四届三中全会通过的《中共中央关于建立社会主义市场经济体制若干问题的决定》中指出，宏观调控的主要任务是：保持经济总量的基本平衡，促进经济结构的优化，引导国民经济持续、快速、健康发展，推动社会全面进步。党的十八届三中全会通过的《中共中央关于全面深化改革若干重大问题的决定》中提出："宏观调控的主要任务是保持经济总量平衡，促进重大经济结构协调和生产力布局优化，减缓经济周期波动影响，防范区域性、系统性风险，稳定社会预期，实现经济持续健康发展。"2015 年 11 月 3 日党的十八届五中全会通过的《中共中央关于制定国民经济和社会发展第十三个五年规划的建议》中提出要"更加注重扩大就业、稳定物价、调整结构、提高效益、防控风险、保护环境。"可见，中国宏观调控目标具有多元性。多元化的目标在增大宏观调控难度的同时，也必然会影响宏观调控的效果。这是因为：其一，对于宏观调控来说，多目标的调控效果远不如单一目标的调控效果显著；其二，宏观调控的目标之间往往很难兼顾，在实践中难免会陷入顾此失彼的困境；其三，不同的调控目标之间有时还产生冲突，导致宏观调控难以取得预期的政策效果。在历次宏观调控的实践中，在宏观调控的目标确定方面，经常性地存在中长期发展战略和规划导向作用未能充分发挥；对外部均衡目标不够重视，导致外部失衡影响内部均衡的被动状况；总量目标与结构目标未能合理兼顾，存在总量调控恶化结构问题的状况；宏观调控的目标值预测和确定的科学性仍有待提升等问题。正因为如此，对于如何在客观认识经济运行的特点的基础上科学地确定宏观调控的目标与优先次序的排序，党的十八大报告明确提出："健全现代市场体系，加强宏观调控目标和政策手段机制化建设。"只有推进宏观调控目标的机制化建设，才能减少目标制定过程中的主观性和盲目性，最大限度地发挥宏观调控的作用和效果。

三是选择适宜的宏观调控政策、调控方式和手段。在根据经济运行出现的新情况、新特点科学地确定了宏观调控的目标之后，选择什么样的调控政策及其政策工具、采取什么样的调控方式和手段就成为宏观调控实施过程中的重要问题。也就是说，调控政策及其政策工具的选择、调控方式和手段的确定，其出发点和依据是宏观调控的目标，是围绕宏观调控目标这个中心来进行的。如果调控政策选择得不合理，政策工具选择失误，调控方式和手段不科学，必然会影响宏观调控的有效性。当然，不同的调控政策及其政策工具、调控方式与手段都具有不同的功能和作用，不同的调控政策及其政策工具甚至会出现作用的方向完全相反的现象。因此，既要重视根据确定的宏观调控目标来选择合理的调控政策及其政策工具、调控方式与手段，也要注重不同政策及其手段效果的叠加或抵消效应，避免出现"超调"或者效果弱化的问题。党的十八大报告指出"加强宏观调控目标和政策手段机制化建设"，将宏观调控目标与政策手段结合起来，强调调控政策及其手段搭配的机制化与政策工具选择的机制化，为合理选择调控政策及调控方式与手段指明了方向。

四是确保宏观调控的实施过程运转高效。作为宏观调控全过程的一个重要环节，宏观调控的实施过程中同样也存在诸多影响宏观调控有效性的因素。这些因素包括：中央政府作为宏观调控主体的权威性问题、调控政策的有效传导问题、调控政策福利效果和成本的评估与反馈问题等。在宏观调控的实践中，曾多次出现过一些地方政府、行业部门和既得利益集团出于各自利益的考虑与中央博弈的情况，在政策的贯彻执行上打折扣，流于口头化和表面化，出现政策走样、"上有政策、下有对策"等扭曲现象；在调控政策的传导方面存在生产要素市场价格体制未理顺、信贷传导渠道受银行体系结构影响存在扭曲以及中观传导环节的传导机制没有理顺等问题；在调控政策福利效果和成本的评估与反馈方面存在不科学、不及时导致不能准确及时地进行调控政策的调整等。因此，需切实维护中央宏观调控的统一性、权威性和有效性，做到政令通畅，令行禁止，执行高效；健全调控政策的传导机制，使中央的宏观调控政策能直接或间接作用于微观主体，使宏观调控的效果最大化；建立科学的动态监测系统，建立健全宏观调控绩效的评估与反馈机制，及时准确地评价宏观调控的效果，以偏于宏观调控政策和调整与退出。

此外，对宏观调控本身的认识、宏观调控赖以生存并发挥作用的市场条件与体制基础，以及经济全球化背景下国际经济之间的相互联系和影响，都会对宏观调控的绩效产生不同程度的影响。

首先，对宏观调控的认识越深刻、越科学，宏观调控发挥的作用就越大、效果也更好。30 年来，中国的宏观调控在学习和借鉴发达国家宏观管理经验的基础上，结合中国的具体国情，创造性地探索出一条具有中国特色的发展路径，没有盲目照抄照搬西方经验和做法，将总量调控与结构性调控有机结合起来，成功应对了短缺经济条件下投资消费双膨胀导致的经济过热和严重通货膨胀、有效需求不足导致的经济下滑和通货紧缩趋势、亚洲金融危机和国际金融危机等造成的严重冲击，以及重大疫情和严重自然灾害等重大突发事件，促进了经济持续健康发展，避免了经济大起大落，人民生活水平大幅提升，综合国力和国际竞争力显著增强，社会主义现代化建设取得了新的历史性成就。在这一过程中，政府对于宏观调控的认识逐步深化，宏观调控的经验不断丰富，宏观调控的效果也越来越显著。但是，在宏观调控的实践中也还存在一些问题和不足。对此，徐绍史（2013）总结为："体现经济发展质量和效益、居民生活改善和生态建设等方面的指标仍然不足，市场化调控工具尚不完善，行政干预手段使用仍然较多，统筹协调作用有待加强，政策之间效果抵消或负面效应叠加时有发生，调控决策及其实施的规范化、机制化建设滞后，政策传导机制不畅，宏观调控政策实施的法律保障和权威性、执行力不足。"这些问题的存在，影响了宏观调控的科学性和有效性。党的十八届三中全会通过的《中共中央关于全面深化改革若干重大问题的决定》指出："科学的宏观调控，有效的政府治理，是发挥社会主义市场经济体制优势的内在要求。"将对宏观调控的认识提升到科学的高度，在党的重大决定中第一次明确提出了宏观调控的科学性问题。目前看来，我们对宏观调控的认识距离科学的宏观调控尚有较大的差距。也正因为如此，宏观调控的效果尚有较大的提升空间。

其次，从市场条件来看，市场发育程度是否充分、市场机制是否健全、市场体系建设是否完善，都会影响宏观调控的效果。这是由市场经济的基本特征所决定的。因为市场经济条件下市场存在的自发性、盲目性和滞后性需要宏观调控来解决，而市场条件也是宏观调控赖以生存和发挥作用的基础。离开了一定的市场条件，宏观调控就成为无水之源、无本之木。而社会主义市场经济体制包括发挥市场作用和加强国家宏观调控两个不可分割的方面，如果市场发育充分、市场机制健全、市场体系建设完善，宏观调控有效性就可以得到充分发挥，宏观调控的效果也就可以达到最大化。经过 30 多年的体制改革，市场的作用在社会主义市场经济中逐渐由弱变强。转轨伊始，我国市场的情形与东亚国家在发展的初期相类似，普遍存在着市场发育不足，市场规模的扩大受到各种因素的抑制，市场远没有达到可以正常运作的程度。特别是在改革初期，市场不会自发形成，市场的培育需要政府采取强制性的制度变迁来完成。随着市场化改革的逐步深入，特别是 1992 年社会主义市场经济体制的确立，我国的市场化进程明显加快，市场规则的完善、市场秩序的规范、市场缺陷的弥补等方面都取得重大进展，市场在资源配置中开始发挥重要作用。从总体上看，在我国经济转型过程中，市场的作用正经历由"弱市场"向"强市场"的转变。① 董晓宇、郝灵艳（2006）用市场化指数对我国市场化程度的测算结果表明，从 1978～2007 年，我国市场化的程度保持了总体上升的趋势，年均增长 1.56 个百分点；市场化程度提高的幅度与市场化改革的进程基本吻合。以 1992 年为界，此前的市场化程度提高比较缓慢，1992 年之后，市场化的进程开始加快，市场化指数提高的幅度逐步增大；从 1998 年开始，我国的市场化指数超过了 60%，到 2007 年我国的市场化指数接近 74.0%。樊纲等（2011）利用我国各省份的市场化指数定量考察了市场化改革对 TFP 提高和经济增长的作用。结果显示，1997～2007 年，市场化指数对经济增长的贡献达到年均 1.45 个百分点。市场化改革进程的推进改善了资源配置效率和微观经济效率，这一时期全要素生产率增长的 39.23% 是由市场化改革贡献的。市场化的实际贡献还可能更大，因为改革期间要素投入和科技进步的加速，以及基础设施条件的改善，也都与市场化有密切的关系。曾培炎（2012）指出，我国基本建立起以市场形成价格为主的机制，在全部消费品生产和绝大部分生产资料生产中取消了指令性计划，95% 以上的商品和服务已由市场决定价格。建立了多层次的消费品市场，劳动力、土地、资本、技术等生产要素市场迅速发展。各类市场在相互联系、相互作用中，逐步形成了体系完整、机制健全、统一开放、竞争有序的现代市场体系，使各类商品交换能够以最有效率的方式进行。在市场机制的作用下，通过价值规律调节供求关系，商品和服务的供给能力大为增强，绝大多数商品呈现供求平衡或供大于求。然而，市场本身的缺陷和扭曲、市场体系的不完善，严重制约了市场配置资源决定性作用的有效发挥，造成了资源错配、结构失衡、发展粗放等一系列问题，也弱化了宏观调控的效果。刘世锦（2014）指出，我国市场体系尚不完善，难以适应产业转型升级和经济发展方式转变的要求。具体表现在市场开放性不够，部分领域存在不当准入限制；竞争公平性不够，市场分割和地方保护现象时有发生；市场运行透明度不够，人为制造寻租空间；部分基础产业和服务业价格尚未理顺，存在严重扭曲；要素市场发育滞后，要素配置效率亟待提高等。总的来看，尽管我国市场体系建设取得了长足进展，但与建立统一开放、竞争有序的市场体系的预期目标还有相当大的距离。对此，党的十八届三中全会通过的《中共中央关于全面深化改革若干重大问题的决定》中从建立公平开放透明的市场规则、完善主要由市场决定价格的机制、建立城乡统一的建设用地市场、完善金融市场体系和深化科技体制改革五个方面提出了加快完善现代市场体系建设的重大任务。

再次，从体制基础上看，中国社会科学院经济所宏观组（1999）认为，在市场化过程中，政策效应的发挥往往离不开体制上的相应变革，因为体制的不完善不仅会使任何一个政策操作产生正反两方面的效应，而且有可能进一步放大负效应而抑制正效应。从不同转轨阶段的体制基础来看，转轨前期，中国经济运行的体制基础被许多学者称为"双轨制"或

---

① 庞明川. 资源配置效率与公平视野的"强政府—强市场"目标模式 [J]. 改革，2013（11）.

"体制外"现象，① 体现为传统计划体制向市场体制的过渡阶段，一方面，计划体制逐渐走向衰落，但仍主导着经济运行；另一方面，市场体制虽逐渐增强，但尚未得到确立，因而其基本特征表现为计划与市场"双轨"。在转轨中后期，所对应的体制基础是在市场经济体制框架的基本建立，一方面，经济运行的基本特征是市场型的，市场机制的主导作用与市场失灵、市场缺陷同时存在于经济运行中，与之相适应的政府与市场的关系也在逐步完善过程中；另一方面，由于经济转轨并未完成，市场机制运行的效率又必将受制于传统体制下各种遗留问题的解决。由于起主导作用的市场体制还比较脆弱，市场失灵、市场缺陷等直接影响了市场功能的有效发挥，而传统体制的一些微观基础还在发挥作用，还在影响着市场机制的运行效率。受此影响，1998 年积极性政策的扩张效应作用于经济运行，自然也就不能起到带动投资和消费、恢复经济的自主增长能力的效果。2003 年以来的体制基础仍是不完善的市场体制，一方面，市场体制的基础还不稳固，市场体制本身还需进一步完善；另一方面，经济中的一些深层次矛盾和问题还在深刻地影响着市场功能的发挥，影响着市场机制的效率。因此，这种由市场机制主导的体制基础既有市场体制的一般特点，也有完善体制阶段的特殊性。这种体制特点必然影响到经济政策乃至宏观调控政策作用的发挥，并直接决定着政策的效果，造成了转轨中后期宏观调控政策的绩效不如转轨前期显著的结果。对此，吴超林（2001）认为："针对经济总量非均衡的宏观调控如果没有坚实的微观基础，那么，作为一种外生的制度安排的政策效应释放必然受到极大的制约。宏观调控政策的传导还需要相应有效的市场传导条件或机制。在中国，由于市场结构并不完全，特别是资本市场和货币市场在相当大的程度上仍属管制市场，缺乏有效的市场传导机制使宏观调控成为一种外生于市场条件的政府安排。因此，宏观调控政策能否发挥作用已不仅仅是政策本身的问题。"由此可见，中国经济发展的特殊国情是导致宏观调控效果不佳的主要原因。由于中国整个经济基础与市场体制都发生了根本性变化，而政府依然沿用计划经济思维，希望以旧有工具调控现有经济，走政府干预经济的计划老路，自然达不到调控效果。当前，我国正处于完善社会主义市场经济体制的攻坚阶段，还不是成熟的社会主义市场经济体制。根据世界各国的经验，运作规范和有效的市场经济体制一般具有五大共同特征：独立的企业制度、有效的市场竞争、规范的政府职能、良好的社会信用和健全的法制基础。因此，在完善体制阶段，社会主义市场经济体制改革在完善基本经济制度、现代市场体系建设、加强和改善宏观调控、加强社会服务和文化建设等一系列重要领域和关键环节不断取得新进展，宏观调控面临的体制基础已经比转轨前期与转轨中期更为完善，但是，市场体系不完善、政府干预过多和监管不到位等问题仍然影响着宏观调控的效果。对此，党的十八届三中全会通过的《中共中央关于全面深化改革若干重大问题的决定》明确提出"经济体制改革是全面深化改革的重点，核心问题是处理好政府和市场的关系，使市场在资源配置中起决定性作用和更好发挥政府作用。""必须积极稳妥从广度和深度上推进市场化改革，大幅度减少政府对资源的直接配置，推动资源配置依据市场规则、市场价格、市场竞争实现效益最大化和效率最优化。政府的职责和作用主要是保持宏观经济稳定，加强和优化公共服务，保障公平竞争，加强市场监管，维护市场秩序，推动可持续发展，促进共同富裕，弥补市场失灵。"

---

① 张军．"双轨制"经济学：中国的经济改革（1978－1992）[M]．上海：上海三联书店、上海人民出版社，1997；吕炜．经济转轨理论大纲 [M]．北京：商务印书馆，2006.

最后，从国际经济的影响来看，日益紧密的国际经济联系使得各国的宏观经济的稳定性减弱，导致宏观经济政策的不确定性上升。这种国际经济联系的增强在给宏观调控带来挑战的同时，也给宏观调控的绩效造成不同程度的影响。这是因为：其一，一个开放经济体系很容易受到国际经济的波动和资金流动的冲击，这些冲击直接影响着该经济体的稳定性和宏观政策操作。1951 年，詹姆斯·米德（J. Meade）在《国际经济政策理论》第一卷《国际收支》中提出，在保证货币政策有效性的前提下，资本自由流动和固定汇率制度不能共存。该观点被称为米德"二元冲突"或"米德难题"。1963 年，罗伯特·蒙代尔（R. A. Mundell）和 J. 马库斯·弗莱明（J. M. Flemins）提出蒙代尔—弗莱明模型（Mundell – Fleming Model）对开放经济下的 IS – LM 模型进行了分析，指出在没有资本流动的情况下，货币政策在固定汇率下在影响与改变一国的收入方面是有效的，在浮动汇率下则更为有效；在资本有限流动情况下，整个调整结构与政策效应与没有资本流动时基本一样；而在资本完全可流动情况下，货币政策在固定汇率时在影响与改变一国的收入方面是完全无能为力的，但在浮动汇率下，则是有效的。由此得出了"蒙代尔不可能三角"理论，即货币政策独立性、资本自由流动与汇率稳定这三个政策目标不可能同时达到。1999 年，保罗·克鲁格曼（P. Krugman）根据上述原理画出了一个三角形，称为"永恒的三角形"（eternal triangle），清晰地展示了"蒙代尔三角"所揭示的开放经济下的政策选择存在的三元悖论（impossible trinity）：本国货币政策的独立性，汇率的稳定性，资本的完全流动性不能同时实现，最多只能同时满足两个目标，而放弃另外一个目标。其二，经济的全球化使得各国经济的相互依存性大幅上升，由于市场的不完整性，使得在封闭经济条件下各国通过制定相应的财政政策、货币政策以实现国内经济均衡的前提已经发生了重大改变，在开放经济条件下，一国采用的宏观经济政策就会影响与其经济联系密切的国家的发展，单纯靠国内的财政政策和货币政策已经难以实现一国国内的经济均衡。随着经济全球化趋势的日益明显，各国经济交流逐渐深化，经济联系达到了空前的融合。然而，各国实施的经济政策存在溢出效应（spill over effect）与溢入效应。其中，溢出效应是指国内经济政策实施后没有或者只有很小一部分作用于国内有关经济变量，从而使国内经济政策达不到预期的目标。弗兰克尔（J. A. Frenkel）等认为，溢出效应是一国国内经济与世界其他国家之间发生重要联系的结果。[①] 这种联系包括两个方面：（1）一国与其他国家通过贸易流量发生联系，即一国的出口是另一国的进口，一国贸易流量的变化会影响有关国家的收入和就业水平，一些出口导向型的国家更是如此。（2）国际上的资本流动把国际利率差异和预期汇率变化连在一起，影响国内利率的政策会通过真实汇率的变化对贸易伙伴国产生影响。溢入效应是指由于开放经济所带来的世界间的密切联系，其他国家的有关经济政策会通过相应的渠道波及国内，从而干扰或削弱国内经济政策实施的效果。溢出效应和溢入效应说明各国之间所采取的经济政策是会相互影响的。因此，为了实现预定的经济目标，各国必须加强宏观经济政策的协调。在这种前提下，如果各国采取非协调的经济政策，其结果往往会背离政府或有关当局通过系列经济政策发展或调节经济的初衷，进而偏离要实现的经济目标。

中国自改革开放以来，特别是加入 WTO 以来，与国际经济的联系日趋紧密。张平（2006）认为，中国现阶段开放的事实可能是一个混合体，既有外贸依存度高的小国模型特

---

① Frenkel, Jacob, A. Razin, and C. W. Yuen. Fiscal policies and growth in the world economy ［R］. Mpra Paper 1, 1996. Frenkel, J. and A. Razin, Fiscal Policies and Growth in the World Economy ［M］. MIT Press, Cambridge. 1996.

点，又因汇率受干预度高经常会引起套利性的问题，同时中国又是一个大国，其发展又可以不依赖外部。这些混合性特征构成中国近一段政策运用效果的很多争论。[①] 因此，理解中国宏观政策是否有效，必须对开放条件加以理解，分清国际扰动的特征，有的放矢地使用宏观政策组合。[②] 在对外开放不断深入、国际经贸往来飞速增长的情况下，一方面，输入性通货膨胀、能源资源等大宗商品的价格波动、东南亚金融危机和美国金融危机的国际传导、主要国家宏观经济政策变化带来的溢入效应等都给中国经济造成了深刻的影响。[③] 另一方面，目前，中国经济总量稳居世界第二位，并成为全球第一货物贸易大国和主要对外投资大国，经济实力和国际影响力又上了一个新台阶。在这样的背景下，中国宏观经济政策的调整，特别是关键政策的调整对全球经济影响的外溢性越来越突出了，世界各国都高度关注中国经济的外溢性以及中国与其他主要经济体政策互动方面的影响力。中国经济面临的溢入效应与溢出效应改变了政府宏观调控发挥作用的环境，增加了政府实施宏观经济政策的变数和难度，财政和货币政策的自主性被严重削弱。因此，作为负责任的大国，在实施科学的宏观调控、切实增强宏观调控的针对性、有效性和前瞻性的同时，还要积极参与国际宏观经济政策的协调。对此，徐绍史（2015）指出，我国经济已经深度融入世界经济，国际投资贸易格局变化、世界资本流动、大宗商品价格波动、主要经济体经济政策调整都会不同程度传导和影响到国内经济运行。在这样的大背景下，宏观调控必须具备全球视野，统筹两个市场、两种资源，更多参与国际宏观经济政策协调，推动国际经济治理结构完善。要加快形成参与国际宏观经济政策协调的机制，主动加强与主要经济体的政策协调和沟通，更加积极地参与多双边国际经济合作，提升国际话语权，推动国际宏观经济治理结构改革，促进国际经济秩序更加公正合理。张晓晶（2015）认为，经济全球化的发展形成了不同经济体之间的相互依赖。有了相互依赖，就会有溢出效应。而且，中国成为一个大国、世界第二大经济体，一举一动对世界产生的影响亦即溢出效应是无法忽略的。大国溢出效应要求加强国际政策协调和敦促各国践行负责任的经济政策。首先是加快形成参与国际宏观经济政策协调的机制。密切跟踪国际经济金融形势和主要经济体宏观经济政策变化，认真评估分析其对我国宏观经济和政策实施的影响，主动加强与主要经济体的政策协调和沟通，更加积极地参与多双边国际经济合作，提升国际话语权，推动国际宏观经济治理结构改革，促进国际经济秩序更加公正合理，营造有利的制度环境，拓展发展空间，维护开放利益。其次是敦促各国践行负责任的经济政策。一方面，关注世界发展的中国因素，即中国无论是发展规划还是宏观政策的制定，都需要将其对外部世界的潜在影响考虑进去。尽管我们奉行独立自主的政策，中国的事自己管，但中国的政策不再是中国一家的事，这是一个负责任大国的自觉意识。另一方面，关注外部因素对中国的影响和冲击，要求相关国家也要采取负责任的经济政策。如美国，就要关注本国经济金融政策的外溢性影响（如货币政策正常化可能带来的全球性冲击），采取负责任的经济政策。这就需要自我约束，也需要一定的机制（如 G20 等）相互监督和协调。

---

①　张平 . "大国效应"和自主宏观政策选择［J］. 经济学动态，2006（10）.

②　张平 . 宏观政策有效性条件、运行机制、效果和复苏后的抉择［J］. 经济学动态，2009（12）.

③　2004 年前后的新一轮物价上涨见证了国际传导的突出作用，国际能源、自然资源价格的飙升对我国物价形成了巨大的冲击。参见金三林，杨琴 . 从新一轮通货膨胀的特点看 2005 年物价走势［J］. 价格理论与实践，2004（11）；此外，钱行（2006）的研究表明欧盟和美国的通货膨胀的国际传导对我国物价有着显著影响。参见钱行 . 通货膨胀国际间传导对我国影响的实证检验［J］. 数量经济技术经济研究，2006（11）.

# 第 3 篇　中国特色宏观调控的理论范式与发展方向

第 1 篇阐释的中国特色的宏观调控具有明显不同于西方国家宏观调控的三大源流，为全面理解和把握中国特色宏观调控奠定了坚实的理论基础。第 2 篇对中国特色宏观调控的实践模式与政策绩效进行系统分析，为后续的理论归结提供了良好的铺垫。第 3 篇重点探讨中国特色宏观调控的理论范式与发展方向，主要包括中国特色宏观调控的理论范式及其贡献、中国特色结构性调控范式的形成逻辑以及中国特色宏观调控的未来发展方向等内容。

张宇（2012）指出，如何用中国的理论研究和话语体系解读中国实践、中国道路，打造具有中国特色、中国风格、中国气派的经济学体系和学术话语体系，增强中国经济学的自觉自信，是当前中国经济学界面临的重大而紧迫的时代课题。对于中国特色的宏观调控来说，亦是如此。长期以来，在宏观调控理论中一直存在"西强东弱"现象，西方主流经济学的宏观调控理论被理论界奉为经典和圭臬，垄断着人们的认识和判断，以至于迷信到无以复加的地步，不得越雷池半步。每当政府推出一项有别于西方宏观调控的举措时，总有学者将其与西方经典进行对比，认为不符合经典做法，原因在于中国的市场体制还不完善。然而，政府对于经济的调控方式就只存在一种单一的模式吗？事实上，一方面，金融危机爆发以来，主流的宏观经济理论也在进行深刻反思。2008 年诺贝尔经济学奖获得者保罗·克鲁格曼指出："宏观经济学在过去 30 多年的研究成果，说得好听点是毫无用处的，说得难听点甚至是有害的。"而 2001 年诺贝尔经济学奖获得者约瑟夫·斯蒂格利茨说得更为直白："新自由市场原教旨主义一直是为某些利益服务的政治教条，它从来没有得到经济学理论的支持。它也没有得到历史经验的支持，现在也变得清楚了。吸取这个教训或许是现在乌云密布的世界经济的一线希望。"另一方面，国外学者也在尝试构建专门针对发展中经济体的所谓"结构主义宏观经济学"（Taylor，1983）或者"发展宏观经济学"（Agenor and Montiel，1999），美国学者埃德温·查理（Charle，E.）还正式出版了《发展中国家宏观经济学》（1990）；国内学者林毅夫（2007）针对发展中国家在投资方面出现的"潮涌现象"也呼吁重新构建一套适合于快速发展的发展中国家的宏观经济理论体系。不仅如此，中国历次宏观调控不仅体现出鲜明的结构性调控特色，而且取得了显著的政策效果，以至于"主流宏观调控的新思维正期待从发展中国家的宏观管理经验中汲取营养"。

韩庆祥、张艳涛（2009）曾指出，破解"中国问题"需要"中国理论"。中国特色的宏观调控已经历了 30 年八次大规模的实践，为我们认识与总结宏观调控理论提供了丰富的素材。因此，本篇立足于中国宏观调控波澜壮阔的生动实践，总结与提炼出中国宏观调控不同于西方发达国家与其他发展中国家的特殊范式及其理论贡献。在此基础上，探讨了中国特色宏观调控的形成机理。最后，对中国特色宏观调控的基本经验、存在问题与发展方向进行了探讨。

从对中国特色宏观调控的实践模式与理论范式的探索中可以看出，我们完全有自信和勇气在立足中国宏观调控实践的基础上解答中国的问题，并从中总结经验、构建话语、提炼思想、创新理论，建设具有中国特色、中国风格、中国气派的宏观调控理论体系和学术话语体系。

# 第 8 章
# 中国特色宏观调控的理论范式及其贡献

在前述分析中可以看出，中国的宏观调控不仅与发达国家的宏观调控有着显著区别，而且与其他发展中国家与转轨国家的宏观调控也存在较大差异。对此，国内学者争议较大，有学者认为这是中国宏观调控的特色，而多数学者认为这是中国宏观调控不成熟的表现。那么，这种差异到底是中国宏观调控不成熟的表现还是中国宏观调控的特色？如果说这就是中国宏观调控的特色，那么，这一特色到底是什么？有没有自己独特的理论范式？中国宏观调控的特色对宏观调控理论有没有自己的理论贡献？本章拟就这些问题进行深入探讨。

## 8.1 中国特色宏观调控理论范式研究的缘起

### 8.1.1 从中西宏观调控的差异看中国宏观调控的特色

改革开放以来，中国已开展了八次大规模的宏观调控，在促进经济增长、熨平周期波动与促进结构转型升级等方面均发挥了重要作用。在中国实施的历次宏观调控中，表现出诸多明显迥异于西方经典宏观调控的特点，归结起来，主要体现在以下四个方面。

第一，双轨并行。樊纲、张曙光、王利民（1993）与中国经济增长与宏观稳定课题组（2010）等的研究都表明，中国的历次宏观调控都呈现出双轨并行的特点。这种"双轨并行"的特点具体表现为在市场手段之外加上行政手段，在总量调控之外加上结构性调控。这一特色被许多学者总结为中国宏观调控的重要经验之一。例如，李平安（1989）认为，要把实现总量平衡和结构协调有机地结合起来，探索计划与市场内在统一的最优结合点。朱之鑫（1995）认为，"八五"期间宏观调控的经验之一是必须始终做到保持经济供求总量大体平衡的原则，注意优化结构。章钟基（1996）认为，我国"八五"时期宏观调控可贵的经验与启示之一是宏观调控要采取综合配套措施，多种手段并用。陈锦华（1997）认为，1993 年以来宏观调控所创造的新鲜经验之一是在控制需求过快增长的同时，重视结构的优化，努力增加有效供给。这是与以往进行经济调整不同的显著特点，也是改善宏观调控的重要体现；以经济手段为主，辅之以法律手段和必要的行政手段。张爱武（1999）认为，20年来加强和改善宏观调控的主要经验包括宏观调控要以经济手段为主，辅之以法律手段和必要的行政手段，把直接调控与间接调控结合起来；宏观调控在调节经济总量平衡的同时，要注重经济结构的优化。朱镕基 2001 年 3 月 5 日在九届全国人大四次会议上总结"九五"期间加强和改善宏观经济管理与调控的经验时提出把扩大内需和调整经济结构紧密结合起来。陈东琪、宋立（2007）认为，改革开放 28 年来宏观调控所取得的成就之一是综合运用经济、法律和行政三大手段，逐步减少行政干预，强化市场参数调节，保证宏观调控的客观性、科学性。陈东琪、宋立等（2008）认为，30 年来尤其是近几年宏观调控的基本经验之一是：科学把握宏观调控的目标排序和政策重心，注意最终目标与中间目标兼顾，需求管理与供给管理并重，做到总量调节与结构调整相结合，短期措施与中长期措施相搭配；积极探索行之有效的调控工具和手段组合，在充分运用财政、货币政策等常规经济手段的同时，注意适当运用行政和法律等必要的辅助手段，并注意宏观调控与微观规制、深化改革相结合。刘树成（2008）认为，5 年来的宏观调控具有许多新特点：在宏观调控的手段上，更多利用市场化手段和发挥各种组合效应；在宏观调控与政府其他经济职能的协调配合上，做到"四结合"，即宏观调控与结构调整、转变经济发展方式、体制改革、改善民生相结合。万勇（2008）总结改革开放 30 年来我国宏观调控的经验之一是调控要以经济手段为主，综合运用其他各种手段。欧阳日辉（2009）认为，我国宏观调控 30 年的基本经验之一是综合运用经济、法律和行政三大手段，实施宏观调控"组合拳"，以经济等间接手段为主，辅之以必要的行政等直接手段，强化市场参数调节，保证宏观调控的科学化、规范化和制度化。具体地说，对于行政手段的运用，早在 1983 年，王积业就指出对国民经济实行有效的管理，既要采取行政手段，也必须运用经济手段。这是由社会主义国家的职能决定的。30 多年来经济建设的实践说明，把行政手段和经济手段有机地结合起来，是我国实行计划管理的一项重要原则。田培炎（1986）认为，应该在实践中逐步建立宜于综合运用经济手段、行政手段、法律手段的经济调节手段体系。尹文书（1992）指出，考虑到我国现阶段商品经济不发达、市场不发育的特定状况，应选择间接控制与直接控制同时并存方式。王梦奎、林兆木、郭树清、韩文秀等（1993）认为，新型的宏观调控方式，应该以间接调控为主，以经济手段为主，同时根据需要配之以一定的直接调控形式。李玲娥（1994）认为，我国现行的宏观调控方式，具有明显的机制转换时期的特点，即一方面保存了传统直接调控的方法手段；另一方面又有新型的间接调控方法和手段，也可以说是两种机制的混合。新型的宏观调控方式，应以间接调控为主，以经济手段为主，同时根据需要配之以一定的直接调控方式。刘锡良（1996）则认为，我国目前还不具备从直接调控完全转向间接调控和直接运用三大政策工具的基本条件。李平、李亮（2005）认为，要进一步完善宏观调控方式，把工作的着力点放在大力推进结构调整、转变增长方式和深化体制改革上，建立促进国民经济持续快速健康协调发展的新机制。在调控手段方面，要尽可能多用经济手段和法律手段，只是在必要的限度内运用行政手段。陈东琪（2010）认为近几年来，我国宏观调控明显改善，但按照科学发展观要求，还要进一步提高科学调控能力，改进宏观调控的方式和方法：更多采用市场调节，减少行政直接干预。在应对国际金融危机时，为了尽快扭转经济下滑趋势，防止出现衰退，政府调控部门采取行政直接控制的手段，实行了一些直接调控措施，这是必要的，成熟市场经济的国家也会增加政府干预。但是，这些做法不能常规化、固定化，一旦经济从危机阶段进入常规增长阶段，这些措施就应当退出，努力使直接行政干预转为政策引导下的市场调节，在经济调节领域更多地发挥市场机制作用，增强欧美国家尽快承认我国

"市场经济地位"的国际说服力。黄伯平（2011）认为，近年来的宏观调控虽然紧扣市场经济体制初步建立这个历史起点，但行政手段并未如一般理论所预期的那样淡出，反倒有着常态化的表现。行政手段参与宏观调控有其客观原因，在市场经济和相关制度得以完善之前，宏观调控还无法摆脱对于行政手段的依赖，并且针对长久性的需要，行政手段将一直存在下去。然而，长期以来，行政手段的大量使用被一些学者所诟病，认为这是对计划体制的复归。[①] 有学者甚至将其称之为"行政性宏观调控"。[②] 也有学者认为这体现为宏观管理方式的"过渡模式"。[③] 高培勇和钟春平（2014）指出，中国的宏观决策过程中，市场化的调控方式较少得以顺利采用，价格机制难以奏效，只能更多地采用直接的行政管制措施。这与发达国家存在着显著的差异。而对于结构性调控，鲁品越（1994）指出："中国经济的宏观调控应当以结构性调控为总体框架，而总量调控应当作为其中的手段之一，为结构性调控服务"。程秀生（1994）也指出："宏观调控需要坚持总量平衡的原则，但单靠总量调控是远远不够的，还必须进一步充实和运用结构政策，包括产业结构政策、区域结构政策、城乡结构政策以及收入结构政策，以求在平衡总量的同时缓解结构方面的矛盾"。袁志田、刘厚俊（2009）认为，中国宏观调控具有其不同于西方宏观调控的特点：具有多重调控目标；宏观调控不仅包括总量性调控措施，而且包括结构性调控措施，不仅包括经济间接手段，而且包括行政直接手段。中国经济增长与宏观稳定课题组（2010）指出，主流经济学认为正是由于宏观政策只关注总量调控而忽视了结构调控，才导致了此次金融危机的产生。因此，单纯关注总量的宏观调控是不够的，还需要特别关注经济中的结构性变量和结构性调控措施。宋立、李雪燕、李世刚（2013）提出，宏观调控应以结构性措施为重点。郑新立（2014）明确指出，宏观调控要从总量调控为主转向结构性调整为主。王诚、李鑫（2014）甚至认为："事实上，中国的宏观调控与国外相比有很大的区别。最大特点是结构性调节，这体现在汇率政策、产业政策、财政政策、货币政策等各个方面，或许这是最值得西方主流经济理论借鉴的。"然而，也有学者极力反对结构性调控的运用。如许小年（2007）认为："宏观调控指的是运用宏观政策调节社会总需求，这里需要强调的是宏观政策和总需求。宏观政策有两类，并且只有两类，即货币政策与财政政策，政府控制货币供应总量、税收与财政开支，调节以国内消费与投资为主的社会总需求。宏观调控从来不以供给为目标，从来不以产业结构为目标"。"政府不管供给，自然也就排除了所有以'优化结构'为名的调控措施。实践中，计划体制的失败早已为'优化'的努力做了结论。"汤在新认为，宏观调控是从价值量上调节总需求和总供给之间的均衡，没有配置资源和结构调整的职能，他甚至尖锐地提出："如果把结构调整，把资源配置，作为市场经济体制下政府宏观调控的职能，那还需要市场经济干什么呢？还有什么必要推行经济体制改革呢？"

　　第二，调控常态化。在改革开放以来30多年的体制改革进程中，中国已开展了八次大规模的宏观调控。在2003年以来抑制固定资产投资过快增长和产能过剩为目标的宏观调控过程中，甚至出现了极为罕见的"多次调控"现象。[④] 对此，陈淮（2000）较早地注意到了

---

① 北京大学中国经济研究中心（CCER）宏观组. 产权约束、投资低效与通货紧缩 [J]. 经济研究，2004（9）.

② 姜作培. 论治整期间的行政性宏观调控手段 [J]. 上海经济研究，1989（6）.

③ 王梦奎，林兆木，郭树清等. 新时期我国经济的宏观调控 [J]. 中国社会科学，1993（3）.

④ 高辉清. 二次调控之箭如何出弦 [EB/OL]. 光明网，2006 – 06 – 19.

短期调控政策的中期化趋势。李敏晖（2007）发现，当前宏观调控对经济生活各方面都产生着深刻的、战略性的影响。自 2004 年开始，宏观调控越来越体现出常态化特点，常调、预调、微调、渐进、经济手段成为其常态化的明显特征。陈佳贵（2007）提出，宏观调控应常态化，防止经济大起大落，保持经济平稳健康发展，切忌用搞运动的方式来进行宏观调控。李义平（2007）指出，一个不容否认的事实是，我国的宏观调控比成熟市场经济国家要频繁得多，从 1978 年改革开放至今，大大小小的调控已经有五六次之多。由于经济体制的不成熟，企业在产业选择上发生的"潮涌现象"，以及中央与地方政府政策的博弈，导致我国目前相对频繁地进行宏观调控，既有客观需要，也是不得已而为之。庞明川（2008）也认为，我国的宏观调控已成为转轨经济中的一种常态。庞明川（2009）进一步认为，中国的宏观调控虽然还存在一些不足，但明显迥异于成熟市场经济国家和转轨国家的宏观调控，具有鲜明的中国特色。从宏观调控本身来看，这些特色表现为涵盖领域广泛、政策工具多样、宏观调控频繁、调控力度适度等；在转轨经济背景下，宏观调控还表现出实践性、过渡性、综合性和创新性等特点。这一独具特色的宏观调控为中国经济的持续快速增长提供了有力的保证。盛美娟、刘瑞（2011）认为，中国的宏观调控兼具长短期目标，其政策选择大多长短结合，同时退出机制几乎不存在，容易使宏观调控长期化。然而，中国宏观调控中出现的常态化现象，招致了一些学者的激烈非议，其中最有代表性当属韦森的观点。韦森对宏观调控的评价是：太频繁、太轻率、好心办错事。韦森说："可能是决策层是好心，经济危机来了，通货膨胀来了，做了大量的工作，但是可能做的效果并不太好，可能是好心办了错事。"他举例说，2007 年出现通胀，2008 年之前，央行连续提了 12 次准备金率，加了 6 次息。金融危机之后，又降了 4 次息，2010 年 6 月之后，又提了 12 次准备金了，又 6 次升息。"在 3 年里面竟然发生了三个 180 度的转弯，这一点我觉得是在任何国家和任何历史上都没有的，我觉得太轻率。"

　　第三，调控目标多重。西方经典宏观调控的目标一般包括促进经济增长、增加就业、稳定物价和保持国际收支平衡等四大目标。也有采用经济增长、物价稳定、控制失业、国际收支平衡、财政平衡等五大指标作为宏观调控核心目标。然而，长期以来，虽然中国宏观调控多数时期仍以经济增长、稳定物价、增加就业和国际收支平衡为主要目标，然而，历次宏观调控中还包含了一些其他目标。例如，中央政府在 2004 年初明确指出"适当控制固定资产投资规模，坚决遏制部分行业和地区盲目投资、低水平重复建设，是今年宏观调控的一项重要任务"，"合理调整投资与消费的关系，是今年宏观调控的重要方面"。到 2004 年底，中央要求继续坚持加强和改善宏观调控，巩固宏观调控成果，"进一步消除经济运行中不稳定不健康因素，推进经济结构调整和增长方式转变，保持经济平稳较快发展，保持价格总水平基本稳定"。可见，经济结构调整与增长方式转变也成了宏观调控的目标。2000 ~ 2007 年，中国经济处于新中国成立以来从未有过的上升周期，过去只能保持两年左右的增长，这次却有长达 8 年的连续增长，处于难得的平稳增长的上升通道。那时宏观调控的主要任务就是紧缩型调控，要"双防"，防止经济过热，防止物价上涨。2008 年以来在国内经济需要调整结构时，又遇上国际金融危机"雪上加霜"，国内外因素叠加，使得中国经济遇到了新的困难和问题。这时期宏观调控的主基调就是松紧有度、平稳增长。于是，每年一个主题词，每年一个调控目标：2009 年"保增长"、2010 年"控物价"、2011 年"稳增长"。2002 ~ 2012 年，针对不同的国内外经济形势和中国的经济呈现出的不同特点，宏观调控的目标各有不同，很多时候要同时面对多重目标。因此，中国的宏观调控是在"多目标"中练就平衡术。①盛美娟、刘瑞（2011）提出，除传统的四大宏观经济政策目标外，民生、环境污染、资产价格及粮食安全等诸多问题都应列入到调控目标之中。

党的十八大以来，中国宏观调控的目标又有新的发展和变化。胡鞍钢（2015）提出，本届政府与时俱进、锐意创新，进一步完善了宏观调控目标体系。2014 年的《政府工作报告》在经济社会发展的主要预期目标中提出了"努力实现居民收入增长和经济发展同步"，2015 年的《政府工作报告》在主要预期目标中增加了节能减排约束性指标。至此，我国宏观调控形成了具有中国特色的七大目标：经济增长、物价稳定、控制失业、国际收支平衡、财政平衡、居民收入增长和经济发展同步、节能减排。升级后的宏观调控目标体系更加符合我国人口众多、就业需求大、资源环境硬约束等国情特点，充分反映了我国政府持续改善民生和向污染宣战的决心。对宏观调控目标最权威的提法是党的十八届三中全会通过的《中共中央关于全面深化改革若干重大问题的决定》中提出："宏观调控的主要任务是保持经济总量平衡，促进重大经济结构协调和生产力布局优化，减缓经济周期波动影响，防范区域性、系统性风险，稳定社会预期，实现经济持续健康发展。"2015 年 11 月 3 日党的十八届五中全会通过了《中共中央关于制定国民经济和社会发展第十三个五年规划的建议》，提出要"创新和完善宏观调控方式"，按照总量调节和定向施策并举、短期和中长期结合、国内和国际统筹、改革和发展协调的要求，完善宏观调控，采取相机调控、精准调控措施，适时预调微调，更加注重扩大就业、稳定物价、调整结构、提高效益、防控风险、保护环境。可见，中国宏观调控目标的参照体系更加多元。

对于 2013 年以来中央实施的区间调控，马建堂（2015）认为拓展了宏观调控目标。区间调控最大的创新点就是形成了"目标＋区间"的新调控目标定位。传统经济理论和过去的调控实践大都以某一指标作为宏观调控的目标，通过货币政策和财政政策的松紧来实现这一目标。目标选择上，凯恩斯主义者倾向于经济增长率，货币主义者更倾向于通货膨胀率。实践证明，区间调控好处有二：一是复合目标组成的区间目标代替单一目标，防止了顾此失彼。例如，由于存在结构性失业和自然性失业，如仅钉住失业率，搞不好会发生通货膨胀；如仅钉住增长率，当出现滞胀状态时就会进退失据。新一届政府的区间调控则是把三个重要的宏观经济指标组合起来，分别作为经济运行的"上限"和"下限"，这就防止了单目标可能带来的风险。二是更易于稳定市场主体对政策的预期。经济运行不是线性的，它总会在一定范围内波动。用"区间"目标代替"点位"目标，增加了对运行波动的容忍度，增加了宏观政策的稳定度，防止了宏观政策的频繁调整，有利于市场预期的稳定。

第四，政策工具多样化。在西方经典宏观调控中，调控的政策工具仅仅包含财政政策和货币政策。但在中国的宏观调控中，除财政政策与货币政策之外，经济计划、产业政策、土地政策、价格政策、贸易政策、区域政策甚至粮食政策等都参与了宏观调控。特别是 2002 年以来，中国的宏观调控综合运用货币政策、财政政策及产业政策等经济手段，调控政策相辅相成，渐成体系，这成为从"十一五"到"十二五"期间宏观调控的"主旋律"。一方面，充分利用财政、货币政策等经济手段，提高宏观调控的科学性和有效性。例如，2004年以后，中央多次要求适当减少财政赤字和长期建设国债发行规模、适当增加中央预算内经

---

① 冯蕾，李慧. 光明日报迎接十八大特刊·宏观调控篇［N］. 光明日报，2012 - 10 - 25.

常性建设投资，合理调控货币信贷总量，优化信贷结构。同时，逐步加大了对"三农"、区域经济协调发展、社会事业等薄弱环节的投资，仅 2005 年中央财政用于科技、教育、卫生、文化等方面的支出就高达 1168 亿元，比上年增长 18.3%。此外，面对固定资产投资增长偏快、部分行业投资过热的问题，为了防止经济大起大落，政府一方面采取"双稳健"政策搭配，即稳健的财政政策和稳健的货币政策，减少投资，紧缩银根；同时又严格控制土地供给，发挥土地政策作用，收紧"地根"为房价稳定发挥了重要作用。可见，一方面充分运用经济手段，另一方面运用必要的行政手段和法律手段，对不同地区、不同行业、不同项目区别对待，有保有压，分类指导。宏观调控手段的充分运用使经济运行中出现的突出矛盾在很大程度上得到缓解，国民经济呈现出增长速度较快、经济效益较好、物价水平较低的良好态势。从上述分析中可以看出，宏观调控的政策工具形成"组合拳"，共同保障了宏观经济的健康稳定运行。

在金融危机爆发以来的新一轮宏观调控中，马建堂（2015）认为，调控工具不断丰富，市场化手段不断运用，富有中国特色的宏观调控工具体系正在加速形成。货币政策方面，在适时适度交替使用数量工具（降低准备金率、公开市场业务）和价格工具（降息）的同时，不断推出新的数量工具，如常备借贷便利、短期抵押贷款、中长期融资债券等。特别是在降低基准利率的同时，逐步扩大存款利率的浮动范围，加快利率市场化进程。目前贷款利率和 1 年以上存款利率已完全放开，1 年期内存款利率的浮动范围扩大到 50%。另外，逐步放宽民营银行的准入限制，积极培育主场主体，让市场主体自主承担风险，目前已批准的 5 家民营银行已挂牌成立，另有几十家正在申请中。财政政策方面，在实施积极的财政政策，实行结构性减税和适当增加财政赤字的同时，加大预算体制改革力度，强化预算约束；改革地方政府融资体制，实施地方存量债务转换，多措并举盘活闲置财政资金，提高资金使用效率；发展 PPP 筹资和运营方式，吸引社会资本进入公共和准公共领域。这些改革举措，明显提高了积极财政政策的实施效果。2015 年 9 月 10 日，李克强总理在出席第九届"夏季达沃斯论坛"开幕式发表特别致辞中指出，中国创新宏观调控政策工具箱里的工具还有不少，就像下围棋一样，既落好眼前每个子、有针对性地出招，顶住当前经济下行压力，又要留有后手、谋势蓄势，以促进经济长期持续健康发展。党的十八届五中全会通过的《中共中央关于制定国民经济和社会发展第十三个五年规划的建议》提出，创新调控思路和政策工具；完善以财政政策、货币政策为主，产业政策、区域政策、投资政策、消费政策、价格政策协调配合的政策体系，增强财政货币政策协调性。由此可见，中国宏观调控政策工具不仅呈现出多样化的特点，而且体系完备。

从上述分析中可以看出，中国的宏观调控确实与发达国家宏观调控有着显著差别。中国经济增长与宏观稳定课题组（2010）提出总量性扩张与结构性收缩是中国宏观调控的最大特色。盛美娟、刘瑞（2011）在比较中美两国的宏观调控之后认为，中美两国的宏观调控的差异主要集中在决策机制的构建和运行、目标、政策手段的选择以及产生的效果等方面。相对于美式宏观调控范式，中式宏观调控范式表现出鲜明的特点。这种特点最突出之处是中国政府没有完全地照搬西方成熟市场经济国家的做法，而是在选择性地借鉴他国成功经验的基础上进行创新性设计，使之与中国的国情及体制基础相匹配。赵晓（2007）认为："虽然未必是完全有计划、有预料，更多带有'摸着石头过河'的特点，虽然未必完全合乎西方经济学的教材、概念，虽然未必所有的东西都很完美，虽然东一锤头西一棒子，但宏观调控的方向是对的，并且启动及时，是在治理泡沫危机最恰当时点进入"，但总体上"已取得喜剧性效果"。

## 8.1.2 范式之争凸显中国宏观调控特色理论归结的必要性

近年来，学术界开始对宏观调控的中国特色与范式予以关注，并从不同的角度进行解读：一是结合中国的具体国情来分析中国宏观调控的特点。如陈文科（1993）提出，我们研究的不是一般国家、一般条件下的国家宏观调控，而是中国这个发展中社会主义大国，在向市场经济体制过渡这个特定时期的宏观调控，因此，这种调控既有一般市场经济的共性，又有其特点。这种调控是以明确政府指导为特征的发展中大国宏观调控。王诚（2007）认为，中国宏观调控政策要兼顾稳定与增长、发展与改革、开放与转型等多各方面问题。黄伯平（2008）认为，中国是一个不成熟的市场经济，应该采用外生性宏观调控体系，亦即"宏观目标、微观手段"。贾康（2010）提出中国特色的宏观调控必须注重理性的"供给管理"等。二是开始尝试对中国宏观调控的范式进行理论上的归结，提出了不同的范式类型。顾海兵、周智高（2005）认为，我国的国情与西方国家相比具有质的区别。除了经济体制、经济水平等方面的差别之外，在政治、文化、传统等方面也都有很大的不同。所有这些不同决定了指导我国经济建设的理论与西方经济学的理论也应该有质的区别。如果用西方经济学理论来指导我国的经济实践，必然会出现理论指导与实际成效之间的巨大偏差。具体到宏观调控问题上也是这样，即我们必须有自己的宏观调控范式。从宏观调控的对象看，从主体的角度来看，宏观调控主要涉及的是经济中各种利益主体；从客体的角度来看，宏观调控的对象主要是指国民经济的总体和总量，其中实现社会总供给和总需求的平衡是宏观调控的基本目标。从宏观调控的方式看，在我国目前的实际情况下，至少在今后 5～15 年内，宏观调控应该选择宏观调节与控制并用的方式；从宏观调控的手段看，包括经济手段、法规手段和文化手段等宏观调节手段与行政手段等宏观控制手段。就我国目前宏观调控的手段系统来看，虽然行政手段的实施应该存在一个递减的趋势，却仍然是一个我们必须加以重视并有效利用的手段。盛美娟、刘瑞（2011）通过与以美国为典型的规制型国家范式相比较，提出以中国为典型的开发型国家范式，其基本框架为：一元化的调控主体＋集中决策机制＋多元化的调控目标＋多元综合化的调控手段。其中，一元化的调控主体是指中央政府是唯一的调控主体，地方政府必须与中央保持高度一致；集中决策机制是指党中央、国务院在广泛征求意见的基础上直接作出决策，立法机构不必事事审议和通过；多元化的调控目标是指目标不仅关注总量控制和结构调整，还包括其他对经济社会产生广泛影响的问题；多元综合化的调控手段是指中央政府在调控中综合利用各种适合中国国情的政策手段，以保证多元目标的顺利实现。不仅包括西方国家常用的经济手段，还注重国家计划和规划、产业政策、区域政策、土地政策等具有较强行政色彩的手段的综合运用。中国的国民经济管理体制保障了多元化的手段能够做到综合运用。张勇（2012）认为，中国宏观调控是基于改革开放后中国宏观经济管理实践的概念创造和理论总结。中国宏观调控无论是目标选择，还是实施手段，与经典的西方宏观经济学理论中关于宏观经济政策的界定、论述相比，都具有明显的差异性和特殊性，这使得中国宏观调控形成了一个宏观经济管理的中国范式：一元化的调控主体，二元化的调控目标、任务，以及多元化的手段体系三位一体的操作—功能框架。具体地说，一元化的主体是指宏观调控的主体是中央政府，地方政府的经济管理权限仅限于管理调节地方经济的发展；二元化的调控任务是指宏观调控的任务既包括总量调节，也包括结构调整，其目标是短期经济运行的总量平衡和长期内经济社会发展的结构优化；多元化的手段体系是指宏观调控的手段包括经济手段、法律手段和行政手段等其他必要的手段。

应该说，这些探索立足于中国宏观调控的实践，试图从中国自己创造的经验中去总结出新的理论框架与特点，无疑具有积极的理论意义。但是，上述研究也存在一定的局限性，主要表现为缺乏对中国 30 多年宏观调控实践的整体把握与理论归纳，得出的结论也存在诸多值得商榷之处。我们认为，对于宏观调控中国特色与中国范式的归结，既离不开对中国宏观调控实践中存在的总量调控与结构性调控长期双轨并行特征的分析与判断，更不能脱离中国经济转轨进程中微观主体行为的变化与体制基础的客观实际，同时，还需要在更为广泛的国际视野下进行比较和分析。

## 8.1.3　金融危机以来中西宏观调控不同效果引发的反思

2008 年国际金融危机爆发以来，包括中国在内的世界各国都采取了一系列经济刺激计划以应对危机。然而，中国所采取的宏观调控措施迅速取得预期的政策效果，中国经济率先走出了低谷就是最好的佐证。对此，国内外经济学家开始对主流的宏观经济学进行全面的反思。以克鲁格曼等为代表的"咸水学派"经济学家激烈批评新古典经济学的理论和政策，认为明显高估了货币政策在恢复经济繁荣上起的作用，对以货币政策为主的宏观政策开始了重新反思，主张回到凯恩斯的理论和政策中去；而以卢卡斯、法玛等为代表的"淡水学派"经济学家则坚决支持新古典宏观派的理论和政策。[①] 在国内，学者们也纷纷对主流宏观经济学进行了反思与批判。如张晓晶（2010）指出，国际金融危机的到来，让主流经济学的过度自信遭遇到前所未有的打击。崔学东（2010）认为，对金融危机预见的失灵使主流宏观经济学成为学术争论的焦点。主流宏观经济学否认全面危机发生的可能性，或将危机产生的原因归结为政策失误、技术冲击等外生因素，掩盖市场经济的内在缺陷，极力宣扬市场经济是一种自然、自发和最优的经济组织形式，强调政策干预的无关性和无效性。然而，对经济危机预见的屡屡失灵和范式的不断转换表明，主流宏观经济学以强化微观基础提高其预测性的方法论是错误的，存在着严重的理论缺陷和范式危机。作为新自由主义政策的指导理论，其政策导向是错误的，更不能预见危机。陶永谊（2012）更是认为，主流经济学理论存在九大缺陷。李黎力、沈梓鑫（2012）认为，自 2008 年全球金融危机爆发以来，经济学界有关经济学的反思一直不断。理论方面，宏观经济理论和模型以及"有效市场假说"的有效性成为争论的焦点；政策领域，关于财政政策的有效性和通胀目标的设定出现了重大分歧；研究方法上，围绕着数学与经济学之间的关系以及经济学模型化方法纷争不断。然而，反思中也呈现出共识因素，从而揭示了经济学未来可能的发展方向。理论上，金融因素及更为现实的市场缺陷和摩擦因素将更多地被纳入经济学理论和模型中进行讨论，并且处理这些因素的模型也将更趋多元化；政策上，亟须发展出一套理论框架为财政政策和更为广泛的货币政

---

① 朱富强. 咸水派和淡水派在经济危机上的分歧、共性及其问题：评保罗·克鲁格曼的经济学家如何错得如此离谱？[J]. 中国社会科学内刊，2009（6）.

策提供理论依据，货币政策将回归到数量工具、价格工具和其他工具并用的传统；方法上，超越数学的更为广泛意义上的多样化技术工具将积极发挥作用，模型会向更具现实性因而也更为复杂化的方向发展。除了危机的外部冲击外，经济学的这种路径转向可能还需要该学科内部制度性激励结构的相应变革。

对于主流经济学长期推行的以货币政策为主的宏观稳定政策，2010 年 2 月 12 日，IMF 首席经济学家 Blanchard 和 Ariccia、Mauro 共同发表了一份《反思宏观经济政策》的报告，旨在讨论宏观经济政策架构的有效性。他们认为，危机暴露了危机前的宏观政策框架存在缺陷，这些缺陷主要表现在：第一，稳定的通货膨胀可能是宏观经济稳定的必要条件，但并非充分条件，它无法确保产出缺口的稳定和资产价格不出现严重泡沫；第二，通货膨胀水平过低时会出现流动性陷阱，使得利率政策工具面临"零约束"，导致货币政策失效；第三，金融市场具有强烈的传染性，泡沫是存在的，它在破裂后会对经济带来巨大的冲击；第四，当人们意识到货币政策已经束手无策，而经济低迷将长期持续的时候，财政政策再度受到重视；第五，金融监管对宏观经济的影响并不是中性的，它可能对宏观稳定带来冲击。该报告在指出传统政策仅关注总量目标的不足的基础上，对于未来的宏观政策范式提出了若干富有争议的设想。其中引起最多关注的是，他们建议把通货膨胀的目标提高，比如从 2% 提高到 4%，从而有效避免零利率陷阱。他们还建议，宏观决策部门应考虑采取周期性的监管工具。就财政政策而言，政府应注意在经济形势好的时候创造出更多的"财政空间"，以便以丰年补歉年，同时，宏观经济学家应研究如何才能设计出更多的自动稳定器。而 Frankel（2010）则明确提出，要通过总结新兴市场的经验来拯救主流宏观经济理论。Roach（2012）甚至提出了"向中国学习宏观调控"的呼吁。这些反思使得中国宏观管理的经验逐步进入主流的视野。国内学者的研究同样指出了主流宏观政策的缺陷。中国经济增长与宏观稳定课题组（2010）指出："主流经济学认为正是由于宏观政策只关注总量调控而忽视了结构调控，才导致了此次金融危机的产生。因此，单纯关注总量的宏观调控是不够的，还需要特别关注经济中的结构性变量和结构性调控措施。""和发展中国家强调结构问题相对的是，主流经济学一直以来强调的是总量调控。但此次危机以后，人们发现，即使发达经济体，仅仅总量调控也是不够的。例如，在所谓大稳定时期，无论是通胀还是产出缺口都非常平稳，但一些结构问题却很突出：如消费率过高、住房投资的杠杆率过高以及经常账户赤字过高等；此外，收入分配结构也存在很大问题。主流经济学认为，正是由于宏观政策只关注总量而忽视了结构问题，才导致了危机的产生。""实际上，危机使主流经济学意识到，单纯关注总量的宏观调控（从字面意义上讲，宏观调控就是指总量调控）是不够的，还需要特别关注经济中的结构性变量和结构性调控措施。而关注结构恰恰与中国宏观调控的实践不谋而合。"

## 8.1.4　"新常态"下宏观调控思路与方式创新需要理论提升

从 2012 年开始，理论界与决策层借鉴美国学者的"新常态"的说法，将 7%~8% 的经济增长速度称为经济运行"新常态"。2014 年 5 月，习近平总书记在河南考察时指出："我国发展仍处于重要战略机遇期，我们要增强信心，从当前我国经济发展的阶段性特征出发，适应"新常态"，保持战略上的平常心态。在战术上要高度重视和防范各种风险，早作谋划，未雨绸缪，及时采取应对措施，尽可能减少其负面影响。"2014 年 7 月 29 日，在中南海召开的党外人士座谈会上，习近平问计当前经济形势，再次提到"新常态"："要正确认识我国经济发展的阶段性特征，进一步增强信心，适应"新常态"，共同推动经济持续健康发展。"这样，"新常态"一词不仅首次出现在中国官方的表述中，而且是一种高层决策者对中国发展阶段性特征的判断。7 月 28 日，《经济日报》头版通栏刊发《论中国经济发展"新常态"》一文，认为"新常态"之"新"，意味着不同以往；"新常态"之"常"，意味着相对稳定。8 月 4～7 日，《人民日报》连续 4 天在头版刊登特别报道和评论员文章，聚焦"中国经济新常态"，对中国经济形势进行多角度阐释，认为"进入'新常态'，增长速度换挡期、结构调整阵痛期、前期刺激政策消化期'三期'叠加，各种矛盾和问题相互交织。"[①]在首篇评论员文章《"新常态"，新在哪？》中，就提出了"新常态"的四个特征：（1）中高速。从速度层面看，经济增速换挡回落，从过去 10% 左右的高速增长转为 7%～8% 的中高速增长是"新常态"的最基本特征。（2）优结构。从结构层面看，"新常态"下，经济结构发生全面、深刻的变化，不断优化升级。（3）新动力。从动力层面看，"新常态"下，中国经济将从要素驱动、投资驱动转向创新驱动。（4）多挑战。从风险层面看，"新常态"下面临新的挑战，一些不确定性风险显性化。至此，"新常态"一词被赋予了特殊的中国意义和特色。以"新常态"来判断当前中国经济的特征，并将之上升到战略高度，表明中央对当前中国经济增长阶段变化规律的认识更加深刻，正在对宏观政策的选择、行业企业的转型升级产生方向性、决定性的重大影响。这样，"新常态"一词迅速蹿红。

对于"新常态"背景下的宏观调控，国内学者进行了大量有益的探索。黄卫挺（2012）认为，经济发展"新常态"的确立，对于宏观调控体系的调整具有重要意义。30 多年来，我国宏观调控存在着增长、结构和物价之间的多重目标冲突，一旦确认中速增长已是一种常态，则宏观调控目标就将需要更多关注经济结构的平衡问题，立足点也要转向更注重经济发展的质量和效益。因此，或许可以这样估计，未来的宏观调控基本取向将是增速需要有底线，但不必追求高速；结构调控要成为常态，始终贯彻；物价调控仍需锚定，力求规则化治理。刘伟、苏剑（2014）认为，"新常态"要求中国的宏观调控应以供给管理为主，需求管理为辅，实行供给、需求双扩张的政策组合；"新常态"下货币政策与财政政策的短期组合应该是货币稳健或紧缩、财政扩张。王一鸣（2014）认为，我国经济进入中高速增长"新常态"，标志着经济增长发生阶段性变化。经济进入"新常态"，从表象上看是经济增速出现换挡，但本质上是经济结构重构和增长动力重塑的过程。宏观调控要适应"新常态"，一方面，要保持定力，稳定宏观政策基本取向，保持宏观政策稳定性，坚持区间调控和管理，给市场稳定的预期和信心；另一方面，要主动作为，创新宏观调控思路和方式，丰富完善定向调控，增强调控的科学性、针对性和有效性。从根本上说，宏观调控要适应"新常态"，还要寓改革创新于调控之中，以改革重塑动力，以创新驱动发展，使中国经济在进入"新常态"后继续保持持续健康发展。张晓晶（2015）认为，"新常态"下的宏观调控应注重以下几个方面：突出供给思维应对潜在增速下滑、明确"上限""下限"和"底线"完善区

　　① 分别参见田俊荣，吴秋余."新常态"，新在哪？［N］. 人民日报，2014－08－04；《人民日报》评论员. 经济形势闪耀新亮点［N］. 人民日报，2014－08－05；《人民日报》评论员. 经济运行呈现新特征［N］. 人民日报，2014－08－06；《人民日报》评论员. 经济运行呈现新特征［N］. 人民日报，2014－08－06；《人民日报》评论员. 经济发展迈入新阶段［N］. 人民日报，2014－08－07.

间调控、理解经济异质性与增长非均衡重视结构性调控、"牵手"战略规划与财政货币政策拓宽宏观调控视野、确立调控新指挥棒重启地方竞争、考量利益博弈把握宏观调控政治经济学、关注大国溢出效应践行负责任的宏观政策、尊重"市场决定论"宏观调控不能包打天下、推进"机制化"建设构筑宏观调控基本遵循。从中国经济的实际运行来看，从2003年中国经济增速跃上10%平台起，直至2007年达到11.9%，5年间，中国经济一路上行。然而，国际金融危机的冲击使得中国的经济趋于短暂下降，2008～2009年GDP增长率分别为9.6%和9.2%。在政府"一揽子"计划的作用下，2010年经济增长回升至10.45%。但是，从2011年开始，中国的经济增长开始趋向于一个较长时期的下降通道，2011～2015年GDP增长率分别为9.3%、7.7%、7.7%、7.3%和6.9%。这明显意味着高速增长时代已经过去，中速增长将成为今后多年的常态，其特征是保证经济增长的平稳和质量，不再盲目追求过快的速度，不以GDP论英雄。因此，"新常态"最基本特征，就是中国经济增长速度较以前下了个大台阶，超高速增长时期已告一段落，真正进入经济换挡期。而理性看待经济增速，适应"新常态"，不搞强刺激、大调整，这成为理论界与政府决策部门的共识和重要基调。"新常态"是新的探索，要创新宏观调控思路和方式。为此，政府推出了一系列创新性措施：

（1）微刺激。与2008年中国推出巨额刺激方案以抵御全球金融危机不同，新的刺激方案利用一系列有针对性的改革，力求简政放权，收窄政府权限，让企业有更大经营空间，希望"激发市场主体活力"。具体地说，从2013年7月开始，国务院决定进一步公平税负，暂免征收部分小微企业增值税和营业税，确定促进贸易便利化推动进出口稳定发展的措施，部署改革铁路投融资体制，加快中西部和贫困地区铁路建设。这一系列举措被外媒称之为"微刺激"方案。普遍认为，"微刺激"乃明智之举。对于小微企业来说，新的刺激方案利用一系列有针对性的改革，力求简政放权，收窄政府权限，让企业有更大经营空间。中国的中小企业是经济增长的一个关键推动因素，也是就业岗位的重要来源。由于大企业现在发现很难投资于有成效的项目，因此针对中小企业是更有效、更可持续的提振经济方式；从8月1日起，对小微企业中月销售额不超过2万元人民币的增值税小规模纳税人和营业税纳税人，暂免征收增值税和营业税，此举将为超过600万户小微企业带来实惠，旨在营造更加公平的商业环境和支持就业；近期中国加大对小微企业的扶持力度。这对缓解小微企业融资难问题具有较强的针对性和可操作性。管理层已经注意到民企特别是小微企业的经营困境。随着政策的持续落实，中小企业经营环境将适当改善，对于促进经济发展，增加就业都有积极意义。在铁路建设方面，推出深化铁路投融资体制改革、加快铁路建设的政策措施，包括计划2014年新建6600公里铁路，比上年增加1000公里；发行1500亿元债券以支持主要在中西部欠发达地区的铁路建设；设立一项规模达到每年2000亿～3000亿元的发展基金，以增加铁路建设资金的来源；通过改革全面开放铁路建设市场，优先建设中西部和贫困地区的铁路及相关设施等。在制造业、零售额和投资状况指向始料未及的疲软增长之后，这些措施将补充中国加快开展建设性工程的计划。此外，还包括便利通关、整顿进出口环节经营性收费等进出口促进措施，以及实施棚户区改造工程以改善低收入家庭的住房条件等。从总体上看，相比较于中国经济管理中长期存在的强政府模式对经济的强力干预而言，本轮宏观调控中的经济刺激的力度是轻微的，但更有效率，也更具针对性。

（2）区间管理。2013年7月9日，李克强总理在部分省区经济形势座谈会上要求，宏观调控要立足当前、着眼长远，使经济运行处于合理区间，经济增长率、就业水平等不滑出

"下限"，物价涨幅等不超出"上限"。李克强总理首次提出中国经济的上限和下限，立即引发市场的无限遐想。7 月 17 日，李克强对此作出更加明确的阐述，要避免经济大起大落，使经济运行保持在合理区间，其"下限"就是稳增长、保就业，"上限"就是防范通货膨胀。应该说，这一"让经济运行在合理区间"的政策意图，不仅是为完成全年经济社会发展的主要任务打下坚实基础，也是为中国经济更好地转型升级和推进各项改革创造条件。"稳增长可以为调结构创造有效空间和条件，调结构能够为经济发展增添后劲，两者相辅相成；而通过改革破除体制机制障碍，则可为稳增长和调结构注入新的动力。"而突出"区间效应"则提醒市场对政策的理解和把握不能僵化和曲解。从实际操作看，"区间""上限"和"下限"所强调的更是一种"稳中有为"的政策取向。如果突破底线，政府不会坐视不理；没有突破底线，就要抓紧调结构、促改革。在这种判断的背后，是一种既利当前又利长远的经济逻辑。而与"经济运行合理区间"相适应的，是要形成合理的宏观调控政策框架，针对经济走势的不同情况，把调结构、促改革与稳增长、保就业或控通胀、防风险的政策有机结合起来，采取的措施，既稳增长又调结构，既利当前又利长远，从而避免经济的大起大落。

（3）定向调控。定向调控来源于宏观调控的进一步创新，基于区间调控，成熟于微刺激。2014 年 6 月 10 日，李克强总理在中国科学院第十七次院士大会和中国工程院第十二次院士大会上作经济形势报告，指出 2014 年以来，国内外环境错综复杂，各种困难和问题交织，全国上下共同努力，全面贯彻党中央国务院决策部署，经济运行总体平稳、主要指标处在合理区间，结构调整发生积极变化，市场预期等一些方面出现稳中向好。但也要看到，经济下行压力仍然较大，各地发展不平衡，制约发展的不利因素依然较多。对此，我们要清醒认识和准确把握，既要坚定信心、保持定力，继续坚持宏观调控政策的基本取向，又不能掉以轻心，要直面问题、善谋善为，不断创新宏观调控思路和方式，丰富政策工具，优化政策组合，在坚持区间调控中更加注重定向调控，瞄准运行中的突出问题确定调控"靶点"，在精准、及时、适度上下功夫，好预调微调，未雨绸缪、远近结合、防范风险，保持经济运行在合理区间。坚持向改革要动力、向结构调整要动力、向惠民生要动力，发挥政策叠加效应，确保实现全年经济社会发展目标任务。这里的定向调控，就是朝着一定方向、确定的方向，根据调控对象的具体特点实施的有针对性的调控措施。例如，对于小微企业、部分实体企业贷款难和融资难的问题，有针对性地为这些企业提供资金的部分城市商业银行、农村信用社、降低存款准备金率 0.5，不是全面降准，不是针对所有银行，有选择进行调控，给这些小微企业注入流动资金，支持他们运转，吸纳劳动力，促进就业。在货币政策方面，央行 2014 年使用了一系列"创新"手段来定向调控货币。两次定向降准发生在 2014 年 4 月和 6 月。4 月 25 日，一季度经济数据公布后的 10 天，央行下调县域农村商行人民币存款准备金率 2 个百分点，下调县域农合行人民币存款准备金率 0.5 个百分点；6 月 16 日，央行再次定向降准 0.5 个百分点，对象包括"符合审慎经营要求且'三农'或小微企业贷款达到一定比例的商业银行"，以及财务公司、金融租赁公司和汽车金融公司。两轮定向降准之后，央行又对"三农"和小微企业增加了 120 亿元再贴现额度。7 月末有媒体披露，国务院 2014 年二季度已批复央行 1 万亿元再贷款，用来支持国开行的住宅金融事业部，解决棚改贷款资金来源问题。在此之前，央行已经通过创设"支小再贷款"，专门用于支持金融机构扩大小微企业信贷投放；对贫困地区符合条件的金融机构，新增支农再贷款额度，降低再贷款利率。这些接二连三的定向宽松措施，显而易见是央行配合国务院的"稳增长、调结构、惠民生"之举。针对定向降准，央行在《2014年第二季度中国货币政策执行报告》中辟出专栏作出解释："当前我国货币信贷存量较大，增速也保持在较高水平，不宜依靠大幅扩张总量来解决结构性问题"。此外，2013年以来，央行还陆续增加了SLO（短期流动性调节工具）、SLF（常备借贷便利）、PSL（抵押补充贷款工具）等新的货币调控工具。前两者增添了公开市场操作的手段，便于更灵活管理中短期的流动性，也被解读为央行探索进行更有效的价格指导；而据媒体报道，目前央行正在研究创设的PSL，除了引导中期利率的意义，与再贷款类似，也是定向的货币投放工具。

这一系列创新的宏观调控思路和方式取得了积极的效果。继2014年4月国家出台增加铁路投资等稳增长政策后，5月和6月定向降准等微刺激政策持续加码，这些政策有力地支撑了经济回稳。这些微刺激措施不同于以往的大规模刺激政策，面对经济下行的压力，自2013年以来，国家出台宏观政策时更注重兼顾稳增长、调结构、促改革等多重目标，进行"预调微调"，2014年更强调"定向"发力。例如，央行两度定向降准，将资金引入"三农"和小微企业。这就像西医和中医的区别，见效快但副作用巨大的西医疗法已成为过去式，现在的宏观政策更注重"治本"，虽然见效慢，但有利于优化结构。2014年以来经济发展中的一些积极变化也证明了新一届政府对中国经济的"中医疗法"已小有成效。

（4）加强供给侧结构性改革。2015年11月10日，习近平总书记主持召开中央财经领导小组第十一次会议并发表重要讲话，强调推进经济结构性改革，是贯彻落实党的十八届五中全会精神的一个重要举措。在适度扩大总需求的同时，着力加强供给侧结构性改革，着力提高供给体系质量和效率，增强经济持续增长动力，推动我国社会生产力水平实现整体跃升。对于如何推进结构性改革，习近平指出了两条路径：一是要针对突出问题、抓住关键点。包括促进过剩产能有效化解，促进产业优化重组；降低成本，帮助企业保持竞争优势；化解房地产库存，促进房地产业持续发展；防范化解金融风险。二是要坚持解放和发展社会生产力，坚持以经济建设为中心不动摇，坚持五位一体总体布局；坚持社会主义市场经济改革方向，使市场在资源配置中起决定性作用，调动各方面积极性。

对于"新常态"背景下宏观调控思路与方式的创新性举措，决策者与国内学者纷纷给予了理论解读与积极评价。第一，关于结构性调控。2014年9月9日，李克强同出席达沃斯论坛的中外企业家和媒体代表交流时指出，要在保持定力的同时有所作为，坚持区间调控，实施定向调控，实际上这也是结构性调控。陈建奇（2014）指出，定向调控是具有中国特色的政策术语，但实质上却是结构性调控的思路，与传统的有保有压的思想一脉相承，目标在于通过定向调控促进民生领域与新兴产业的发展，缓解社会经济发展的"瓶颈"制约，实现经济增长与结构优化的双重目标。当前定向调控暴露其局限性，关键原因在于倚重货币政策。应从注重向特定领域增加货币供给转向改善特定领域微观主体信用环境，从倚重货币政策转向更加倚重财税政策，从注重需求拉动向提升企业核心竞争力转变。张莫、蔡颖（2014）指出，"定向"一词似乎在一夜之间成为金融市场上的流行词汇。从定向降低存款准备金率、定向再贷款，到通过PSL、MLF等创新工具定向补给市场流动性，所有这些操作都没脱离结构性调控的轨道。马建堂（2015）认为，新一轮宏观调控思路和方式创新的另一个突出特点是形成了"总量＋结构"的调控组合，大大提高了宏观调控工具的精准度和效果。传统的宏观经济理论认为，宏观经济调控是总量调控，不管结构，即通过货币政策和财政政策的松紧来影响总需求和总供给的变动，进而实现经济的扩张或收缩。这种宏观调控理念下的总量调控现在看来缺乏精准度。而定向调控则是针对国民经济的"短板"如服务业，以及薄弱环节如"三农"和小微企业，对象明确，精准发力，有针对性地降税、降费、降准、降息。这种"点穴式"调控、"滴灌式"调控，显然比"全身施疗式""大水漫灌式"更为有效。新一届政府的宏观调控从理论上第一次赋予了宏观调控结构性的内涵。特别是"区间调控+定向调控"的政策组合，更是精妙一招。区间调控与定向调控各有侧重，区间调控侧重于稳总量，定向调控侧重于调结构，两者紧密结合，形成稳增长调结构合力，丰富了宏观调控的目标内涵和方式手段，是中国宏观调控实践对宏观调控理论的重大贡献。在这些阐释中，学者们都提到了结构性调控的概念。第二，关于"供给侧结构性改革"。对于"供给侧结构性改革"，不同的学者进行了不同的解读。贾康（2015）认为，就是强调在供给角度实施结构优化、增加有效供给的中长期视野的宏观调控。平言（2015）认为，从过去30多年的发展历程看，供给侧结构性改革对于我们并不陌生。1978年改革开放起步后，需求侧并没有发生很大变化，恰恰是供给侧的制度变革，如推行联产承包责任制、发展乡镇企业、改革国有企业银行、鼓励非公有制经济等，极大调动了亿万人民积极性和市场主体创造性，不仅创造出经济增长的奇迹，而且迅速改变了中国的经济结构，加速了中国从传统农业大国向现代化工业国家的转变。近两年，以简政放权为市场主体松绑，以降低税负为中小企业轻身，以"负面清单"划清政府市场界限，财税金融改革、资本市场改革、反垄断、反腐败全面推进，都表明这方面改革力度的不断加大。周子勋（2015）也认为，目前推进的大多数政策的确带有供给管理的特征，如营转增改革、从结构性减税到大规模减税、放松政府管制、取消和下放行政审批项目、打破垄断、鼓励创新和创业等。董德志（2015）结合需求侧管理来解读供给侧管理：供给侧管理强调通过提高生产能力来促进经济增长，而需求侧管理强调可以通过提高社会需求来促进经济增长，两者对于如何拉动经济增长有着截然不同的理念。需求侧管理认为需求不足导致产出下降，所以拉动经济增长需要"刺激政策"（货币和财政政策）来提高总需求，使实际产出达到潜在产出。供给侧管理认为市场可以自动调节使实际产出回归潜在产出，所以根本不需要所谓的"刺激政策"来调节总需求，拉动经济增长需要提高生产能力即提高潜在产出水平，其核心在于提高全要素生产率。政策手段上，包括简政放权、放松管制、金融改革、国企改革、土地改革、提高创新能力等，从供给侧管理角度看，本质上都属于提高全要素生产率的方式。供给侧管理和需求侧管理代表着两种不同的经济思想：供给侧管理是通过对总供给的调节来达到宏观经济目标。与之对比，需求管理假定生产要素的供给为既定的条件下对总需求的调整和控制。在经济学理论中，供给侧管理代表了新古典主义学派的经济思想，而需求侧管理则代表了凯恩斯主义的经济思想。可以看出，供给侧管理和需求侧管理在前提假设上有本质区别。一个认为市场可以自动出清，一个认为不能，由此衍生的政策理念也不一样，一个认为需要政策刺激来提高需求，一个认为不需要所谓的"刺激政策"，应该着重提高生产能力。[①]

那么，为什么要加强供给侧结构性改革？这里有两个关键词：一是供给侧，二是结构性改革。对于结构性改革，大家都不陌生，其意义在于一国的经济发展通常包含总量和结构两个方面，前者反映的是经济的数量和规模，后者代表的是经济的质量和效率。一个经济体如

① 刘晓翠. 经济思路的重大转变：中央首提"供给侧改革"［N］. 华尔街见闻，2015 – 11 – 12.

果仅有规模庞大的经济总量而经济结构失衡，这样的经济发展是不可持续的。因此，推进经济结构性改革，解决经济运行中不平衡、不协调、不可持续问题，纠正那些导致失衡、妨碍发展的体制机制弊端，才能推动经济结构升级完善，促进经济实现质量效率型增长。长期以来，无论发达国家还是发展中国家都在进行结构调整，只是不同国家结构调整的路径与力度不同罢了。时任世界银行行长佐利克指出，金融危机爆发以来，世界经济复苏依旧面临较大挑战，而促进未来经济增长不仅需要短期财政整顿举措，更需要推动着眼于未来增长的结构性改革。无论是发达国家还是发展中国家都应推进着眼于未来的结构性改革，包括基础设施建设、构建社会安全网、提高发展中国家金融融入程度等内容。① 然而，为刺激经济走出衰退泥潭，美欧日等发达经济体采取高度宽松的货币政策，日本还进行财政刺激，但在结构性改革方面均进展不大；而发展中国家和新兴市场国家都在进行结构改革包括劳动力改革、基础设施投资和养老金改革等。② 当然，结构改革说起来容易做起来难，不仅涉及既得利益集团的利益，而且在短期见效远不如需求管理来得快，因此结构改革虽然得到长期推行但进展缓慢。此外，有学者指出，结构性改革虽然看起来前景很好，但是短期之内却不得不付出代价，无论经济还是政治，此刻就需要考验政策制定者的平衡以及耐心。IMF 首席经济学家 Olivier Blanchard 认为，"结构性改革虽然不是灵丹妙药，却能提高产出水平，使经济在一段时间内加快增长。各国应采用的适当政策方案有所不同。鉴于其中许多改革会带来短期政治成本，各国面临的挑战将是在这些改革之间做出谨慎的选择。"③ 但是，经济的结构性改革必然包含需求结构与供给结构两个方面的改革内容。这不仅是经济系统运行的客观需要，同时也是宏观经济管理实践的现实要求。从理论上看，经济运行本身需要需求与供给达到平衡，如供需失衡就会导致经济系统的不稳定。然而，现实经济中由于供给结构和需求结构的形成机制与演变过程往往是不对称的，因此经常性地出现结构失衡的情况。这里的结构失衡是指供给结构与需求结构相失衡，主要表现为：第一，供给结构变动滞后，使供求结构不能适应需求结构。社会需求结构可以划分为两部分，即生产资料的需求和生活资料需求。社会需求结构是复杂多变的。从消费结构来看，随着人们收入水平的不断提高，消费需求总量相应增加，与此同时消费需求结构也必然发生深刻的变化，这种变动又会引起投资需求结构的变化。社会需求的变化要求供给结构能够适应这种变化而调整。然而供给结构的调整既受技术经济条件的限制，也受经济体制及其运行机制的限制，因此，供给结构变动经常性地滞后于需求结构的变化。第二，需求结构的超常变动。从长期来看，需求结构虽有其自身演变规律，但是也会由于经济和非经济因素的干扰而出现超常变动。由于这种超常变动使得供给结构难以适应，从而造成结构失衡。第三，调节机制不健全。在长期的经济发展过程中，结构性矛盾往往是难以避免的。如果经济系统内部具备完善的调节机制，这种结构性矛盾就能及时得到调整、解决，否则结构失衡就会长期存在。在市场经济条件下，结构性矛盾主要是依赖市场机制来调节的。在市场机制的作用下，生产要素自动地由供过于求的部门流向供不应求的部门，需求者也会根据价格变动情况调整需求结构，供给结构和需求结构通过市场机制的调节而趋于均衡。但是，当出现市场失灵时，这一调节机制往往不能很好地发挥作用，就

① 蒋旭峰，樊宇. 世行行长强调用结构性改革推动未来增长［EB/OL］. 新华网，2012 – 04 – 20.
② 王成洋. 结构性改革：全球经济增长的助推器［N］. 金融时报，2014 – 09 – 11.
③ 于乎. 结构性改革能"拯救"全球经济？［N］. 新京报，2015 – 04 – 23.

需要政府进行适当的干预。可是，政府也存在失灵现象，因而导致了一定程度的结构失衡是不可避免的。这种结构失衡既是供给增长和需求演进的前提和动力，也是产业结构高度化发展过程中的必然产生的现象。长期以来，我国经济追求 GDP 规模扩张和高速度增长，主要通过需求侧改革和管理的思路来实现，即着重强调扩大由投资需求、消费需求和净出口增长"三驾马车"构成的总需求来实现目标。这在当时的条件下是必要的。特别是 2008 年国际金融危机爆发以来，政府采取"4 万亿""一揽子"刺激计划，强调"扩大内需、刺激消费"，这实质上是沿用了凯恩斯主义需求管理的思路，虽然取得了经济止跌回升的预期效果。在 2010 年发布的《中共中央关于制定国民经济和社会发展第十二个五年规划的建议》中，提出"坚持扩大内需战略，保持经济平稳较快发展"，"构建扩大内需长效机制，促进经济增长向依靠消费、投资、出口协调拉动转变。"这仍是需求侧管理的传统思路。应该说，无论是全球还是中国，需求管理在应对金融危机过程中都发挥了极大的促进作用。从历次经济危机期间各国政府的表现看，需求管理都被委以重任。在应对本轮危机过程中，中国采取的需求管理政策成功地刺激了内需，保证了经济快速发展。[①] 然而，长期推行需求侧管理的后果，在发达国家表现为 20 世纪 70 年代发生的"滞胀"；在中国，宽松的货币政策与积极财政政策主要着眼点都在需求侧，长期、过度使用的结果导致出现生产要素错配、投资回报递减、产能过剩严重、企业活力下降等副作用，最终给经济带来结构性破坏，体现为产能过剩、环境污染与结构扭曲等后遗症。因此，仅靠需求侧的结构性改革已不能达到"稳增长""调结构"的政策效果，必须辅之以供给侧的结构性改革。

对于"供给侧的结构性改革"，是相对于过去需求侧结构性改革而提出的新概念和新思路，是从提高经济体的供给体系质量和效率来为经济发展提供新动力，其目标是推进经济结构性改革，促进经济结构的转型升级，打造中国经济增长升级版。其核心思想是降低制度性交易成本。而供给侧结构性改革的最终成果反映在经济增长模型方面是提高全要素生产率，反映在市场方面是企业竞争力得到提高。巴曙松（2010）认为，国家长期综合实力的提升和国际竞争能力的提高，在于供给管理和供给结构调整的成效。在中共中央提出"十三五"时期"五大发展"理念之后，着力加强供给侧结构性改革，已成为促进经济结构性改革和中国经济转型升级的新理念、新思路。当然，着力加强供给侧结构性改革，这应当是今后工作的重要方面，但并不意味着以后不再需要需求侧改革和管理。为了保障经济中高速增长、推进经济结构性改革和转型升级等目标均衡实现，我们应当把供给侧结构性改革和需求侧改革有机结合起来，双管齐下，统筹施策，这样将产生更佳效果，达到预期目标。[②] 而且，虽然对于经济增长的理念不同，但这两种管理方式在操作上并非完全对立，从美国里根政府时期和英国撒切尔夫人时期的经济政策可以看出，供给侧管理和需求侧管理在经济政策应用中通常也都是交织在一起使用的。

上述关于结构性调控与供给侧结构性改革的分析使得对于中国特色宏观调控的认识更为深入，但是，对于什么是结构性调控、结构性调控与总量调控之间的关系、结构性调控与供给侧结构性改革的关系，以及作为中国特色的结构性调控的典型意义及其对宏观调控理论的贡献等问题，仍需进行深入的理论总结与提升。

---

①　巴曙松. "调结构"重点是需求管理［N］. 江苏经济报，2010 - 04 - 09.
②　卓尚进. 如何认识"供给侧结构性改革"［N］. 金融时报，2015 - 11 - 14.

## 8.2　中国特色宏观调控的实践模式

我国转轨以来历次宏观调控的经济背景与调控特点，如表8.1所示。

**表8.1　　我国转轨以来历次宏观调控的经济背景与调控特点**

| 时　间 | 经济背景 | 调控重点 | 政策特征 | 调控手段 | 调控方式 | 政策工具 |
|---|---|---|---|---|---|---|
| 1979～1981 | 投资与需求双膨胀，财政信贷扩张 | 控制投资与消费 | 紧缩性 | 以行政手段为主，经济手段为辅 | 以直接管理为主，间接管理为辅 | 财政政策为主，货币政策为辅 |
| 1982～1986 | 经济过热，物价上涨 | 通货膨胀 | 紧缩性 | 以行政手段为主，但经济手段力度增强 | 强化间接调控方式 | 货币政策工具开始得到运用 |
| 1987～1991 | 投资与需求膨胀引发通货膨胀，经济过热 | 通货膨胀 | 紧缩性 | 强调行政干预，但经济手段力度加强 | 加大间接调控力度 | 财政、货币、价格、外贸等综合配套 |
| 1993～1997 | 经济全面过热，通货膨胀 | 通货膨胀 | 紧缩性 | 行政手段减弱，经济手段得到广泛运用 | 间接调控为主 | "适度从紧"的财政货币政策 |
| 1998～2002 | 有效需求不足，通货紧缩 | 扩大内需、启动经济 | 扩张性 | 经济与法律手段为主 | 间接调控为主 | 积极财政政策 |
| 2003～2007 | 投资增长过快，局部经济过热 | 信贷与土地 | 有保有压 | 经济、法律手段为主，行政手段为辅 | 直接调控与间接调控相结合 | 各种政策工具综合运用 |
| 2008～2009 | 金融危机引起的经济下滑与衰退 | 扩大投资与消费 | 扩张性 | 经济手段为主 | 直接调控与间接调控相结合 | 积极财政政策、宽松货币政策与产业政策等"一揽子计划" |
| 2010年至今 | "新常态"下的经济下滑 | 扩大内需稳增长 | 扩张性 | 经济手段为主 | 直接调控与间接调控相结合 | 财政"微刺激"、货币政策定向调控、供给侧结构性改革 |

### 8.2.1　紧缩性调控与扩张性调控

根据政策操作的性质，可以将中国已开展的八次宏观调控划分为两大类型：一种是以应对经济过热、通货膨胀为主要目标的紧缩性调控，包括1979～1981年、1982～1986年、1987～1991年、1993～1997年和2003～2007年的五次宏观调控；另一种是以应对有效需求不足、经济下滑或衰退等为主要目标的扩张性调控，主要包括1998～2002年、2008～2009年和2010年至今的三次宏观调控。这两种不同性质宏观调控的作用与西方经典的反周期政策在调控方向上是一致的：当需求不足、失业率上升时，政府通过实行扩张性政策以扩大需求，拉动经济增长和增加就业；当总需求过度扩张引起通货膨胀上升、经济过热时，政府则通过紧缩性政策来给经济降温并抑制通货膨胀。然而，从调控政策的效果来看，紧缩性与扩张性政策的绩效却出现了巨大的反差：紧缩性政策在应对经济过热、通货膨胀的过程中呈现出较为显著的调控效果，① 而扩张性调控在应对有效需求不足、通货紧缩与经济下滑的过程中，调控效果却大大低于预期，并在一定程度上出现了政策失灵的现象。② 对此，庞明川（2008a，2008b）曾运用中国不同发展阶段体制基础的差异性给予解释，认为不同经济发展阶段所具有的不同的体制基础决定了宏观调控的政策绩效。

对于上述的紧缩性调控与扩张性调控，刘伟、苏剑（2007）认为："需求管理上的总量政策选择的基本方向，无外乎扩张和紧缩两种类型。"中国经济增长与宏观稳定课题组（2010）指出，改革开放至今，中国一共经历了七次宏观调控。③ 有五次是以治理经济过热为主要内容的紧缩型调控。这表明：一方面，由总量扩张所造成的经济过热成为中国宏观经济运行的常态，这是和中国处在工业化、城市化快速发展阶段，以及几年上一个台阶的GDP赶超有较大关系，而背后则是国有企业、地方政府、银行机构，乃至宏观调控当局的内在扩张冲动。另一方面，鉴于过热是常态，宏观调控的主要目的就是收缩。并且，考虑到不同区域产业等的结构性特征很明显，收缩就不是"一刀切"，而是有针对性，有保有压，有扶有控，从而呈现结构性调控（或收缩）的特点。总体而言，总量扩张与结构收缩是中国宏观调控的最大特点。尽管在扩张期中，中国调控当局也是强调结构的，但由于扩张过程中容易造成一哄而上，扩张中经济增长是第一位的，从而造成落后产能、两高一资等行业都有了喘息之机，而这时候相应的监管也会缺位或放松，最终导致总量规模的快速扩张，忽视结构问题甚至导致结构问题的进一步恶化。④

## 8.2.2　总量调控与结构性调控

首先，从总量调控来看，总量调控是指政府在宏观领域利用财政货币政策对经济总量进行调节，以保持总供求的市场均衡，达到充分就业、物价稳定、经济增长、国际收支平衡的目标。货币政策是总量调控的重要手段，它依据的是货币流量：货币流量多了，采取减少货币流量的调控措施；货币流量少了，采取增加货币流量的调控措施。这是因为，经济运行过程中，货币流量的多和少、增或减，将直接影响总需求，从而影响宏观经济全局。财政政策也是总量调控重要手段，具体的实施过程为：在总需求小于总供给、经济出现衰退时，政府扩大支出，增加有效需求；在总需求大于总供给、经济出现通货膨胀时，政府缩小支出，减少有效需求。在西方主流经济学理论中，宏观经济被严格地限定在总量的范畴。如萨缪尔森就认为："宏观经济学是研究总体的经济行为——整个价格、产量或就业的运动。"⑤ 斯蒂格

---

① 周洋玲. 中国转轨时期紧缩性宏观调控分析研究（1978－1997）[D]. 复旦大学硕士学位论文，2005；陈孝兵. 提高宏观调控有效性的分析与探讨 [J]. 中州学刊，2010（4）；王立勇. 我国财政政策调控有效性的定量评价 [J]. 财贸经济，2010（9）.

② 刘满平，黄文彬，黄应刚. 宏观调控政策运行机制、绩效评估和转换策略选择 [J]. 经济学动态，2011（3）.

③ 由于中国经济增长与宏观稳定课题组将宏观调控的研究数据截至2007年，未能包括2010年以来的宏观调控，因此，其统计的宏观调控为七次。

④ 中国经济增长与宏观稳定课题组. 后危机时代的中国宏观调控 [J]. 经济研究，2010（11）.

⑤ ［美］保罗·萨缪尔森，威廉·诺德豪斯. 宏观经济学（19版）[M]. 北京：人民邮电出版社，2012.

利茨等的解释是："集中考察总量特征而得到的对经济的自上而下的看法。"① 因而西方主流经济学一直以来强调的是总量调控，这与发达国家市场体系相对完善、同质化程度较高且处在相对均衡的增长路径上紧密相关。据此，陈昌兵（2012）认为："总量调控是基于经济体中的个体同质性和完善有效的市场体系"。从长期的实践来看，西方国家的宏观调控主要是总量调控，其目标是实现社会总供给与社会总需求的基本平衡。

从中国宏观调控的实践来看，自 1985 年"巴山轮会议"将"宏观控制"引入中国以来，最初对宏观调控的理解就是总量调控。在这次会议上，应中国政府的要求，世界银行请来了一批世界级的经济学家，这些受邀的西方经济学家涵盖了新自由主义学派和凯恩斯主义学派。然而，对于从 1984 年 10 月起发生的信贷和工资增长严重失控、银行放贷总额全年增长 28.9% 的自 1978 年以来第一次在转型中的经济体制内部生成的通货膨胀，参会的各国各派经济学家，在研究了世界银行提供的中国宏观经济数据后，形成了一致意见：当时的中国经济表现是投资热且工资膨胀，处于工资推进与过度需求拉动的膨胀之中。结论是：经济出现过热，必须加强宏观调控，必须推进改革。当时，虽然有些中国经济学者主张继续推行扩张性经济政策，但巴山轮号上的国外经济学家几乎都认为要收缩信贷，压缩需求。特别是诺贝尔经济学奖获得者、美国耶鲁大学教授托宾（James Tobin），断定中国正面临严重通货膨胀的危险，并主张中国应当采取"三紧政策"，即紧的财政政策、货币政策和收入政策。他甚至不鼓励中国采用西方国家在面临较温和通货膨胀时常使用的"松紧搭配政策"。这么多经济思想并不一致的世界一流经济学家对中国经济作出了相同的诊断，这一事情说明中国政府应当对此给予充分的重视。从上述分析来看，宏观调控指的就是总量控制，属于需求管理的范畴。对此，魏加宁（2008）说道：我个人认为，所谓"宏观调控"，其词源最初来自于现代经济学教科书中的宏观经济政策，包括货币政策、财政政策以及收入政策。20 世纪 80 年代最初引进中国时叫作"宏观控制"，后来改叫"宏观调节"，指的就是总量控制。1985 年的"巴山轮会议"使中国经济学家们第一次搞懂了宏观调控就是总量控制，"巴山轮会议"上，专家学者们讨论的结果，认为中国应当走科尔内（J. Kornai）提出的"有宏观控制的市场协调模式"，主张从直接的行政控制转向间接的宏观管理。后来，不知道从什么时候起改叫"宏观调控"，增加了结构调整等内容。并且，随着宏观调控的反复加强，在手段上不断增加了许多新的内容，其中包括计划（规划）手段、产业政策、土地政策、环保政策，甚至包括了市场准入政策，以至于有经济学家称："现在的宏观调控就像是一个筐，什么都往里面装。"到了现在，我们反而不知道什么是宏观调控了。②

从 1985 年开始，中国的宏观调控就走上了学习和借鉴运用需求管理政策进行调控的轨道。这是由当时特定的实践背景和理论背景所决定的。薛暮桥（1985）在巴山轮会议的开幕词中指出："要把微观经济搞活，必须加强对宏观经济的控制。现在我们还不善于加强宏观管理，所以，微观放活以后就出现了许多漏洞。去年第四季度到今年第一季度就出现了银行信贷基金失控和消费基金失控，给今年的经济体制改革增加了困难。防止消费基金失控，特别是防止基本建设规模过大所造成的信贷失控，是我国目前宏观控制中重大的问题。"③

① ［美］约瑟夫·E·斯蒂格利茨，卡尔·沃尔什. 经济学（第四版）［M］. 北京：中国人民大学出版社，2010.
② 陈晓晨，徐以升. 专访国务院发展研究中心宏观经济研究部副部长魏加宁［N］. 第一财经日报，2008－09－22.
③ 赵人伟. 1985 年"巴山轮会议"的回顾与思考［J］. 经济研究，2008（12）.

赵人伟（2008）在谈"巴山轮会议"召开的经济改革所处的大背景时指出："当时的农村改革已经取得了巨大成就，改革的重点正在从农村转向城市。城市的改革比农村的改革要复杂得多，它要求改革国有企业，把微观经济搞活，从而在宏观经济和微观经济的关系上要触动计划经济的核心——实物指令性计划，并对宏观调控提出了新的要求。众所周知，我国从1978 年底以来的经济体制改革，是在经济生活有迫切需要但理论准备又颇为不足的情况下开始的。尽管 20 世纪 80 年代初期曾经从东欧的改革中学习了一些可以借鉴的理论和经验，但直到 80 年代中期，中国的经济决策者和经济学者对市场经济如何运转和调控，特别是从计划经济如何转向市场经济，仍然是相当陌生的。因此，把中外经济学家聚集在一起研讨中国经济中的热点问题，就成为中国人总结自身的经验和借鉴外国的经验的一次良好的机会。"因为"我们还不善于加强宏观管理""中国的经济决策者和经济学者对市场经济如何运转和调控，特别是从计划经济如何转向市场经济，仍然是相当陌生的"，我们只好学习和借鉴由不同学派的西方学者所介绍的宏观调控经验和做法，特别是作为凯恩斯主义重要代表性人物的托宾所介绍的经验，从而对宏观经济进行需求管理。[①]

　　此外，20 世纪 80 年代对中国改革开放和经济思想影响巨大的还有亚诺什·科尔奈 1980年出版的《短缺经济学》。虽然该著作 1986 年才由经济科学出版社推出中文版，但 1984 年国内媒体就开始予以介绍，其译稿被打印出来流传。中国经济学家就对他的分析和术语着迷：短缺经济、投资饥渴症、扩张冲动、父爱主义、软预算约束……几个词串起来，就把一个传统社会主义经济体制的运行特征揭示出来了：企业的行为逻辑、资源配置的失误、政府与企业的关系；既有分析框架，又有漫画形象；美妙的理论解释。一时间，特别是青年学子言必称"科尔奈""短缺经济学"。该著作提出"短缺"是社会主义国家存在的普遍现象。资本主义经济基本上是需求限制型的，经常"供过于求"；社会主义经济基本上是资源限制型的，生产增长受资源的限制，上层决策者、企业经营者和消费者的行为必然受到物资短缺的制约，"求过于供"。该著作的基本思想与以经济总量为调控对象的总量调控高度契合，使得总量调控迅速地成为中国宏观调控的重要方式。

　　在由计划体制向市场体制转轨的初期，由于短缺现象的大量存在，因而经济中的投资饥渴、扩张冲动与软预算约束的结合使得经济的过热成为一种常态，于是在 1979～1981 年出现了投资与需求双膨胀和财政信贷扩张；1982～1986 年出现了经济过热、物价上涨；1987～1991 年出现了投资与需求膨胀引发通货膨胀和经济过热；1993～1997 年出现了经济全面过热与通货膨胀。甚至在市场体制得到基本确立的 2003～2007 年还出现投资增长过快和局部经济过热现象。对此，总量调控分别对投资与消费、通货膨胀、银行信贷与土地等经济总量进行紧缩性与有保有压的控制，给过热的经济降温。在转轨的中后期，对于 1998～2002 年由于亚洲金融危机引起的有效需求不足和通货紧缩、2008～2009 年由美国金融危机引起的经济下滑与衰退、2010 年至今出现"新常态"下的经济下滑，总量调控分别内需、投资与消费等经济总量进行扩张性调控。由此可见，总量调控的调控方式在中国宏观调控中

---

① 据检索，彭晋璋、厉以宁分别较早地介绍了日本的宏观经济控制与西方宏观经济调节的基本原理和基本政策，厉以宁还探讨了西方宏观经济调节理论在我国经济运行中的适用性问题。现在看来，当时对西方发达国家宏观调控的认识还是初步的。分别参见彭晋璋. 日本的宏观经济控制考察拾零 [J]. 国外社会科学, 1982 (3)；厉以宁. 西方宏观经济调节与我国宏观经济控制 [J]. 管理世界, 1985 (3).

得到了大量的运用。

其次，从结构性调控来看，鲁品越早在 20 世纪 90 年代中期就认为是针对国民经济的结构进行的宏观调控。[①] 这一定义即使在今天看来仍具有积极意义。而近年来部分学者的定义则值得商榷：中国经济增长与宏观稳定课题组认为，从广义上说，任何针对发展中国家结构特点而进行的调控方式，都可以称之为结构性调控。[②] 周学将结构性调控称为局部调控，认为是指对总量失衡不是从宏观层面，而是从中观和微观层面，也就是局部进行干预的一种调控模式。[③] 陈昌兵则认为结构调控也称局部调控，它指对总量失衡不是从宏观层面，而是从中观层面，即结构层面进行干预的一种调控方式。[④] 从总体上看，前者的应用范围偏窄，因为发达国家也存在经济结构问题；后两种定义的问题，一是结构性调控的对象并不是总量失衡，因为总量失衡是总量调控所要解决的问题；二是将结构性问题归结到中观和微观层面也不准确，因为结构问题既可以体现为中观层面，也可以体现在宏观层面，而微观层面则不存在结构性问题。按照鲁品越（1994）的定义，在中国 30 年的宏观调控实践中，可以看出，无论是在转轨前期的紧缩性调控中还是转轨中后期的扩张性调控中都能经常性地发现结构性调控的成功案例。

再次，从总量调控与结构性调控的关系来看，二者既有区别又有联系。区别在于：总量调控是以经济运行的数量规模为调控对象，如经济规模、产值数量、增长速度、供求总额等；结构性调控则以经济运行的比例关系为调控对象，如国民收入分配比例、产业结构、产品结构、生产力布局等。二者的联系为：总量调控与结构性调控密切联系、互相制约。总量调控是基础，没有总量调控，结构调整的目标就不能实现；结构性调控是关键，没有结构性调控，总量调控的目标也无法实现。

对于一个经济体来说，经济总量与经济结构之间存在相互依存的关系，因此，在实际的政策操作中总量调控与结构性调控总是相互渗透和相互影响。表现在中国历次宏观调控的实践中，既有针对数量规模的总量调控，又有针对经济结构的结构性调控。例如，在 1982 ~ 1986 年的第二次宏观调控中，针对 1982 年中国经济开始回升到 1984 年第四季度经济出现过热，银行信贷失控、投资规模膨胀、消费基金增长过快和物价上涨趋势明显等问题，1985年中央提出一系列紧缩的调控措施：统一制定信贷计划和金融政策，加强中国人民银行对宏观经济的控制与调节职能，严格控制信贷总规模和现金投放；其中，运用货币政策对信贷总规模和现金投放进行控制等属于总量调控的内容；而从严控制固定资产投资，特别是预算外投资的规模；坚决压缩行政开支，压缩社会集团购买力；恢复工资基金管理制度，严格控制消费基金的盲目增长，严禁任何单位和个人在财务上乱开口子、乱提工资、乱发奖金、津贴和实物等则属于结构性调控的内容。又如，在 1993 ~ 1997 年的宏观调控中，对于持续高涨的投资热情和宽松的货币政策所引发的通货膨胀与经济全面过热，中央作出《关于当前经济情况和加强宏观调控的意见》，提出 16 条宏观调控措施。其中，提高存贷款利率、加强中国人民银行的央行地位等金融政策属于总量调控的内容；而削减行政管理费等财政政策，

①　鲁品越. 结构性宏观调控——社会主义市场经济本质特征的表现 [J]. 南京社会科学，1994 (7).
②　中国经济增长与宏观稳定课题组. 后危机时代的中国宏观调控 [J]. 经济研究，2010 (11).
③　周学. 总量调控与局部调控优劣比较 [J]. 经济学动态，2012 (2).
④　陈昌兵. 总量调控还是结构调控——基于城市化、工业化和内外再平衡的分析 [J]. 经济学动态，2012 (5).

重新审查地方批准建设的开发区、压缩基建投资规模、增加能源交通运输等基础设施投资计划的措施则属于结构性调控的内容。

## 8.2.3　需求结构调控与供给结构改革

赵瑞彰（1987）早在 20 世纪 80 年代中期就提出，总供给与总需求的平衡，是国民经济宏观调控的重要内容，也是社会主义宏观经济学应有的主题。社会总供给与总需求的平衡包括总量平衡和结构平衡两个方面。但是，一直以来，我们在理论上仅重视供给与需求的总量平衡研究，在实践上对供求平衡的宏观控制也偏重于总量平衡控制。西方宏观经济学对总供给与总需求的均衡研究，虽然在方法上比我们更为注意进行动态分析和定量分析，但也仅仅局限于总量平衡的描述。其实，要真正实现国民经济总供给与总需求的平衡，仅在数量上平衡是远远不够的，而想单纯凭在总量上的控制，就达到实质的平衡，也是不能奏效的。这就要求我们在理论和实践上不仅要注意总量平衡问题，还必须重视结构平衡问题。[①] 在现实经济中，从总供求分析的角度，可以把改革开放以来的中国经济增长划分为两个阶段：第一个阶段从 1978 年到 20 世纪 90 年代中期，这一阶段我国经济经历了由短缺经济到基本供求平衡的一个过程，这期间供求变化的内在推动力在于通过"解放生产力"来发展生产力，以供给能力的扩大来弥补短缺经济的缺口，从而引致中国经济实现超高速增长。第二个阶段从 20 世纪 90 年代中期到 2008 年，这一阶段是我国经济从基本供求平衡到总供给逐渐大于国内总需求的阶段。但同时这一阶段赶上了经济全球化、信用消费和电子通信技术革命三者重叠的历史性机遇，这使得中国经济经历了一个"黄金"的高速发展时期。当然，这仅仅是从总供求的总量来说的。如果从结构的角度来分析，总供求的变动就是另一番图景：长期的结构失衡。对于国民经济的正常运行来说，需要供给结构与需求结构相互适应，达到结构平衡。这里的供给结构是指在社会总供给中各类不同的产品和劳务所占的比重及其组成状况；需求结构是指在社会总需求中各类不同的需求所占的比重及其组成状况。

社会总供给不仅表现为一定的价值总量，而且表现为不同的实物产品或不同的劳务的总和。例如，在社会所提供的最终产品中，有些是生产资料，如机器设备等；有些是生活资料，如食品、衣物等。而在生产资料和生活资料中，又可以分为许多不同的类别。社会所提供的劳务总量同样可以区分为不同的类别。这种由不同的实物产品或劳务形成的供给构成，是由社会的产业结构和产品结构决定的。换句话说，社会的产业结构和产品结构是形成社会供给结构的基础。而社会总需求同样不仅表现为一定的价值总量，而且也表现为对不同类型的产品和劳务需求的总和。社会总需求可分为投资需求和消费需求。在投资需求和消费需求中，又可以分为更具体的需求。所以，社会总需求归根结底是由对各种各样不同产品和劳务的需求构成的。总的来说，社会的投资结构和消费结构是形成社会需求结构的基础。

社会总供求的总量平衡主要是价值平衡，而社会总供求的结构平衡，则既要各构成部分之间价值上的平衡，也要求实物上的平衡，即要求社会所提供的各种最终产品和劳务，能够与社会对它们的需求相适应。因此，结构平衡对于国民经济的正常运行同样具有重要作用。

---

① 分别参见：赵瑞彰. 论社会总供给与总需求的结构平衡控制 [J]. 兰州学刊, 1987（3）；赵瑞彰. 论国民经济总供给与总需求的结构平衡控制 [J]. 暨南学报（哲学社会科学）, 1987（10）.

因为，即使在总量平衡的条件下，如果结构失衡，社会总产品的各个组成部分，就不能全部在价值上得到补偿，在实物上得到替换，社会再生产就难以顺利进行。在这里，社会总供求的总量平衡和结构平衡是互相联系、互相制约的。总量失衡必然伴随结构失衡，结构失衡必然导致总量失衡。新中国成立以来发生的几次大的宏观经济失衡，总是表现为总量失衡与结构失衡并存，并常常是结构失衡引起总量失衡，而总量失衡又反过来加剧结构扭曲。实践证明，政府在宏观调控中，不仅要保持总量的基本平衡，而且也要促进结构向合理化方向发展，实现结构平衡。

需求管理是指政府实行调节总需求的宏观调控政策，其政策工具主要包括财政政策和货币政策。其中，既包括对需求总量的管理，也包括对需求结构的调整。而供给管理，指从总供给环节进行宏观调控，包括调节劳动力、工资、价格、产量增长等环节。与需求管理相类似，供给管理也包括对供给总量的管理和供给结构的调整两个方面。在发达国家，政府需求管理与供给管理的主要内容分别在于通过财政货币政策对需求的总量进行调整、强调税收中性和减税等"减少干预"使经济自身增加供给，而对于包括需求结构与供给结构则相对忽视，因为其大逻辑是结构问题可全由市场自发解决，所以政府调控上的"区别对待"便可忽略不提。这一点，从凯恩斯主义的"需求管理"概念大行其道几十年之后，"供给管理"开始得到一定程度的重视。但是，无论是凯恩斯主义还是货币主义在注重总量调控而忽略结构调控上都是一致的。然而，危机意味着结构性问题的总爆发。长期推行仅着眼于总量调控的需求管理势必对经济造成一定程度的损害，需求管理政策也存在一定的局限性。美国金融危机爆发以来，为了提振经济，各国政府实行了一系列需求管理的调控政策，如美联储推行的宽松货币政策与我国政府推行的 4 万亿刺激计划。这些政策虽然在短期内刺激了经济，但也助长了经济泡沫的滋生，提高了资产价格，加剧了通胀压力。当前的全球经济衰退，就是过度使用需求管理的后果。

对于中国来说，由于存在二元经济结构，以及由转轨经济带来的大量体制结构问题，使得对于无论是需求结构还是供给结构的调整都十分重要，结构调整问题成为经济长期而又重大的问题。然而，长期的结构调整都主要着眼于对需求结构进行调控，虽然对于供给结构也进行了一定程度的调整，但其重视程度远远不如对需求结构的调整。如在紧缩性调控时对需求结构中投资需求和消费需求的压缩，在扩张性调控时对需求结构中消费需求的刺激（扩大内需）与扩大进出口（外需）等，都是对需求结构进行调整。对于供给结构的调整也不时推进，如 1978 年改革开放起步后推行联产承包责任制、发展乡镇企业、改革国有企业银行、鼓励非公有制经济等；近年来以简政放权为市场主体松绑、营转增改革、降低税负为中小企业轻身、以"负面清单"划清政府市场界限、财税金融改革、资本市场改革、反垄断、反腐败全面推进、鼓励创新和创业等，都属于供给结构改革的重要内容。[①] 2015 年 11 月中央财经领导小组第 11 次会议提出"供给侧结构性改革"的概念，实质上就是供给结构改革。而要"着力加强供给侧结构性改革"就意味着由以前的重视需求结构的调整转向供给结构的调整，而且强化供给结构调整的力度。与之相对应，需求结构的调整也可以称为"需求侧结构性改革"。董德志（2015）认为，供给侧管理的政策手段包括简政放权、放松

---

① 平言. 向结构性改革要新动力新优势 [N]. 经济日报，2015 - 11 - 13；周子勋. 中国经济将转向供给管理 [N]. 京华时报，2015 - 11 - 13.

管制、金融改革、国企改革、土地改革、提高创新能力等。[①]

上述分析表明，在中国宏观调控的长期实践过程中，既有紧缩性调控也有扩张性调控，既存在总量调控也存在结构性调控，在结构调控中既包括对需求结构的调控也包括对供给结构的调控。这些不同性质与不同内容的调控共同组成了中国宏观调控的实践模式和特色，明显区别于西方主流经济学中的经典宏观调控与发达国家宏观调控的实践。

## 8.3　中国特色宏观调控的理论范式

### 8.3.1　从总量调控到结构性调控的转换

前已述及，1985 年"巴山轮会议"引进的"宏观控制"指的是总量调控。因此，当时参会的政府官员与学者这时学习的宏观调控就是总量调控。这是因为：第一，西方主流经济中所有的宏观经济关系都是一种总量关系，根本就没有结构的概念；第二，作为凯恩斯主义的代表人物，参会的詹姆斯·托宾 1981 年刚刚获得诺贝尔经济学奖，声誉正如日中天，由他介绍的宏观调控经验必然深深地打上需求管理总量政策的烙印，而且影响巨大；第三，匈牙利经济学家亚诺什·科尔奈的马克思主义经济学的学术背景与对社会主义经济中短缺问题的经典研究非常容易引起决策者与理论界的共鸣，因而由于短缺所引致的总量扩张就成为宏观控制的应有之义了。

即便如此，托宾在研究了世界银行为参会者提供的中国数据后在会议上对中国经济的宏观调控有个说法：像中国这样的社会主义国家，用货币总量作为总需求管理不太可能。因为它的实际经济增长速度和货币流通量不确定，也没有西方那种得以影响货币总量的金融市场。相反，在中国直接控制利率和信贷更重要、更可行。这段话至少提供了这样的信息：一是中国的情况比较特殊，和西方国家不太一样；二是在选择总需求管理的工具变量时不宜用发达国家通常使用的货币总量，"直接控制利率和信贷更重要、更可行"。这里的"直接控制"应如何控制？托宾没有给出解释，但无疑留下了想象的空间，因为发达国家的宏观调控都是采取间接控制的办法，在中国的宏观调控中用间接手段来直接控制利率和信贷似乎没有先例，因此，是否意味着采用行政手段来直接控制？实际上中国对于经济过热的控制，从那时起到现在，大致也是用的直接控制利率和信贷这样的手段。张军后来评论道："除了控制利率，还有控制货币供应量。每次调控都是管银行，把银行信贷的口子给关掉。其实还是比较行政的手段。"[②] 可惜这段话被许多学者忽略掉了。

1988 年 9 月 26 日《在中国共产党第十三届中央委员会第三次全体会议上的报告》正式提出了"宏观调控"一词，并一直沿用至今。这时的宏观调控的含义还是 1985 年"巴山轮会议"引进的"宏观控制"意义上的总量调控。然而，也正是在 1985 年，长期关注中国农村改革问题的学者就提出："我们也曾表示担心，在缺乏深入的结构分析和明确的结构政策

①　刘晓翠. 经济思路的重大转变：中央首提"供给侧改革"[N]. 华尔街见闻, 2015 – 11 – 12.
②　黄艾禾. 巴山轮：由急流险滩驶向大洋 [A]. 盗火者——他们为中国引来变革火种 [C]. 国家历史, 2008 – 12 – 26.

的情况下，实行简单的总量控制会产生不利的影响。"① 1987 年，当时在国务院农村发展研究中心做研究工作的邓英淘和罗小朋，一方面强调"总量分析是宏观分析的基本内容的最高层次。因为总供给与总需求的相互关系是整个宏观经济运行的主线，宏观研究的主要任务就是围绕这一主线，把反映现实经济运行的各种经济关系和变量揭示出来。"另一方面也较早地指出："考虑到我国经济发展目前所面临的阶段性转折以及我国经济运行中的一些重要特征，特别是存量调整无力和有效供给不足等问题很难通过总量的调节来消除，在西方国家占有重要地位的总量政策在我国只能被置于相对次要的地位。"② 胡汝银（1987，1992）认为，需求分析有重大缺陷，主张以供给分析为支点，融供给分析、结构分析和制度分析于一炉，建立社会主义宏观经济学。张风波（1987）提出，总量分析与结构分析是互补的，结构分析是总量分析的具体化，总量分析则是结构分析的抽象。对总量进行具体分类和深入分析，就可以统一到结构问题上来，对结构问题进行系统分析和综合归纳，上升到理论的高度，便可以揭示出总量的基本特征。马建堂（1989）则试图通过对国民收入、价格、储蓄等典型总量指标波动状况的分析，找出它们是如何通过一些中间机制转化为产业结构的变动的，以把总量分析和结构分析结合起来，使宏观分析中观化。由此可见，当时对西方总量调控的学习和借鉴并没有形成一边倒的局面，而在一开始就受到国内学者的质疑和批评。③

在 20 世纪 80 年代的宏观调控实践中，总量调控也确实未能起到一统天下、包揽一切的作用。例如，在 1982～1986 年的宏观调控中，对于由投资需求和消费需求膨胀引起的货币的超经济发行从而出现的通货膨胀和经济过热，1985 年中央提出一系列紧缩的调控措施：统一制订信贷计划和金融政策，加强中国人民银行对宏观经济的控制与调节职能，严格控制信贷总规模和现金投放；从严控制固定资产投资，特别是预算外投资的规模；坚决压缩行政开支，压缩社会集团购买力；严格控制消费基金的盲目增长，严禁任何单位和个人在财务上乱开口子、乱提工资、乱发奖金、津贴和实物。又如，在 1987～1991 年的宏观调控中，对于由于货币超发引发的物价猛烈上涨和经济剧烈波动，从 1988 年第四季度开始，政府采取紧缩性政策遏制经济过热。最初，政策部门采取了提高居民存款利率、对部分产品征收消费税等抑制消费的间接调控政策，但调控效果不明显。于是，政策部门不得不采用直接的调控手段，最主要的是压缩投资的各种直接的行政控制手段，包括明确规定压缩幅度、停建缓建各种项目的指令性计划、向各地派出固定资产投资检查小组等。这些政策措施的效果立竿见影。由此可见，虽然以控制信贷规模、提高存款利率、压缩投资需求和消费需求等手段的总量需求管理占据重要地位，但以行政手段为主的结构性调控也发挥了重要作用，甚至在1987～1991 年的宏观调控中取得了比总量调控更好的政策效果。在 1993～1997 年的宏观调控中亦是如此，面对经济过热而出现的日益严重的通货膨胀和金融秩序混乱等问题，1993年 6 月 24 日中央发布了《关于当前经济情况和加强宏观调控的意见》，提出 16 条宏观调控措施，主要包括提高存贷款利率、加强中国人民银行的央行地位等金融政策、削减行政管理

---

① 中国农村发展问题研究组. 国民经济新成长阶段与农村发展 [J]. 经济研究，1985（7）.

② 邓英淘，罗小朋. 论总量分析和总量政策在我国经济理论与实践中的局限性——兼析我国经济运行中的某些基本特征 [J]. 经济研究，1987（6）.

③ 陈东琪、张亚斌（2002）认为，1979～1999 年是中国宏观经济学实现范式转换，理论构架得以初步形成并获得创新发展的时期，而中国宏观经济学的范式转换与体系构建始于 20 世纪 80 年代中期。参见陈东琪，张亚斌. 中国宏观经济学的理论构架与创新发展 [J]. 社会科学战线，2002（4）.

费等财政政策、重新审查地方批准建设的开发区、压缩基建投资规模、增加能源交通运输等基础设施投资计划措施以及其他措施。可以看出，既包含了总量调控的措施，又包含了结构性调控措施。当然，这一次的宏观调控政策当局并没有简单运用直接调控手段给经济降温，而是综合运用各项调控措施，有步骤、分阶段地逐步推进。其中十分突出的是货币政策的成功运用，特别是充分运用利率政策调控经济取得了很好的效果。

在 1998～2002 年的宏观调控中，针对亚洲金融危机引发的阶段性有效需求不足和通货紧缩问题，政府第一次使用扩张性政策来扩大内需、启动经济增长。这是运用凯恩斯主义的短期需求管理政策来刺激经济的一次成功尝试，表明政府决策部门已经从宏观经济政策的角度开始沿用市场经济国家的成熟经验来调控中国的经济运行。但是，1998 年以来中央政府投资拉动的惯性作用和信号引发了以信贷膨胀和外资猛增为主要表现形式的地方政府主导的普遍投资扩张，造成了局部经济过热，因此，在 2003～2004 年的宏观调控中，从 2003 年下半年开始，政府针对经济运行中出现的部分行业投资增长过快与物价上涨压力增大问题，采取了包括规范房地产发展、土地管理、提高存款准备金率等措施。2004 年 4 月，又采取了进一步提高存款准备金率、较大幅度地调高钢铁、电解铝、水泥和房地产四个行业的固定资产投资项目资本金比例，严格土地审批，对一些行业的投资项目进行全面清理以及公布对"铁本事件"的严肃查处等措施。这些调控措施在时间上比较集中，间接调控手段与行政性直接调控措施形成政策组合，且调控力度明显加大，取得了显著的政策效果。当然，此次调控中行政手段的大量运用与土地调控作为本次宏观调控最大特点，也招致了许多学者的批评，认为在 1993 年以来两轮调控中市场化程度不断提高与间接调控得到更多使用的情况下又重新回到计划经济时代的思维和做法。

对于 2008 年以来由美国金融危机引发的经济下滑，政府果断制定了积极的财政政策和适度宽松的货币政策，并于 2008 年 11 月 9 日推出了包括 4 万亿元投资计划在内的"一揽子"经济刺激计划、2009 年陆续推出"十大产业振兴规划"。其中，4 万亿元投资计划包括十项措施：一是加快建设保障性安居工程；二是加快农村基础设施建设；三是加快铁路、公路和机场等重大基础设施建设；四是加快医疗卫生、文化教育事业发展；五是加强生态环境建设；六是加快自主创新和结构调整；七是加快地震灾区灾后重建各项工作；八是提高城乡居民收入；九是在全国所有地区、所有行业全面实施增值税转型改革，鼓励企业技术改造；十是加大金融对经济增长的支持力度。可以看出，虽然大规模的经济刺激是需求扩张的总量调控政策，但其中有多项措施则属于结构性调控的内容，是将结构性调控融入总量调控的成功实践，而产业振兴规划的推出则明显属于结构性调控的内容。这一系列举措取得了显著的政策效果，中国成功地实现了"保八"的任务，在世界范围内率先实现经济的复苏。然而，中国经济增长与宏观稳定课题组（2010）指出："尽管在扩张期中，中国调控当局也是强调结构的，但由于扩张过程中容易造成一哄而上，扩张中经济增长是第一位的，从而造成落后产能、两高一资等行业都有了喘息之机，而这时候相应的监管也会缺位或放松，最终导致总量规模的快速扩张，忽视结构问题甚至导致结构问题的进一步恶化。"不仅如此，应对国际金融危机实施的"一揽子"刺激计划与产业振兴规划也带来了包括通货通胀持续扩张、国家信用风险以及人民币持续升值等问题。特别是从 2010 年开始，中国经济面临着较大的下行压力。对此，2011 年政府继续实施积极的财政政策，保持适当的财政赤字和国债规模。同时，实施稳健的货币政策，综合运用价格和数量工具，提高货币政策有效性；2012 年政府开始全面进行结构性减税和税制改革；2013 年推出的"微刺激"和"区间调控"；2014年推出"定向调控"等；2015 年提出"加强供给侧结构性改革"。这一系列"组合拳"的政策目标是"稳增长、调结构、促改革"，在本质上仍然是一种扩张性政策。但是，这已经不再是总量的扩张，主要体现为结构性扩张，是结构性调控的重要内容。至此，中国的宏观调控在经历了行政性等结构性调控比重较大——总量调控与结构性调控并重——总量调控为主——总量调控中融入结构性调控——结构性调控为主的转换，中国特色宏观调控的结构性范式最终得以形成。

## 8.3.2 中国特色宏观调控的结构性调控范式

托马斯·库恩（T. Kuhn）在 1962 出版的《科学革命的结构》中首次提出范式（paradigm）的概念并进行了系统阐述，它指的是一个共同体成员所共享的信仰、价值、技术等的集合，指常规科学所赖以运作的理论基础和实践规范，是从事某一科学的研究者群体所共同遵从的世界观和行为方式。范式概念是库恩范式理论的核心，而范式从本质上讲是一种理论体系。库恩指出："按既定的用法，范式就是一种公认的模型或模式。"[1] 在 30 年的大规模实践中可以看出，中国宏观调控形成了明显不同于发达国家和其他发展中国家宏观调控的一种新的范式，这就是结构性调控为主总量调控为辅的结构性调控范式。

首先，总量调控与结构性调控长期双轨并行，是中国宏观调控的一大特色。这是由中国特殊的基本国情所决定的。作为一个正处于经济体制转轨过程中的发展中大国，中国的经济运行的确有其自身的特殊性。一方面，作为一个发展中国家，中国的结构性问题长期存在并动态演进，成为市场运行与体制转轨的重要制约因素。主要表现在：一是存在大量结构性问题是发展中国家的一个典型特征，其中最为重要的就是"二元结构"问题。此外，结构失衡问题长期存在，产业结构转型与升级问题突出。这些结构问题包括人口年龄结构、城乡二元结构、产业结构、分配结构、体制结构、增长动力结构，等等。二是经济结构问题在转轨的不同阶段表现出不同的特点，呈现出阶段性特征。例如，《"十五"计划纲要》中指出的结构性问题包括产业结构不合理，地区发展不协调，城镇化水平低，国民经济整体素质不高，国际竞争力不强，农民和城镇部分居民收入增长缓慢，收入差距拉大等；在《"十一五"规划纲要》中则体现为投资和消费关系不协调，部分行业盲目扩张、产能过剩，经济增长方式转变缓慢，能源资源消耗过大，环境污染加剧，城乡、区域发展差距和部分社会成员之间收入差距继续扩大等；《"十二五"规划纲要》中指出，中国发展中不平衡、不协调、不可持续问题依然突出，主要包括：经济增长的资源环境约束强化，投资和消费关系失衡，收入分配差距较大，产业结构不合理，农业基础仍然薄弱，城乡区域发展不协调，就业总量压力和结构性矛盾并存等。Chang-Tai Hsieh 和 Peter J. Klenow 从宏观角度对中国经济结构问题的估算表明，由于资本和其他资源的错误配置导致中国的生产率比美国低约 50%，[2] 充分

---

① 托马斯·库恩. 科学革命的结构 [M]. 北京：北京大学出版社，2003；早期的版本参见托马斯·库恩. 科学革命的结构 [M]. 上海：上海科学技术出版社，1980.

② Chang-Tai Hsieh & Peter Klenow. Misallocation and Manufacturing TFP in China and India [R]. Working Papers. 2009 – 09 – 04，Center for Economic Studies，U. S. Census Bureau.

说明了结构问题对经济的重大影响。正是因为存在着一系列的结构问题，并且处于结构剧变的过程中，因此，在总量调控失效的情况下，结构性调控就显得非常有必要。这是因为：第一，结构剧变意味着宏观调控基础的变化以及政策传导机制的变化，这可能会导致总量调控的失效；第二，快速结构变动引起要素回报的变化以及要素的流动，在价格信号不准确、不完善的情况下，易于导致结构性失衡，这使得结构性调控必不可少；第三，结构剧变与结构失衡，使得很多问题并不单纯是一个短期的宏观稳定问题，而是涉及短期宏观调控与中长期发展之间的协调，因此，结构调整对于中长期的可持续发展而言尤为关键。[①] 另一方面，作为一个转轨国家，中国的经济体制还属于由计划体制向市场体制转轨的不完善的市场体制，这一不完善的市场体制也存在结构性问题。中国经济增长与宏观稳定课题组将中国经济的结构性问题分为体制结构和广义的经济结构，认为体制结构问题是经济转型还未完成，存在着双轨过渡，与之相应的是形成双轨调控的思想，即行政性调控与市场化调控并用。一方面，宏观调控体系的构建和发展一直坚持市场化导向，强调以经济和法律手段进行间接调控；另一方面，传统的计划行政手段不断退却，但是从来都没有被完全抛弃，而是以某种形式最终融入宏观调控。其中，国有企业、地方政府与中央政府在宏观调控中所发挥的作用，以及由此所体现出的市场化调控与行政性调控的结合，恰恰形成中国宏观调控的独特之处；广义经济结构问题的存在，使得结构性调控与总量调控并重，有明显行政性干预色彩和结构性调控特点的产业政策、规制政策、资本管制、严格的金融监管和平衡财政等"非常规"工具为促进经济增长与宏观稳定发挥了重要作用。[②]

其次，在中国宏观调控的实践中，除运用总量政策体现出总量收缩与扩张之外，长期以来的双轨并行还体现出由结构性调控引发的总量收缩与扩张的特点，贯穿于中国宏观调控的全过程，也构成了结构性调控的完整体系和内容。在这一意义上，这种以结构性调控为主、总量调控为辅的调控方式就成为中国宏观调控的最大特色。基于此，相对于市场经济国家的总量调控来说，充分体现中国特点的结构性调控就成为中国特色的宏观调控范式。虽然这一调控范式在紧缩性调控与扩张性调控中带来了不同的政策绩效，但是，从总体上看，这种以结构性调控为主、总量调控为辅的调控模式在中国宏观调控的实践中，不仅在熨平经济周期性波动、保持物价相对稳定与实现充分就业等方面取得了巨大的成就，而且，在促进经济的长期高速增长、促进经济结构转型升级，以及保障经济转轨的顺利进行等方面同样获得了极大的成功。在应对全球金融危机的过程中，这些以结构性调控为主的宏观管理经验开始进入主流经济学的视野，引起了广泛的赞誉和反思。[③] 也正是在这一意义上，国内学者早期的研究结论强调中国经济的宏观调控应当以结构性调控为总体框架，总量调控应当作为其中的手段之一，并为结构性调控服务，以及宏观调控单靠总量调控是远远不够的，还必须进一步充

① 中国经济增长与宏观稳定课题组. 后危机时代的中国宏观调控［J］. 经济研究，2010（11）.

② 中国经济增长与宏观稳定课题组. 后危机时代的中国宏观调控［J］. 经济研究，2010（11）.

③ 中国经济增长与宏观稳定课题组指出，主流经济学认为正是由于宏观政策只关注总量调控而忽视了结构调控，才导致了此次金融危机的产生。因此，单纯关注总量的宏观调控是不够的，还需要特别关注经济中的结构性变量和结构性调控措施；Frankel 提出，要通过总结新兴市场的经验来拯救主流宏观经济理论；Stephen Roach 甚至提出了"向中国学习宏观调控"的呼吁。分别参见中国经济增长与宏观稳定课题组. 后危机时代的中国宏观调控［J］. 经济研究，2010（11）；Frankel Jeffrey. Monetary Policy in Emerging Markets：A Survey［R］. NBER Working Paper No. 16125，2010，June；史蒂芬·罗奇. 向中国学习宏观调控［EB/OL］. 英国《金融时报》中文网，2012-03-09.

实和运用结构政策等观点,① 具有积极的理论意义。近期的研究如宋立等指出的宏观调控应以结构性措施为重点、郑新立提出的宏观调控要从总量调控为主转向结构性调整为主等,也都揭示了结构性调控的重要价值。②

从中国宏观调控的长期实践来看,结构性调控也可以分为紧缩性结构调控和扩张性结构调控两大类,并在中国宏观调控中发挥了重要作用(见表 8.2)。其中,紧缩性结构调控分别在 1979～1981 年、1982～1986 年、1987～1991 年、1993～1997 年、2003～2007 年五次宏观调控中都有所体现。其中,主要的结构性紧缩措施包括:严格控制固定资产投资规模、控制消费需求的增长、压缩信贷规模、实现贷款限额管理、实行价格管理、压缩财政支出结构中的行政管理费支出等;在 1987～1991 年的宏观调控中,还开始运用结构性财政货币政策调整财政支出结构、加强信贷调节等;2003～2007 年"有保有压"的宏观调控中对有可能导致经济过热、资源耗费严重的"两高一资"行业的重点收缩更是体现了结构性收缩的特点。而扩张性结构调控分别在 1998～2002 年、2008～2009 年和 2010～2014 年的三次宏观调控中都有具体体现。其中,主要的结构性扩张措施包括:(1)两次积极财政政策都包含了加大财政支出、加强基础设施建设、结构性减税、优化收入分配格局等内容。此外,1998年积极财政政策还包括向中西部等转移支付、2008 年积极财政政策包括了保障和改进民生、支持科技创新与节能减排、发展战略性新兴产业等内容,2008 年中央经济工作会议首次提出实施"结构性减税政策",2010 年以来还实施了对小微企业减税、铁路公路等基础设施建设等一系列"微刺激"措施,综合运用了预算、税收、贴息、减费、增支、投资等手段;(2)在货币政策方面,先后采取了取消对四大国有商业银行贷款限额的控制、调整对个人消费信贷政策、支农再贴现和再贷款以及窗口指导、两次定向降准等措施;(3)注重发挥产业政策的作用。这一时期结构性扩张的主要特点在于结构性财政政策与货币政策充分发挥了间接调控的作用,并结合产业政策和行政手段等直接调控的作用。

**表 8.2　　　　　　中国八次宏观调控中结构性调控的措施与特点**

| 性质 | 年份 | 结构性调控措施 | 主要特点 |
|---|---|---|---|
| 紧缩性结构调控 | 1979～1981 | ①严格控制投资要求,压缩基建规模;②严格控制消费需求的增长,压缩各种开支和消费基金;③加强对市场和物价的管理和监督 | 行政手段、直接调控为主 |
| | 1982～1986 | ①压缩投资规模;②严格控制消费增长;③加强对贷款计划的指令性管理,严格控制信贷规模;④恢复工资基金管理制度,控制奖金发放数额等 | 行政手段为主,间接调控与经济手段开始强化 |

---

① 邓英淘、罗小朋指出:"简单的总量政策,无论是扩张还是收缩,都很难改变有效供给不足这个基本特征。看来,总量政策不仅不能解决前面所说的长期问题——结构变革,而且对某些短期问题也无能为力。因此,结构性政策和手段(经济的或行政、法律的)不仅对于有效的收缩或调整必不可少,而且对于有效的扩张更是至关重要。"鲁品越指出:"中国经济的宏观调控应当以结构性调控为总体框架,而总量调控应当作为其中的手段之一,为结构性调控服务";程秀生指出:"宏观调控需要坚持总量平衡的原则,但单靠总量调控是远远不够的,还必须进一步充实和运用结构政策,包括产业结构政策、区域结构政策、城乡结构政策以及收入结构政策,以求在平衡总量的同时缓解结构方面的矛盾"。分别参见邓英淘,罗小朋. 论总量分析和总量政策在我国经济理论与实践中的局限性——兼析我国经济运行中的某些基本特征 [J]. 经济研究, 1987 (6);鲁品越. 结构性宏观调控——社会主义市场经济的本质特征的表现 [J]. 南京社会科学, 1994 (7);程秀生. 健全结构政策 改善总量调控 [J]. 求是杂志, 1994 (12).

② 郑新立. 宏观调控要从总量调控为主转向结构性调整为主 [J]. 经济研究参考, 2014 (30);宋立, 李雪燕, 李世刚. 宏观调控应以结构性措施为重点 [J]. 宏观经济管理, 2013 (1).

| 性质 | 年份 | 结构性调控措施 | 主要特点 |
|---|---|---|---|
| 紧缩性结构调控 | 1987～1991 | ①大规模压缩非生产性投资规模，调整预算外基建投资；②控制集团消费，大力削减消费需求；③调整财政支出结构，压缩行政管理费支出；④推行出口退税以扩大出口；⑤加强货币信贷的计划管理；⑥加强信贷结构调节；⑦清理整顿各类金融性公司，加强对金融市场和信贷的管理。 | 强调行政干预与直接调控方式，开始运用结构性财政货币政策 |
| | 1993～1997 | ①结构性的财政政策，严格控制财政支出增量和调整支出结构，将支出重点放在农业、科学技术和教育领域等；②结构性货币政策，加大结构调整的力度，实行信贷规模限额制度，整顿金融纪律等；③在投资政策方面，压缩基建投资规模，增加能源交通运输等基础设施的投资 | 广泛运用间接调控，进一步发挥结构性财政货币政策作用 |
| | 2003～2007 | ①在财政政策方面调整财政支出规模、优化支出结构，推进税制改革；②在货币政策方面实行窗口指导，加强信贷管理，把握好信贷投向，限制对"过热"行业的贷款；③在土地与环保政策方面严格控制新增建设用地总量，管住土地闸门 | 有保有压、区别对待的结构性收缩 |
| 扩张性结构调控 | 1998～2002 | ①在财政政策方面，增发长期建设国债，适当扩大财政赤字规模；调节税率、减轻税负、鼓励投资；②在货币政策方面，取消对四大国有商业银行贷款限额的控制，调整对个人消费信贷政策，发挥再贷款政策的作用等 | 积极财政政策，总量扩张与结构性扩张并重 |
| | 2008～2009 | ①"四万亿投资计划"、十大产业振兴计划；②实施扩大内需、大规模结构性减税以及"家电下乡""以旧换新""农机购置补贴"、降低小排量汽车的车购税等刺激国内市场消费的财税政策举措 | 需求管理等总量扩张与大规模结构性扩张并重 |
| | 2010～2015 | ①财政"微刺激"：免征小微企业的增值税和营业税，简化出口企业审批程序，减少行政事业性收费，拓宽融资渠道，确保铁路公路等基础设施建设；保障房建设与棚户区改造；②货币政策两次定向降准；③供给侧结构性改革 | "微刺激"、定向调控等结构性扩张与供给侧结构性改革 |

　　此外，在结构性调控中，习近平总书记在 2015 年 11 月 10 日召开的中央财经领导小组第 11 次会议上指出："在适度扩大总需求的同时，着力加强供给侧结构性改革，着力提高供给体系质量和效率，增强经济持续增长动力，推动我国社会生产力水平实现整体跃升。"这就意味着未来的宏观调控既要继续重视对需求结构进行调整，也要加强对供给结构进行调整，改变过去长期只重视对需求结构进行紧缩与扩张的调整而忽视对供给结构进行相应调整的现象。这进一步丰富了结构性调控的内涵，使得中国特色宏观调控的结构性调控范式的内涵更加完整，也更为丰富。

　　再次，中国特色的结构性调控也必然会受到微观基础与体制的约束。主要体现在以下两个方面：

　　第一，微观主体的行为演变直接决定着结构性调控的效果。一是地方政府的行为及其变化对调控效果造成了重要影响。改革开放以来，地方政府在中国经济的长期持续高增长过程中一直扮演着极其重要的角色，中国经济增长与宏观稳定课题组将这一角色归结为"准市场主体"，[①] 在行为上表现出两个特点：其一，以放权让利为主要特点的体制变革使得地方政府具有极强的投资扩张偏好，直接影响到经济结构的调整和优化。这些体制因素包括：

---

① 中国经济增长与宏观稳定课题组 . 后危机时代的中国宏观调控［J］. 经济研究，2010（11）.

（1）任期制与短视效应；（2）财政分灶吃饭体制与分权制带来的财政激励；（3）GDP主义与官员晋升带来的政治激励等。地方官员为了实现本地区的经济发展与个人的政治升迁，都热衷于在任期内通过地方政府融资平台和土地财政筹措资金来开展大规模的经济建设与城市建设，形成了一轮又一轮的投资周期性扩张。这一现象在1992年以前的中国经济中屡见不鲜，并引发了经济过热，加剧了结构的失衡。在1992年确立了建立社会主义市场经济体制的目标之后，1994年、1998年、2003年、2008年和2012年，又先后出现了五次地方政府的投资扩张。特别是2012年以来，各地借"稳增长"之名，纷纷推出了巨额体量的"地方版四万亿投资计划"，表现出极高的投资热情与投资冲动。[①] 这种周期性的投资扩张在推高经济增长的同时，也给经济结构的调整和优化带来了消极影响：由周期性的投资扩张造成投资与消费的经常性失衡、投资扩张中偏重第二产业加剧了产能过剩和产业结构不合理、偏重资本投入轻视研究与开发（R&D）导致要素投入结构不合理等。其二，地方政府与中央政府的博弈，在一定程度上影响了调控的效果，导致宏观调控的失效。[②] 改革开放以来，财政体制的结构调整在调动和激发地方积极性、维护并加强中央的财政能力的同时，也诱发和强化了地方势力的崛起，以至于形成了所谓的"诸侯经济"及地方保护主义。[③] "诸侯经济"的直接后果是地方政府在谋取地方利益和显示政绩的前提下进行速度攀比，竞相扩大投资和消费，造成区域割据和结构趋同。一些经济发展较快的地区如广东等向中央要"政策"，[④]进而获得经济快速发展，而经济的快速发展又使得这些地区拥有足够的资本在随后的改革过程中与中央政府进行"讨价还价"，在政治利益和经济利益等方面与中央政府进行博弈。[⑤]这种情形甚至演变为一种"示范效应"逐步得到推广和效仿。从中央政府针对每一次的经济过热的宏观调控实践来看，正是由于地方政府的追求经济增长的高速度和大规模的投资扩张造成了经济过热，而对于中央政府的调控措施，地方政府在坚持地方自主性、注重发展和保护地方利益的同时，往往会为了因为局部利益对中央政策贯彻不力或是在执行时大打折扣。[⑥] 在应对金融危机带来的增长失速时，地方政府往往置中央政府调控方式的转向于不顾，继续热衷于传统的投资拉动手段，在加剧经济结构失衡的同时导致宏观调控决策的效果不彰。二是不同类型的企业及其行为直接影响和制约着调控的效果。[⑦] 总体上说，企业以利润最大化作为决策目标，但是，如果将企业区分为国有企业和民营企业两种类型，可以发

---

① 辛灵. 地方投资已超20万亿 稳增长被指变身投资竞赛 [N]. 南方都市报，2012-09-26；罗兰. 地方政府大换届之年"换届效应"击中中国经济软肋 [N]. 人民日报（海外版），2013-06-07.

② 马骏. 中央与地方财政关系的改革 [J]. 当代中国研究，1995（2）；王国生. 过渡时期地方政府与中央政府的纵向博弈及其经济效应 [J]. 南京大学学报，2001（1）；庞明川. 中央与地方政府间博弈的形成机理及其演进 [J]. 财经问题研究，2004（12）.

③ 沈立人，戴园晨. 我国"诸侯经济"的形成及其弊端和根源 [J]. 经济研究，1990（3）.

④ 1993年，王琢在总结与评价广东14年的改革与发展时，认为其主要经验之一是：省领导核心敢于向中央要改革权，又善于运用中央赋予的权力；中央对广东省实行了"特殊政策、灵活措施"等。参见王琢. 广东省的改革开放和经济发展 [J]. 中国社会科学，1993（4）.

⑤ 杨瑞龙. 我国制度变迁方式转换的三种阶段论 [J]. 经济研究，1998（1）；杨瑞龙，杨其静. 阶梯式的渐进制度变迁模型——再论地方政府在我国制度变迁中的作用 [J]. 经济研究，2000（3）.

⑥ 胡鞍钢. 中国经济波动报告 [M]. 沈阳：辽宁人民出版社，1994：197-199.

⑦ 杨富荣，赵成钢，韩毅，张军森. 经济体制转轨时期的企业行为 [J]. 经济研究，1987（5）；胡永明，陆宏伟. 企业目标与企业行为——兼论转轨时期企业行为的特征及其对策 [J]. 经济理论与经济管理，1986（6）；伍柏麟，杨成长. 转轨时期国有企业制度特征和经济行为分析 [J]. 上海经济研究，1998（3）.

现，这两种不同类型的企业又分别表现出不同的行为特征。其中，国有企业由于软预算约束的存在而普遍出现强烈的投资冲动与扩张意愿，导致出现过度投资行为。由此可见，利润最大化就不是唯一的目标函数了；对于民营企业来说，虽然中央政府多次给民营企业"松绑"，近年来就先后推出"非公 36 条""新 36 条"等政策措施，但由于民营企业的性质以及体制原因，导致普遍存在贷款难、融资难等现实问题，因而投资意愿不足、规模偏小。1998 年实施的积极财政政策，其本意是通过政府投资带动民间投资，然而，一方面，大型的基础设施建设计划（即所谓"铁公基"）都主要是由国有企业来承接；另一方面，积极财政政策不仅未能有效拉动民间投资，在一定程度上甚至对民间投资产生了"挤出效应"。因此，民营企业由于客观上存在的先天不足与后天资源分配的严重失衡导致在与国有企业的竞争中常常陷入不利地位，普遍存在的"玻璃门"效应成为制约民营经济发展的障碍。此外，地方政府与企业在转轨过程中为了各自的利益在经济发展、环境保护、审计等多个领域形成了"合谋"现象。[①] 王箐和魏建在分析中国企业表现出的强烈扩张冲动中，加入了政府因素来分析政府对企业扩张的影响，结果表明，政府官员对产出和企业规模的强烈偏好使企业将产出引进目标函数而偏离利润最大化的目标，导致企业规模高于企业利润最大化时的规模，出现过度扩张。[②] 政企合谋现象使得宏观调控的微观基础变得更为复杂，从而加大了结构性调控的难度。而一些特殊行业存在的既得利益集团也给结构性调控带来了消极影响。三是居民作为最基本的经济主体的行为直接影响着经济结构，进而影响着结构性调控的效果。其一，长期以来，节俭、重储蓄等传统观念使得中国居民的消费意愿不强，从而导致储蓄率高企而消费率偏低，而收入增长缓慢以及城乡收入差距、不同行业和地区收入差距的不合理更加强化了这一观念。其二，经济增长的下降造成居民普遍预期收入下降，使得居民消费受到未来预期的影响从而造成消费意愿不足。其三，收入分配差距也带来了消费层级的差异，导致低收入群体消费意愿不足，而高收入群体在基本生活需要得到满足后急需的高端消费的供给不足，致使消费畸形、消费扭曲乃至浪费现象出现，对最终消费需求产生了极大的影响。新近的研究表明，1995～2012 年中国城镇七个收入阶层居民的实际消费与实际收入之间都具有长期稳定的均衡关系，但短期内会经常偏离。[③] 可见，居民的行为直接影响到需求结构、产业结构、收入分配结构的优化。

　　第二，结构性调控面临着经济转轨的体制性约束。中国社会科学院经济所宏观组（1999）认为，在市场化过程中，政策效应的发挥往往离不开体制上的相应变革。因为体制的不完善不仅会使任何一个政策操作产生正负两个方面的效应，而且有可能进一步放大负效应而抑制正效应。[④] 从不同转轨阶段的体制基础来看，转轨前期，中国经济运行的体制基础被许多学者称为"双轨制"或"体制外"现象，[⑤] 体现为传统计划体制向市场体制的过渡

　　① 聂辉华，李金波. 政企合谋与经济发展 [J]. 经济学（季刊），2006（10）；聂辉华，蒋敏杰. 政企合谋与矿难：来自中国省级面板数据的证据[J]. 经济研究，2011（6）；张莉，高元骅，徐现祥. 政企合谋下的土地出让 [J]. 管理世界，2013（12）.
　　② 王箐，魏建. 中国转轨过程中的企业扩张行为 [J]. 当代经济管理，2011（5）.
　　③ 韩海燕. 中国城镇居民各阶层收入与消费问题的演化研究：1995—2012——基于误差修正模型的检验 [J]. 人文杂志，2014（9）.
　　④ 中国社会科学院经济所宏观组. 投资、周期波动与制度性紧缩效应 [J]. 经济研究，1999（3）.
　　⑤ 张军. "双轨制"经济学：中国的经济改革（1978－1992）[M]. 上海：上海三联书店、上海人民出版社，1997；吕炜. 经济转轨理论大纲 [M]. 北京：商务印书馆，2006.

阶段：一方面，计划体制逐渐走向衰落，但仍主导着经济运行；另一方面，市场体制虽逐渐增强，但尚未得到确立，因而其基本特征表现为计划与市场"双轨"。在转轨中后期，所对应的体制基础是在市场经济体制框架的基本建立：一方面经济运行的基本特征是市场的，市场机制的主导作用与市场失灵、市场缺陷会同时存在于经济运行中，与之相适应的政府与市场的关系在逐步渐进过程中；另一方面，由于经济转轨并未完成，市场机制运行的效率又必将受制于传统体制下各种遗留问题的解决。由于起主导作用的市场体制还比较脆弱，市场失灵、市场缺陷等直接影响了市场功能的有效发挥，而传统体制的一些微观基础还在发挥作用，还在影响着市场机制的运行效率。受此影响，1998 年积极性政策的扩张效应作用于经济运行，自然也就不能起到带动投资和消费、恢复经济的自主增长能力的效果。2003 年以来的体制基础仍是不完善的市场体制：一方面，市场体制的基础还不稳固，市场体制本身还需进一步完善；另一方面，经济中的一些深层次矛盾和问题还在深刻地影响着市场功能的发挥，影响着市场机制的效率。因此，这种由市场机制主导的体制基础既有市场体制的一般特点，也有完善体制阶段的特殊性。这种体制特点必然影响到经济政策乃至宏观调控政策作用的发挥，并直接决定着政策的效果，造成了转轨中后期宏观调控政策的绩效不如转轨前期显著。对此，吴超林（2001）认为："针对经济总量非均衡的宏观调控如果没有坚实的微观基础，那么，作为一种外生的制度安排的政策效应释放必然受到极大的制约。宏观调控政策的传导还需要相应有效的市场传导条件或机制。在中国，由于市场结构并不完全，特别是资本市场和货币市场在相当大的程度上仍属管制市场，缺乏有效的市场传导机制使宏观调控成为一种外生于市场条件的政府安排。因此，宏观调控政策能否发挥作用已不仅仅是政策本身的问题。"由此可见，中国经济发展的特殊国情是导致宏观调控效果不佳的主要原因。[①] 由于中国整个经济基础与市场体制都发生了根本性变化，而政府依然沿用计划经济思维，希望以旧有工具调控现有经济，走政府干预经济的计划老路，自然达不到调控效果。[②]

### 8.3.3　结构性调控在不同国家间的实践及其比较

在中国宏观调控的实践中可以看出，结构性调控在促进经济增长和保障经济正常运行等方面都发挥了重要作用。那么，对于结构性问题同样突出的其他发展中国家与结构问题并不突出的发达国家来说，结构性调控能不能发挥作用？能发挥多大的作用呢？

首先，从发展中国家的经济运行来看，存在大量结构性问题是发展中国家的典型特征。因此，无论是东亚国家和地区还是拉美国家，在长期的经济发展过程中都存在着大量的结构性问题。从总体上看，以东亚国家和地区与拉美国家为代表的发展中国家的宏观调控表现出两大特点：一是发展中国家的宏观调控虽然采取了不同的路径与方式，但总体上处于学习与借鉴发达国家宏观调控的理论与实践阶段，迄今尚未有结合发展中国家实践的典型案例与理论创新；二是在发展中国家经济发展的不同时期或者不同阶段，结构性调控始终存在，只不过程度不同罢了。对于发展中国家的宏观调控来说，第二次世界大战后初期，发展中国家在重工业优先的"赶超战略"影响下，拉美和东亚国家分别实行"进口替代"与"出口导向"的工业化发展模式，强化政府对经济的干预作用，在一个较长的时期取得了经济的高速增长，出现了"拉美奇迹"和"东亚奇迹"。这一国家干预主义虽不能与凯恩斯需求管理政策相提并论，但性质是一致的，都强调了政府对经济活动的组织、指导和调节。但是，长期的政府干预对经济发展的积极影响与消极影响并存。从消极影响来看，无论是"进口替代"战略还是"出口导向"战略，都会带来经济结构比例失调、部门间发展不平衡、产业结构布局与贸易结构的畸形发展，以及外资依存度过高易受国际市场波动的影响等共性问题，导致经济结构严重失衡。当然，在上述两种战略的政策体系中，仍然可以发现结构性政策的作用和贡献：在"进口替代"战略中，通过关税和非关税壁垒限制甚至完全禁止外国某些工业品的进口的贸易保护政策；较严格的外汇管理政策和高估汇率政策；为加强国内资金积累在财政、税收、贷款、价格等各个方面给予进口替代工业特殊优惠，以促进这类工业的投资，同时对外资也采取了不同程度的鼓励政策等；在"出口导向"战略中，放松贸易保护，大力鼓励出口，对出口企业给予优惠如减免税收、低息贷款、补贴等；放松外汇管制，利用合理的汇率促进出口；使本国货币贬值以降低本国出口商品以外币计算的价格，增强企业和产品在国际市场上的竞争力等。到 20 世纪 80 年代以来，拉美和东亚国家在宏观调控的指导思想与政策体系上都出现了大分化：拉美地区开始接受新自由主义"华盛顿共识"的指导开始进行大规模结构性改革，重新重视产业政策的作用，导致产业政策回归；[1] 而东亚地区在 1997 年亚洲金融危机爆发后仅泰国、印度尼西亚和韩国等受危机的影响接受了 IMF 的贷款，其结果也出现了较大差异：拉美国家推行国企私有化带来失业问题严重、收入分配不公现象愈加突出、不成熟的金融自由化和过早开放资本项目增加了金融风险等问题，导致先后出现 1994 年的墨西哥金融危机、1999 年的巴西货币危机和 2001 年的阿根廷债务危机；而东亚国家的经济虽然存在一些结构性问题，但仍旧保持快速发展。21 世纪以来，拉美国家在总结新自由主义改革的经验教训的基础上，调整发展战略，转变发展模式，继续加大了结构改革的力度；东亚国家也在东南亚金融危机之后加紧进行结构改革。面对 2008 年的全球性金融危机，拉美国家和东亚国家都重新回归凯恩斯主义的扩张政策，推出了程度不一的经济刺激计划以拉动经济回升。由此可见，发展中国家的宏观管理总体上是在国家干预主义、新自由主义与凯恩斯主义之间左右摇摆，而结构性调整和改革始终与这一过程相伴随，而且，包括产业政策在内的结构性调控政策的效果在不同的国家和不同时期也存在着明显的差异性。

值得注意的是，鉴于长期以来拉美推行的"进口替代"工业化战略所带来的从资源诅咒、城市病到中等收入陷阱等"拉美经济病"，"华盛顿共识"药方被实践证明并没有取得积极效果。[2] 2014 年以来，中国政府结合自己应对危机的经验为包括阿根廷、巴西在内的拉美国家开出了"信贷＋投资"的"中医"药方，起到了解表的作用。这既是对中国特色结

---

① 事实上，在以新自由主义为理论基础，由国际货币基金组织、世界银行和美国政府共同提出的"华盛顿共识（Washington Consensus）"的 10 条政策中，多数政策都属于结构性政策的内容。

② 联合国主管经济和社会事务的前副秘书长何塞·安东尼奥·奥坎波（José Antonia Ocampo）认为，尽管许多拉美国家积极推动结构调整，但是在经历了 20 多年的发展后，经济发展仍然严重滞后，贫富分化日益加剧，失业率攀升，特别是一些关系到公共服务的企业被私有化后，电信、水电等价格不断上涨，人们的生活质量受到严重影响。因此总的来说，经济结构调整的药方是失败的。"'华盛顿共识'所提到的结构调整方案并不是解决全球经济发展问题的通用药方，各国仍需根据具体情况采取符合国情的改革措施。"参见叶书宏. 联合国官员：国际金融机构为拉美所开药方失败 [EB/OL]. 新华网，2005 – 05 – 18.

构性调控经验的一种肯定，也说明了中国经验具有广泛的借鉴和应用价值。

其次，从发达国家宏观调控的实践来看，发达国家的宏观调控实践发端于1933年美国的"罗斯福新政"，其理论基础则是20世纪30年代诞生的凯恩斯需求管理政策引发的政府干预思想，二者在20世纪世界经济大危机爆发后不谋而合、殊途同归，为发达国家的宏观管理提供了总量调控范式并得到广泛的应用。自此以后，包括20世纪70年代以来货币主义与理性预期学派应对"滞胀"的理论与政策主张、以供给学派理论为基础的"里根经济学"以及2008年美国金融危机以来凯恩斯主义的回归、美联储"量化宽松"政策的实践等，都在总量调控这一范式的理论与政策框架内对发达国家的经济运行发挥着重要作用。

尽管总量调控在发达国家得到了长期而又广泛的运用，但是，发达国家的宏观调控中同样存在运用结构性政策进行调控的大量事例。这是因为虽然发达国家经济运行中面临的主要问题是总量非均衡，然而，结构性失衡也同样存在。例如，世界经济大危机在发达国家的全面爆发就意味着经济结构失衡问题的普遍存在；20世纪70年代出现的"滞胀"现象本身就体现为一种结构性危机；2008年美国金融危机以及随后出现的欧洲主权债务危机都揭示出发达国家市场存在严重的结构性问题。对于20世纪70年代发生的"滞涨"现象，美国经济学家克莱因（Klein, L. R.）1983年指出："当代西方经济学家已有越来越多的人不满意这种总量分析概念和方法，认为它已无法解决当前西方经济中日益突出的各种结构性问题，而企图寻找宏观经济学的微观基础以及相应的新分析方法和概念，来替代旧的总量分析方法和概念。"[①] 此外，即使是在所谓的大缓和时期，在通胀和产出缺口都非常平稳的情况下，也存在诸如消费率过高、住房投资的杠杆率过高以及经常账户赤字过高、收入分配结构不合理等突出的结构问题。对于这些结构性失衡现象，结构性政策作为总量政策的一种重要补充和配合同样在发达国家的宏观调控实践中发挥了重要作用，如表8.3美国例证所示。

**表8.3　　　　美国历次宏观调控中的结构性政策及特点**

| 时期 | 经济背景 | 宏观调控措施 | 政策特点 |
|---|---|---|---|
| 20世纪30年代 | 世界经济大危机 | "罗斯福新政"：①整顿银行与金融系统；②复兴工业；③调整农业政策；④推行"以工代赈"；⑤大力兴建公共工程；⑥建立社会保障体系；⑦建立急救救济署。 | 结构性政策 |
| 第二次世界大战后至1970年 | 凯恩斯需求管理政策的实践 | ①扩张性的财政政策：增加政府采购及公共开支，大幅削减税收；②扩张性的货币政策：消除贸易壁垒、扩大出口，对购买外国资产征税以抑制美元外流；③60年代中期后推行"大炮加黄油"（即战争加福利）的政策，紧缩银根 | 结构性财政货币政策 |
| 20世纪70~80年代 | "滞胀" | ①1971年"新经济政策"：对内实行对工资、物价及租金的直接管制；对外停止兑换黄金，征收10%的进口临时附加税，同时美元对日元、马克、英镑等主要货币大幅贬值；②1976年反通胀的紧缩政策：降低减税力度，实行对物价与工资的自愿控制；提高联邦银行的贴现率，收缩货币供给量；③"里根经济学"：放松管制、削减政府支出（主要是社会福利和教育支出）、减少税收、紧缩通货；降低利率、美元贬值、提高出口补贴等 | 结构性政策为主，总量政策为辅 |

---

① ［美］克莱因. 供求经济学［M］. 北京：商务印书馆，1988.

续表

| 时期 | 经济背景 | 宏观调控措施 | 政策特点 |
|---|---|---|---|
| 20 世纪 90 年代 | "滞胀"带来的经济衰退 | 1993 年"经济振兴计划"：①财政政策：通过税制改革增加政府收入，削减社会福利及行政开支；②货币政策：实行中性的货币政策，以物价稳定为首要目标，中介目标转变为控制利率及货币供给量，对利率进行微调；③产业政策：重视教育培训，提高人力资源的素质；改善交通、通信等基础设施，提供良好的投资环境；设立专门的管理机构，促进科技创新；以信息技术为先导，加大对高新技术产业的扶持力度；④贸易政策：制定国家出口促进战略，成立国家贸易促进委员会；放宽高科技产品出口限制，为出口商提供融资支持；推动多边贸易的发展，积极拓展海外市场 | 总量政策与结构性政策综合运用 |
| 2000 年以来 | "9·11"事件、阿富汗和伊拉克战争 | 前期：①财政政策减税与增支并行：大规模减税计划、军费开支激增；推进养老、医疗、失业等社会保障改革，大幅增加社会福利支出；②宽松的货币政策：降息。后期转为双紧政策：削减军费以外的其他开支，提高利率 | 总量政策与结构性政策并用 |
| 2008 年以来 | 2008 年美国金融危机 | ①货币政策：降息，下调贴现率，救助金融机构；②财政政策：实施次级房贷解困计划，推出经济刺激计划，"救生索计划"，通过救助法案，提高新能源、节能减排、交通等方面的税收优惠，大规模经济复苏计划（增加支出和减税），对金融机构和汽车业提供紧急救助；③加强金融监管：首次将对冲基金纳入监管范围，对金融监管体系进行结构性改革。此外，还实施了量化宽松政策、"再工业化"战略以及包括贸易投资保护主义在内的对外经贸政策 | 总量政策与结构性政策并用 |

资料来源：根据公开资料整理。

　　实际上，在发达国家，"经济中的结构改革实际上是经常不断发生的。之所以如此，首先是因为竞争条件在迅速变化和新的需要的产生。然而，在 20 世纪 70 ~ 80 年代，这种改革在西方发达国家中却具有极其鲜明的特性，从而使我们有理由说这是结构大变革了，虽然变革的过程是相当平稳的。西方发达国家的经济改革与世界经济中其他主要类型国家的结构变革明显地不可同日而语。"① 例如，在英国，对于 20 世纪 70 年代发生的高通胀、低增长的"滞胀"现象，以及当时所面临的工会力量庞大、国企过多、政府干预过度等结构性问题，"撒切尔主义"的主要措施就是推行结构性改革。具体做法是：撒切尔夫人 1979 年就任首相后，首先采纳了货币主义的观点，采取控制货币发行量、遏止通货膨胀、减少国家干预、重视发挥市场机制作用的办法，来扭转英国经济衰退。同时采用供给学派的观点，加速推进国企私有化、减税、废除物价管制、大幅削减公共开支和社会福利等改革措施，减少政府对经济的干预。经济触底反弹，长期稳健增长。这些改革措施使英国经济从低迷中走出困境，经济触底反弹，各主要宏观经济指标波动率大幅减小，自 1982 年以来英国经济保持了 8 年的持续增长，恶性通胀得到控制，持续 18 年的财政赤字从 1987 年度起开始转为盈余。在撒切尔夫人执政 11 年之后，撒切尔主义也就随之终结。进入 21 世纪以来，特别是在美国金融

---

　　① ［俄］Ａ·Ｋ·拉萨吉娜，司辽，郭才. 西方发达国家经济中的结构改革（以英国为例）［J］. 国外财经，2001 (3).

危机与欧洲债务危机爆发以来，撒切尔主义最终被打入冷宫。对于日本经济来说，在宏观管理中经常性地使用结构性改革在发达国家中更为突出。从第二次世界大战结束至20世纪90年代末，日本经济大致经历了复苏、增长、衰退与停滞四个阶段。其中，80年代末泡沫经济的发生与崩溃时日本经济由持续增长到衰退的拐点。在1985年广场协议以后，日本国内迅速出现资产泡沫，从泡沫的产生到崩溃前后只经历了短短的数年时间。在泡沫崩溃后，日本政府采取了凯恩斯主义经济政策来恢复经济，但没有取得预期效果。日本的结构改革派认为，既然凯恩斯主义不能使日本经济回归原有经济增长的轨道，那么如果效仿美国实行供给结构改革的话，就可以提高市场竞争力，优化资源配置的效率，使经济得以再生。其核心观点可分为"规制缓和论"和"企业调整论"。其中，前者以政府为改革对象，认为政府的规制是妨碍市场竞争、造成资源配置非效率的主要原因。因此，实施规制改革不但可以废除不必要的政府规制、降低企业生产与经营成本、提高效益，还可以创造出新的产业、产品和服务，增强经济活力。后者以企业为改革对象，认为对企业内部的调整可以解决经济萧条带来的人员与设备过剩现象，有利于提高企业的经营效率，使企业的资本收益率达到一个比较理性的水平。然而，结构改革的政策效果似乎并不明显，相反，日本经济却开始陷入长期停滞的困境。然而，结构性改革一直被视为解决日本经济复苏乏力的有效处方。2012年末安倍政府上台后，在实施金融政策、财政政策的同时，还实施了结构性改革政策。其结构性改革政策的四大涉及领域包括：以减少商业壁垒、设立"国家战略特区"、鼓励科技创新和加大对中小企业的扶持、提高公共服务领域对民间资本的开放度为内容的促进投资、以提高女性参与社会经济活动的比重、培养国际化青年人才、提升日本国内的开放度和完善自由化的劳动力市场制度为内容的促进人才竞争、以实现电力市场的完全竞争、培养健康的"长寿社会"和提升农业的规模化生产及自由化程度为内容的培育新市场、以推动访日游客数翻倍、吸引跨国企业地区总部入驻日本、扩大基础设施出口、扩大日本技术品牌和推进"酷日本"战略为内容的提高经济开放度等。然而，尽管安倍政府意识到结构性改革对于扭转日本经济颓势具有关键性作用，并在"安倍经济学"的框架构建与内容设计等方面融入了结构性改革的重要内容，但因为这一改革的力度及深度不足，缺乏实质性的改革措施，所以难以触及经济运行系统的核心部分，也未能扭转日本经济持续萎缩的窘境。[①]

再次，从发展中国家和发达国家的宏观调控实践中，可以得出两点启示：第一，无论是在与中国相类似结构性问题突出的发展中国家还是在结构性问题并不突出的发达国家，都大量存在着运用结构性政策进行宏观管理的成功尝试与政策实践。然而，结构性调控却陷入了"有实无名"的境地。其原因包括受新自由主义的影响主张取消政府干预以及采用结构性政策自身存在的可能带来不公平从而导致民众不满情绪上升等，因而发达国家往往倾向于主要依靠市场机制的自发性作用去解决结构失衡问题。然而，对于经济结构的严重失衡，市场的自发性作用往往显得无能为力，最后不得不启用结构性政策来调控，这在发达国家的实践中已得到多次验证。第二，在发达国家宏观调控的实践中可以看出，结构性调控既可以独立地作用于经济中的结构性问题，也可以与总量调控一起相互协调配合，共同发挥作用。从表8.3中可以看出，在应对20世纪30年代世界经济大危机带来经济结构的极度扭曲与失衡

---

① ［日］吉川洋. 结构改革与日本经济［M］. 日本岩波书店，2004；陈子雷. 关于日本经济长期停滞理论与政策的思考［J］. 现代日本经济，2008（3）；陈友骏. 论"安倍经济学"的结构性改革［J］. 日本学刊，2015（2）.

时，"罗斯福新政"列示的政策菜单中几乎全部属于结构性政策；对于 20 世纪 70 年代发达国家经济中普遍出现的"滞胀"现象以及由此引发的经济衰退、2008 年爆发的金融危机引起的经济总量下降与结构性失衡并存现象，政策实践体现出总量政策与结构性政策相互配合，既有以结构性政策为主、总量政策为辅，也有总量政策与结构性政策综合使用等方式。

## 8.4　中国特色结构性调控范式的理论贡献

大量的分析表明，结构性调控不仅在中国的历次宏观调控得到了普遍的应用，是一个贯穿于中国实践全过程的重大理论创新，而且在除中国之外的其他发展中国家乃至发达国家的宏观调控实践中也得到了应用。那么，这种调控方式对于宏观调控来说有没有理论贡献？结构性调控政策与宏观调控政策体系之间具有什么样的关系？回答这些问题，就成为一个必然的逻辑推演。

### 8.4.1　结构性调控与总量调控相结合构成了宏观调控的完整内涵

从总体上看，结构性调控与总量调控相结合构成了宏观调控理论的完整内涵。这是因为：

第一，经济系统的整体性客观上要求总量调控与结构性调控相结合。政府宏观调控的对象是一个经济体的宏观经济运行，而经济体的健康运行既需要总量平衡，也需要结构平衡。而宏观经济的运行在面临内部制约或外部冲击的情况下，会经常性地出现总量非均衡或结构失衡。其中，总量非均衡通常表现为总需求大于总供给导致经济过热、通货膨胀与总需求小于总供给导致增长下滑、经济衰退两种状态，而结构失衡则可能表现为包括需求结构、产业结构、城乡与区域结构、收入分配结构、要素投入结构等的不均衡。在实际经济运行中，结构失衡可能是上述多种结构中的一种结构出现不均衡，也可能是多种结构失衡现象同时发生。在一个经济系统中，经济结构与经济总量之间具有相辅相成的关系，即经济结构建立在一定经济总量基础之上并决定其性质且影响其增长；经济总量和组成部分的变动反过来又会带来经济结构的变化。换句话说，作为反映宏观经济重大比例关系的经济结构总是体现在一定的经济总量之中，且在不同的经济发展水平、不同的经济发展阶段还会相应地表现出不同的特点；反过来讲，经济总量总是基于一定经济结构基础之上的总量，总量的变化总是通过各种经济结构的变化来反映出来的。这样，经济总量和经济结构共同构成了一个经济系统的整体。这就要求作为政府宏观管理方式的宏观调控理论本身就应该同时包含总量调控与结构性调控两种方式。然而，长期以来，在发达国家宏观调控的实践中只重视总量调控而忽视结构性调控，或者说只注重宏观经济总量的平衡而忽视对于经济结构的调整。而除中国之外的广大发展中国家在宏观调控中只是盲目的学习和借鉴发达国家宏观调控的经验，未能结合发展中国家存在大量结构性问题的特点而实施富有自己特色的宏观调控。因此，中国宏观调控中实施的总量调控与结构性调控相结合以结构性调控为主的调控范式将总量调控与结构性调控有机结合起来，从而构成了宏观调控的完整内涵，丰富和发展了宏观调控理论。

第二，结构性调控与总量调控既具有各自不同的政策边界与适用范围，也可以相互协调配合。从调控的具体对象来看，总量调控只能解决经济总量的非均衡问题，而结构的失衡则需要通过结构性调控来解决；当总量非均衡与结构失衡同时发生时，则应采用总量调控与结构性调控相结合的方式来解决。一般说来，总量政策与结构性政策的结合可分为两种形式：一种是以总量政策为主、结构性政策为辅，发达国家的宏观经济政策通常采取这一形式。其原因在于发达国家市场机制完善，监管有力，微观主体对市场信号的反映相对灵敏，经济的自主增长机制与调节机制也相对完备，因而经济运行中的结构性问题并不突出，宏观经济面临的主要问题是总量非均衡。因此，宏观调控更多地借助于总量调控；[①] 另一种是以结构性政策为主、总量政策为辅，发展中国家应更多地采取这种形式。[②] 这是因为发展中国家市场发育缓慢、市场机制不健全以及市场监管缺欠等导致结构性问题突出，因而宏观经济面临的主要问题是结构失衡。对此，发展中国家的宏观调控应对结构性调控给予更多的侧重。从这个角度看，发展中国家宏观调控中结构性调控的任务比发达国家艰巨得多。对于中国这样一个正处于经济体制转轨的最大的发展中国家来说，经济结构失衡现象又比一般的发展中国家更加突出。因此，中国的宏观调控需更多地重视结构性调控政策。

第三，总量调控具有局限性，需要结构性调控的协调配合。从 20 世纪 80 年代中期开始，国内理论界就出现了有关总量调控政策局限性的探讨。[③] 金融危机爆发以来，总量政策及其局限性引起了西方主流经济学界的广泛的关注与反思，包括 Blanchard 等在内的经济学家都指出了传统政策仅关注总量目标的不足。[④] 我们认为，总量政策之所以存在局限性，主要原因在于：其一，总量政策首先是一种短期政策，其政策效果只具有短期效应。一些研究表明，凯恩斯主义需求管理政策仅能起到拉动经济回升的刺激性效果，在短期内对产出增长的影响作用十分显著，在长期内则逐渐回归到平稳的增长水平。[⑤] 有学者还认为，1997 年以后，面对在市场机制作用不断扩大基础上形成的总需求小于总供给的宏观总量非均衡情形，尽管政府实施了更为市场经济意义上的一系列积极的财政政策与货币政策，但 3 年来的宏观

　　① 当然，发达国家不重视结构性政策的原因还包括在新自由主义的影响下取消政府干预、采用结构性政策可能带来不公平导致民众不满情绪上升等，因而主要依靠市场机制的自发性作用去解决结构失衡问题。然而，对于经济结构的严重失衡，市场的自发性作用往往显得无能为力，这在发达国家的实践中已得到多次验证。潘宏胜（2015）指出，危机是结构性问题的总爆发。主要发达国家都需要推进一些结构性改革，如提高财政支出的稳健性、削减财政赤字、降低过度的社会福利、调节收入分配、增强就业市场的弹性、提高产业竞争力和劳动力生产率、降低产业"空洞化"等。但是，这些改革的政治过程较长，有的可能遭到民众抵制，有的则是积重难返，推进过程困难重重、旷日持久。货币政策无须复杂的政治过程，且操作简便易行，所谓独立性有很大弹性，因而在政策选择上首当其冲且加大"剂量"，甚至成为结构性改革的替代品。从这个意义上，欧美日央行"宽松止于通胀目标"的货币政策更像是结构性改革的"挡箭牌"。参见潘宏胜. 稳增长难度前所未有 调控不能走老路 [EB/OL]. 中财网，2015 - 11 - 16.

　　② 关于总量政策与结构性政策的比较，还可参见周学. 总量调控与局部调控优劣比较——对现代宏观经济学的反思 [J]. 经济学动态，2012（2）；陈昌兵. 总量调控还是结构调控——基于城市化、工业化和内外再平衡的分析 [J]. 经济学动态，2012（5）.

　　③ 邓英淘，罗小朋. 论总量分析和总量政策在我国经济理论与实践中的局限性 [J]. 经济研究，1987（6）；朱绍文，陈实. 总供给与总需求分析对我国经济适用吗？[J]. 经济研究，1988（4）；许荣昌，余向农. 对直接管理和间接管理问题的几点看法 [J]. 宏观经济研究，1988（1）；罗毅，高静娟，黄年山. 当前宏观调控中需要注意的两个问题 [J]. 财政研究，1991（11）.

　　④ Blanchard Olivier, Giovanni Dell'Ariccia, and Paolo Mauro. Rethinking Macroeconomic Policy [R]. IMF Staff Position Note, SPN/10/03, 2010, February 12.

　　⑤ 郭庆旺，贾俊雪，刘晓路. 财政政策与宏观经济稳定：情势转变视角 [J]. 管理世界，2007（5）；郭庆旺，贾俊雪. 稳健财政政策的非凯恩斯效应及其可持续性 [J]. 中国社会科学，2006（5）；刘金全，应重，庞春阳. 中国积极财政政策有效性及政策期限结构研究 [J]. 中国工业经济，2014（6）.

调控政策效应与预期结果仍相距甚远;① 中国的积极财政政策并未产生凯恩斯政策预期的作用机理与传导效果。② 新近针对"四万亿"投资政策效果的研究文献使用半参数的方法与反事实 (counterfactuals) 模型进行研究的结果表明, 2008 年实施的财政刺激政策在一开始的确刺激了经济,特别是在 2009 年第三季度左右,提高了 5.4% 左右的 GDP,但是这一政策的效果在随后迅速降低,在 2010 年第四季度之后甚至变成了负值。这说明 4 万亿的财政政策对经济的刺激作用只存在短期性,并无长期影响。③ 中国经济增长与宏观稳定课题组也指出,虽然凯恩斯风格的反周期的财政政策和私人金融部门的发展在发达国家的确扮演着宏观经济稳定器的角色,然而,以上因素在缺乏制度基础的发展中国家的宏观调控中作用尚不明确,这一点在财政政策方面表现尤为明显。④ 此外,无论是紧缩性的还是扩张性的总量政策,在发展中国家的实践中都已经被多次证明极易出现政策失灵的现象。例如,在发展中国家治理经济过热的实践中,单纯的财政和货币紧缩政策效果并不理想;又如,中国两次积极财政政策的实施虽然都表现出对经济增长的短期拉动效应,但是,这一总量政策的实施不仅固化了已有的结构性矛盾,在一定程度上甚至还加剧了经济结构的失衡。其二,总量政策也存在政策作用的空间、政策工具上的选择、实施时机的把握以及时滞等问题。北京大学中国经济研究中心宏观组曾通过对 IS—LM 模型的推导分别得出货币政策与财政政策无效的两种情形,表明作为总量政策的财政政策与货币政策都存在发挥作用的空间,在此空间之外的区域都可能出现失效。⑤ 因此,鉴于总量政策固有的局限性,具有短期政策效应的总量政策只有与具有中长期政策效应的结构性政策结合起来,才能维持经济的长期稳定。

　　第四,结构性调控也存在一定的局限性,过度夸大结构性调控的作用对宏观调控的实践是极其有害的。首先,结构性调控作为政府针对经济结构进行的一种政策调控方式,容易授人以政府干预的口实;其次,结构性调控是针对某一种或几种类型、某一行业或地区或几个行业或地区存在的结构失衡现象所进行的调整,可能会出现所谓的不公平问题;再次,结构性调控的效果往往体现出中长期的特点,其政策目标主要体现为提升经济增长的质量与增强可持续性,因而短期不易见效;最后,结构性调控也同样存在政策作用的空间、政策工具上的选择、实施时机的把握以及时滞等问题。这些结构性调控本身存在的短板容易成为批评性意见的"靶点",但是,正如任何政策都有其自身的局限性一样,结构性政策的局限性丝毫不能影响其在发展中国家宏观调控中发挥重要作用。

　　当然,结构性调控与总量调控一样,也都会受到微观主体行为变化与体制基础的约束。而且,二者之间的关系不仅不是互相对立的,在一定程度上还存在相互依存的关系。在中国宏观调控的实践中,许多重要的结构调控往往是通过总量调整和增量调节的形式来完成的,许多看似总量性政策的措施实际上从属于中长期的结构调整任务,这也在一定程度上反映了结构调整任务的艰巨性与结构性调控的复杂性。

　　① 吴超林. 宏观调控的制度基础与政策边界分析 [J]. 中国社会科学, 2001 (4).

　　② 吕炜. 体制性约束、经济失衡与财政政策 [J]. 中国社会科学, 2004 (2).

　　③ Min Ouyang, Yulei Peng. The Treatment Effects Estimation: A Case Study of the 2008 Economic Stimulus Plan of China [J]. Journal of Econometrics. 2015, 188 (2): 545–557.

　　④ 中国经济增长与宏观稳定课题组. 后危机时代的中国宏观调控 [J]. 经济研究, 2010 (11).

　　⑤ 北京大学中国经济研究中心宏观组. 货币政策乎? 财政政策乎? ——中国宏观经济政策评析及建议 [J]. 经济研究, 1998 (10).

由于对总量调控与结构性调控的政策边界认识模糊，导致在实践中多次出现总量政策越位的问题。金融危机的深刻教训，使得越来越多的学者认识到总量调控不能有效解决经济运行中的结构性问题，这已成为一种共识。因此，有学者指出："无论是从经济学的角度看，还是从美国、欧洲、日本等许多国家过去的经验教训来看，哪有总量政策成功解决结构性问题的事情呢？期望通过总量政策来解决结构性问题，只会饮鸩止渴，越陷越深。美国在20世纪70年代就是这样的情况，到了80年代里根政府下决心进行结构性改革才带领美国走出困境。"①

## 8.4.2　需求结构调整与供给结构改革相结合构成了结构调整的完整内涵

在经济运行中，供给与需求之间存在相互依存、相互依赖的关系。就经济结构本身来说，经济结构既包括需求结构，也包括供给结构。供给与需求之间的平衡是结构平衡中最为重要的平衡之一，因为供求结构是经济结构中最为重要的基础性结构之一。在供求平衡中，包含着两个层次的平衡：第一层次是供给结构与需求结构的平衡；第二层次是供给结构内部与需求结构内部也要保持平衡。然而，在现实经济中，供给与需求实际上从来都不会一致。但在经济理论中必须假定供求是一致的、平衡的，"这是为了对各种现象在它们的合乎规律的、符合它们的概念的形态上来进行考察，也就是说，撇开由供求变动引起的假象来进行考察。"② 这种抽象分析方法，是要寻求供求一致时的内在的必然性。

各国长期的经济发展实践表明，供求不平衡或者说供求失衡通常出现两种情形：供过于求与供小于求。在需求结构与供给结构内部也会经常性地出现需求结构不合理和供给结构不合理的问题。然而，长期以来，在发达国家宏观调控的实践中受凯恩斯主义需求管理的影响只重视对需求结构的调整，虽然不能说忽视对供给结构的调整，但起码可以说未能将对供给结构的调整放置于与需求结构的调整同等重要的位置。

转轨以来，在中国经济发展过程中，供给结构经历了以下变动轨迹：在短缺经济时代，为了解决供不应求的问题，我国宏观经济政策取向的主基调是增加总供给，在政策上对大多数增加供给的行为予以鼓励，且政府资金大量地、直接地参与到增加供给之中，供给结构上表现为全面的供给不足。随着宏观经济环境由"短缺"为常态转变为"相对过剩"为常态，我国经济面临的总量矛盾变为"供过于求"，而且经济结构矛盾日益突出，在供给结构方面经常表现为有效供给不足与无效供给过剩的结构性问题。对此，《供给政策与需求政策的关系》课题组（2000）指出："自1998年起……在改善供给结构上，政策的支持力度显得不足，而且由于结构性矛盾具有长期性和累积性特征，且与体制矛盾相交织，使得改善供给结构的政策实施难度较大，效果也欠佳。"③ 在中国经济进入"新常态"以来，这一有效供给不足与无效供给过剩的结构性问题表现得更加突出。为此，习近平总书记在2015年11月10日召开的中央财经领导小组第11次会议上指出："在适度扩大总需求的同时，着力加强

①　李倩，牛娟娟. 不能让正常的总量政策解决失常结构性问题［N］. 金融时报，2011－06－10.
②　马克思. 资本论（第3卷）［M］. 北京：人民出版社，2004.
③　《供给政策与需求政策的关系》课题组. 加大供给结构调整政策在促进经济增长中的作用［J］. 宏观经济研究，2000（3）.

供给侧结构性改革，着力提高供给体系质量和效率，增强经济持续增长动力，推动我国社会生产力水平实现整体跃升。"这就意味着未来的宏观调控既要继续重视对需求结构进行调整，也要加强对供给结构进行调整，改变过去长期只重视对需求结构进行紧缩与扩张的调整而忽视对供给结构进行相应调整的现象。因此，需求结构调整与供给结构改革相结合，不仅进一步丰富了结构性调控的内涵，使得中国特色宏观调控的结构性调控范式的内涵更加完整，也更为丰富，而且，也构成了结构调整的完整内容。

### 8.4.3　结构性调控政策丰富和发展了宏观调控政策体系

从政策工具来看，在包括中国在内的发展中国家与发达国家结构性调控的实践中可以看出，几乎所有的宏观政策都可以作为结构性调控的政策工具使用，包括财政政策、货币政策、产业政策、收入分配政策、土地政策、环保政策等。[①] 在西方传统理论中，货币政策与财政政策都是总量调控的重要政策工具。但是，由于货币政策作用的现实经济微观主体的异质性以及货币政策工具本身存在的结构性，货币政策无论是从实施还是产生的效应，也会呈现出一定的结构性。这种结构性的存在，将随着经济微观主体异质性的大小，以及结构性货币政策工具运用的程度，而对经济微观主体乃至整个宏观经济产生积极或者负面的影响。[②] 例如，中国人民银行 2014 年推出的如定向降低准备金率（定向降准）、抵押补充贷款（PSL）、定向降低再贷款利率（再贷款）等"非常规货币政策"，本质上就属于结构性货币政策。与货币政策相比，财政政策虽然也可以发挥总量政策的调控作用，但是，更可以通过财政支出、税收政策、补贴政策、政府采购等对经济结构调整发挥更大的作用。一般而言，财政总量性政策往往是短期的、外在的，财政结构性政策往往是中长期的、内在的，二者相互包容，相互促进。而且，财政结构调控的目标通常是通过实施一系列具体的总量性政策来实现的。[③] 对于结构性调控来说，短期内结构的失衡需要具有针对性的财税政策来调控，长期的结构性问题则需要财政政策与货币政策、产业政策等一起综合配套来解决。产业政策则是综合运用经济手段、行政手段和法律手段来指导和影响产业结构发展的各种政策措施的总和，是国家意志在不同产业部门发展问题上的集中体现。因此，产业政策对于结构性调控的意义更加重大。收入分配政策是指国家为实现宏观调控的目标和任务，针对国民收入分配结构存在的问题所制定的政策措施，是经济结构调整的一个重要内容。其他如土地政策、环保政策等同样体现国家在不同时期的政策选择，往往通过鼓励和限制等措施来实现不同的结构调整目标。从调控方式上看，结构性调控既有包括行政与法律手段在内的直接调控，也包括结构性的财政政策、货币政策等在内的间接调控。在这里，不能简单地认为与间接调控相对应的是总量调控，而结构性调控主要使用直接调控和行政手段。事实上，在中国的结构性调控中除大量使用直接调控手段之外，间接调控手段也得到了广泛的运用。

在发达国家的反周期政策体系中，紧缩性与扩张性政策仅包含总量的收缩与扩张。就总

---

① 王诚等认为："与结构性调节相对应的是我国宏观调控的多工具性，尤其自本轮金融危机以来的情况凸显，这也逐渐为国内外学者所认可。"参见王诚，李鑫. 中国特色社会主义经济理论的产生和发展 [J]. 经济研究，2014（6）；中国社会科学院经济学部. 中国宏观经济政策再思考 [J]. 比较，2013（3）.

② 马贱阳. 结构性货币政策：一般理论和国际经验 [J]. 金融理论与实践，2011（4）.

③ 郭代模，周敔. 论财政政策的结构性特征与新时期财政政策的选择 [J]. 财政研究，2003（1）.

量收缩政策而言，当由于过度的需求增长和结构性问题引起总产出大于充分就业时的产出水平导致经济出现过热时，以紧缩为手段、以牺牲经济增长速度为代价的货币主义和供给学派的政策主张开始在发达国家盛行，并被国际货币体系和美国经济学家用来作为首选方案推荐给拉美、东亚乃至苏联等国家和地区治理经济过热或经济危机。就总量扩张政策而言，迄今为止，在发达国家宏观调控的实践中先后出现过三种总量扩张政策：一是主流经济学所信奉的诞生于 20 世纪 30 年代的凯恩斯需求管理政策；二是 20 世纪 70 年代末期以供给学派理论为基础的"里根经济学"的政策实践；三是 21 世纪以来先后在日本和美国出现的"量化宽松"政策。然而，金融危机以来发达国家宏观经济政策实践表明，缺乏结构性政策作为补充的总量扩张政策并没有在短期起到刺激经济引致复苏的预期效果，美国经济陷入缓慢的恢复过程中，欧洲各国甚至陷入了欧债危机的困境。因此，发达国家的宏观调控仅仅依靠总量性的收缩与扩张是不够的，必须增加结构性调控的方式和内容，这也成为主流经济学家的共识。反观中国在应对金融危机的过程中，一方面推出大规模的经济刺激计划；另一方面，加快了经济结构转型与升级的步伐，将总量调控与结构性调控相结合，在世界各国中率先实现了经济的反转与复苏。这不仅充分证明了双轨并行的宏观调控模式在金融危机应对中具有重要作用，同时也凸显出结构性调控的重要价值。在这一意义上，紧缩性与扩张性的结构性政策可以分别作为反周期政策的一个重要组成部分，从而与总量的收缩与扩张政策一起，共同组成一个完整的宏观调控政策框架体系，并弥补了西方主流反周期政策仅包含总量政策的缺陷。2016 年 9 月召开的 G20 杭州峰会提出"财政、货币和结构性改革政策相互配合，需求管理和供给侧改革并重"，将结构性改革政策与财政政策、货币政策放置于同等重要的地位。

从中国宏观调控的长期实践来看，中国的宏观调控在初期正如一些学者所说"虽然未必是完全有计划、有预料，更多带有'摸着石头过河'的特点，虽然未必完全合乎西方经济学的教材、概念，虽然未必所有的东西都很完美，虽然东一锤头西一棒子，但宏观调控的方向是对的，并且启动及时，是在治理泡沫危机最恰当时点进入。"但总体上"已取得喜剧性效果"。[①] 布坎南（J. Buchanan）也认为："中国是个谜，但是它管用！（china is a puzzle, but it works！）"[②] 经过 30 多年的长期实践，本书认为，宏观调控取得"喜剧性效果"和"管用"的谜底就在于在总量调控与结构性调控双轨并行中更多地侧重并发挥了结构性调控的作用。

自从 1985 年"巴山轮会议"首次提出宏观控制的概念以来，来自世界各地对市场体制有着深切感受的经济学家特别指出中国不应该照抄任何一个发达国家的经验，相反，应该走出一条独特的新道路。从这一时期开始，中国政府没有简单地套用西方主流经济学理论和方法，而是立足于中国的具体国情与经济运行的特点，实施了结构性调控与总量调控相结合的实践模式。这种模式明显迥异于西方经典的宏观调控，也不拘泥于传统的总量政策，形成了具有中国特色的宏观调控范式，以至于在 20 世纪 90 年代与 2008 年前后出现的关于中国宏观调控经验总结的两次热潮中，多数研究文献都将注重经济结构的优化和调整作为中国宏观调控的重要经验之一。从这个角度上说，中国的宏观调控立足于自身，独创性地探索出了一

---

① 赵晓. 中国版宏观调控的喜剧效果［J］. 人民论坛，2007（10）.

② 转引自汪丁丁. 回家的路：经济学家的思想轨迹［M］. 北京：中国社会科学出版社，1998.

个具有中国特色的结构性调控范式，丰富和发展了宏观调控理论的内容与政策体系，这才是中国宏观调控最为重要的经验之一。

在 30 多年的体制转轨过程中，多次大规模的宏观调控使得政府已积累了丰富的调控经验。这一经验的累积过程体现出在宏观调控的初期确实没有任何现成的经验借鉴，一切"摸着石头过河"。但是，不可能存在长期的巧合，偶然也有可能演变成必然。而结构性调控范式作为一种贯穿于中国宏观调控实践的重大理论创新，就充分地体现出这样的一种必然性。

# 第 *9* 章
# 中国特色结构性调控范式的形成逻辑

中国的宏观调控之所以形成明显不同于西方发达国家宏观调控的中国特色，有多方面的原因。主要原因在于：中国的宏观调控既受到马克思主义经济学的深刻影响，也受到包括中国古代、近现代和当代经济思想的深刻影响以及西方经济学的影响，这三大源流虽然影响程度各不相同，但都是中国特色宏观调控形成的重要影响因素。此外，中国特殊的国情背景以及执政党长期坚持科学发展的执政理念也是中国特色宏观调控形成的重要原因。本部分对中国特色结构性调控范式的形成机理进行分析，也是对中国宏观调控为什么会形成结构性调控范式进行相关的理论阐释。

## 9.1 马克思主义经济理论、中国经济思想与西方经济学的影响

### 9.1.1 马克思主义经济理论对中国特色宏观调控的影响

从总体上看，马克思主义经济学和社会主义经济理论对于中国特色宏观调控的形成具有决定性影响。这种影响主要体现在三个方面：一是来自马克思主义经济学本身的影响；二是来自社会主义经济理论的影响；三是将马克思主义普遍原理同中国的具体实践相结合，即马克思主义中国化对于中国特色宏观调控形成的影响。

首先分析马克思主义经济学的影响。在马克思主义经济学的理论体系中，并没有宏观调控的概念和系统的宏观调控理论，但这并不意味着马克思的经济理论中没有宏观调控的思想。马克思经济危机理论中关于商品、货币、市场、信用、社会资本再生产等矛盾的系列分析，深刻地揭示了市场经济宏观非均衡的微观根源、传导机制及其表现，客观上为宏观调控提供了一个从基础理论角度的科学解释；马克思社会再生产理论中总量平衡与结构平衡的统一性也为中国宏观调控的实践提供了重大的借鉴意义。此外，马克思主义方法论中关于一切从实际出发、理论联系实际等重要命题，更是为中国宏观调控提供了重要的方法论意义。

第一，经济危机理论。马克思对资本主义经济的剖析是从商品这一"细胞"开始的，对资本主义宏观非均衡的分析也是从对商品的分析开始的。马克思认为，商品细胞包含着资

本主义一切矛盾的萌芽。作为价值和使用价值的对立统一物，商品内在矛盾的发展、外化导致货币的产生。而货币充当流通手段，使商品的买和卖在时空上分裂为两个相互独立的过程，形成了部分商品卖不出去的可能性，即危机第一种形式的可能性。随着商品生产和流通的发展，货币充当支付手段，使危机的第二种形式上的可能性形成；商品买卖愈来愈多地采取赊购赊销的方式，在商品生产者之间逐渐形成了错综复杂的债务连锁关系。如果一些债务人在债务到期时不能支付，就会影响到其他的生产者也不能支付，从而使整个信用关系遭到破坏，由此发生经济危机。由此可见，经济危机，或者说宏观失衡的可能性，最初就孕育在简单的商品、货币关系中。当然，马克思指出，在简单商品经济的条件下，危机仅仅是可能性而已。"这种可能性要发展为现实，必须有整整一系列的关系"①。这些关系只有在资本主义这一发达的市场经济中才逐渐形成，它们至少包括：（1）大机器工业的生产方式的确立。一旦与大工业相适应的一般生产关系形成起来，这种生产方式就获得一种弹力，一种突然地跳跃式地扩展的能力，只有原料和销售市场才是它的限制。大机器工业生产方式的扩张能力是以前一切手工生产方式所不能比拟的，因此市场问题才可能成为一个突出的问题。（2）商品资本的独立化。商业的独立化强化了资本生产无限扩大的趋势，使得生产资本的运动在一定界限内不受再生产过程的限制。它还制造虚假的社会需求，加剧生产与消费的矛盾。"在一定界限内，尽管再生产过程排出的商品还没有实际进入个人消费或生产消费，再生产过程还可以按相同的或扩大的规模进行……整个再生产过程可以处在非常繁荣的状态中，但商品的一大部分是表面上进入消费，实际上是堆积在转卖者的手中没有卖掉，事实上仍然留在市场上。"② 当这种情况累积到一定程度时，生产与社会需求的内部联系就要通过暴力即通过危机来恢复。（3）信用制度的发展。信用在当代资本主义经济发展中起着双重作用：一是"加速了生产力的物质上的发展和世界市场的形成，使二者作为新生产形式的物质基础发展到一定的高度"；二是"加速了这种矛盾的暴力的爆发，即危机"③。信用制度对于危机的传导机制作用主要表现在三个方面：其一，信用直接或间接地促进了资本生产规模地扩张。其二，信用是现代资本主义的基础，发达的信用关系使资本主义生产各部门间普遍形成一种支付连锁关系。在这个"再生产过程的全部联系都是以信用为基础的生产制度中，只要信用突然停滞，只有现金支付才有效，危机显然就会发生，对支付手段的激烈追求必然会出现"④。其三，信用是投机的基础和欺诈行为的一种最有效的工具。在危机发生之前，各种投机行为都属于人为的使再生产过程猛烈扩大的体系；而在危机即将来临或爆发之际，它又成为加速危机来临和加强危机的力量。信用危机发生时总是首当其冲。总之，信用制度的出现在促进资本主义生产和流通的发展的同时，又使资本主义生产与流通、生产与消费的矛盾空前尖锐。（4）社会资本再生产比例的严格性与比例实现的偶然性。社会资本再生产的平衡要受到一系列条件的约束，若其中某一环节出现问题，全局性的失衡就可能发生。（5）资本主义对抗性的生产方式和分配方式。资本主义经济危机直接表现为生产相对于社会有支付能力的需求的过剩，社会必须强制地销毁一部分生产力才能恢复再生产的平

---

① 资本论（第 1 卷）［M］. 北京：人民出版社，1975：133.

② 资本论（第 1 卷）［M］. 北京：人民出版社，1975：89.

③ 资本论（第 1 卷）［M］. 北京：人民出版社，1975：499.

④ 资本论（第 3 卷）［M］. 北京：人民出版社，1975：340.

衡。马克思认为，这种荒谬的现象"必须用资本主义生产的一般条件来说明"①，"总的说来，矛盾在于：资本主义生产方式包含着绝对发展生产力的趋势"，"它的目的是保存现有资本价值和最大限度的增殖资本价值"②。与任何社会生产一样，资本主义生产的最终目的也是为了满足社会的需要，但资本的私有制决定资本生产的直接目的是为了追求最大限度的剩余价值。剩余价值量上的扩张直接取决于资本积累和扩大再生产的规模，因此直接生产过程生产规模的扩大，完全可以暂时脱离社会消费需求的扩大，仅仅依靠生产资料生产的扩大就可以实现；同时，追求剩余价值生产的直接目的还促使资本家千方百计地提高剩余价值率，压低工人的工资收入就是重要手段之一。所以，一方面是生产无限扩大的趋势；另一方面是社会最广大消费阶层的工人有支付能力需求的相对萎缩。矛盾积累到一定程度，就必须要通过危机的爆发来解决。"一切现实的危机的最后原因，总是人民大众的贫困和他们的受着限制的消费，但是与此相反，资本主义生产的冲动，却是不顾一切地发展生产力，好像只有社会的绝对的消费才是生产力的限制"③。马克思还特别强调这种资本主义社会生产巨大增大并不是超过了人民大众的绝对需要，而仅仅是超过了人民大众有支付能力的需求。"生产过剩的危机和绝对的需要有什么相干呢？它只是和有支付能力的需要有关系"。"如果生产过剩真的要到国民全体把最必要的欲望满足以后才能发生，那在资产阶级社会一直到今日的历史上，就不仅不能有一般的过剩生产出现，甚至不能有局部的过剩生产出现了"④。后来，马克思在《资本论》的最后一个手稿中明确否定了"危机是由于缺少有支付能力的消费或缺少有支付能力的消费者引起的"⑤ 观点，认为引起危机的是生产资料的生产过剩，是资本的生产过剩，即资本不能实现增殖而闲置起来。这样，手段和目的就处于对立的地位。"手段——社会生产力的无条件的发展——不断地和现有资本的增殖这个有限的目的发生冲突。"⑥ 在马克思看来，这就是危机的最深刻、最根本的原因。这一论述深刻揭示了资本主义市场经济宏观非均衡的必然性，因而马克思成了经济学说史上系统阐明宏观调控根源的第一人。具体地说，主要表现在以下几个方面：其一，关于宏观调控的理论基础。马克思考察的对象是资本主义经济，主要是着眼于对商品经济矛盾的分析，特别是着眼于对"再生产过程的全部联系都是以信用为基础的生产制度"的分析。按照马克思的分析，只要存在商品货币关系，只要存在信用，就有可能出现生产过剩，存在总供给大于总需求。这一科学分析为实行宏观调控政策提供了理论基础。其二，关于宏观调控的前提条件。马克思始终把失衡与"市场"这一制度安排相联系，指出在市场制度下，商品买和卖的分离就蕴含着生产与消费脱节的可能性。随着市场制度的发展、成熟，脱节的可能性不断增加，最终演变为现实。马克思指出现实的宏观失衡至少具备大机器工业生产方式的确立、商品资本的独立化、信用制度的广泛发展、社会化大生产对社会资本再生产比例的严格要求与该比例实现的偶然性等条件。这实际上揭示了失衡是与市场经济的制度安排相联系的。因为在发达的商品经济中，生产的社会化、专业化使生产与消费之间的不平衡加剧，不仅增大了市场预测的难度，

① 马克思恩格斯全集（第26卷Ⅱ）[M]. 北京：人民出版社，1972：588.
② 资本论（第3卷）[M]. 北京：人民出版社，1975：278.
③ 资本论（第3卷）[M]. 北京：人民出版社，1975：561.
④ 马克思恩格斯全集（第26卷Ⅱ）[M]. 北京：人民出版社，1972：623.
⑤ 马克思恩格斯全集（第25卷）[M]. 北京：人民出版社，1972：456 – 457.
⑥ 马克思恩格斯全集（第25卷）[M]. 北京：人民出版社，1972：278.

而且强化了生产与消费脱节的可能性；信用制度和机器大工业为社会化大生产提供了可迅速膨胀的资本和技术条件，使供给能在很大的空间和时间限度内超越有支付能力的需求，并呈现扩张的趋势。这就有可能使总供给超越总需求，加剧潜在的失衡。这样，针对失衡而采取的宏观调控就应以市场制度为对象，应是建立在市场制度之上的、对市场缺陷的一种校正和完善，而不是对市场制度的取代。若脱离市场制度，宏观调控的对象就会子虚乌有。其三，关于宏观调控的内在规定性。马克思对资本主义经济宏观失衡矛盾表现的分析已经隐含着宏观调控主要内容是总需求管理这一命题。马克思虽然没有提出过总需求管理之类的概念，但他准确地把资本主义宏观失衡的特征概括为"生产相对过剩"，是生产不断扩大的趋势相对于有支付能力的需求而言地过剩，是生产资料的生产过剩和资本的生产过剩。一方面，资本主义市场经济有着一切使生产无限扩张的动力和条件；另一方面，社会有支付能力的需求在资本对抗性的分配关系下总是赶不上生产的扩大。所以，马克思特别强调这种过剩不是绝对过剩。显然，解决矛盾的方法不是抑制生产力的发展，就资本主义生产特殊而言，应是改变这种对抗性生产关系及其决定的分配关系；就市场经济一般而言，主要是解决市场需求问题。其四，关于宏观失衡的传导机制。凯恩斯把人们心理预期的突然崩溃作为危机爆发的诱因，马克思则指出了这种心理因素的物质基础——信用。信用无疑是当代社会生产重要的物质条件，但它又是把双刃剑，是使危机从可能性向现实性转化的中介。在没有信用的简单商品经济中，危机仅仅是一种可能性而已；在信用发达的资本主义经济中，信用在通过支付链条把社会各生产部门紧密地联系起来的同时，又不断加剧着生产与产品最终需求的脱节：它以各种形式支持着生产无限扩大的趋势，同时又在流通领域制造各种虚假的市场繁荣进一步促成这种扩大的趋势。当生产与社会需求的脱节发展到了极端时，它又首当其冲，引发危机。应该说，马克思对信用这一危机传导机制的论述既深刻又科学。其五，关于构建宏观调控理论的方法论问题。马克思从社会经济关系总体的角度，对资本主义经济必然出现总量失衡的根源进行了多层面的系统、动态的分析。由于马克思把宏观总量失衡看作是资本主义经济一切矛盾的集中表现，因此，分析这些矛盾的每一个方面的发展，就是分析失衡的形成并不断发展的过程。他从社会再生产的各个环节，从单个资本运动到社会总资本运动，从历史与逻辑相统一、生产一般与生产特殊相结合，以及生产力生产关系矛盾运动等多个角度，深入系统结构的内部联系，去探究从简单商品经济到资本主义经济的发展过程中，危机是如何从可能性演变为现实的。在上述意义上，李健英（2006）认为，尽管马克思的危机理论还不是系统的宏观调控理论，但它已经包含了关于宏观调控的一系列最基本的规定和科学的方法论，因此，也就成为市场经济条件下宏观调控的理论基础。①

第二，社会再生产理论。马克思虽然没有直接使用过"社会总供给"与"社会总需求"的范畴或概念，然而，他在《资本论》中通过对资本主义社会总资本再生产的分析，却创立了社会总需求与社会总供给平衡的理论。他所揭示的两大部类的生产与消费的关系，实际上就是社会总供给和总需求的平衡关系。具体地说，马克思在研究社会总资本的再生产时，认为社会总产品在物质形态上分为两大类：一类是用于满足生产消费需要的生产资料，一类是用于满足个人消费需要的消费资料。与此相适应，整个社会的生产划分为两大部类：生产

---

① 李健英. 马克思的危机理论：我国宏观调控理论的基础 [J]. 南方经济，2000（1）；李健英. 试论宏观调控理论基础的构建 [C]. 中国《资本论》研究会第十三次学术研讨会论文，2006（9）.

生产资料的第一部类（Ⅰ）和生产消费资料的第二部类（Ⅱ）。这是马克思再生产理论的两个基本原理，也是考察社会总资本的再生产和流通的出发点。在马克思对再生产的分析中可以看出，两大部类之间有着密切的关系，即两者之间应有一个适当的比例关系，才能使再生产、扩大再生产顺利进行。因此，在马克思的社会再生产理论中，无论是简单再生产还是扩大再生产，都存在总供给和总需求的平衡问题。这种总供给与总需求的平衡是总量平衡和结构平衡的统一。马克思是从社会总产品的价值形式和实物形式两个方面来分析社会在生产平衡问题的，社会总产品的价值形式是无差别的，各种产品价值形式的数量加总和供求分析形成总量平衡的内容。而社会总产品的实物形态是千差万别的，社会再生产实物形态的平衡要求社会生产各部门之间的比例协调，也就是结构平衡。马克思将千差万别的社会产品抽象为两大部类生产资料和消费资料，从而把社会在生产的结构平衡问题归结为两大部类生产之间的平衡问题。因此，在马克思社会再生产理论中，结构平衡与总量平衡是密不可分、互为条件的。从马克思的社会再生产平衡条件看，无论是简单再生产还是扩大再生产，都反映了总量平衡与结构平衡的一致性。两大部类之间的交换既是实物形式的转换，也是价值形式上的交换，实物形式和价值形式能否实现全部交换，不仅要看两大部类用于交换的产品价值总量上是否一致，还取决于产品实物形式上是否相适应。包括第Ⅰ部类内部生产资料交换和第Ⅱ部类内部消费资料交换的实现，也是同理。只有在价值总量上和实物结构上都是平衡的，社会总产品的两种补偿才能实现。① 方健敏（2005）认为，马克思是以社会总产品为出发点，研究社会总产品的价值补偿和物质补偿问题的。因此，马克思的总供求均衡理论，既包括总量均衡，即各种价值形式的供求均衡，也包括结构均衡，即各种物质产品的供求均衡，各个社会生产部门之间保持一定的比例关系。历史证明，片面强调第Ⅰ部类的优先发展战略使生产失去了内在动力，并成为经济发展的"瓶颈"约束部类。从 20 世纪 60 年代开始，国内学者就如何运用马克思的社会再生产理论对社会生产的结构平衡进行了许多有益的探讨，如董辅礽在 20 世纪 60～80 年代，集中研究了社会主义经济如何实现综合平衡问题，他从马克思的再生产理论平衡公式入手，找到积累与消费两者之间有计划按比例平衡的具体构成要素和比例对应关系，试图论证计划经济可计算、可安排、可控制的宏观经济模型，这被国际经济学术界称为"董氏再生产模型"。应该说，董辅礽对社会再生产各种比例关系的深入研究，揭示了国民经济有计划按比例发展的经济规律，而社会再生产的各种比例关系除总量关系以外，实际上大都是经济结构上的关系。董辅礽（1980）还根据社会产品的价值和使用价值的统一，社会产品的生产和使用的统一，主要从社会产品的补偿和积累的角度，探讨了社会主义条件下运用马克思再生产公式进行结构平衡的分析。与此同时，罗季荣也从农业、轻工业、重工业相互关系的角度，探讨了运用马克思社会再生产公式进行结构平衡的分析。罗季荣（1982）还研究了怎样将马克思抽象掉的非物质生产部门引进马克思社会再生产公式问题；加进商品（产品）储备因素的马克思社会再生产公式；加进军用品（军事资料）或劳务分析马克思的社会再生产公式；加进劳动生产率变动因素如何引起两大部类比例关系的变动。张朝尊、曹新（1995）认为，社会生产两大部类是能够进行严格划分的，这方面的论述已经很多，而且马克思本人也阐述得很清楚。② 然而，也有学者认为现代社会对社会

① 陈穗红. 马克思社会再生产平衡理论与西方经济学社会总供需均衡理论的异同 [J]. 改革与理论，1997（10）.

② 张朝尊，曹新. 马克思关于宏观调控理论基础问题的研究 [J]. 中国人民大学学报，1995（4）.

生产两大部类的严格划分实际上只能存在于理论家的抽象模型中，在实际经济工作中是无法划定的，因而难以具备实际的操作性。①

第三，马克思主义方法论的贡献。正如恩格斯所指出的："马克思的整个世界观不是教义，而是方法。它提供的不是现成的教条，而是进一步研究的出发点和供这种研究使用的方法。"② 在马克思主义方法论体系中，"一切从实际出发"是马克思主义方法论的首要命题。这是因为一切从实际出发是马克思主义认识论的根本要求和具体体现，是建立在辩证唯物主义基础上的一个基本命题，它体现了马克思主义哲学关于物质第一性，意识第二性，物质决定意识的基本原理。马克思主义揭示了社会发展和无产阶级革命的一般规律，但是，马克思主义产生在欧洲，它的内容、形式、语言都是欧洲式的。马克思的著作"撇弃了所有这些关于一般社会和一般进步的议论，而对一种社会（资本主义社会）和一种进步（资本主义进步）作了科学的分析"。③ 他们都是从所碰到的实际情况出发，进行深入的科学研究而得出一般结论的。马克思、恩格斯在《共产党宣言》1872 年德文版序言中指出："不管最近 25 年来的情况发生了多大的变化，这个《宣言》中所阐述的一般原理整个说来直到现在还是完全正确的"。同时，还指出"这些原理的实际运用，正如《宣言》中所说的，随时随地都要以当时的历史条件为转移"。列宁指出："马克思主义理论所提供的只是一般的指导原理，而这些原理的应用具体地说，在英国不同于法国，在法国不同于德国，在德国又不同于俄国"。④ 对此，斯大林说："列宁的伟大，正在于他没有做马克思主义字句的俘虏，而善于抓住马克思主义的实质，并从这个实质出发，向前发展了马克思和恩格斯的学说。"⑤ "理论与实践相结合"是马克思主义方法论的又一重大命题。马克思在《1844 年经济学哲学手稿》中指出："理论的对立本身的解决，只有通过实践的方式，只有借助于人的实践力量，才是可能的；因此，这种对立的解决绝不是认识的任务，而是一个现实的任务，而哲学未能解决这个任务，正因为哲学把这仅仅看作是理论的任务。"⑥ 在《关于费尔巴哈的提纲》中，马克思多次指出："人的思维是否具有客观的真理性，这不是一个理论的问题，而是一个实践的问题。人应该在实践中证明自己思维的真理性，即自己思维的现实性和力量，自己思维的彼岸性。"⑦ "全部生活在本质上是实践的，凡是把理论引向神秘主义的神秘的东西，都能在人的实践中以及对这个实践的理解中得到合理的解决。"⑧ "哲学家们只是用不同的方式解释世界，问题在于改变世界。"⑨ 列宁也指出："没有革命的理论，就不会有革命的运动。"⑩ 这些论述都强调了理论与实践相结合的重要性。⑪

---

① 蒋学模. 社会主义宏观经济学 [M]. 杭州：浙江人民出版社，1990：239.
② 马克思恩格斯选集（第 4 卷）[M]. 北京：人民出版社，1995：742 - 743.
③ 列宁选集（第 1 卷）[M]. 北京：人民出版社，1984：12.
④ 列宁选集（第 1 卷）[M]. 北京：人民出版社，1984：203.
⑤ 斯大林全集（第 8 卷）[M]. 北京：人民出版社，1956：22.
⑥ 马克思恩格斯全集（第 3 卷）[M]. 北京：人民出版社，2002：306.
⑦ 马克思恩格斯选集（第 1 卷）[M]. 北京：人民出版社，2002：134.
⑧ 马克思恩格斯选集（第 1 卷）[M]. 北京：人民出版社，2002：135.
⑨ 马克思恩格斯选集（第 1 卷）[M]. 北京：人民出版社，2002：136.
⑩ 列宁选集（第 1 卷）[M]. 北京：人民出版社 1984：311 - 312.
⑪ 关于马克思主义方法论的研究，还可参见侯惠勤. 马克思主义方法论的四大基本命题辨析 [J]. 哲学研究，2010（10）；叶胜红，马克思主义的三大方法论命题及当代价值 [J]. 江西行政学院学报，2015（2）.

　　必须指出的是，2008 年美国金融危机爆发以来，在世界范围内又重新出现了"马克思热"。马克思的著作特别是《资本论》的销售创了纪录；商业刊物和主要文学刊物出版了诸如《马克思最终是正确的吗?》等许多纪念文章，几乎全部将重点放在马克思对资本积累和资本危机入木三分的描述上，认为马克思第一个指出了资本主义时代的明确特征——资本主义社会的发展是扩张、两极化、不稳定及最终毁灭。对此，柏林作家兼律师克鲁格女士在《新德意志报》上发表专栏文章，解读了当前西方"马克思热"的缘由："有那么多的思想家，为什么要对马克思感兴趣? 是因为他的著作。2008 年的金融危机带来了阅读马克思《资本论》的热潮。其原因也许在于，马克思对资本主义的运作模式和资本主义社会的分析是符合现实的。"对此，俞吾金（2010）认为，当前的"马克思热"非但不是马克思研究复兴的一个契机，反而是滥觞于金融危机的综合性危机的一种表现形式。它就像各种时髦的"秀"一样，是不可能持久的。在我看来，马克思研究的真正复兴寄希望于有责任心、有原创性的真正的思想家们。①

　　其次分析社会主义经济理论的影响。在新中国成立后直至改革开放初期，由于意识形态的原因，国内理论界和决策层更易于接受马克思主义经济学与苏联、东欧社会主义阵营的经济理论的影响。其中，布哈林、兰格、哈耶克以及科尔内、布鲁斯、锡克等都做出了重要贡献。

　　在 20 世纪 20 年代，在苏联发生了普列奥布拉任斯基与布哈林之间的论战，这是一场围绕经济落后国家如何实行工业化道路展开的争论，焦点在于是由政府实现工业化还是在工业化过程中引进市场、私人力量。对于普列奥布拉任斯基提出的超工业化计划，布哈林在一系列著作中提出了以下主张：（1）解决工业发展缓慢问题，必须从发展农村生产力着手。关键是把农村经济搞活，把新经济政策推广到农村去，只有农村富裕了，有了市场，工业才能得到发展；（2）在农业社会主义改造方面逐步实行农业合作化，先组织消费合作社，等条件具备后再转到生产合作社。通过这种从低级到高级逐渐地发展过程，吸引农民走上社会主义的康庄大道。他反对过早地实行农业集体化；（3）在发展速度上要保证长期的高速度，反对一开始就不顾现有的客观条件与可能，盲目地追求指标，要保持国民经济各部门的平衡发展；（4）在农业、轻工业和重工业的关系上，注意发展轻工业，使重工业和轻工业的发展达到完美的结合；（5）在对待新资产阶级和富农上，主张少一点行政压制，多一点经济斗争，更多地发展经济周转，使他们的经济通过银行等手段"长入"社会主义经济体系。此外，在政府干预方面，布哈林提出：（1）政府应该在两种不同性质的生产之间作出正确的区分。一种生产是政府能够使之合理化、能够加以组织和进行计划管理的生产；另一种是政府尚不能使之合理化和进行有计划管理的生产。政府的活动应限于前者，超过了可能的范围就会适得其反。如果无产阶级"拿到自己手中的东西太多，超过了客观情况所容许的限度，那么无产阶级就不可避免地要遇到下列形势：生产力不会得到发展而会受到束缚。"②（2）干预过多会造成机构膨胀、干预成本上升，反倒不如市场自发调节来得经济。"如果无产阶级竭力把过多的东西拿到自己手中，那么它就需要一个庞大的行政管理机构。它需要过多的职员和工作人员代替小生产者、小农等等来履行其经济职能……以致它的开支比由于小

---

　　① 俞吾金. 对"马克思热"的冷思考［J］. 探索与争鸣，2010（10）.
　　② 布哈林文选（上卷）［M］. 上海：东方出版社，1988：65.

生产领域中的无政府状态而产生的耗费还要大得多。"① (3) 过多的政府干预会形成一个既得利益阶层，这个阶层会把阶层的利益置于社会利益之上。

1920 年春，米塞斯发表了一篇题为《社会主义制度下的经济计算》的文章，他否认社会主义有实行经济计算和合理配置资源的可能性。对此，在 20 世纪 20～50 年代，兰格与米塞斯和哈耶克之间爆发了一场计划经济条件下能否实现资源最佳配置的经济大论战，争论的焦点在于政府能否人为地构造市场和市场主体。兰格发表了《社会主义经济理论》的长文，对米塞斯的观点提出挑战，提出了竞争社会主义的解决方案即兰格模式。② 兰格指责米塞斯混淆了狭义价格即市场上商品交换的比例和广义价格即提供其他选择的条件，而只有广义价格才是解决资源配置问题不可缺少的，认为米塞斯的混淆导致了社会主义不能解决其资源的合理配置的结论。兰格在阐述了竞争市场上如何通过试错法建立均衡之后，提出社会主义经济可以通过试错法获得均衡的价格，社会主义经济可以实现资源的合理配置。然而，哈耶克则对兰格的竞争解决方案提出了明确的质疑，集中在三个方面：第一，中央计划经济存在信息收集处理的困难。哈耶克认为，中央计划的指导要替代工业企业管理者个人的作用就必须进行细致的指导，而只有将一切知识都应用于中央权威的计算之中才可以做出恰当的决策。只是这一资料收集的任务就已超越了人类的能力。即使搜集到了资料，还需作出具体的决策。每一个决策都要根据若干差不多的联立微分方程的解作出，这个任务从已知的手段看是终身都完成不了的。中央计划权威不可能掌握所有的信息。第二，中央计划经济存在激励方面的问题。哈耶克指出，问题并不在于中央权威能否合理地决定生产和分配，而在于那些既非财产主人又对自己管辖的生产资料无直接兴趣的个人能否成功地担当责任并作出决策。兰格的方案并没有说明如何向这些个人提供适当的激励的问题。第三，兰格等人的方案对于静态均衡理论过于迷恋，不理解价格机制的真正作用。在哈耶克看来，在真正对决策负责的不是企业家而是审批其决策的政府官员时，这充其量只是一个半竞争的体制。哈耶克 1945 年 9 月在《美国经济评论》发表了一篇题为《价格制度是一种使用知识的机制》的文章，对中央计划经济可以实现资源的合理配置的思想进行了反驳。③ 哈耶克指出，如果要理解价格制度的真正功能，必须把它视为一种传递信息的机制，当价格更具刚性时，便不能发挥出这种功能。中央计划者缺乏必要的信息，有效配置资源的所需的价格及成本的信息又有通过市场过程本身才可以获得。哈耶克论证了由市场力量决定价格的分散决策远比中央计划更好地利用这些信息。其政策含义是，从资源配置角度看，市场经济优于中央计划经济。总体上看，兰格的思想是社会主义思想史上的一个重要里程碑，他第一次从理论上论证了社会主义经济可以将计划与市场结合起来，但他的计划代替市场的思想也留下了模拟市场的幻想。虽然哈耶克信奉经济自由主义，但他对于兰格模式的批评可以说是鞭辟入内，颇为深刻，后人对于中央计划经济的批评很少有超过他的。他对于中央计划经济能有效地实现资源的合理配置这一问题持怀疑态度，粉碎了中央计划是解决一切问题的万应灵丹的乌托邦式的幻想，并正确预言了中央计划经济的失败。可以说，这一场经济大论战的最大遗产在于，这场争论表明中央计划经济不能解决资源的合理配置问题。这一论断被不幸言中了，中央计划经济半个

①　布哈林文选（上卷）[M]．上海：东方出版社，1988：65．

②　[波] 奥斯卡·兰格．社会主义经济理论 [M]．北京：中国社会科学出版社，1981：1－40．

③　[英] 哈耶克．价格制度是一种使用知识的机制 [J]．经济社会体制比较，1989（5）．

多世纪试验的糟糕记录及其失败便是明证。中央计划经济的试验付出了高昂的代价，正是出于提高经济效率的考虑一些中央计划经济国家才走上了经济改革之路。

东欧的经济学家对于在社会主义经济理论的探索对于中国宏观调控具有积极的影响。其中，科尔内关于"短缺经济"与"软预算约束"的概念及其思想，对社会主义经济体制和转轨经济理论的研究带来重要的影响。此外，科尔内还提出了有宏观控制的市场协调（ⅡB）的经济协调机制，这一机制是指社会控制中心不再主要通过行政手段控制经济运行，而是借助于宏观约束手段和宏观经济参数进行管理，但对于铁路、通信、电力等公共部门实行直接管理。而布鲁斯的主要理论贡献在于他提出了"导入市场机制的计划经济模式"的理论，将经济模式分为军事共产主义、集权模式、分权模式和市场社会主义四种模式。他的理论不仅对于 20 世纪 60 年代东欧经济思想具有很大的影响，而且对于分析传统社会主义经济体制具有很高的理论价值。① 布鲁斯提出的分权模式就是包含市场机制的计划经济模式，反映出他试图将市场机制引入社会主义经济中，同时不放弃计划机制，试图利用经济手段，但有不放弃行政手段，在强调决策分权的同时不放弃决策的集权。这一思想启迪了东欧的经济学界，促进了东欧国家对于建立可行的社会主义经济体制的探索。锡克对社会主义计划和市场的分析，这是他最为主要的理论贡献。锡克认为，社会主义市场关系具有必要性，因为社会主义经济并不能保证具体耗费的劳动就是社会必要劳动。造成这一现象有以下两个原因：（1）信息问题。在不断变动的经济条件下很难认识所有具体的经济联系以及受这种联系制约的具体劳动形式，社会主义经济在信息收集、传输和处理上存在许多困难。（2）利益问题。锡克认为，一定的利益矛盾作为社会主义发展阶段的某种特征仍然存在，这些矛盾成为实现社会必要劳动耗费的障碍。锡克在肯定市场关系在社会主义经济存在的必要性的同时，指出了市场的局限性。第一，市场从来就不是完善的市场。在资本主义发展后期，市场的垄断造成了严重的不平等和其他的缺陷。第二，市场本身并不能单独说明市场未来的发展。市场所反映的只是在过去的生产和分配基础上出现的需求结构，市场不能说明将来的生产结构、生产方法、生产费用、生产价格、贸易情况以及需求结构等。第三，市场本身不能防止那些经常出现的、对社会再生产有很大危害的干扰，特别是对宏观经济再生产的干扰。第四，今天的市场已不能单独影响社会某些重要需求的发展以及迫使生产结构作相应的改变。自发的市场具有下列倾向：重复产生现有的生产和消费结构，造成不必要的浪费，而其他的社会需要如教育、文化、医疗、市政建设和环境保护等则不能得到充分的满足。锡克强调，在长期形成的劳动性质和劳动分工的条件下，没有市场就不能保证高度有效的经济发展。然而生产结构的改变服从于社会的需要和利益则要求对经济发展实行宏观经济的有计划调节，包括对市场发展的有计划地施加影响。只有计划和市场的结合，才能保证经济的有效发展。在社会主义经济中，市场将继续作为一个不可替代的衡量经济有效发展的尺度，作为一种迫使社会进行有效生产的机制，作为纠正计划中可能出现的各种缺点的因素而继续发挥作用。② 这一思想被直接运用到 20 世纪 60 年代捷克斯洛伐克经济改革计划的设计中，具体构

---

① ［波］布鲁斯. 社会主义经济与政治［M］. 北京：中国社会科学出版社，1981；布鲁斯. 社会主义经济的运行问题［M］. 北京：中国社会科学出版社，1984；荣敬本等. 社会主义经济模式问题论著选编［M］. 北京：人民出版社，1983.

② ［捷克］奥塔·锡克. 经济—利益—政治［M］. 北京：中国社会科学出版社，1984；奥塔·锡克. 社会主义的计划和市场［M］. 北京：中国社会科学出版社，1985；奥塔·锡克. 第三条道路［M］. 北京：人民出版社，1982.

想是：以方向性计划取代指令性计划，企业对生产和投资有更大的决策权；逐步向市场机制过渡；企业职工的收入与市场上实现的经营成果发生联系。但是令人遗憾的是，捷克斯洛伐克的经济改革中道夭折，锡克失去了将其改革构想付诸实践的机会，但锡克关于计划与市场相结合的思想在社会主义经济理论中占有重要的地位。综上所述，东欧经济学家关于社会主义经济理论的许多观点对于中国社会主义经济建设具有重要启迪和借鉴作用。对于中国的宏观调控来说，科尔内和布鲁斯都参加了1985年9月召开的"巴山轮会议"，在这次会议上，科尔内提出并推广了他的有宏观控制的市场协调（ⅡB）模式，布鲁斯也提出了相关的意见和建议，因此，对于改革开放初期的宏观调控有着直接的影响。

## 9.1.2 中国经济思想对中国特色宏观调控形成的影响

从中国经济思想对中国特色宏观调控形成的影响来看，可以得出以下判断：从影响程度上看，虽然中国古代和近现代的经济思想对中国特色宏观调控的形成具有重要影响，但是，中国当代的经济思想对中国特色宏观调控的形成具有决定性影响。

首先，从政府干预的必要性来看，在中国古代经济思想中可以看出，虽然我国历史上存在着两种性质截然相反的管理思想，即以老庄"无为而治"为代表的自由放任思想与以《管子》"通轻重之权"为代表的主张政府干预的思想，但是，从总体上看，实行国家干预与宏观调控的思想与政策主张更为居于主流，而且从汉代开始，多数朝代都主张政府干预，甚至于还出现了以韩非子"无不为"和秦晋法家"利出一孔"的极端干预衍生出来的以商鞅的全面干预和以王莽为代表的统制经济等极端的政府干预思想。到了近现代，早期与严复一起呼唤自由竞争的梁启超在《自由书·干涉与放任》一文中指出，18世纪及19世纪上半叶，斯密等人放任主义风行一时，自由竞争之趋势盛行，结果导致"富者益富，贫者益贫，于是近世所谓社会主义者出而代之。社会主义者，其外形若纯主放任，其内质则实主干涉者也，将合人群使如一机器然，有总机以纽结而旋掣之，而于不平等中求平等。社会主义，其必将磅礴于二十世纪也明矣"。[①] 对于中国而言，"民智未开，群力未团，有政府干涉之驱策之，其发荣增长，事半功倍。"[②] 积极主张在建立良政府的前提下，实行保育政策，以一定程度的国家干预推动中国经济的发展。这里所说的"良政府"，是指具有现代化意识的强有力的政府，是实行政府干预、保育经济的前提；"保育政策，对放任政策而言之也。"[③] 保育就是国家干预，它是与经济自由相对立的思想和主张。梁启超指出，政府不良而"昌言保育政策，适足以资污吏之口实，助专制之淫焰"。[④] 政府干预以建立具有现代化意识的优良的立宪政府为第一前提。政府不良，保育政策不能行，也不得行；梁启超在评述亚当·斯密的经济自由思想时指出："斯密之言，治当时欧洲之良药，而非治今日中国之良药也"。[⑤] 从中庸、调和的传统哲学出发，他认为极端的经济自由和政府干预都不利于经济发展，双方"不相妨也，适相剂也"，主张"个人自治与国家保育宜同时并举，划出范围，而于范围之

---

① 梁启超选集［M］. 上海：上海人民出版社，1984：203.
② 梁启超. 饮冰室合集·文集（第12卷）［M］. 北京：中华书局，1989：19.
③ 梁启超. 饮冰室合集·文集（第28卷）［M］. 北京：中华书局，1989：46.
④ 梁启超. 饮冰室合集·文集（第28卷）［M］. 北京：中华书局，1989：51.
⑤ 梁启超. 饮冰室合集·文集（第12卷）［M］. 北京：中华书局，1989：34.

内，各务扩张其分度"。① 关于政府干预的范围，梁启超提出，"政府之义务虽千端万绪，要可括以两言，一曰助人民自营力所不逮，二曰防人民自由权之被侵而已。"② "政府之正鹄何在乎？在公益。公益之道不一，要以能发达于内界而竞争于外界为归。"③ 所谓发达于内界而竞争于外界就是对内推动经济发展，对外加强经济竞争，这是衡量政府行为是否正确、措施是否有效、得当的一个标准；"助人民自营力所不逮"和"防人民自由权之被侵"是政府的两种经济职能，是政府通过自身行为推进国家经济发展、使其能发达于内而竞争于外的方法。这里所说的"助人民自营力所不逮"就是政府干预。对于政府干预的内容，梁启超提出包括八个方面：即制订法律，发展教育，整备机关，财政保育，改良财税，整顿货币，适度国营，保护关税。这里的财政保育，是保护幼稚的民族工业，有产业政策的意味。这些政府措施都体现了政府一般不直接干预社会微观经济生活的原则。对于政府干预的必要性，孙中山指出："社会组织之不善，虽限于天演，而改良社会之组织，或者人为之力尚可及乎？"④ 这里所谓"人为"，就是指国家积极干预经济的活动，也就是现代意义上的宏观调控。孙中山的"民生主义"思想就是建立在政府积极干预的基础上的。作为新中国经济工作卓越的领导者和组织者，周恩来在新中国成立之初第一届政协会议上的报告中明确指出了新民主主义经济的宏观调控问题"基本精神是照顾四面八方，就是实行公私兼顾、劳资两利、城乡互助、内外交流的政策，以达到发展生产繁荣经济的目的。新民主主义五种经济的构成中，国营经济是领导的成分。在逐步地实行计划经济的要求下，使全社会都能各得其所，以收分工合作之效，这是一个艰巨而必须实现的任务"。⑤ 统一全国财政经济工作，实行新民主主义的经济政策对新中国成立初经济结构调整和实行中央领导下的计划经济、发展社会化生产起到巨大的作用。他特别强调"经济工作要有四个观念：整体观念、重点观念、先后观念、全面观念，我们进行社会主义建设，必须综合平衡，全面安排。"⑥ 作为中央第一代领导集体的主要成员和第二代领导集体的核心，邓小平指出，要建立社会主义市场经济，必须加强宏观调控。他说："改革要成功，就必须有领导，有秩序地进行。没有这一条，就是乱哄哄，各行其是，怎么行呢？"⑦ 明确提出了国民经济运行必须加强宏观调控，认为如果不加强国家对经济的宏观调控，不仅不能保证国民经济整体上持续、快速、健康发展，而且难以保证改革的顺利进行。邓小平也非常重视统筹兼顾，综合平衡，处理好国民经济重大比例关系。他指出："没有按比例发展就不可能有稳定的，切实可靠的高速度。"⑧ 他还指出："生产建设、行政设施、人民生活的改善，都要量力而行，量入为出"，⑨ "在经济比例失调的条件下，下决心进行必要的调整。"⑩ 1979 年 4 月在中央工作会议上，决定对国民经济实行"调整、改革、整顿、提高"的方针，这就是宏观调控的具体实践。随着传统

① 梁启超. 饮冰室合集·文集（第 28 卷）［M］. 北京：中华书局，1989：48.
② 梁启超. 饮冰室合集·文集（第 10 卷）［M］. 北京：中华书局，1989：2.
③ 梁启超. 饮冰室合集·文集（第 10 卷）［M］. 北京：中华书局，1989：2.
④ 孙中山全集（第 2 卷）［M］. 北京：中华书局，1981：507 – 508.
⑤ 周恩来选集（上卷）［M］. 北京：人民出版社，1997：370.
⑥ 周恩来选集（下卷）［M］. 北京：人民出版社，1997：371.
⑦ 邓小平文选（第 3 卷）［M］. 北京：人民出版社，1993：277.
⑧ 邓小平文选（第 2 卷）［M］. 北京：人民出版社，1993：161.
⑨ 邓小平文选（第 2 卷）［M］. 北京：人民出版社，1993：355.
⑩ 邓小平文选（第 2 卷）［M］. 北京：人民出版社，1993：161.

体制下的宏观经济管理在经济规模的不断扩大和经济联系的日益复杂的背景下越来越不适应生产力发展的需要，邓小平发表了一系列重要讲话，提出"我们讲中央权威，宏观调控，深化综合改革，都是在这样的新的条件下提出来的。"他明确指出："现在中央说话，中央行使权力，是在大的问题上，在方向问题上。"① "宏观管理要体现在中央说话能够算数"②，"不能否定权威，该集中的要集中"③；"中央如果不掌握一定数额的资金，好多该办的、地方无力办的大事情，就办不了"④，强调"在地方来讲，则应照顾全局，中央和地方集中统一，以中央为主体。这是因为地方是在中央领导下的地方，局部是在全体中的局部，因地制宜是在集中统一下的因地制宜"，"如果两者之间发生矛盾，地方应服从中央"。⑤ 这些讲话不仅指出了宏观调控的重要性，而且辩证地指出了地方与中央在宏观调控中的关系。邓小平指出：宏观管理要体现在中央说话能够算数。过去我们是穷管，现在不同了，是走向小康社会的宏观管理。不能再搬用过去困难时期那些方法了。⑥

其次，从宏观调控传统的四大目标来看，增加生产供给（也就意味着促进经济增长和充分就业）、保持物价稳定是中国经济思想中从古至今的两条主线，而国际收支平衡在《管子》中体现为大力发展对外贸易并加以控制。具体地说，体现在以下几个方面。

第一，增加生产供给和国家的财政收入、大力发展社会生产力。尽管增加生产供给、发展生产力的目的在于富民、富国，但在客观上也起到了解决生计、扩大就业的作用。《汉书·货殖列传》也记载："昔越王勾践困于会稽之上，乃用范蠡、计然。计然曰：'知斗则修备，时用则知物，二者形则万货之情可见矣。故旱则资舟，水则资车，物之理也。'推此类而修之，二年国富，厚赂战士，遂破强吴，刷会稽之耻。范蠡叹曰：'计然之策，十用其五而得意'"。可见计然提出"农业丰歉循环论"目的在于只要掌握这种年岁丰歉的循环知识，就可以预测粮食及其他商品的价格变动趋势，以便利用它促成国家财政丰实和使个人致富，即"视民所不足及其有余，为之命以利之"。范蠡提出"天之三表法"的目的也是只有掌握"天之三表"才能发展农业经济，而这一建议也被越王勾践采纳。战国时期的李悝在魏国国君魏文侯执政期间推行新政，其方针是"尽地力之教"。这里的"尽地力之教"，即"必杂五种，以备灾害，力耕数耘，收获如寇盗之至"，是指劝教农民提高土地亩产粮食的能力，特别重视农业劳动力的作用。《管子·国蓄》提出"春赋""夏贷"。"春赋以敛缯帛"，"夏贷以收秋实"；"谷贱则以币予食"，"布帛贱则以币予衣"。其结果"国无失利""君得其利"；"人君挟其食，守其用，据有余而制不足，故民无不累于上也"，"执其通施以御其司命，故民力可得而尽也"。此外，《管子》主张"立资于民"，利用货币信贷扶植农业生产，设立所谓"环乘之币"或"公币"，实行预购制度先付给农民以生产周转金，收成后以现金或实物偿还政府，使农民免遭私人高利贷的盘剥。从桑弘羊的均输平准制度开始，包括耿寿昌的"常平仓"、刘晏的"常平仓"和王安石的"市易法"，都是从增加政府财政收入的角度提出的。以经济发展为中心，奖励资本家，发展生产。在近现代，一些思想家也主

---

① ② ⑥　邓小平文选（第 3 卷）［M］. 北京：人民出版社，1993：278.
　③　邓小平文选（第 3 卷）［M］. 北京：人民出版社，1993：319.
　④　邓小平文选（第 2 卷）［M］. 北京：人民出版社，1993：200.
　⑤　邓小平文选（第 3 卷）［M］. 北京：人民出版社，1993：277.

张以经济发展为中心，奖励资本家，发展生产。20 世纪初年，中国还是一个经济不发达的农业大国，工业化刚刚起步。中国能否在较短的时间内实现工业化、赶上西方列强，这不仅关系着国际竞争的胜负，关系着国家民族的存亡，而且也直接关系着人民生活的改善程度。梁启超认为，同欧美等发达国家相比，中国"一般人之生活程度其觳薄可怜，盖万国罕见"。不仅中国劳动者的地位、生活水平与欧美相比有天壤之别，就是中国中人之家，"号称小康者"，与欧美劳动者相比，"有生之乐，时或不逮"。[①] "今日中国国民生计上之问题，乃生产问题，非分配问题也。"[②] 梁启超认为，中国和欧美不同。欧美以贫富不均为基本特征的经济不平等现象是和产业革命的发生、工业化的完成相联结的，是欧美近百年来资本主义发展及其发达的结果。故"欧美目前最迫切之问题，在如何而能使多数之劳动者地位得以改善。"中国则不一样，"中国目前最迫切之问题，在如何而能使多数之人民得以变为劳动者"。中国国民"什中八九欲求一职业以维持生命且不可得"，[③] 这是中国最基本的社会问题。不发展经济、增加生产，中国成千上万的人民无业可就，只能活活饿死。因此，发展经济、增加生产是解决中国基本问题、救助"现在活着的中国人不至饿死"的唯一良方。除此之外，高谈什么经济平等问题，只能是隔靴搔痒。而且，经济发展问题还直接关系着中华民族的存亡。在世界经济竞争的风潮中，帝国主义"挟其过剩之资本以临我，如洪水之滔天，如猛兽之出柙"。在这种形势面前，"生产问题能解决与否，则国家存亡系焉；生产问题不解决，则后此将无复分配问题容我解决"。[④] 梁启超提醒处于昏睡中的中国人说，中国"占有温寒热之三带，……宜于耕，宜于牧，宜于虞，宜于渔，宜于商"，[⑤] 这是发展实业、争胜于国际市场的良好基础。20 世纪之中国倘若还不能发展经济、完成工业化，"握全世界商工之大权"，而一如 19 世纪受人奴役、被人欺凌的故态，则中国国民将沦为欧美各国资本家的奴隶而"永无复兴之望"。为了推进中国经济事业的发展，推动中国机器大工业的建立和发展，近代中国的社会政策应"以奖励资本家为第一义"。梁启超说"惟有奖励资本家，使举其所储蓄者结合焉，而采百年来西人所发明之新生产方法，以从事于生产，国家则珍惜而保护之，使其事业可以发达，以与外抗"，则中国的前途"庶或有济"，[⑥] 否则中国将永沉九渊而无法自拔。梁启超不仅主张保护中小资本家，而且也反对孙中山节制大资本的主张。他说"今日乃经济上国际竞争你死我活一大关头，我若无大资本家起，则他国之资本家将相率蚕食我市场，而使我无以自存"。他把大资本的存在和发展看作是振兴实业、加强中国国际竞争力量的中坚，指出今后的中国"其第一义所最急者，则有大资本也以盾也。不此之务，而惟资本家独占利益是惧，鳃鳃然思所以遏抑之，其结果也，能遏抑国内之资本家使不起，不能遏抑外国资本家使不来"。[⑦] 在孙中山的国民经济管理思想中，由主要注意"贫"的问题进而同时注意"不均"的问题，开始把"患贫"和"患不均"并提，企图找到一个既能富国富民，又不致造成日益严重的财富分配不均现象的经济发展战略和管理模

① 梁启超. 饮冰室合集·文集（第 10 卷）［M］. 北京：中华书局，1989：32.
② 梁启超. 饮冰室合集·文集（第 21 卷 29）［M］. 北京：中华书局，1989：33－34.
③ 张枬，王忍之. 辛亥革命前十年间时论选集（第 3 卷）［M］. 北京：三联书店，1977：794.
④ 赵靖，易梦虹. 中国近代经济思想资料选辑（中）［M］. 北京：中华书局，1989：280－282.
⑤ 梁启超. 饮冰室合集·文集（第 6 卷）［M］. 北京：中华书局，1989：4.
⑥ 赵靖，易梦虹. 中国近代经济思想资料选辑（中）［M］. 北京：中华书局，1989：279－281.
⑦ 赵靖，易梦虹. 中国近代经济思想资料选辑（中）［M］. 北京：中华书局，1989：286－287.

式。他始终认为，中国的主要问题是经济落后，国家贫穷。因此，解决中国的问题首先应该是发展经济，救贫求富。中国的事实是大家都"受贫穷的痛苦"，"中国今日是患贫，而不是患不均"，因而解决的办法也是"救穷宜急"。对于如何"救穷"，他为中国的改造所提出的方案是学习西方如通过自上而下的改革，按西方资本主义方式发展中国经济，以解决中国患贫的问题。在甲午战争前夕，他上书李鸿章，提出"人能尽其才，地能尽其利，物能尽其用，货能畅其流"四项改革纲领，认为"人能尽其才则百事兴，地能尽其利则民食足，物能尽其用则材力丰，货能畅其流则财源裕"①。这四项纲领全是用以解决"国贫"、"民贫"问题的，企图以此仿效"西法"（资本主义方式）发展农、工、商业，并为此培养各方面人才，以求做到食足、材丰和财裕。甲午战争后，孙中山彻底抛弃了在清政权下进行自上而下改革的幻想，提出了通过国家颁布各种经济立法和制定各项宏观的经济管理措施来达到救贫防不均的战略目标，具体有两大途径：一是发达资本，振兴实业。孙中山提出："要解决民生问题，一定要发达资本，振兴实业"②。对于一个国家来说，"能开发其生产力则富，不能开发其生产力则贫"③。但是，在注重发达资本的同时，也要"节制资本"。孙中山指出："国家一切大业，如铁路、电气、水道等事务皆归国有，不使其私人独享其利"。在改组国民党时，孙中山正式提出了"节制资本"的原则。《中国国民党第一次全国代表大会宣言》中指出："凡本国人及外国人之企业，或有独占的性质，或规模过大为私人之力所不能办者，如银行、铁道、航路之属，由国家经营管理之，使私有资本制度不能操纵国民之生机，此则节制资本之要旨也。"二是实行开放主义，反对闭关主义。孙中山认为，要发达经济，解决民生问题，实现救贫防不均的目标，就必须在对外经济关系方面实行开放主义，反对闭关主义。孙中山断言，中国"要想实业发达，非用门户开放主义不可"④。孙中山认为，只有实行开放主义，才有可能迎头赶上，而不致重走别人走过的老路，总是落在别人后头。他说："凡是我们中国应兴事业，我们无资本，即借外国资本；我们无人才，即用外国人才；我们方法不好，即用外国方法。物质上文明，外国费二、三百年功夫，始有今日结果。我们采来就用，诸君看看，便宜不便宜？由此看来，我们物质文明，只须三、五年，即可与外国并驾齐驱。"⑤ 但是，孙中山指出，引进外资不是无原则的，也要进行选择和控制。选择的原则包括：引进外资必须是纯经济的，决不允许外国借投资侵犯中国主权；引进外资应引进私人资本，避免同外国政府发生关系；引进外资要有利于中国自己养成独立经营的能力，不可陷入对外国人的依赖；引进外资要善于掌握和利用时机；引进外资，必须使外资企业不能在中国取得垄断地位。在新中国成立之前，毛泽东在革命战争年代就十分重视经济工作，重视发展生产力。毛泽东在《必须注意经济工作》一文中指出："革命战争的激烈发展，要求我们动员群众，立即开展经济战线上的运动，进行各项必要和可能的经济建设事业。"⑥ "财政政策的好坏固然足以影响经济，但是决定财政的却是经济。未有经济无基础而

① 孙中山选集（上卷）[M]. 北京：人民出版社，1956：15.
② 孙中山选集（下卷）[M]. 北京：人民出版社，1956：802.
③ 孙中山选集（上卷）[M]. 北京：人民出版社，1956：88.
④ 孙中山全集（第2卷）[M]. 北京：中华书局，1981：532.
⑤ 孙中山全集（第2卷）[M]. 北京：中华书局，1981：533.
⑥ 毛泽东选集（第1卷）[M]. 北京：人民出版社，1991：119.

可以解决财政困难的，未有经济不发展而可以使财政充裕的。"① 要解决财政问题和后勤供给，主要还是要靠根据地的经济建设。抗日战争时期解放区军民开展的大生产运动就是这一时期最好的实践。新中国诞生前夕，毛泽东在党的七届二中全会报告中指出："从我们接管城市工作的第一天起，我们的眼睛就要向着这个城市的生产事业的恢复和发展。务必避免盲目的乱抓乱碰，把中心任务忘了。"② 他认为我们从事的党的组织工作、政权机关工作、工会等各项工作，都是围绕着生产建设这个中心工作并为这个中心工作服务的。由此可见，当时毛泽东对革命胜利后党的工作重心转移到大力发展生产力的轨道上来，在思想认识上是十分明确的。新中国成立后，对于中国"一穷二白"的生产力状况，毛泽东认为：这些看起来是坏事，其实是好事。穷则思变，要干，要革命。一张白纸，没有负担，好写最新最美的文字，好画最新最美的图画。1955 年 10 月，毛泽东在参加工商界的一个座谈会时说，全国努力，各界努力，工商界在内，民主党派在内，把我国建设成为一个富强的国家。我们在整个世界上应该有这个职责，世界上四个人中间就有我们一个人，这么不争气，那不行，我们一定要争这口气。1956 年 8 月，毛泽东在党的八大预备会议第一次会议上又说：你有那么多人，你有那么一块大地方，资源那么丰富，又听说搞了社会主义，据说是有优越性，结果你搞了五六十年还不能超过美国，你像个什么样子呢？那就要从地球上开除你的球籍！所以，超过美国，不仅有可能，而且完全有必要，完全应该。如果不是这样，那我们中华民族就对不起全世界各民族，我们对人类的贡献就不大。这些话充分体现了毛泽东对发展生产力有着一种强烈的紧迫感和责任感。在毛泽东以发展生产力为中心的思想指导下，党的八大认真分析了我国生产力发展状况，强调在社会主义改造基本完成和社会主义制度基本确立后，党和人民的主要任务已变为在新的生产关系下保护和发展生产力。党的十一届三中全会以后，邓小平在认真总结历史的经验教训的基础上，坚持了毛泽东以发展生产力为中心的正确思想，重新把党和国家的工作中心转移到经济建设的轨道上来，确立了一心一意搞现代化的政治路线。邓小平从战略高度来分析中国的经济速度，认为经济速度不单纯是一个经济问题，更是一个政治问题。他指出："中国能不能顶住霸权主义、强权政治的压力，坚持我们的社会主义制度，关键就看能不能争取较快的增长速度实现我们的发展战略。"正因为邓小平把发展速度提到这样的高度来认识，所以他指出"发展才是硬道理"、"贫穷不是社会主义，发展太慢也不是社会主义"等著名论断。为了确保党的工作重心转移到经济建设上，邓小平在各种场合从多个角度反复阐述了发展生产力的重要性。一是从马克思主义经典作家的论述中说明发展生产力的重要性。马克思和恩格斯在《共产党宣言》中就明确提出：无产阶级在上升为统治阶级并剥夺剥夺者之后，必须"尽可能快地增加生产力的总量"。③ 列宁也明确指出："无产阶级取得国家政权以后，它的最主要最根本的利益就是增加产品数量，大大提高社会生产力。"④ 邓小平反复强调"马克思主义最注重发展生产"，⑤ "马克思主义的基本原则就是要发展生产力。"⑥ 二是从分析我国社会主要矛盾入手，阐述发展生产

① 毛泽东选集（第 3 卷）[M]. 北京：人民出版社，1991：891.
② 毛泽东选集（第 4 卷）[M]. 北京：人民出版社，1991：1428.
③ 马克思恩格斯选集（第 1 卷）[M]. 北京：人民出版社，1972：272.
④ 列宁选集（第 4 卷）[M]. 北京：人民出版社，1972：586.
⑤ 邓小平文选（第 3 卷）[M]. 北京：人民出版社，1993：63.
⑥ 邓小平文选（第 3 卷）[M]. 北京：人民出版社，1993：116.

力的重要性。1979 年 3 月，邓小平在党的理论工作务虚会上指出："目前时期的主要矛盾，也就是目前时期全党和全国人民所必须解决的主要问题或中心任务，由于中共三中全会决定把工作重点转移到社会主义现代化建设方面来，实际上已经解决了。我们的生产力发展水平很低，远远不能满足人民和国家的需要，这就是我们目前时期的主要矛盾，解决这个主要矛盾就是我们的中心任务。"① 党的十一届六中全会通过了由邓小平主持制定的《关于建国以来党的若干历史问题的决议》，把我国社会的主要矛盾概括为"人民日益增长的物质文化需要同落后的社会生产之间的矛盾"。② 这样，要解决这个主要矛盾，就必须大力发展生产力，并在这个基础上逐步改善人民的物质文化生活。三是从发挥社会主义优越性这个角度来强调发展生产力的重要性。邓小平多次指出："发展才是硬道理"，"贫穷不是社会主义，发展太慢也不是社会主义"。他指出："我们是社会主义国家，社会主义制度优越性的根本表现，就是能够允许社会生产力以旧社会所没有的速度迅速发展"。③ "讲社会主义，首先就要使生产力发展，这是主要的。只有这样，才能表明社会主义的优越性。"④ 四是提出发展生产力是社会主义的根本任务。邓小平认为"社会主义阶段的最根本任务就是发展生产力"，⑤ 并且多次强调了这一观点。1987 年 4 月 26 日，邓小平在接见外宾时指出："搞社会主义，一定要使生产力发达，贫穷不是社会主义。我们坚持社会主义，要建设对资本主义具有优越性的社会主义，首先必须摆脱贫穷。"1992 年初，邓小平在视察南方的谈话中指出："社会主义的本质，是解放生产力，发展生产力，消灭剥削，消除两极分化，最终达到共同富裕。"⑥ 在马克思主义发展史上，邓小平第一次把生产力同社会主义的本质相联系，把解放生产力，发展生产力放到了社会主义本质的高度，从而突出了生产力的首要基础地位。这是一个巨大的理论转变，正是由于有了这个理论转变，才使当代中国的马克思主义得以建立，才正确回答了什么是社会主义、怎样建设社会主义的问题。

第二，控制物价和保持物价基本稳定。虽然控制物价的出发点不同，或者仅仅着眼于市场管理，或者为了赈灾度荒和增收，进而稳定经济和政权，但是控制物价和保持物价基本稳定的思想却是一脉相承的，也成为从古至今一直延续下来的宏观调控思想。《汉书·食货志下》记载："故管氏之轻重，李悝之平籴，弘羊均输，寿昌常平，亦有从徕。"具体地说，在商周时期，《周礼·地官》记载，当时设有管理市场的长官"司市"，而"司市十官"中的质人专门主管平定物贾；并提出"抑其价以却之""起其价以征之"，体现了利用价格的高低来调节某些商品的供应，主张保持物价的基本稳定等思想。春秋时期的计然提出"农末俱利"的"平籴论"，主张由国家在丰年收购粮食储存，备荒年发售，以稳定粮价。进一步，计然提出了在今天看来仍有积极意义的价格的区间调控论。"夫籴，二十病农，九十病末。末病则财不出，农病则草不辟矣。上不过八十，下不减三十，则农末俱利，平籴齐物，关市不乏，治国之道也。"也就是说，只有将价格控制在 30～80 钱的区间，才能做到"农末俱利"，才是"治国之道"。计然提出的"平籴论"直接影响到范蠡的"平籴法"和李悝

---

①　邓小平文选（第 2 卷）[M]. 北京：人民出版社，1994：182.

②　中共三中全会以来重要文献选编（下）[M]. 北京：人民出版社，1982：839.

③　邓小平文选（第 2 卷）[M]. 北京：人民出版社，1994：128.

④　邓小平文选（第 2 卷）[M]. 北京：人民出版社，1994：314.

⑤　邓小平文选（第 3 卷）[M]. 北京：人民出版社，1993：137.

⑥　邓小平文选（第 3 卷）[M]. 北京：人民出版社，1993：373.

的"平籴法"。范蠡提出"平籴法"是为了完成越国"十年生聚"的过程并最终打败吴国；李悝推行"平籴法"的目的为了发展农业生产，战胜自然灾害，增加朝廷税收。"虽遇饥馑水旱，籴不贵而民不散，取有余以补不足也。"只有"民不散"，政权才能巩固。《管子》对于市场物价的认识又进了一步，认为固定不变的价格是不存在的，如果价格恒定不变，就无法调节流通。只有价格上下波动，商品才能正常流通。"常则高下不二，高下不二则万物不可得而使用"（《轻重乙》）。因此，主张由国家掌握和控制"万物"的价格，"万物之满虚随时，准平而不变，衡绝而重见，人君知其然，故守之以准平"（《国蓄》）。但是，控制物价并不意味着把价格管死，认为价格的绝对稳定是不可能的，"衡无数也，衡者使物一高一下，不得常固"（《轻重乙》）。国家可以自觉地进行调节，当物价失去平衡时，采取有力措施予以控制，"视物之轻重而御之以准"（《国蓄》）。因此，《管子·国蓄》提出"善者要施于民之所不足，操事于民之所有余""视物之轻重而御之以准"的主张。具体措施包括：一是"敛积之以轻，散行之以重"。"故人君敛之以轻""故人君散之以重"，其结果是"君必有十倍之利，而财之木广可得而平也"；二是"以重射轻，以贱泄平"。此外，国家以货币控制粮食的价格，同时发挥谷物的实物货币作用，即"以谷准币"或"以币准谷"，使谷物与货币相互通用，以平抑"万物"的价格。谷价高低在当时有举足轻重的作用，这就是轻重论所说的"独贵独贱""五谷粟米者，民之司命也"（《轻重乙》）。控制了谷价，实际上也就控制了"万物"的价格。如何调控呢？首先是要把粮食牢牢地控制在国家手中，"彼守国者守谷而已矣"，"来祀械器、种攘粮食毕取瞻于君，故大贾蓄家不得豪夺吾民矣"（《山至数》）；其次是国家直接参与市场上的粮食买卖，通过购进或抛售谷物以影响和制约谷物和万物的轻重。即所谓"制其通货，以御其司命"。后来，西汉时期的桑弘羊推行的"均输平准制度"、耿寿昌实行的"常平仓"制度以及唐代刘晏提出的"常平仓"、北宋时期王安石实施的"市易法"等，都是通过控制物价稳定经济和社会，其中也包含有平衡的思想。对于近现代中国物价飞涨的状况，虽然一些思想家提出了自己的看法和建议，但由于政府的腐败无能，致使民众长期处于民不聊生苦痛境地。如咸丰元年，曾国藩在奏折中说："昔日两银换钱一千，则石米得银三两；今日两银换钱二千，则石米仅得银一两五钱。昔日卖米三斗输一亩之课而有余，今日卖米六斗输一亩之课而不足。"这就是说，因为卖米得的是钱，而课税征的是银，农民须以钱换银。而白银外流，国内白银减少，结果势必是银价上升，银钱比拉大，造成同样的银须以更多的钱来换。故而出现"昔日卖米三斗可交一亩之税尚有余，今日卖米六斗而交一亩之税不足"的情况。之后，1915～1916 年北洋政府的"京钞风潮"、国民党政府在 1935 年实施的法币改革和 1948 年发行金圆券，都造成了三次物价飞涨。新中国成立后，党的第一代领导集体的主要成员在注重综合平衡的基础上都十分重视和关注物价问题，特别是作为党的经济工作的主要领导人之一，陈云很早（约在 1933 年）就开始关注物价问题。在长期的革命和建设实践中，他对物价问题的认识不断深刻，平抑物价、治理通胀的经验也不断地丰富。到新中国成立初期，陈云基本上形成了关于物价调控和通胀治理的比较系统的理论。这在他 1949 年 11 月发表的《制止物价猛涨》一文可以看出。在该文中，陈云仔细分析了物价猛涨原因，提出了具体解决措施：一是平衡社会总供求，并根据各地区具体情况有所不同；二是紧缩银根、收缩信贷；三是控制投资规模；四是打击投机，整顿市场。这些措施标本兼治，对症下药，实施以后，金融物价迅速趋于稳定，国民党政权留下的恶性通货膨胀后遗症被彻底消除。这次成功平抑物价不仅向世界证明了中国共产党人的治国能力，也充分展示了陈云把握、处理经济问题的高超艺术。邓小平则将理顺物价看作是经济持续发展和经济改革的先决条件。他认为："物价问题是历史遗留下来的。"对于改革初期出现的通货膨胀问题，1985 年 7 月，邓小平就指出："物价改革是个很大的难关，但这个关非过不可。不过这个关，就得不到持续发展的基础。""只有理顺物价，改革才能加快步伐。"由此可见，邓小平将保持物价稳定的认识提高到一个新的高度。

第三，大力发展对内贸易与对外贸易。《管子》十分重视贸易活动，最早提出要农工商协调发展，认为商业可以促进地区间的物资交流，"以其所有，易其所无，买贱鬻贵"（《小匡》），以推动生产发展，满足人民需要，否则，"无市则民乏"（《乘马》）。对于国家之间的对外贸易，首先有足够的认识，认为是好事，因为齐国地处交通要冲，"通达所出也，游子胜商之所道"，外人来到齐国，"食吾本粟，因吾本币，骐骥黄金然后出"（《地数》）。为此，《管子》提出了一系列优惠政策：一是"为诸侯之商贾立客舍，一乘者有食，三乘者有刍菽，五乘者有伍养"（《轻重乙》）；二是税收优惠。"弛关市之征，五十而取一"（《大匡》），即放宽关税和市场税的征收，税率只有五十分之一即百分之二。而且，"征于关者，勿征于市；征于市者，勿征于关。虚车勿索，徒负勿入"（《问》），不重复征收税，对空车来的、身背货物徒步而来的均不征税。更有甚者，有时干脆"使关市几而不征，缠而不税"（《小匡》），只稽查不收税，还免费提供存放货物的场地或仓库。这样做的结果，"远国之民望如父母，近国之民从如流水"（《小匡》），"天下之商贾归齐若流水"（《轻重乙》）。但是，在开展对外贸易时，《管子》特别强调要采取"斗国相泄"（《乘马数》）的策略，即运用价格政策，千方百计争夺重要物资尤其是粮食，促使别国的物资外流，增加本国的财富和经济实力。一方面，对本国所拥有的粮食和其他重要物资，竭尽全力"守"，保存在国内，使"天下不吾泄"（《山至数》），不通过贸易流出去；另一方面，对别国所拥有的粮食或其他重要物资，想方设法"射"，诱使流到自己国内来，"归我若流水"。具体办法是"谨守重流"（《山至数》），即严格执行高价流通政策，保持本国的粮食和重要物质的高价位。"彼诸侯之谷十，使吾国谷二十，则诸侯谷归吾国矣"（《山至数》），"滕鲁之粟釜百，则使吾国之粟釜千，滕鲁之粟四流而归我，若下深谷者"（《轻重乙》）。这样做的结果是，"天下下我高，天下轻我重，天下多我寡"（《轻重乙》），天下的粮食和重要物资皆备于我，"国常有十年之策"（《山至数》），国家有 10 年的战略储备，不但可以调控本国的经济，而且在很大程度上也影响或左右了各诸侯国的经济，故"诸侯服而无正，臣从而以忠"（《山至数》），就可以"御天下""朝天下"，无敌于天下了。在新中国成立后陈云提出的"综合平衡理论"中，包括了财政收支、银行信贷、物资供应和外汇收支四个方面的平衡，认为如果进口大于出口使得国际收支不平衡，就会出现逆差，反过来会影响国内财政经济的不平衡。

在中国当代第一代和第二代中央领导集体的经济思想中，综合平衡的思想、独立自主的思想和结构调整的思想一直占据着主导地位，对中国特色宏观调控的形成产生了决定性影响。

第一，综合平衡的思想。刘凤岐（1995）认为，综合平衡理论是我国社会主义经济思想史上最早的宏观调控理论。邢延奕（2005）指出："综合平衡的经济思想，不仅指导了当时我国的经济建设实践，也成为改革开放以来宏观调控的重要理论基础。"对此，毛泽东在

《论十大关系》中以苏联为鉴戒，总结我国已有的经验，提出了国民经济的统筹兼顾、综合平衡的思想，首先体现在对经济结构进行宏观调控：一是调整产业结构。毛泽东针对苏联片面地注重重工业，忽视农业和轻工业的错误倾向及其对我国影响，认为要适当调整重、农、轻三业的投资比例，更多地发展农业和轻工业，明确提出在经济发展中一要吃饭，二要建设的原则。他指出，重工业是我国建设的重点，必须优先发展生产资料的生产。但是决不可以因此忽视生活资料尤其是粮食生产，如果没有足够的粮食和其他生活必需品，首先就不可能养活工人，更谈不上什么发展重工业。所以重工业和轻工业、农业的关系，必须处理好。二是调整地域经济结构。毛泽东认为，要抓住新的侵华战争和世界大战暂时打不起来的机遇，利用沿海工业底子比较好的优势，积极地发展沿海工业，从而有更多的力量来发展和支持内地工业。毛泽东指出，我国全部轻工业和重工业，都有约70%在沿海，只有30%在内地，这是历史上形成的一种不合理的状况。为了平衡工业发展的布局，内地工业必须大力发展。但是，发展内地工业需要资金、技术和人才，需要沿海发达地区支援，这就要处理好沿海与内地的关系。三是调整经济建设与国防建设的投资比例。针对"一五"期间军政费用比例太大的情况，毛泽东指出，第一个五年计划期间，军政费用占国家预算全部支出约30%，这个比重太大了。降低军政费用的比重，多搞经济建设，这是战略方针的问题。只有经济建设搞好了，才能够出更多的经费充实国防建设。否则，国防不能巩固，经济也上不去，还要受人欺负。四是处理好积累和消费的矛盾。毛泽东说："我国每年作一次经济计划，安排积累和消费的适当比例，求得生产和需要之间的平衡。"① 1953 年，在全国财经工作会议上，毛泽东明确指出："我们的重点必须放在发展生产上，但发展生产和改善人民生活二者必须兼顾。福利不可不谋，不可多谋，不谋不行。"1958 年 11 月，他在一份报告上批示："生产和生活两方面，必须同时抓起来。不抓生活，要搞好生产是困难的。生产好，生活好，孩子带得好，这就是我们的口号"。② 1956 年，他在中国共产党八届二中全会上指出："前几年建设中有一个问题，就像有的同志所说的，光注意'骨头'，不大注意'肉'，厂房、机器、设备等搞起来了，而市政建设和服务性的设施没有相应地搞起来，将来问题很大。""农业本身的积累和国家从农业取得的积累，在合作社收入中究竟各占多大比例为好？请大家研究，议出一个适当的比例来。其目的，就是要使农业能够扩大再生产，使它作为工业的市场更大，作为积累的来源更多。先让农业本身积累多，然后才能为工业积累更多。只为工业积累，农业本身积累得太少或者没有积累，竭泽而渔，对于工业的发展反而不利。"他还指出："合作社的积累和社员收入的比例，也要注意。合作社要利用价值法则搞经济核算，要勤俭办社，逐步增加一点积累。"毛泽东还把积累看成是一个需要根据实际情况进行相应调整的过程。他说："今年如果丰收，积累要比去年多一点，但是不能太多，还是先让农民吃饱一点。丰收年多积累一点，灾荒年或半灾荒年就不积累或者少积累一点。就是说，积累是波浪式的，或者叫作螺旋式的。"③ 对于计划及其与平衡的关系，虽然毛泽东在原则上不反对计划原则，承认计划必须建立在严格的科学基础上，"问题在于能否掌握有计划发展的规律，掌握到什么程度；在于是否善于利用这个规律，能利用到什么程度。""在一个时期内，

①  毛泽东文集（第 7 卷）［M］. 北京：人民出版社，1999：215.
②  建国以来毛泽东文稿（第 7 册）［M］. 北京：中央文献出版社，1992：541.
③  毛泽东文集（第 7 卷）［M］. 北京：人民出版社，1999：200.

可以有这样的计划，也可以有那样的计划；可以有这些人的计划，也可以有那些人的计划。不能说这些计划都是完全合乎规律的。"① 他认为"因为消灭了私有制，可以有计划地组织经济，所以就有可能自觉地掌握和利用不平衡是绝对的、平衡是相对的这个客观规律。"② 从平衡或计划相对论出发，毛泽东认为"要经常保持比例，就是由于经常出现不平衡。因为不成比例了，才提出按比例的任务。平衡了又不平衡，按比例了又不按比例，这种矛盾是经常的、永远存在的，教科书不讲这个观点。"又说："计划常常要修改，就是因为新的不平衡的情况又出来了。"③ 从不平衡绝对论出发，对"一五"计划作这样的评论："过去我们计划规定沿海省份不建设新的工业，1957 年以前没有进行什么新的建设，整整耽误了 7 年时间。1958 年以后，才开始在这些省份进行大的建设，两年中得到很快的发展。"④ 他不同意斯大林关于苏联的计划基本上反映了客观法则的判断，认为苏联缺少消费品，农业不足，"没有群众，没有政治"，"是一条腿走路"。⑤ 这种怀疑乃是对计划本质的怀疑，他说："不能认为历史是计划工作人员创造的，而不是人民群众创造的。"⑥ 毛泽东也强调国民经济必须有统一的计划，"即全国一盘棋"。⑦ 但是他心目中的统一计划并不是指从上到下只能有一种计划。这一点可以从他对计划机关的论述中看出："计划机关是什么？是中央委员会，是大区和省、市、自治区，各级都是计划机关，不只计委、经委是计划机关。"⑧ 他在 1966 年杭州会议上说："上边管得死死的，妨碍生产力的发展，是反动的。中央还是虚君共和好，只管大政、方针、政策、计划"，"秦始皇中央集权，停滞了，长期不发展。我们也许走了错误道路"，"中央计划要同地方计划结合，中央不能管死，省也不能完全统死"，"不论农业扩大再生产也好，工业扩大再生产也好，都要注意中央和地方分权，不能竭泽而渔"。⑨ 由于强调地方、企业自主权，中国的国家计划只包括宏观战略项目，给地方各级留下了很大的空间，各级政府不仅可以有自己的计划，政府部门和企事业单位还可以合法地经营的预算外项目，只要这些项目不冲击正式的计划。周恩来特别强调"经济工作要有四个观念：整体观念、重点观念、先后观念、全面观念，我们进行社会主义建设，必须综合平衡，全面安排。"⑩ 经济建设方针的选择，是经济建设指导思想的具体化和集中表现。1956年根据周恩来的思路并由中央确定的综合平衡，稳步前进的经济建设方针，既是马克思主义的，又符合我国的具体实际，提出了要注意经济建设中"左"和"右"两种错误倾向，突出了经济建设中的一个根本问题——综合平衡。周恩来指出："一定要为平衡而奋斗。数量上平衡以后，还有品种和时间上的平衡问题。"⑪ 同年 9 月召开的党的"八大"会议上，周恩来进一步阐明了这个方针。他指出："在有利的情况下，必须注意到当前和以后还存在某

---

① 毛泽东读社会主义政治经济学批注和谈话（简本）[M]. 1998：50.
② 毛泽东读社会主义政治经济学批注和谈话（简本）[M]. 1998：242.
③ 毛泽东读社会主义政治经济学批注和谈话（简本）[M]. 1998：240、71.
④ 毛泽东读社会主义政治经济学批注和谈话（简本）[M]. 1998：239.
⑤ 毛泽东读社会主义政治经济学批注和谈话（简本）[M]. 1998：12 – 13.
⑥ 毛泽东读社会主义政治经济学批注和谈话（简本）[M]. 1998：228.
⑦ 毛泽东读社会主义政治经济学批注和谈话（简本）[M]. 1998：469.
⑧ 毛泽东读社会主义政治经济学批注和谈话（简本）[M]. 1998：13.
⑨ 房维中. 中华人民共和国经济大事记（1949 – 1980）[M]. 北京：中国社会科学出版社，1984：410.
⑩ 周恩来选集（下卷）[M]. 北京：人民出版社，1984：371.
⑪ 周恩来经济文选 [M]. 北京：中央文献出版社，1993：253.

些不利的因素，不要急躁冒进；相反地，在不利的情况下，又必须注意到当前和以后还存在着许多有利的因素，不要裹足不前。这就是说，我们应该对客观情况作全面的分析，同时，尽可能地把本年度和下年度的主要指标作统一的安排，以便使每个年度都能够互相衔接和比较均衡地向前发展。"① 陈云是第一代领导人中最早系统地论述按比例发展和综合平衡问题的理论家，他的宏观调控思想也集中体现在其综合平衡理论中。所谓综合平衡理论是指财政、信贷、物资、外汇四个主要方面综合平衡的理论，它是随着国民经济恢复时期和第一个五年计划时期实践的发展，特别是总结了 1952 年"一女二嫁"的"小失误"和 1956 年"小冒进"的经验教训基础上逐渐形成的。其后，陈云在 1957 年初的《建设规模要和国力相适应》讲话中，初步提出了综合平衡理论，并在 1962 年中央财经小组会议上的讲话中进行了比较全面而系统的阐述。陈云主张，为了保证国民经济稳步发展，必须做到财政收支、银行信贷、物资供应和外汇收支四个方面的平衡。其中，财政收支是宏观经济的关键，国民经济不平衡必然会在财政收支上有所反应，反之亦是。信贷不平衡在短缺经济下容易引发通货膨胀，而后者往往是由于积累加消费超过了国民收入从而引起现财政不平衡的结果。物资平衡主要是人民购买力和消费品供应间的平衡，供应紧张就会使物价波动，甚至出现市场混乱；同时，物资供求平衡直接受财政信贷、外汇平衡的影响，后者平衡，则前者在整体上也会平衡，或反之。如果进口大于出口使得国际收支不平衡，就会出现逆差，反过来会影响国内财政经济的不平衡。可见，四大平衡是马克思主义关于社会再生产的实现条件和前提条件原理，即社会总需求与总供给平衡原理在中国的具体运用、丰富和发展，也是我们实施宏观调控的理论依据。根据这一理论，国家在制定国民经济的宏观调控计划时，需要建立健全计划、财政、金融之间相互配合协调机制，做到社会总需求与总供给在总量和结构上的基本平衡，与价值规律互补，从而保证国民经济稳定、协调、高效发展。改革开放之初，基本建设投资规模迅速增加，引进项目过多，摊子铺得过大，经济结构更加不合理，致使 1979 年财政赤字高达 170 亿元。针对这种情况，中央根据陈云和李先念的"六条建议"，确定了"调整、改革、整顿、提高"八字方针。经过几年调整，财政收支、银行信贷逐渐恢复平衡，市场物价亦趋稳定。20 世纪 80 年代，我国几次出现了经济过热、通货膨胀严重的情况，各项经济比例严重失调。为此，党的十三届三中全会决定"治理经济环境，整顿经济秩序、全面深化改革"。到 1992 年，治理整顿收效，缓解了总需求大于总供给的矛盾，实现了"四大平衡"，国民经济重新步入稳定、平衡发展轨道。可见，四大平衡是强有力的宏观经济调控手段。当然，搞综合平衡必须在研究国民经济比例关系的基础上实行，按比例才能做到综合平衡，按比例是实现平衡的关键。正如陈云所言："所谓综合平衡，就是按比例；按比例了，就平衡了。"② 具体地讲，按比例发展意味着社会总需求与总供给在总量和结构上平衡，是对国民经济各构成部分间互动关系的深刻认识。早在"一五"计划编制时，陈云就指出："按比例发展的法则是必须遵守的，但各生产部门之间的具体比例，在各个国家，甚至一个国家的各个时期，都不会是相同的。一个国家，应该根据自己当时的经济状况，来规定计划中应有的比例。究竟几比几才是对的，很难说。唯一的办法只有看是否平衡。合乎

① 周恩来选集（下卷）[M]. 北京：人民出版社，1984：219.
② 陈云文选（第3卷）[M]. 北京：人民出版社，1995：215.

比例就是平衡的；平衡了，大体上也会是合比例的。"① 据此，他从五个方面认真研究国民经济的比例关系，如农、轻、重的比例关系和排列次序，农业和工业内部各行业间的比例关系，生产与交通运输、能源间的比例关系，市场购买力与商品可供量间的关系。1957 年，陈云在各省市党委书记会议上的讲话中再次强调："要重视研究国民经济的比例关系"。② 他说："如果不认真研究国民经济的比例关系，必然造成不平衡和混乱状态。"③ 陈云同志的按比例发展和经济平衡思想，是用以反对超越国力追求高速度、经济大起大落、欲速则不达的运行情况的，也是针对经济建设中比例失调这一弊端的。处理好比例与平衡问题，为的是处理好速度与效益的关系，使国民经济健康、稳定发展。他一再强调，国民经济"按比例发展就是最快的速度"。④ 1985 年，陈云在党的全国代表会议上强调："说到底，还是要有计划按比例地稳步前进，这样做，才是最快的速度。否则，造成各种紧张和失控，难免出现反复，结果反而会慢，'欲速则不达'。"⑤ 邓小平也非常重视统筹兼顾，综合平衡，处理好国民经济重大比例关系。他指出："没有按比例发展就不可能有稳定的，切实可靠的高速度。"⑥ 他还指出："生产建设、行政设施、人民生活的改善，都要量力而行，量入为出"，⑦ "在经济比例失调的条件下，下决心进行必要的调整。"⑧ 1979 年 4 月在中央工作会议上，决定对国民经济实行"调整、改革、整顿、提高"的方针，是对"八大"肯定的综合平衡、稳步前进的经济建设方针和 60 年代实行的"调整、充实、整顿、提高"方针的继续和发展。总之，老一辈革命家治国经验中的综合平衡思想和按比例发展规律明显包含了总量平衡与结构平衡的思想。

第二，独立自主的思想。独立自主原则最初是由马克思恩格斯提出来的。马克思在《国际工人协会总委员会致社会主义同盟中央局》一函中指出："由于每个国家工人阶级的各种队伍和不同国家的工人阶级所处的发展条件极不相同，它们目前所达到的发展阶段也不一样，因此它们反映实际运动的理论观点也必然各不相同"，"我们协会根据自己的原则允许每个支部在不违背协会总方向的情况下自由制定它的理论纲领"。⑨ 当第一国际解散、第二国际建立后，恩格斯在第三次代表大会上也指出："每个国家的无产阶级得到机会以独立自主的形式组织起来"，"我们也应当按照这一方向在共同的基础上继续我们的工作"。⑩ 毛泽东在领导中国革命和建设的过程中，把马克思主义关于独立自主的理论，在中国条件下进行了创造性的运用和发展。独立自主作为毛泽东思想活的灵魂之一，其基本内涵就是在国家发展的问题上，既不片面地依赖外部力量，也不盲目排外。具体来说，就是一个国家在革命和建设的过程中，依靠自己的力量，从本国的实际出发，积极探索革命和建设的规律，走出一条适合自己国情的道路；同时，既借鉴外部经验，也争取外部援

---

① 陈云文选（第 2 卷）[M]. 北京：人民出版社，1995：125.
② 陈云文选（第 3 卷）[M]. 北京：人民出版社，1995：62.
③ 陈云文选（第 3 卷）[M]. 北京：人民出版社，1995：62.
④ 陈云文选（第 3 卷）[M]. 北京：人民出版社，1995：160、161、198.
⑤ 陈云文选（第 3 卷）[M]. 北京：人民出版社，1995：169.
⑥ 邓小平文选（第 2 卷）[M]. 北京：人民出版社，1993：161.
⑦ 邓小平文选（第 2 卷）[M]. 北京：人民出版社，1993：355.
⑧ 邓小平文选（第 2 卷）[M]. 北京：人民出版社，1993：161.
⑨ 马克思恩格斯全集（第 16 卷）[M]. 北京：人民出版社，2002：393 – 394.
⑩ 马克思恩格斯全集（第 22 卷）[M]. 北京：人民出版社，2002：479 – 480.

助。中国革命胜利和中国特色社会主义建设的开创，就是毛泽东独立自主思想的物质成果。

毛泽东的独立自主思想首先表现在积极主张批判地吸取西方文化。他说："中国应该大量吸收外国的进步文化，作为自己文化食粮的原料"。"凡属我们今天用得着的东西，亦应该吸收。只有在开放中有批判有原则地学习吸收外国的长处，才能创造出中国自己有独特的民族风格的东西，才不会产生民族虚无主义而丧失民族自信心；而也只有在独立自主中呈现出开放性，才能使中国走向世界，才能使中华民族自立于世界民族之林。"① 其次，在经济发展模式上，毛泽东提出走中国式的社会主义工业化道路。毛泽东认为，中国的工业化，既不能走西方资本主义工业化道路，也不能照搬苏联工业化模式。他从中国的具体国情出发，对中国工业化的目标模式、中国工业化道路中的基本经济关系以及中国工业化道路的具体方针等进行了认真的研究。关于中国工业化的目标，毛泽东抵制了苏联以"社会主义大家庭"为由反对其他社会主义国家建立独立完整的工业体系的做法，提出中国的工业化就是要使自己有一个独立的完整的工业体系和国民经济体系，这是我们的民族得以在世界上自立的必要条件。首先，中国的工业化体系必须是独立的，即中国的工业主要是依靠中国自己的人力、物力和财力求得生存和发展。其次，中国的工业化体系必须是完整的，工业的部门比较齐全，各工业部门之间能够相互协调、相互促进。再次，中国的工业化要体现现代性，即现代化和工业化的一致性，中国工业要努力赶上和超过世界先进水平。毛泽东强调的工业化体系的这三个特性，适应了时代发展的要求，考虑到中国自己的巩固和发展，具有中国自己的特色。最后，在经济建设方针上，坚持自力更生为主、争取外援为辅。1958 年 6 月毛泽东明确提出："自力更生为主，争取外援为辅，破除迷信，独立自主地干工业，干农业，干技术革命和文化革命，打倒奴隶思想，埋葬教条主义，认真学习外国人的好经验，也一定要研究外国人的坏经验——引以为戒，这就是我们的路线。"毛泽东在这里将自力更生为主、争取外援为辅和独立自主提到路线的高度，应用到社会主义建设的各个方面。首先，毛泽东认为社会主义建设必须把立足点放在自力更生的基础上，要以自力更生为主。他曾经指出，中国这个客观世界，整个地说来，是中国人认识的，而不是靠外国人去认识的。我们搞社会主义建设，搞中国的工业化，主要依靠自己的力量来进行，要坚信自己的力量。其次，毛泽东认为坚持自力更生方针，并不排斥学习外国的先进技术和管理经验。在《论十大关系》中，他专门论述了中国和外国的关系问题，指出："我们的方针是，一切民族、一切国家的长处都要学，政治、经济、科学、技术、文学、艺术的一切真正好的东西都要学。"再次，毛泽东认为学习外国要采取正确的态度和方法。学习外国不能机械搬运。学习外国的东西是为了研究和发展中国的东西，"应该学习外国的长处，来整理中国的，创造出中国自己的、有独特的民族风格的东西。这样道理才能讲通，也才不会丧失民族信心。"毛泽东在许多著作、讲话和批示中，正确分析了坚持独立自主、自力更生、艰苦奋斗、发展本国经济同学习外国之间的辩证关系。他强调，我们的方针要"放在自己力量的基点上，叫做自力更生"。同时，毛泽东也主张向外国学习，但要有两个前提，一是学习一切先进的有利于我国政治经济发展的先进科学文化，管理经验，但是学习要有分析有批判，不能照搬；二是学习外国必须以坚持独立自主，自力更生为出发点，对于外国的东西不仅是学习的问题，更主要的是吸

---

收，消化变成本国的东西。

邓小平继承和发展了毛泽东的独立自主思想，并以新的内容丰富了这一思想。他更加强调勇于实践，突破框框，大胆地闯、大胆地试，不搞争论。其一，由于所处时代条件的不同，邓小平更主张在开放中坚持独立自主，更强调"一个国家要取得真正的政治独立，必须努力摆脱贫困。而要摆脱贫困，在经济政策和对外政策上都要立足于自己的实际，不要给自己设置障碍，不要孤立于世界之外"①。1982 年，在中国共产党第十二次全国代表大会上，邓小平在致开幕词中说道："我们的现代化建设，必须从中国的实际出发。无论是革命还是建设，都要注意学习和借鉴外国经验。但是，照抄照搬别国经验、别国模式，从来不能得到成功。这方面我们有过不少教训。把马克思主义的普遍真理同我国的具体实际结合起来，走自己的道路，建设有中国特色的社会主义，这就是我们总结长期历史经验得出的基本结论。""中国的事情要按照中国的情况来办，要依靠中国人自己的力量来办。独立自上，自力更生，无论过去、现在和将来，都是我们的立足点。中国人民珍惜同其他国家和人民的友谊和合作，更加珍惜自己经过长期奋斗得来的独立自主权利。任何外国不要指望中国做他们的附庸，不要指望中国会吞下损害我国利益的苦果。"② 1986 年，邓小平在论述"建设有中国特色的社会主义"时，明确把它同"独立自主"直接联系起来，他说："我们历来主张世界各国共产党根据自己的特点去继承和发展马克思主义，离开自己国家的实际谈马克思主义，没有意义。所以我们认为国际共产主义运动没有中心，不可能有中心。我们也不赞成搞什么'大家庭'，独立自主才真正体现了马克思主义。"③其二，强调把马克思主义的普遍真理同中国建设和改革的具体实践相结合，走自己的路。邓小平明确指出："为什么说我们是独立自主的？就是因为我们坚持有中国特色的社会主义道路。"④ 邓小平认为，坚持有中国特色的社会主义道路，才能够坚持独立自主，而且也只有坚持有中国特色的社会主义道路，才能够坚持独立自主。"否则，只能是看着美国人的脸色行事，看着发达国家脸色行事，或者看着苏联人的脸色行事，那还有什么独立性啊！"⑤ 为了坚持有中国特色的社会主义道路，为了在建设和改革的问题上坚持独立自主的路线，邓小平强调必须始终注意正确对待马克思主义理论和外国经验。邓小平认为，马克思主义理论是科学，对实践具有重要的指导意义。但是马克思主义不是封闭的体系，不是僵化的教条，它要随着实践的发展而不断地发展。决不能用理论来裁剪现实，不能从本本出发，拘泥于书本上的公式，而必须从活生生的现实出发。小平同志反反复复强调"离开自己国家的实际谈马克思主义，没有意义"⑥，不止一次地指出要以正确的态度对待马克思主义与马克思主义经典作家，决不能搞"凡是"，搞迷信。他鲜明地提出："一个党，一个国家，一个民族，如果一切从本本出发，思想僵化，迷信盛行，那它就不能前进，它的生机就停止了，就要亡党亡国。"⑦ 因此邓小平不断地强调，决不能固守一成不变的框框，要突破过去满脑袋的框框，一定不要提倡本本，"因为在中国建设社会主义这样的事，马克思的本本上找不出来，列宁的本本上也找不出来，每个国家都有自己的情况，各自的经历也不同，所以要独立思考。不但经济问题如此，政治问题也如

---

① 邓小平文选（第 3 卷）［M］. 北京：人民出版社，1993：94.

②③⑥ 邓小平文选（第 3 卷）［M］. 北京：人民出版社，1993：191.

④⑤ 邓小平文选（第 3 卷）［M］. 北京：人民出版社，1993：311.

⑦ 邓小平文选（第 2 卷）［M］. 北京：人民出版社，1993：133.

此"①，"实事求是是马克思主义的精髓。要提倡这个，不要提倡本本。我们改革开放的成功，不是靠本本，而是靠实践，靠实事求是。"② 其三，强调不能照抄展板别国的经验和模式。邓小平指出，无论是革命还是建设，都可以而且应当借鉴外国的经验。但是，固定的模式是没有的，也不可能有。无论是革命或建设，都不能照抄照搬别国经验，别国模式，各国必须根据自己的条件建设社会主义。中国有自己的特点，我们只能按中国的实际办事，别人的经验可以借鉴，但不能照搬。我们既不能照搬西方资本主义国家的做法，也不能照搬其他社会主义国家的做法，更不能丢掉我们制度的优越性。我们过去照搬苏联搞社会主义的模式，带来很多问题，阻碍了生产力的发展，在思想上导致僵化，妨碍人民和基层积极性的发挥。同样，我们也不能照搬资本主义国家那一套，不能搞资产阶级自由化。在长期的改革开放实践中，邓小平反复强调了这一思想。20世纪80年代中期以前，邓小平更多地强调不要照搬苏联模式。80年代中期以后，随着苏联、东欧改革出现错综复杂的局面，邓小平在指出不要照搬苏联模式的同时，也强调不要照搬西方模式。邓小平曾把独立自主当作中国的"首要经验"介绍给外国朋友，他说："我们向第三世界朋友介绍的首要经验就是自力更生。"③ 这样做，可以振奋起整个国家奋发图强的精神，把人民团结起来，克服困难。他在论述我国的对外开放政策时重申："我们一方面实行开放政策；另一方面仍然坚持建国以来毛泽东主席一贯倡导的自力更生为主的方针。必须在自力更生的基础上争取外援"④。自此之后，独立自主就成为我国在处理对外关系中的重大原则和治国方略，在历次党代会的报告中都得到体现。

第三，结构调整的思想。在毛泽东的统筹兼顾、综合平衡思想中，首先强调了调整经济结构，包括对产业结构、地域经济结构、经济建设与国防建设的投资比例和积累与消费矛盾的调整，集中体现出结构调整的思想。对于中国工业化道路问题，毛泽东着重研究了经济建设中的一系列重大关系问题。把正确处理重工业和轻工业、农业的关系提到中国工业化道路的高度来认识。他认为重工业是我国建设的重点，要优先发展，这是确定了的，但是决不可以忽视生活资料尤其是粮食的生产。苏联和东欧一些社会主义国家，片面强调发展重工业，忽视了轻工业和农业，结果市场十分紧张，人民买不到生活的必需品。这不仅影响到整个国民经济的平衡发展，而且引起了人民群众对社会主义制度和共产党领导的不满，成了一个严重的政治问题。有鉴于此，毛泽东提出正确处理重工业和轻工业、农业的关系，在优先发展重工业的前提下实行工业和农业、重工业和轻工业同时并举的方针，提出按农、轻、重的秩序安排国民经济。这个方针的提出，总结了苏联工业化的经验教训，对于克服工作中的片面性，调动各方面的积极性，使国民经济各部门做到综合平衡的发展有着重要的作用。周恩来较早地认识到比例失调的危害，极力主张"通过综合平衡，全面安排，进行大幅度的调整"，"大幅度调整的要求，就是按照农、轻、重的次序全面调整国民经济的各种比例关系。"⑤ 他指出："一定要为平衡而奋斗。数量上平衡以后，还有品种和时

① 邓小平文选（第3卷）［M］. 北京：人民出版社，1993：260.
② 邓小平文选（第3卷）［M］. 北京：人民出版社，1993：382.
③④ 邓小平文选（第2卷）［M］. 北京：人民出版社，1993：406.
⑤ 周恩来选集（下卷）［M］. 北京：人民出版社，1984：159.

间上的平衡问题。"① 突出地强调了结构平衡的重要性。对于比例失调的调整，周恩来提出，把经济建设的规模和行政管理的机构缩小到与我国经济水平相适应的程度；把城市人口减少到同农村提供的商品粮、副食品的可能适应的程度。这些都充分体现出现代意义上的结构性调控的特点。在陈云的经济思想中，按比例发展规律就包含了总量平衡与结构平衡的思想。邓小平十分重视对于产业结构的调整和优化。1982 年 10 月，邓小平指出："我们整个经济发展的战略，能源、交通是重点，农业也是重点。"1987 年 6 月他又强调："基础工业，无非是原材料工业、交通、能源等，要加强这方面的投资，要坚持十到二十年，宁可欠债，也要加强。"解决"瓶颈"问题，必须加大投资力度，调整和优化产业结构。如果走老工业国自发发展的道路，投资的重点由轻工业转到重工业再到基础设施，整个现代化的过程将会拖得很长。而采取亚太地区新兴工业化国家的办法，发挥政府的宏观调控的作用，用国家的力量推动基础设施的建设，这个过程可以大大缩短。

此外，在中国当代第一代和第二代中央领导集体的经济思想中，周恩来、陈云的稳定观、邓小平对于社会主义条件下市场作用的认识，也对中国特色宏观调控的形成产生了重大影响。对于保持经济稳定，周恩来特别强调"经济工作要有四个观念：整体观念、重点观念、先后观念、全面观念，我们进行社会主义建设，必须综合平衡，全面安排。"在 1956 年 9 月召开的党的"八大"会议上，周恩来指出："在有利的情况下，必须注意到当前和以后还存在某些不利的因素，不要急躁冒进；相反地，在不利的情况下，又必须注意到当前和以后还存在着许多有利的因素，不要裹足不前。"陈云反复强调"稳妥""稳扎稳打"并将其概括为"摸着石头过河"。1979 年，陈云在《关于财经工作给中央的信》中说："前进的步子要稳。不要再折腾，必须避免反复和出现大的马鞍形"。同年，他在国务院财经委汇报会上强调："经济建设要脚踏实地"。1980 年陈云在总结我国经济建设经验和教训时指出："我们要改革，但是步子要稳。因为我们的改革，问题复杂，不能要求过急。""开始时步子要小，缓缓而行。""这绝对不是不要改革，而是要使改革有利于调整，也有利于改革本身的成功。"1985 年，陈云在党的全国代表会议上强调："说到底，还是要有计划按比例地稳步前进，这样做，才是最快的速度。否则，造成各种紧张和失控，难免出现反复，结果反而会慢，'欲速则不达'。"为了保持经济稳定，避免被动，陈云主张在制定各种经济计划指标时，"我们工作的基本点应该是：争取快，准备慢。"又说："计划指标必须可靠，而且必须留有余地。"这些都体现了陈云保持经济稳定的一贯思想。对于社会主义条件下市场的作用，邓小平在 1992 年南方谈话时作了精辟的阐述："计划多一点还是市场多一点，不是社会主义与资本主义的本质区别。计划经济不等于社会主义，资本主义也有计划；市场经济不等于资本主义，社会主义也有市场。计划和市场都是经济手段。"在这里，邓小平将市场作为一种经济手段纳入到社会主义建设的总体框架之中，从而为社会主义市场经济体制的建立奠定了思想基础。

### 9.1.3　西方经济学中宏观调控理论的借鉴意义

在西方经济学的宏观调控理论中，对中国宏观调控影响较大的首推凯恩斯需求管理。此

---

① 周恩来经济文选 [M]. 北京：中央文献出版社，1993：253.

外，供给学派的思想和发展经济学中关于政府作用的观点也给中国宏观调控的实践提供了有益的借鉴。

首先分析凯恩斯有效需求理论。1936 年，凯恩斯（J. M. Keynes）出版了《就业、利息和货币通论》，提出有效需求理论，在政策上否定了传统的自由经营主张，摒弃通过市场自动调节可以实现充分就业均衡的传统教义。凯恩斯认为，在没有政府干预经济生活的情况下，资本主义社会总是有效需求不足，不能达到充分就业。因此，在经济政策上应实行扩张性财政政策，主张通过扩大政府支出、赤字预算和大量增发公债作为"反危机"政策的核心。该著作不仅开创了现代宏观分析的先河，研究总就业量、总产出和国民收入及其变动的原因，从而奠定了现代宏观经济学的基础，而且，需求管理理论与扩张性财政政策等"反危机"政策的运用开创了对经济进行国家干预的先河，成为西方国家宏观调控的起点。

凯恩斯理论的基础和核心是"有效需求原理"。在凯恩斯看来，所谓有效需求是指商品总供给价格和总需求价格达到均衡时的总需求，或者说是市场上有支付能力并决定总就业量的总需求。凯恩斯认为，资本家为了获得最大利润，需要从供给和需求两方面来考虑生产究竟应该达到什么样的规模、雇佣多少工人。从需求方面看，全体资本家也有一个预期，即预期他们在雇佣一定数量的工人时，社会购买这些工人生产的商品所愿意支付的价格。凯恩斯把这个价格称为总需求价格。按照凯恩斯的有效需求原理，资本主义社会存在大量失业，原因就在于有效需求不足。据此，凯恩斯提出加强国家对经济的干预，通过政府设法刺激有效需求，以实现充分就业。具体地说，包括三个方面的政策主张：一是赤字财政政策。凯恩斯认为，为了扩大消费和投资，政府实施"举债支出"，即通过推行赤字财政政策，增加由国家总揽的投资资金和政府支出，刺激需求，从而促进经济增长和增加就业。二是通货膨胀政策。凯恩斯摒弃了传统自由经营理论中的货币数量论和物价稳定论，提出"半通货膨胀"的价格一般理论。凯恩斯不同意任何货币数量的增加都具有通货膨胀的观点，认为不能把通货膨胀一词仅仅解释为物价上涨。因为影响物价波动的因素很多，主要有成本单位和就业量。而货币数量的增加是否具有通货膨胀性，则要视经济体系是否达到充分就业而定。凯恩斯认为货币数量增加后，在充分就业这个最后分界点的前后，其膨胀效果的程度不一。一般有两种情况：（1）在达到充分就业分界点以前，货币量增加后，就业量随有效需求的增加而增加。"因为在该点以前，货币数量每增加一次，有效需求尚能增加，故其作用，一部分在提高成本单位，一部分在增加产量。"出现这二重效果的原因之一是存在闲置的劳动力，工人被迫接受低于工资品价格上涨比例的货币工资，因此成本单位的提高幅度小于有效需求的增加；原因之二是尚有剩余生产资源，供给弹性大，增加有效需求仍有刺激产量增加的作用。此时货币数量增加不具有十足的通货膨胀性，而是一方面增加就业量和产量；另一方面也使物价逐渐上涨，但其幅度小于货币量的增加。这种情况，凯恩斯称之为"半通货膨胀"。（2）当达到充分就业点以后，货币量增加产生了显著的膨胀性效果。由于各种生产资源均无剩余，供给无弹性，货币量增加后有效需求也提高，但就业量和产量却不再增加，增加的只是边际成本中各生产要素的报酬，即成本单位。特别是工人增强了对工资下降的抵抗力，货币工资必然随工资品价格同比例提高，此时物价就随货币量的增加而上升，形成绝对的通货膨胀。他说"当有效需求再增加时，已无增加产量之作用，必使成本单位随有效需求作同比例上涨，此种情况，可称为真正的通货膨胀。"而在凯恩斯的理论中，充分就业是一种例外，而小于充分就业才是常态。因此，在实际上，凯恩斯认为，增加货币数量只会出现利多弊少的半通货膨胀，而不会出现真正的通货膨胀，这成为他提倡膨胀性货币政策的理论基础。凯恩斯认为，在就业不足的前提条件下，增加货币数量能够促使有效需求增加，其效果只会引起"半通货膨胀"，即一部分引起物价水平上涨，另一部分促使产量和就业量增加。只有在达到充分就业的情况之后，再增加货币数量，才会再促使产量、就业量增加，而引起物价水平无限制上涨，形成真正的、绝对的通货膨胀。凯恩斯认为，"半通货膨胀"对于解救衰退和减少失业是一个行之有效的办法。但长期推行"半通货膨胀"政策，会造成经济衰退与通货膨胀两症并发的恶果；三是对外经济扩张政策。凯恩斯认为，在某一时期如果存在大量失业现象，而工资水平不易改变，流动偏好也相当稳定，又不能直接操纵国内投资的其他引诱，那么，扩大对外商品输出和资本输出，一样可以扩大有效需求，为国内滞销商品和过剩资本找到出路，从而带来较多的就业机会和较多的国民收入。[①]

在《就业、利息和货币通论》出版之前，早期的凯恩斯曾信奉古典经济学，崇拜市场机制的作用，认为自由放任的政策和"看不见的手"能够确保充分就业和经济稳定增长。然而，第一次世界大战后西方国家经济运行中暴露出的尖锐矛盾和 1929 年爆发世界经济危机以及随之而来的长期萧条，使得凯恩斯逐渐走向了怀疑、批评和修正古典经济学的道路。1930～1936 年，凯恩斯首先在失业、保护关税等问题上同古典经济学决裂，同时也在理论上进行探索。在 1936 年出版的《就业、利息和货币通论》一书中，凯恩斯系统地提出了他的经济理论及相应的政策纲领，掀起了一场全面否定古典经济学的"凯恩斯革命"，在世界经济思想史上成为继亚当·斯密发表《国富论》以后一个重要里程碑，为西方国家政府干预政策的制定奠定了理论基础。自此之后，凯恩斯主义的国家干预理论在第二次世界大战结束一直到 20 世纪 70 年代初期的这一段时期内对西方发达国家产生了广泛而深刻的影响。在这期间，各国为了摆脱经济危机带来的经济衰退和失业增加对经济的影响，纷纷推行凯恩斯主义的赤字财政政策，加强了政府对经济的干预。其主要措施包括：国家集中越来越大的国民收入份额；国家投资迅速扩大；国有企业迅速增加；国家订货和国家采购迅速增加，成为调节市场的重要手段；国家资本输出显著扩大；进一步加强财政、金融政策的调节作用；实行国民经济计划化等。这些措施缓解了经济发展过程中的经济危机和失业等痼疾，使得西方国家的经济以前所未有的速度和规模迅速发展起来。因此，20 世纪 50～60 年代是西方国家发展的"黄金时代"。

20 世纪 70 年代以后，凯恩斯的理论和政策主张受到了货币主义、新自由主义和新制度学派的抨击，出现了所谓"凯恩斯主义理论危机"。70 年代兴起的新古典宏观经济学的学者们认为，凯恩斯主义经济学在理论上是不恰当的，他们断言，宏观经济学必须建立在厂商微观经济的基础上，主张应当用建立在市场始终出清和经济行为者始终实现最优化的假定基础之上的宏观经济理论来取代凯恩斯主义经济学，凯恩斯主义经济学已寿终正寝了！特别是西方国家普遍出现的"滞胀"，被认为是长期推行凯恩斯主义需求扩张政策的结果。事实上，在 70 年代后期，斯坦利·费希尔（Stanley Fischer）、埃德蒙·费尔普斯（Edmund Phelps）、约翰·泰勒（John Taylor）就开始为新凯恩斯主义经济学建立基础。他们吸收了理性预期假设。80 年代，一批学者也致力于为凯恩斯主义经济学主要组成部分提供严密的微观经济基础，特别是建立工资和价格黏性的微观经济基础，因为工资和价格黏性往往被视为凯恩斯主

---

① ［英］凯恩斯. 就业、利息和货币通论［M］. 北京：商务印书馆，1983.

义经济学的主题，就形成了新凯恩斯主义经济学（New - Keynesian Economics），以萨缪尔森为首的新古典综合派就被称为新凯恩斯主义。此外，新凯恩斯主义代表性学者还有奥利维尔·布兰查德（Olivier Blanchard）、乔治·阿克洛夫（George Akerlof）、珍妮特·耶伦（Janet Yellen）、约瑟夫·斯蒂格利茨（Joseph Stiglitz）、本·伯南克（Ben Bernank）等。对此，阿兰·布林德（Alan Blinder）评论道："宏观经济学已处于另一次革命之中，这次革命等于凯恩斯主义的再现，但是具有更加严密的理论风格。"至此，凯恩斯主义在理论上得到了复活，并依旧占据了主流地位。

在各国宏观管理的实践中，凯恩斯主义的理论和危机应对方案总是不时地被决策者所采用。金丰（2009）指出："尽管凯恩斯主义受到学界的批判，但每到危机时期各国的政府还是最推崇凯恩斯主义。"① 确实，1998 年东南亚金融危机爆发后，中国首次大规模借鉴凯恩斯主义实施了积极财政政策，亚洲其他国家也纷纷采取了类似的做法。2008 年美国金融危机爆发以来，世界各国又重新回到凯恩斯，都采取了大规模经济刺激政策。中国为了应对金融危机带来的增长下滑，也采取了"四万亿投资计划"来提振经济。2001 年诺贝尔经济学奖获得者斯蒂格利茨（Joseph E. Stiglitz）曾说道："我觉得中国经济发展率先复苏的主要原因是运用了凯恩斯经济学，中国是最大的凯恩斯主义国家或者说是最主要的国家。"② 对于凯恩斯主义，目前学术界有三种倾向：一是主张凯恩斯主义的复活，以 2008 年诺贝尔经济学奖获得者克鲁格曼（Paul R. Krugman）为代表。2009 年，他出版了《萧条经济学的回归和 2008 年经济危机》，认为经济萧条从未远离我们，萧条经济学重返历史舞台。其核心思想是"回归萧条经济学"，也即主张复活凯恩斯主义。③ 国内学者金丰（2009）也提出要复活凯恩斯主义。④ 二是否定凯恩斯主义的政府干预。因"休克疗法"而闻名的杰弗里·萨克斯（Jeffrey Sachs）提出要"警惕凯恩斯主义复活"，认为"主流凯恩斯经济学正面临着最后的狂欢。奥巴马政府 2009 年倡导的全球财政刺激计划即将被推翻，而否定它的正是去年表示支持的 20 国集团（G20）。在当前主权债务危机不断蔓延的背景下，我们必须摒弃短视思维，转而支持持续复苏所需的长期投资。"⑤ 国内学者张维迎 2009 年 2 月 8 日在亚布力中国企业家论坛上发表长篇演讲，提出要"彻底埋葬凯恩斯主义"。⑥ 三是对凯恩斯主义持怀疑态度。在 2008 年金融危机之后，张维迎说，这次金融危机要么彻底成就凯恩斯主义，要么彻底埋葬凯恩斯主义。李经立（2009）提出了凯恩斯主义复活是利还是弊的疑问。⑦ 张季风（2009）在对日本实施的凯恩斯主义政策进行分析之后认为："2008 年 9 月金融危机爆发后，发达国家与发展中国家都毫无例外地采用凯恩斯主义政策应对危机。第二次世界大战后日本在 20 世纪 80 年代中期、90 年代初以后的长期萧条期和本次对金融危机的应急对策，实行了三次较大规模的凯恩斯主义政策。实践证明，凯恩斯主义与新自由主义各有利弊，哪一个都不是最完美的。"而事实上，陈岩（1999）早就指出："复活凯恩斯主义很重要，但仅此

① 金丰. 复活凯恩斯主义 [EB/OL]. 凤凰网财经，2009 - 03 - 04.
② 范若虹，徐淑君. 诺贝尔经济学奖得主称中国是最大的凯恩斯主义国家 [N]. 财经国家周刊，2010 - 04 - 12.
③ 保罗·克鲁格曼. 萧条经济学的回归和 2008 年经济危机 [M]. 北京：中信出版社，2009.
④ 金丰. 复活凯恩斯主义 [EB/OL]. 凤凰网财经，2009 - 03 - 04.
⑤ ［美］杰弗里·萨克斯. 警惕凯恩斯主义复活 [N]. 英国《金融时报》，2010 - 06 - 11.
⑥ 张维迎. 彻底埋葬凯恩斯主义 [EB/OL]. 新浪财经，2009 - 02 - 17.
⑦ 李经立. 凯恩斯主义复活是利还是弊？[N]. 上海金融报，2009 - 01 - 06.

还不够，需要一种新'主义'，这种新的'主义'需要一个精干、洁净、高效的政府与市场的有效结合，综合总量、结构、制度、预期来反通货紧缩，即将总量、结构、制度、预期有效联动起来达到反通货紧缩的目的。"

其次来分析供给学派。供给学派（Supply-side economics）是 20 世纪 70 年代末 80 年代在美国兴起的一个经济学流派。该学派强调经济的供给方面，认为需求会自动适应供给的变化，生产（供给）的增长决定于劳动力和资本等生产要素的供给和有效利用。个人和企业提供生产要素和从事经营活动是为了谋取报酬，对报酬的刺激能够影响人们的经济行为。自由市场会自动调节生产要素的供给和利用，应当消除阻碍市场调节的因素。该学派的代表人物主要包括罗伯特·蒙代尔（Robert A. Mundell）、马丁·费尔德斯坦（Martin Feldstein）、阿瑟·拉弗（Arthur Betz Laffer）、乔治·吉尔德（George Gilder）、裘德·万尼斯基（Jude Wanniski）、保罗·罗伯茨（Paul Craig Roberts）等。其中，拉弗把供给经济学解释为"提供一套基于个人和企业刺激的分析结构。人们随着刺激而改变行为，为积极性刺激所吸引，见消极性刺激就回避。政府在这一结构中的任务在于使用其职能去改变刺激以影响社会行为"。

供给学派是在第二次世界大战后由于凯恩斯主义占据统治地位和需求管理引致的"滞胀"的背景下出现的。该学派的先驱者蒙代尔在 20 世纪 70 年代初就多次批评美国政府的经济政策，提出了同凯恩斯主义相反的论点和主张。1974 年他反对福特政府征收附加所得税控制物价的计划，主张降低税率、鼓励生产，同时恢复金本位、稳定美元价值来抑制通货膨胀。严格地说，供给学派并没有建立其理论和政策体系，只是学派的倡导者对于经济产生"滞胀"的原因及政策主张有些共同的看法。该认为，1929～1933 年的世界经济危机并不是由于有效需求不足，而是当时西方各国政府实行一系列错误政策造成的。萨伊定律完全正确，凯恩斯定律却是错误的。具体包括以下主要观点：（1）复活"供给自动创造需求"的萨伊定律。供给学派认为，在供给和需求的关系上，供给居于首要的、决定的地位。社会的购买能力取决于社会的生产能力，而社会的生产能力就是社会的供给能力，人们在向社会提供商品的过程中自然会创造出多方面的需求。社会的供给能力越强，需求就越大，在信用货币制度下，不会出现购买力不足而发生商品过剩的问题。供给学派不仅把萨伊定律奉为其理论和政策的基础，而且以此为武器，否定凯恩斯主义需求决定供给的理论和需求管理政策，他们认为经济发生滞胀完全是由于需求管理政策造成的，是需求过度和供给衰退的必然结果，其祸根就是凯恩斯需求决定供给的理论，因此必须坚决摒弃。他们认为经济发展的标志是供给的水平和能力，经济学的首要任务应当是研究如何促进生产、增加供给，仅仅在需求和分配上做文章是远远不够的。（2）力主市场经济，反对政府干预。供给学派从萨伊定律出发，认为在自由竞争的市场经济中供求总是均衡的。他们宣扬企业家的创业精神和自由经营活动是促进生产、增加供给的关键因素，而自由竞争的市场经济是企业家施展才能的最佳经济体制，在市场机制的充分作用下，各种经济变量都能自动趋于均衡，保证经济长期地稳定发展。国家干预不仅会破坏市场经济的自动调节机制，而且往往由于干预不当而损害经济中的供给力量，例如，凯恩斯主义的国家调节政策以充分就业为首要目标，注重需求方面的短期效果，不注重供给方面的长期利益；注重收入再分配的调节，把以税收、公债形式从企业和个人那里征集的过多社会资财，通过财政的转移性支付变成了巨大的消费而损耗掉，降低了资本积累，阻碍了生产发展，削弱了供给能力。特别是政府对经济的干预和调节往往服从于政党之间的争斗，这种短期化行为，却对供给产生持久的破坏作用。因此，政府过多地干预经济对国民经济有害而无益。（3）通过减税刺激投资，增加供给。供给学派认为，供给能自动创造需求，但供给的大小取决于产量的多少，产量是各种生产要素投入的直接结果，而生产要素的投入取决于各种刺激。这些刺激应以提高储蓄率、投资率为目标，以鼓励企业家冒险和创业为满足。因此通过各种刺激就能增加生产以达到增加供给的目的。供给学派认为，在所有的刺激中，税率的变动是最重要、最有效的因素。税率变动影响着劳动力的供应及其结构，影响着储蓄、投资以及各种有形的经济活动。因为人们进行经济活动的最终目的虽然是收益，但他所关心的不是收入总额，而是纳税后可支配的收入净额，因此税率，特别是边际税率是关键的因素。提高税率，人们的净收入额下降；减低税率，人们的净收入增加。经济主体考虑是否增加活动，主要看由此带来的净收入增量是否合算来决定。高税率因减少人们的净收益而挫伤劳动热情，缩减储蓄，致使利率上升投资萎缩，生产增长缓慢，商品供给不足。而减税则具有与上述相反的作用。供给学派认为减税不仅能将国民收入更多地积累在企业和个人手里，用以扩大储蓄与投资，增加供给，而且也不会影响政府的税收收入。因为决定税收总额的因素不仅是税率的高低，更主要的是课税基数的大小。高税率不一定使税收额增加，却常因压抑了经济主体的活动而缩减了课税基数，反而使税收额减少。供给学派常用著名的"拉弗曲线"来说明税收与税率之间的函数关系。（4）重视智力资本，反对过多社会福利。供给学派认为，"一国实际收入的增长，取决于其有形资本与智力资本的积累，也取决于其劳动力的质量与努力程度。"尤其是当代智力资本所形成的科技革命，正在迅速改变着物质生产和人们生活的面貌，给人类带来极大的福利。因此资本，特别是智力资本是人类福利的源泉，应当鼓励人们进行智力投资。只有当有形资本和智力资本达到最大化时，人类福利才能达到最大化，若资本不足时，过多的福利只会产生不良作用，削弱了人们储蓄和投资的积极性，特别是压抑了积蓄智力资本的动力，滋长了穷人的依赖心理，使失业成本大大降低，人们不储蓄、不工作、不学习、不提高也能生存，这就不利于增加投资，不利于扩大就业，不利于鼓励进取，不利于刺激供给，不能达到真正的最大福利化社会。同时过多的福利扩大了政府的社会性支出而排挤了私人的生产性支出，不利于消除赤字，不利于生产增长。因此必须削减过多的社会福利。（5）主张控制货币，反对通货膨胀。供给学派以增加生产，扩大供给为主旨，所以供给学派的货币金融理论特别强调货币金融对于供给因素的影响。供给学派虽然同意货币主义的基本观点，但在控制货币数量增长的目的和措施上，同货币学派大相径庭。该学派认为，控制货币数量增长的目的不应只是与经济增长相适应，而是为了稳定货币价值。货币价值保持稳定，人们的通货膨胀心理就会消失。在安排货币收入时，人们就乐意保存货币，不去囤积物资，选择生产性投资，不作投机性投资。同时，货币价值稳定又是保证财政政策，发挥促进经济增长的必要条件。供给学派从提高供给能力的角度出发，力主稳定货币，反对通货膨胀。如何保持货币价值稳定，拉弗、万尼斯基、肯普等坚持必须恢复金本位制。

供给学派对20世纪80年代美国和英国政府的经济政策的影响很大，"里根经济学"（Reaganomics）和"撒切尔主义"（Thatcherism）是供给学派观点的典型实践，前者侧重减税，后者侧重私有化改革。从美国的情况来看，20世纪70年代，美国通胀率高达13.5%、失业率达7.2%，而经济增长率仅为 -0.2%，深陷"滞胀"泥淖。同时，经济中还存在税率过高、限制进入、价格管制等诸多结构性问题。1981年，新上台的里根总统开始奉行供给学派和货币主义的主张，在提出的"经济复兴计划"开头就声明，他的计划与过去美国政府以需求学派为指导思想的政策彻底决裂，改以供给学派理论为依据。该计划的核心主推减税，同时减少政府干预，缩减政府开支，紧缩货币供给。1985 年，里根总统在第二任期开始时宣称，他将继续实施并扩大原订计划。但是，美国经济并没有像计划所预期的那样顺利发展，大部分目标也未能实现。该计划实施不久，美国经济就陷入第二次世界大战后最严重的一次经济危机。特别是联邦财政连年出现巨额赤字，导致高利率和美元高汇价，又使对外贸易连年出现创纪录赤字。[①] 从英国的情况来看，20 世纪 70 ~ 80 年代的英国同样陷入了高通胀、低增长的"滞胀"泥淖，零售物价指数一度飙升至 25%，GDP 增速出现负增长。同时还面临工会力量庞大、国企过多、政府干预过度等结构性问题。撒切尔 1979 年上任首相后，首先采纳了货币主义的观点，紧缩货币以控制通胀；同时采用供给学派的观点，加速推进国企私有化、减税、废除物价管制等改革措施，减少政府对经济的干预。这些措施使得英国经济触底反弹，恶性通胀得到控制，各主要宏观经济指标波动率大幅减小。因此，撒切尔的结构化改革被认为"挽救"了英国经济。

供给学派的观点和主张在提出之初就招致了学术界的质疑和批评。萨缪尔森认为，它既没有经济史上的有力证据，又缺乏理论分析上的合理推断。货币学派虽然对一些论点表示赞同，但认为它并没有提出有效解决美国社会经济问题的分析结构。学术界的批评主要集中在以下几个方面：（1）关于减税。批评者不同意关于美国税制已经进入禁区的论断，认为缺乏历史和现实的验证；认为供给学派所说减税不会导致出现财政赤字，即使发生赤字对经济也无任何妨碍，赤字会自行消失的观点，更认为是纯属无稽之谈；认为降低边际税率是为富人谋利。因为全面降低累进税率，高收入阶层获得减税的好处要比低收入阶层多，削减社会支出则使低收入阶层直接受到损失。（2）关于政府干预的作用。阿罗（Kenneth J. Arrow）、卡恩（Richard F. Kahn）等指出，政府干预经济是社会经济发展的需要，并非政治家们的任意设计。第二次世界大战后西方国家在资源分配和利用、保持经济稳定、收入再分配等方面的干预和调节，对经济发展起了巨大的促进作用。政府虽然在制定生产安全、环境保护等法律条例方面增加了企业负担，但保护了社会利益。（3）关于资本在经济增长中的作用。批评者认为供给学派过分强调资本投资在经济增长中的作用，指出资本投资既促进经济增长，又造成生产过剩危机；反对供给学派把投资不足作为经济出现"滞胀"的原因，指出 20 世纪 70 年代美国企业固定资本投资占国民生产总值的比重并不比 60 年代低。（4）关于"金本位制"。批评者认为恢复金本位制将大大缩减货币供应量的增长，使经济陷入长期衰退；指出货币历史表明金本位并不能保证物价稳定。1981 年美国国会成立的专门研究恢复金本位问题的"黄金委员会"，经过半年多的争辩，最后否定了供给学派的主张。

供给学派虽然遭到学术界的批评，但也因为其在经济思想上的独特建树对长期盛行的需求管理政策造成了有力的冲击，对一些西方国家特别是美国的经济政策带来了极大的影响。改革开放以来，中国的经济体制改革也从生产供给的角度进行了多方面的改革，充分调动了微观主体的积极性，极大地激发了地方政府、企业和居民的活力，取得了改革的阶段性成功。然而，在进入"新常态"以来，经济中长期积累的结构性问题、政府干预过多的问题以及经济下行压力加大的问题，迫切需要从供给的角度来进行探索与破解。正是在这一意义

---

① ［美］保罗·罗伯茨. 供应学派革命——华盛顿决策内幕［M］. 上海：格致出版社，2011.

上，2015 年 11 月 10 日，习近平在中央财经领导小组第十一次会议上提出"要在适度扩大总需求的同时，着力加强供给侧结构性改革，着力提高供给体系质量和效率，增强经济持续增长动力。"因此，对于供给学派的思想和政策主张，需要有一个扬弃的过程，不能盲目地照抄照搬。对此，张军（2015）指出，正如经济周期一样，经济学的思潮也一样，十年河东十年河西。20 世纪的凯恩斯主义导致了效率低下，引发了自由主义的"供给学派"思潮，后者主张减少政府管制给私人企业发展提供了动力，奠定了 90 年代以后美国发展的基础。但是过度的自由化政策也带来了另外的问题，缺乏监管的金融行业日益膨胀，过度创新，造成了后来的国际金融危机的发生，逼得美国又回头捡拾起了凯恩斯主义的一些做法。[①] 因此，一方面，要充分认识和借鉴供给学派思想中的积极因素；另一方面，又要摈弃其中的不合理成分，特别是不符合中国实际的一些思想和政策主张，如供给学派所倡导的自由主义思想等。

最后分析发展经济学中关于政府的作用。在发展经济学中，重视政府在经济发展过程中的作用的观点已经根深蒂固。然而，在发展经济学理论的长期发展过程中，关于政府作用的观点也经历了一个动态的演进过程，且政府作用的范围和内涵也发生了实质性的变化。具体地说，早期的发展经济学十分重视经济发展过程中政府的作用，认为发展中国家为了谋求经济发展，必须推行全面的经济规则和广泛的政府干预，市场机制在这方面则无能为力。然而，这一观点遭到了 20 世纪 60 年代出现的新古典复兴运动的批评。该运动的核心内容是对政府、市场各自在经济发展中的作用进行重新评价，认为政府集中解决经济发展问题存在局限性，主张利用市场力量来解决发展问题。如 G. 哈伯勒（G. Von Haberler）认为，支持政府广泛干预发展过程的早期观点是站不住脚的，强调市场机制、配置效率、私人积极性的新古典理论不仅适用于发达国家，同样适用于发展中国家。斯特恩（N. Stern）指出，"消除对计划化的迷信"构成了新古典主义复兴运动的"中心部分"。[②] 首先，新古典复兴运动对市场的功能进行了重新论证。H. G. 约翰逊（H. G. Johnson）认为市场不仅能够解决现有资源在不同用途上的有效配置问题，而且具有动态功能，即能够提供增长与发展的刺激。哈拉·明特（Hla Myint）也认为，市场能够有效解决资源的静态配置问题，而经济发展是动态问题，这是确切的。但就此否认市场机制解决经济发展问题的力量则是不科学的。因为静态和动态不是绝对分开的：现有资源的配置结构决定了增量资源的配置结构。如果现有资源的配置结构是最优的，那么增量资源的配置结构亦为最优；反之，增量资源的配置就不可能优化。而增量资源的配置正是动态发展问题。因此，市场机制在有效解决静态问题的同时，也随之促进了动态问题的解决。他说："从发展中国家的经验中得到的基本教训是，经济增长并不单纯地取决于储蓄和可投资资源的供给，而且必定关键性地取决于如何生产性地使用这些资源。配置效率是生产性地使用资源的主要因素，更精确地说，如果我们关心的不是既定资源而是从不断增长的储蓄和资本积累源源而来的流动资源，那么，防止资源配置不当就特别重要。在这种情况下，资源配置的各种扭曲就会通过它们的累积效应严重抑制增长。因此，认为静态的资源配置问题对动态的、由资本积累而促进的增长问题并不重要的说法是错

---

① 陈韶旭. 张军：加强供给侧改革有一个重要前提 [N]. 文汇报，2015 - 11 - 27.
② N. Stern, The Economics of Development: A Survey [R]. in The Economic Journal, 1989. 621.

误的。"①　其次，新古典复兴运动认为政府集中解决经济发展问题存在局限性。托达罗（M. P. Todalo）认为，政府强制工业化无益于发展中国家就业问题的解决，应该运用市场机制协调城乡间的资源流动和利益平衡，这样就不会有城乡间劳动力的过度迁移。哈拉·明特（Hla Myint）则运用结构分析法剖析了政府干预过多的危害性。他认为，发展中国家政府干预会造成政策性扭曲，这种政策性扭曲会进一步恶化本已存在的"自然二重性"。明特指出，早期经济学家从市场不完善出发强调政府干预，殊不知政府系统和财税系统也是不完善的。"很清楚，基于完善计划机构的无所不包的计划同基于完全竞争的自由放任政策一样，是不能令人信服的。它不过是另一个幌子下的完全竞争模型。"②　更进一步地，迪帕克·拉尔（Deepak Lal）认为，不完善的市场要胜于不完善的计划。这是因为：第一，政府干预也要受到信息、交易成本的制约，那种认为任何形式的干预都会增进福利和配置效率的观点是荒谬的。"因为无论是在为设计公共政策而获取、处理以及传递有关信息方面，还是在强制执行政策的过程中，都会发生交易成本。于是，就如同市场失灵一样，可以举出无数官僚失灵的例子，使政府也难以达到帕雷托效率的结果。"③　第二，政府干预往往会造成整个经济的扭曲。拉尔认为，不造成经济扭曲的政策是没有的，即使有，也是很少的。而且，一种扭曲会造成另一种扭曲，结果形成一个扭曲链条，造成整个经济关系的全面扭曲。第三，发展中国家的市场不完善，但更强调计划的不完善，而不完善的市场要胜于不完善的计划。从20 世纪 70 年代开始，发展经济学对政府作用的认识又进入了一个新的阶段。安妮·克鲁格（A. O. Krunger）1974 年发表了《寻租社会的政治经济学》，认为政府对经济活动的限制大多会形成租金，同时促使人们去争夺租金，"寻租作为一种一般现象更具普遍性"。④　因此，减少寻租行为的根本措施是减少包括诸如许可证控制等的政府干预行为。至于为什么发展中国家的政府干预会出现"政府失效"现象？克鲁格认为，一是早期的经济发展理论在强调政府干预发展过程时的三个暗含的假定都是不现实的。这三个界定分别是："首先，政府作为政策实施主体，将公民的最大化利益纳入其目标函数；其次，追求最大化社会福利的决策者都自然有决策所需要的充分信息；最后，似乎无需成本就可提出和实施政策。"⑤　二是发展中国家政府活动的范围大大超出了合理界限，因此，政府失效就是不可避免的。克鲁格认为，政府干预应主要集中在自己具有比较优势的领域，即公共品领域。"诸如法律和秩序的维护（特别包括合同的执行），提供信息（如农业研究和发展）以及提供那些大规模的基本的公共服务（如道路和通信）之类的活动属于政府拥有优势的领域，在这些地方，私人企业面临劣势。"⑥　斯蒂格利茨（J. Stiglitz）则从"市场失灵"的角度来分析政府干预的必要性和政府的职能。他认为，市场失灵不再局限于外部性、公共产品等狭隘范围，而是无处不在的。因而，为了弥补市场失灵，政府干预应该遍布各个经济部门和领域，而不仅仅是制定法规、再分配和提供公共品。1986 年，斯蒂格利茨在《政府的经济角色》一文中，认为市场失灵的普遍性必然要求政府干预的普遍性。他认为，政府失灵并不比市场失灵更糟，而且

①　G. M. Meier, Pioneers in development［M］. Oxford University Press. 1989. 135.

②　G. M. Meier, Pioneers in development［M］. Oxford University Press. 1989. 134.

③　［印］D. 拉尔. 发展经济学的贫困［M］. 上海：三联书店上海分店，1992：15 – 16.

④　［美］A. O. 克鲁格. 寻租社会的政治经济学［J］. 经济社会体制比较，1988（5）.

⑤　［美］A. O. 克鲁格. 发展中国家实施经济政策的教训［J］. 经济社会体制比较，1995（5）.

⑥　［美］A. O. 克鲁格. 发展过程中的"政府失效"［J］. 经济社会体制比较，1991（3）.

这种失灵是可以被缓解乃至消除的；通过采取适当的政策，政府干预可带来帕累托改进。

应该说，发展经济学关于政府作用的观点为我们正确认识政府与市场关系以及政府如何作好宏观调控提供了重要的借鉴意义。在计划经济体制下，政府是万能的，可以包办一切，因此，对于经济的控制和影响是全方位的，就如同早期发展经济学主张的广泛的政府干预。在由计划经济向市场经济转轨的过程中，长期存在着市场发育缓慢、政府干预过多的问题。即使到了完善社会主义市场经济体制阶段，依然存在着市场作用发挥不够和政府干预过多、干预不当等问题。在这方面，20 世纪 60 年代的"新古典复活"的观点可以提供有益的借鉴。也正是在这一意义上，党的十八届三中全会指出，经济体制改革是全面深化改革的重点，核心问题是处理好政府和市场的关系，使市场在资源配置中起决定性作用和更好发挥政府作用。而在"更好发挥政府作用"中，政府的职能和作用被界定为"宏观调控、市场监管、公共服务、社会管理、环境保护"五大方面。其中，宏观调控作为政府职能和作用的一个重要方面，也同样存在调控的边界问题，不能用宏观调控来包揽政府的全部经济职能。

## 9.2 中国特殊的国情基础对宏观调控的影响

中国的宏观调控之所以有不同于西方国家宏观调控的特色，还与中国特殊的国情基础密切相关，因为中国特殊的国情基础是中国宏观调控产生和发挥作用的前提。中国特殊的国情主要体现在四个方面。

第一，中国是世界上最大的发展中国家。发展中国家（Developing country），也称欠发达国家，通常是指那些经济社会发展和人民生活水平相对较低，尚处于从传统农业社会向现代工业社会转变过程中的国家。改革开放以来，中国经济实现了年均近 10% 的增长，经济社会发展取得了举世瞩目的成就。但无论从国际通行的各项人均发展指标看，还是从经济和社会结构看，中国无疑属于发展中国家。刘世锦（2011）认为，衡量一个国家的真实发展水平，既要看其经济总量的大小，也要看人均水平的高低。经过新中国成立 60 多年特别是改革开放 30 多年的快速增长，至 2010 年中国 GDP 达到了约 5.9 万亿美元的水平。如果仅从总量看，中国经济规模的确不小，已位居全球第二。但如果用 13 亿人口一除，中国的发展水平与发达国家相比就显示出巨大差距，表现出明显的发展中国家特征。根据世界银行数据，从人均生产水平看，2009 年中国人均 GDP 只有 3744 美元，不到世界平均水平 8594 美元的一半，不到美国、日本等发达国家的 1/10；从人均消费水平看，2009 年中国人均消费1306 美元，不及世界平均水平 5093 美元的 1/3，仅为美国的 4.0% 和日本的 5.5%。而且，中国与发达国家的差距，主要不是表现在城市特别是大城市，而是在广大的农村地区。中国农村人均可支配收入和消费性支出都不到城镇居民的 1/3；农村居民参加养老保险的比率不到城镇的 1/3；人均医疗保险基金支出不到城镇的 1/6。从地区来看，以居民消费为例，2009 年中国东部地区人均社会消费品零售总额是西部地区的 2.3 倍。即使在同一省区内，如珠三角和粤北、苏南和苏北之间，人均 GDP、人均财政支出、人均消费品零售总额差距都在 2～4 倍。[①] 何自力（2011）指出，发展中国家并不是一个固定不变的概念。事实上，

---

自 20 世纪 60 年代以后，发展中国家内部出现了分化，出现了以亚洲"四小龙"为代表的"东亚模式"和以巴西、墨西哥、阿根廷等国为代表的"拉美模式"。它们都取得了经济的高速发展。中国在过去 30 多年中，经济持续高速发展，现已成为世界第二大经济体。同时，中国的综合国力大大增强，国际影响空前提高。中国的发展道路也被称为"中国模式"。目前，国际货币基金组织（IMF）和世界银行每年都公布各国经济发展状况报告，在报告里，两者分类各不相同。IMF 把各国分为两大组，发达经济体为一组，新兴市场和发展中经济体为一组。新兴市场是个新类别，该类别的经济发展水平和工业化水平比普通的发展中国家高，但在经济社会的总体发展上，特别是在人均收入水平上还是大大低于发达经济体，因此，新兴市场在本质上算是发展中国家中的"优等生"。在 IMF 的分类中，中国被列入新兴市场和发展中经济体，但到底是新兴市场还是发展中国家却不清楚。世界银行则是根据人均国民总收入，将经济体划分为低收入、中等收入和高收入三类。截至 2011 年 7 月 1 日，低收入经济体指其 2010 年平均收入在 1005 美元以下，中低收入则是 1006~3975 美元；中高收入为 3976~12275 美元，高收入为 12276 美元以上。低收入和中等收入经济体通常又称为发展中经济体。2010 年中国人均国民生产总值为 4700 美元。在世界银行的分类中，中国属于中等收入国家，因而是发展中国家。而其他一些国际机构往往把中国与新兴工业化国家相提并论。美国商务部认为属于新兴市场的经济体有 10 个，它们是中国（包括香港、澳门和台湾）、印度、韩国、墨西哥、巴西、阿根廷、南非、波兰、土耳其以及作为一个整体的东盟。英国《经济学家》杂志将 25 个国家和地区作为新兴经济体，包括中国、中国香港、中国台湾、印度、韩国、阿根廷、以色列、葡萄牙、南非、俄罗斯等。近年来出现的"金砖国家"概念，更是把中国视为经济发展比较迅速的特殊新兴经济体。在这些分类标准中，比较大的分歧是中国是新兴市场国家，还是发展中国家。何自力认为，与发达经济体和发展中国家相比，新兴经济体有五大特点：（1）属于非发达国家，主要集中于亚洲、中东欧和拉美三大区域；（2）人均收入介于中等收入与高收入之间，大多数人口已经摆脱了贫困，文化、教育、卫生、体育、科技等发展到比较高的水平；（3）建立了比较完备的市场经济体系，市场秩序比较规范，市场的开放度比较高，成为国际分工和国际贸易体系的重要组成部分；（4）经济发展速度较快，出口能力比较强，在世界市场上有一定的竞争力；（5）积极参与国际政治、经济和社会事务，其发展状况对世界经济的发展有较大影响。拿中国的发展水平与这些特点相对照，应该说中国基本上解决了发展中国家面临的经济和社会发展落后的问题，已经从一个发展中国家转变为新兴市场国家，现在正全力以赴追赶发达经济体。作为一个新兴市场国家，中国还面临着非常严峻的经济和社会发展任务，中国人均收入水平在世界上的排名很靠后。对于国际上热捧中国并让中国承担过多责任的要求应沉着应对。当然，中国应在国际事务中发挥更大的作用，如在环境污染、气候变暖、资源过度开发、人口增长过快等人类面临的重大问题时承担必要责任。为此，中国应继续把发展作为头等大事来抓，不断深化改革，推动创新，以使中国尽快由新兴经济大国转变为现代化经济强国。[①] 马来西亚《星报》2011 年 11 月 21 日发表文章指出，中国仍是发展中国家吗？这个问题近来成为国际会议当中讨论的议题。美国认为，中国已经成为一个成熟的国家，"应当像美国或欧洲一样履行相应的国际责任"，如在降低温室气体排放量、削减关税及补贴、向贫穷国家

---

① 何自力. 称中国"发展中国家"还精确吗［N］. 环球时报，2011 – 12 – 23.

提供援助等领域做出的贡献。正是由于美国坚持要求中国放弃其发展中国家地位、承担发达国家的国际责任，不少多边国际会谈因此才陷入僵局。实际上，受关注的不只有中国，还包括印度、巴西、南非及东盟。但主要关注点还是中国。美国认为，中国发展太快，已经变得"足够强大"，可在今后 10 年或 20 年内"吞掉整个西方世界"。该文指出，问题是中国真的是发达国家了吗？答案要根据使用了哪种标准而定。按照国民生产总值（GNP），中国确实是仅次于美国的第二大经济体。但不要忘记，中国是一个拥有 13 亿人口的国家，还是全世界人口最多的国家。尽管世界媒体赋予了中国一个"强大的形象"，但按照人均收入计算，中国仍旧是一个普通的发展中国家。此外，中国还面临许多发展中国家共有的问题，大量人口居住在农村地区。在中国，农村人口达 7 亿人。按照联合国的标准，中国贫穷人口数量达到 1.5 亿人。中国每年有 1200 万人的人口涌入就业市场，这一数字超过了希腊的人口总量。因此，中国的确已成为经济大国，但仍然是一个中等水平的发展中国家，并伴有大部分发展中国家面临的社会和经济问题。如果强迫中国承担发达国家的责任，那么人均收入比中国高的其他发展中国家也可能被要求承担同样的责任。[①] 在这里，根据国际货币基金组织（IMF）发布的数据，2014 年中国 GDP 总量已超过 10 万亿美元，位居世界第二，但人均 GDP 仅为 7589 美元，排名世界第 80 位。而 2014 年全球人均 GDP 大约 10500 美元，比中国人均高出约 3000 美元。因此，2015 年 7 月 1 日，李克强总理在经合组织（OECD）发表的演讲中回应了中国是否已可摘掉"发展中国家"帽子的问题。他说，虽然中国经济总量居世界第二，但人均 GDP、城乡区域发展、社会福利等与发达国家不可同日而语。中国仍是世界上最大发展中国家，实现现代化的路依然很长。

第二，中国是一个典型的"二元经济"国家。"二元经济"的概念最早由伯克（Booke，1933）提出，他在对印度尼西亚社会经济的研究中把该国经济和社会划分为传统部门和现代化的荷兰殖民主义者所经营的资本主义部门。但是，二元结构学说的创立者是美国经济学家、1979 年诺贝尔经济学奖获得者威廉·阿瑟·刘易斯（William Arthur Lewis），他在 1954 年发表《劳动无限供给条件下的经济发展》一文中指出：发展中国家一般存在着由传统农业部门和现代工商业构成的二元经济结构。在一定的条件下，传统农业部门的边际生产率为零或成负数，劳动者在最低工资水平上提供劳动，因而存在无限劳动供给。城市工业部门工资比农业部门工资稍高点，并假定这一工资水平不变。由于两部门工资差异，诱使农业剩余人口向城市工业部门转移。经济发展的关键是资本家利润即剩余的使用，当资本家进行投资，现代工业部门的资本量就增加了，从农业部门吸收的剩余劳动就更多了。当剩余劳动力消失，劳动的边际生产率也提高了，两部门的收入增加，二元结构逐步走向趋同，过渡到了刘易斯所说的现代经济增长。[②] 由于工业一般集中于城市，后来的研究者也将二元结构称为城乡二元结构。后来，拉—费模型、乔根森模型、哈里斯—托达罗模型、缪尔达尔模型对这一理论赋予了新的内容，使其更加充实和完善。当然，这些研究都把二元结构的转换置于完全的市场机制基础之上。在发达国家，二元结构的转换是通过漫长曲折的自我演进，在市场作用下实现的。而大部分发展中国家早已不存在早期现代化的一些有利条件，它们大都面临着经济起飞和加速工业化的历史使命。特别是在 20 世纪 80 年代，一些发展中国家在没有完

---

① 李宗泽. 马媒称中国仍是发展中国家 不应承担发达国家责任 [EB/OL]. 环球网，2011 – 11 – 21.

② 刘易斯. 二元经济论 [M]. 北京：北京经济学院出版社，1988.

全摆脱劳动过剩的特征之前，出现了严重的有效需求不足问题。显然，这种现象是古典和新古典二元学说无法解释的。为此，有学者将凯恩斯理论引入二元结构框架中，拉克西特（M·Rakshit）的发展模型是其中最为典型的代表。他认为避免完全市场机制下劳动力利用不足和"托达罗失业"，克服市场失灵造成的资源配置弱化，应该引入政府干预，以满足结构转换的需要。

作为世界上最大的发展中国家，二元经济结构是中国经济最为突出的特征，它表现在生产和生活方式、产值和就业结构以及收入水平和消费模式的多个方面。客观地说，二元经济结构在中国经济 30 多年的高速增长中起到了至关重要的促进作用，特别是农村剩余劳动力转移对经济增长到来的贡献。然而，特殊的工业化和城市化发展模式导致中国二元经济结构的转化长期滞后，甚至导致二元结构的刚性或固化。具体地说，新中国成立后，面对复杂的国际环境，在贫穷落后的经济背景下，中国开始了独立自主、民族自强的工业化、城市化道路。然而，优先发展重工业的工业化战略导致了严重的后果：一方面，统购统销制度迫使农业生产无偿为工业化提供资本积累，极大地限制了农业自身的发展；另一方面，城乡户籍制度限制了人口的流动，使农村人口无法参与到工业化进程中，更无法享受到工业化的成果，大量农村过剩劳动力被滞留在农村，其结果使得城乡差距不断拉大，进一步固化了二元结构。改革开放以来，城乡二元经济结构呈现出先缩小后强化的变化趋势。从城乡差距来看，1979～1984 年，城乡人均收入差距趋于缩小，1984 年达到最低的 1.83∶1，主要原因在于：一是中国经济体制改革率先在农村进行，使农村获得了市场化改革带来的体制效应，联产承包责任制极大地调动了农民的生产积极性，使农业劳动生产率有较大幅度的提高；二是改革初期连续几次调高农副产品价格，提高了农业利润，促进了农业发展。但是，从 20 世纪 80 年代中期以来，收入差距又呈现出不断扩大的趋势。在 20 世纪 80 年代的 10 年间，城市居民人均可支配收入和农村居民人均纯收入的年增长率分别为 4.55% 和 8.39%，农村人均收入的增长速度明显快于城市。然而，在随后的 14 年（1991～2004 年），城市人均收入的增长稳步提高，年增长率上升至 7.62%，而同期农村人均收入的年增长率却下降了近一半，只有 4.65%，2004 年城乡人均收入之比扩大到 3.21∶1。2010 年城乡人均收入之比甚至达到 3.23∶1。值得注意的是，1998 年以来，农村居民收入增幅明显下降，大大低于同期城市居民收入的增长幅度，导致城乡收入差距越来越大。近年来，中央在"十二五"规划建议中指出"要把符合落户条件的农业转移人口逐步转为城镇居民作为推进城镇化的重要任务"；党的十八大报告指出，要"加快改革户籍制度，有序推进农业转移人口市民化"。党的十八届三中全会指出"城乡二元结构是制约城乡发展一体化的主要障碍。必须健全体制机制，形成以工促农、以城带乡、工农互惠、城乡一体的新型工业城乡关系，让广大农民平等参与现代化进程、共同分享现代化成果。"这些举措必将有利于缓解城乡收入差距扩大的趋势，促进二元结构的转化。

第三，中国是处于社会主义初级阶段的国家。我国的基本国情是我国不仅现在，而且今后很长时期都将处于社会主义初级阶段。所谓我国处在社会主义初级阶段，其含义有两层，其一是从社会性质来讲，我国已经是社会主义社会，我们必须坚持社会主义的道路和方向；其二是从发展程度来讲，我国社会主义社会的成熟程度还很低，还很不发达，仅是初级阶段。社会主义初级阶段的起点是生产资料私有制社会主义改造基本完成，终点是社会主义现代化基本实现。对于这一科学认识和判断，中国共产党经过了长期的实践和探索。早在民主革命时期，正是由于以毛泽东为核心的党的第一代中央领导集体全面、准确地把握了我国处于半殖民地半封建社会这一基本国情，才正确地解决了新民主主义革命的对象、任务、性质、动力和前途等一系列基本问题，引导中国革命取得了胜利。社会主义制度建立以后，对于如何认清国情、正确判断我国社会所处历史方位的问题，直到党的十一届三中全会以前，总的来说处于不完全清醒的状态。党的十一届三中全会以后，在总结新中国成立以来历史经验和改革开放以来新的实践经验的基础上，党对我国社会主义所处的历史阶段进行了新的探索，逐步作出了我国还处于并将长时期处于社会主义初级阶段科学论断，准确地把握了我国的基本国情。具体地说，党的十一届三中全会以后不久，邓小平就提出，底子薄、人口多、生产力落后，这是中国的现实国情。1981 年党的十一届六中全会通过的《关于建国以来党的若干历史问题的决议》，第一次提出我国社会主义制度还处于初级阶段。党的十三大召开前夕，邓小平强调指出："党的十三大要阐述中国社会主义是处在一个什么阶段，就是处在初级阶段，是初级阶段的社会主义。社会主义本身是共产主义的初级阶段，而我们中国又处在社会主义的初级阶段，就是不发达的阶段。一切都要从这个实际出发，根据这个实际来制定规划。"第一次把社会主义初级阶段作为事关全局的基本国情加以把握。在此基础上，党的十三大对社会主义初级阶段和党的基本路线的系统阐述，表明了党对社会主义和中国国情认识上的一次飞跃。党的十五大制定了党在社会主义初级阶段的基本纲领，进一步统一了全党全国人民的思想。党的十六大指出，我国正处于并长期处于社会主义初级阶段，现在达到的小康还是低水平的、不全面的、发展很不平衡的小康，巩固和提高目前达到的小康水平，还需要进行长时期的艰苦奋斗。党的十七大指出，经过新中国成立以来特别是改革开放以来的不懈努力，我国取得了举世瞩目的发展成就，从生产力到生产关系、从经济基础到上层建筑都发生了意义深远的重大变化，但我国仍处于并将长期处于社会主义初级阶段的基本国情没有变，人民日益增长的物质文化需要同落后的社会生产之间的矛盾这一社会主要矛盾没有变。党的十八大报告进一步指出："我们必须清醒认识到，我国仍处于并将长期处于社会主义初级阶段的基本国情没有变，人民日益增长的物质文化需要同落后的社会生产之间的矛盾这一社会主要矛盾没有变，我国是世界最大发展中国家的国际地位没有变。在任何情况下都要牢牢把握社会主义初级阶段这个最大国情，推进任何方面的改革发展都要牢牢立足社会主义初级阶段这个最大实际。"党的十八届三中全会通过的《中共中央关于全面深化改革若干重大问题的决定》中指出："全面深化改革，必须立足于我国长期处于社会主义初级阶段这个最大实际"。正是由于对社会主义初级阶段的基本国情有了一个科学认识和正确把握，我们才得以成功地走出了一条建设中国特色社会主义的新道路，使社会主义在中国显示出蓬勃生机和活力，使社会主义现代化建设取得了举世瞩目的巨大成就。

对于社会主义初级阶段的基本特征，党的十三大报告曾从我国人口结构、工业发展水平、地区发展状况、科学教育文化发展等几个方面进行了概括，指出我国社会主义初级阶段，是逐步摆脱贫穷、摆脱落后的阶段；是由农业人口占多数的手工劳动为基础的农业国，逐步变为非农产业人口占多数的现代化的工业国的阶段；是由自然经济半自然经济占很大比重，变为商品经济高度发达的阶段；是通过改革和探索，建立和发展充满活力的社会主义经济、政治、文化体制的阶段；是全民奋起，艰苦创业，实现中华民族伟大复兴的阶段。党的十五大更加全面地从现代化发展的水平、产业结构状况、经济运行方式、文化教育发展水平、人民富裕程度、地区发展状况、体制改革、精神文明建设及国际比较等方面对社会主义初级阶段的特征作出新的概括，强调指出：社会主义初级阶段，一是逐步摆脱不发达状态，基本实现社会主义现代化的历史阶段；二是由农业人口占很大比重、主要依靠手工劳动的农业国，逐步转变为非农业人口占多数，包含现代农业和现代服务业的工业化国家的历史阶段；三是由自然经济半自然经济占很大比重，逐步转变为经济市场化程度较高的历史阶段；四是由文盲半文盲人口占很大比重、科技教育文化落后，逐步转变为科技教育文化比较发达的历史阶段；五是由贫困人口占很大比重、人民生活水平比较低，逐步转变为全体人民比较富裕的历史阶段；六是由地区经济文化很不平衡，通过有先有后的发展，逐步缩小差距的历史阶段；七是通过改革和探索，建立和完善比较成熟的充满活力的社会主义市场体制、社会主义民主政治体制和其他方面体制的历史阶段；八是广大人民牢固树立建设有中国特色社会主义共同理想，自强不息，锐意进取，艰苦奋斗，勤俭建国，在建设物质文明的同时努力建设精神文明的历史阶段；九是逐步缩小同世界先进水平的差距，在社会主义基础上实现中华民族伟大复兴的历史阶段。党的十七大从八个方面对新世纪新阶段我国发展呈现出的新的阶段性特征，进行了深入分析和概括。一是经济实力显著增强，同时生产力水平总体上还不高，自主创新能力还不强，长期形成的结构性矛盾和粗放型增长方式尚未根本改变；二是社会主义市场经济体制初步建立，同时影响发展的体制机制障碍依然存在，改革攻坚面临深层次矛盾和问题；三是人民生活总体上达到小康水平，同时收入分配差距拉大趋势还未根本扭转，城乡贫困人口和低收入人口还有相当数量，统筹兼顾各方面利益难度加大；四是协调发展取得显著成绩，同时农业基础薄弱、农村发展滞后的局面尚未改变，缩小城乡、区域发展差距和促进经济社会协调发展任务艰巨；五是社会主义民主政治不断发展、依法治国基本方略扎实贯彻，同时民主法制建设与扩大人民民主和经济社会发展的要求还不完全适应，政治体制改革需要继续深化；六是社会主义文化更加繁荣，同时人民精神文化需求日趋旺盛，人们思想活动的独立性、选择性、多变性明显增强，对发展社会主义先进文化提出了更高要求；七是社会活力显著增强，同时社会结构、社会组织形式就、社会利益格局发生深刻变化，社会建设和管理面临诸多新课题；八是对外开放日益扩大，同时面临的国际竞争日趋激烈，发达国家在经济科技上占优势的压力长期存在，可以预见和难以预见的风险增多，统筹国内发展和对外开放要求更高。

第四，中国是正由计划经济体制向市场经济体制转轨的国家。1978 年党的十一届三中全会在决定把全党工作重心转移到经济建设上来的同时，提出了为了实现社会主义现代化，必须对经济体制进行改革的重大任务，而改革的基本目标是把高度集中的计划经济体制改革成为社会主义市场经济体制。1984 年 10 月 20 日召开的党的十二届三中全会通过的《中共中央关于经济体制改革的决定》中指出："社会主义社会的基本矛盾仍然是生产关系和生产力、上层建筑和经济基础之间的矛盾。我们改革经济体制，是在坚持社会主义制度的前提下，改革生产关系和上层建筑中不适应生产力发展的一系列相互联系的环节和方面。这种改革，是在党和政府的领导下有计划、有步骤、有秩序地进行的，是社会主义制度的自我完善和发展。改革的进行，只应该促进而绝不能损害社会的安定、生产的发展、人们生活的改善和国家财力的增强。"经过 30 多年的努力，中国经济体制改革取得巨大成功，基本建成了社会主义市场经济的框架，经济体制的各个层面都呈现出明显的市场经济特征，总体市场化程度达到 70% 左右，成效显著。党的十八届三中全会通过的《中共中央关于全面深化改革若干重大问题的决定》中指出："改革开放是党在新的时代条件下带领全国各族人民进行的新的伟大革命，是当代中国最鲜明的特色。党的十一届三中全会召开三十五年来，我们党以巨大的政治勇气，锐意推进经济体制、政治体制、文化体制、社会体制、生态文明体制和党的建设制度改革，不断扩大开放，决心之大、变革之深、影响之广前所未有，成就举世瞩目。改革开放最主要的成果是开创和发展了中国特色社会主义，为社会主义现代化建设提供了强大动力和有力保障。事实证明，改革开放是决定当代中国命运的关键抉择，是党和人民事业大踏步赶上时代的重要法宝。"

在由计划向市场转轨的过程中，在经济体制改革方面有多个重要的时间节点：1978 年提出实行改革开放的政策。1984 年党的十二届三中全会上通过的《中共中央关于改革经济体制的决定》提出，社会主义经济是公有制基础上的商品经济，商品经济和资本主义没有必然联系，那么社会主义发展商品经济也是可行的。1987 年党的十三大认为市场和计划是内在统一的，计划和市场只是经济调节的方法，只要对经济发展有好处都可以利用，利用市场调节不等于是资本主义，应该建立国家调节市场，市场引导企业的经济运行机制。这为社会主义市场经济体制的建立开始扫清了道路。1992 年邓小平南方讲话阐述了建立社会主义市场经济理论的基本原则，从理论上深刻回答了长期困扰和束缚人们思想的许多重大认识问题。在此基础上，党的十四大明确提出要建立社会主义市场经济体制，标志着社会主义市场经济理论的正式提出和形成。1993 年党的十四届三中全会通过的《中共中央关于建立社会主义市场经济体制若干问题的决定》，对社会主义市场经济体制的基本框架作了规定。党的十六大提出建成完善的社会主义市场经济体制和更具活力、更加开放的经济体系。2003 年党的十六届三中全会通过了《中共中央关于完善社会主义市场经济体制若干问题的决定》，提出了完善社会主义市场经济体制的目标和任务。党的十八大在提出到 2020 年全面建成小康社会的目标的同时，再次强调了深化经济体制改革的目标是加快完善社会主义市场经济体制，并在新的历史阶段下，提出了"使各方面制度更加成熟更加定型"。2013 年 11 月党的十八届三中全会通过了《中共中央关于全面深化改革若干重大问题的决定》，提出了全面深化改革的目标和任务，并指出：到 2020 年，在重要领域和关键环节改革上取得决定性成果，形成系统完备、科学规范、运行有效的制度体系，使各方面制度更加成熟更加定型。因此，虽然中国在 1992 年就确立了向社会主义市场经济体制转轨的改革目标，但现阶段仍处于转轨过程中，处于社会主义市场经济体制的完善阶段。

综上所述，上述四个方面的国情基础可以具体概括为：（1）生产力发展水平还不高。虽然 GDP 总量已位居世界第二，但人均 GDP 排名第 80 位；工业化任务还未完成，仅处于工业化中期。（2）发展不平衡、不协调的问题依然突出。城乡区域发展差距和居民收入分配差距依然较大，二元结构状况没有根本改变。（3）体制和制度还不完善。虽然已建立起社会主义市场经济体制和社会主义制度，但生产力的落后状况从根本上决定了现阶段我国社会主义市场经济体制与社会主义制度还不完善，还需要继续深化改革。由于中国仍属于发展中国家、属于典型的"二元结构"国家和由计划体制向市场体制转轨的国家，还处于社会主义初级阶段。因此，中国宏观调控面临的任务自然就要比西方国家宏观调控繁重得多，也复杂得多，特别是在促进经济增长、发展社会生产力的同时，还要下大力气促进经济结构的调整，这其中既包括二元结构带来的经济结构问题，也包括体制转轨引发的经济结构问题，还包括由社会主义制度决定的缩小城乡差距和收入分配差距、促进就业等社会公平呼吁民生问题等。

## 9.3　中国社会主义建设实践对宏观调控的重大影响

中国的宏观调控之所以有不同于西方国家宏观调控的特色，还与作为执政党的中国共产党长期坚持一切从实际出发、实事求是的思想路线以及科学发展的执政理念密切相关。

### 9.3.1　马克思主义中国化的理论与实践探索

在中国特殊国情的基础上，作为执政党的中国共产党在长期的社会主义革命和建设中坚持把马克思主义的基本原理同中国革命和建设的具体实践相结合，进行了一系列重大的理论与实践探索。中国共产党从诞生之日起，就把马克思列宁主义确立为自己的指导思想和行动的指南。在长期的革命斗争中，在把马克思主义中国化的问题上，中国共产党经历了艰难曲折的过程。党在幼年时期，曾经一再犯过把马克思主义教条化和把外国经验神圣化的错误，使中国革命几乎陷于绝境。以毛泽东为代表的中国共产党人，为把马克思列宁主义的基本原理运用于中国革命的实际，作出了不懈努力。2013 年 12 月 26 日，习近平总书记在纪念毛泽东同志诞辰 120 周年座谈会上的讲话中特别强调：毛泽东是马克思主义中国化的伟大开拓者，指出在毛泽东同志五大创造性的历史功绩中，首要的功绩就是创造性地解决了马克思列宁主义基本原理同中国实际相结合的一系列重大问题。1938 年 10 月，毛泽东在中共六届六中全会的政治报告《论新阶段》中最先提出了"马克思主义中国化"这个命题。他指出："对待马恩列斯，不是把他们的理论当做教条看，而是当做行动的指南。不是学习马克思列宁主义的字母，而是学习他们观察问题与解决问题的立场与方法。马克思主义必须通过民族形式才能实现。没有抽象的马克思主义，只有具体的马克思主义。所谓具体的马克思主义，就是通过民族形式的马克思主义，就是把马克思主义应用到中国具体环境的具体斗争中去，而不是抽象地应用它。成为伟大中华民族之一部分而与这个民族血肉相连的共产党员，离开中国特点来谈马克思主义，只是抽象的空洞的马克思主义。因此，马克思主义的中国化，使之在其每一表现中带着中国的特性，即是说，按照中国的特点去应用它，成为全党亟待了解并亟须解决的问题。"毛泽东提出了"使马克思主义在中国具体化"的任务，强调马克思主义只有和我国的具体特点相结合并通过一定的民族形式才能实现。1939 年 10 月，毛泽东在《共产党人》杂志发刊词中指出："由于对于中国的历史状况和社会状况、中国革命的特点、中国革命的规律的进一步的了解，由于我们的干部更多地领会了马克思列宁主义的理论，更多地学会了将马克思列宁主义的理论和中国革命的实践相结合，我们党就能够进行了胜利的十年土地革命斗争。""根据马克思列宁主义的理论和中国革命的实践之统一的理解，集中十八年的经验和当前的新鲜经验传达到全党，使党铁一样地巩固起来，而避免历史上曾经犯过的错误——这就是我们的任务。"1940 年 2 月，艾思奇在《中国文化》创刊号上发表专论指出：在实践的基础上，中国已经产生了一些发展马克思主义的理论，因此也就有了自己的马克思主义。1945 年 4 月召开的七大的重大历史性贡献之一是确立毛泽东思想为党的指导思想并写入党章，党章明确规定"中国共产党，以马克思列宁主义理论与中国革命的实践之统一的思想——毛泽东思想，作为自己一切工作的指针，反对任何教条主义的或经验主义的倾向。"毛泽东思想即马克思主义普遍真理与中国革命具体实践相结合的思想，是马克思主义中国化的第一个重大理论成果，是"中国化的马克思主义"；换言之，毛泽东思想第一次实现了马克思主义的中国化，它既坚持了马克思主义的基本原理，又具有中国的特点。在这一指导思想的指导下，中国革命取得了最后的胜利，并开启了社会主义建设的征程。1977年4月10日，邓小平在致党中央的信中提出，要"完整地准确地理解毛泽东思想"。完整准确地理解毛泽东思想，最重要的是要把握毛泽东思想的活的灵魂，其有三个基本方面，即实事求是，群众路线，独立自主；坚持辩证唯物主义的思想路线，反对各种形式的唯心主义和形而上学。邓小平说："毛泽东思想这个旗帜丢不得。丢掉了这个旗帜，实际上就否定了我们党的光辉历史。"1981年6月27~29日，党的十一届六中全会一致通过了《关于建国以来党的若干历史问题的决议》，指出："毛泽东思想是马克思列宁主义在中国的运用和发展，是被实践证明了的关于中国革命的正确的理论原则和经验总结，是中国共产党集体智慧的结晶。"决议特别强调："毛泽东思想是我们党的宝贵的精神财富，它将长期指导我们的行动。"新中国成立后，作为执政党的中国共产党在新的历史条件下不断推进马克思主义的中国化。特别是改革开放以来，中国共产党的思想理论创新引领各方面的创新，把马克思主义中国化的伟大成果不断推向新境界，形成了包括邓小平理论、三个代表重要思想和科学发展观在内的中国特色社会主义理论体系，回答了"什么是社会主义、怎样建设社会主义""建设什么样的党、怎样建设党""实现什么样的发展、怎样发展"等重大理论问题，实现了马克思主义中国化的第二次飞跃，是马克思主义中国化的最新成果。其中，实事求是是马克思主义中国化理论成果的精髓。这是因为：（1）实事求是贯穿于马克思主义中国化两大理论成果形成和发展的全过程；（2）实事求是体现于马克思主义中国化两大理论成果基本内容的各个方面；（3）实事求是是渗透于马克思主义中国化两大理论成果的方法论原则；（4）把握了实事求是的思想路线，特别是把握了实事求是这个精髓，就把握了马克思主义中国化各个理论成果之间的历史联系及发展脉络，就把握了马克思主义中国化理论成果中的最本质的东西。对于实事求是的科学内涵，1941年毛泽东在《改造我们的学习》的报告中指出："'实事'就是客观存在着的一切事物，'是'就是客观事物的内部联系，即规律性，'求'就是我们去研究"。《中国共产党章程》明确规定："党的思想路线是一切从实际出发，理论联系实际，实事求是，在实践中检验真理和发展真理。"其中，"实事求是"是党的思想路线的实质和核心，内在地包含一切从实际出发、理论联系实际、在实践中检验真理和发展真理的内容；一切从实际出发，是实事求是思想路线的前提和基础；理论联系实际，是实事求是思想路线的根本途径和方法；在实践中检验真理和发展真理，是实事求是思想路线的验证条件和目的。对此，习近平明确指出：实事求是作为党的思想路线始终是中国共产党人认识世界和改造世界的根本要求；是我们党的基本思想方法、工作方法和领导方法；是党带领人民推动中国革命、建设、改革事业不断取得胜利的重要法宝。

马克思主义中国化的理论成果在指导中国社会主义革命和建设的过程中开辟了中国特色社会主义道路，这一道路就是在中国共产党领导下，立足基本国情，以经济建设为中心，坚持四项基本原则，坚持改革开放，解放和发展社会生产力，建设社会主义市场经济、社会主义民主政治、社会主义先进文化、社会主义和谐社会、社会主义生态文明，促进人的全面发展，逐步实现全体人民共同富裕，建设富强民主文明和谐的社会主义现代化国家。这就要求把马克思主义的普遍真理同本国的具体实际结合起来，一方面要坚持马克思主义的基本原理，走社会主义道路；另一方面必须从中国的实际出发，不照抄、照搬别国经验、模式，走适合中国特点的道路，逐步实现工业、农业、国防和科学技术现代化，把中国建设成为富强、民主、文明、和谐的社会主义国家。中国特色社会主义道路之所以是中国发展进步之路，关键在于既坚持了科学社会主义基本原则，又根据时代条件赋予其鲜明的中国特色，这就是党的十八大报告中所说的实践特色、理论特色、民族特色、时代特色。党的十八届三中全会通过的《中共中央关于全面深化改革若干重大问题的决定》中指出："改革开放最主要的成果是开创和发展了中国特色社会主义，为社会主义现代化建设提供了强大动力和有力保障。""面对新形势新任务，全面建成小康社会，进而建成富强民主文明和谐的社会主义现代化国家、实现中华民族伟大复兴的中国梦，必须在新的历史起点上全面深化改革，不断增强中国特色社会主义道路自信、理论自信、制度自信。"

应该说，中国特色社会主义理论体系和中国特色社会主义道路既对中国的宏观调控的内涵产生了决定性影响，其最终成果体现为中国特色的结构性调控范式；又对中国的宏观调控提出了更高的要求，体现为不断创新宏观调控的思路和方式。在新的历史条件和中国经济进入"新常态"的背景下，党的十八大作出了全面深化改革的战略部署，党的十八届三中全会通过的《中共中央关于全面深化改革若干重大问题的决定》中指出"科学的宏观调控，有效的政府治理，是发挥社会主义市场经济体制优势的内在要求。"不仅从制度的层面规范了中国宏观调控的本质属性，还从科学性的层面对中国的宏观调控提出了更高的要求。

## 9.3.2　一切从实际出发、实事求是的思想路线

作为执政党的中国共产党在长期的社会主义革命和建设过程中始终将一切从实际出发、理论联系实际、实事求是、在实践中检验真理和发展真理作为自己的思想路线。这是我们党制定政治路线、组织路线和各项方针政策的基础，也是正确理解和执行党的路线、方针、政策的保证。这一思想路线的精髓是解放思想、实事求是、与时俱进，实质和核心是实事求是。

实事求是是以毛泽东为代表的中国共产党人在把马克思列宁主义的普遍真理与中国具体实际相结合的过程中形成和发展起来的，是毛泽东思想的精髓，是毛泽东思想的出发点、根本点，是中国共产党必须始终坚持的思想路线。"实事求是"一词，最早出自《汉书·河间献王传》，原文为："修学好古，实事求是。从民得善书，必为好写与之，留其意。"唐代颜师古对"实事求是"所作注释是："务得事实，每求真是也。"本义是指真诚地依据事实真相探求古书的真义，即做学问要注重事实根据，才能得出准确的结论。1938 年 10 月，毛泽东在党的六届六中全会的政治报告中，第一次使用了"实事求是"这个概念，指出"共产党应是实事求是的模范，又是具有远见卓识的模范。因为只有实事求是，才能完成确定的任务；只有远见卓识，才能不失前进的方向。"[1] 1941 年 5 月，毛泽东对"实事求是"作了科学的解释，指出："'实事'就是客观存在着的一切事物，'是'就是客观事物的内部联系，即规律性，'求'就是我们去研究。"[2] 毛泽东认为，这是一个共产党员应该具备的对待马克思主义的正确态度。毛泽东将马克思、恩格斯创立的辩证唯物主义和历史唯物主义的思想路

---

① 毛泽东选集（第 2 卷）[M]．北京：人民出版社，1991：522 – 523．
② 毛泽东选集（第 3 卷）[M]．北京：人民出版社，1991：801．

线运用于中国的实际，并赋予本民族的特色，这是马克思主义中国化的生动体现。1978 年 12 月 13 日，邓小平在中央工作会议上作了题为《解放思想，实事求是，团结一致向前看》的重要讲话，指出：一个党，一个国家，一个民族，如果一切从本本出发，思想僵化，迷信盛行，那它就不能前进，它的生机就停止了，就要亡党亡国。只有解放思想，坚持实事求是，一切从实际出发，理论联系实际，我们的社会主义现代化建设才能顺利进行，我们党的马列主义、毛泽东思想的理论也才能顺利发展。实事求是，一切从实际出发，理论联系实际，坚持实践是检验真理的标准，这就是我们党的思想路线。1980 年 2 月，邓小平在党的十一届五中全会第三次会议上讲到党的思想路线时说："实事求是，一切从实际出发，理论联系实际，坚持实践是检验真理的标准，这就是我们党的思想路线。"① 这是对实事求是思想路线基本内容准确而全面的概括。1982 年 9 月 6 日，党的十二大通过了《中国共产党章程》，对党的思想路线作了更为完整、准确的表述："党的思想路线是一切从实际出发，理论联系实际，实事求是，在实践中检验真理和发展真理。"② 自此以后，作为执政党的中国共产党的思想路线就一直沿用这一提法。

具体地说，一切从实际出发，是实事求是的最主要的内容和最根本的要求，是实事求是的基本前提。一切从实际出发，指的是人们在认识事物、解决问题时，从不以人的主观意志为转移的客观实际出发，坚持物质第一性，精神第二性的唯物主义基本原理。坚持一切从实际出发，对于指导中国革命和建设的中国共产党人来说，就是要从中国的具体国情出发。理论联系实际，是实事求是思想路线的本质要求，也是坚持实事求是，达到主客观统一的根本途径。毛泽东在《整顿党的作风》一文中强调："中国共产党只有在他们善于应用马克思列宁主义的立场、观点和方法，善于应用列宁斯大林关于中国革命的学说，进一步地从中国的历史实际和革命实际的认真研究中，在各方面作出合乎中国需要的理论性的创造，才叫做理论和实际相联系。"③ 叶剑英指出，理论联系实际有两层最基本的意思，"一层是：一定要掌握理论。没有理论，一张白纸，凭什么去联系实际呢？另一层是：一定要从实际出发。如果理论不能指导实际，不受实际检验，算什么理论！"④ 毛泽东曾将理论与实际的关系用形象地比喻为"矢"和"的"的关系，指出："马克思列宁主义理论和中国实际怎样互相联系呢？拿一句通俗的话来讲，就是'有的放矢'。'矢'就是'箭'，'的'就是靶，放箭要对准靶。马克思列宁主义和中国革命的关系，就是箭和靶的关系。"实践是检验真理的标准，是实事求是思想路线的一项重要内容，是唯物主义与唯心主义两条思想路线根本对立的又一重要表现。实践是认识的源泉、发展的动力和目的，也是检验认识是否成为真理的标准。一种认识是不是真理，衡量的标准不是书本上已有的结论，不是主观的感觉，而是要靠社会实践的检验。

### 9.3.3 科学发展、"四个全面"与"五大发展理念"

科学发展观，是胡锦涛在 2003 年 7 月 28 日的讲话中提出的"坚持以人为本，树立全

---

① 邓小平文选（第 2 卷）[M]. 北京：人民出版社，1994：278.

② 十二大以来主要文献选编（上）[M]. 北京：人民出版社，1986：67.

③ 毛泽东选集（第 3 卷）[M]. 北京：人民出版社，1991：820.

④ 叶剑英. 在中共中央党校开学典礼上的讲话 [N]. 人民日报，1977 - 10 - 10.

面、协调、可持续的发展观，促进经济社会和人的全面发展"，按照"统筹城乡发展、统筹区域发展、统筹经济社会发展、统筹人与自然和谐发展、统筹国内发展和对外开放"的要求推进各项事业的改革和发展的一种方法论，也是中国共产党的重大战略思想。科学发展观在党的十七大被写入党章，成为中国共产党的指导思想之一。

党的十七大报告指出，科学发展观第一要义是发展，核心是以人为本，基本要求是全面协调可持续性，根本方法是统筹兼顾。这不仅标志着中国共产党对于社会主义建设规律、社会发展规律、共产党执政规律的认识达到了新的高度，标志着马克思主义和新的中国国情相结合达到了新的高度和阶段，也指明了我们进一步推动中国经济改革与发展的思路和战略，明确了科学发展观是指导经济社会发展的根本指导思想。这是对马克思主义、毛泽东思想的发展，是中国特色社会主义理论体系的重要组成部分。党的十八大报告指出："科学发展观是中国特色社会主义理论体系最新成果，是中国共产党集体智慧的结晶，是指导党和国家全部工作的强大思想武器。科学发展观同马克思列宁主义、毛泽东思想、邓小平理论、三个代表重要思想一道，是党必须长期坚持的指导思想。"

解放思想、实事求是、与时俱进、求真务实，是科学发展观最鲜明的精神实质。科学发展观对于宏观调控的引领作用，邹平座（2006）认为，事实上，科学发展观涵盖了经济社会和谐发展理论、经济可持续发展理论、经济统筹发展理论及经济全面协调发展理论等主要内容，将科学发展观用以指导经济建设和宏观调控也是一件顺其自然的事情。经过近几年的实践和探索，科学发展观在指导宏观调控方面成效显著，已积累的丰富和宝贵的经验：第一，社会主义市场经济具有内在的逻辑统一性。在实践中，既要坚持社会主义方向，又要遵循市场经济规律，用市场之手配置经济资源，用社会主义方向矫正市场失灵和市场局限，建立一个充满生机的和谐社会。事实上，科学发展观体现了人的本性中利己与利他方面的有机统一，体现了社会主义市场经济的内在逻辑，也体现了中国特色社会主义市场经济和谐统一性。在近几年的宏观调控中，一方面，中国政府不断推进社会主义市场经济改革，完善宏观调控体系，建立有效的财政政策与货币政策的传导机制，改革经济运行中很多不符合市场经济规律的制度；另一方面，又坚持市场经济的社会主义方向，保护广大人民群众的利益，为建立一个和谐社会而不懈努力。例如，针对房地产价格上涨过快，居民购房成本不断加大的问题，政府果断采取措施，平抑房价，实施房地产调控的"国六条"。第二，在近几年的改革开放过程中，中国政府一次又一次运用科学发展观成功地化解了可能出现的经济危机，特别是从2000年以来中国经济走上了"低通胀，高增长"的轨道，从而实现了经济的可持续发展。可以说，经济可持续发展是科学发展观的第一个重要命题。在经济可持续发展方面，我们已积累了对宏观调控具有十分重要的作用和意义的八大经验，这些经验值得我们长期坚持，且不断深化和完善。这八条基本经验包括：（1）科学的经济规划，特别是正在制定的"十一五"规划，在各方面都体现了科学发展观的烙印；（2）正确处理中央和地方的关系，及时发现问题解决问题，以有效地熨平经济周期；（3）实现总供给管理和总需求管理的有效结合；（4）不断提高经济增长质量，转变经济增长方式；（5）正确处理政府、市场和法律之间的关系，在不断改善宏观调控微观基础的同时，推行依法治国、执政为民的科学思想；（6）适度增长，渐进改革，避免经济出现大起大落；（7）推行科学合理的资源战略，发展循环经济；（8）正确处理人与自然、经济与社会、国内与国外、城市和农村、区域之间的关系。确实，经过五次宏观调控，近年来，中国经济在科学发展观指导下已逐步建立了科学的宏观调控体系，宏观调控水平在不断提高。第三，"五个统筹"是科学发展观的重要经济思想之一，是中国政府的重要理论创新，其经济理论意义可以提升到凯恩斯体系之上。其重要的贡献是把宏观调控由市场空间拓展到社会空间和自然空间，由国内视角拓展到全球视角，及时发现和弥合中国经济发展中城乡之间和区域之间的裂痕，对于中国经济的可持续发展具有极其深远的影响，甚至对于全球经济发展也具有十分重要的借鉴意义。第四，科学发展观强调经济的全面发展。经济全面发展原理以经济可持续发展和经济统筹发展理论为基础，并建立起经济全面发展的价值最大化目标模式。其中，经济全面发展理论更多地吸收了马克思主义的经济思想，研究如何最大限度地解放生产力，提高人民物质文化生活水平。①

党的十八大以来，以习近平为总书记的党中央从坚持和发展中国特色社会主义全局出发，提出并形成了全面建成小康社会、全面深化改革、全面依法治国、全面从严治党的战略布局。其中，全面建成小康社会是党的十八大提出的总目标，而党的十八届三中全会提出的全面深化改革与党的十八届四中全会提出的全面推进依法治国，则如大鹏之两翼、战车之两轮，共同推动全面建成小康社会奋斗目标顺利实现。这个过程中，全面从严治党则是各项工作顺利推进、各项目标顺利实现的根本保证。应该说，"四个全面"的本质，就是"战略布局"。这个战略布局，蕴含了深刻的战略思想。将全面建成小康社会定位为"实现中华民族伟大复兴中国梦的关键一步"；将全面深化改革的总目标确定为"完善和发展中国特色社会主义制度、推进国家治理体系和治理能力现代化"；将全面依法治国论述为全面深化改革的抓手、定海神针和助推器；第一次为全面从严治党标定路径，要求"增强从严治党的系统性、预见性、创造性、实效性"。每一个"全面"，都是一整套结合实际、继往开来、勇于创新、独具特色的系统思想。四个"全面"加起来，相辅相成、相得益彰，是我们党治国理政方略与时俱进的新创造，是马克思主义与中国实践相结合的新飞跃。"四个全面"已成为以习近平为总书记的党中央治国理政的全新布局。"四个全面"战略思想和战略布局，正是中国"发展起来以后"，更加注重发展和治理系统性、整体性、协同性的必然选择。

党的十八届五中全会提出了"创新、协调、绿色、开放、共享"的五大发展理念，集中反映了我们党对经济社会发展规律认识的深化，极大丰富了马克思主义发展观，为我们党带领全国人民夺取全面建成小康社会决战阶段的伟大胜利，不断开拓发展新境界，提供了强大思想武器。第一，创新是引领经济社会发展的第一动力。"创新是一个民族进步的灵魂，是一个国家兴旺发达的不竭动力，也是中华民族最鲜明的民族禀赋。"党的十八届五中全会指出："坚持创新发展，必须把创新摆在国家发展全局的核心位置，不断推进理论创新、制度创新、科技创新、文化创新等各方面创新，让创新贯穿党和国家一切工作，让创新在全社会蔚然成风。"在这里，把创新摆在国家发展全局的核心位置，这既是对"科技是第一生产力"内涵的进一步升华和深化，同时已超越科技层面，使创新进入了理论、制度、文化等综合层面；创新不仅是对科技工作者的明确要求，更是对全党全社会提出的紧迫任务。从如期实现全面建成小康社会的战略全局高度，鲜明突出地把创新摆在发展理念的首位，具有指引方向的重大意义。第二，协调是经济社会持续健康发展的内在要求。"坚持协调发展，必须牢牢把握中国特色社会主义事业总体布局，正确处理发展中的重大关系，重点促进城乡区域协调发展，促进经济社会协调发展，促进新型工业化、信息化、城镇化、农业现代化同步

---

① 邹民生，乐嘉春. 用科学发展观引领中国宏观调控［N］. 上海证券报，2006 – 07 – 24.

发展，在增强国家硬实力的同时注重提升国家软实力，不断增强发展整体性。"党的十八届五中全会聚焦全面建成小康社会目标，提出协调发展理念，旨在补齐发展"短板"，解决发展不平衡问题，体现了目标导向和问题导向的统一，是立足长远、谋划全局的战略考量，具有重大理论意义和实践指导作用。第三，绿色是实现中华民族永续发展的必要条件。"坚持绿色发展，必须坚持节约资源和保护环境的基本国策，坚持可持续发展，坚定走生产发展、生活富裕、生态良好的文明发展道路，加快建设资源节约型、环境友好型社会，形成人与自然和谐发展现代化建设新格局，推进美丽中国建设，为全球生态安全作出新贡献。"党的十八届五中全会从"五位一体"的整体布局出发，把绿色发展理念摆在突出位置，具有鲜明的时代特色和针对性，对纠正"唯 GDP"式粗放型发展具有重大作用。第四，开放是世界共同繁荣发展的应然选择。"坚持开放发展，必须顺应我国经济深度融入世界经济的趋势，奉行互利共赢的开放战略，发展更高层次的开放型经济，积极参与全球经济治理和公共产品供给，提高我国在全球经济治理中的制度性话语权，构建广泛的利益共同体。"党的十八届五中全会从全球视野思考中国发展问题，提出开放发展理念，既向世界表明了"中国开放的大门永远不会关上"的立场，也揭示了"中国经济的命运与世界的命运息息相关"的内在共赢逻辑。2014 年 12 月，习近平在主持中共中央政治局第十九次集体学习时指出："不断扩大对外开放、提高对外开放水平，以开放促改革、促发展，是我国发展不断取得新成就的重要法宝。"后来，习近平在美国西雅图与中美企业家座谈时强调，"中国的开放大门就像阿里巴巴'芝麻开门'一样，开开了就关不上了"；在接受路透社采访时说，"中国对外开放不断走向深入，这既包括中国打开大门吸引外资，也包括中国企业走出国门进行投资"；在联合国大会一般性辩论时提出，"大家一起发展才是真发展，可持续发展才是好发展"……总书记这一系列重要讲话，对于构建开放型经济新体制、实现对外开放的提质增效、构建以合作共赢为核心的新型国际关系，具有重大指导意义。开放发展是中国基于改革开放成功经验的历史总结，也是拓展经济发展空间、提升开放型经济发展水平的必然要求。第五，共享是全面建成小康社会的必然结果。改革发展搞得成功不成功，最终的判断标准是人民是不是共同享受到了改革发展成果。"坚持共享发展，必须坚持发展为了人民、发展依靠人民、发展成果由人民共享，作出更有效的制度安排，使全体人民在共建共享发展中有更多获得感，增强发展动力，增进人民团结，朝着共同富裕方向稳步前进。"党的十八届五中全会关于"共享发展"的部署安排，无论在宏观还是微观层面，都与广大人民群众特别是困难群众息息相关，不仅回应了全社会关切，更体现了制度安排的延续性、科学性、优越性。

　　从"四个全面"的战略布局到"创新、协调、绿色、开放、共享"五大发展理念，都与宏观调控紧密相关。在"四个全面"中，全面建成小康社会离不开宏观调控的重要作用；而全面深化改革则是宏观调控的重要内容，特别是经济体制改革和正确处理政府与市场的关系；全面依法治国则要求宏观调控法制化，避免随意性和过度干预；全面从严治党则是实现宏观调控科学化的保障与根本保证。可以说，科学的宏观调控在"四个全面"中大有作为，或者说，"四个全面"的战略布局有赖于科学的宏观调控，特别是宏观调控的系统性、整体性与协同性。而对于"创新、协调、绿色、开放、共享"五大发展理念来说，更是离不开宏观调控的作用。因为无论创新发展、协调发展、绿色发展还是开放发展、共享发展，既体现了宏观调控的本质属性，也对宏观调控提出了更高的要求。因此，只有坚持科学的宏观调控，不断创新宏观调控的思路和方式，才有可能最终实现创新、协调、绿色、开放和共享发展。

# 第 *10* 章
# 中国特色宏观调控的基本经验、存在问题与发展方向

经历了 30 年的宏观调控实践以后，中国的宏观调控最终形成了特殊的结构性调控范式，有着明显不同于西方发达国家和其他发展中国家宏观调控的特色，并由此丰富了宏观调控的理论与政策体系。那么，中国特色宏观调控的基本经验有哪些？是否还存在值得改进的问题与不足？未来的发展方向到底是以西方成熟市场经济国家的宏观调控为目标，还是二者共同存在，或者西方宏观调控与中国特色宏观调控二者走向融合？对于这些问题的回答，不仅关系到宏观调控本身的创新与发展问题，关系到进一步提高宏观调控的科学性、有效性问题，而且还直接关系到"新常态"下中国经济的持续健康发展问题。在此，可以提供一种分析路径，尝试性地对中国特色宏观调控未来的发展方向进行分析。

## 10.1　中国特色宏观调控的基本经验

### 10.1.1　30 年中国宏观调控经验的总结：相关文献梳理

长期以来，国内学者热衷于对中国宏观调控的经验进行总结和归纳，以至于分别在改革开放 20 周年和 30 周年时形成了两次高潮。这固然与宏观调控在中国经济发展过程中所具有的重要性密切相关。在这里，我们着重对有关 30 年中国宏观调控经验的文献进行评述，以此为我们总结中国特色宏观调控的基本经验提供参照与借鉴。

中国 30 年的宏观调控已积累了极为丰富的经验，这也成为国内学者的一种共识。陈东琪、宋立等（2008）认为，30 年来尤其是近几年宏观调控的基本经验体现在五大方面：第一，科学发展观统领宏观调控，进一步明确了宏观调控的指导思想；第二，加强形势研究分析和预测，完善宏观调控的决策机制，努力提高宏观调控的及时性、前瞻性和科学性；第三，科学把握宏观调控的目标排序和政策重心，注意最终目标与中间目标兼顾，需求管理与供给管理并重，做到总量调节与结构调整相结合，短期措施与中长期措施相搭配；第四，积极探索行之有效的调控工具和手段组合，在充分运用财政、货币政策等常规经济手段的同时，注意适当运用行政和法律等必要的辅助手段，并注意宏观调控与微观规制、深化改革相

结合；第五，不断改进调控方式，在保持政策稳定性、连续性的同时，适时适度进行渐进式的"微调""预调"，提高调控政策的灵活性、应变性，保持宏观调控的有效性和宏观经济运行的稳定性和持续性。刘树成（2008）认为，5 年来的宏观调控具有许多新特点，突出的是：在宏观调控的指导思想上，树立和落实科学发展观；在宏观调控的手段上，更多利用市场化手段和发挥各种组合效应；在宏观调控的时机和力度的把握上，做到适时适度、有节奏地多次小步微调；在宏观调控与政府其他经济职能的协调配合上，做到"四结合"，即宏观调控与结构调整、转变经济发展方式、体制改革、改善民生相结合；在宏观调控的目标上，注重内外关联。汪海波（2008，2012）认为，改革以来，宏观经济调控最重要的经验有九条：第一，在宏观经济调控指导思想方面实现了根本转变；第二，在准确把握经济周期各个阶段特点的前提下，确定宏观经济调控政策的方向；第三，把调控社会总需求与社会总供给紧密地结合起来；第四，在调控社会总需求方面，主要是处理好消费和投资以及内需和外需的关系；第五，在调控社会总需求方面，把握经济增长率和通胀率的平衡点；第六，在调控社会总供给方面，不仅要着眼于协调好社会总供给与社会总需求的关系，以及社会总供给内部各方面的关系，而且要着眼于协调好长期的社会总供给与社会总需求的关系，以及社会总供给内部各方面的关系；第七，不断推进宏观经济调控体系的变革和创新；第八，把宏观经济调控的改革与市场主体和市场体系的改革结合起来；第九，重视对宏观经济调控经验的总结和升华。万勇（2008）总结改革开放 30 年来我国宏观调控的历程，可以归纳为以下四方面经验：一是调控要见势快，动手早，下手准，力度得当；二是调控要关注价格波动，稳定物价预期；三是调控要以经济手段为主，综合运用其他各种手段；四是不搞"一刀切"，促进经济平稳发展。欧阳日辉（2009）认为，我国宏观调控 30 年的基本经验归结，一是综合运用经济、法律和行政三大手段，实施宏观调控"组合拳"，以经济等间接手段为主，辅之以必要的行政等直接手段，强化市场参数调节，保证宏观调控的科学化、规范化和制度化；二是合理选择财政和货币政策组合模式，注意财政和货币政策协调搭配、同一政策不同工具的搭配等问题，结合土地调控政策，提高宏观调控的协调性、科学性和有效性；三是密切关注系统宏观经济指标，做到适时、适度与适可而止，把握好调控节奏、力度和方向调整，防范经济运行中可能出现的大起大落，加强宏观调控的前瞻性、技巧性和稳定性；四是完善社会主义市场经济体制，解决经济社会发展中尚存的深层次问题，形成有利于转变经济增长方式、促进全面协调可持续发展的机制，消除宏观调控的基础性、体制性和机制性障碍；五是合理划分中央和地方的事权和财权，科学改革政绩考核体系，充分调动地方积极性，确保宏观经济政策贯彻执行，维护中央宏观调控政策的统一性、权威性和严肃性。庞明川（2009）认为，我国宏观调控的经验包括：（1）充分认识宏观调控在社会主义市场经济中的地位和作用；（2）不拘泥于西方的传统，大大拓展了宏观调控的内涵与外延，形成了具有中国特色的宏观调控体系；（3）按照科学发展观的要求加强和改善宏观调控；（4）把加强和改善宏观调控与深化经济体制改革结合起来；（5）把加强和改善宏观调控与民生问题有机结合起来。冯梅、王之泉（2010）认为，当前宏观调控具有以下特点：一是宏观调控面临更加复杂、多变的国内国外环境，调控任务繁重、调控压力巨大；二是宏观调控中财政、货币政策运用更加有效，调控力度之大、范围之广前所未有；三是宏观调控兼顾国内与国际"两个战场"，积极参与全球经济调控与协作，切实承担大国责任。齐培潇、郝晓燕、史建文（2010）认为，改革开放以来中国宏观调控的基本经验可归结为：以科学发展观统领宏观调控；加强形势研究分析和预测，完善宏观调控的决策机制；科学把握宏观调控的目标排序和政策重心；积极探索行之有效的调控工具和手段组合，不断改进调控方式。

从上述分析中可以看出，学者们在总结30年宏观调控的经验时，既考虑到了科学发展观这一宏观调控的指导思想，也注意到了宏观调控本身如宏观调控的决策机制、宏观调控体系、宏观调控政策工具和手段、宏观调控的目标排序和政策重心等因素，还考虑到宏观调控与经济结构调整、转变经济发展方式、经济体制改革和改善民生的关系，几乎涵盖了与宏观调控紧密相关的所有重要方面的内容。这对我们总结和提炼中国特色宏观调控的基本经验提供了重要的借鉴和参考。

## 10.1.2　中国特色宏观调控的五条基本经验

第一，立足自身国情基础，在借鉴古今中外相关经验的基础上，不拘泥于传统经典，不断探索与创新，独创性地走出了一条具有鲜明特色的宏观调控发展道路，这是中国宏观调控最为重要的经验。

在本书的第一篇中，我们已经论述了中国特色的宏观调控有三大源头：一是中国从古至今经济思想中的宏观调控思想；二是马克思主义经典作家和社会主义经济理论中的宏观调控思想；三是西方主流经济学的宏观调控理论。在20世纪70年代末80年代初，中国的宏观管理长期接受马克思主义经典理论的影响，特别是苏联东欧社会主义国家改革思想与实践的影响，再加上受新中国成立后第一代中央领导集体坚持"独立自主"思想与经济中的"四大平衡"等思想的深刻影响，因此，虽然在1985年召开"巴山轮会议"上学习和接受了以总量调控为核心的西方经济学中的宏观控制的概念，但是，中国政府没有简单地套用西方主流经济学推行的总量调控，而是立足于中国的具体国情与经济运行的特点，实施了结构性调控与总量调控相结合以结构性调控为主的实践模式，并长期坚持下来。当然，在"巴山轮会议"上，来自世界各地对市场体制有着深切感受的经济学家也特别指出，中国不应照抄任何一个发达国家的经验，相反，应该走出一条独特的新道路。

从20世纪70年代末到80年代中国宏观调控的实践来看，在1979～1981年的宏观调控中，由于经济建设上的"洋跃进"和"放权让利"的企业改革、提高农产品收购价格和提高工人工资等原因，投资需求和消费需求膨胀，出现基建规模失控、物价持续上涨、财政赤字严重等问题，我国的宏观经济运行一度比较混乱。针对这样的局面，1979年4月，中央经济工作会议确定"调整、改革、整顿、提高"的八字方针，开始对国民经济进行全面调整。调整的目标是，在推进改革的前提下平衡财政、平衡信贷和稳定物价。调整采取的政策主要是紧缩的财政、货币政策，如压缩固定资产投资和基建规模，停建缓建了一批不具备条件的建设项目；压缩国防经费和行政管理费；加强银行信贷管理，控制信贷规模；稳定物价方面，则主要通过商业部门调节商品供求量以及调整对农产品的征购数量等措施来实现。这些调控措施都是直接调控措施，采取的手段以行政手段为主。其结构导致经济运行出现大起大落，如1981年我国经济增长率从1980年的7.8%跌落到5.2%。而在1982～1986年的宏观调控中，党的十二大报告提出实行"计划经济为主，市场调节为辅"的运行模式，使计划经济体制的直接控制打开了一个缺口；1984年召开的党的十二届三中全会提出建立有计划商品经济、推进计划体制改革，并相应提出宏观管理要转向宏观调节。基于这一思想，在宏观调节手段上已不再局限于行政手段，开始提出运用经济手段调节经济运行。到 1985 年制订"七五"计划时，中央明确提出：国家对企业的管理逐步由直接控制为主转向间接控制为主；宏观调节的手段，则由主要运用行政手段为主改变为主要运用经济手段和法律手段，并采取必要的行政手段。这些无疑是对宏观调控认识的重大进步。具体到 1985～1986 年的宏观调控中，为控制经济过热，防止出现通货膨胀，这次宏观调控除运用财政政策压缩固定资产投资规模外，还采取了一系列货币政策，如动用国家外汇储备增加部分消费品的进口，以缩小购买力的缺口，回笼货币；加强中国人民银行对贷款计划的指令性管理，严格控制信贷规模；两次上调存贷款利率，压缩投资需求，等等。可见，这次调控虽仍旧保留着一些计划色彩与直接控制的特点，但这是中国在宏观经济管理方式上由直接的行政和计划干预向运用宏观经济政策进行间接调控转变的第一次重大尝试。特别是就宏观调控应该有可供选择的货币政策工具而言，这次调控被认为是真正意义上宏观调控的起点。在 1987～1991 年的宏观调控中，1987 年召开的党的十三大提出建立"国家调节市场、市场引导企业"的经济运行机制，并提出"逐步健全以间接管理为主的宏观经济调节体系"。到 1990 年底，决策者对宏观调控体系的阐述已经比较系统化：宏观调控体系的目标是："逐步建立以国家计划为主要依据的经济、行政、法律手段综合配套的宏观调控体系和制度，特别要健全间接调控机制，更好地运用价格、税率、利率、汇率等手段调节经济的运行。"宏观调控方式以间接调控为主，宏观调控手段包括经济、行政、法律手段综合配套；宏观调控体系的建设"除推进计划、流通、财政、税收、金融等管理体制外，要进一步加强审计、统计、物价、工商管理和经济信息系统的建设，发挥它们在宏观调控中的作用"。在具体的调控实践中，这一次的治理整顿与前两次相比呈现新的特点：在调控任务上，总体上虽仍是以压缩社会总需求、抑制通货膨胀为主要目标，但提出了"实行总量控制的同时，突出结构调整"的任务；在调控手段上，强调"特别要注意更多地采取经济手段"，明显加大了财政政策和货币政策的力度。与此同时，配套进行的计划、财政、税收、金融、投资等宏观管理体制改革，扩大了间接政策工具的应用范围，使宏观调控体系的初步框架得以建立。

在 20 世纪 70 年代末到 90 年代初中国经济运行中出现的三次经济过热的治理与调控中，可以看出，尽管 1985 年引进了以总量调控为基础的"宏观控制"的概念，但在宏观调控的具体实践中并没有照抄照搬西方的现成经验，而是立足于中国经济的实际进行宏观管理。因此，如果说 1979～1981 年对宏观经济运行进行的直接调控是我们对宏观经济管理的认识还存在不足、在宏观调控的手段和方式上仍带有浓厚的计划经济色彩的话，那么，在 1982～1986 年的调控中开始了进行间接调控的尝试，在 1987～1991 年的调控中第一次明确提出了"实行总量控制"，这都是学习和借鉴西方宏观调控的结果。然而，这一时期的宏观调控在调控方式上间接调控与直接调控并存，直接调控起重要作用；在调控手段上虽然强调经济手段、法律手段与行政手段并用，但行政手段仍起重要作用；在调控目标上虽然基本上都是以使社会供求基本平衡为主要任务和目标，如 1979～1981 年的经济调整以平衡财政、平衡信贷和稳定物价为调控任务；1985～1986 年的宏观调控以平衡信贷、降低通货膨胀率为目标；1988～1990 年的治理整顿以压缩社会总需求、抑制通货膨胀为主要目标，但在 1987～1991 年的调控中提出了"突出结构调整"的任务。此外，1987 年还提出"逐步健全以间接管理为主的宏观经济调节体系"和 1990 年提出的宏观调控体系的建设"除推进计划、流通、财政、税收、金融等管理体制外，要进一步加强审计、统计、物价、工商管理和经济信息系统的建设，发挥它们在宏观调控中的作用"。这些都明显有别于西方通常的总量控制，凸显出宏观调控的中国特色。

从那时开始直到今天，中国的宏观调控虽然注重吸收与借鉴各国的经验，但不拘泥于西方传统的总量政策，而是结合建立与完善中国社会主义市场经济体制的客观实际，不仅在调控的目标上突破了西方宏观调控经济增长、物价稳定、充分就业、保持国际收支平衡的四大目标，还结合中国的特点在经济发展不同的阶段增加经济结构调整、转变经济发展方式、节能减排、保护民生等内容；在调控方式上注重将总量调控与结构性调控结合起来以结构性调控为主，在结构性调控中不仅注重对需求结构的调控，还提出"加强供给侧结构性改革"的内容；在调控手段上注重由直接调控向间接调控转变但仍注重发挥直接调控的作用，强调经济手段、法律手段与行政手段并用但行政手段仍起重要作用；在健全宏观调控体系上不仅注重发挥财政政策与货币政策的重要作用，但同时也注重发挥国家战略与规划、产业政策、价格政策、收入分配政策、土地政策等在宏观调控中的作用。这些举措虽然学习和借鉴了西方经验但明显迥异于西方经典的宏观调控，形成了具有中国特色的宏观调控范式。从这个角度上说，中国30年的宏观调控立足于自身，独创性地探索出了一条具有中国特色的结构性调控范式的道路，这是中国宏观调控最为重要的经验之一。

第二，充分认识并确立宏观调控在社会主义市场经济中的地位和作用，将宏观调控作为社会主义市场经济的重要组成部分。

对经济进行宏观调控，是当今市场经济国家的通行做法。因为市场本身存在自发性、盲目性、滞后性等市场失灵现象，这是成熟市场经济体制下市场运行所固有的缺陷，包括两个层次：一个是指在国家安全、公共秩序与法律、公共工程与设施以及公共服务等领域"天然"存在的"市场失灵"；另一个层次主要是指与市场经济的外部性、垄断、分配不公、经济波动、信息不对称等相关的"市场失灵"。这些缺陷导致市场机制运行出现低效率、两极分化、盲目竞争与浪费、对环境的破坏等市场经济成本，使得市场经济不能正常、有效地运转。因此，这些市场失灵必须依靠国家对市场活动的宏观指导和调控来加以弥补和克服。在由计划体制向市场体制转轨的社会主义市场经济中，是否应该对经济进行宏观调控呢？对这一问题的回答是肯定性的。因为在社会主义市场经济中，除存在市场经济国家通常存在的上述两个层次的市场失灵之外，转轨经济由于受到特殊的经济体制转换进程、经济发展水平和市场发育水平等因素的影响，还存在着不同于上述一般性市场失灵的特殊情况。具体表现为：一是市场本身应具有的资源配置功能不能有效发挥，市场结构和市场功能还残缺不全，各种市场尤其是要素市场还缺乏良好的组织，市场信息不灵敏、不准确，不能及时正确地反映产品、劳务和资源的真实成本；二是政府应该退出而尚未退出的职能错位所导致的市场失灵，主要是指政府对市场干预过多或不适当干预所造成的市场扭曲。在从计划体制向市场体制转换的过程中，政府传统职能的退出不是一次性完成的，而是经历了一个渐进的过程。在政府退出与市场进入的过渡状态，传统的"政府失灵"仍然发生作用，配置的冲突和扭曲还普遍存在，如"诸侯经济"、行政性垄断、双轨制、按隶属关系划分的财政体制等；三是改革过程中由于战略设计的失误、试错、纠错而产生的市场失灵，如局部的战略失误所造成的经济衰退、资源配置低效以及非法经济行为的存在等；四是制度属性对市场的约束。我国的社会主义市场体制不同于西方国家的市场体制，有着自身的特殊性，这种特殊的制度属性必然对市场机制的形成与运行产生一定的约束和制约。① 基于上述认识，社会主义市场经济不仅要对经济进行宏观调控，而且还要不断加强和改善宏观调控。也正因为如此，自改革开放以来历次中央全会都高度重视宏观调控问题，对宏观调控在社会主义市场经济中地位和作用的认识也不断深化。党的十二届三中全会通过的《中共中央关于经济体制改革的决定》指出："社会主义经济是公有制基础上的有计划的商品经济。社会主义有计划商品经济的体制，应该是计划与市场内在统一的体制。""国家运用经济手段、法律手段和必要的行政手段，调节市场供求关系，创造适宜的经济和社会环境，以此引导企业正确地进行经营决策。"党的十三大报告提出"必须从有利于保持社会总供给与总需求基本平衡、促进科学技术进步和优化产业结构出发，加快宏观经济管理方式的改革。"在党的十四大确立了我国经济体制改革的目标是建立社会主义市场经济体制之后，党的十四大报告提出"我们要建立的社会主义市场经济体制，就是要使市场在社会主义国家宏观调控下对资源配置起基础性作用，使经济活动遵循价值规律的要求，适应供求关系的变化；……必须加强和改善国家对经济的宏观调控。""在宏观调控上，我们社会主义国家能够把人民的当前利益与长远利益、局部利益与整体利益结合起来，更好地发挥计划和市场两种手段的长处。""进一步改革计划、投资、财政、金融和一些专业部门的管理体制，同时强化审计和经济监督，健全科学的宏观管理体制与方法。"党的十四届三中全会通过的《中共中央关于建立社会主义市场经济体制若干问题的决定》提出"建立社会主义市场经济体制，就是要使市场在国家宏观调控下对资源配置起基础性作用"和"转变政府职能，建立健全宏观经济调控体系"等重要论断。党的十五大报告提出"充分发挥市场机制作用，健全宏观调控体系"，并将其作为经济体制改革和经济发展战略的重要内容；提出"宏观调控的主要任务，是保持经济总量平衡，抑制通货膨胀，促进重大经济结构优化，实现经济稳定增长。宏观调控主要运用经济手段和法律手段。要深化金融、财政、计划体制改革，完善宏观调控手段和协调机制。"党的十六大报告提出"健全现代市场体系，加强和完善宏观调控。在更大程度上发挥市场在资源配置中的基础性作用。""要把促进经济增长，增加就业，稳定物价，保持国际收支平衡作为宏观调控的主要目标。""完善国家计划和财政政策、货币政策等相互配合的宏观调控体系，发挥经济杠杆的调节作用。"党的十七大报告提出"要深化对社会主义市场经济规律的认识，从制度上更好发挥市场在资源配置中的基础性作用，形成有利于科学发展的宏观调控体系。""深化财税、金融等体制改革，完善宏观调控体系。""完善国家规划体系。发挥国家发展规划、计划、产业政策在宏观调控中的导向作用，综合运用财政、货币政策，提高宏观调控水平。"2012 年党的十八大报告提出"经济体制改革的核心问题是处理好政府和市场的关系，必须更加尊重市场规律，更好发挥政府作用。健全现代市场体系，加强宏观调控目标和政策手段机制化建设。"党的十八届三中全会通过的《中共中央关于全面深化改革若干重大问题的决定》提出"经济体制改革是全面深化改革的重点，核心问题是处理好政府和市场的关系，使市场在资源配置中起决定性作用和更好发挥政府作用。""科学的宏观调控，有效的政府治理，是发挥社会主义市场经济体制优势的内在要求。""宏观调控的主要任务是保持经济总量平衡，促进重大经济结构协调和生产力布局优化，减缓经济周期波动影响，防范区域性、系统性风险，稳定市场预期，实现经济持续健康发展。"由此可见，在1992 年

---

①　吕炜.市场失灵是否意味着"市场失效"［N］.解放日报，2007－02－05.

确立我国经济体制改革的目标之前，对宏观调控在社会主义市场经济中的地位和作用有了一定程度的认识，在确立建立社会主义市场经济体制的改革目标之后，对宏观调控的重要地位和作用的认识又有了进一步升华，特别是党的十八届三中全会提出"科学的宏观调控，有效的政府治理，是发挥社会主义市场经济体制优势的内在要求。"不仅对宏观调控的制度性特征给予了进一步明确，将其视为社会主义市场经济的根本特征之一，而且将对宏观调控地位和作用的认识提升到了一个新的高度。

第三，不断拓展宏观调控的内涵，创新宏观调控的思路与方式。

前已述及，发达国家的宏观调控属于需求管理的总量调控，因此，对于经济的周期性波动，宏观调控有两种基本形态：一种是当需求不足、失业率上升时，政府通过实行扩张性财政货币政策，以扩大需求、拉动经济增长和增加就业；另一种是当总需求过于扩张引起通货膨胀率上升时，政府通过加息、紧缩财政支出等措施来抑制通货膨胀。在经济面临较大的金融危机和经济危机时，政府依旧采用凯恩斯主义的需求管理政策搞大规模的经济刺激与"量化宽松"。与之相比较，中国宏观调控的内涵则要宽泛得多，宏观调控的思路与方式也要复杂得多。

一是在宏观调控的内容上，将西方发达国家单纯的总量调控扩展为总量调控与结构性调控并举以结构性调控为主的实践模式；在结构性调控中不仅重视对需求结构的调控，还提出要加强对供给结构的调控。这既是中国特色宏观调控的经验，也是中国特色宏观调控对宏观调控理论的贡献。

二是在宏观调控的目标上，不仅重视西方发达国家宏观调控传统的经济增长、物价稳定、充分就业与国际收支平衡四大目标，而且，根据中国经济发展不同阶段的特点先后增加了结构调整、房地产价格、土地、粮食安全、节能减排、居民收入增长和经济发展同步等民生问题等调控目标。形成了兼具长短期目标的较为完善的宏观调控目标体系。目前最为权威的提法是党的十八届三中全会通过的《中共中央关于全面深化改革若干重大问题的决定》中提出的"宏观调控的主要任务是保持经济总量平衡，促进重大经济结构协调和生产力布局优化，减缓经济周期波动影响，防范区域性、系统性风险，稳定社会预期，实现经济持续健康发展。"而最新的提法是2015年11月3日党的十八届五中全会通过的《中共中央关于制定国民经济和社会发展第十三个五年规划的建议》中提出的"更加注重扩大就业、稳定物价、调整结构、提高效益、防控风险、保护环境"。

三是在健全宏观调控体系上，不仅高度重视西方宏观调控中惯常使用的财政政策与货币政策，而且还注重财政政策与货币政策的协调配合，注重发挥国家战略与规划、产业政策、价格政策、区域政策、土地政策、贸易政策、环境政策等在宏观调控中的作用，初步形成了适合中国国情特点的宏观调控体系。党的十八届五中全会通过的《中共中央关于制定国民经济和社会发展第十三个五年规划的建议》提出："完善以财政政策、货币政策为主，产业政策、区域政策、投资政策、消费政策、价格政策协调配合的政策体系，增强财政货币政策协调性。"

四是在宏观调控手段上，在由直接调控向间接调控过渡的过程中，注重发挥经济手段的作用，不断创新政策工具，相继推出包括定向降低存款准备金率、定向再贷款，抵押补充贷款（PSL）、中期借贷便利（MLF）、常备借贷便利（SLF）以及中长期融资债券、PPP等工具。同时，还注重发挥行政、法律等手段的辅助作用和协同效应。其中，必要的行政手段的使用弥补了单靠经济手段不能有效解决的问题，有力地促进了宏观调控政策工具作用的发挥。

五是在宏观调控的重点上，注重将需求管理与供给管理相结合，短期措施和中长期措施并重。在历次宏观调控中，在注重对需求结构进行调整的同时，还注重对供给结构进行调整，如改革初期推行联产承包责任制、发展乡镇企业、改革国有企业银行、鼓励非公有制经济以及近年来简政放权为市场主体松绑、降低税负为中小企业轻身，以"负面清单"划清政府市场界限、财税金融改革、资本市场改革、反垄断、反腐败等，都是从供给的角度对经济结构进行调整。2015 年 11 月 10 日，中央财经领导小组提出"在适度扩大总需求的同时，着力加强供给侧结构性改革"，表明了今后调控的重点是从供给的角度加强结构性改革的力度，也意味着要由长期注重需求政策向供给政策转变。

六是在宏观调控的方式上，由"强刺激"转向"微刺激"，由"一刀切"转向"定向调控"、由"大水漫灌"转向"精准滴灌"、由"急刹车"改为"点刹"，并注重适时适度的微调预调，提高了调控政策的针对性与灵活性。

此外，中国宏观调控的实践还出现了远比西方国家宏观调控复杂得多的各种情形：从宏观调控的目标上看，既有对经济全面过热的治理，又有对有效需求不足和局部过热的治理；既有对通货膨胀的治理，又有对通货紧缩的治理。从政策措施上看，有紧缩性政策，也有扩张性政策，还有"有保有压、区别对待"的政策。从调控手段上看，有直接的行政手段，也有间接的经济手段和法律手段。从调控力度上看，既有全面的"一刀切"，也有"有保有压、区别对待"、"双防"和"一保一控"；既有暴风雨式的全面调控，又有适时适度的微调。从调控时机上看，既有最初的治理性的被动调控，也有近年来的主动调控、事前调控和预防性调控。可以说，中国的宏观调控面临着更为特殊的经济背景，成功地应对了各种复杂的经济状况，取得了丰富而又宝贵的经验教训，初步建立起一个较为完善的宏观调控体系。

第四，把加强和改善宏观调控与深化改革结合起来。

在社会主义市场经济条件下，加强和改善宏观调控与深化改革具有本质上的内在联系。一方面，宏观调控的目标和任务就是要在解决现行市场体制下存在的市场缺失、市场失灵以及市场不完善等问题的同时，还要解决经济体制改革中出现的突出问题和矛盾。而这些问题的解决，不仅保证了经济的正常运行与体制改革的持续推进，而且为进一步深化改革奠定了坚实的经济基础与社会基础。另一方面，深化改革又为加强和改善宏观调控奠定了良好的体制基础，因为宏观调控政策的绩效取决于不同的体制基础，[①] 在市场化过程中，政策效应的发挥往往离不开体制上的相应变革，因为体制的不完善不仅会使任何一个政策操作产生正负两个方面的效应，而且有可能进一步放大负效应而抑制正效应。[②] 可见，体制是否完善不仅直接影响到宏观调控的效果，也直接影响到宏观调控的效率。正是因为如此，1993 年 6 月中共中央和国务院在《关于当前经济情况和加强宏观调控的意见》中指出：当前经济中出现的矛盾和问题，从根本上讲在于原有体制的弊端没有消除，社会主义市场经济体制尚未形成。在这种情况下，必须着眼于加快改革步伐，"从加快新旧体制转换中找出路，把改进和

---

　　① 庞明川. 中国宏观调控的体制基础与政策绩效 [J]. 世界经济，2008（7）；庞明川. 从紧缩、扩张、稳健到"双防"：宏观调控的政策绩效与体制基础 [J]. 财贸经济，2008（6）.

　　② 中国社会科学院经济所宏观课题组. 投资、周期波动与制度性紧缩效应 [J]. 经济研究，1999（3）.

加强宏观调控、解决经济中的突出问题，变成加快改革，建立社会主义市场经济体制的动力"。之后，中央出台了一系列改革措施，使宏观调控和加快改革互相促进，从根本上保证了宏观调控取得比较好的效果。党的十六届三中全会通过的《中共中央关于完善社会主义市场经济体制若干问题的决定》中，提出完善社会主义市场经济体制的目标和任务之一就是健全国家宏观调控与完善宏观调控体系，并在第六章中专门阐述了继续改善宏观调控，加快转变政府职能的具体要求。党的十八大报告提出"经济体制改革的核心问题是处理好政府和市场的关系，必须更加尊重市场规律，更好发挥政府作用。"党的十八届三中全会通过的《中共中央关于全面深化改革若干重大问题的决定》提出"经济体制改革是全面深化改革的重点，核心问题是处理好政府和市场的关系，使市场在资源配置中起决定性作用和更好发挥政府作用。""紧紧围绕使市场在资源配置中起决定性作用深化经济体制改革，加快完善宏观调控体系"。"科学的宏观调控，有效的政府治理，是发挥社会主义市场经济体制优势的内在要求。"

在上述精神的指导下，中国宏观调控的一个鲜明特色和基本经验就是宏观调控与改革开放两手并举，在改革中调控，在调控中改革，靠改革提高宏观调控的效率，用宏观调控创造改革环境，相互促进，相得益彰。一是持续推进宏观经济领域的体制改革，努力推动形成有利于宏观调控有效发挥作用的体制机制。包括深化财政税收体制改革、金融体制改革、资源性产品价格和资源税收改革和教育、卫生领域改革。宏观调控需要为所有这些与宏观调控密切相关领域的改革提供了动力和推力，而这些领域的改革也为宏观调控创造了良好的体制环境，有利于宏观调控政策作用的有效发挥。二是不断突破对政府与市场关系的认识，强调"更好发挥政府作用"和"科学的宏观调控、有效的政府治理"。改革开放以来，对政府和市场关系的认识经历了一个长期的发展过程。1982年9月，党的十二大明确提出了有系统地进行经济体制改革的任务，指出"正确贯彻计划经济为主、市场调节为辅的原则，是经济体制改革中的一个根本性问题。"这里提出的计划经济与市场调节的主辅关系，就是政府与市场的关系。1984年10月，党的十二届三中全会通过的《中共中央关于经济体制改革的决定》提出"实行计划经济同运用价值规律、发展商品经济，不是互相排斥的，而是统一的，把它们对立起来是错误的"。1987年9月，党的十三大报告提出"社会主义有计划商品经济的体制，应该是计划与市场内在统一的体制。"1992年初，邓小平同志在南方谈话中更加深刻地指出："计划经济不等于社会主义，资本主义也有计划；市场经济不等于资本主义，社会主义也有市场"，把计划和市场都作为发展生产力的手段。在此基础上，1992年10月，党的十四大报告明确提出建立社会主义市场经济体制，"就是要使市场在社会主义国家宏观调控下对资源配置起基础性作用"，这为长期纠结于"计划"和"市场"关系的改革开启了一个新的里程碑。至此，我们党对社会主义市场经济的认识、对政府和市场关系的认识达到了一个新高度。1997年9月，党的十五大报告明确提出了形成比较完善的社会主义市场经济体制的目标，提出"坚持和完善社会主义市场经济体制，使市场在国家宏观调控下对资源配置起基础性作用"，并要求"充分发挥市场机制作用，健全宏观调控体系"。这里，要求"充分发挥"市场作用、"健全"政府宏观调控体系，深化了对政府与市场关系的认识。2002年11月，党的十六大报告进一步提出"健全现代市场体系，加强和完善宏观调控。在更大程度上发挥市场在资源配置中的基础性作用。"2007年10月，党的十七大报告提出："要深化对社会主义市场经济规律的认识，从制度上更好发挥市场在资源配置中的基础性作用，形成有利于科学发展的宏观调控体系。"这里，强调从制度上更好发挥市场的基础性作用，也是对市场作用的重视和强化。2012 年 11 月，党的十八大报告指出："经济体制改革的核心问题是处理好政府和市场的关系，必须更加尊重市场规律，更好发挥政府作用。"并明确要求："完善宏观调控体系，更大程度更广范围发挥市场在资源配置中的基础性作用。"这里，更加突出了市场作用，也强调了更好发挥政府作用。2013 年 11 月，党的十八届三中全会进一步提出："经济体制改革是全面深化改革的重点，核心问题是处理好政府和市场的关系，使市场在资源配置中起决定性作用和更好发挥政府作用。"把以往市场起"基础性"作用改为"决定性"作用，同时也强调"更好发挥政府作用"，这意味着对政府和市场关系的认识达到了一个新的境界和高度。这种对政府与市场关系认识上的不断升华对于有效政府宏观调控的作用无疑具有重要的意义。三是明确中央政府在宏观调控中的主体地位，明确政府的职能并改革政府自身。（1）宏观调控的主体地位问题。宏观调控的主体问题，即宏观调控权的配置问题。宏观调控的主体是指决定宏观调控目标、选择为实现一定调控目标所采取的政策手段、实施对宏观经济总量调节和控制的行为承担者。简言之，宏观调控主体就是宏观调控政策的制定者和实施者。[①] 理论界曾经有过一元主体、二元主体和多元主体的争论。1993 年党的十四届三中全会通过的《关于建立社会主义市场经济体制若干问题的决定》中明确指出：宏观调控权，包括货币的发型、基准利率的确定、汇率的调节和重要税种、税率的调整等，必须集中在中央，这是保证经济总量平衡、经济结构优化和全国市场统一的需要。党的十八届三中全会通过的《中共中央关于全面深化改革若干重大问题的决定》提出"加强中央政府宏观调控职责和能力"。应该说，主体地位的明确为宏观调控作用的发挥奠定了基础。（2）政府职能转变问题。虽然在 1988 年国务院机构改革中明确提出了"转变政府职能"的思想，但事实上，中国政府的职能转变，特别是中央一级政府及其部门的职能转变，与下放权力是同步的，在 20 世纪 90 年代不断加大了改革力度。1988年以后尤其是 1992 年以来，政府转变职能的中心内容是"政企分开"，即政府职能与工商企业经营职能分开，政府管理从微观转向宏观；由直接指挥企业生产经营转向间接管理；由政府只管部门所属企业转向全行业管理；由对社会的管治为主转向既实施管治又监督服务；由政府机关办社会转向机关后勤服务社会化。1998 年党的九届人大一次会议《关于国务院机构改革方案》中明确把政府职能定为三项：宏观调控、社会管理和公共服务。2002 年 11月，党的十六大报告提出："完善政府的经济调节、市场监管、社会管理和公共服务的职能，减少和规范行政审批。"党的十六届三中全会通过的《中共中央关于完善社会主义市场经济体制若干重大问题的决定》中提出：要按照五个统筹的要求，更大程度地发挥市场在资源配置中的基础性作用，并提出要转变政府经济管理职能，"切实把政府经济管理职能转到为市场主体服务和创造良好发展环境上来"。2007 年 10 月，党的十七大报告提出："加快推进政企分开、政资分开、政事分开、政府与市场中介组织分开，规范行政行为，加强行政执法部门建设，减少和规范行政审批，减少政府对微观经济运行的干预。"党的十八大报告提出"推动政府职能向创造良好发展环境、提供优质公共服务、维护社会公平正义转变"。党的十八届三中全会明确提出："必须切实转变政府职能，深化行政体制改革，创新行政管理方式，增强政府公信力和执行力，建设法治政府和服务型政府。"并从"全面正确履行政

---

① 杨秋宝. 宏观调控主体刍议 [J]. 红旗文稿，1998（8）.

府职能""政府要加强发展战略、规划、政策、标准等制定和实施，加强市场活动监管，加强各类公共服务提供""加快事业单位分类改革"和"优化政府组织结构"等方面提出了具体要求。这既是对政府职能的科学定位，也是对政府职能的转变提出的明确要求。（3）政府自身的改革问题。改革开放以来，政府多次进行了包括下放权力、推行"大部制"等的改革，以解决长期存在的政府对经济活动干预太多但在许多环节又干预不到位的"越位"与"缺位"的问题。近年来，政府不断加大对自身的改革力度，通过简政放权、行政体制改革和商事制度改革等重塑宏观调控的主体基础，在市场发挥在资源配置中的决定性作用的同时更好地发挥政府的作用，从而激发市场活力。特别是在新一轮的宏观调控中，中央把转变政府职能、简政放权等改革与宏观调控同步推进，取得了积极的政策效果。

第五，把加强和改善宏观调控与民生问题有机结合起来。

民生是立国之本，民生问题是中国改革最大的问题，改善民生是中国发展经济的根本目的。习近平同志指出："我们党和政府做一切工作出发点、落脚点都是让人民过上好日子。"因此，重视民生，改善民生，既体现了科学发展观的要求，也是全面建设小康社会与和谐社会的现实需要。党的十七大报告提出"加快推进以改善民生为重点的社会建设"，将民生问题提升到了一个前所未有的新高度。党的十八大报告再次指出："加强社会建设，必须以保障和改善民生为重点。"2011年12月30日中央经济工作会议明确提出，牢牢把握保障和改善民生这一根本目的，加大财政投入力度，切实办好涉及民生的大事要事，注重提高发展的包容性。这些论断都强调了民生问题的重要性。

既然党和政府做一切工作的出发点、落脚点都关乎民生，那么，宏观调控当然也不会例外，保障和改善民生也当然成为加强和改善宏观调控的重要任务。事实上，宏观调控的目标和任务都与民生问题息息相关。例如，保持物价稳定是解决人民群众的生活问题；充分就业是解决人民群众的就业难问题；促进经济增长是为了持续地增加人民群众的收入。此外，经济结构调整、收入分配改革、社会保障改革、房地产调控、教育政策调整、医药卫生体制改革、推进城镇化、保障性住房建设等也都直接与民生相关。一般说来，加强和改善宏观调控与保障和改善民生的关系是：一方面，加强和改善宏观调控是为了更好地保障和改善民生；另一方面，保障和改善民生又可以为宏观调控的顺利实施奠定了良好的社会基础。也正是因为如此，党的十四大报告提出"在宏观调控上，我们社会主义国家能够把人民的当前利益与长远利益、局部利益与整体利益结合起来，更好地发挥计划和市场两种手段的长处。"2011年10月，温家宝总理在广西南宁考察时指出："在宏观调控中，要把保障和改善民生作为一项特别重要的任务摆在突出位置，这不仅关系到经济社会的发展，而且关系到群众利益和社会和谐稳定。"

加强和改善宏观调控与民生问题的有机结合，就要求在宏观调控的实践中，要把加强和改善宏观调控与解决好群众最关心、最直接、最现实的利益问题有机统一起来，合理调整国民收入分配格局，既推动经济平稳较快发展，又不断改善群众生活，让城乡居民在经济持续快速发展中得到更多实惠，共享改革发展成果。近年来陆续推出的多项宏观调控政策在教育、医疗、住房、就业、收入分配、社会保障和福利救助等六大民生领域已取得重大进展，促进了民生问题的显著改善，同时也为宏观调控的实施提供了有力的保障，增强了宏观调控的有效性。

## 10.2　中国特色宏观调控存在的问题与创新发展

### 10.2.1　中国特色宏观调控存在的六大问题

中国特色宏观调控历经 30 年的发展，已由最初单一的总量调控发展演变为总量调控与结构性调控相结合以结构性调控为主的结构性调控范式。特别在中国经济进入"新常态"以来，中国的宏观调控不仅推出了包括"微刺激""区间调控""定向调控""供给侧结构性改革"等一系列结构性调控的创新性举措，不断创新政策工具，而且，还提出"在适度扩大总需求的同时，着力加强供给侧结构性改革"，从供给与需求的结构方面同时发力，最终形成了中国宏观调控不同于西方国家宏观调控的独特范式，并取得了较好的政策效果。特别是应对金融危机的宏观调控政策使得中国经济在世界范围内率先实现复苏，引起了国外媒体与学者的广泛关注与肯定，相信在中国经济进入"新常态"以来政府推出的多种创新性宏观调控内容、举措与政策工具也必将取得较好的政策效果与国际影响。

但是，上述成就并不意味着中国特色宏观调控就没有任何值得改进之处。从中国宏观调控的实践来看，历次调控揭示出中国宏观调控本身还存在一定的问题和不足；而且，国际国内经济环境的变化也给中国的宏观调控提出了新的要求。对于中国宏观调控尚存在的不足与改进之处，陈东琪、宋立等（2008）认为，宏观调控面临的问题与挑战包括：（1）宏观调控的针对性和有效性有待加强和提高，政策制定有待进一步科学化、合理化；（2）地方政府职能转换不到位，宏观调控在中观层面传导不畅；（3）现阶段宏观调控中使用的有些手段不利于发挥市场机制作用；（4）现行宏观调控机制不能适应全球化需要，对国际形势新变化反应迟钝，应对措施不力。① 齐培潇、郝晓燕、史建文（2010）指出，虽然近年来的宏观调控取得了比较明显的成效，基本实现了预期的目标，但仍面临一些问题和挑战，经济从偏快向过热转变的压力仍然比较大。宏观调控的有效性不足，需要经过进一步深化改革来促进宏观调控措施效果的发挥，而且现行财政体制导致地方政府财政压力大，推动投资的意愿强，不利于宏观调控措施的贯彻执行。由于地方政府转型不到位，其发展理念、行为方式与中央宏观调控的方针不一致，很多地方政府依然将 GDP 增长、增加投资等作为工作的重心，造成了投资过度、无序竞争等问题，致使中央宏观调控在地方政府这一环节无法顺利地传导。此外，现阶段的中国仍然面临着十分艰巨的市场化改革任务，我国市场化改革还远未到位，且行政手段的使用对加快市场化改革、发挥市场机制在资源配置中的基础性作用产生了一定程度的不利影响。因此，要进一步努力减少不必要的行政性措施，尽量降低宏观调控对推进市场化改革的不利影响。张晓晶（2015）提出，中国的宏观调控体系还不健全，调控机制、手段等都还有待完善；特别是在经济转型发展与快速的结构变迁中，宏观调控还未能完全跟上步伐。范建军（2015）认为，目前我国宏观调控存在两个问题：一是缺少非常科学的分析框架，政府部门在具体政策执行过程中找不到非常清晰的思路；二是缺乏科学的宏

---

① 陈东琪，宋立，刘国艳，王元，徐策. 改革开放 30 年宏观调控的经验、问题和理论探索［N］. 中国经济时报，2008 – 04 – 10.

观调控统计指标。

除上述问题之外，我们认为，中国的宏观调控还存在下列问题：

一是宏观调控的泛化问题。对于中国宏观调控存在的泛化现象，国内学者进行了大量的探讨。梁小民（2005）较早就指出："实行市场经济了，政府还要干预经济，有人将政府做的一切事都归入宏观调控。于是，又有了'宏观调控是个筐，什么都往里面装'的说法。老百姓把复杂的事情简单化，幽默一下无伤大雅。但把经济学和政策制定作为一门科学，把宏观调控作为筐就为害不浅了。"因此，应正确区分市场经济中政府的立法、行政和经济手段三大职能与微观经济政策和宏观经济政策。在一个完全的市场经济，国家对宏观经济的调控只能通过财政政策、货币政策这类宏观经济政策来实现。在现实中我们往往混淆了这些概念。例如，某些国内有媒体把个别地方限制进口大片票价、限制某些演出的票价都称为"国家加强宏观调控"。且不说这些做法完全是不必要的，即使必要也不能称为"宏观调控"。一来这完全是强制性管制行为；二来即使作为经济政策，充其量只是微观经济政策，与"宏观调控"无关。张志敏（2012）指出，我国理论界和政府部门对宏观调控的把握并不准确，导致"宏观调控是个筐，什么都往里装"。宏观调控主要关注总量，它的任务就是防止经济出现大起大落，调结构属于政府的其他职能，不应该把所有的政府职能都纳入宏观调控的范畴。为什么现在宏观调控的效果不尽如人意？就是因为有些任务已经超越了宏观调控的使命，所以很难看到它的成效。汪同三（2013）指出，改革开放以来，加强和改善宏观调控是伴随宏观经济运行的一项经常性工作。宏观调控是市场经济必要组成部分，社会主义市场经济更离不开宏观调控。但也不能把宏观调控当成包罗万象的筐，把一切都归功于或归咎于宏观调控。在建立和完善社会主义市场经济体制的过程中，应谨防"调控依赖症"，防止将宏观调控泛化、庸俗化。徐振宇（2013）指出，多年以来，学界、业界、政界惯于使用"宏观调控"者甚众，但是，令人尴尬的是，"宏观调控"或许是一个非常经不起推敲的概念。第一，这一概念从来就没有明确的内涵和准确的外延。在全球范围内，似乎只有中国在广泛使用，无法找到准确对应的英文翻译。在国内，每个人对这一概念都有自己的理解——"宏观调控是个筐，什么都能装"——这样容易造成这一概念的泛化、异化甚至毒化。不仅中央政府声称要加强宏观调控，省级、市级、县级政府要加强宏观调控，甚至连工商局、国土局、车管所也要加强宏观调控，背后反映着计划经济的残余。第二，对内涵和外延均不明确的"宏观调控"的过度强调，以及地方政府和政府部门故意将宏观调控泛化，容易将很多重要的"微观"问题（如放松管制、开放投资领域、放宽进入条件、强化竞争、生产要素市场化改革）宏观化，用宏观调控掩盖微观领域的改革。学界的基本共识是，当前微观领域的改革和行政部门自身的简政放权，比所谓的"宏观调控"更加重要，也更加紧迫。正因为如此，中央第一次明确提出"用改革的精神、思路、办法来改善宏观调控，寓改革于调控之中"可谓一语中的。第三，即便能够将"宏观调控"界定货币政策、财政政策等宏观经济政策，也不能将调控政策经常化。胡鞍钢（2015）特别强调："宏观调控不是一个筐，不能什么都往里装，更不是无所不包、无所不管、无所不控。这就要求抓住主要矛盾、有的放矢。这个'的'就是宏观调控核心目标。"中央财经领导小组副主任杨伟民（2013）也特别指出，党的十八届三中全会明确了宏观调控的主要任务和宏观调控的体系。主要任务可以概括为："总量平衡、结构优化、防范风险、稳定预期"。确定了宏观调控体系一个导向、两项政策，一个导向是发展战略和规划为导向，两个政策就是财政和货币政策这两大政策工具。在此之前，中央有关文件并没有对宏观调控进行如此清晰的界定，所以在一定时期我们的宏观调控上出现了一定偏差，把宏观调控当做一个筐，什么都往里装。宏观调控的任务和手段被扩大化、夸大化，其实宏观调控仅仅是政府职责之一，而不是政府作用的全部。徐澜波（2014）提出，目前，在社会层面，大众对"宏观调控"也耳熟能详，什么问题社会自身解决不了了，社会各界就会以"宏观调控"的名义提出需要国家和政府进行控制与干预；"宏观调控"大有被泛化的趋势。张晓晶（2015）发表了一系列文章指出，根据最权威的提法，党的十八届三中全会《决定》中强调，宏观调控的主要任务是保持经济总量平衡，促进重大经济结构协调和生产力布局优化，减缓经济周期波动影响，防范区域性、系统性风险，稳定社会预期，实现经济持续健康发展。由于宏观调控如此多的目标，政策手段也要一样多才行。考虑到中国尚处在转型、发展与剧烈的结构变迁之中，加上目前宏观调控体系不完善，手段不健全，宏观调控的泛化就难以避免了。这里特别要指出的是，宏观调控泛化有一种自我加强的逻辑。一方面，在经济体系不完善、还不能完全能够依靠市场手段解决问题的时候，就会想到各种招数，如土地闸门，信贷闸门，有时候"乌纱帽"也用上；然后发现这么做很"有效"。但另一方面，随着宏观调控的泛化，往往会对市场机制发挥作用本身形成制约，从而不利于市场机制的真正形成；这反过来，又为宏观调控的泛化创造了条件或"借口"。或许总是处在宏观调控之中，亦或许是总要"依赖"宏观调控（如经济不好的时候指望刺激），除了某些部门认为宏观调控是万能的，连一般的市场参考者、被调控的对象也以为宏观调控能够包打天下。事实上，宏观调控的最高境界是人们感受不到它的存在。那些指望经济中的大事小情，都要靠宏观调控来解决的想法是有问题的。宏观调控不能包打天下，特别是要让市场在资源配置中发挥决定性作用的今天。卢锋（2015）表示，我国的宏观调控政策与国际上的宏观政策不是同一概念，内容、表述都存在很大区别。如果宏观调控的内容过于宽泛，在带来一些好处的同时，也会带来难以根治的体制扭曲，造成政府对市场的过多干预。因此，现在是改革宏观调控的很好时机。从上述分析中可以看出，多数学者都揭示了宏观调控的泛化会带来一系列消极的经济后果，应科学界定宏观调控的内涵和外延。在"新常态"背景下，科学界定宏观调控的内涵和范围，对于认识和实施"科学的宏观调控"，仍是一项十分紧迫的任务。

二是短期政策长期化的问题。早在 2001 年，《中国市场》杂志在第 9 期就刊载了题为"张曙光反对'短期政策长期化'"的文章，由此可见，中国宏观调控中确实存在将短期政策长期化的现象。刘玉辉、孙宏（2002）就认为中国 1998 年以来实施的积极财政政策，具有短期政策长期化的特征，是一个实施积极财政政策的成功范例。然而，大多数学者都不认可短期政策长期化的做法。因为积极财政政策本质上是一项短期政策，长期推行的结果将导致政府债务的大量增加和经济的不可持续。张宏（2002）指出，目前中国实施积极财政政策已经 5 年，其对经济增长的贡献诚然功不可没，可积极财政政策本身具有不可持续的特性，短期政策长期化可能隐藏诸多危机与弊端，应慎防过度依赖。高盛中国首席策略师邓体顺（2009）指出，不能将短期应急性的政策长期化，因为历史证明，过于宽松的流动性持续太久最终会造成资产泡沫，造成政策风险。邓聿文（2011）强调："若把短期政策长期化，它就违背了市场的内在运行规律。"王振宇、于骁骁（2012）指出，扩张性财政政策具有短期性、间接性、结构性等特征，若任其短期政策长期化、间接手段直接化，势必会产生挤出效应，降低经济社会资源的配置效率。10 多年来，我国一直靠"透支"未来维系经济增长，形成了积极财政政策的路径依赖。若继续下去，后果只能是政策效应日益递减，进而产生负向激励和逆向调节的问题。沈凌（2012）认为，由于中国的特殊国情，我们的周期性刺激政策最大的问题是"短期政策长期化"。如基础设施建设投资，在经济低谷出现的时候，民间投资萎缩，失业率高涨，的确是政府运用财政政策投资建设基础设施的好时机。因为即使仅从投资成本计，这时候也比经济高涨时期低很多。但是一旦投入，拉动了经济走出了困境，就要面对"国进民退"的窘境。这时就需要有一个预设的退出机制，把这部分危机时期形成的资产出售给民间资本，以便提高运营的效率和积累国有资本为下一场的危机作准备。如果没有这样一个退出机制，每一次危机的财政刺激都会导致"国进民退"，那么我们的市场化改革方向就会慢慢逆转。国有资本运行效率低下，会逐步侵蚀掉低位入市的优势，最后总是拖累经济偏离最有效率的资源配置状态。在成熟的市场经济我们都能看到这样的短期刺激政策和退出机制。如香港政府在亚洲金融危机期间干预市场，市场恢复之后，就出售了购入的资产；现在的美国政府也在2008年的金融危机期间买入了很多的金融机构股份，现在也在逐步退出。所以，在这些经济体不会出现由于短期政策干预形成国有化的长期趋势。智强（2013）也认为，像中国这样的强势政府，在短期内使用凯恩斯主义的办法，逆向干预经济，通常是有效果的。但政府若无视市场机制调节经济的作用，把短期政策长期化，不断刺激经济增长，将使经济陷入不可持续状态。可见，对于短期政策长期化问题，多数学者持否定意见。中国宏观调控的实践也反复证明，将短期的调控政策长期化使用会带来包括产能过剩、结构失衡等一系列问题，导致经济发展的不可持续。因此，对于短期政策长期化现象，不仅要从宏观调控理论本身进行认识和反思，而且，在宏观调控的实施过程中也要坚决杜绝和避免这一现象的发生。

三是行政手段的运用问题。行政手段本是结构性调控重要的调控手段之一，但是，行政手段使用不当也会给经济的健康运行带来负面影响。在体制转轨初期，行政手段作为计划体制下常用的宏观控制手段之一被经常性地使用还可以被公众所接受和理解，如在20世纪80~90年代初期的宏观调控中，大多以行政手段为主或强调行政干预。对此，国内学者大多认为在由计划向市场转轨的初期，行政手段对于深化改革具有推动作用、是为了给新经济体制催生等，具有其合理性。[①] 这种意见在当时几乎成为主流认识。而对于3年治理整顿时期的宏观调控，行政手段更是不可或缺。[②] 姜作培（1989）认为不能简单地把行政手段等同于旧体制，运用行政手段也并不必然是复归旧体制。因为，行政手段作为国家调节经济的一种手段，任何国家都没有把它放弃，在社会主义经济管理中同样是不可缺少的。在目前整治期间虽然有必要将经济手段的使用置于优先考虑的地位，但基于我国经济过热，需求过旺，经济生产中存在着诸多混乱无序的客观事实，在国家宏观调控的某些领域、某些环节，特别是行政手段并没有丧失其合理性的地方，适当加强行政手段，这对稳定经济，抑制通货膨胀，推进改革都是必要的，有利的。当然，从治整以来的情况看，低估行政手段的作用固然不

① 肖奴. 如何认识用行政手段干预经济［J］. 经济研究，1982（9）；王积业. 行政手段和经济手段的辩证统一［J］. 中州学刊，1983（5）；王河. 运用经济手段行政手段法律手段管好经济［J］. 财经问题研究，1983（5）；丁启文. 强化必要的行政手段是为了给新经济体制催生［J］. 学习与研究，1986（2）；田培炎. 论经济运行中的经济手段、行政手段、法律手段［J］. 哲学研究，1986（7）；贾康文. 行政手段对深化改革的推动作用［J］. 湖北社会科学，1988（8）.

② 张立群. 谈谈宏观调控中的行政手段［J］. 学习与研究，1989（1）；卜启圣，陈克鑫. 略论经济运行中的行政手段［J］. 经济与管理研究，1989（5）；姜作培. 如何运用行政手段调控［J］. 经济纵横，1991（5）.

对，然而过高地估计其作用也是片面的。姜作培（1990）指出："治理整顿以来，我们对国民经济运行的不少环节采取了直接的行政性调控手段，诸如紧缩银根、管制价格、商品专营、扩大指令性计划等。""正如使用经济手段需具备一定的条件和环境一样，行政手段的使用也必须具备若干基本条件。根据行政手段本身的特点以及目前使用过程中正反面经验教训，要有效地使用行政手段必须具备下述几个条件。一是要有高效率的行政管理体制。二是要有一支廉洁清正的干部队伍。三是要有严明的政府纪律。由于上述诸方面的条件目前我们均不充分具备，因此行政手段的调控得不到充分发挥。再加上行政手段本身存在着一定的局限性，如调控弹性低，作用单一，调控中又掺杂着不少人为因素，在实施过程中也产生了一些值得注意的问题。"事实上，从 1993～1997 年的宏观调控开始，行政手段已开始减弱，经济手段开始得到广泛运用。但是，行政手段并没有从宏观调控中淡出，仍发挥着对经济的调控作用。这一时期多数学者坚持从问题导向出发来看待行政手段的运用，同时也提醒要辩证地看待行政手段，因为行政手段存在自身的局限性，所以在宏观调控中不能滥用和过度使用。这些观点无疑是有积极意义的。[①]

但是，在 2003～2007 年的宏观调控中，为抑制投资增长过快与局部经济过热，行政手段又得到重新重用，强力干预信贷与土地两个闸门。特别是 2004 年 4 月对"铁本事件"查处，成为重启行政性调控的一个重要标志，并引发了一场理论界有关行政性调控的大辩论。持否定意见的学者们认为，我国市场经济体制已建立多年，在市场化程度已经提高到一定水平、市场机制建立多年的条件下，再运用行政手段来调控经济运行是不可取的。其实早在2003 年下半年，国务院就通过各种形式与多条渠道对相关行业发出了"过热"警告，并不断提醒投资者注意市场潜在风险。到了 2004 年初，国家发展改革委宣布对钢铁、电解铝、水泥三大行业实施宏观调控。随后人民银行两度动用"调高存款准备金率"的利器，国务院也宣布调高钢铁、电解铝、水泥和房地产四个行业的固定资产投资项目资本金比例。但这些市场化的调控手段显然难以奏效，2004 年第一季度的固定资产投资不但没有下降，反而创下了 53% 这样的新高，投资面临着全面失控的危险。显然，中央政府无疑是首选了货币政策、价格杠杆等市场手段来实现目的。但在这个节骨眼上爆发的"铁本"案处理进展，却使得这个方向陡然有了不同：此案的具体表现在当事方自然是在审批、用地、纳税等方面严重违法违规，所以难逃相关制裁，但这个特殊时间的背景，也令这些处罚具有了令人熟悉的行政色彩。虽然宏观调控的相关操作需要时间来展现效果，但第一季度的"高热"难退，已经暗示相关市场手段难有立竿见影的效果；"铁本"百亿元项目违规上马的过程，更是直接透露出"上有政策，下有对策"的尴尬。"铁本事件"暴露出中央政府的宏观调控能力在现实中遭遇到了极大的挑战，地方政府由阳奉阴违发展到公然对抗。面对这种情形，中央政府能不采用强有力的行政手段吗？尽管行政性调控有着自身的局限，但有的学者不问缘由，

①　尘漠. 行政手段在宏观调控中的作用和意义 [J]. 新疆师范大学学报（哲学社会科学版），1993（12）；樊怀洪. 正确运用行政手段促进市场经济体制建立 [J]. 学习论坛，1994（2）；戴先华. 防止滥用行政手段解决经济问题 [J]. 经营管理者，1994（6）；张新泽. 治理通胀：经济、行政手段兼施政策配套协调 [J]. 宏观经济管理，1994（9）；何相荣、邓新生. 社会主义市场经济初始时期政府宏观调控价格仍需强化行政手段 [J]. 价格月刊，1994（10）；乔新生. 论市场经济条件下的行政手段 [J]. 内部文稿，1995（2）；戴双美. 关于市场经济宏观调控中行政手段的运用 [J]. 厦门大学学报（哲学社会科学版），1995（10）；戴炳源. 关于行政手段的若干思考 [J]. 广东行政学院学报，1996（12）；翟桂珍. 市场经济条件下如何运用行政手段 [J]. 宏观经济管理，1997（12）。

只要一看是行政手段就坚决反对，这种态度也是不可取的。也有一些学者进行对行政手段的作用给予了肯定。祝宝良（2004）认为2003年以来的投资过热是由行政主导的投资过热，特别是地方政府主导的投资项目所致，地方性投资项目是促成投资快速增长的重要拉动力量。这类投资的主体是地方政府或国有企业，具有"软约束"的特点，属于非理性的投资行为，市场自动纠错机制难以对此类投资的失误进行惩罚。这类投资是重复建设的根源所在，是遏制当前固定资产投资膨胀的真正目标。为了遏制投资过热，2003年9月，央行提高存款准备金率1个百分点。遗憾的是，在预期的作用下，收效甚微。此举反而引发了人们对紧缩政策的预期，各路诸侯纷纷赶末班车。国家随即表示要坚决抑制固定资产投资过快增长。2004年3月24日，央行宣布从2004年4月25日起实行差别存款准备金率制度，同时实行再贷款浮息制度，从2004年3月25日起，再贷款基准利率上调0.63个百分点。随后，中国人民银行又于2004年4月11日再次提高存款准备金率0.5个百分点。然而，这一系列力度较大的货币政策对抑制投资作用却有限。显然，市场调节的"无形之手"对抑制行政性主导的投资过热没有效果，政府宏观政策的"有形之手"也起不了多大作用，于是运用行政手段这"第三只手"就是必要的。当然，采取行政手段控制投资是一种微观干预措施，成本是很高的，往往会导致低效率和寻租行为，同时，有回归旧计划经济体制的嫌疑，与市场化改革方向不符合，实属不得已而为之。实际上，一系列法律的、行政的措施已相继出台，如严肃处理江苏铁本公司事件；提高钢铁、电解铝、水泥、房地产开发固定资产投资项目资本金比例；要求各地区、各部门和各有关单位对所有在建、拟建固定资产投资项目进行一次全面清理，重点清理钢铁、电解铝、水泥、党政机关办公楼和培训中心、城市快速轨道交通、高尔夫球场、会展中心、物流园区、大型购物中心等项目，同时清理2004年以来新开工的所有项目；深入开展土地市场治理整顿，严格土地管理等。如此政策组合的目标是既包含总量控制，又有结构调整。行政措施易于操作见效快，对抑制行政性投资过热效果明显，我国经济有望在2004年年底实现软着陆。这样，行政性调控手段的重要性得到凸显。[①]

车海刚（2004）在深入分析了本轮宏观调控后认为，始自2003年下半年的宏观经济调控，已经初步显现出积极效应。这一轮宏观调控与以往历次调控的最大不同在于：中央政府一方面采取传统的行政手段，陆续出台了诸如控制建设用地、清理整顿在建和新建项目、提高特定行业的建设项目资本金比例等多种措施；另一方面，则更多地体现出通过以货币政策和财政政策为主的经济手段（或称市场手段）来达成调控目标的意愿。应当说，宏观调控方式的这种变化，反映并顺应了我国经济日益向市场化转轨的现实。然而，仔细梳理近一年来宏观调控的脉络和走向，可以发现，在对经济手段和行政手段两者的选择上，正明显呈现出由侧重前者转向倚重后者的迹象。回顾2003年6月，中国人民银行颁布"121号文件"，大幅提高了房地产行业的贷款门槛；8月，央行又首次宣布将存款准备金率提高1个百分点，开启了此后不到8个月时间内连续三次调整存款准备金率的闸门……这一系列的货币政策给人们留下了深刻印象。而在运用行政手段进行调控方面，尽管清理和控制建设项目等政策举措早在2003年已有先兆，但真正形成"疾风骤雨"的声音是在2004年上半年，特别是4月，国务院以罕见的严厉姿态查处"江苏铁本案"，明确昭示了中央扼制投资过热的坚定决心。对于此次宏观调控坚持行政手段与市场手段并用，甚至有更多地倚仗行政手段的倾向，舆论

---

① 祝宝良. 从投资反差看采取行政性调控手段的必要性［N］. 中国经济时报，2004－05－20.

界存在各种不同的看法。其中对此持质疑态度的论者认为，既然我们已经确立了市场经济体制的取向，就应尽快地让行政手段"淡出"，让经济手段唱主角。这种愿望固然是好的，但却没有虑及这一轮宏观调控的客观背景，也不符合我国的实际国情。当然，随着我国市场化程度的不断提高，在今后的宏观调控中应逐步发挥经济手段的主导作用，这一发展方向是无可动摇的。这就要求我们加快推进包括投融资体制改革、商业银行改革、国有企业改革等在内的各项改革及法治建设。即便是当前必须采取一些行政调控手段，也不能将其等同于以往那种"审批包揽一切"的计划经济。前段时间曾有观察家提醒说，要谨防某些宏观经济管理部门借调控之机复归旧体制，此话虽有过虑之嫌，却不失为值得镜鉴的金玉良言。[①] 还有学者强调以行政手段遏制投资的"非理性亢奋"、中国抑制经济过热还需更多行政手段等。[②] 此外，还有学者在客观分析行政性手段存在不足的基础上，提出行政手段应逐步淡出的建设性意见。胡舒立（2004）指出，以审批、控制贷款甚至行政处分等手段进行调控，固然可以起到立竿见影的效果，如可以严格控制总量规模，但这种调控的成本非常高。行政命令没有筛选机制，不但难以起到去芜存菁的作用，而且很可能适得其反。此外，行政性手段无法把握分寸和力度，稍有不慎，容易窒息经济的活力。其实，中国经济过去"一放就乱、一乱就收、一收就死"的现象，正是因为没有形成价格调控体系，一味依靠行政性手段的结果。行政性调控正在窒息经济的活力，当及早退出；而市场化的调控措施则应适时介入，以避免经济出现反弹。李军杰（2006）指出，2006 年上半年经济运行再次出现过热迹象，宏观调控所采取的主要措施，可以归纳为"五管齐下"，即管住项目、管住信贷、管住土地、管住环保、管住能耗。但严格地讲，环境和能耗不应该成为一种调控手段而应该是市场制度基础的一部分。土地监控和环境监控在技术上是有保障的，只要监控到位，其监控效果是可衡量和可置信的，但是从基层反映的情况来看，能耗调控在技术监督上做不到这一点，在经济结构和增长方式没有太大改变的情况下，其调控过程很可能流于形式。环境调控和能耗调控在方向上是正确的，但是，这两种手段应该以制度化的方式融入市场准入和市场制度基础中固定化、法制化，而不应作为一种相机抉择的应急性调控手段。因此，行政性调控应向规范化制度化发展。[③] 傅勇（2007）指出，从 2004 年开始中国实行"双稳健"的财政、货币政策后，宏观调控将首次改弦易辙，施以从紧货币政策。在使出浑身解数之后，宏观调控的行政性色彩似乎正变得愈加浓厚。这的确是一个令人担忧的迹象。一段时间来，为应对日益复杂的宏观形势，央行动用了所有市场化的工具，并将这些工具几乎运用到了极致。在存款准备金率、利率和央行票据上，央行货币政策空间已受到国内外环境明显掣肘。质疑宏观调控无效的议论越来越多，人们似乎对市场调节开始失去耐心，开始呼唤暴风骤雨式的行政手段。我们有理由期望这些手段能起到有效抑制经济增长过热和通胀全面化的作用，但与此同时，也需要考量行政调控的副作用。施建淮（2008）认为，早先的调控主要是行政手段，如以控制新开工项目为代表的固定资产投资规模控制，强化物价管理，延后出台新涨价措施，设置开发区审批权限，限制土地供应，控制信贷投放规模等。最近的调控手段开始更多

---

①　车海刚．宏观调控仍需行政与市场手段并用［N］．学习时报，2004-07-20．

②　陶冬．以行政手段遏制投资的"非理性亢奋"［J］. 21 世纪商业评论，2004（7）；谢士强，余道春．如何正确看待目前宏观调控中的行政手段［J］．河北经贸大学学报，2005，（3）；史蒂芬·罗奇．中国抑制经济过热还需更多行政手段［J］．中国对外贸易，2006（9）.

③　张玉玲．行政性调控应向规范化制度化发展［N］．光明日报，2006-10-26．

地运用货币政策和财政政策如加息、提高法定存款准备金率、调整出口退税率等，2003 年以来公开市场操作发挥了越来越重要的作用，如通过发行央行票据来回收市场的流通性。总的说来，行政手段虽然对给经济降温是有效的，但往往也会给经济造成伤害，加大经济波动。① 张昊（2008）认为，用行政手段调控经济存在很多弊端，应逐步完善我国宏观调控的手段，向市场化手段过渡。② 陈东琪、宋立等（2008）在总结宏观调控 30 年的经验时指出："在建立健全微观管制的同时，我们也相继采取了一系列行政和法律手段，主要行政措施包括：提高钢铁、电解铝、水泥、房地产开发的固定资产投资项目资本金比例，严格控制新开工项目；集中深入开展土地市场治理整顿；对所有在建、拟建固定资产投资项目进行全面清理等。可以说利用土地和节能、环保政策调节经济，控制"银根"和控制'地根'相结合，严把土地、节能、环保和货币四大闸门，是近年来宏观调控的一大特色。由于近年来宏观经济运行中出现的一些问题，既与市场发育不足有关，也与地方政府的过度参与和干预有一定的关联，地方政府的参与使宏观经济问题更加复杂和持久，为了克服地方政府在中观领域的阻滞和逆调节作用，在一定时期和一定范围内适当运用行政手段不仅是必要的，也是十分有效的。必要的行政手段不仅克服了传统或常规的宏观经济政策手段作用的盲区和死角，也极大地促进了常规宏观经济政策工具作用的充分发挥。"③

对于 2008 年以来扩张性调控中行政手段的使用，国内学者的认识和判断越来越客观与公允，其中不乏具有真知灼见的观点。邓聿文（2011）认为，强调经济手段，这不是说在某些特定情况下不可采用行政手段。对中国这样一个市场分割、市场经济体制尚不完善、民主法制尚不健全的国家来说，必要的行政调控还是需要的。例如，在通胀恶化时需要对某些重要商品实施临时价格干预措施。但即便如此，这种对经济直接干预的行政手段，也不宜过多、过频，持续时间不宜过长，否则，将可能使各类经济信号扭曲失真。我们的问题在于，每次宏观调控，行政干预都超过了一个基于事情本身的必要限度，而成为最重要的调控工具。譬如，当经济出现明显过热时，政府最后都是依靠额度控制和审批控制的办法来抑制信贷增长，压制投资。……一般来说，市场中管制价格是一种最不好的手段，比管制价格更等而下之的就是管制交易本身，这实际等于取消市场交易，从而也就是取消市场。尽管就中国的现实而言，某种程度的楼市管制有其合理性，但若把短期政策长期化，它就违背了市场的内在运行规律。深究起来，中国之所以在宏观调控中屡屡自动陷入过度使用行政手段的泥潭里，原因恐怕有以下几点：一是与政府对宏观调控的误解有关，把调控同管制或战略决策混同起来；二是与历史形成的政府主导经济运行的态势有关；三是与社会过于迷信政府权力有关，从而使得政府对用行政手段来管控资源和价格有一种格外偏好；四是与政府职能的错位、越位和缺位有关。④ 黄伯平（2011）指出，宏观调控中的行政手段由非市场化规制和行政监督构成。近年来的宏观调控虽然紧扣市场经济体制初步建立这个历史起点，但行政手段并未如一般理论所预期的那样淡出，反倒有着常态化的表现。行政手段参与宏观调控有其客观原因，在市场经济和相关制度得以完善之前，宏观调控还无法摆脱对于行政手段的依赖，

① 周慧兰. 宏观调控：从行政手段向市场方式的转变 [N]. 21 世纪经济报道，2008 - 01 - 06.
② 张昊. 从行政手段调控的弊端析我国宏观调控手段的完善 [J]. 经营管理者，2008（10）.
③ 邹东涛. 中国经济发展和体制改革报告之一：中国改革开放 30 年（1978 - 2008）[M]. 北京：社会科学文献出版社，2008.
④ 邓聿文. 政府调控须有边界 [N]. 中国经营报，2011 - 03 - 05.

并且针对长久性的需要，行政手段将一直存在下去。吴敬琏（2011）强调，对行政手段调控经济应该辩证地分析。高尚全（2013）指出，从源头上完善宏观调控，要求宏观调控要更多地运用间接调控，尽可能少用行政手段。政府如何完善宏观调控，如何提高宏观调控的有效性，是当前和今后必须解决的重大问题。一是随着改革的深化，我国经济的市场化程度已经较高，传统的行政方式进行调控所起的作用不会很大。二是长期以来由于计划经济体制所产生的主要是总需求膨胀的倾向，现在已经让位给由于市场经济体制所产生的供给过剩倾向。这就是说宏观调控的背景和基础发生了变化。因此，调控方式必应发生变化。三是依靠行政审批制度和管制来加强宏观调控，容易造成权钱交易，容易抬高企业的准入门槛，造成某些行业的人为垄断，提高某些行业的利润。四是行政手段容易加大改革和发展成本。因此，要尽量少用行政手段。张勇（2015）在分析与回顾了理论界对行政手段是否应该退出宏观调控体系的争议之后认为，在传统计划经济体制下，行政手段是指令性计划得以贯彻实施的重要手段。改革开放后，中国经济转型的方向是社会主义市场经济，在宏观调控中屡屡被运用的行政手段饱受质疑，甚至被斥为向计划经济的倒退。行政手段是否应该退出宏观调控体系？不能理想化、乌托邦式地理解这一问题，而应实事求是。在社会主义初级阶段，在中国特色社会主义市场经济体制下，行政手段仍然有发挥作用的空间和土壤，在短期内难以完全退出。由此可见，对于宏观调控中行政性手段的使用问题，行政手段与经济手段、法律手段的协调配合问题，理论界的认识尚存在分歧，特别是在结构性调控中行政手段作用的认识与如何发挥的问题，还需进行深入的探讨。

四是宏观调控力度的把握问题。在中国历次宏观调控中，宏观调控力度的把握也是一个重要问题。它不仅反映出宏观调控的经验与技巧是否纯熟，而且直接影响宏观调控的效果。从中国历次调控的实践来看，宏观调控的力度多次表现为要么不足、要么过大过猛两种倾向。在转轨初期，由于行政性调控的力度偏大，导致经济大起大落；1993～1997 年和2003～2007 年宏观调控中，都存在调控力度过大的问题。最为典型的案例是 1998 年应对亚洲金融危机与 2008 年应对美国金融危机，这两次扩张性调控都存在调控力度过大的问题，以至于给经济带来了许多后遗症。对此，从 20 世纪 90 年代初开始，理论界就开始对宏观调控力度的把握问题进行探讨。对此，朱尧平（1993）较早地指出，调控力度把握适当与否，要看经济结构的调整是否合理；调控力度把握适当与否，要看建设速度的掌握是否恰当；调控力度把握适当与否，要看基建规模的控制是否适度；调控力度把握适当与否，要看供需总量的协调是否平衡。夏兴园（1995）提出，在宏观经济调控中，必须十分注意调控的力度。因为任何宏观调控手段的运用都不可能是无副作用的，判断调控效果的大小，必须从它对整个经济运行系统所起的作用来考察，看其得失的比较，得大于失者即可行，当然要尽可能采取措施减轻其副作用，如失大于得则不可取。这里，为了更好地发挥调控的效果，减轻其副作用，一个重要的方面，就是要把握好宏观调控力度的强弱问题。如果宏观调控力度掌握不当，可能会导致社会总供给与总需求矛盾加剧，会引发经济循环的失常和经济运行的大波动。因此，在宏观调控力度的把握上，应注意以下方面：第一，调控手段正负刺激的选择与配合；第二，宏观调控中的经济时间与经济空间；第三，宏观调控中可控度的把握；第四，宏观调控中各杠杆系统要协调配合。陈东、綦建红（1996）认为，1993 年下半年以来，政府多次使用直接干预的行政手段，并加大了宏观调控的力度，这便引起了不同的看法。有人甚至认为这是旧体制复归的表现，会妨碍市场作用的发挥。对于国情复杂且处于由计划经济向社会主义市场经济体制转轨的我国来说，宏观调控的力度应该是比较大的。这是因为，一方面，与发达国家相比，我国在经济、社会、法律、历史、文化等总体条件上具有差异性和阶段性的特点；另一方面，从我国现阶段经济发展看，当前强调加大调控力度，是缓解经济过热带来的新问题、新矛盾，理顺各方面关系的必然选择，绝不意味着放弃或取消市场取向的改革，更不是向旧体制复归，而是通过加强宏观经济调控，营造良好的市场经济的运行环境。总的来说，宏观调控力度的强弱主要取决于经济条件，特别是市场条件。由于各国的基本国情和经济发展阶段不同，其宏观调控力度是不同的。从发达国家来看，由于其市场经济起步较早，且已形成了比较完善的市场经济体系，因此作为弥补市场缺陷的宏观调控就可以相对弱化，缩小调控范围，减小调控力度，突出市场机制的基础调节作用。从发展中国家来看，由于市场经济起步较晚，在现阶段尚未形成完善的经济体系，因而与发达国家相比，其宏观调控力度相对强化，调控范围较宽，呈现出全方位推进的态势。当然，即使在同一国家的不同历史发展阶段，其宏观调控的力度也会不同。虽然从总体趋势来看，随着经济的发展，大多数国家越来越重视发挥市场机制的基础调节作用，尽量转移和缩小政府的宏观调控职能，但是并不排除在特殊时期和特殊条件下，政府实施较强力度的宏观调控。尤其是在严重通货膨胀、经济结构失衡等非常时期，间接调控手段不足以产生快速强烈的效应。此时动用直接、严厉的调控手段往往能够立竿见影。从我国的特殊国情出发，我国在发展市场经济的过程中更需加强宏观调控力度。这是由国内的经济条件、社会条件、法律条件和历史文化条件所决定的。其中，经济条件是决定我国加大宏观调控力度最根本的因素。[①] 此外，还有学者就财政宏观调控的力度、宏观调控政策及财政、货币政策反方向组合的力度等进行了深入探讨。[②]

王松奇（2011）则从另一角度对宏观调控的力度进行了探究。他指出，中国自1985年"巴山轮会议"引入宏观调控理念以来，在货币政策财政政策的运用方面已积累了丰富的经验和教训，从正反两个方面总结，可以概括为一句话，那就是：逆对经济风向相机抉择突出预见性同时在调节力度上力图温和平滑，以避免挫伤实体经济。在我的记忆中，中国有三次宏观调控急加速的经历：一是1992年小平同志南方讲话后；二是2003年6月"非典"威胁解除后；三是2008年11月雷曼兄弟公司倒闭后。这三次急加速都表现为货币政策与财政政策双松同时又集中表现在信贷突出投放方面。毋庸讳言，每次宏观经济政策的大松动都会造成基建投资增长过快并派生重复建设、产能过剩等问题，但由于微观经济基础结构条件的差异，每次政策过松产生的经济后果又有所不同。1992年的政策大松动产生的多是经济乱象；2003年大松动产生的是高通货膨胀；2008年年底开始出台4万亿元经济刺激计划之后产生的则是国家项目和地方投资的超速增长。现在回过头来看，为应对本轮全球金融危机，中央

① 陈东，綦建红. 论现阶段我国加大宏观调控力度的依据及调控力度的确定［J］. 烟台大学学报（哲学社会科学版），1996，（7）.

② 蒋学杰. 论财政宏观调控力度［J］. 当代经济科学，1992（3）；杨纪琬. 社会主义市场经济要求 加强宏观调控的力度［J］. 经济管理，1994（2）；刘邦驰、梁宝柱. 借鉴西方国家经验强化我国财政宏观调控力度［J］. 财政研究，1994（5）；赵锡信. 准确把握宏观调控的时机和力度［J］. 市场经济导报1997（10）；刘军. 市场经济秩序与宏观政策调控力度［J］. 中央财经大学学报，2001（9）；唐震斌. 正确把握宏观调控的节奏和力度［J］. 新金融2008（4）；于学军. 宏观调控政策效用考察：把握调控力度 改善调控方式［J］. 产业经济研究，2008（7）；刘伟. 财政、货币政策反方向组合与宏观调控力度［J］. 经济学家，2014（11）.

出台 4 万亿元投资计划虽然十分必要，但从 2010 年以来中央对地方政府平台公司的清理力度及 2011 年货币政策的动向看，2009 年我们的危机应对似乎有"反应过度"的嫌疑。为什么说当年我们的危机应对有"反应过度"的嫌疑？其实答案在现在中央银行频频出招以"稳健"之名行"紧缩"之实的货币政策，正是今天的"反应过度"印证了 2009 年拉动内需政策的"反应过度"。①

此外，针对历次宏观调控中政策着力过大的问题，陈东琪（1999）较早地提出应实行"微调"的思想。② 事实上，鉴于 1993 年急刹车式的宏观调控造成了经济的大起大落，说明存在着调控力度过大的问题，因此，在 2003～2007 年的宏观调控中，政府宏观调控的方式采取了"点刹"，意思就是不是一脚踩到底，不搞"一刀切"。温家宝总理在向意大利总理贝卢斯科尼和企业家们介绍中国经济发展情况时，形象地把目前中国经济发展比作一辆正在高速行驶的菲亚特汽车，"不能采取急刹车的办法，而必须采取点刹车的措施，坚决有力又适时适度，区别对待。"在此后的宏观调控中，政府都高度重视宏观调控的力度问题。2011 年 10 月中央明确提出适时适度进行预调微调，促进经济稳定增长。邹东涛等（2008）在总结 30 年宏观调控的经验时指出："近年来改善宏观调控方式的另一条重要经验是适时适度进行微调预调，用多次'点刹'取代'急刹车'，财政货币政策措施操作不是一步到位，而是分步实施，小步多调，用小调整取代大调整，以小波动代替大振荡。在经济运行已经出现失衡趋势但失衡程度还不很严重时进行多次微调，小步渐进，用'点刹'代替'急刹车'，既有利于政策在调整中保持前后继起性，又可以让市场主体在慢慢改变预期和行为惯性中适应新的政策变化，减缓政策急剧变化带来的冲击和振荡，避免了以往经济发展大起之后的大落现象，各种政策手段有效组合，调控力度和节奏把握比较好，有利于保持宏观经济运行的平稳性。"③

在 2012 年以来的本轮宏观调控中，政府在调控力度上的把握有了明显的变化：由"强刺激"转向"微刺激"，由"大水漫灌"转向"精准滴灌"、由"急刹车"改为"点刹"，并注重适时适度的微调预调，不仅提高了调控政策的针对性与灵活性，而且体现出政府开始展现出高超的调控艺术。

五是健全宏观调控体系问题。健全宏观调控体系是处理好政府和市场关系的重要举措，是实现宏观调控目标、提高宏观调控水平的重要制度性保障，对于加快完善社会主义市场经济体制、全面建成小康社会意义重大。应该说，建立健全宏观调控体系问题经过了长期的探索与实践。从历次中央全会发布的公报来看，可以发现，健全宏观调控体系问题是 1987 年党的十三大报告中提出的。从此开始，几乎每一次的中央全会报告、中央经济工作会议都会涉及这一内容。在此之前，党的十二届三中全会通过的《中共中央关于经济体制改革的决定》指出："社会主义经济是公有制基础上的有计划的商品经济。社会主义有计划商品经济的体制，应该是计划与市场内在统一的体制。新的经济运行机制，总体上来说应当是"国家调节市场，市场引导企业"的机制。国家运用经济手段、法律手段和必要的行政手段，

---

① 王松奇. 宏观调控应避免"反应过度"倾向 [J]. 银行家，2011（4）.

② 陈东琪. 微调论 [M]. 上海：上海远东出版社，1999.

③ 邹东涛. 中国经济发展和体制改革报告之一：中国改革开放 30 年（1978－2008）[M]. 北京：社会科学文献出版社，2008.

调节市场供求关系，创造适宜的经济和社会环境，以此引导企业正确地进行经营决策。"党的十三大报告明确提出"逐步健全以间接管理为主的宏观经济调节体系。""必须从有利于保持社会总供给与总需求基本平衡、促进科学技术进步和优化产业结构出发，加快宏观经济管理方式的改革。""为了实现产业结构和企业组织结构合理化，达到资源优化配置，不仅要发挥市场和自由竞争的作用，而且要依靠国家制定正确的产业政策和企业组织结构政策，并运用价格、财政、税收、信贷等经济杠杆来进行干预和调节，以改革促进经济的健康发展，以发展为改革创造较好的经济环境。这样，就有可能把发展和改革、计划和市场、宏观管理和微观搞活结合起来，并在计划工作上走出一条新的路子。"1992年党的十四大报告提出"我们要建立的社会主义市场经济体制，就是要使市场在社会主义国家宏观调控下对资源配置起基础性作用，使经济活动遵循价值规律的要求，适应供求关系的变化；……必须加强和改善国家对经济的宏观调控。我们要大力发展全国的统一市场，进一步扩大市场的作用，并依据客观规律的要求，运用好经济政策、经济法规、计划指导和必要的行政管理，引导市场健康发展。""在宏观调控上，我们社会主义国家能够把人民的当前利益与长远利益、局部利益与整体利益结合起来，更好地发挥计划和市场两种手段的长处。国家计划是宏观调控的重要手段之一。要更新计划观念，改进计划方法，重点是合理确定国民经济和社会发展的战略目标，搞好经济发展预测、总量调控、重大结构与生产力布局规划，集中必要的财力物力进行重点建设，综合运用经济杠杆，促进经济更好更快地发展。""进一步改革计划、投资、财政、金融和一些专业部门的管理体制，同时强化审计和经济监督，健全科学的宏观管理体制与方法。"1993年11月14日，党的十四届三中全会通过的《中共中央关于建立社会主义市场经济体制若干问题的决定》提出"建立社会主义市场经济体制，就是要使市场在国家宏观调控下对资源配置起基础性作用"和"转变政府职能，建立健全宏观经济调控体系"等重要论断。其中，"转变政府职能，建立健全宏观经济调控体系"的内容包括：（1）转变政府职能，改革政府机构，是建立社会主义市场经济体制的迫切要求。（2）社会主义市场经济必须有健全的宏观调控体系。宏观调控的主要任务是：保持经济总量的基本平衡，促进经济结构的优化，引导国民经济持续、快速、健康发展，推动社会全面进步。宏观调控主要采取经济办法，近期要在财税、金融、投资和计划体制的改革方面迈出重大步伐，建立计划、金融、财政之间相互配合和制约的机制，加强对经济运行的综合协调。运用货币政策与财政政策，调节社会总需求与总供给的基本平衡，并与产业政策相配合，促进国民经济和社会的协调发展。（3）加快计划体制改革，进一步转变计划管理职能。（4）合理划分中央与地方经济管理权限，发挥中央和地方两个积极性。1997年党的十五大报告提出"市场在资源配置中的基础性作用明显增强，宏观调控体系的框架初步建立。"将"充分发挥市场机制作用，健全宏观调控体系"作为经济体制改革和经济发展战略的重要内容，提出"充分发挥市场机制作用，健全宏观调控体系。要加快国民经济市场化进程。继续发展各类市场，着重发展资本、劳动力、技术等生产要素市场，完善生产要素价格形成机制。改革流通体制，健全市场规则，加强市场管理，清除市场障碍，打破地区封锁、部门垄断，尽快建成统一开放、竞争有序的市场体系，进一步发挥市场对资源配置的基础性作用。""宏观调控的主要任务，是保持经济总量平衡，抑制通货膨胀，促进重大经济结构优化，实现经济稳定增长。宏观调控主要运用经济手段和法律手段。要深化金融、财政、计划体制改革，完善宏观调控手段和协调机制。实施适度从紧的财政政策和货币政策，注意掌握调控力度。依法加强对金融机构和金融市场包括证券市场的监管，规范和维护金融秩序，有效防范和化解金融风险。"2002 年党的十六大报告提出"健全现代市场体系，加强和完善宏观调控。在更大程度上发挥市场在资源配置中的基础性作用，健全统一、开放、竞争、有序的现代市场体系。""完善政府的经济调节、市场监管、社会管理和公共服务的职能，减少和规范行政审批。要把促进经济增长，增加就业，稳定物价，保持国际收支平衡作为宏观调控的主要目标。""完善国家计划和财政政策、货币政策等相互配合的宏观调控体系，发挥经济杠杆的调节作用。"党的十六届三中全会通过的《中共中央关于完善社会主义市场经济体制若干问题的决定》提出完善社会主义市场经济体制的目标和任务之一就是健全国家宏观调控与完善宏观调控体系，并从"进一步健全国家计划和财政政策、货币政策等相互配合的宏观调控体系"方面对完善国家宏观调控体系提出了具体要求。2007 年党的十七大报告提出"深化财税、金融等体制改革，完善宏观调控体系。""完善国家规划体系。发挥国家发展规划、计划、产业政策在宏观调控中的导向作用，综合运用财政、货币政策，提高宏观调控水平。"2012 年党的十八大报告提出，"深化改革是加快转变经济发展方式的关键。经济体制改革的核心问题是处理好政府和市场的关系，必须更加尊重市场规律，更好发挥政府作用。健全现代市场体系，加强宏观调控目标和政策手段机制化建设。"2013 年 11 月 15 日《中共中央关于全面深化改革若干重大问题的决定》提出"科学的宏观调控，有效的政府治理，是发挥社会主义市场经济体制优势的内在要求。必须切实转变政府职能，深化行政体制改革，创新行政管理方式，增强政府公信力和执行力，建设法治政府和服务型政府。要健全宏观调控体系，全面正确履行政府职能，优化政府组织结构，提高科学管理水平。""宏观调控的主要任务是保持经济总量平衡，促进重大经济结构协调和生产力布局优化，减缓经济周期波动影响，防范区域性、系统性风险，稳定市场预期，实现经济持续健康发展。健全以国家发展战略和规划为导向、以财政政策和货币政策为主要手段的宏观调控体系，推进宏观调控目标制定和政策手段运用机制化，加强财政政策、货币政策与产业、价格等政策手段协调配合，提高相机抉择水平，增强宏观调控前瞻性、针对性、协同性。形成参与国际宏观经济政策协调的机制，推动国际经济治理结构完善。"

将上述内容简单地梳理，可以看出，可以将健全宏观调控体系的探索分为三个阶段：(1) 1987～1997 年为第一阶段，以健全宏观调控体系任务的提出到宏观调控体系的框架初步建立为标志。在这一阶段中，党的十三大报告首次提出了"逐步健全以间接管理为主的宏观经济调节体系"的任务。党的十四大报告提出"要使市场在社会主义国家宏观调控下对资源配置起基础性作用"，"进一步改革计划、投资、财政、金融和一些专业部门的管理体制，同时强化审计和经济监督，健全科学的宏观管理体制与方法。"党的十四届三中全会通过的《中共中央关于建立社会主义市场经济体制若干问题的决定》提出"转变政府职能，建立健全宏观经济调控体系"。到 1997 年党的十五大报告指出"宏观调控体系的框架初步建立"，并将"充分发挥市场机制作用，健全宏观调控体系"作为经济体制改革和经济发展战略的重要内容。(2) 2002～2012 年为第二阶段，以不断推进宏观调控体系的建立与完善为标志。在这一阶段中，党的十六大报告提出"健全现代市场体系，加强和完善宏观调控""完善国家计划和财政政策、货币政策等相互配合的宏观调控体系，发挥经济杠杆的调节作用。"党的十七大报告提出"深化财税、金融等体制改革，完善宏观调控体系。""完善国家规划体系。发挥国家发展规划、计划、产业政策在宏观调控中的导向作用，综合运用财政、货币政策，提高宏观调控水平。"党的十八大报告提出"经济体制改革的核心问题是处理好政府和市场的关系，必须更加尊重市场规律，更好发挥政府作用。健全现代市场体系，加强宏观调控目标和政策手段机制化建设。"（3）2013年至今为第三阶段，以科学的宏观调控的提出为标志。在这一阶段中，党的十八届三中全会通过的《中共中央关于全面深化改革若干重大问题的决定》提出"经济体制改革是全面深化改革的重点，核心问题是处理好政府和市场的关系，使市场在资源配置中起决定性作用和更好发挥政府作用。""科学的宏观调控，有效的政府治理，是发挥社会主义市场经济体制优势的内在要求。"至此，"科学的宏观调控"的提出，将宏观调控体系的建立与完善推到的一个前所未有的新高度。

从实践来看，宏观调控体系的建设在历次宏观调控的实践中得到不断的推进和完善。改革开放以来，我们坚持社会主义市场经济的改革方向，充分发挥市场配置资源的作用，不断健全宏观调控体系，调整完善宏观经济政策，成功应对了短缺经济条件下投资消费双膨胀导致的经济过热和严重通货膨胀、有效需求不足导致的经济下滑和通货紧缩趋势、亚洲金融危机和国际金融危机等造成的严重冲击，以及重大疫情和严重自然灾害等重大突发事件，促进了经济持续健康发展，避免了经济大起大落，人民生活水平大幅提升，综合国力和国际竞争力显著增强，社会主义现代化建设取得了新的历史性成就。在这一过程中，国家战略与规划、财政政策、货币政策、产业政策、价格政策、区域发展政策以及国际宏观经济政策的协调等都在长期的实践中经过了不断的改革与发展，以适应不断变化的经济发展的新形势与新要求，这对于加强和改善宏观调控、不断健全宏观调控体系起到了重要作用。主要表现在：（1）在继续协调搭配运用财政、货币政策的同时，注意财政、货币政策与产业政策、贸易政策相结合，充分发挥经济手段的应有作用。财政、货币政策是宏观调控的基本手段和主要工具，各自在不同的领域和实现不同的政策目标方面具有不同的作用，为了发挥宏观政策的整体作用，二者的协调配合十分重要。为了进一步提高宏观调控的有效性，我们在继续协调搭配运用财政货币政策的同时，积极运用产业政策和贸易政策，注意财政、货币政策与产业政策、贸易政策相结合，充分发挥经济手段的应有作用。（2）宏观调控与微观管制相结合，注意发挥行政、法律等手段的辅助作用和协同效应。近年来，为了实现可持续发展，实现经济又好又快发展的目标，按照科学发展观的要求，配合宏观调控的需要，我们在继续放松传统管制的基础上，建立健全适应市场经济发展需要的经济性和社会性管制。这些管制措施虽然顺应宏观调控而建立，并配合了宏观调控，但不能视同一般的宏观调控措施，不能随着宏观经济形势的变化而变化，应该持之以恒地坚持下去，这是微观管制和宏观调控的重要区别。在建立健全微观管制的同时，我们也相继运用了一系列行政和法律手段，必要的行政手段，不仅克服了传统或常规的宏观经济政策手段，作用的盲区和死角，也极大地促进了常规宏观经济政策工具作用的充分发挥。（3）宏观调控与深化改革相结合，探索实现二者的良性互动。近年来宏观调控的特殊之处在于，经济发展模式与财政、金融体制，以及外汇管理体制等共同构成了近年来宏观经济运行中诸多问题的动因，财政、货币政策等传统宏观调控手段和工具在体制因素面前作用是比较有限的。我们在加强和改进宏观调控的同时，积极推进宏观经济领域的体制改革，努力推动形成有利于经济增长方式转变的体制机制。包括财政税收体制改革、金融体制改革、资源性产品价格和资源税收改革、教育、卫生领域改革等。宏观调控的需要为所有这些与宏观调控密切相关领域的改革提供了动力和推力，这些领域的改革也为宏观调控创造了良好的体制环境，有利于宏观调控政策作用的有效发挥。上述各项政策本身发挥积极作用及其相互协调配合，为健全中国宏观调控体系做出了突出贡献。1997年党的十五大报告提出"宏观调控体系的框架初步建立"，2013 年党的十八届三中全会通过的《中共中央关于全面深化改革若干重大问题的决定》提出"健全以国家发展战略和规划为导向、以财政政策和货币政策为主要手段的宏观调控体系"，为最终建立健全中国的宏观调控体系指明了发展的方向。

六是宏观调控的科学性问题。2013 年 11 月 12 日，党的十八届三中全会通过的《中共中央关于全面深化改革若干重大问题的决定》提出："科学的宏观调控，有效的政府治理，是发挥社会主义市场经济体制优势的内在要求。"首次在中央关于深化改革的重大决定中提出了宏观调控的科学性问题。对此，国内理论界在 21 世纪初期就开始进行探讨。时任国务院副总理的温家宝同志在 2001 年 12 月 4 日展开的全国计划会议上发表讲话时指出，要增强宏观调控的预见性科学性有效性。[①] 韩保江（2005）从搞好宏观调控，必须尊重市场的"大智慧"；搞好宏观调控，必须转变政府职能；搞好宏观调控，必须慎用"一刀切"式的行政干预三个方面论述了驾驭市场经济关键是提高宏观调控的科学性问题。卢中原（2005）在论述了把握好宏观调控的方向、时机和力度，在实现总量平衡的前提下着力推进结构调整和增长方式转变，不断完善间接调控方式之后，强调从政府职能规范合理，处理好政府、企业和市场的关系与财税、金融和发展规划密切配合，形成协调一致的经济调节机制两个方面来依靠深化改革、完善体制实现科学的宏观调控。林毅夫（2007）认为，作为一个快速发展的发展中大国，我国宏观经济运行中出现的产能过剩、投资过热、国际收支不平衡等突出问题，是现有宏观经济理论难以解释和解决的。因此，进一步提高宏观调控的科学性和有效性，必须深入研究我国经济运行的特点和规律，进一步完善宏观经济理论体系。辛鸣（2008）则强调了宏观调控方法的科学性。辛鸣（2008）还进一步认为，需要确立一种科学的宏观调控观，探索、形成、运用科学的方法来增强宏观调控的有效性。他认为，科学的宏观调控观应该包括什么样的内容，可以进一步研究，但至少在以下三个方面要有明确的回答与科学的应对。一是"辨症"要准确。关于中国宏观调控面对的问题，我们必须有一个清醒的判断，这就是，所有这一切皆源于各微观主体的理性选择而非理性冲动，每一个微观主体都清醒地知道自己在做什么。二是"下药"要坚决。包括要以雷霆万钧之势维护宏观调控政策的严肃性，对于违反宏观调控要求的任何主体都给予从重从紧的经济处理乃至政治处理；要对宏观调控可能产生的不可避免的负面效应有理智的心态与主动担当的勇气，不能患得患失，优柔寡断。三是"培元"是基础。通过制度创新与体制保障，逐步培育经济发展的健康因素与内在活力，彻底消除产生和滋长不健康经济运行的一切制度缺陷与政策漏洞，建立起科学、规范的制度安排，让微观主体的理性行为不得不服从于整个社会的理性判断。因此，建立在科学的制度创新与体制保障基础上的科学宏观调控观是保证宏观调控有效性的根本利器。中央党校中国特色社会主义理论体系研究中心（2011）从加快转变政府职能，着力为宏观调控创造体制条件；科学研判国民经济运行情况，为宏观决策提供科学依据；正确评估宏观调控效果，发现问题及时修正等三个方面提出了着力增强宏观调控

---

① 温家宝. 深入研究重大经济问题 增强宏观调控的预见性科学性有效性 [J]. 宏观经济研究，2002（1）；温家宝. 增强宏观调控的预见性科学性有效性 保持经济稳定发展 [N]. 经济日报，2002 - 02 - 04.

的科学性问题。[①] 王址道（2011）宏观调控的科学性是指，宏观调控不应该是随意的，而应该是在相关"科学"指导下的具有科学性的宏观经济管理活动。只有在"科学"的指导下，宏观调控才能做到"发现及时，措施得当，效果良好"。具体地说，宏观调控科学，是关于宏观调控的系统性知识和学问。提高宏观调控的科学性，是指在宏观调控过程中要坚持以系统化的宏观调控知识作为指导，坚持在了解宏观经济运行和宏观调控的基本规律的基础上，对宏观经济运行实施有效调控，克服宏观调控的随意性和盲目性，使宏观调控工作做到"发现及时、时机准确、措施得当、力度合适、效果显著"。在此基础上，提出从及时发现调控需求，增强宏观调控的预见性；准确选择调控重点和方向，确保宏观调控的针对性；灵活把握调控的力度和节奏，确保宏观调控的有效性等单个方面来提高宏观调控的科学性和预见性。[②] 周天勇（2013）认为，科学的宏观调控除了必须做好财政政策与货币政策相协调、中央的宏观调控和地方的落实相协调、宏观调控的需求侧管理和供给侧管理相协调等之外，还要特别注意以下几点：第一，要强调宏观调控的科学性，不能从经验主义、主观判断来进行宏观调控的决策，因为经济的内在性是客观的，宏观调控一定要符合经济趋势、经济规律，一定要科学。这里包括：一是职能部门要逐步把政策设计和政策执行分开；二是鼓励宏观经济分析和政策机构、人员研究要客观，数据要准确，说真话，不能看领导眼色。只有这样，才能保持宏观调控的民主性和科学性。第二，一定要在改革中不断完善宏观调控的条件和机制。总之，我认为，坚定不移地推进改革，以及形成市场经济条件下的宏观调控机制，这些都是科学调控非常重要的条件。[③] 宋立（2013）认为，"如果简单地回答，运用科学的手段，保持宏观经济平稳运行的这种调控是一个科学的调控"。而科学的宏观调控要有好的宏观政策框架，能够有效预防经济发展中的风险，最大限度地把经济发展中遇到的波动控制在最小的范围内。卢锋（2013）甚至提出："贯彻落实三中全会全面深化改革部署，在实践中动态丰富与发展新的改革议程，就能实现2020年在重要领域和关键环节改革上取得决定性成果，使各方面制度更加成熟、更加定型的目标。市场经济体制健全成熟之日，也就是科学宏观调控目标实现之时。届时'宏观调控'这个体制转型期的特色名词，其中带有计划体制遗迹的'控'字或许会被扬弃，采取'宏观调节'或'宏观管理'之类的表述。"

从上述分析中可以看出，经过多年的探索，对于宏观调控科学性的认识还有待进一步深化。我们认为，科学的宏观调控的内涵至少应该包含以下内容：一是对宏观调控本身的认识要科学；二是宏观调控要符合经济运行的特点和规律；三是宏观调控过程本身也要科学，包括根据经济运行的特点确定科学的调控目标，选择适宜的调控政策与政策工具，准确选择调控的时机和把握好调控的力度，等等。当然，要切实做到上述三个方面是几乎不可能的。如果从1936年凯恩斯出版划时代的著作《就业、利息和货币通论》算起，人们对于宏观调控的认识尚不足90年，而西方主流经济学长期以来仅限于需求管理的总量调控政策，更何况各国的宏观调控又有其自身的特点，因此，要真正做到科学地认识宏观调控是非常困难的；对于经济运行规律的认识也是如此。而要在科学认识宏观调控与经济运行规律的基础上做到

---

① 中央党校中国特色社会主义理论体系研究中心. 着力增强宏观调控的科学性 [J]. 求是. 2011 (7).
② 王址道. 宏观调控的科学性和预见性探讨 [J]. 宏观经济研究, 2011 (2).
③ 周子勋：宏观调控必须注重科学性——访中共中央党校国际战略研究所副所长周天勇 [N]. 中国经济时报, 2013 – 03 – 10.

宏观调控过程的科学性就更是难上加难了。尽管如此，为了切实增强宏观调控的有效性，无论如何都应该努力提高宏观调控的科学性。

上述六个方面的问题既包含了宏观调控本身存在的问题，也包含了与宏观调控密切相关的对政府与市场关系的认识问题。要真正做到"科学的宏观调控"，就需要落实党的十八大报告提出的"经济体制改革的核心问题是处理好政府和市场的关系，必须更加尊重市场规律，更好发挥政府作用"和党的十八届三中全会通过的《中共中央关于全面深化改革若干重大问题的决定》中提出的"经济体制改革是全面深化改革的重点，核心问题是处理好政府和市场的关系，使市场在资源配置中起决定性作用和更好发挥政府作用"的精神，在充分尊重市场并发挥市场决定性作用的基础上来更好地发挥好政府宏观调控的作用。

## 10.2.2　"新常态"下中国特色宏观调控的创新与发展

从 2012 年开始，中国经济开始进入"新常态"阶段。经济"新常态"是一个动态的发展过程，不同于以往的由投资与消费膨胀导致的经济过热以及由外部冲击引致的增长下滑等，在"新常态"阶段经济增长的机制与动力等都发生了显著的变化。对此，2014 年 8 月 4 ~ 7 日，《人民日报》连续 4 天在头版刊登评论员文章，聚焦"中国经济新常态"，对中国经济形势进行多角度阐释，认为"进入'新常态'，增长速度换挡期、结构调整阵痛期、前期刺激政策消化期'三期'叠加，各种矛盾和问题相互交织。"在首篇评论员文章《"新常态"，新在哪？》中，就提出了"新常态"的四个特征：（1）中高速。从速度层面看，经济增速换挡回落，从过去 10% 左右的高速增长转为 7% ~ 8% 的中高速增长是"新常态"的最基本特征。（2）优结构。从结构层面看，"新常态"下，经济结构发生全面、深刻的变化，不断优化升级。（3）新动力。从动力层面看，"新常态"下，中国经济将从要素驱动、投资驱动转向创新驱动。（4）多挑战。从风险层面看，"新常态"下面临新的挑战，一些不确定性风险显性化。[①] 至此，"新常态"一词被赋予了特殊的中国意义和特色。以"新常态"来判断当前中国经济的特征，并将之上升到战略高度，表明中央对当前中国经济增长阶段变化规律的认识更加深刻，对宏观政策的选择、行业企业的转型升级产生方向性、决定性的重大影响。

中国经济进入"新常态"必然也会给宏观调控带来影响和挑战。对于"新常态"下的宏观调控，国内学者也纷纷提出了自己的意见和建议。刘伟、苏剑（2014）提出，在"新常态"下，我国应该适度降低经济增长目标，深化改革，加快产业结构调整和自主创新，实行供给和需求双扩张的政策组合，在需求管理方面，实行货币稳健或小量紧缩、财政扩张的政策组合。就目前而言，我们不建议采取大规模的扩张性政策，而是建议采取以供给管理为主、需求管理为辅的定向"微刺激"政策体系，既保证经济增长和就业，又尽可能促进结构调整。供给管理应以改革为主；需求管理应以财政政策为主，主要体现政府的产业政策、区域经济目标等，货币政策以定向降准为主，在需求管理中起到辅助作用。余斌、吴振宇（2014）提出，从后发国家追赶进程的长周期视角看，我国经济增长进入"新常态"实质是追赶进程进入新阶段。客观、准确地认识"新常态"，需把握好增量和总量变化的关系、潜在增速和实际增速的关系、历史规律和现实创新的关系。现阶段，我国经济增速已落

---

① 田俊荣，吴秋余．"新常态"，新在哪？［N］．人民日报，2014 - 08 - 04.

入中高速的范围，结构也正发生积极变化，但经济运行仍处于向新阶段转换的时期。确保向"新常态"顺利过渡是现阶段宏观调控的重点任务。"新常态"下我国经济发展面临多重风险和挑战，也面临着新的机遇。在此情境下，宏观调控的整体思路需要根据情况的变化作出调整：增长目标从速度型向质量型转变；通过改革激发市场活力，培育增长动力；切实完善社会保障制度，为可持续增长创造条件。张晓晶（2015）认为，经济"新常态"下的宏观调控是一个动态的演进过程，具有以下九大特征：（1）突出供给思维，应对潜在增速下滑；（2）明确"上限""下限"和"底线"，完善区间调控；（3）理解经济异质性与增长非均衡，重视结构性调控；（4）"牵手"战略规划与财政货币政策，拓宽宏观调控视野；（5）确立调控新指挥棒，重启地方竞争；（6）考量利益博弈，把握宏观调控政治经济学；（7）关注大国溢出效应，践行负责任宏观政策；（8）尊重"市场决定论"，宏观调控不能包打天下；（9）推进"机制化"建设，构筑宏观调控基本遵循。该文指出，宏观调控"新常态"不是被动适应经济"新常态"，而是引领"新常态"的重要抓手；要明确当前宏观调控中，有些是会随着迈向"新常态"而被修正或淘汰的，有些是与"新常态"吻合可继续坚持的，还有些是要通过创新蹚出一条新路的，这些将构成宏观调控向"新常态"演进的基本逻辑。辜胜阻（2015）提出，"新常态"对宏观调控提出了新要求，宏观调控应当发挥引领"新常态"的重要作用。具体地说，一是要稳增长、调结构，保持经济总量平衡；二是要培育新的增长点，对冲经济下行压力；三是要营造大众创业、万众创新的良好环境；四是要寓改革于调控之中，精准发力、定向调控。马建堂等（2015）指出，"新常态"下我国宏观调控思路和方式的重大创新主要体现在：（1）全球眼光和战略思维：扛起"新常态"背景下"双中高"发展的历史重任。其中，坚持"发展思维"，把稳中求进作为宏观调控总基调；坚持"底线思维"，把稳增长作为宏观调控首要任务；坚持"创新思维"，把提高经济增长质量作为宏观调控的着力点；坚持"全球"思维，把实现国内与国际经济协调作为宏观调控的重要目标。（2）区间调控和定向调控：创新宏观调控目标定位。区间调控和定向调控相结合，不仅对国民经济平稳运行和产业结构优化升级起到了极为重要的作用，对宏观经济理论也有重大创新。一是拓展了宏观调控目标。二是提高了宏观调控的精准度。新一轮宏观调控思路和方式创新的另一个突出特点是形成了"总量 + 结构"的调控组合，大大提高了宏观调控工具的精准度和效果。新一届政府的宏观调控从理论上第一次赋予了宏观调控结构性的内涵。特别是"区间调控 + 定向调控"的政策组合，更是精妙一招。区间调控与定向调控各有侧重，区间调控侧重于稳总量，定向调控侧重于调结构，两者紧密结合，形成稳增长调结构合力，丰富了宏观调控的目标内涵和方式手段，是中国宏观调控实践对宏观调控理论的重大贡献。（3）宏观调控和深化改革：拓宽宏观调控的内涵。一是改革政府自身，更多激发市场活力。二是改革宏观调控工具，更多使用市场化手段。（4）长处着眼和短期入手：延展宏观调控时空。在我国经济发展进入"新常态"的形势下，通过调整结构、创新体制，提高经济潜在增长率，是保持经济运行处于合理区间，实现"双中高"目标的重要途径。此外，党中央、国务院宏观调控的长期视野集中体现在供给管理上，即通过深化改革、促进创新、结构调整来改善供给。我国正处于转型升级的关键时期，影响经济运行的因素有需求问题，但更多的是来自供给侧的问题，如创新问题、结构问题、体制问题。即便是需求侧的问题，其深层原因也在供给端。因此，这一轮宏观调控将需求管理与供给管理结合，把与供给管理紧密相关的结构、体制因素纳入宏观调控，特别是把科技创新放在更加突出的位置，大力实施创新驱动战略，全力推进大众创业、万众创新，形成供需结合、长短结合的"综观"调控思路，是宏观调控方式和思路的重大创新。(5)创新指标体系和利用大数据：提高宏观经济监测能力。一是创新性选择和运用一些关键指标，作为判断经济形势走势和制定宏观经济政策的重要依据；二是探索利用大数据，提高政府对宏观经济的分析能力和预测能力；三是加强政府宏观决策支撑系统建设，提高宏观调控的科学化、民主化。

上述分析表明国内学者对于"新常态"下宏观调控的探索已取得积极的进展。但是，我们认为，对于"新常态"下宏观调控的探讨还需考虑以下几个方面的关键问题：一是经济进入"新常态"表明中国经济运行的基本特征发生了根本性变化，表明中国宏观调控的基础条件和环境发生了改变。因此，要加强和改善宏观调控，就要充分认识和准确把握经济运行的这种变化。二是"新常态"对宏观调控提出了前所未有的挑战，要求宏观调控体系需要及时作出相应的调整和改革，无疑会增大宏观调控的难度。过去那种治理经济过热的紧缩性调控与应对经济下滑的扩张性调控的经验已明显不适应经济"新常态"的要求，需要创新宏观调控思路和方式，丰富完善新的调控方式。三是目前中国的宏观调控体系还不健全，调控机制、手段等都还有待完善。此外，随着市场在配置资源中决定性作用的不断增强，宏观调控发挥作用的空间会相应受到挤压；而全面深化改革的持续推进，使得宏观调控的体制基础不断完善，从而增强宏观调控的有效性。因此，在这样的背景下创新宏观调控的思路和方式，确立"科学的宏观调控"，不仅需要深化对经济"新常态"的认识，而且需要深化对宏观调控本身以及宏观调控的过程的科学认识，从而在更好地发挥宏观调控的作用进而更好地发挥政府的作用上下功夫。

## 10.3　中国特色宏观调控的发展方向与未来展望

从世界范围来看，尽管在金融危机爆发以来西方国家的宏观调控招致了广泛的质疑和批评，但这种以总量调控为特点的宏观调控仍占据着主流地位。中国实施的宏观调控则是总量调控与结构性调控相结合以结构性调控为主的模式，这种以结构性调控为特点的宏观调控在应对金融危机的过程中取得了较好的政策效果，得到了西方主流经济学的关注和肯定。下面，我们将上述两种宏观调控范式分别简称西式调控和中式调控（或者进一步简称为西式和中式），探讨在世界经济缓慢复苏与中国经济进入"新常态"的背景下宏观调控未来可能发展的路径和方向。

### 10.3.1　宏观调控四条可能的发展路径

下面，我们提供宏观调控的四条可能的发展路径进行讨论。

发展路径之一：中式归西。"中式归西"的发展路径是仍奉西方发达国家的宏观调控为经典，而中国特色的宏观调控在市场经济体制完全成熟之后走上与西方国家宏观调控殊途同归的道路。实际上，这是中西合一的发展路径，即中国的宏观调控最终实现向西方国家宏观调控的接轨。这应该是目前大多数信奉西方宏观调控为经典的学者所持的意见和看法。其依据是：中国正处于由计划体制向市场体制转轨的过程中，所以，在体制转轨全面完成、市场体制完善的阶段，结构性调控就应该退出宏观调控的历史舞台。因此，宏观调控最终回到总量调控的轨道上来。中国经济增长与宏观稳定课题组（2010）指出："对于中国这样一个处在转轨之中的发展中国家而言，宏观调控一直是双轨并行，总是少不了在市场手段之外加上行政手段，在总量调控之外加上结构性调控。如果说这是'成长中的烦恼'的话，那么，随着市场化的推进，经济结构的进一步完善，是不是就可以摆脱这种双轨而进入新的轨道呢？"① 袁志田、刘厚俊（2010）在评述国内学者强调中国宏观调控具有自己的特色的观点时指出："中国宏观调控能够坚持中国特色吗？随着经济全球化不断加深，中国经济逐步融入全球经济，不仅在经济总量水平和物质条件方面迅速发展，而且在经济结构、经济体制，乃至经济制度方面都已经逐步与世界经济接轨，在这样的情况下，强调宏观调控领域的中国特色似乎要把问题引向宏观调控领域之外。"

　　发展路径之二：西式归中。"西式归中"的发展路径是指由于西方国家总量调控存在不能有效解决经济中的结构性问题的固有缺陷，因此，西方国家的宏观调控最终汇聚到中国特色的总量调控与结构性调控相结合以结构性调控为主的宏观调控范式上来。这是因为：虽然发达国家市场体系相对完善，同质化程度较高且处在相对均衡的增长路径上，但并不意味着发达国家经济运行中不存在结构性问题。经济危机的发生就意味着经济结构失衡问题的总爆发。然而，发达国家的宏观调控则仅仅是总量调控，长期忽视了对经济中结构性问题进行调整。对此，中国经济增长与宏观稳定课题组（2010）指出："和发展中国家强调结构问题相对的是，主流经济学一直以来强调的是总量调控。但此次危机以后，人们发现，即使发达经济体，仅仅总量调控也是不够的。如在所谓大稳定时期，无论是通胀还是产出缺口都非常平稳，但一些结构问题却很突出：如消费率过高、住房投资的杠杆率过高以及经常账户赤字过高等；此外，收入分配结构也存在很大问题。主流经济学认为，正是由于宏观政策只关注总量而忽视了结构问题，才导致了危机的产生。"② 因此，在主流经济学反思传统政策仅关注总量目标的不足的情况下，通过总结新兴市场的经验来拯救主流宏观经济理论，使得发展中国家宏观管理的经验逐步进入主流的视野，从而使西方主流的总量调控向总量调控与结构性调控相结合以结构性调控为主的宏观调控上来。

　　发展路径之三：中式独立。"中式独立"的发展路径是指由于制度与体制基础的差异，中国特色宏观调控独立于西方国家的宏观调控，作为一种特殊的宏观调控范式独立存在。对此，何干强（2009）认为，中国的宏观调控，具有社会主义制度的特定内涵，因而绝不能用凯恩斯主义理解中国的宏观调控。须知凯恩斯主义与新自由主义具有共同的弊病，就是把资本主义当成永恒合理的经济形态，不能区分一般流通（指商品流通和货币流通）和资本流通，因而它们不可能指导科学的宏观调控。因此，中国的宏观调控，应当在马克思主义指导下，赋予社会主义制度的特定内涵。社会主义的宏观经济调控不但应当弄清一般商品流通和资本流通的共性、联系和区别；而且要弄清公有资本的流通与私人资本的流通的根本区别。宏观调控的实践创新要求从解决生产领域的失衡入手解决金融信贷失衡问题，调整产业结构与完善社会主义基本经济制度相结合，通过维护公有制的主体地位实现扩大消费需求，把振兴新型公有制经济作为扩大就业的关键措施，坚持国民经济独立自主与对外开放的统一。袁志田、刘厚俊（2009）也认为，国际金融危机凸显了中国宏观调控环境的新变化，

---

①②　中国经济增长与宏观稳定课题组. 后危机时代的中国宏观调控［J］. 经济研究, 2010, (11).

即从经济全球化到经济世界化的深刻转变，中国宏观调控的性质经历了一个从本土性、国际性、全球性到世界性的转变过程。随着经济全球化，世界经济逐步成熟，中国宏观调控不仅受制于外部经济环境和宏观经济政策的国际协调，而且逐步受制于世界经济的整体运动规律，世界经济整体运动规律成为各国宏观经济运行的共性和各国宏观调控共同面对的困境。因此，从本土性到国际性，从全球性到世界性，中国宏观经济运行环境发生了根本性的变化。在这样一个变化中，中国宏观调控问题不仅是中国的问题，也不仅是全球宏观经济政策的协调问题，而是世界经济中的宏观调控问题。任何沿袭传统分析思路的宏观调控，无论它是西方的，还是中国的，都必将不能适应新时期的宏观经济运行形势。

发展路径之四：推陈出新。"推陈出新"的发展路径是指西方国家的宏观调控与中国特色的宏观调控经过长期的发展，最终形成一种新的宏观调控范式。当然，这种发展路径仅仅属于一种理论上的存在。目前看来，如果脱离对经济总量与经济结构的调整而推出一种新的调控范式，现有的理论尚不能提供有说服力的支持。

## 10.3.2　中国特色宏观调控未来发展方向

从上述宏观调控未来发展的四条路径中可以看出，第一条"中式归西"和第四条"推陈出新"的发展路径都是不可能发生的。这固然是由于西方国家的宏观调控存在着重大缺陷，也因为现有的宏观经济理论尚不能对脱离经济实践的理论范式予以支撑。因此，最有可能的发展路径是第二条，即"西式归中"的路径，将总量调控与结构性调控有机地结合起来。即使在短期内不能实现，最起码也能做到第三条，即"中式独立"的发展路径。

我们认为，中国特色宏观调控未来的发展方向是始终坚持总量调控与结构性调控相结合、需求管理与供给管理相结合的发展路径。这是因为：

第一，西方国家宏观调控的实践为中国特色宏观调控的发展提供了重要的借鉴意义。20世纪30年代诞生的西方主流宏观经济学与凯恩斯主义需求管理在应对世界经济大萧条的过程中发挥出重大作用。从这时开始，发达国家开始运用总量调控为特征的需求管理政策来调控经济的运行。然而，着眼于刺激总需求的长期扩张型政策的使用加速了通货膨胀，导致20世纪70～80年代美欧等经济出现高通胀、高失业的"滞胀"现象。对此，凯恩斯主义需求管理政策无能为力。于是，以减税和减少政府对生产的干预为主要措施的"里根经济学"（Reaganomics）和"撒切尔主义"（Thatcherism）作为应对"滞胀"的方案被推出，这是供给学派观点在经济政策上的典型实践，并收到了较好的政策效果。然而，由于凯恩斯主义是见效非常快的逆周期调节工具，"滞胀"过后，各国政府经受不住"诱惑"，凯恩斯主义观点又开始大行其道，以至于在应对2008年爆发的金融危机的过程中，以"量化宽松"为代表的大规模经济刺激措施悉数推出。但是，由于发达国家经济中长期存在低储蓄、高消费以及收入分配等结构失衡问题，因而应对金融危机的凯恩斯主义政策未能取得预期的政策效果。从发达国家宏观调控的实践中可以看出：一是总量调控政策虽具有一定调控效果，但也存在一定的局限性。这种局限性在应对经济中出现的结构问题时体现得更加明显。因此，需将总量调控与结构性调控结合起来。二是长期推行需求管理政策会带来一系列消极后果，需将需求管理与供给管理有机结合起来，根据经济运行的特点实施有针对性的宏观调控。

第二，中国宏观调控的经济基础、制度基础与体制基础决定了中国特色宏观调控的发展方向。首先，中国是一个典型的二元经济国家。不仅如此，在长期的经济发展过程中，由于资源配置向工业倾斜，导致经济二元强度增大，造成了二元经济结构刚性。改革开放以来经济的二元结构有所缓解和改进，但是改进的速度缓慢，并且有再度拉开的趋势。其次，中国正处于由计划经济体制向市场经济体制转轨的过程中，在这一过程中，社会主义市场经济体制的建立与完善是一个长期的过程。1992 年 10 月，党的十四大确立了社会主义市场经济体制的改革目标，标志着中国开始建立社会主义基本制度与市场经济结合的新型经济体制。这种新型经济体制，是经济社会发展的基础，也是决定一个社会资源配置和发展方向的根本因素。社会主义市场经济体制之所以优于西方国家推行的市场经济体制，关键在于以公有制为主的所有制性质、以实现共同富裕为目标的分配制度以及国家强有力的宏观调控。这样，不仅可以保持社会主义的制度特征，还可以克服单纯的市场调节存在的盲目性、自发性和滞后性以及经济危机、贫富分化、生态环境遭到破坏等弊端。这种新型经济体制，一方面必然体现社会主义的制度特征，包括坚持公有制的主体地位、以共同富裕为根本目标、国家能够实行强有力的宏观调控；另一方面，又具有市场经济的一般特征，即充分发挥市场配置资源的决定性作用，使经济活动遵循价值规律的要求，不断解放和发展社会生产力，增强综合国力，更好地实现经济建设这个中心任务。党的十六大报告提出，争取到 2020 年实现建成完善的社会主义市场经济体制的历史性目标。完善的社会主义市场经济体制的主要标志是：社会主义市场经济的各个组成部分的质量和效率进一步提高，尤其重要的是，形成体制的自我调整、自我完善机制；坚持与时俱进原则，面对国内国际形势变化的挑战持续开展制度创新；法治和道德在社会主义市场经济中的作用显著提高，形成社会成员普遍接受和遵循的社会主义市场经济法治规范和道德规范；在追求共同富裕、社会公正上取得重要进步，使经济社会发展成果合理地惠及全体社会成员；在全球不同类型市场经济体制的相互借鉴和竞争中，形成并发挥中国社会主义市场经济体制的独特优势。党的十八届三中全会提出："科学的宏观调控，有效的政府治理，是发挥社会主义市场经济体制优势的内在要求。"不仅指出了宏观调控的制度属性，而且也明确提出了社会主义市场经济条件下宏观调控的根本任务。在由计划体制向市场体制转轨和建立与完善社会主义市场经济体制的过程中，中国经济中存在大量的结构性问题。对此，张晓晶（2015）指出："中国经济的结构性问题，归纳起来有两个：一个是体制结构，涉及国有与非国有、体制转型与双轨过渡、中央地方关系、政府与市场关系等；另一个是经济结构，包括产业结构、地区结构、分配结构、增长动力结构、城乡二元结构、人口年龄结构，等等。"[①] 最后，即使到了社会主义市场经济体制完善阶段，体制结构问题不存在了，但经济结构问题仍将长期存在。这是由市场经济运行的规律和中国二元经济结构的特点所决定的。事实上，西方发达国家虽然建立市场经济体制较早、市场体系相对完善，但在经济中也存在着许多结构性问题。这些结构性问题虽在正常的经济运行中并不突出，但是，一旦爆发经济危机或者金融危机，这些结构性问题就会全面暴露出来，经济危机实际上就是经济结构问题的总爆发。因此，从中国宏观调控面临的经济基础、制度基础与体制基础来看，不仅需要进行总量调控，还必须长期坚持结构性调控的发展方向。

第三，宏观经济运行的目标要求坚持总量调控与结构性调控相结合。国民经济的总量平衡与结构平衡是宏观经济运行所追求的目标。然而，在现实经济中，经常性地出现总量失衡

---

与结构失衡的情形。从总量失衡来看，社会的总需求与总供给的关系可能出现两种情况：一是总需求小于总供给，其表现为市场价格下降，生产萎缩，失业增加，严重时会出现经济危机；二是总需求大于总供给，其表现为产品供不应求，生产扩大，价格上升，即造成通货膨胀。从结构失衡来看，第一层次的结构失衡首先表现为供给结构与需求结构相失衡。这是由于供给结构与需求结构变动的特点所决定的。由于社会需求结构是复杂多变的，需求结构的变化要求供给结构能够适应这种变化而调整，然而，由于供给结构的调整受到技术经济条件、经济体制以及运行机制的限制而调整缓慢、变动滞后，不能迅速适应需求结构的变化而出现失衡；需求结构受到经济和非经济因素的干扰出现超常变动。由于这种超常变动使得供给结构难以适应，也会造成结构失衡；第二层次的结构失衡还表现为需求结构与供给结构内部的失衡。由于社会需求结构包括消费、投资、政府购买和净出口，而社会总供给主要由生产性投入（主要是劳动和资本）的数量和这些投入组合的效率所决定，因此，在需求结构中投资与消费的不平衡或者其他关系的不平衡与供给结构中劳动与资本的不平衡等都会导致结构失衡。正是由于经济中总量失衡与结构失衡的大量存在，所以需要宏观调控既要注重总量的平衡，也要注重结构的平衡。这一点，从发达国家从 20 世纪 30 年代开始长期运用需求管理政策导致在 20 世纪 70 年代出现"滞胀"现象中可以得到佐证。

# 参 考 文 献

1. 齐守印、蒋和胜. 有计划的商品经济条件下国家的经济职能与宏观经济调控 [J]. 四川大学学报（哲学社会科学版），1985（4）.

2. 王增敬. 增强企业活力与改善宏观控制 [J]. 宏观经济研究，1986（1）.

3. 任定方，张治平. 宏观经济控制及其对策研究 [J]. 西北大学学报（哲学社会科学版），1986（4）.

4. 田培炎. 论经济运行中的经济手段、行政手段、法律手段 [J]. 哲学研究，1986（7）.

5. 赵靖，陈为民，郑学益. 中国近代经济管理思想遗产中的珍品 [J]. 经济研究，1986（10）.

6. 邓英淘，罗小朋. 论总量分析和总量政策在我国经济理论与实践中的局限性 [J]. 经济研究，1987（6）.

7. 张风波. 我国宏观经济的主要矛盾是结构问题 [J]. 经济研究，1987（8）.

8. 朱绍文，陈实. 总供给与总需求分析对我国经济适用吗？[J]. 经济研究，1988（4）.

9. 许荣昌，余向农. 对直接管理和间接管理问题的几点看法 [J]. 宏观经济研究，1988（1）.

10. 尹文书. 宏观控制双重目标的矛盾与协调途径 [A]. 经济改革与理论思考（1978—1988）[C]. 1988.

11. 阮方确，魏民. 浅论二元商品经济结构及宏观调控方式 [J]. 求实，1988（11）.

12. 忠东. 论市场型的宏观调控方式 [J]. 金融管理与研究，1989（2）.

13. 吴贤忠. 强制性与诱导性：——两种宏观调控手段及其选择 [J]. 党政论坛，1989（2）.

14. 阮方确，魏民. 二元商品经济结构及宏观调控方式 [J]. 财贸经济，1989（3）.

15. 马建堂. 从总量波动到结构变动 [J]. 经济研究，1989（4）.

16. 李平安. 关于体制转轨时期宏观调控的几个问题 [J]. 人文杂志，1989（4）.

17. 宋劭明. 从国情出发优化宏观调控 [J]. 中州学刊，1989（5）.

18. 刘志金. 对转轨时期宏观调控问题的再认识 [J]. 计划经济研究，1989（7）.

19. 杨启先. 宏观调控制度的改革 [J]. 改革，1990（6）.

20. 刘志金. 对转轨时期宏观调控问题的再认识 [J]. 计划经济研究，1990（增刊3）.

21. 李金早，郭鲁晋，何理博. 宏观经济调控问题座谈会综述 [J]. 计划经济研究，1990（增刊2）.

22. 孙书一. 关于加强以计划为核心的宏观调控问题的思考 [J]. 计划经济研究，1990（增刊2）.

23. 姚长辉. 国民收入分散化与宏观调控 [J]. 经济科学，1991（2）.

24. 罗毅，高静娟，黄年山．当前宏观调控中需要注意的两个问题［J］．财政研究，1991（11）.

25. 尹文书．我国现阶段宏观调控方式的选择［J］．中央财经大学学报，1992（3）.

26. 乌家培，凌晓东．宏观经济调控的比较研究［J］．经济研究，1992（5）.

27. 杨韧，王勇．宏观调控手段的选择与调控方式的转换［J］．经济问题探索，1991（5）.

28. 魏杰．市场经济与宏观调控体制的变革［J］．中国金融，1993（1）.

29. 王梦奎，林兆木，郭树清，韩文秀等．新时期我国经济的宏观调控［J］．中国社会科学，1993（3）.

30. 孙尚清，吴敬琏，程秀生，高铁生，吴晓灵．向市场经济过渡中的宏观调控问题研究［J］．管理世界，1993（4）.

31. 郑连明．跳出关于宏观经济调控的几个认识误区［J］．生产力研究，1993（5）.

32. 逄锦聚．发达市场经济国家宏观调控模式比较［J］．价格理论与实践，1993（10）.

33. 陈文科．论向市场经济体制过渡时期的国家宏观调控［J］．江汉论坛，1993（10）.

34. 樊纲，张曙光，王利民．双轨过渡与"双轨调控"［J］．经济研究 1993（10，11）.

35. 逄锦聚．中国式市场经济的宏观调控模式［C］．"社会主义市场经济体制的基本理论与实践"会议论文，1993 – 11 – 05.

36. 米建国．完善宏观调控 警惕经济"胀滞"［J］．管理世界，1994（1）.

37. 邱晓华．当前的经济形势与下阶段宏观调控对策［J］．管理世界，1994（1）.

38. 吴明远．中国宏观经济调控及其社会成本［J］．南开经济研究，1994（1）.

39. 李玲娥．论我国宏观经济调控方式的转换［J］．山西财经学院学报，1994（2）.

40. 李庆文．试论宏观经济调控与政府职能转变的关系［J］．学习与探索，1994（2）.

41. 董忠．关于当前宏观调控中几个问题的思考［J］．管理世界，1994（3）.

42. 董兆武．建立有中国特色的社会主义市场经济宏观调控体系［J］．新疆社会科学，1994（3）.

43. 丛明．社会主义市场经济的宏观调控［J］．经济研究参考，1994（6）.

44. 鲁品越．结构性宏观调控——社会主义市场经济的本质特征的表现［J］．南京社会科学，1994（7）.

45. 黄振奇，林中萍．加强和完善宏观调控的几点认识［J］．经济工作通讯，1994（11）.

46. 程秀生．健全结构政策 改善总量调控［J］．求是杂志，1994（12）.

47. 逄锦聚．关于加强和改善宏观经济调控的若干问题［J］．南开经济研究，1994（12）.

48. 王致胜，王燕青．近两年实施宏观调控政策的经验与面临的问题［J］．山西大学学报》（哲学社会科学版），1995（1）.

49. 闻潜．论中国宏观调控方式及其转化——兼述市场经济与计划经济的宏观调控差异［J］．山西财经学院学报，1995（4）.

50. 国家体改委经济体制与管理研究所宏观调控课题组．向社会主义市场经济过渡中的宏观调控问题研究（上）［J］．管理世界，1996（1）.

51. 章钟基. "八五"时期的宏观调控 [J]. 经济研究参考, 1996 (1).

52. 曹远征, 宦国渝, 何晓明, 陈海春, 林门福. 向社会主义市场经济过渡中的宏观调控问题研究（下）[J]. 管理世界, 1996 (3).

53. 郭克莎. 中国的总供求政策和宏观调控 [J]. 管理世界, 1996 (3).

54. 李亚光. 近期我国宏观调控方式的选择及调控效果和成本 [J]. 科学·经济·社会, 1997 (1).

55. 翟立功. 中国的经济增长与宏观调控 [J]. 中国社会科学, 1997 (7).

56. 陈锦华. 加强和改善宏观调控的实践和主要经验 [J]. 经济研究参考, 1997 (84).

57. 刘迎秋. 高增长、低通胀: 宏观调控的目标与归宿——近五年来中国经济持续高成长经验的理论思考 [J]. 经济研究, 1998 (1).

58. 周绍朋, 王健, 汪海波. 宏观调控政策协调在经济"软着陆"中的作用 [J]. 经济研究, 1998 (2).

59. 翁华建. 市场机制的有效运行与宏观调控方式的选择 [J]. 学术月刊, 1998 (5).

60. 刘国光. 当前我国宏观调控的几个问题 [J]. 经济研究, 1998 (11).

61. 张志敏. 论政府宏观经济调控绩效的限制因素及改善方法 [J]. 湖南经济管理干部学院学报, 2000 (3).

62. 张志敏. 论政府宏观调控绩效的限制因素及改善方法 [J]. 经济管理探索, 2000 (4).

63. 张凡. 发展中国家政府干预思想的演变 [J]. 拉丁美洲研究, 2000 (4).

64. 宏观经济研究院课题组. "九五"时期宏观调控的经验与总结 [J]. 宏观经济管理, 2000 (5).

65. 吴超林. 宏观调控的制度基础与政策边界分析 [J]. 中国社会科学, 2001 (1).

66. 陈东琪. "九五"的经验和"十五"的思路 [J]. 经济学动态, 2001 (1).

67. 汤在新. 宏观调控的理论基础——马克思的均衡和非均衡理论 [J]. 教学与研究, 2001 (2).

68. 杨秋宝. 宏观调控绩效论析 [J]. 中共中央党校学报, 2002 (5).

69. 周春梅, 刘艳霞. 宏观调控的效率分析及其法律制度设计 [J]. 行政与法, 2002 (11).

70. 陈端计. 21世纪初叶中国宏观经济调控政策的国情特色及路径选择 [J]. 吉林财税高等专科学校学报, 2003 (2).

71. 段宗志. IS–LM 模型与制约当前我国宏观经济政策效果的因素分析 [J]. 统计研究, 2003 (9).

72. 李燎原. 市场经济条件下宏观调控的成本问题 [J]. 中共乐山市委党校学报, 2004 (3).

73. 刘树成. 我国五次宏观调控比较分析 [J]. 经济学动态, 2004 (9).

74. 刘国光. "宏观调控"是个中性概念 [N]. 北京日报, 2004 – 10 – 25.

75. 邱晓华. 为宏观调控"正名" [J]. 理论参考, 2004 (12).

76. 曹玉书. 当前宏观调控的几个特点 [J]. 红旗文稿, 2004 (20).

77. 李平, 李亮. 进一步完善宏观调控方式 [J]. 经济学家, 2005 (1).

78. 范跃进，冯维江．核心通货膨胀测量及宏观调控的有效性：对中国 1995 – 2004 的实证分析 [J]．管理世界，2005（5）．

79. 赵萌．宏观调控效果与体制障碍分析 [J]．宏观经济管理，2005（10）．

80. 顾海兵，周智高．我国宏观调控的范式研究 [N]．中国经济时报，2005 – 11 – 28．

81. 汤在新．为宏观调控正名 [J]．经济学家，2006（1）．

82. 庞明川．转轨以来中国的宏观调控与经济发展 [J]．财经问题研究，2006（2）．

83. 刘瑞．宏观调控的定位、依据、主客体关系及法理基础 [J]．经济理论与经济管理，2006（5）．

84. 刘伟，蔡志洲．中国宏观调控方式面临挑战和改革 [J]．经济导刊，2006（6）．

85. 刘伟，苏剑．供给管理与我国现阶段的宏观调控 [J]．经济研究，2007（2）．

86. 陈东琪，宋立．我国历次宏观调控的经验和启示 [J]．宏观经济管理，2007（2）．

87. 徐鹏程．宏观调控政策的成果、问题与经验教训 [J]．生产力研究，2007（4）．

88. 朱云平．转型经济期政府宏观调控的效率分析 [J]．忻州师范学院学报，2007（4）．

89. 方巍，闫伟．地方政府对国家宏观调控效率的影响及规范 [J]．经济纵横，2007（8）．

90. 陈建斌，郁方．宏观经济调控执行绩效的一个数量评价：1985 – 2005 年 [J]．数量经济技术经济研究，2007（9）．

91. 陈东琪，宋立．党的十六大以来宏观调控的经验和启示 [J]．宏观经济管理，2007（11）．

92. 许小年．为宏观调控正名 [N]．经济观察报，2007 – 12 – 22．

93. 余华义．我国宏观调控效果的弱化及其治理 [J]．财经科学，2008（1）．

94. 俞祖华，赵慧峰．放任与干预：近代中国经济自由主义的发声与变调 [J]．河北学刊，2008（2）．

95. 黄伯平．宏观调控的理论反思 [J]．社会科学研究，2008（3）．

96. 陈杰．产出缺口与通胀缺口的动态关联性研究——兼评宏观经济调控执行绩效[J]．当代财经，2008（4）．

97. 万勇．30 年来我国宏观调控：经验、趋势与完善路径 [J]．南京财经大学学报，2008（4）．

98. 刘树成．五年来宏观调控的历程和经验 [N]．人民日报，2008 – 04 – 02．

99. 陈东琪，宋立等．改革开放 30 年宏观调控的经验、问题和理论探索 [N]．中国经济时报，2008 – 04 – 10．

100. 方福前．我国经济管理体制和调控方式的变革 [J]．中国人民大学学报，2008（5）．

101. 于连锐，王晓娟．十六大以来中央宏观调控政策的成效分析及对策 [J]．理论研究，2008（6）．

102. 庞明川．从紧缩、扩张、稳健到"双防"：宏观调控的政策绩效与体制基础 [J]．财贸经济，2008（6）．

103. 庞明川．中国宏观调控的体制基础与政策绩效 [J]．世界经济，2008（7）．

104. 沈立人. 十多年来宏观调控的得与失 [N]. 中国经营报, 2008 – 07 – 06.

105. 赵人伟. 1985 年 "巴山轮会议" 的回顾与思考 [J]. 经济研究, 2008 (12).

106. 汪海波. 关于改革以来宏观经济调控经验的若干思考——纪念改革开放 30 周年 [J]. 经济学动态, 2008 (12).

107. 卫金桂, 姜梅. 近年国外学者对中国宏观调控的评述 [J]. 北京电子科技学院学报, 2009 (1).

108. 陈雨露. 关键是构建中国特色的宏观调控体系 [N]. 金融时报, 2008 – 12 – 29.

109. 欧阳日辉. 我国宏观调控 30 年的经验和问题 [J]. 中央财经大学学报, 2009 (4).

110. 张勇, 周达, 刘瑞. 宏观调控概念解读: 政府干预经济的中国式框架 [J]. 青海社会科学, 2009 (5).

111. 刘瑞, 周人杰, 崔俊富. 论宏观调控的绩效评估、法制建设与行政问责 [J]. 兰州大学学报 (社会科学版), 2009 (6).

112. 张志敏, 冯春安. 中国宏观调控理论的演变、纷争与挑战 [J]. 经济学动态, 2009 (11).

113. 张平. 宏观政策有效性条件、运行机制、效果和复苏后的抉择 [J]. 经济学动态, 2009 (12).

114. 庞明川. 中国特色宏观调控的实践模式与理论创新 [J]. 财经问题研究, 2009 (12).

115. 袁志田, 刘厚俊. 中国宏观调控新困境: 从本土性、国际性、全球性到世界性 [J]. 经济学家, 2009 (12).

116. 闫伟. 经济转型期国家宏观调控政策效率研究 [D]. 上海交通大学硕士学位论文, 2009.

117. 冯梅, 王之泉. 中国宏观调控的回顾与展望 [J]. 经济问题, 2010 (1).

118. 陈孝兵. 提高宏观调控有效性的分析与探讨 [J]. 中州学刊, 2010 (4).

119. 齐培潇, 郝晓燕, 史建文. 改革开放 30 年中国主要宏观调控概述、经验及不足 [J]. 当代经济, 2010 (6).

120. 陈东琪. 新一轮经济增长趋势与转变宏观调控方式 [J]. 宏观经济管理, 2010 (9).

121. 王立勇, 韩丽娜. 国际金融危机的启示与我国宏观调控效率提升对策研究 [J]. 社会科学辑刊, 2010 (4).

122. 陈晓彬. 在博弈中探索中国特色宏观调控艺术 [N]. 经济参考报, 2010 – 04 – 28.

123. 董捷, 董正信. 中国宏观调控模式的基本特征及与其他国家政府干预模式的比较 [J]. 经营管理者, 2010 (7).

124. 王立勇. 我国财政政策调控有效性的定量评价 [J]. 财贸经济, 2010 (9).

125. 黄荣哲, 何问陶, 农丽娜. 宏观经济政策的综合效率评估——兼论成本差异对效率评估的影响 [J]. 管理评论, 2010 (10).

126. 中国经济增长与宏观稳定课题组. 后危机时代的中国宏观调控 [J]. 经济研究, 2010 (11).

127. 袁志田，刘厚俊．国际金融危机背景下中国宏观调控的若干问题：一个文献述评 [J]．经济研究参考，2010（22）.

128. 盛美娟，刘瑞．范式之争：中美宏观调控比较研究——以金融危机的应对为例 [J]．政治经济学评论，2011（1）.

129. 韦东，刘厚俊，黄犟．影响我国宏观调控效果的因素与机制 [J]．湖北社会科学，2011（2）.

130. 刘秀光．宏观调控过程中的"政策后遗症"——基于宏观调控社会成本的一种解释 [J]．广东白云学院学报，2011（2）.

131. 刘满平，黄文彬，黄应刚．宏观调控政策运行机制、绩效评估和转换策略选择 [J]．经济学动态，2011（3）.

132. 吴易风，王晗霞．国际金融危机和经济危机背景下西方国家干预主义和新自由主义的论争 [J]．政治经济学评论，2011（4）.

133. 周为民．宏观调控的五大误区 [J]．社会观察，2011（7）.

134. 国家发展改革委宏观经济研究院．中国模式的宏观调控 [N]．中国经济导报，2011 - 07 - 12.

135. 张勇．宏观经济管理中国范式的形成与发展——论中国宏观调控实践的理论价值 [J]．中国延安干部学院学报，2012（1）.

136. 周学．总量调控与局部调控优劣比较——对现代宏观经济学的反思 [J]．经济学动态，2012（2）.

137. 陈昌兵．总量调控还是结构调控——基于城市化、工业化和内外再平衡的分析 [J]．经济学动态，2012（5）.

138. 宋立，李雪燕，李世刚．宏观调控应以结构性措施为重点 [J]．宏观经济管理，2013（1）.

139. 庞明川．转轨经济中政府与市场关系中国范式的形成与演进：基于体制基础、制度变迁与文化传统的一种阐释 [J]．财经问题研究，2013（12）.

140. 徐绍史．健全宏观调控体系 [N]．人民日报，2013 - 12 - 18.

141. 徐澜波．规范意义的"宏观调控"概念与内涵辨析 [J]．政治与法律，2014（2）.

142. 刘伟，苏剑．"新常态"下的中国宏观调控 [J]．经济科学，2014（4）.

143. 方福前．大改革视野下中国宏观调控体系的重构 [J]．经济理论与经济管理，2014（5）.

144. 郑新立．宏观调控要从总量调控为主转向结构性调整为主 [J]．经济研究参考，2014（30）.

145. 陈杰，王立勇．改革开放以来我国宏观调控的有效性研究 [J]．宏观经济研究，2015（3）.

146. 张晓晶．试论中国宏观调控"新常态" [J]．经济学动态，2015（4）.

147. 张晓晶．经济"新常态"下宏观调控的创新与演进 [N]．学习时报，2015 - 06 - 29.

148. 马建堂，慕海平，王小广．"新常态"下我国宏观调控思路和方式的重大创新 [J]．国家行政学院学报，2015（11）.

149. 徐绍史. 创新和完善宏观调控方式 [N]. 人民日报, 2015 - 12 - 01.

150. 王静峰. 中国古代宏观调控思想起源探析 [J]. 商业经济研究, 2015 (27).

151. 庞明川, 郭长林. 中国特色结构性调控范式的实践模式及其理论贡献 [J]. 财经问题研究, 2015 (12).

152. 庞明川. 中国特色宏观调控的结构性范式及形成逻辑 [J]. 财经问题研究, 2016 (12).

153. [美] 史蒂芬·罗奇, 向中国学习宏观调控 [N]. 人民日报, 2012 - 03 - 13.

154. 埃德温·查理 (Charle, E.). 发展中国家宏观经济学 [M]. 北京: 商务印书馆, 1990.

155. 汪涤世, 龙虎, 刘西荣等. 社会主义经济运行中的宏观调控机制 [M]. 成都: 四川省社会科学院出版社, 1988.

156. 魏杰. 市场化的宏观调控体制 [M]. 西安: 陕西人民出版社, 1992.

157. 郭树清. 经济体制转轨与宏观调控 [M]. 天津: 天津人民出版社, 1992.

158. 张怀富. 宏观经济调控体系研究 [M]. 郑州: 河南人民出版社, 1992.

159. 王梦奎, 林兆木, 郭树清, 韩文秀等. 新时期我国经济的宏观调控 [M]. 北京: 人民出版社, 1993.

160. 逄锦聚. 中国市场经济的宏观调控 [M]. 北京: 中国物资出版社, 1995.

161. 魏礼群, 利广安. 国外市场经济的宏观调控模式与借鉴 [M]. 北京: 中国计划出版社, 1994.

162. 罗季荣, 李文溥. 社会主义市场经济宏观调控理论 [M]. 北京: 中国计划出版社, 1995.

163. 袁志刚. 中国宏观经济运行及其调控 [M]. 上海: 立信会计出版社, 1995.

164. 曹玉书. 宏观调控机制创新 [M]. 北京: 中国计划出版社, 1995.

165. 赵锡斌, 邹薇, 庄子银. 政府对市场的宏观调控——理论与政策 [M]. 武汉: 武汉大学出版社, 1995.

166. 胡家勇. 政府干预理论研究 [M]. 大连: 东北财经大学出版社, 1996.

167. 赵海宽. 经济转轨时期的宏观调控与货币政策 [M]. 北京: 中国金融出版社, 1996.

168. 黄达. 宏观调控与货币供给 [M]. 北京: 中国人民大学出版社, 1999.

169. 闻潜. 宏观调控方式的国际比较研究 [M]. 北京: 中国财政经济出版社, 1999.

170. 陈东琪. 微调论 [M]. 上海: 上海远东出版社, 1999.

171. 樊纲, 张晓晶. 面向新世纪的中国宏观经济政策 [M]. 北京: 首都经济贸易大学出版社, 2000.

172. 汤在新, 吴超林. 宏观调控: 理论基础与政策分析 [M]. 广州: 广东经济出版社, 2001.

173. 向元均. 印度市场经济与宏观调控 [M]. 成都: 四川大学出版社, 2001.

174. 闻潜. 中国经济运行与宏观调节 [M]. 北京: 中国财政经济出版社, 2001.

175. 安福仁. 中国市场经济运行中的政府干预 [M]. 大连: 东北财经大学出版社, 2001.

176. 汤在新，吴超林．宏观调控：理论基础与政策分析［M］．广州：广东经济出版社，2001.

177. 王乃学．宏观调控失效与微观基础建设［M］．北京：经济科学出版社，2001.

178. 吴军．紧缩与扩张：中国经济宏观调控模式选择［M］．北京：清华大学出版社，2001.

179. 郭其友．经济主体行为变迁与宏观经济调控［M］．厦门：厦门大学出版社，2003.

180. 周长才．宏观调控以来的中国经济分析［M］．北京：中国时代经济出版社，2004.

181. 张岩鸿．市场经济条件下政府经济职能规范研究［M］．北京：人民出版社，2004.

182. 张杰．科学发展观与宏观调控［M］．沈阳：辽宁大学出版社，2006.

183. 李文溥．转轨中的宏观调控［M］．北京：经济科学出版社，2006.

184. 陈共，昌忠泽．全球经济调整中的宏观调控体系研究［M］．北京：中国人民大学出版社，2007.

185. 陈共、昌忠泽．全球经济调整中的中国经济增长与宏观调控体系研究［M］．北京：中国人民大学出版社，2007.

186. 陈东琪等．繁荣与紧缩——中国 2003 – 2007 年的宏观调控［M］．北京：中国计划出版社，2009.

187. 庞明川．中国经济转轨中的宏观调控与公共政策［M］．北京：中国社会科学出版社，2011.

188. Taylor, Lance. Structuralist Macroeconomics：Applicable Models for the Third World ［J］. Basic Books. New York. 1983.

189. Frenkel, Jacob, A. Razin, and C. W. Yuen. Fiscal policies and growth in the world economy ［R］. Mpra Paper 1, 1996.

190. Frenkel, J. and A. Razin. Fiscal Policies and Growth in the World Economy ［M］. MIT Press, Cambridge. 1996.

191. Agnor, Pierre-Richard and Peter J. Montiel. Development Macroeconomics：Second Edition ［M］. Princeton University Press. 1999.

192. Peneder, M. Structural Change and Aggregate Growth ［J］. Structural Change and Economic Dynamics. 2002（14）.

193. Chang-Tai Hsieh & Peter Klenow. Misallocation and Manufacturing TFP in China and India ［R］. Working Papers, 2009, 09 – 04, Center for Economic Studies, U. S. Census Bureau.

194. Frankel, Jeffrey. Monetary Policy in Emerging Markets：A Survey ［R］. NBER Working Paper No. 16125, 2010, June.

195. Olivier Blanchard, Giovanni Dell'Ariccia, Paolo Mauro. Rethinking Macroeconomic Policy ［R］. IMF Staff Position Note, 2010（12）.

196. Min Ouyang, Yulei Peng. The Treatment Effects Estimation：A Case Study of the 2008 Economic Stimulus Plan of China ［J］. Journal of Econometrics. 2015, 188（2）：545 – 557.